李廷安年谱长编

李永宸／著

科学出版社
北京

内 容 简 介

本书依据大量的档案、报刊史料及李廷安后人珍藏的照片，努力复原李廷安的生平事迹，彰显其在卫生行政领域的业绩与在公共卫生领域的成就，尝试将李廷安的生平、业绩、论著的叙述与近代中国社会背景相结合，体现李廷安“志在民生”的思想。

本书适合历史学和医学领域的师生与相关研究人员阅读，对近代医学组织机构史、公共卫生史及岭南大学校史感兴趣者亦可一读。

图书在版编目(CIP)数据

李廷安年谱长编 / 李永宸著. —北京：科学出版社，2019.10
ISBN 978-7-03-062619-6
Ⅰ. ①李… Ⅱ. ①李… Ⅲ. ①李廷安（1898—1948）-年谱 Ⅳ. ①K826.2
中国版本图书馆 CIP 数据核字（2019）第 225179 号

责任编辑：赵云杰 李春伶 / 责任校对：王晓茜
责任印制：张 伟 / 封面设计：黄华斌

科 学 出 版 社 出版
北京东黄城根北街 16 号
邮政编码：100717
http://www.sciencep.com
北京厚诚则铭印刷科技有限公司 印刷
科学出版社发行 各地新华书店经销
*
2019 年 10 月第 一 版 开本：720 × 1000 1/16
2019 年 10 月第一次印刷 印张：39 3/4
字数：648 000
定价：159.00 元
（如有印装质量问题，我社负责调换）

李廷安的生平事迹及其生平业绩（代序）

李廷安是“公共卫生领域先驱者中的真正一人”①，是“从事地方公共卫生最早之一人”②，是“（北平协和医学院，简称‘协和’）以公共卫生为事业的第一位毕业生”③，“京、平、沪卫生教育，多赖李氏倡导”④，是“我国从事地方公共卫生最早数人之一”⑤，也是一位尚未受到当今学术界应有重视的近代地方卫生行政领袖与公共卫生学者。目前，对李廷安的报道大多散见于“老协和”的回忆性文章、专著里。此前对李廷安作较为详细介绍的文章，要追溯到 1948 年李廷安逝世后《中华医学杂志》（英文版）“讣告”⑥与“献辞”⑦两篇短文。

一 李廷安的生平事迹

李廷安于清光绪二十四年戊戌（1898 年）出生于广东省香山县小榄镇，1948 年 5 月 6 日病逝于广州博济医院。其生平大致可分为求学岭南（1898—1920 年）、就读“协和”（1921—1926 年）、任职“协和”（1927—1932 年）、主持上海市卫

① Khoo F Y. Editorial. Dr.Li T A—A dedication. *The Chinese Medical Journal*, 1948, 66(6): 344.

②《穗中央医院院长李廷安患病逝世》，《申报》1948 年 5 月 11 日，第 2 版。

③ 陈志潜：《中国农村的医学——我的回忆》，成都：四川人民出版社，1998 年，第 37 页。

④《大夏请李廷安讲演》，《申报》1933 年 12 月 3 日，第 18 版。

⑤《公共卫生专家李廷安博士逝世》，《上海医事周刊》1948 年第 11 期，第 4 页。

⑥ Ferguson M E. Obituary.Li T A. *The Chinese Medical Journal,* 1948, 66(6): 342-343.

⑦ Khoo F Y. Editorial. Dr.Li T A—A dedication. *The Chinese Medical Journal*, 1948, 66(6): 344.

生局（1933—1937 年）、西迁西南（1938—1945 年）和回归岭南（1946—1948 年）六个时期。

（一）求学岭南（1898—1920 年）

1898 年 12 月 1 日，李廷安出生于广东省香山县小榄镇，1905—1913 年在香山和香港求学。1914—1920 年求学岭南学校期间，李廷安不仅成绩优异，获得了柯立斯科学奖（The Coles Science Prize）①，还积极参加学校各种活动，任岭南学校基督教青年会《周刊》的会务主任②、岭南学校基督教青年会内阁阁员与记录委办主任③、岭南学校外交总裁之一④，担任 1919 年“双十庆祝”筹办总理，撰文表达国庆的六点期望，其中有“国庆日不过一日之礼典，诸君切不可过了国庆，便忘了爱国心。当尽心尽力，时时爱国，是余之所望者六”⑤。李廷安在《南风》发表《动物色泽之研究》一文⑥，初显研究才华，1920 年进入“协和”预科。

（二）就读“协和”（1921—1926 年）

1921 年 6 月，李廷安以全班第二名的成绩毕业于“协和”预科，进入 1926 年班级⑦，1924 年参加中华医学会第五届大会，宣读“香港的死亡率是一个衡量中国死亡率的判断标准”（英文）⑧，1925 年发表《中国广州公共卫生的报告》（英文）⑨，认为公共卫生的真正与首要目的是降低发病率与死亡率，所以卫生行政的举措应对准此目的。1926 年，李廷安从“协和”毕业，获得博士学位，在整个五年的学习过程中，因成绩最优秀而获“文海奖”（Wenham Prize）。由

---

① Ferguson M E.Obituary. Li T A.*The Chinese Medical Journal*,1948, 66(6): 342-343.

②《岭南青年会年报》1917 年 6 月至 1918 年 5 月，第 27 页。

③《本会内阁阁员及专职一览》，《岭南青年报》1917 年 10 月 4 日，第 3 页。

④《外交团事务之种种》，《岭南青年报》1920 年 2 月 22 日，第 2 页。

⑤ 李廷安：《余之所望者六》，《岭南青年》1919 年 10 月 9 日国庆号，第 3 页。

⑥ 李廷安：《动物色泽之研究》，《南风》1920 年第 1 期，第 73—76 页。

⑦ Ferguson M E.Obituary. Li T A. *The Chinese Medical Journal*,1948, 66(6): 342-343.

⑧ Li T A. The death rate of Hongkong as a criterion of mortality in China. *The National Medical Journal*, 1924, 10(1): 25-32.

⑨ Ferguson M E. Obituary.Li T A. *The Chinese Medical Journal*, 1948, 66(6): 342-343.

于患了严重的斑疹伤寒，李廷安住在医院的隔离间，医学博士证书和“文海奖”奖状是由医学院的领导特意送到医院病床前的。[①]

（三）任职“协和”（1927—1932年）

1927—1932年，李廷安在“协和”任教，同时任职于北平第一卫生事务所，其间，于1927年7月—1929年2月在哈佛大学攻读公共卫生博士学位，1932届“协和”毕业生严镜清回忆道：“有的教授谈到老学生（李廷安）在一年半内完成博士论文，在哈佛大学是少见的。”[②]

1929年2—11月，李廷安被上海市卫生局局长胡鸿基借调到上海，任卫生局第四科科长。[③]1929年11月7日，李廷安在北平与王淑贤女士结婚，任北平第一卫生事务所主任[④]；1930年晋升讲师（associate），担任国家防疫署技术委员会成员、教育部卫生教育委员会委员；1931年晋升襄教授（associate professor）。据严镜清回忆：“据我所知，他是本校毕业生中升任副教授最早的一人，而且是在内容日益多样化，范围日益广泛的公共卫生学科。”[⑤]这一年，李廷安与河北宛平县清河试验区合作，帮助开展公共卫生工作。[⑥]

李廷安于1932年4月20日召开的中华医学会执行委员会第一次会议上被推选为公共卫生委员会主席。[⑦]

1932年，李廷安在中华医学会公共卫生组宣读《织毯业在卫生上危险》。[⑧]中华医学会年会指派李廷安为中国乡村卫生调查委员会主席，调查中国乡村卫生之状况。[⑨]1932年10月，上海市卫生局局长胡鸿基因车祸去世，李廷安继任卫生局局长。对李廷安任卫生局局长一职，当时媒体有报道：“李氏……现任北平协和

---

① Ferguson M E.Obituary. Li T A. *The Chinese Medical Journal*,1948, 66(6): 342-343.

② 严镜清：《缅怀李廷安教授》（未见刊，李宝健教授提供）。

③ 上海特别市政府：《上海特别市政府令委任令第三四一号》，《上海特别市市政府市政公报》1929年第21期，第1页。

④ 北平特别市政府：《卫生：命令：委任令》，《北平特别市市政公报》1929年第22期，第5页。

⑤ 严镜清：《缅怀李廷安教授》（未见刊，李宝健教授提供）。

⑥ 李廷安：《中国乡村卫生调查报告》，《中华医学杂志》1934年第9期，第1117页。

⑦ 黄贻清：《本会创立二十年来大事记》，《中华医学杂志》1934年第1期，第143—163页。

⑧《中华医学会昨开幕》，《申报》1932年9月30日，第14版。

⑨ 李廷安：《中国乡村卫生调查报告》，《中华医学杂志》1934年第9期，第1114页。

医科大学卫生学教授，在卫生学识经验上，可称中国数一数二之人才。此番荣膺新任，深庆市府得人。闻李氏与吴市长，向非素识，只以内政部卫生署刘署长，与牛惠生、颜福庆等诸名医之推荐，方始有此任命。”①

上海市卫生局局长一职牵动各方关注，李廷安就任卫生局局长，受到了各方的一致支持。据严镜清回忆：“上海是我国最大城市，当时还有租界，也是我国唯一设有卫生局的市。南京政府在首都设卫生事务所，在北平设卫生局则还要再迟数年。1933 年春季（按：1932 年 10 月）原上海市卫生局局长（按：胡鸿基）因车祸丧生出缺，南京中央政府卫生署长刘瑞恒博士经在中央有关方面活动后与协和医学院领导商洽借调李廷安教授前往。并且当时上海市长吴铁城，系国民党要人，广东人，与李教授是同乡，人们知道，广东人在上海是‘吃的（得）开’的。吴铁城表示同意并欢迎。至于李教授本人呢？当时顾临代院长、兰安生教授（主任）等为加强提高协和的声望与影响，是他们主动提出此意的，刘（按：刘瑞恒）也是这一伙人（按：与顾临、兰安生意见一致）。他（按：李廷安）审时度势，要推却也不可能。另外，公共卫生既是学术、科学，也是事业，学以致用，此其时矣。”②

（四）主持上海市卫生局（1933—1937 年）

1. 组织医疗救护，支持抗日

李廷安就任卫生局局长伊始，正值长城抗战、华北危机，李廷安与诸位医界领袖组成中华医学会上海支会救护委员会，予以医疗支援；编辑《战地卫生学》，将来预备印成书本，广赠各地军队③；参加救济委员会与战区难童救济委员会工作，选派代表驰往华北战区实地救济④；作为中国航空协会征求队队长，积极参与征募、购置飞机，充实我国空防⑤；与夫人一起投入上海市妇女新生活运动促进会工作，积极发挥妇女在抗战救护中的作用。⑥

① 《李廷安继任卫生局长》，《申报》1932 年 10 月 19 日，第 9 版。
② 严镜清：《缅怀李廷安教授》（未见刊，李宝健教授提供）。
③ 《出版界・卫生局编〈战地卫生学〉》，《申报》1933 年 1 月 24 日，第 11 版。
④ 《陈铁生电告战区灾况》，《申报》1933 年 8 月 25 日，第 12 版。
⑤ 《航空协会吴总队长昨日招待新聘队长》，《申报》1933 年 3 月 3 日，第 12 版。
⑥ 《妇女新运促进会成立》，《申报》1936 年 6 月 13 日，第 12 版。

从“七七事变”爆发到上海沦陷的这段时期，李廷安配合卫生署的抗战救护工作，主张扩大“上海市救护委员会”等救护组织的力量①；为上海慈善团体联合救灾会制订具体的救济大纲与防护训练计划②；为伤兵医院聘请医生③；受聘担任华南地区防疫专员，组织指导战时防疫工作。④

2. 构建上海市多层次医疗卫生体系

李廷安高度认可卫生事务所的作用，着手重建毁于“一・二八事变”的吴淞区卫生事务所，创建卫生局市南诊疗所，筹建江湾区卫生事务所、闸北卫生事务所、浦东卫生事务所，设置上海市立医院、上海市卫生试验所、临时戒毒所、沪南戒烟医院、沪北戒烟医院、人犯戒烟医院、上海市立传染病医院，初步形成了“卫生局以管理全市卫生设施，市医院以治疗市民疾病，卫生试验所以从事化验研究等工作，将来并拟有各专门医院，如神经（按：精神）病院、麻疯（按：麻风）病院、肺痨病院等设置。如市民有轻病，即可赴沪南、闸北、江湾、吴淞等各卫生事务所医院治疗，肺痨等病将来亦有专院可入。而病较重者，则来市医院诊治”⑤的多层次医疗卫生体系。

3. 积极开展传染病防治

李廷安认为“我国民族之衰落，痨病实为主因”⑥，他会同海港防疫处处长伍连德、公共租界工部局防疫股主任布美筹建中国预防痨病协会，并担任副理事长。李廷安多次参加中华麻风救济会年会，1937 年代表卫生署署长刘瑞恒发言，称：“中国的麻疯问题，诚然严重……此症为慢性传染病，患者若不及早医治，必致堕指裂肤，终身残废，故民间提及麻疯，莫不谈虎色变，且此等病人，大都为劳苦贫民，若辈生活困难，饮食起居多不合卫生，故易患麻疯，富裕者环境优良，自不易罹此疾病矣。”⑦

李廷安认识到“一国国民之强健与否与其国民在儿童时代之身体状况有极

---

①《救护事业会扩大组织》，《申报》1937 年 7 月 21 日，第 14 版。

②《善团联合救灾会昨议决准备救济防疫》，《申报》1937 年 8 月 3 日，第 13 版。

③《孔夫人等筹办大规模伤兵医院》，《申报》1937 年 10 月 25 日，第 6 版。

④ Ferguson M E.Obituary. Li T A.*The Chinese Medical Journal*,1948, 66(6): 342-343.

⑤《市立医院开幕在即昨日招待新闻界》，《申报》1937 年 3 月 21 日，第 15 版。

⑥《防痨协会招待教会领袖》，《申报》1934 年 1 月 21 日，第 13 版。

⑦ 李廷安：《李廷安局长致词》，《麻疯季刊》1937 年第 2 期，第 26—27 页。

大之关系”[①]，天花是仅次于破伤风的婴儿第二大死因，很多儿童因白喉而死。李廷安令卫生事务所免费种痘，为贫苦家庭的儿童免费注射白喉预防针。1937年，境外出现霍乱疫情，李廷安则发表《敬告市民书》，称“上海是东方轮轨集中之区，与南洋各埠交通便利”[②]，要全体动员，严行预防。

4. 实施劳工卫生

1933年2月，上海塘山路正泰橡胶厂失火，焚毙工人一百余名。该事件引起李廷安对劳工卫生的思考。李廷安要求各方通过此次惨剧，吸取以下两点教训：第一，“厂中如已办理劳工卫生，不致发生此次惨剧。盖劳工卫生之意义，非仅仅为工人医病，举凡足以有害于工人之健康与生命者，皆在应行防范之列”。第二，“我国工业，正待提倡，故工厂卫生，应有切实之措施”。[③]对实施工厂卫生的具体做法，李廷安提出设想：“可由各企业家与劳动团体，与社会、卫生两局，合组一劳工卫生设计委员会，先就目前可能范围，在工厂内分别实施，如灌输卫生教育、设置医药等事，所费无多，收效甚大。即防止伤害，整理工厂环境卫生，预防职业病等事，因势而利导之，固不难一一使之改进者也。甚望我企业家及工业团体共起图之。”[④]

（五）西迁西南（1938—1945年）

1937年11月，李廷安任“华南地区防疫专员”，1938年被卫生署委任为防疫大队队长，主持战时防疫。1939年7月，李廷安任中央大学医学院公共卫生学系教授和主任。1941年，李廷安受命前往重庆筹建中央卫生实验院（中国医学科学院前身），并担任院长，同年任中国军队营养改进研究会主任，研究士兵营养。1942年秋，李廷安返回中央大学医学院，任公共卫生学系教授与系主任，同年创建预防医学研究部，开始对合格医学生进行研究生指导。1945年1月，李廷安身患肠癌，在成都由娄克斯博士为他做了第一次手术。

---

① 李廷安：《婴儿卫生与学龄前儿童卫生》，《现代父母》1934年第1期，第38—40页。

② 李廷安：《敬告市民书》，《医药评论》1937年第96期，第26—28页。

③《李廷安谈工厂卫生之重要，为正泰厂失慎而发》，《申报》1933年2月24日，第9版。

④ 李廷安：《劳工卫生与民生之关系》，《民生》1933年第17期，第6—7页。

（六）回归岭南（1946—1948年）

抗战胜利后，卫生署派李廷安到广州筹设广州中央医院，并任院长，同时身兼岭南大学（Lingnan University）孙逸仙博士纪念医学院院长与博济医院院长。李廷安从构建华南医学中心、创建广州中央医院、引进人才、筹措经费等方面，着手重建岭南大学孙逸仙博士纪念医学院。1948年4月29日，李廷安致函中国国际救济委员会（International Relief Committee of China）医学部主任奥特布里奇（T. S. Outerbridge）博士①，这是他生前所发的最后一封信。1948年5月6日零时，李廷安在广州博济医院病逝。

二　李廷安的生平业绩

李廷安作为地方卫生行政领导与近代公共卫生学者，其生平业绩包含卫生行政功绩与学术成就两部分。其卫生行政功绩主要体现在建设适合近代中国国情且具有世界先进水平的北平第一卫生事务所；担任上海市卫生局局长期间对改善城市公共卫生与提高市民健康所作出的贡献；战后重建岭南大学孙逸仙博士纪念医学院。其学术成就体现在科研论文与学术专著上，包括著作3部、论文105篇（其中英文论文10篇）。李廷安的论著涉及卫生行政、妇幼卫生、学校卫生、劳工卫生、乡村卫生、传染病防治、军事医学等方面。

（一）卫生行政功绩

1. 建设北平第一卫生事务所

由于“广泛而高效预防与控制传染病的科学手段直到19世纪末才成为可能”，因此“公共卫生学在医学各门科别中是最后发展的，有关学者们的见解也不尽相同，因而教学的内容也相差很远。在欧美各国，关于卫生学或公共卫生

① 《私立岭南大学关于李廷安来往文件之二》，广东省档案馆，38（全宗号）-4（目录号）-102（卷号），第22页（英文）。

学的教学，在医学课程中相差很远，且教师也很难找到，有的约有数十小时，有的则几乎是空白；有的有几次参观，多数同缺之”。[①]兰安生意识到，不能满足于“少数几门封闭的预防医学课程”，正像临床医学需要医院作为实习基地一样，公共卫生应以社区作为实习基地。“对于公共卫生系而言，一个良好的起榜样作用的社区，要具有四万至六万人口，一所具有200张病床的医院，设有内、外、产科。‘协和’卫生系将具有如同教学医院的教学社区。”[②]

经过不懈努力，兰安生于1925年创办了北平卫生事务所。卫生事务所解决了公共卫生专业学生的理论学习与临床实习脱节问题。

北平第一卫生事务所是行政上隶属于市警察厅（后为卫生局），业务上由协和医学院公共卫生系规划管理运作，经费上主要由洛克菲勒基金提供的城市社区医疗卫生服务机构，同时又是协和医学院公共卫生系的公共卫生教育和科研基地。至于卫生事务所的性质及其与卫生局的关系，李廷安精辟概括为：“卫生局是行政机关，各区卫生事务所是只做工作不管行政的机关，一则居于指挥监督的地位，一则居于产生事业结果的地位。”[③]

李廷安1926年从“协和”毕业后，到1932年10月出任上海市卫生局局长前，除了教学、出国学习和做科研工作外，大部分时间是在卫生事务所从事创立事务所的各项工作，并于1929年底到1932年10月担任北平第一卫生事务所所长。严镜清回忆李廷安在北平第一卫生事务所的开创性工作，“说来容易，这些事情大部分是初创工作，是从摸索工作开始的。他从实际工作中，从探索、研究、总结中得出初步结论，又以结论在实践予以继续改进，逐步写成一本著作，打印的英文大约有数十或百页。可译为《关于北京第一卫生区事务所的各项工作的批判性讨论》。原文为英文 *A Critical Study of the Various Services and Contents of Health Work in the 1st District Health Station*，简称为 *A Critical Study*。这本著作没有付印出版，但在各科室、各部门负责人中，尤其在‘协和’毕业的从事公共卫生学科工作的人员中纷纷传阅、讨论，认为热题热文，是工作的

---

① 严镜清：《缅怀李廷安教授》（未见刊，李宝健教授提供）。

② Bullock M B. *An American Transplant-The Rockefeller Foundation and Peking Union Medical College*. Los Angeles: University of California Press. 1980：144.

③ 李廷安：《卫生局及各区卫生事务所之组织及工作（二十五年9月7日在上海市政府联合纪念周报告）》，《卫生月刊》1936年第10期，第459—463页。

具体指导。在学校与学科领导人中，有的人鉴于它在学科与事务所工作人员中走红的劲头，曾不无带一点讥讽的语调。我称之为《圣经》（Bible）”。李廷安在北平时期，“每星期一次聚集全所工作人员讲解各项工作，每次讲一项工作，约两小时，并回答问题或进行讨论。讲解各项工作的用意、目的及理论，当时的做法和改进意见，并将可进行的调查、研究结合起来。这些讲解、叙述、改进和调查研究都与当时世界上学术科研与论著结合在一起，写在 *A Critical Study* 之内。”①

卫生事务所承担的主要工作包括：①环境卫生：扫除垃圾、卫生稽查、检验牲畜。②预防接种：布种牛痘、霍乱预防注射。③诊疗疾病：诊疗新病、病人临诊。④学校卫生：检查学生体格、发现缺点、矫正缺点。⑤妇婴卫生：产妇检查、接生、婴儿诊疗。⑥卫生教育：卫生展览会、分发宣传品、卫生演讲。②

经数年努力，北平第一卫生事务所工作成效已显现出来。1926 年，该区死亡率为 21‰；到 1933 年，则降至 14.4‰。“该区死亡率自 21.00 至 14.4，则已减少 6.6，亦即该区 110 000 人中每年已可少死 726 人，死亡少疾病亦少，工作效能提高，于社会有极大之利益。”③

卫生事务所是近代中国公共卫生先驱探索在低经济收入社会中，如何运用现代医学知识尤其是预防医学知识解决社会问题所做的有益尝试。李廷安“为这个公共卫生教育事业的先驱机构奠定了一个坚实的基础”④，在工作中摸索出一整套适合当时国情的卫生工作方法，在学校卫生、妇幼卫生、职业卫生、公共卫生、生命统计方面做了大量开创性的工作并积累了丰富经验，在任上海市卫生局局长期间，他将这些经验运用于恢复上海吴淞卫生事务所。“如果说兰安生是北平第一卫生事务所的设计者，那么，李廷安则是北平第一卫生事务所的建设者。”⑤

卫生事务所这一组织制度，不仅在国内推广实行，也被东欧一些国家采用。“大凡每一城市，设一卫生总机关，按区分设卫生事务所，若一区中尚嫌一卫生

① 严镜清：《缅怀李廷安教授》（未见刊，李宝健教授提供）。

② 李廷安：《卫生局及各区卫生事务所之组织及工作（二十五年 9 月 7 日在上海市政府联合纪念周报告）》，《卫生月刊》1936 年第 10 期，第 459—463 页。

③ 李廷安：《卫生行政与死亡率——北平市第一卫生区事务所之生命统计》，《卫生月刊》1935 年第 4 期，第 174—176 页。

④ Ferguson M E. Obituary.Li T A. *The Chinese Medical Journal,* 1948, 66(6): 342-343.

⑤ 李永宸：《卫生事务所是公共卫生理论与近代中国国情相结合的产物》，《中华医史杂志》2016 年第 3 期，第 172—176 页。

事务所为不便应用，则于该区卫生事务所之下，再设简单之分所二三处，此种趋势，已公认为合式（适）之组织制度。波兰及幼哥斯拉夫（按：南斯拉夫）等国，业已实行。”[①]可见，卫生事务所这一卫生组织制度虽然诞生于落后的近代中国，但在世界范围内却是先进的。

2. 筹建上海各区卫生事务所，提高民众健康水平

李廷安主持上海市卫生局之时（1932 年 10 月），恰好在日本侵略军在上海发动“一·二八事变”之后，医疗卫生建设面临重大困难。“本市闸北、江湾、吴淞、殷行、彭浦、真如等区，沦为战地。几历四月，清道工作，均已停止。以致粪秽狼籍（按：狼藉），且有暴露尸体，足以滋生疫病。”[②]“吴淞卫生模范区”被战火摧毁，“吴淞数十万之农民，均感患病无处医治之痛苦”。[③]严镜清对李廷安上任前上海的公共卫生状况也有生动描述：“在上海，较大马路的后街，数十只或数百只马桶列队清倒刷洗是每天早上最常见的有代表性的风景。”[④]

“‘按照近代卫生机关之组织，均采分区设立卫生事务所办法’是解决当时上海公共卫生问题的最佳途径。其总体目标是各区设立卫生事务所，‘使全市卫生事业得以平均进展，全市市民得以同受健康保障之益’。”[⑤]

李廷安就任后即着手恢复与筹建吴淞、江湾、沪南、沪北区卫生事务所。卫生事务所在改进卫生、防治疾病，减少死亡方面起到了明显作用，“高桥卫生事务所，没有成立以前，高桥地方的婴儿死亡率为百分之四十。自高桥卫生事务所成立后，竟减至百分之三或四。换言之，在高桥卫生事务所没有成立以前，高桥的婴儿一百个之中，死四十个”[⑥]。

此外，李廷安借用闸北同济路中国公立医院旧址，改组传染病医院，并于1934 年 3 月 10 日开诊；在龙华戒毒所及南市上海公立医院基础上，于 1935 年

---

① 李廷安：《赴欧考察城市卫生行政报告》，《卫生月刊》1936 年第 4 期，第 169—176 页。

② 上海市卫生局编：《上海市四年来卫生工作概要（民国二十一年至二十四年）》，见民国时期文献保护中心、中国社会科学院近代史研究所编：《民国文献类编·医药卫生卷》（991），北京：国家图书馆出版社，2015 年，第 123 页。

③《市卫生局建设吴淞乡村卫生模范区》，《申报》1933 年 8 月 25 日，第 12 版。

④ 严镜清：《缅怀李廷安教授》（未见刊，李宝健教授提供）。

⑤ 李永宸：《李廷安与上海市吴淞区卫生事务所》，《南京中医药大学学报（社会科学版）》2016 年第 2 期，第 101—106 页。

⑥《市府昨日召开各筹建委会成立会》，《申报》1935 年 4 月 12 日，第 9 版。

在闸北、沪西及浦东各处设戒烟院；借用江湾“高境纪念新村”房屋，作为临时戒烟医院，可容烟犯一千人。1937 年 4 月，上海市立医院与市立卫生试验所举行开幕典礼。对上海市医疗卫生建设所取得的成就，参加典礼的卫生署署长刘瑞恒称赞道：“上海一市，经前任市长与卫生局胡前局长及现任李局长之热心筹划，努力进行，故非常有成绩。在一切卫生设备上，上海可为全国之模范，将来希望其他各大都市，均能以上海为标榜，力求卫生事业之发展。”①

3. 开展多种形式的卫生教育，提高民众的卫生观念

李廷安作为教育部中小学卫生教育设计委员会成员，高度重视卫生教育，认为“卫生教育为一国国民应受之基本教育。盖一国国民之健全与否，与一国国民卫生教育程度，其升降成正比例”②，建议通过举办卫生运动会、暑期学校、暑期讲习会、儿童健康比赛、播音演讲、现场演说等多种形式，开展学校卫生、妇幼卫生、职业卫生、环境卫生、乡村卫生、传染病防治等教育。

李廷安从 1934 至 1937 年，每年举行一届全市卫生运动大会，每届有一主题。

第 13 届卫生运动大会主题为“改进个人与环境卫生”，“应注意之事有五：（一）吐痰必须养成良好习惯。（二）小便必上厕所。（三）垃圾必须倒在垃圾桶内。（四）喝水喝沸水。（五）接受防疫注射等五事”。③

第 14 届卫生运动大会主题是“把戒烟戒毒，也并在卫生运动之内”④。

第 15 届卫生运动大会主题是“以儿童卫生妇婴卫生为中心”，“以儿童为其活动之主要对象，而以父母卫生知识之灌输为次要，以收相得益彰之效”。⑤

第 16 届卫生运动大会主题则是“使市民注意认识（卫生运动）”⑥。

举行卫生运动的意义是“作大规模的卫生宣传，将种种卫生常识，灌输到一般民众的心目中。使能彻底了解卫生的意义，增进健康，即是强我国家，又即是强我民族”。对于开展多种形式的卫生教育所取得的成效，李廷安不无自豪地说：“市民对于卫生观念之进步，而向卫生机关商请指导援助事件之逐年增多，

① 《市立医院昨午开幕》，《申报》1937 年 4 月 4 日，第 13 版。

② 李廷安：《婴儿卫生与学龄前儿童卫生》，《现代父母》1934 年第 1 期，第 38—40 页。

③ 《第十三届卫生运动开幕》，《申报》1934 年 6 月 20 日，第 9 版。

④ 《上海市第十四届卫生运动大会特刊辞》，《申报》1935 年 6 月 15 日，第 16 版。

⑤ 《十五届卫生运动昨首次筹备会》，《申报》1936 年 5 月 13 日，第 13 版。

⑥ 《十六届卫生运动昨晨开幕》，《申报》1937 年 7 月 7 日，第 15 版。

及执行卫生法令之顺利进行，可为明证者也。”①

“近年来各界对于卫生运动之提倡，养成卫生观念，使一般流行病症逐渐减少。”②

4. 战后重建岭南大学孙逸仙博士纪念医学院

抗日战争胜利后，李廷安已身患重病，他谢绝行政院院长宋子文的上海市卫生局局长的任命，将人生的最后两年零四个月（1946 年 1 月—1948 年 5 月 6 日）献给了广州。战后的广州，医学相当落后，尤其是医学人才匮乏，“仅有专任兼任教授共 4 人”③。

经过李廷安的努力，1947 年 3 月，孙逸仙博士纪念医学院的三所附属医院都进入中国最好的 15 家医院行列。④1948 年，孙逸仙博士纪念医学院已达到“国内一流或最佳水平”。李廷安把广州建成华南医学中心，改变了岭南地区医学教育与临床水平的落后面貌，具体做了以下工作：

一是整合广州的医学资源，构建华南医学中心。以岭南大学孙逸仙博士纪念医学院为核心，把有 500 张病床的广州中央医院、200 张病床的博济医院、250 张病床的夏葛医学中心作为附属医院，纳入 50—100 张病床的肺结核疗养院与 100 张病床的麻风病院，建成拥有超过 1000 张病床的华南医学中心。“为了公共卫生培训，我们将组织华南公共卫生培训中心，省卫生局、广州市卫生局、两所医学院与四所护士学校将加入该中心。卫生署将极有可能使用该中心为华南各省需要培训公共卫生本科与研究生人才。以上表明我们将建成以医学院为核心的华南医学中心。”⑤

二是创建广州中央医院。抗战胜利后，卫生署在南京、重庆、广州、天津、兰州设中央医院，是“政府所办理之国内五大医疗中心”，中央医院肩负“示范使命”⑥。李廷安借助联合国善后救济署、善后救济总署、美国医药助华会、卫

①《上海市卫生十年来演进概要》，《申报》1937 年 7 月 7 日，第 12 版。

②《国货卫生用品展会昨日举行开幕典礼》，《申报》1937 年 6 月 2 日，第 13 版。

③《私立岭南大学孙逸仙博士纪念医学院概况报告表》，广东省档案馆，038（全宗号）-002（目录号）-11（卷号），第 022—023 页。

④《私立岭南大学关于李廷安来往文件之四》，广东省档案馆，38（全宗号）-4（目录号）-104（卷号），第 70 页（英文）。

⑤《私立岭南大学关于李廷安来往文件之一》，广东省档案馆，38（全宗号）-4（目录号）-101（卷号），第 121—122 页（英文）。

⑥《中央医院》，行政院新闻局印行，中华民国三十六年。

生署以及当地政府的支持，从医院地址的选购、人才引进、资金筹措、设备购置等方面，为创建广州中央医院倾注了大量心血。1946年12月2日，广州中央医院正式开始门诊，次年1月接收住院病人。

三是引进人才。李廷安抵达广州后，立即于1946年1月中旬向蔡翘（1948年首届中央研究院院士）、郭秉宽（眼科一级教授）、张先林发出邀请；随即向应元岳、施正信、吴在东、钟世藩、陈心陶、司徒展、谢元甫、林树模、陈耀真、谢志光、周金黄、张茂林、李士伟、白施恩、司徒亮、陈翼平、程玉麐、冯万熹、宋杰、王就安、颜春辉、康锡荣、马汝庄、江世澄、林廉卿、王成恩、汤泽光、李佩霖、许天禄、许汉光等发出前来广州工作的邀请函。他们当中绝大多数是20世纪50年代国内一二级教授、各学科的带头人。据掌握的资料看，中山大学医学院的八位一级教授中，李廷安向谢志光、林树模、陈耀真、钟世藩、陈心陶发出过邀请。

四是筹措资金。孙逸仙博士纪念医学院面临经费短缺的困难，“与国内拨款最少的国立医学院中的财政预算相比，不足三分之一”[①]，“每年的预算只有当时北平协和医学院护士学校的十分之一”[②]。由于孙逸仙博士纪念医学院是孙中山学医与开始革命的地方，战前教育部每年有拨款。战后，李廷安首先争取到教育部、财政部等政府部门恢复该项拨款。其次，李廷安争取个人的资金支持。李廷安曾致函立法院院长孙科、宋庆龄请求经费援助，或通过孙科请求胡文虎的支持。在给宋庆龄的信中，李廷安强调了博济医院尽管经费困难，但一直坚持做慈善。“我高兴地知悉您在这些年一直做着大量的慈善工作。我冒昧地写信给您，您是否乐于在我们博济医院为慈善目的而支出的费用总额中帮助我们一部分。如果不是因为我最直觉地感到，博济医院是国内一所值得所有人为之努力与给予帮助的机构，我不会冒昧地恳求您的同情与帮助。”[③]最后，向国际组织与境外基金会请求资金资助。李廷安曾向联合国善后救济署、善后救济总署、中国国际救济委

---

① 《私立岭南大学关于李廷安来往文件之一》，广东省档案馆，38（全宗号）-4（目录号）-101（卷号），第59—61页（英文）。

② 《私立岭南大学关于李廷安来往文件之四》，广东省档案馆，38（全宗号）-4（目录号）-104（卷号），第58页（英文）。

③ 《私立岭南大学关于李廷安来往文件之一》，广东省档案馆，38（全宗号）-4（目录号）-101（卷号），第59—61页（英文）。

员会、美国医药助华会、全英助华联合总会等机构寻求各种形式的资金支持。

李廷安的卫生行政功绩还表现在“组织医疗救护，支持抗日”“积极开展传染病防治”“实施劳工卫生”等方面，参见前文“（四）主持上海市卫生局（1933—1937 年）”。

（二）学术成就

1. 学校卫生

李廷安是我国近代最早关注、全面研究、积极推进学校卫生的先驱者。李廷安关注学校卫生可追溯到 1925 年，他在对广州卫生调查中发现：“尽管一些学校尤其是教会学校采取了某些措施。但学校没有实施学生卫生检查，卫生部门也没有实施对存在身体缺陷的学生进行治疗的规定。学校卫生建设没有得到加强。”①

学生身体普遍存有缺陷，健康状况堪忧。1933 年秋，上海市卫生局对市立比德学校施行肺痨检查，“百分之六十以上有肺痨病”②。

都市里的各级学校学生的健康状况尚且如此，广大农村学童的健康状况则更令人担忧了。

李廷安从国家之强盛与健全之民族的高度，来认识学校卫生的重要性。“欲求国家之强盛，须先有健全之民族。而健全民族之培植，宜从学童入手。”③

李廷安从学校卫生工作中体会到，较之其他公共卫生，学校卫生具有投入少而收效大的优点。其原因是学校群体中，“他们的头脑能接受新思想、年纪尚轻易于形成卫生习惯、纠正尚未形成伤害的缺陷，通过对在学龄儿童中流行的传染病的预防接种，而获得免疫力”④。

实施学校卫生教育较家庭卫生教育、社会卫生教育效果更佳。实施卫生教

---

① Li T A. A public health report on Canton, China. *The National Medical Journal of China*, 1925, 11(5): 324-375.

② 李廷安讲，顾正汉记：《上海市学童肺痨病问题之重要》，《卫生月刊》1934 年第 8 期，第 325—327 页。

③ 李廷安：《学校卫生概要 • 绪言》，上海：商务印书馆，中华民国十九年，第 1 页。

④ Fang I C, Li T A. School health in the Peiping special health area. *The China Medical Journal*, 1929, 43 (7): 697-706.

育，“以学校卫生教育为尤宜，更以小学及中学为尤要”[①]。因为“小学是一国国民所必经之场所，至少须历五六年之久。于此期内，授以相当之卫生智识（知识），养成良好之卫生习惯，甚易见效，而植健康之基。更于中学而再加以灌输与训练，必可养成多数之健全国民矣。如学校卫生教育，果已普及，则家庭卫生教育，与社会卫生教育，亦可迎刃而解”[②]。

李廷安任职北平第一卫生事务所时就开展学校卫生工作，将学校卫生内容分成传染病之预防、体格检查、疾病之矫治、校舍卫生、体育训练、卫生教育，办理过程中，体会到医师最重要，其次是护士。他们要在政府立案的医学院与护士学校毕业，同时要受过学校卫生训练。“大约医师一人，可处理 3000 学生。护士一人，则可处理 2500 学生。”[③]

1929 年，李廷安刚获得哈佛大学公共卫生博士学位，就被上海市卫生局局长胡鸿基借调到上海学校卫生工作，为此他还放弃了前往英国考察的计划。李廷安在上海的工作，成绩显著。“卫生部次长刘瑞恒、顾问兰安生、司长严智钟、铁道部技正胡宣明等，于 6 月 3 日来沪，视察卫生局经办各政，由卫生局长派科长李廷安，陪往市立时化、比德等小学校，实地考察卫生局新近创办学校卫生工作实施情形，均颇满意。”[④]

李廷安将近代公共卫生理论运用于办理北平、上海的学校卫生，并将办理学校卫生经验用英文写成《学校卫生概要》，经美国哈佛大学卫生学院、美国纽约市卫生教育设计会、北平协和医科大学卫生科兰安生教授、卫生部金宝善司长、姚永政、“北平第一卫生事务所”方颐积所长、陈志潜、上海特别市卫生局朱季青等修改翻译成中文，民国十八年（1929 年）9 月，国民政府卫生部向全国办理学校卫生者推荐此书，“各地方办理学校卫生者，足资为依据也”，并于民国十九年（1930 年）11 月由商务印书馆出版。兰安生对此书作了高度评价：“环顾东西各国，对于学校卫生之实施、卫生教育之发展，有此普及全国之计划者，余

① 李廷安：《一年来之卫生教育》，上海新闻社编：《一九三三年之上海教育》，上海：上海新闻社，1934 年，第 237—242 页。

② 李廷安：《一年来之卫生教育》，上海新闻社编：《一九三三年之上海教育》，上海：上海新闻社，1934 年，第 237—242 页。

③ 李廷安：《学校卫生概要》，《医学周刊集》1931 年第 4 卷，第 11—14 页。

④《卫生部次长视察卫生局工作》，《申报》1929 年 6 月 5 日，第 14 版。

尚未之见也。”[①]

2. 乡村卫生

中华医学会于1932年10月在上海举行常会，指派李廷安为中国乡村卫生调查委员会主席，从事调查中国乡村卫生之状况。“其目的乃在调查今日中国乡村卫生机关之数目，暨其组织与工作，俾为从事乡村卫生人员与学者之参考。”[②]

李廷安认为乡村卫生之重要具有消极、积极两重之经济意义。“在消极方面，因减少疾病死亡及精神上之痛苦，而减少因以遭受之经济损失。在积极方面，因促进健康，延长寿命，提高工作效率，以及添加精神上之愉快，而增加因以获得之经济利益。”[③]

李廷安总结我国乡村卫生现有机构的特点：为数不多；组织不同；历史甚短；人员缺乏；经费竭蹶；工作相类。[④]

举办乡村卫生应了解我国乡村卫生特点，李廷安总结出我国乡村卫生六大特点：①土地辽阔，交通不便；②人口众多，民众知识浅陋，迷信极盛；③急性慢性传染病十分普遍；④经济状况极为恶劣；⑤科学医学人才极为缺乏（假定每一万人中应有医师一人，则全国四万万人应有医师四万，但据当时卫生署统计，全国合格医师，尚不满四千人）；⑥医院数目亦极缺乏，且大部分在都市中，乡村中除少数教会所举办者外，几不可得。[⑤]

李廷安根据我国乡村卫生的特点与办理乡村卫生的经验，提出了我国办理乡村卫生应采取公医制度，“欲达此（按：卫生行政）目的，必须以全国人民，无分贫贱富贵，悉置于医药保障之下然后可。而欲求医药保障之得以普遍，非打破以前个人行医之风气，采用公医制度不可。不仅注意于治疗方面，必须重视预防之工作”[⑥]。

李廷安通过调查“河北定县实验乡村卫生”，提出“中国乡间卫生事业能不用医生护士，则不用”的观点。对此，李廷安解释说，“以我身为一医师，而发

① 李廷安：《学校卫生概要·序三》，上海：商务印书馆，中华民国十九年。
② 李廷安：《中国乡村卫生调查报告》，《中华医学杂志》1934年第9期，第1114页。
③ 李廷安：《中国乡村卫生问题》，上海：商务印书馆，中华民国二十四年，第3—4页。
④ 李廷安：《中国乡村卫生问题》，上海：商务印书馆，中华民国二十四年，第79—80页。
⑤ 李廷安：《中国乡村卫生问题》，上海：商务印书馆，中华民国二十四年，第120—121页。
⑥ 李廷安：《中国乡村卫生问题》，上海：商务印书馆，中华民国二十四年，第123页。

此种论调，似乎近于矛盾与滑稽，其实大家若平心静气一想，则未必不与我表同情”，提出这一观点，是基于以下三方面考虑：一是中国乡村卫生能举办之事项既少而简，是否样样必需医生与护士？二是今日之医师护士工资颇高，是否为农村经济所能担负得起？三是今日医师护士之训练方法皆由欧美日本抄袭而来，其结果是否合乎国内之需要？单就经费一项而言，李廷安认为“(定县)每村既需要一种卫生基本组织，而其每年经费，至多不过 50 元，以 50 元之数雇养今日之护士，绝对为不可能，医师一层，更无从谈起”。①

李廷安调查“安徽和县乌江农民医院”时发现，通过简单的医疗救助，可以联络村民感情，进而达到农业推广工作的目的。民国十二年（1923 年）秋，金陵大学派李洁斋先生到乌江开展农业推广工作，但农民不接受。李洁斋东奔西走，收效甚微。李洁斋感到，要联络地方感情，获得农民信任，方能开展农业推广工作。他“(目)睹乌江附近农村疾病流行，与夫医药之缺乏，遂以为救济疫疠，借与农民来往，实为联络感情，获得信仰之捷径”。于是，民国十四年春，他购金鸡纳霜一瓶、碘酒半磅，并其他西药数种，施诊舍药，医病救苦，颇得一般农民之敬爱。农业推广工作亦一日千里。李廷安感叹：“今乌江金大农业推广实验区，名播全国，中外同钦，远道参观者，络绎不绝于项王墓旁，岂知首开风气者，实一瓶金鸡纳霜与半磅碘酒之力也。”②

李廷安调查“上海市高桥乡村卫生模范区办事处”幼儿卫生时，强调幼儿教育的重要性及方法。“一岁至五岁之幼儿，为最缺乏教育之时代。往往三五成群，嬉游于街头巷尾，恶习相长，贻误终身。救济之道，端在斯时加以指导，树立身体与精神健康之基础。爰于各诊所及各学校附设幼儿健康会（又称学前儿童健康会)，每星期一次，兄挈其弟，妹随其姊，于唱歌游戏之中，寓健康教育之义，潜移默化，收效甚宏。”③

卫生署署长刘瑞恒高度评价李廷安的《中国乡村卫生问题》：“我国乡村，为一病态之乡村，此著不啻（按：只是）为一详细之病历与治疗之方案。当此全国均憬然（按：醒悟的样子）奋起，求所以复兴农村之途径，此著实无愧为

① 李廷安：《中国乡村卫生调查报告》，《中华医学杂志》1934 年第 9 期，第 1125—1126 页。
② 李廷安：《中国乡村卫生调查报告》，《中华医学杂志》1934 年第 9 期，第 1136—1137 页。
③ 李廷安：《中国乡村卫生调查报告》，《中华医学杂志》1934 年第 9 期，第 1172 页。

一指示之南针焉。”上海市市长吴铁城为此书题词“恫瘝在抱”（按：把民众疾苦放在心上）。[①]

3. 妇幼卫生

1）妇女儿童卫生的提出

近代中国人口高死亡率是李廷安关注妇女儿童卫生的重要原因。李廷安研究中国人的死亡率可追溯到1924年，当他还是“协和”四年级学生时，就发现1922年香港中国人标化死亡率为27.57‰；香港中国婴儿死亡率为289.98‰，高于同期西欧国家的二至三倍。[②]次年，李廷安报道：“新生儿破伤风是婴儿生下第一个月后的主要死因。”[③]妇女卫生与儿童卫生关系至密，“婴儿卫生及学龄前儿童卫生，乃重在家庭方面，而母亲为负责尤重之人”，“凡母体有病而生之婴儿，非易死亦必不难健全”[④]。因此，笔者把李廷安的妇女卫生与儿童卫生的思想放在一起探讨。

1933年10月，李廷安在东南医学院对学生作《公共卫生与国难》演讲时[⑤]，指出救贫是民生问题，救愚是教育问题，救私是道德训导和法制管理问题，而疾病与国家关系至密。“（20世纪30年代，我国）平均人寿仅30（岁）”，“世界先进各国平均死亡率约为15……（我国）约数为30，较先进国高出一倍，即每千人中多死15人。此15人谓之逾格死亡，即不应死亡而竟死亡之数”。[⑥]

我国近代人口以四万万计，则国人每年之逾格死亡应有六百万人。近代中国的高死亡率，其中一个重要原因是产妇婴儿死亡率高。

李廷安1934年为助产学校学生作《中国保母育婴问题之重要》的讲演时称[⑦]，相比当时欧美先进国家的4/1000的产妇死亡率，近代中国约为15/1000，中国人口大概有四万万，其出生率为30/1000，那么以出生率乘以四万万人口，就可知道每年出生的孩子数了，即是1200万。除去产双胎等约略算起来，中国

① 李廷安：《中国乡村卫生问题·刘瑞恒序》，上海：商务印书馆，中华民国二十四年，第1页。

② Li T A. The death rate of Hongkong as a criterion of mortality in China. *The National Medical Journal of China*, 1924, 10(1): 25-32.

③ Li T A. A public health report on Canton, China. *The National Medical Journal*, 1925, 11(5): 324-375.

④ 李廷安：《婴儿卫生与学龄前儿童卫生》，《现代父母》1934年第1期，第38—40页。

⑤ 李廷安演讲，陈生白录意：《公共卫生与国难》，《东南医刊》1933年第4期，第49—51页。

⑥ 李廷安：《我国乡村卫生之重要》，《卫生月刊》1934年第12期，第500—505页。

⑦ 李廷安讲，胡昌治记：《中国保母育婴问题之重要》，《卫生月刊》1934年第5期，第206—210页。

每年可以说约有 1000 万的产妇。中国每年得死 15 万个产妇，相比欧美先进国家，要多死 11 万个产妇。1919 年，欧美先进国家婴儿死亡率约为 100/1000，而中国超过 250/1000。换句话说，不该死而死的婴儿每年每千人中竟有 150 之多。中国每年有 1200 万的孩子出生，每年中国死亡的婴儿竟有 180 万之多。

李廷安比较中国与欧美先进国家产妇死亡原因：产褥热占 28%，妊娠之意外危险占 24%，子痫及产后蛋白尿占 20%，分娩之意外危险占 18%，产后失血占 7%，其他占 3%。中国产妇遭遇到最多的大约是第一项产褥热和第四项分娩之意外危险。“因为中国的接生婆大都是北京人所谓姥姥，甚至是隔壁对门邻居的老年中年妇人毛遂自荐的帮手。他们不管指甲很长，手很污秽，把成千成万的细菌送进产妇的子宫交换一个孩子，结果产妇就得了产褥热。他们也不懂得产妇的骨盆多大，产妇的子宫怎样，揪拳勒臂的（地）伸入产道，任意胡为。产妇于是遭到分娩的意外危险。”①

美国的婴儿死亡的最大原因是下痢与早产。然而中国婴儿死亡的最大原因，第一个是破伤风，第二个是天花。李廷安认为这两个死因原本是“极容易而又最应当避免的”，“因为中国的收生婆常用那不消毒的剪子，甚至破瓦，来割断脐带，或是挖了一堆灰土去掩塞伤口，结果把破伤风杆菌带进小孩的体内，而这小孩因以抽风死了。我记得有一家人家，生了八个孩子，八个都是破伤风死了。”②

近代中国积贫积弱的社会现实是国民死亡率高与平均寿命短的重要社会因素。而产妇与婴儿的高死亡率则直接导致了国民的低平均寿命。所以，实施妇女儿童卫生，保障妇女儿童健康是降低死亡率与提高平均寿命的重要途径。

2）妇女卫生关系到家庭经济和幸福

妇女担负着照料孩子与家庭的责任，妇女卫生直接影响到儿童卫生与家庭幸福。“故其自身卫生之能否实行。不惟仅关妇女本身之利害。而于所生儿女，及家庭方面，皆有直接之影响。”③

儿童身心健康与否直接影响到成人后的身心健康，而母亲对学龄前儿童身心健康影响最大。母亲不仅要保护儿童的身体健康，而且要了解儿童的心理。

① 李廷安讲，胡昌治记：《中国保母育婴问题之重要》，《卫生月刊》1934 年第 5 期，第 206—210 页。
② 李廷安讲，胡昌治记：《中国保母育婴问题之重要》，《卫生月刊》1934 年第 5 期，第 206—210 页。
③ 李廷安：《妇女卫生常识》，《卫生杂志》1934 年第 16 期，第 22—25 页。

做母亲的要意识到小孩不仅仅是自家的孩子，而且是国家的资源，不仅要尽到母亲的责任，也要完成国家的义务。李廷安这一育儿思想，也体现在自家小孩的抚养上。李廷安夫人与做母亲的交流育儿经验，在《为父母们进一言》里表达了先进的育儿思想："小孩本身并不是个人的产物，而是国家的资源，我们固然不能攘为己有，更不能不尽心竭力的养育，一方面了却做父母的责任，一方面完成个人对于民族所负的义务。"[①]

家庭幸福是妇女的责任，也是妇女的希望。"家庭幸福也不是抽象的，而是拓展的、开放在经济条件上的一朵鲜花，其基地实在是卫生。"[②]

李廷安认为家庭幸福与家庭的经济条件密切相关，而妇女卫生则直接影响到家庭经济。

3）一国国民之强健与否与其国民在儿童时代之身体状况有极大之关系

近代中国与国民，被西方各国目为"病夫之国"与"东亚病夫"，中国参加1936年奥运会全军覆没，"据各方面的评论，都说是体力薄弱的缘故"[③]。

在竞技体育层面要取得成功，一定要有"强盛体力与庞大的体魄，一定要从儿童时代开始训练的"[④]。

由于不注意儿童时期的卫生，成年后衰老亦快，服务于社会、为国家做贡献的时间亦短。"西洋人在五六十岁的年纪，是正当精力强盛的时候，许多大发明家、大政治家、大艺术家及教授，都是在老年时完成他们的事业和伟大的作品。反顾我们中国的同胞，到了这个年龄，就不想做什么，也可以说是不能做事了。比较有钱的中年以上的人，都在预备造房子，以乐余年！或者觅地作墓，以备百年！如此看来中国的男子大都三十而立，至四十已老，计算起来，服务社会的时间，仅仅乎十几个年头！总合一个民族的生命力，就显得出短促而薄弱了！"[⑤]

儿童是成人的基础，是国家的未来。儿童在成长发育期中，如果不运用符合卫生原则的方法养育他们，就容易夭折，即使幸免于夭亡，也易成为精神与

① 王淑贤：《为父母们进一言》，《快乐家庭》1937年第6期，第12页。
② 李廷安：《妇女卫生是家庭经济和幸福的问题》，《新生活周刊》1935年第58期，第5页。
③ 李廷安：《保障儿童健康的几个要点》，《上海市第三届夏令儿童健康营营刊》1936年，第47—48页。
④ 李廷安：《保障儿童健康的几个要点》，《上海市第三届夏令儿童健康营营刊》1936年，第47—48页。
⑤ 李廷安：《儿童健康的要义》，《卫生月刊》1936年第7期，第329—330页。

身体怯懦愚弱之人。这样的人不但不能服务国家与社会，国家与社会反而要为此支出救助费用。“一国国民之强健与否与其国民在儿童时代之身体状况有极大之关系。”①

因此，李廷安认为“谋一国国民之强健，对于儿童卫生，必须特别注意而实行之”②。

4）妇女儿童卫生的具体实践

李廷安认为实践妇女卫生，关键是保护产妇。保护产妇的措施有：政府厉行助产士注册法令，取缔一切为害的接生者；凡孕妇受孕后，政府应负检查的责任；多设诊疗所——尤其是牙科、花柳科，因为这两种病比较多，大凡胎儿流产，很多是因孕妇血中有花柳病毒；多设产科医院。③

李廷安通过以下方法实践儿童卫生：掌握育婴的办法，保障儿童的营养，实施健康教育，举办夏令儿童健康营。

李廷安站在“今日有健康的儿童，明日就有强盛的国家”④的高度来认识儿童健康之于国民强健之重要，提出了“妇女卫生是家庭经济和幸福的问题”“一国国民之强健与否与其国民在儿童时代之身体状况有极大之关系”“民族体格之强弱与国家兴替有密切之关系”等先进的妇女儿童卫生新观点。李廷安在《上海市儿童之健康保障》演讲中指出：“小孩子们也和成人一样的需要空气和阳光，我们住房子不应当把小房间给孩子住，有的父母们常常把朝南的大房间自己住，而将朝北的小房子给小孩子住，却以为这没有什么关系，兄弟代儿童请命，请父母们对于他们住的问题多多注意。”⑤这一育儿方法，至今亦发人深省。

4. 劳工卫生

1925年，李廷安在研究广州市的公共卫生时，发现“广州没有劳工卫生。工人没有任何职业危险的防护。没有任何保护女工和童工的条例”⑥。

---

① 李廷安：《婴儿卫生与学龄前儿童卫生》，《现代父母》1934年第1期，第38—40页。

② 李廷安：《婴儿卫生与学龄前儿童卫生》，《现代父母》1934年第1期，第38—40页。

③ 李廷安讲，胡昌治记：《中国保母育婴问题之重要》，《卫生月刊》1934年第5期，第206—210页。

④ 李廷安：《儿童健康的要义》，《卫生月刊》1936年第7期，第329—330页。

⑤ 李廷安演讲：《上海市儿童之健康保障》，《卫生月刊》1937年第5期，第7—9页。

⑥ Li T A. A public health report on Canton, China. *The National Medical Journal of China*, 1925, 11(5): 356-357.

随后，李廷安在 1927 年与 1933 年分别就北平毛毯厂工人的营养性疾病[①]与职业病[②]展开研究。1933 年 2 月上海塘山路正泰橡胶厂失火，焚毙工人一百余名。李廷安站在劳工卫生就是民生问题的高度，就劳工卫生的内容、实施方法等提出了具有前瞻性的建议。[③]

近代中国，工业发展方兴未艾。机器生产日益普及，各种职业病及工伤问题日益突出。这是李廷安提出劳工卫生之社会历史背景。"各厂灾害事件层见迭出，其结果不特劳工方面有断脰（按：脖子）绝足，横遭非命之惨，即厂方亦遭受重大之损失。"[④]

李廷安概括了劳工卫生内容，即预防工伤、预防职业病、搞好工厂内之环境卫生、配置医药设备、实施卫生教育与劳动保险等方面。[⑤]

1933 年 2 月，上海塘山路正泰橡胶厂失火，焚毙工人一百余名。李廷安要求各方要通过此次惨剧吸取以下两点教训：工厂要办理劳工卫生，对工厂卫生应有切实措施。[⑥]

李廷安总结实施劳工卫生之意义：减少企业之损失，增加企业之利润，增进劳资双方的感情。[⑦]

对实施工厂卫生的具体做法，李廷安提出设想："可由各企业家与劳动团体，与社会、卫生两局，合组一劳工卫生设计委员会，先就目前可能范围，在工厂内分别实施，如灌输卫生教育、设置医药等事，所费无多，收效甚大。即防止伤害，整理工厂环境卫生，预防职业病等事，因势而利导之，固不难一一使之改进者也。甚望我企业家及工业团体共起图之。"[⑧]

李廷安不仅支持上海市各工厂组织工业福利协会，而且受聘担任工厂卫生顾问。1933 年 6 月 17 日，由上海市天厨味精厂等发起组织的工业安全协会举行

---

① Li T A. Danger from nutritional diseases in modern industrialization. *The National Medical Journal of China*, 1927, 13(5): 377-382.

② 李廷安：《地毯工业中职业性疾病之研究》，杨建邦译，《中华医学杂志》1933 年第 1 期，第 13—20 页。

③ 李廷安：《劳工卫生与民生之关系》，《民生》1933 年第 17 期，第 6—7 页。

④《本市各工厂发起组工业福利协会》，《申报》1933 年 5 月 1 日，第 14 版。

⑤ 李廷安：《劳工卫生与民生之关系》，《民生》1933 年第 17 期，第 6—7 页。

⑥《李廷安谈工厂卫生之重要，为正泰厂失慎而发》，《申报》1933 年 2 月 24 日，第 9 版。

⑦ 李廷安：《劳工卫生与民生之关系》，《民生》1933 年第 17 期，第 6—7 页。

⑧ 李廷安：《劳工卫生与民生之关系》，《民生》1933 年第 17 期，第 6—7 页。

成立大会。李廷安在欢迎宴会上发言，认为工厂卫生关系到工人健康、工人健康关系到工厂生产，表示愿意与该会合作，搞好工厂卫生。“提倡工厂卫生，乃是要做根本的工作。这种根本工作，就是设法预防和注意工人的营养。至于工厂卫生的进行工作，希望政府与贵会合作，将来共同组织委员会，商议一切应办工作。”①

近代中国工业化进程加速发展与职业卫生相对滞后的矛盾是工厂事故、职业病频发的主要原因，是李廷安职业卫生、劳工卫生思想形成的社会基础。

5. 禁烟禁毒

李廷安认为烟毒可祸及国人的健康及国家的主权，“烟毒之为害胜于兵刀，我国自明清以降，备受摧残，苍苍蒸民身体日以亏，茫茫神州版图日以削”②。

李廷安主持上海市卫生局工作以后，积极扩充戒烟所，以尽量收容烟民，考虑到“原有龙华戒毒所，及南市上海公立医院二所，因铺位不多，殊感不敷”，“于闸北、沪西及浦东各处，在最短期内，遍设戒烟院”。③

由于戒烟医院之床位有限，“特指定红十字会第一医院、广仁医院、生生医院、劳工医院、东南医院、延泽医院、平民疗养院、小东门南洋医院、瞿直甫医院、济群医院、小南门南洋医院、中德医院、伯特利医院、江湾医院、沪太疗养院、市立上海医院、惠旅养病院、同德医院、虹桥疗养院等 19 处兼办戒烟工作，自本年 3 月起（按：1937 年），开始收容病人”④。

李廷安通过举办卫生运动会与播音演讲，宣传烟毒的危害。1935 年 6 月，李廷安主办上海市第 14 届卫生运动大会，本届大会“把戒烟戒毒，也并在卫生运动之内”⑤。

李廷安本人于 1936 年 4 月 22 日及 6 月 2 日分别在东方电台⑥和福音电台⑦播音，演讲禁烟拒毒意义。经过各种努力，接受戒烟人数逐渐增加。“至于受戒人

---

①《工业安全协会制定安全计划九项》，《申报》1933 年 9 月 25 日，第 10 版。

② 李廷安：《一年来上海市卫生局禁烟禁毒工作》，《禁烟专刊》1937 年第 3—4 期，第 13—14 页。

③《闸北沪西浦东等处，将遍设戒烟医院》，《申报》1935 年 7 月 19 日，第 11 版。

④ 李廷安：《一年来上海市卫生局禁烟禁毒工作》，《禁烟专刊》1937 年第 3—4 期，第 13—14 页。

⑤ 李廷安：《上海市第十四届卫生运动大会特刊辞》，《申报》1935 年 6 月 15 日，第 16 版。

⑥《禁烟宣传周昨日开始》，《申报》1936 年 4 月 21 日，第 10 版。

⑦《明日“六三”禁烟纪念》，《申报》1936 年 6 月 2 日，第 12 版。

数自本年 1 月至 10 月止，市立各戒烟机关约为 14 000 余人，指定兼办戒烟之医院，本年 3 月开始工作，计有 700 余人投戒。”①

6. 军事医学

李廷安的军事医学思想的萌芽可追溯到 1920 年，是年他在广州《南风》发表《动物色泽之研究》一文，认为“动物色泽，以常人眼光观之，只一种颜色耳……若以科学眼光观之，则色泽之构造，其理甚深”。他把动物色泽与战争联系起来，“动物色泽实一种趣致之科学，对于战争上，关系尤大。战场军士常将身描画与战地相似，使袭击之时，敌人难以认识，其在石旁守卫者，常穿一深灰色之衣，在树中射击者，常将面目衣服，画成树枝树叶，战舰常油深绿色，飞机则油天青色，使在青天绿水中不易动目焉”。②

随着对近代中国国情与民族危急的认识深入，李廷安意识到作为一个医生及卫生行政的领导者在抗日战争中所承担的使命，并站在救亡图存的高度来研究中国的公共卫生，以公共卫生专家的视角来研究战时救护与士兵营养。

李廷安就任上海市卫生局局长适值“一·二八事变”之后，李廷安充分发挥卫生局的专业特长与技术优势，编辑《战地卫生学》，推进战地卫生工作。③

基于国际视野与科学判断，李廷安早在全面抗战爆发不久就洞察到中日间的这场战争是“国际战争，系科学化的战争”。1938 年 1 月 1 日，李廷安对广西军医学校师生演讲时，进而明确指出医界同人在这场战争中的使命，即“我们医界中人，不要以为打仗只是军队的事，而不是医界的事。做医界的，应当负担战时救护的工作，使伤兵早复健康，而增加抗战力量”。④

作为中国军队营养改进研究会主任，李廷安开展对中国士兵的体格检查与营养的科学研究。1939 年，李廷安以两连士兵为试验对象，开展士兵营养的研究。在实施营养研究之前，由成都三大学（按：华西、齐鲁、中央大学医学院）联合医院与中央大学医学院内科、牙科、眼科等诸位医师负责对士兵进行详细的体格检查。检查结果表明：符合身高（160 厘米）与体重（50 公斤）条件者

---

① 李廷安：《一年来上海市卫生局禁烟禁毒工作》，《禁烟专刊》1937 年第 3—4 期，第 13—14 页。

② 李廷安：《动物色泽之研究》，《南风》1920 年第 1 期，第 73—76 页。

③《卫生局编〈战地卫生学〉》，《申报》1933 年 1 月 24 日，第 11 版。

④ 李廷安博士演讲，雷正兆、邓友涛笔记：《在抗战时期医药同人的使命》，《广西健社医学月刊》1938 年第 6 期，第 491—492 页。

分别占 43%与 65%。①

李廷安确立了我国士兵的营养标准，即每士兵每日所摄食物的总热量合计 3400 卡，而实际上我国士兵每人每日所摄食物的总热量合计 3093 卡，“士兵营养之不足，且以动物性蛋白质、钙质及维生素三者之缺乏最为显著”②。

士兵营养关乎士兵体魄与战斗力，李廷安认识到“充足营养品之供给，实不亚于其他军需品也”。因此，“际此长期抗战，为增进士兵体魄与战斗力计，改善士兵之营养以期达到上述之最低标准，实不容缓”。③

李廷安建议：“改善之方法，以采用富于营养而便于携带者为宜。即根据其所缺乏之营养素量以适宜之食物补充之。该项补充品宜制成小块干饼，分送各战场应用。在后方或阵地可事烹饪之处，每士兵每餐加食一枚。于前方战斗不便烹饪之时，则每人日食数枚，即可保其每日需量，而不致减少其战斗力也。”对 250 余名士兵数月的试验，“证明该队士兵因有充足之营养，其体重、耐力及一般健康状况皆有显著进步”。④

据掌握的资料来看，李廷安主持我国士兵体格检查与营养状况研究始于 1939 年秋，有关我国士兵营养状况的研究结果最早公布于 1941 年⑤，而我国士兵体格检查结果则最早公布于 1943 年⑥。

7. 传染病防治

李廷安传染病防治思想可追溯到 1925 年，当他还是“协和”五年级学生的时候，就关注到广州的传染病防治情况，发现当时广州“传染病未得到有效控制、通报系统未生效”，在资金有限、传染病众多的情况下，应“选择那些易于控制的传染病来预防它”。⑦

李廷安发现中国婴儿死亡的最大原因：第一个是破伤风，第二个是天花。

---

① 李廷安、郭祖超：《我国士兵体格检查之报告》，《科学世界》1943 年第 5 期，第 267—272 页。

② 李廷安：《以特种干饼补充国军营养之建议》，《陆军经理杂志》1942 年第 5 期，第 150—151 页。

③ 李廷安：《以特种干饼补充国军营养之建议》，《陆军经理杂志》1942 年第 5 期，第 150—151 页。

④ 李廷安：《以特种干饼补充国军营养之建议》，《陆军经理杂志》1942 年第 5 期，第 150—151 页。

⑤ 李廷安、郑集、徐达道：《国军营养改进之研究报告》，《军事杂志》1941 年第 2 期，第 116—117 页。

⑥ 李廷安、郭祖超：《我国士兵体格检查之报告》，《科学世界》1943 年第 5 期，第 267—272 页。

⑦ Li T A. A public health report on Canton, China. *The National Medical Journal of China*, 1925, 11(5): 324-375.

这两个死因原本是“极容易而又最应当避免的”[①]，由于没有施种牛痘，“我国近年之死于天花者每年不下数十万人”[②]。

因此，李廷安建议“人人须种痘”。上海各卫生事务所也免费为民众施种牛痘。

上海作为世界重要商埠，自近代以来，深受霍乱之害。“霍乱一病，尤为每年夏秋二季所必不免之祸害。”[③]

李廷安通过上海市教育局无线电播音方式，向市民讲解霍乱的危害、传播以及预防、治疗方法[④]，甚至以上海市卫生领导之名，发表《敬告市民书》，动员市民预防霍乱。[⑤]

李廷安通过民国十八年（1929 年）北平第一卫生区之调查发现，“以十万人为单位……我国之痨病死率，竟达 307 人”[⑥]，“以全国四万万人口计之，每年人民之死于斯疾者，几达 120 万人。然而患者人数，更以死亡率之十进计算，约有 1200 万人之谱”[⑦]。

即使在上海这样的大城市，学校学童肺痨病的发病率也在 60%以上。“在市立比德学校施行肺痨检查……证明百分之六十以上有肺痨病。”[⑧]

李廷安与海港防疫处处长伍连德、公共租界工部局防疫股主任布美筹建中国预防痨病协会，于 1933 年 10 月 21 日在霞飞路 1881 号召开成立大会。李廷安担任中国预防痨病协会副理事长。大会阐述成立本会之宗旨，及痨病祸人之可畏，与我国亟应提倡预防之必要。

李廷安认识到“我国民族之衰落，痨病实为主因”[⑨]，而“国人因缺乏常识，被痨菌之侵袭而牺牲者，年逾百数十万”[⑩]。

李廷安通过以下方式宣传防痨：利用广播电台，讲演《中国之痨病情形及

---

① 李廷安讲，胡昌治记：《中国保母育婴问题之重要》，《卫生月刊》1934 年第 5 期，第 206—210 页。

② 李廷安：《天花》，《医学周刊集》1928 年第 1 卷，第 124—125 页。

③ 李廷安：《上海市卫生十年来演进概要》，《申报》1937 年 7 月 7 日，第 12 版。

④ 李廷安：《预防霍乱》，《上海市教育局无线电播音演讲集》1933 年第 4 期，第 9—10 页。

⑤ 李廷安：《敬告市民书》，《医药评论》1937 年第 96 期，第 26—28 页。

⑥《预防痨病协会昨招待新闻界》，《申报》1934 年 1 月 13 日，第 11 版。

⑦ 李廷安：《防痨运动声中“中国预防痨病协会”成立概要》，《社会医报》1934 年第 208 期，第 4667—4670 页。

⑧ 李廷安讲，顾正汉记：《上海市学童肺痨病问题之重要》，《卫生月刊》1934 年第 8 期，第 325—327 页。

⑨《防痨协会招待教会领袖》，《申报》1934 年 1 月 21 日，第 13 版。

⑩《防痨协会招待教会领袖》，《申报》1934 年 1 月 21 日，第 13 版。

吾人应付方法》；对新闻界宣传防痨；呼吁宗教界领袖参与防痨；募集防痨资金，创建疗养院；设立诊疗所，诊治痨病；为防痨协会聘请医生；发行防痨刊物，悬奖征文；撰写文章，介绍防痨知识。

1937年，李廷安出席中华麻风救济会第三届年会，代表卫生署署长刘瑞恒发言，指出麻风病的危害且大多为贫苦人患此病："此等病人，大都为劳苦贫民，若辈生活困难，饮食起居多不合卫生，故易患麻疯，富裕者环境优良，自不易罹此疾病矣。"①

李廷安认为防治麻风病应有全国之计划。李廷安的"麻风病防治计划"②如下：卫生署应有整个防治麻风之计划，分区及分期实行，并与教会及中西慈善团体合作办理，设立一个全国麻风防治委员会隶属于卫生署，以处理救济麻风事宜，所有经费，统筹支配。在防治委员会之下，设立一个或数个中央麻风病院，以为示范，病院内可附设一个麻风研究所。由所聘请麻风专家研究麻风问题，以及指导各地麻风防治工作。各流行省份，可设一省立麻风病院，省以下各区设麻风分诊所，各地之防治问题与行政运筹均应与中央取得联络，以成一个完整系统。

8. 撰写医学史

1939年7月，李廷安任中央大学医学院公共卫生学教授和系主任，讲授公共卫生学。"该校关于医学史一门，认为异常重要，而苦于无适当人员担任，故邀余兼任之。"鉴于"戚寿南院长之一再相嘱，未能过拂，于是参考中外医学史文献，摘要编列为讲义，以为讲演之用，随手摘来，不觉成册"。③

李廷安认为现代医学在19世纪取得"加速进步"，19世纪下半叶"贡献特多"，"本世纪（按：20世纪）开始后，进步亦多，且其趋势由治疗医学进而为预防医学，由个人医学进而为社会医学，群谋人类之幸福，促进世界之进步，尤为其特色也"。④

对于汉以后的中国医学停滞不前，李廷安分析其原因，"惜汉承秦后，受战国时所遗留迷信神仙之风，以及当时道教佛教之思想，阴阳五行之理论，致整

① 李廷安：《李廷安局长致词》，《麻疯季刊》1937年第2期，第26—27页。

② 李廷安、刘世逊：《我国麻疯病防治计划》，《华西医讯》1945年第4期，第97—103页。

③ 李廷安：《中外医学史概论·序言》，上海：商务印书馆，民国三十六年上海再版。

④ 李廷安：《中外医学史概论》，上海：商务印书馆，民国三十六年上海再版，第43页。

个医学，专重于理论上之发挥，而缺乏实际研究之精神”[①]。

李廷安对中外医学的差异作了精辟的概括，“外国医学以科学为根据，以实验之结果作为理论上之根据；中国传统思想，长于文学玄理，无科学根据，而多所谬误”。“外国医学，富有进取及牺牲精神，几经苦斗，乃得达到今日之成就，而中国医学史上除神农尝百草之传说外，缺乏牺牲之精神，故外国近代医学为进步的，革命的，而中国仍为保守的。”“外国医学日趋于预防方面及社会化，我国则仍系注重于治疗而为个人职业化。”[②]

李廷安认为“新医学在我国无长足进步”的原因有三：一是“西洋医学输入我国后，持保守论者，以保存国粹为名，力事排斥，近且设立国医学院，名为改良国医，实则谋与新医学壁垒对立，而接受新医者以中医无科学根据，否认其存在，相互攻击，不遗余力，致走极端，形成僵局”[③]。二是新医学的派系之争。“新医学至中国后，又有英美德日派系之分，互争长短，不相容洽，致减少新医学在国内发展之力量。实言之，此非西医原有之畛域，而为我新医界各自歧视，而有隔膜，故为谋新医学之迅速扩展，工具应加统一，力量才能集中，是必使西医中文化。”[④]三是缺乏社会责任感。“我国医师多系悬壶问世，以谋一己之生活。对医学之社会性，毫无注重，问世医生，滥竽其中，不学无术者，亦不乏其人。且为生活之舒适，不顾医德，机取巧诈，在在皆是，予人民以恶劣之影响，益增新医学推进上之障碍。”[⑤]

李廷安对发展新医学提出三点主张：一是西医中文化。“为谋新医学之迅速扩展，工具应加统一，力量才能集中，是必使西医中文化。”[⑥]二是“今后医学教育，应着重医德之养成”[⑦]。三是“国家应即力求医学设施之完备，奖励国内研究，方期与西洋医学并驾齐驱”[⑧]。

李廷安对发展中国医学提出展望：“一国固有其特具性之固有文化，保存其

① 李廷安：《中外医学史概论》，上海：商务印书馆，民国三十六年上海再版，第 47 页。
② 李廷安：《中外医学史概论》，上海：商务印书馆，民国三十六年上海再版，第 48 页。
③ 李廷安：《中外医学史概论》，上海：商务印书馆，民国三十六年上海再版，第 49 页。
④ 李廷安：《中外医学史概论》，上海：商务印书馆，民国三十六年上海再版，第 49 页。
⑤ 李廷安：《中外医学史概论》，上海：商务印书馆，民国三十六年上海再版，第 49 页。
⑥ 李廷安：《中外医学史概论》，上海：商务印书馆，民国三十六年上海再版，第 49 页。
⑦ 李廷安：《中外医学史概论》，上海：商务印书馆，民国三十六年上海再版，第 49 页。
⑧ 李廷安：《中外医学史概论》，上海：商务印书馆，民国三十六年上海再版，第 49 页。

固有文化，庶不失其民族之特有精神。”[①]

“而中医有数千年历史，不能不有部分之价值，吾人应用科学方法，加以研究，合者存之，误者去之，将新旧医学，形成混一，创造我国之新医学。”[②]

① 李廷安：《中外医学史概论》，上海：商务印书馆，民国三十六年上海再版，第48页。

② 李廷安：《中外医学史概论》，上海：商务印书馆，民国三十六年上海再版，第49页。

凡　例

一、谱主年岁依古代成例，记虚岁。

二、本书每章前附加“说明”，介绍每个时期与谱主有关的社会历史背景及国内外形势，概述谱主的主要活动，介绍谱主的学术论著与主要思想。亦可作每卷的导读或提要。

三、背景资料紧扣谱主生平经历的地域、机构、人物等。如幼年时期的背景资料主要涉及香山县的教育、广州岭南学校的变迁发展、北平协和医学院的建立发展。全面抗战时期的背景资料主要涉及战时后方高等教育、西迁大学、战时救护与防疫等。

四、谱主为科学家和卫生行政管理者，其主要生平在民国，民国建立后采用阳历，以公元纪年。记载谱主的资料大多以阳历纪事，故沿用之。若谱主纪事以阴历记述者，据《百年通历》换成阳历。如1920年正月初三日、十八日《岭南青年报》分别记载先生任岭南大学外交总裁之一，负责学艺以及任岭南大学冬假讲演筹备部顾问。将“1920年正月初三日、十八日”分别换算成“1920年2月22日、3月8日”。

考虑到谱主为清末民国之人，纪年以“清光绪××年”“清宣统××年”“民国××年”，后标明阳历纪年。如“清光绪二十四年戊戌（1898年）”“民国元年（1912年）”。

五、每年纪事，序以时间先后。月、日明确者，按月、日排列；日期不明者，一般情况下，排在当月末；月份无法考证者，排在当年末。同一月，纪事甚众者，自第二件事始，以“是月”另行标出；同一日，纪事甚众者，自第二件事始，以“是日”另行标出。

六、图像如同纪事按时间先后排列。若无法确定年份的图像，则置于每章的最后一年。

七、文中称谱主为“先生”，引文则照录先生名讳。夫人王淑贤女士与先生一道，活跃于20世纪30年代的上海，文中称夫人为“李夫人”。

八、同一日首条标明时间，其余各条用“是日”表示，同一月与同一年，则用“是月”与“是年”表示。

九、通过汇集资料，尽可能全面详细反映谱主生平事迹及其对中国近代公共卫生的贡献。

十、谱主既是卫生行政管理者，又是卫生行政的执行者，更是公共卫生界的科学家和学者，留下的不仅是政绩，还有大量的学术专著与论文。对这些论著的主要思想、观点、研究方法与结论等作详细介绍是年谱的重要内容。对论著的介绍，也按发表时间先后进行，没有发表日期的，置于当月之末；没有发表月份的，置于当年之末。至于在某节日或纪念日所发表的讲演，则置诸该日，若该文随后又发表于某刊物，则加“按”以说明。例如，先生于1933年4月4日第三届儿童节时，发表《婴儿卫生与学龄前儿童卫生》讲演，讲演内容发表于《现代父母》1934年第2卷第1期。

十一、为了普及公共卫生常识，先生在不同场合作演讲，演讲内容被记录且刊载于不同报刊上，对内容基本相同者，仅取其一；先生在不同报刊发表相同的文章，如先生在1934年的《卫生杂志》《女铎》与1935年的《末世牧声》发表了内容相同的《妇女卫生常识》，取刊登较早的《卫生杂志》（为了便于学者检索研究先生论文，附录中则标出此类论文）；先生以不同题名在不同报刊发表内容相同的文章，仅取其一（发表在前者），如1934年《中华日报新年特刊》之《妇女卫生研究》与1935年《新生活周刊》之《妇女卫生是家庭经济和幸福的问题》；内容部分相同者，则取内容更全面的论文，如先生在1934—1935年度的《幸福杂志》上发表的《预防肺痨之四大要点》，其内容包含于1935年《防痨杂志》的《肺痨病之预防》一文中，故取内容全面者；先生发表于英文版报刊的文章，同时又被同行翻译出版者，则据中文翻译版，如1933年先生在 *The Chinese Medical Journal* 第一期发表“Occupational diseases in the rug industry”，同年杨建邦将此文翻译成中文《地毯工业中职业性疾病之研究》，并在同年第一期的《中华医学杂志》上发表；在每卷前“说明”部分所概述的文章，取刊登较早的期刊。

十二、所用资料若有错误，均加以改正，并加说明。所用史料的思想、观点、情感等，一般不作评论。

十三、谱主曾任职于多个近代卫生机构，参与多个卫生和慈善团体，创建过卫生组织，对其中名声不显、事迹不彰者，予以介绍；与谱主关系密切的导师、领导、同事等，则辅以小传。

十四、谱主与美国洛克菲勒基金会、哈佛大学、中华医学会等组织机构有大量书信往来，对这些往来书信，按写信与收信时间排序。

十五、谱主的政务与日常活动常载于近代报刊，若没有标明具体活动时间，以报刊报道时间为准。如果报刊报道谱主“前晚”“明日”“昨夜”参加活动，则据报道日期推出具体日期。例如，1934 年 3 月 1 日《申报》报道谱主参加上海市儿童幸福委员会前晚在霞飞路市政府招待处举行第六次常务委员会议，查《百年通历》1934 年 2 月最后一日为 28 日，“前晚”即 2 月 27 日。1933 年 12 月 3 日《申报》报道明日大夏大学请谱主演讲《青年卫生》，“明日”即 12 月 4 日。

十六、英文名置于“人物小传”与“机构简介”后，其他地方出现，则不再标注。

十七、所引原文无法辨识者，用“□”表示。

十八、书中仿宋字体为与谱主相关的时事背景资料、人物小传及机构简介。

十九、报刊中同一人姓名有不一者，若是通用，则照录，如俞佐廷与俞佐庭、周贻春与周诒春、唐士暄与唐士煊。若有误者，则改过，如伍联德改为伍连德，施明思改为施思明。

二十、近代“北京”“北平”称谓频频变更，鉴于谱主主要生活于南京国民政府时期，故用“北平协和医学院”之机构名；若是直接引文，则照录。

目　录

导　论

《李廷安年谱长编》是广东省哲学社会科学“十三五”规划 2016 年后期资助项目（批准号：GD16HLS01）。之所以采用年谱，是基于“无论记载事业的成功，思想的改变，器物的发明，都要用年谱体裁才能详细明白”[①]这一优点。《李廷安年谱长编》努力复原李廷安的生平事迹，彰显李廷安的卫生行政业绩，展示李廷安的学术贡献。因此，在立足于掌握一手基本史料与遵循年谱撰写体例的基础上，本年谱尝试将谱主的生平、业绩、论著的叙述与近代社会历史背景相结合，在记录李廷安生平事迹时，把李廷安的著作、论文按时间先后置于相关年月，在每卷前概述这一时期的相关时事背景，“谱主的著作和年谱对看，常有相资相益之处。而年谱记载时事，也因此益觉重要”[②]。本年谱同时具有“学者年谱”与“政治人物年谱”“传统年谱”与“学术年谱”的特点。

一、《李廷安年谱长编》的篇章结构与撰写体例

1. 篇章结构

《李廷安年谱长编》主体内容共八章。章前有“李廷安的生平事迹及其生平业绩（代序）”“凡例”“目录”“导论”。章后有“附录一：李廷安著作、论文目录”“附录二：人物小传与机构简介目录”“参考文献”“索引”“后记”。全书字

① 梁启超撰：《中国历史研究法》，上海：上海古籍出版社，1998 年，第 182 页。

② 梁启超撰：《中国历史研究法》，上海：上海古籍出版社，1998 年，第 217 页。

数60余万，图片105张。

“第一章　世谱”介绍李廷安家族与兄弟事状。“第二章　求学岭南（1898—1920年）”叙述李廷安早年求学经历。“第三章　就读协和（1921—1926年）”介绍李廷安在“协和”的学习情况。“第四章　任职协和（1927—1932年）”记录李廷安攻读哈佛大学公共卫生博士学位与任教“协和”、担任北平第一卫生事务所所长的情况。“第五章　主持上海市卫生局（1933—1937年）”叙述自1932年10月上海市卫生局局长胡鸿基车祸殒命，李廷安接任，至1937年11月上海沦陷这一时期的卫生行政工作。“第六章　西迁西南（1938—1945年）”记述李廷安在全面抗战时期的工作。“第七章　回归岭南（1946—1948年）”叙述李廷安筹建“广州中央医院”，从资金筹措、人才引进、校舍修建、购置设备方面，重建遭受战争破坏的岭南大学孙逸仙博士纪念医学院与博济医院。“第八章　谱后”概述李廷安逝世后，媒体的报道与后人评价、遗体告别与安葬、中华医学会发起的募捐、岭南大学对家属的抚恤、后人的现状。

2. 撰写体例

本书每章前附加“说明”，介绍每个时期与谱主有关的社会历史背景及国内外形势，概述谱主的主要活动，介绍谱主的学术论著与主要思想，亦可作每章的导读或提要。

李廷安既是卫生行政领导，又是公共卫生学者，留下了大量著作、论文，因此本书采用“独立的年谱”撰写体例。“独立成书的年谱，非载重要的文章不可”①，因此，详述李廷安论文、著作的研究目的、研究方法、研究对象、主要观点、研究结论与同行学者的评价，把谱主论文、著作的重要思想、见解主张、事迹成就摘要编年，使人一目了然，以期“不看本集，单看年谱，已能知谱主身世和学问的大概”②。广搜文集以外的谱主资料，努力做到资料搜罗的丰富、去取的精严、叙述的翔实。恪守“据事直书，不必多下批评”的原则。与李廷安关系密切的人与机构，分别做人物小传与机构简介，共115则。对谱主先世系统与父母兄弟行事，作“世谱”分别介绍谱主传略、家族世系总表与家庭概况，作“谱后”介绍谱主逝后的遗体告别与安葬、医界反应、单位对家属的抚恤、时

① 梁启超撰：《中国历史研究法》，上海：上海古籍出版社，1998年，第222页。
② 梁启超撰：《中国历史研究法》，上海：上海古籍出版社，1998年，第212页。

人评说、后人情况。“世上没有遗世独立的人，也就没有不记时事的年谱”。[①]年谱的撰写始终置于近代中国的社会背景之下，“时事也应占他年谱的一部分”[②]。

李廷安出版著作 3 部，发表论文 105 篇（其中英文论文 10 篇）。“作年谱必附录谱主的主要文章和言论，尤其是学者的年谱”[③]，对此，除了提炼李廷安论著的研究目的、方法、对象、主要观点、研究结论与同行学者评价内容，分别置入论著所发表的年份内，文后还附录李廷安的著作、论文目录。

3. 时事是年谱的一部分

“世上没有遗世独立的人，也就没有不记时事的年谱……时事也应占他年谱的一部分。”[④]李廷安所生活的 19 世纪末至 20 世纪 40 年代，是中国近代史上的多事之秋。《李廷安年谱长编》各时期时事记录分述如下：“求学岭南（1898—1920 年）”时期主要围绕广州政坛人事变更、岭南大学大事、义和团运动与辛亥革命对广州的影响、广州民众对西学的态度、新式学校的创办与新学制颁布、广州传染病流行、北平协和医学院创办。“就读协和（1921—1926 年）”时期以北方军阀混战与孙中山经营广东、准备北伐为背景，与此同时，介绍北平协和医学院的建筑、院内设施、师资教学、学生培养。“任职协和（1927—1932 年）”时期的时事侧重于“九一八事变”“一·二八事变”，南京国民政府成立后收回教育主权与上海传染病疫情。“主持上海市卫生局（1933—1937 年）”时期的时事以“华北事变”“七七事变”“淞沪会战”为主线。“西迁西南（1938—1945 年）”时期重点介绍中国人民抗日战争与世界人民反法西斯战争，以及在此背景下的中国西南大后方高校的艰苦办学。“回归岭南（1946—1948 年）时期”恰逢解放战争，而抗日战争胜利后的高校重建则是这一时期的中国高校的工作重心。

4. 人物小传与机构简介

“和谱主关系最密切的，可以替他做一篇小传。”[⑤]李廷安活跃于 20 世纪上半叶的医学界与上海政坛，与近代中国医学界著名学者、医学家、医事组织以及政界人物多有联系，《李廷安年谱长编》共撰写了 70 位人物小传，45 则机构简介。

---

① 梁启超撰：《中国历史研究法》，上海：上海古籍出版社，1998 年，第 215 页。

② 梁启超撰：《中国历史研究法》，上海：上海古籍出版社，1998 年，第 216 页。

③ 梁启超撰：《中国历史研究法》，上海：上海古籍出版社，1998 年，第 229 页。

④ 梁启超撰：《中国历史研究法》，上海：上海古籍出版社，1998 年，第 215—216 页。

⑤ 梁启超撰：《中国历史研究法》，上海：上海古籍出版社，1998 年，第 221 页。

二、《李廷安年谱长编》的基本史料

本年谱所搜集的史料涵盖文字、图片，有报刊资料、档案、亲友回忆录，尤其是李廷安直系家属提供的数十份洛克菲勒基金会档案馆与哈佛大学医学图书馆馆藏英文档案、数十张照片以及直系亲属的口述史料。其价值体现在三方面：一是可充实组织机构史，如中华医学会、“协和”、北平第一卫生事务所的研究。二是弥补李廷安一些时期，如早年求学岭南大学、留学哈佛大学，以及后期与病魔斗争、忘我工作的史料空缺。三是纠正当代方志、人物志记载的某些错误。具体史料有以下几方面。

（1）族谱、地方人物志：主要有《泰宁李氏族谱》。

（2）岭南学校与“协和”等校史史料：主要有《岭南学堂》《毕业录》《岭南大观》《岭南大学年鉴》《岭南大学一览》《岭南青年报》《岭南青年会报》《岭南学校》《话说老协和》，以及 *An American Transplant-The Rockefeller Foundation and Peking Union Medical College* 等。

（3）档案：主要有国内中英文档案 700 余份，哈佛大学图书馆英文档案（The Francis A. Countway Library of Medicine Boston Medical Library Harvard Medical Library）18 份，以及洛克菲勒基金会档案馆（Rockefeller Archive Center-Citation Slip，Collection：CMB，Box：76，Folder：535、536、535-537）英文档案 51 份。

（4）近代报刊史料：主要有《申报》《大公报》《益世报》《民国日报》等。

（5）家人提供的史料：主要有《李廷安王淑贤纪念册》（含前吉林省人大常委会副主任、中国科学院学部委员余瑞璜教授的《在李王淑贤女士告别仪式上的悼念词》，前广州空军医院副院长李宝铿的《纪念七叔李廷安博士》等珍贵史料）、《大哥李宝善生平简要》（*In Memory of Mr. Edmund Bao-Shan Li*）、《李宝健传》；数十张各时期李廷安本人及其与亲友照。

（6）亲友回忆录：二儿子李宝健、三儿子李宝良的回忆资料（长子李宝善已去世），严镜清的《缅怀李廷安教授》（李宝健提供）。

（7）李廷安的论文、著作：著作 3 部，论文 105 篇，其中英文论文 10 篇。

（8）李廷安各时期照片与题词 105 张。

（9）全国及分省《文史资料选辑》、《民国文献类编》（医药卫生）、《民国史料丛刊》（文教·高等教育）。

（10）政府公报。

三、几点说明

撰写《李廷安年谱长编》遵循“据事直书，不必多下批评”[①]原则，师友亲朋对李廷安的评价以及李廷安去世后媒体的评价置于“谱后”。“谱主死后，一般的年谱多半就没有记载了，其实不对。”[②]为此，“谱后”记录了岭南大学对李廷安家属的抚恤、医界之募捐、接任者与李廷安后人之介绍。“作年谱必附录谱主的主要文章和言论，尤其是学者的年谱。”[③]为了普及公共卫生常识，李廷安在不同场合作演讲，演讲内容被记录并刊载于不同报刊上，有些文章内容相同或部分相同，为了便于学者检索研究李廷安论文，已在附录中全部标出。

本书研究时间长，取材广，又多英文档案资料，尽管利用各种渠道作了尽可能详尽考证，但仍有一些英文人名无法考证出来。此外，书中恐有诸多舛错，恳请读者批评指正，相成之德，幸何如之！

① 梁启超撰：《中国历史研究法》，上海：上海古籍出版社，1998 年，第 225 页。

② 梁启超撰：《中国历史研究法》，上海：上海古籍出版社，1998 年，第 227 页。

③ 梁启超撰：《中国历史研究法》，上海：上海古籍出版社，1998 年，第 229 页。

第一章 世 谱

李廷安先生先世，出自南雄珠玑巷。

《泰宁李氏家谱·序》：

始祖必贵公出自南雄珠玑巷，因避乱迁于香山小榄，奠居泰宁坊……三世祖光祖翁为乡人领袖，统率诸卫军分布榄土，诸军得所，皆其功也。至四世耕乐祖，始创家业，俭积腴田，爱人乐施，为世所称。又至六世梅雪祖，遗金不拾，积德化盗，溯厥肇基忠且厚，阐厥善泽仁且寿，诚哉！①

《泰宁李氏族谱》卷二：

世祖讳必贵，娶妣黄氏，世居南雄府保昌县沙水村珠玑巷，于大宋咸淳九年癸酉，皇妃胡氏颠（癫）狂出奔，至村溺水而死。此地居民各虑刑宪，尽数逃移。公与二兄必贤、必达同众奔走。值无舟楫，至荔枝山背，各斩竹结筏浮水而渡。迨至连州海口金乌西，坠万万余众，共泊长江。时夜将半，忽被涝水泛滥，打散竹牌，淹死人民甚众。公家属虽得保全，然苍穹遥远，海岛渺茫，昼夜乘槎风波，上下悽惶，盖万状矣。比流至江口，举目而观，有一牧童徐徐而来。公向前问曰：此地有何神灵？童子答曰：有忠武侯灵圣公。即诣庙祈祷，得吉，果蒙庇祐。遂放牌随水漂流，至广州路南海县西华坊，歇居一日，乃入，于香山之榄溪亭子步地奠居焉。今之泰宁坊也。时大宋咸淳十年甲戌正月初五日。二兄必贤、必达别趾异乡，遭此流离，莫知其踪迹矣。公生子三人，其生卒不可考。推之必生于大宋理宗端平之初。卒于大元世祖之末也。合葬于本乡存心坊亭子步枕戴所屯营南向之原。②

---

①《泰宁李氏家谱·李宗鲁序》，广州西关福德里，中外印书馆承印，民国三年。

②《泰宁李氏族谱》卷二，广州西关福德里，中外印书馆承印，民国三年，第97页。

以上所述，道出先生家族之溯源。

据《泰宁李氏族谱》卷一宗支图：始祖，必贵；二世，奇；三世，光祖；四世，仍衍，字耕乐；五世，荣，字东圃；六世，诚，字成之，号梅雪；七世，用和，字克敬，号潜溪；八世，悦，字叔贞，号舆山；九世，诒业，字寅健，号桥西（入继）；十世，厥初，字于纯，号慕桥；十一世，孙兰，字代滋，号澧亭；十二世，谋亮，字康国，号似稽；十三世，鹏举，字云若，号搏万；十四世，公彦，字元允，号念搏；十五世，秾盛，字芳永，号茂堂；十六世，日新，字则孔，号汤铭；十七世，中，字庆占，号时斋（入继）；十八世，永锡，字智勇，号慕时；十九世，仲瑛，字秉贞，号巨卿；二十世，廷安，字广文，屈成方氏所生。

李慕时

先生祖父，讳永锡，乾隆年间人，在香山石歧行医，是一位医术颇高的中医。“相传，某年寒冬，一患者来求医，李慕时并不开方，仅嘱他回家淋三天井水。患者怒而离去，再请其他医师，仍不见好，只得再找李慕时，李慕时仍嘱他回家淋三天井水，患者只得照做，果然病愈。患者不解而询问，李慕时解释，只因患者穿了经夏日暴晒即藏于木箱之中的毛皮大衣，热毒侵入体内所致，以冷水浇淋，热毒即散。”[①]李慕时生有五子。

李巨卿

先生父亲（1839—1905），讳仲瑛，字秉贞，号巨卿，排行第二，生于1839年，1873年考取了武举人，被选任北京紫禁城守城门的武官，封昭武都尉。

按：昭武都尉，属武官阶正四品。[②]

---

① 陈贤庆：《小榄李氏家族精英辈出》，《中山日报》2007年2月25日，第B1版。

②（清）黄本骥编：《历代职官表》，上海：上海古籍出版社，1980年，第342页。

数年后，李巨卿辞职回乡，娶有妻妾三房，即何尔云氏、屈成方氏、谢金瑞氏，生有八子。

李藻芬

先生长兄，讳藻芬，原名廷阶，字翊尧，号树蓂，附贡生，家族高初两等小学校教习，巨卿公长子，生同治四年乙丑（1865 年）六月十六日。时娶国学生何其和公长女，生同治五年丙寅（1866 年）四月二十四日辰时，生二子，长宝鎏、次宝同，三女未字，妣终民国二年癸丑（1913 年）二月十四日寅时，葬大榄撒纲西向之原①。何尔云氏生。

李廷修

先生二兄，讳廷修，字翊周，号乃文，九品职衔。本省博济医学校毕业，又公医学校毕业。前任山东省防疫医官。巨卿公次子，生光绪十二年丙戌（1886 年）四月二十二日，时娶何绰如公八女，生光绪十年甲申（1884 年）十一月十三日。时生长子宝镗，一女②。屈成方氏生。

清末毕业于广东省博济医学校和公医学校，是中国第一批西医。毕业后，曾任山东省防疫医官。不久回乡，在小榄善院（即医院）当医生。他出诊时骑一匹白马，为防土匪，腰别着手枪，乡人称他“骑马医生”。1908 年某夜，土匪袭击他所住的“十二桥”，有匪徒被民团击毙；土匪以为是他打死的，放出风声，说要血洗他家。李廷修不得已，带着妻子和三个儿子出走澳门，再到香港，后到泰国，在泰国行医，一去就是 40 年。在泰国期间，李廷修不仅要负担三位儿子的学习费用，还要资助其余弟弟的学习费用。1948 年才回到祖国家乡。1963

① 《泰宁李氏族谱》卷四，广州西关福德里，中外印书馆承印，民国三年，第 59 页。
② 《泰宁李氏族谱》卷四，广州西关福德里，中外印书馆承印，民国三年，第 66 页。

年去世。[①]

疑点之一：廷修 1908 年离乡后，“一去就是 40 年”。

事实上，廷修 1910 年前后，正在广东公医医学专门学校求学。据《广东公医医学专门学校、国立广东大学医科、中山大学医学院毕业生名册 1909—1953》[②]，民国二年（1913 年），二兄廷修（乃文）作为第四届毕业生从广东公医医学专门学校毕业。

疑点之二：廷修从广东省博济医学校和广东公医医学专门学校毕业后，曾任山东省防疫医官，然后才回小榄善院当医生，1908 年出走澳门。

廷修生于 1886 年，1908 年出走，从出生至出走，共 22 年。其间经历小学、中学、大学，又任山东防疫医官及在小榄行医，其间恐有差错。仅读博济医学校亦需四年，因为自 1897 年，博济医学校（南华医学堂）将学制由三年改为四年。《博济医院百年》[③]所录 1913 年以前的毕业生中，未见廷修。

据广东公医医学专门学校第八届毕业生并在 1921 年担任过该校的学监兼代校长的黎铎回忆：“由于当时美国教会办的博济医学堂的学生反对学堂不合理的措施，实行罢课。该学堂的美籍负责人关约翰大施高压手段……学生坚持不复课，他就将学堂停办。未毕业的在校学生为失学所威胁，便组织起来，吁请广州绅商和各界人士……捐募资金，创办公医医学专门学校。”该校创办于宣统元年（1909 年），学制四年。1917 年改学制为五年。1921 年，改名为广东公医医科大学，学制六年。1925 年，学校并入广东大学，成为广东大学医科。[④]

综上，1886 年出生的廷修，不可能在短短的 22 年内完成学制各为四年的博济医学堂和广东公医医学专门学校学业后又“任山东省防疫医官。不久回乡，在小榄善院（即医院）当医生”，然后在 1908 年出走。实际上，1910 年前后，廷修正在广东公医医学专门学校求学，并于 1913 年作为第四届毕业生毕业。

---

① 陈贤庆：《小榄李氏家族精英辈出》，《中山日报》2007 年 2 月 25 日，第 B1 版。

②《广东公医医学专门学校、国立广东大学医科、中山大学医学院毕业生名册 1909—1953》，1962 年 4 月，第 2 页。

③〔美〕嘉惠霖、琼斯：《博济医院百年（一八三五—一九三五）》，沈正邦译，广州：广东省人民出版社，2009 年，第 286—293 页。

④ 黎铎：《广东公医医学专门学校及附设公医院》，中国人民政治协商会议广东省广州市委员会文史资料研究委员会编：《广州文史资料》第 21 辑，1980 年，广州：广东人民出版社，第 168—174 页。

李廷耀

先生三兄，讳廷耀，字翊舜，号惠文，九品职衔，香港皇仁大书院毕业。巨卿公三子，生光绪十三年丁亥（1887 年）十二月初二日。时原配何镜村公次女未娶而卒。续娶何确卿公次女，生光绪十八年壬辰（1892 年）正月初六日。时生一女，幼原配，葬大榄火形坑西向之原。[①]屈成方氏生。

李廷辉

先生四兄，讳廷辉，字翊圣，号泽文，九品职衔，牙科医生。巨卿公四子，生光绪十四年戊子（1888 年）十二月二十日。时娶陈和枝公长女，生光绪十八年壬辰（1892 年）九月二十八日，时生一女。[②]谢金瑞氏生。

李廷光

先生五兄，讳廷光，又名博文。太学生，光华医院毕业，云南陆军三十六营副医官。前清赏加四品衔。日本东京帝国大学卫生、政治两科毕业生。巨卿公五子，生光绪十六年庚寅（1890 年）九月十六日口时。[③]屈成方氏生。

《小榄镇初志·人物篇》（初稿）：民国时期，曾任云南陆军医院院长。设铁城医院在石岐大庙前。行医五十年，饮誉中山，对医治白内障有独到之处。沦陷前夕，卒于石岐。[④]据后人回忆，廷光 1945 年去世。

---

① 《泰宁李氏族谱》卷四，广州西关福德里，中外印书馆承印，民国三年，第 67 页。
② 《泰宁李氏族谱》卷四，广州西关福德里，中外印书馆承印，民国三年，第 67 页。
③ 《泰宁李氏族谱》卷四，广州西关福德里，中外印书馆承印，民国三年，第 67 页。
④ 高华载、梁华海：《小榄镇初志·人物篇》（初稿），1986 年，第 84 页。

私立广东光华医学院（kwong Hwa Medical College）简介：私立广东光华医学院是我国第一所华人创办的培养西医人才的医学院校。前身是创立于清光绪三十四年（1908 年）的广东光华医社。宣统元年二月初十日（1909 年 3 月 1 日）开课，初名“广东光华医学专门学校”，学制四年，同时设立广东光华医院。民国十年（1921 年）起，学制五年。民国十七年（1928 年）改名为“私立广东光华医科大学”，学制六年。民国十八年（1929 年）更名为“私立广东光华医学院”。民国二十二年（1933 年）据教育部第 1004 号训令，“私立广东光华医学院”照准立案[①]。民国二十三年（1934 年）历届毕业生资格受到教育部承认。

李廷光作为私立广东光华医学院首届六名学生之一（李廷光、李绳则、陈垣、梅湛、汪宗藻、李明德），由博济医学堂以三年级学生转入。[②]

李廷昌

先生六兄，讳廷昌，又名华文。巨卿公六子，生光绪二十二年丙申（1896 年）八月初二日□时，聘进士陈其成公孙女树棠公长女，生光绪□年□月□日□时。[③]屈成方氏生。

李廷安

先生，本族高等小学毕业，巨卿公七子，生光绪二十五年己亥（1899 年）三月十六日□时。[④]屈成方氏生。

① 《广东光华医学院立案照准》，《中华医学杂志》1933 年第 6 期，第 1075 页。
② 陈衍芬：《私立广东光华医学院沿革史》，《私立广东光华医学院概况》民国二十四年，第 2—3 页。
③ 《泰宁李氏族谱》卷四，广州西关福德里，中外印书馆承印，民国三年，第 68 页。
④ 《泰宁李氏族谱》卷四，广州西关福德里，中外印书馆承印，民国三年，第 69 页。

李廷魁

先生弟，廷魁，字海文，榄山学校肄业。巨卿公八子，生光绪三十年甲辰（1904年）十一月十三日□时。①屈成方氏生。

北洋大学机械系毕业，后留学美国俄亥俄州大学，获工程硕士学位，并在英国、法国、丹麦、德国等国实习。在德国实习半年回国后，从德国的钢铁工业发展中推算出德国将要发动战争，几个月以后，第二次世界大战开始。1937年回国，历任西北工学院、铭贤学院、空军机械学校、中央工业学校、西南工业专科学校、重庆大学等校教授。1952年任重庆土木工程建筑学院院长。②1955年逝世。

《小榄镇初志·人物篇》（初稿）：天津北洋大学工科毕业，美国大学工科毕业，德国克鲁伯厂研究院毕业，留学时获毕业论文“金锁匙”荣誉奖。回国后，历任山西铭贤工学院院长、四川建筑工程学院院长。③

先生家族世系表如表1所示。

表1　先生家族世系表④

始祖必贵
二世奇
三世光祖
四世仍衍（耕乐）
五世荣（东圃）
六世诚（成之，梅雪）
七世用和（克敬，潜溪）
八世悦（叔贞，舆山）
九世诒业（寅健，桥西）入继
十世厥初（于纯，慕桥）

① 《泰宁李氏族谱》卷四，广州西关福德里，中外印书馆承印，民国三年，第69页。
② 陈贤庆：《小榄李氏家族精英辈出》，《中山日报》2007年2月25日，第B1版。
③ 高华载、梁华海：《小榄镇初志·人物篇》（初稿），1986年，第89页。
④ 《泰宁李氏族谱》卷一，广州西关福德里，中外印书馆承印，民国三年。

续表

十一世孙兰（代滋，澧亭）
十二世谋亮（康国，似稽）
十三世鹏举（云若，搏万）
十四世公彦（元允，念搏）
十五世秾盛（芳永，茂堂）
十六世日新（则孔，汤铭）
十七世中（庆占，时斋）入继
十八世永锡（智勇，慕时）
十九世仲瑛（秉贞，巨卿）
二十世藻芬（树萁，翊尧）、廷修（乃文，翊周）、廷耀（惠文，翊舜）、廷辉（泽文，翊圣）、廷光（博文）、廷昌（华文）、廷安（广文）、廷魁（海文）

第二章　求学岭南（1898—1920年）

说明

本章记述1898—1920年先生二十三岁以前的主要事迹。

先生出生于1898年。是年义和团运动在北方兴起，1900年义和团势力发展到京津地区，随后被清廷和八国联军联合绞杀。1901年，清朝被迫与列强签订《辛丑条约》。1904—1905年，日本与俄国为争夺中国辽东半岛的控制权，在中国东北进行了一场战争，史称“日俄战争”。

以孙中山为首的资产阶级革命派，于1894年创立了中国第一个民主革命团体——兴中会，第一次提出了推翻清朝封建君主专制政府、建立民主共和国的纲领。1905年，孙中山组织创建了全国性资产阶级革命政党——中国同盟会。1911年4月，黄兴领导广州起义，10月10日，武昌起义，随后清帝退位，中华民国建立。1913年，宋教仁遇刺与善后大借款，孙中山发动了反对袁世凯的“二次革命”。1915年，唐继尧、蔡锷、李烈钧等发动反对袁世凯复辟帝制的“护国运动”。1917年，孙中山领导资产阶级革命党人为维护《中华民国临时约法》、恢复国会，联合西南军阀发动了反对北洋军阀独裁统治的“护法运动”。

1914年，第一次世界大战爆发。1917年8月，北洋政府向德国宣战，1918年第一次世界大战结束，德国战败。1919年1月，中国作为战胜国之一，参加了巴黎和会，中国代表提出废除外国在中国的势力范围、撤退外国在中国的军队、取消“二十一条”等正义要求。但巴黎和会不仅拒绝了中国代表的要求，竟然决定把德国在山东的权益转让给日本。中国政府外交失败，直接引发了“五四运动”。

先生1905—1913年在广东香山本族和香港接受小学教育，1914年进入岭南学校。1917年，先生任岭南学校基督教青年会《周刊》的会务主任，岭南学校基督教青年会内阁阁员、记录委办主任，归属基督教长老自理会，向岭南学校基督教青年会捐款五元。1918年，先生任岭南学校基督教青年会《岭南青年报》会务主任，由于学习上的优异成绩而获得荣誉证书。1919年，先生任"双十庆祝"筹办总理，撰文表达国庆的六点期望，其中有"国庆日不过一日之礼典，诸君切不可过了国庆，便忘了爱国心。当尽心尽力。时时爱国，是余之所望者六"[①]。先生在《岭南》撰文发表《大学学生会事》，认为"大学生会为大学最重要之团体，事关大学生者，皆由该会全权主理"。先生介绍学生会纪律部时，认为"规则之设，非为守规则者，而为不守规则者也。所谓自由者，非无规则之谓，虽有规则，而己不犯之之谓也。故对于自治上不能无规则以范围之。而规则亦不可过于繁苛，必须简易"[②]。本年先生在岭南学校获得柯立斯科学奖。1920年，先生任岭南学校外交总裁之一，负责学艺。在《南风》发表《动物色泽之研究》一文，先生认为："动物色泽，以常人眼光观之，只一种颜色耳……若以科学眼光观之，则色泽之构造，其理甚深，对于动物之生存关系亦大。"先生解释了动物色泽来源以及种类。最后，先生把动物色泽与战争联系起来，"动物色泽实一种趣致之科学，对于战争上，关系尤大。战场军士常将身描画与战地相似，使袭击之时，敌人难以认识，其在石旁守卫者，常穿一深灰色之衣，在树中射击者，常将面目衣服，画成树枝树叶，战舰常油深绿色，飞机则油天青色，使在青天绿水中不易动目焉"。[③]先生任岭南学校冬假讲演筹备部顾问，冬假讲演"以解释平民主义，扶植公民资格为主旨"。先生等五人在香山小榄、石岐、南朗、隆都讲演。先生于4月4日在怀士堂地下室外，举行题为"快乐"的讲演，到会人数56人。先生任岭南学校学生拒赌会筹办委员。9月先生从广州岭南大学进入北平协和医学院（Peking Union Medical Colledge，PUMC）的预科学习。

① 李廷安：《余之所望者六》，《岭南青年》1919年10月9日国庆号，第3页。
② 李廷安：《大学学生会事》，《岭南》1919年第4期，第123—125页。
③ 李廷安：《动物色泽之研究》，《南风》1920年第1期，第73—76页。

【清光绪二十四年戊戌（1898年）】，先生一岁

12月1日：先生出生于广东省香山县小榄镇。

“二十世名廷安，本族高等小学毕业，巨卿公七子，生光绪二十五年己亥（1899年）三月十六日。”①

“出生于1895年。”②

“1899年12月1日生于广州。”③

“1899年出生于广东省香山县。”④

按：先生出生日，有以上几种说法。先生直系至亲以1898年12月1日为先生出生日。

【清光绪二十五年己亥（1899年）】，先生二岁

是年：尹士嘉博士来粤，任格致书院监督。设校于广州市城内四牌楼福音堂内（按：今解放中路附近）。当时教员二人，学生亦只十数人。烈士史坚如，即由此产出。⑤

是年：李鸿章于12月18日署理两广总督兼商务大臣。⑥

---

①《泰宁李氏族谱》卷四，广州西关福德里，中外印书馆承印，民国三年，第68页。

②《一份1942年洛克菲勒基金会档案》，Rockefeller Archive Center-Citation Slip，Collection：CMB，Box：76，Folder：536.

③《1927年10月李廷安填具“哈佛大学公共卫生学院入学申请表”》，The Francis A. Countway Library of Medicine Boston Medical Library.

④《1927年1月2日李廷安填具“洛克菲勒基金个人历史记录和留学奖金资格申请书”》，Rockefeller Archive Center-Citation Slip，Collection：CMB，Box：76，Folder：535.

⑤《本校成立沿革史略》，《岭南大学年鉴》民国十四年，第3页。

⑥ 粤海关税务司史纳机：《光绪二十五年广州口华洋贸易情形论略》，广州市地方志编纂委员会办公室、广州海关志编纂委员会编译：《近代广州口岸经济社会概况——粤海关报告汇集》，广州：暨南大学出版社，1995年，第392页。

西药进口有起色，从 9887 海关两增加到 31 280 海关两。它们绝大多数是由从国外回来的华人带进的。对身体虚弱儿童有好处的苏格兰乳剂似乎很受欢迎。①

【清光绪二十六年庚子（1900 年）】，先生三岁

是年：迁校（按：格致书院）于广州花地之萃香园。是年义和团难作，7 月复迁澳门，更名岭南学堂。②

夏："在大清帝国北部所发生的令人难忘的、使人感到震惊和恐怖的事件，在这里也有微弱的回应；但是，惠州的小规模暴动被轻而易举地平息下去了，较为严重的袭击基督教徒的事件，也未遇到大的困难便被制止。"③

"广州人对义和团毫无好感或同情心，因为不久便获悉，义和团把住在北方的广州人当作敌人看待。广州不得不募捐以救济住在天津的广州人，这些人被接回来时，绝大多数是穷困不堪。"④

"广州人中有很多都想学习英文，因此，每年都有一些私立学校开办，以满足这一需求……现在广州人当中出现了这样一种趋势：放弃旧学，学习西方学科，特别是各种科学知识。"⑤

是年：李鸿章被委任为两广总督，当时广州各阶层人士很不欢迎他。但李

---

① 粤海关税务司摩根：《粤海关十年报告（二）（1892—1901）》，广州市地方志编纂委员会办公室、广州海关志编纂委员会编译：《近代广州口岸经济社会概况——粤海关报告汇集》，广州：暨南大学出版社，1995 年，第 908 页。

②《本校史略》，《私立岭南大学一览》，私立岭南大学印行，民国二十一年，第 1 页。

③ 粤海关税务司摩根：《粤海关十年报告（二）（1892—1901）》，广州市地方志编纂委员会办公室、广州海关志编纂委员会编译：《近代广州口岸经济社会概况——粤海关报告汇集》，广州：暨南大学出版社，1995 年，第 904 页。

④ 粤海关税务司摩根：《粤海关十年报告（二）（1892—1901）》，广州市地方志编纂委员会办公室、广州海关志编纂委员会编译：《近代广州口岸经济社会概况——粤海关报告汇集》，广州：暨南大学出版社，1995 年，第 935 页。

⑤ 粤海关税务司摩根：《粤海关十年报告（二）（1892—1901）》，广州市地方志编纂委员会办公室、广州海关志编纂委员会编译：《近代广州口岸经济社会概况——粤海关报告汇集》，广州：暨南大学出版社，1995 年，第 938 页。

鸿章刚上任不久，人们对他的看法就完全改变了，他被视为历任粤督中最好的总督。当时地方治安混乱，处于无法无天的状态，而对罪犯惩处不力，以致海盗土匪横行霸道，为所欲为，民众深受其害。李鸿章马上意识到乱世用重典，对这种局势需采取强硬手段。因而，他在各方面实施了毫不留情的严厉措施，结果在预想不到的短时间内，就使人们恢复了信心，治安得以恢复。即使在义和团动乱时期，那些亡命之徒也不敢再出头露面了。这位总督还尽力改善本省的财政状况，革除营私舞弊歪风，降低生活必需品价格，使全体百姓生活得到改善。他到任才数月，就要奉命北调，北方需要他，当时，广州百姓都请求他留任。随着李鸿章的离任，地方又趋动乱不安，直到巡抚不得不采取与他相类似的措施进行治理。也许，这一情况可算是对李鸿章的权力和施政功绩的最好称颂吧！①

【清光绪二十七年辛丑（1901年）】，先生四岁

许多个人和小商号，为了谋利或娱乐，现都纷纷使用各式各样的机器……有一个人竟以拥有X光机为荣。广州人对诸如此类的机械仪器确实很感兴趣，或为省力，或为娱乐。他们在使用和修理（当机器出故障时）这些东西方面，表现出相当的聪明才智。②

【清光绪二十八年壬寅（1902年）】，先生五岁

是年：香山县先后设立小学堂九所，其中有凤山书院改设的恭都公立小学

① 粤海关税务司摩根：《粤海关十年报告（二）（1892—1901）》，广州市地方志编纂委员会办公室、广州海关志编纂委员会编译：《近代广州口岸经济社会概况——粤海关报告汇集》，广州：暨南大学出版社，1995年，第952—953页。

② 粤海关税务司摩根：《粤海关十年报告（二）（1892—1901）》，广州市地方志编纂委员会办公室、广州海关志编纂委员会编译：《近代广州口岸经济社会概况——粤海关报告汇集》，广州：暨南大学出版社，1995年，第947—948页。

堂、龙山书院改设的隆都高等小学堂和风书院改设的学堂等。[①]

2 月至 3 月：广州突然发生霍乱，有十名外国侨民死亡，而华人的死亡率，估计为每日一百人。[②]

7 月：广州突然发生登革热。这是多年来最厉害的一次，它侵袭了省城内几乎所有的家庭以及 80%的外国侨民。[③]

【清光绪二十九年癸卯（1903 年）】，先生六岁

是年：对中小学，清政府实行《癸卯学制》。普通小学的学习年限为初等小学五年，高等小学四年。初等小学除教授一般读、写、算知识外，每周读经和讲经的时间占 12 课时，约占全部课程的五分之二。高等小学堂除一般文化知识外，还加授手工、农业、商业等随意科，经学也占有重要位置，约占全部课程的三分之一。[④]

【清光绪三十年甲辰（1904 年）】，先生七岁

11 月 13 日：先生八弟廷魁生。[⑤]

是年：先生父李巨卿去世。[⑥]

① 中山市地方志编纂委员会编：《中山市志》下册，广州：广东人民出版社，1997 年，第 1213 页。

② 粤海关税务司梅乐和：《粤海关十年报告（三）（1902—1911）》，广州市地方志编纂委员会办公室、广州海关志编纂委员会编译：《近代广州口岸经济社会概况——粤海关报告汇集》，广州：暨南大学出版社，1995 年，第 987 页。

③ 粤海关税务司梅乐和：《粤海关十年报告（三）（1902—1911）》，广州市地方志编纂委员会办公室、广州海关志编纂委员会编译：《近代广州口岸经济社会概况——粤海关报告汇集》，广州：暨南大学出版社，1995 年，第 987 页。

④ 中山市地方志编纂委员会编：《中山市志》下册，广州：广东人民出版社，1997 年，第 1232—1234 页。

⑤《泰宁李氏族谱》卷四，广州西关福德里，中外印书馆承印，民国三年，第 69 页。

⑥ 高华载、梁华海：《小榄镇初志・人物篇（初稿）》，1986 年，第 85 页。

是年：岭南学堂于省河之南，康乐之埠，购得山地二百余亩。[①]

是年：岭南学堂及其附属学校，迁至珠江下游距广州约六英里的康乐村（Hongkok）。[②]

【清光绪三十一年乙巳（1905年）】，先生八岁

是年：先生在香山接受小学教育。

是年：由美国董事捐建东院，即今之马丁堂。马丁云者，以捐款至巨之人名之也。时中西教员仅得10人，学生亦只得60人。[③]

本校（按：岭南学堂）设备尚未完全，故现时中学、大学及小学最高之两年级，其教室同在马丁堂，堂分三层，内开教室18间，博物院物理、化学等实习室，皆在此堂内。该堂建筑费八万余金元。美国人马丁君夫妇出款最多。故以其名为纪念。小学五年级以下，则每年级生，占一校舍。[④]

是年：清政府明令废除科举制度。香山县组成劝学所，推动新式学堂的兴办（民国十年，劝学所改组为教育局）。[⑤]

是年：新设立四所小学，其中有桂山书院改设的桂山高等小学堂。[⑥]

【清光绪三十二年丙午（1906年）】，先生九岁

是年：伦敦教会创办协和医学堂，不久又有长老会、美以美会、内地会和

① 《本校成立沿革史略》，《岭南大学年鉴》民国十四年，第4页。

② 粤海关税务司梅乐和：《粤海关十年报告（三）（1902—1911）》，广州市地方志编纂委员会办公室、广州海关志编纂委员会编译：《近代广州口岸经济社会概况——粤海关报告汇集》，广州：暨南大学出版社，1995年，第980—981页。

③ 《本校成立沿革史略》，《岭南大学年鉴》民国十四年，第4页。

④ 《第四章建设》，《岭南学校布告第14号〈大观〉》民国六年11月，第7页。

⑤ 中山市地方志编纂委员会编：《中山市志》下册，广州：广东人民出版社，1997年，第1206页。

⑥ 中山市地方志编纂委员会编：《中山市志》下册，广州：广东人民出版社，1997年，第1213页。

英格兰教会等加盟。①

是年：（香山县）共新设了小学 33 所，其中包括榄山书院改设的榄山第一高等小学堂。②

是年：署理两江总督周馥任两广总督，岑春煊调任云贵总督。③

【清光绪三十三年丁未（1907 年）】，先生十岁

是年：尹（士嘉）牧师回国，晏文士博士（Dr. C. K. Edmunds，图 2.1）任本校监督。④

图 2.1　监督晏文士博士⑤

9 月 5 日至 7 日：（广州）为首位到中国的基督教传教士罗伯特·马礼逊举行 100 周年纪念活动，在靖海门附近新码头竖立纪念碑。每天都举行大会，有

① 董炳琨、杜慧群、张新庆：《老协和》，保定：河北大学出版社，2004 年，第 35 页。

② 中山市地方志编纂委员会编：《中山市志》下册，广州：广东人民出版社，1997 年，第 1213 页。

③ 粤海关税务司梅尔士：《1906 年广州口岸贸易报告》，广州市地方志编纂委员会办公室、广州海关志编纂委员会编译：《近代广州口岸经济社会概况——粤海关报告汇集》，广州：暨南大学出版社，1995 年，第 444 页。

④《本校沿革大事略记》，《岭南青年报》1919 年 11 月 29 日，第 2 页。

⑤《监督晏文士博士》，《毕业录——岭南学校 1916 年班刊》，中华民国五年夏。

基督教徒及非基督徒的各界华人几千人参加，开幕式由美国驻广州总领事利奥·伯克霍斯先生主持，有各阶层代表及信徒出席。已经决定在广州建造中国基督教青年会总部大楼。[①]

【清光绪三十四年戊申（1908 年）】，先生十一岁

是年：二兄廷修带着妻子和三个儿子出走澳门。[②]

按：该说存疑。参见“第一章　世谱”。

是年：丰山高等小学堂改为丰山官立中学堂，这是香山县第一所中学。[③]

从清光绪三十四年（1908 年）三山官立中学开办起至民国元年（1912 年），中学均实行《癸卯学制》。这个学制规定中学学制为五年制。民国二年至民国十六年，香山县的中学曾办过学制为四年的班级 12 个。[④]

春夏之间：多有香港染疫病人回省，九善堂与自治会在东濠口外建设留医厂，而方便医院亦同时接待病人，有三四百起。扯计毙命者多，唯未入厂入院之先，多已病在垂危。闻医愈出院者，约 50 人而已。[⑤]

【清宣统元年己酉（1909 年）】，先生十二岁

是年：私立广东光华医学院成立，初名广东光华医学专门学校，定修业四

---

① 粤海关税务司庆丕：《1907 年广州口岸贸易报告》，广州市地方志编纂委员会办公室、广州海关志编纂委员会编译：《近代广州口岸经济社会概况——粤海关报告汇集》，广州：暨南大学出版社，1995 年，第 471—472 页。

② 陈贤庆：《小榄李氏家族精英辈出》，《中山日报》2007 年 2 月 25 日，第 B1 版。

③ 中山市地方志编纂委员会编：《中山市志》下册，广州：广东人民出版社，1997 年，第 1215 页。

④ 中山市地方志编纂委员会编：《中山市志》下册，广州：广东人民出版社，1997 年，第 1232 页。

⑤ 粤海关税务司庆丕：《光绪三十四年广州口华洋贸易情形论略》，广州市地方志编纂委员会办公室、广州海关志编纂委员会编译：《近代广州口岸经济社会概况——粤海关报告汇集》，广州：暨南大学出版社，1995 年，第 484 页。

年而毕业，先生五兄李廷光（字博文）由博济医学堂转学插入。该院为我国第一所由中国人创立的西医院校。①

是年：小洛克菲勒根据盖茨的建议，派出了一个“东方教育考察团”，成员包括芝加哥大学神学教授勃屯和地质学教授张伯林。他们以中国为重点，对包括日本、印度在内的国家进行了六个月的考察。考察团的报告特别提到了中国在医学教育方面的需要。②

【清宣统二年庚戌（1910 年）】，先生十三岁

2 月：私立广东光华医学院举行第一届毕业典礼，毕业者有陈垣、梅湛、李博文、汪宗藻、李绳则、李明德等六人。李博文即先生五兄李廷光。③

是年：美国著名医学教育家阿・富列斯内对北美洲包括美国和加拿大，进行了医学教育工作的调查。在此基础上，他发表了对当时美国医学教育有重大影响的著名报告，即“富列斯内报告”。其对当时的美国医学教育提出了以下改革建议：①医学校要和综合性大学结合，要求保证一定的大学教育水平。②要提供学习自然科学的环境，要有医学基础学科的教学和实验条件。③高薪选聘良好的专职教师，他们要结合临床工作认真负责地进行教学工作，不能以自己的开业为主，并有进行科学研究的能力。④学生入学前要有至少两年的大学基础，学习过物理学、化学和生物学。⑤学校必须有附属的教学医院，学生要能在门诊部和病房参加照管病人的工作，要强调临床医学实践的科学性。率先接受新潮思想并付诸实施的是约翰・霍普金斯医学院。④

是年：“长堤马路一带，由东至西，建筑房屋甚多，且多属西式，所余空地有限，惟已经承领之地，内有数处，尚未建筑屋宇者。每当夕阳西下，散步长堤，最堪注目者，乃为许多价廉洋货，沿途摆设售卖，即如洋靴、橡皮带、西式小帽、

① 陈衍芬：《私立广东光华医学院沿革史》，《私立广东光华医学院概况》民国二十四年，第 2—3 页。
② 董炳琨、杜慧群、张新庆：《老协和》，保定：河北大学出版社，2004 年，第 24 页。
③ 陈衍芬：《私立广东光华医学院沿革史》，《私立广东光华医学院概况》民国二十四年，第 3 页。
④ 董炳琨、杜慧群、张新庆：《老协和》，保定：河北大学出版社，2004 年，第 29 页。

汗衫、汗巾、手帕、面巾及廉价之首饰等类，触目皆是，随处可以购买。”①

【清宣统三年辛亥（1911 年）】，先生十四岁

11 月 9 日：午刻，中国官轮及岸上居民，始行悬挂独立旗……至中国国旗向用龙旗，是日日落之时，本关（粤海关）所属巡轮舢舨，照常将龙旗收下，此后未便再升矣。是时，胡汉民先生被举为广东大都督，于 11 月 10 日清晨，由香港到省，随即接任视事。②

禁蓄辫子之令一下，中国市场人发价格大幅下降③。

【民国元年壬子（1912 年）】，先生十五岁

是年：香山县设督学局，派员到各区指导督促兴办学校，使原有的私塾逐渐改为学校。④

丰山官立中学易名为香山县立中学。⑤

是年：教育部颁布了《壬子学制》，规定初等小学的学习年限为四年，高等小学三年。这个学制自公布后，在香山县实施达十年之久（清末，普通小学的学习年限为初等小学五年，高等小学四年）。⑥

---

① 粤海关税务司欧森：《宣统二年广州口华洋贸易情形论略》，广州市地方志编纂委员会办公室、广州海关志编纂委员会编译：《近代广州口岸经济社会概况——粤海关报告汇集》，广州：暨南大学出版社，1995 年，第 508—509 页。

② 粤海关税务司梅乐和：《宣统三年广州口华洋贸易情形论略》，广州市地方志编纂委员会办公室、广州海关志编纂委员会编译：《近代广州口岸经济社会概况——粤海关报告汇集》，广州：暨南大学出版社，1995 年，第 514 页。

③ 粤海关税务司梅乐和：《粤海关十年报告（三）（1902—1911）》，广州市地方志编纂委员会办公室、广州海关志编纂委员会编译：《近代广州口岸经济社会概况——粤海关报告汇集》，广州：暨南大学出版社，1995 年，第 956 页。

④ 中山市地方志编纂委员会编：《中山市志》下册，广州：广东人民出版社，1997 年，第 1209 页。

⑤ 中山市地方志编纂委员会编：《中山市志》下册，广州：广东人民出版社，1997 年，第 1215 页。

⑥ 中山市地方志编纂委员会编：《中山市志》下册，广州：广东人民出版社，1997 年，第 1232 页。

是年：国家制定《普通教育暂行课程标准》，规定中学课目为修身、国文、外国语、历史、地理、数学、博物、物化、图画、手工、音乐、体操，女生还加设缝纫、家政等科。①

【民国二年癸丑（1913 年）】，先生十六岁

是年：二兄廷修（乃文）从广东公医医学专门学校毕业。②

按：据《广东公医医学专门学校、国立广东大学医科、中山大学医学院毕业生名册（1909—1953）》，广东公医医学专门学校第一届学生毕业于宣统元年（1909 年），至民国十三年第十五届学生毕业；民国十四年、十五年国立广东大学医科有两届毕业生；国立中山大学医学院于民国十六年第一届毕业生毕业。二兄廷修为广东公医医学专门学校第四届毕业生。③

7 月：洛克菲勒基金会成立。④

是年：中国政府内务部颁布法律使尸体解剖合法化。⑤

是年：美国基督教会同寅会在广州河南兴办的淑德女校迁到香山小榄市边涌。⑥

是年：广东纸币比较香港纸币，每元约低 0.48 元。⑦

是年：广州城突然发生了霍乱疫症。许多华人街区被洪水淹没，人们认为

---

① 中山市地方志编纂委员会编：《中山市志》下册，广州：广东人民出版社，1997 年，第 1234 页。

②《广东公医医学专门学校、国立广东大学医科、中山大学医学院毕业生名册（1909—1953）》，1962 年 4 月，第 2 页。

③《广东公医医学专门学校、国立广东大学医科、中山大学医学院毕业生名册（1909—1953）》，1962 年 4 月，第 2 页。

④〔美〕玛丽・布朗・布洛克：《洛克菲勒基金会与协和模式》，张力军、魏柯玲译，北京：中国协和医科大学出版社，2014 年，第 36 页。

⑤ 董炳琨、杜慧群、张新庆：《老协和》，保定：河北大学出版社，2004 年，第 41 页。

⑥ 中山市地方志编纂委员会编：《中山市志》下册，广州：广东人民出版社，1997 年，第 1215 页。

⑦ 粤海关税务司梅乐和：《中华民国二年广州口华洋贸易情形论略》，广州市地方志编纂委员会办公室、广州海关志编纂委员会编译：《近代广州口岸经济社会概况——粤海关报告汇集》，广州：暨南大学出版社，1995 年，第 543 页。

到处漂浮并被人捡食的西瓜是传播这种疾病的主要媒介。在外侨居住区，经多年推行免疫措施之后，仅发生了三宗。自那以后，广州几乎再没有发生这类疾病。[①]

【民国三年甲寅（1914年）】，先生十七岁

是年：先生进入岭南学校（按：中学一年级）。[②]

岭南学校简介：清光绪十四年（1888 年），美国长老会（the American Presbyterian Mission）在广州沙基金利埠创办了格致书院（Christian College China），“（1893 年）与美国纽约省大学约，按该校之程度，定本校之课程，学生毕业，即作为该大学出身”[③]。“庚子（1900 年），迁校（按：格致书院）于广州花地之萃香园。是年义和团难作，7 月复迁澳门，更名岭南学堂”。“民国五年以前，所办为大学预科，进而至本科一二年级。至民国五年，文理科大学始完成。七年，第一次授予学位。”[④]校名变更如下：由创立之始的“格致书院”更名“岭南学堂”，1912 年，“岭南学堂”更名为“岭南学校”，再由“岭南学校”更名为“岭南大学”。“民国十六年 1 月 11 日私立岭南大学校董会正式成立……宣布岭南大学之组织为私立的、中国人主权的、国际的、基督教的。是年 3 月 11 日，校董会向国民政府教育行政委员会呈请立案，8 月 1 日校董会与纽约董事会代表遂举行正式交代，举钟荣光博士为校长。自是全校主权遂属于国人矣。”[⑤]

是年：先生进入岭南学校 1919 年乙班（图 2.2）。

① 粤海关税务司夏立士：《粤海关十年报告（四）（1912～1921）》，广州市地方志编纂委员会办公室、广州海关志编纂委员会编译：《近代广州口岸经济社会概况——粤海关报告汇集》，广州：暨南大学出版社，1995 年，第 1053 页。

②《大学各级》，《岭南学校》（布告第二十一号·名册）民国七年至八年，岭南学校印刷局刊，第 6 页。

③《本校成立沿革史略》，《岭南大学年鉴》民国十四年，第 3 页。

④《本校史略》，《私立岭南大学一览》，私立岭南大学印行，民国二十一年，第 1 页。

⑤《本校史略》，《私立岭南大学一览》，私立岭南大学印行，民国二十一年，第 2 页。

图 2.2　岭南学校 1919 年乙班[①]

按：1914 年，先生进入岭南学校 1919 年乙班。“本班计应毕业于 1919 年，故名为 1919 年班，共 60 人，分为甲乙两班。甲班课堂，在马丁堂东，本班（按：先生所在乙班）课堂，则在马丁堂西。凡姓名之首字，为英文字母前 11 字者，属甲，为其后 15 字者，属乙。以姓氏而区分甲乙者，实自本班始。1915 年秋，校长葛理佩先生归自美，以为非将各班妥为分划，则管理教授，均形窒碍。故以姓氏而区分甲乙者，亦实自 1915 年始。”[②]后排右上角为先生，背景为怀士堂。

“粤之东有岭南学校焉。内分多组，至于今中学实其主干。年有毕业，班各以年名。1916 年班者，今夏毕业之班也。班始于 1712（按：应为 1912）年春，今四载半矣。考校章中学在昔四年毕业，继改五年。而本班为期四年半者。毕业之月，由冬改在夏，故短半年。”[③]

本校章程：原定各学员在校内，除与中文教员及小学生谈话外，均须用英语以相问答，以期练习听官及言官。唯各学员狃于习惯，仍有用汉语以为答，以期目前便利者。本班为维持校章及练习英文谈话起见，爰有英文谈话会之组织。是会创于 1915 年秋，会章定凡有误用汉语以谈话者，须罚银示惩。计本会

① 《一九一九年班》，《毕业录——岭南学校一九一六年班刊》，中华民国五年夏。
② 杨冠璧：《一九一九年班纪事》，《毕业录——岭南学校一九一六年班刊》，中华民国五年夏，第 6 页。
③ 吴铭基：《一九一六年班历史》，《毕业录——岭南学校一九一六年班刊》，中华民国五年夏，第 11 页。

初办之始，各学员一时不检，被罚者甚多。其后逐渐减少，而英文谈话之程度，乃不得不进。去年罚得之款，由全体会员公决，以为本班恳亲会之用。有余则拨为旅行之费。乃于1916年元月16号，假座本校附近之景园，开恳观（按：“观”恐为“亲”）大会。是时春和景明，园中草木皆笑靥娱宾。会员携果饵登凤凰之台，载笑载言，直至日薄西山始联袂回校。会后50日（3月6号）本班又有旅行之举，旅行队共分为二：一往东郊外广东造币厂，由柯箴及俾吧两先生率领。一队往芳村癫狂院。率之者为冯世安先生。①

按：由于先生早年在香港读书，进入岭南学校后，又以英文谈话，所以，毕业于北平协和医学院的严镜清回忆起先生时，“英文好”是其印象之一。

严镜清（Yen Ching-Ch'ing）小传：1906年生于浙江，1932年毕业于北平协和医学院，获博士学位。北京医学院（北京医科大学）卫生学教授、第一任系主任；是北京市卫生局第一任局长，从1950年起任此职至1966年，2005年9月6日病逝。“1999年，93岁的严镜清立下遗嘱，死后把遗体捐献给国家，用于医学教学工作。”②

先生是严镜清在北平协和医学院的老师，先生任北平卫生事务所所长时，严镜清是统计防疫股股长，抗战时期，先生任中央大学医学院公共卫生系主任时，严镜清担任卫生系教授，“在李教授的领导下工作”，严镜清在其《缅怀李廷安教授》一文结尾处动情地说：“我仰慕他，追随他。可惜的是，可悲的是他英年早逝！”③

是年：先生所习课程：《课文》、《讲文》、《国语》（用本：编授）、《历史》（用本：陈庆年之《中国历史教科书》）、《地理》（用本：臧励和之《新体中国地理》）、《图书》、《圣经》（用本：纪好弼之《耶稣言行述训》）、《文法》（用本：Graybill：*Every-day English*）、《读本》（用本：Shaw：*Big People and Little People of other Lands*，Wong Wun Cheung：*Chinese Fables*）、《天趣学》、《算学》（用本：Bergstresser：*Essential of Arithmetic Book 1*）。④

① 杨冠壁：《一九一九年班纪事》，《毕业录——岭南学校一九一六年班刊》，中华民国五年夏，第7页。

② 张建国：《遗体捐献，光照人间》，《中国医药报》2005年10月17日，第B01版。

③ 严镜清：《缅怀李廷安教授》（未见刊，李宝健教授提供）。

④《一年班课程表》，《毕业录——岭南学校一九一六年班刊》，中华民国五年夏。

按：上述课程为岭南学校 1916 年班"一年班课程表"，考虑到课程设置一般不会频繁变更，先生所在 1919 年班与 1916 年班相距甚近，因此，作为先生在岭南学校一年级的课程。2—5 年级课程，亦据 1916 年班。

关于岭南学校学费："学费每级不同，每年亦小有更改。小学每年纳于学校者，约 150 至 170 元；高等小学及中学，每年约 220 元至 260 元。大学按所习学科而定，核计与中学同。皆开学前一日用香港通有银纸交到沙面万国宝通银行。本校派员在彼征收。"①

笔者曾就"先生如何支付高昂的学费"问及先生次子李宝健教授。李教授说：岭南大学校长钟荣光与祖父李巨卿关系甚笃，祖父在八个儿子中，最看重家父与八叔廷魁，祖父生前就把对这两个儿子的培养托付给钟荣光。钟荣光对家父在岭南大学求学时经济上曾给予帮助。

钟荣光（1866—1942）小传：广东香山（今中山）小榄镇人。1894 年甲午科举人，1896 年在广州加入兴中会，1900 年在香港加入基督教，1905 年毕业于岭南学堂第二届预备班，1909 年任广州青年会会长，1917 年任岭南学校副监督，1927 年任岭南大学第一任华人校长，1928 年任国民政府外交部侨务局局长，1929 年回岭南大学主持校务，同年创办工学院，"1937 年 6 月退休后，改聘为岭南大学名誉校长；7 月参加庐山谈话会。1938 年 6 月，任第一届国民参政会参政员。1940 年 9 月，迁居香港；同年 12 月，任第二届国民参政会参政员。1942 年 1 月 7 日逝世"②。钟荣光遗嘱称："余自入教后，即决心以基督精神，终身为岭南大学服务。回首数十年工作，不敢言功，幸得政府当局之爱护，各地华侨之捐助，中外人士之同情，同事同学之努力，逐步进展，成绩渐佳。"③

"廷安七岁丧父，生活困难，幼年就学，靠在泰国行医的次兄李乃文资助，后期则靠工读和奖、助学金。"④

按：先生五兄李廷光（字博文）早在 1909 年从博济医学堂转入私立广东光

---

①《第六章教务》，《岭南学校布告第十四号〈大观〉》，民国六年，第 18—19 页。

② 徐友春主编：《民国人物大辞典》，石家庄：河北人民出版社，1991 年，第 1560—1561 页。

③ 黎照寰、招观海：《岭南大学校长钟荣光事略》，中国人民政治协商会议广东省委员会文史资料研究委员会编：《广东文史资料》（第 33 辑），广州：广东人民出版社，1981 年，第 72—82 页。

④ 高华载、梁华海：《小榄镇初志・人物篇》（初稿），1986 年，第 85 页。

华医学院，作为首届三年级学生，该届学制四年，即1910年毕业，至1914年，已行医四年，具备资助先生学费的能力。李廷光与先生先后就读于广州，先生是否受其兄影响？是否得到五兄帮助？有待证实。但从1927年1月2日先生填具《洛克菲勒基金个人历史记录和留学奖金资格申请书》时，在“永久住址”一栏，先生填写：广东省香山县石岐铁城医院李博文。①先生与五兄李廷光是有联系的。

1月：洛克菲勒基金会召开董事会议，对中国问题进行了专题讨论。经过两天讨论，小洛克菲勒决定对中国医学教育进行投资，并派考察团对中国进行实地考察。考察团成员是芝加哥大学校长党孙、哈佛医学院内科教授皮博弟和美国驻汉口总领事顾临。1914年4月的北京阳光灿烂，当时的中华民国总统袁世凯、副总统黎元洪亲自接见了大西洋彼岸的客人。②

11月5日：洛克菲勒基金会在纽约召开一次特别会议，基本采纳中国医学教育考察团报告的各项建议。25天后，洛克菲勒基金会执行委员会在纽约又召开会议，决定建立“罗氏驻华医社”（又译为“中华医学基金会”）。③

12月5日：罗氏驻华医社的第一次会议在纽约百老汇路26号基金会办事处召开。④

年底：每香港纸币100元，可换中国银行大元纸币106元，墨西哥银圆108元，粤省小银圆123元。⑤

【民国四年乙卯（1915年）】，先生十八岁

是年：先生进入岭南学校第二年学习（中学二年级）。

---

① 《洛克菲勒基金个人历史记录和留学奖金资格申请书》，Rockefeller Archive Center-Citation Slip，Collection：CMB，Box：76，Folder：535.

② 董炳琨、杜慧群、张新庆：《老协和》，保定：河北大学出版社，2004年，第24—25页。

③ 董炳琨、杜慧群、张新庆：《老协和》，保定：河北大学出版社，2004年，第26页。

④ 董炳琨、杜慧群、张新庆：《老协和》，保定：河北大学出版社，2004年，第26页。

⑤ 粤海关税务司梅乐和：《中华民国三年广州口华洋贸易情形论略》，广州市地方志编纂委员会办公室、广州海关志编纂委员会编译：《近代广州口岸经济社会概况——粤海关报告汇集》，广州：暨南大学出版社，1995年，第556页。

是年：先生所习课程：《课文》、《讲文》、《国语》（用本：编授）《历史》（用本：陈庆年之《中国历史教科书》）、《子学》（用本：《孔子世家》）、《词章》、《木工》、《文法》（用本：*Nesfield's Book IV, selections*）、《读本》（用本：Richardson：*Landmarks in the History of Europe*，Ball：*Starland*，Jewett：*Good Health*）、《圣经》（用本：*Bible Stories*，*New Testament*）、《地理》（用本：Tarr and McMurry：*Complete Geography*）、《算学》（用本：Bergstresser：*Eeeential of Arithmetic Book 1*，Myers：*First Year Mathematics for secondary Schools*）。①

8 月 7 日：第二次中国医学教育考察团又从纽约动身，经日本、朝鲜到沈阳和北京，后又到天津、南京、汉口、香港等地。②

在中国办一个第一流的医学院，以培养第一流的医学人才——临床医学家、医学教育家、科学家和卫生行政专家，这是罗氏驻华医社根本性的方针。但在当时医学教育水平低下、教学设备简陋的情况下，如何打造第一流的医学院呢？罗氏驻华医社的专家们按照他们的理想提出了以下对策：①为了培养高水平的医学人才，必须用英文教学，因为英文是进行世界科学技术交流所必需的。②学生的入学条件应尽可能如美国第一流医学院的要求，要在正规中学毕业后至少再读两年预科，内容应包括物理、化学、生物、数学、英文和中文。③要选聘有教学能力并能做科学研究的专职师资，而这类人才是不能用当时教会医学院和医院那样的低薪所能吸引得到的。④不可能在当时任何一所医学校（包括协和医学堂）的基础上改造提高，以达到最高水平的要求，因此要办一所够得上世界第一流水平的医学院就要从头开始。⑤要同时办一所护士学校。③

是年：伦敦教会与洛克菲勒基金会协商后达成了一个协议：洛克菲勒基金会接收协和医学堂。④

是年：教育部批准中华医学会备案。

"民国四年 7 月 3 日教育部批。据中华医学会会正颜福庆等禀称组织医学会，

---

①《二年班课程表》，《毕业录——岭南学校一九一六年班刊》，中华民国五年夏。

② 董炳琨、杜慧群、张新庆：《老协和》，保定：河北大学出版社，2004 年，第 27 页。

③ 董炳琨、杜慧群、张新庆：《老协和》，保定：河北大学出版社，2004 年，第 30—31 页。

④ 董炳琨、杜慧群、张新庆：《老协和》，保定：河北大学出版社，2004 年，第 36 页。

请予立案等情已悉，所拟章程尚属妥洽，应即准予备案。”①

【民国五年丙辰（1916 年）】，先生十九岁

1 月 24 日：新学校（按：协和医学堂）成立了总务部，接管旧学校的一切事务。同年秋，医学堂低年级的三个班学生转入山东齐鲁大学（Cheeloo University）医学院，以便改组和招收新的学生，按新计划教学。旧校两班高年级的学生留本校实习，到 1918 年，他们全部毕业。1917 年 9 月，协和医学院招收预科生。也就是说，老协和的历史是从 1917 年开始的。②

是年：先生进入岭南学校第三年学习（中学三年级）。

是年：先生所习课程：《课文》、《讲文》、《国语》（用本：编授）、《历史》（用本：汪荣宝之《清史讲义》）、《子学》（用本：《宋元明儒学案》择授）、《词章》、《文法》（用本：选课）、《读本》（用本：Carpenter：*Geographieal Reader 'Europe'*, Montgoneery：*An Elementary American History*）、《生理学》（用本：Ritchie：*Physiology*）、《农学》（用本：Milo N.Wood：*School Agriculture*）、《算学》（用本：Baker and Bourne：*Elementary Algebra*）。③

是年：协和医学堂的新董事会成立。④

是年：省城（按：广州）局面，日有进步，试观长堤，风景繁盛，沿堤一带店铺，夜间遍悬电灯，光明如昼。除新建粤海关及邮政局外，尚有多数华丽新式楼房，约于年内当可筑成。⑤

---

①《纪中华医学会》，《民国日报》1916 年 2 月 6 日，第 11 版。

② 董炳琨、杜慧群、张新庆：《老协和》，保定：河北大学出版社，2004 年，第 36—37 页。

③《三年班课程表》，《毕业录——岭南学校一九一六年班刊》，中华民国五年夏。

④ 董炳琨、杜慧群、张新庆：《老协和》，保定：河北大学出版社，2004 年，第 36 页。

⑤ 粤海关税务司柯尔乐：《中华民国五年广州口华洋贸易情形论略》，广州市地方志编纂委员会办公室、广州海关志编纂委员会编译：《近代广州口岸经济社会概况——粤海关报告汇集》，广州：暨南大学出版社，1995 年，第 586 页。

【民国六年丁巳（1917年）】，先生二十岁

是年：先生进入岭南学校第四年（中学四年级，即大学预科）学习。

岭南学校基督教青年会任命《岭南青年报》（周刊）委办："校务主任，郑炳光君（大学预科）；会务主任，李廷安君（大学预科）；论说主任，陈受颐君（大学二年）；校对主任，何廷柱君（大学一年）；发行主任，朱志涤君（大学预科）。"①

按："大学预科（亦即中学四年级）"②。

是年：先生所习课程：《课文》、《讲文》、《国语》（用本：编授）、《子学》（用本：《宋元明儒学案》择授）、《阅书》（用本：《汉魏丛书》）、《读本》（用本：Atkinson：*European Beginnings of American History*）、《历史》（用本：Myers：*Ancient History*）、《化学》（用本：McPherson and Henderson：*An Elementary Study of Chemistry*）、《圣经》（用本：*History of Apostolic Church*）、《算学》（用本：Beman and Smith：*Plane and Solid geometry*）、*Composition and Rhetoric*（选课）。③

是年：先生任《岭南青年会年报》会务主任。

"周刊委办报告：岭南青年会报为本会印行之周刊，1913年春出版。至今届第六年。往年每礼拜出一小纸，专载会务间及校务，以及关于德育文字。自本年扩张会务，本报乃扩充至三倍有奇。每期撰述有五千余字，内容则本会会务、本校校务、岭南言论笑话、小说辞苑等，俱有登载，逢礼拜五出版。凡本会会友俱赠送一份。兼寄赠本校毕业生及国外国内之青年会与基督教团体。每期印刷一千份，销流约九百份，所有印刷费概由本会担任。本年须二百余金，此诚本会校内服务之最大机关也……上学期……会务主任为李廷安君……其后内阁阁员以本报为本会总机关。若由一人担负全责，恐不胜任，故改由内阁全体负责。

---

①《校内服务部》，《岭南青年会年报》1917年6月至1918年5月，第27页。

②《中学各级》，《岭南学校》（布告第二十一号·名册）民国七年至八年，岭南学校印刷局刊，第10页。

③《四年班课程表》，《毕业录——岭南学校一九一六年班刊》，中华民国五年夏。

以郑炳光君为校务主任、陈受颐君为论说主任、李廷安君为会务主任……”[①]

先生向岭南学校基督教青年会捐款五元。[②]

先生任岭南学校基督教青年会内阁阁员、记录委办主任。[③]

先生归属长老自理会，暑假住址：小榄基尾。[④]

岭南学校基督教青年会的宗旨：“养成高尚有用之人格。”

夫人为万物之灵，其所以然者，以有人格在。人格者，可以发达至无穷。古今来几许轰轰烈烈救国救世事业，俱建立于人格。若是夫则人格岂非居于最重要最尊敬地位乎？因是谋人格之生长，诚人生第一要务矣。且人格之为性也，不生则灭，不长则退，生长一止，死亡立始。是则谋人格之生长，又为人生最大之责任也。然即学生人格之生长，则更为特别重焉。何也？盖今日之学生，即将来之领袖，今日之所得于学校者，即将来谋生事人报国救世之器械。使其丁此求学之时，能养成高尚有用之人格，则他年必为社会之中坚，国家之柱石，人类之福星。由是观之，则陶铸学生人格而谋其生长，岂非最要之务乎？[⑤]

《岭南青年报》简介：创始于 1913 年，由岭南学校基督教青年会印行，在学年内每周出版一次，逢周五早上出版。本报编辑部与发行处均在怀士堂，“本报为本校青年会校内服务之文字机关，专载本校本会新闻及有益于学生生活之文字。本报为本校学生言论之坛，懽（按：欢）迎各项文字。舆论一栏，尤为懽（按：欢）迎”[⑥]。

教会学校毕业生多数信仰基督教。信仰基督教的林巧稚曾说：“信仰上帝给了我精神力量，使我追求纯洁高尚的人生境界。我相信做人需要精神支撑，从小到大，我对此深信不疑。”[⑦]

3 月：先施公司总经理马应彪捐助银 15 000 元，为建筑费，建护养院。内有诊症、割症、看护、药剂、特别养病、普通养病各房室。[⑧]

---

① 《周刊委办报告》，《岭南青年会年报》1917 年 6 月至 1918 年 5 月，第 63—64 页。

② 《兹将本年认捐本会芳名列下》，《岭南青年会年报》1917 年 6 月至 1918 年 5 月，第 41—42 页。

③ 《本会内阁阁员及专职一览》，《岭南青年报》1917 年 10 月 4 日，第 1 页。

④ 《会友题名录》，《岭南青年会年报》1917 年 6 月至 1918 年 5 月，第 121 页。

⑤ 《本会办理大纲》，《岭南青年会年报》1917 年 6 月至 1918 年 5 月，第 1 页。

⑥ 《岭南青年报》，《岭南青年报》1917 年 9 月 21 日，第 3 页。

⑦ 张清平：《林巧稚传》，天津：百花文艺出版社，2012 年，第 291 页。

⑧ 《第四章建设》，《岭南学校布告第十四号〈大观〉》民国六年，第 10 页。

9 月： 协和医学院招收预科生，老协和的历史开始了。[①]

是月： 协和医学院第一批预科生入学了，人数共二人。[②]

【民国七年戊午（1918 年）】，先生二十一岁

是年： 先生进入岭南学校第五年（大学一年级）学习。

《岭南学校・布告第 21 号・名册》：先生 1914 年进入岭南学校，香山人，是大学一年级学生（Freshmen）中一员。[③]

是年： 先生所习课程：《课文》、《讲文》（用本：荀庄墨老各子书）、《阅书》、《历史》（用本：Robinson：*History of Western Europe*）、《物理》（用本：Millikan and Gale：*A First Course in Physics*）、《宗教》（用本：*Comparative Religion*）、《心理学》（用本：James：*Talks to Teachers*）、《经济学》（用本：Duncan：*Essentials of Economics*）、《算学》（用本：Murray：*Trigonometry*）。[④]

春： 先生任《岭南青年报》会务主任。[⑤]

《岭南青年报》"本报改组，实行分任法"：

本报向有一人司理总编辑之任。因是责任过重，今春本会将本报改组，试行分任法，分办事人为五大部，各有专责而职员总其成，办事人员如下：①论说主任陈受颐。②会务主任李廷安。③校务主任郑炳光。童子军访员郑志文，体育访员张香生，农林部访员吴景奇，女学访员卓倩媛女士，教员会访员高廷梓，普通访员伍报郎、韦瑞生、李菀生。④校对主任何廷柱。校对员关文杰、唐耀祖。⑤发行主任朱志涤。发行员容启恩、关文杰。[⑥]

---

① 董炳琨、杜慧群、张新庆：《老协和》，保定：河北大学出版社，2004 年，第 37 页。

② 董炳琨、杜慧群、张新庆：《老协和》，保定：河北大学出版社，2004 年，第 71 页。

③《大学各级》，《岭南学校》（布告第二十一号・名册）民国七年至八年，岭南学校印刷局刊，第 6 页。

④《五年班课程表》，《毕业录——岭南学校一九一六年班刊》，中华民国五年夏。

⑤《本报改组》，《岭南青年报》1918 年 3 月 1 日，第 1 页。

⑥《本报改组》，《岭南青年报》1918 年 3 月 1 日，第 1 页。

是年：先生由于学习上的优异成绩而获得荣誉证书。[①]

西教员之俭德：迩来本校经费支绌，各教员均多方维持。月之14号，西人教员开会于晏监督宅会商其结果有四大劝议：①各教员日用所需以至俭出之。余金则送还本校。②每两家合爨，以节柴火。③凡宴客不能过两肴。④各家均须减雇工役。此四种劝议，虽为临时补助之计。然西人素不惯于合食。此次竟以学校为前提，而破其平时习惯。爱校如此。诚可敬也。[②]

是年：岭南大学第一次授予学位。[③]

【民国八年己未（1919年）】，先生二十二岁

是年：先生进入岭南学校第五年（大学二年级）学习。

是年：先生向岭南学校基督教青年会捐款两元。[④]

是年：先生任"双十庆祝"筹办总理。[⑤]

是年：先生撰文表达国庆的六点期望："此次本校国庆庆祝，乃我六百人庆祝之。高庆与否，在乎个人态度如何？务宜各尽其能以庆祝。此余之所望者一。今年学生庆祝国庆，比常年倍加热闹，各教员应为学生之表率。宜高悬国旗，多烧爆竹，向国旗行礼及各种庆祝事业，宜比学生更为热心，此余所望二。十号早查操衣时，各人衣履务须整洁，此余之所望三。燃烧爆竹，不可乱掷年少同学及女同学、女教员等企立地方，务要小心慎重，此余之所望者四。国庆日，乃我大'中华民国'共和成立之日。凡外交失败、南北纷争，一切悲观，暂勿记忆。只知庆祝我国庆日，及欢呼我'中华民国'万岁万万岁足矣。此余之所望者五。国庆日不过一日之礼典，诸君切不可过了国庆，便忘了爱国心，当尽

① Ferguson M E. Obituary.Li T A. *The Chinese Medical Journal,* 1948, 66(6): 342-343.

②《西教员之俭德》，《岭南青年报》1918年3月22日，第4页。

③《本校史略》，《私立岭南大学一览》，私立岭南大学印行，民国二十一年，第1页。

④《今年本会经济揭晓（续）》，《岭南青年报》1919年11月29日，第2页。

⑤《双十庆祝》，《岭南青年》1919年10月9日国庆号，第2页。

心尽力，时时爱国，是余之所望者六。”①

是年：先生在《岭南》撰文“大学学生会事”，介绍岭南大学学生团体。先生认为“大学生会为大学最重要之团体，事关大学生者，皆由该会全权主理”。先生文中透露，学生学术刊物《南风》（季刊）“以介绍学术为宗旨……全体会员，积极赞助，大约九年（按：1920 年）二月，可出版矣”。先生介绍学生会纪律部，“纪律部管理大学生之自治也。有纪律部长一人，纪律部员二人。又于每层楼之中，由纪律部委任纠察一人，助其管理。学生应守之规则如下：（一）房内各物，须洁净整齐。（二）晚间十点以后，音乐歌时，大声谈话，凡足以扰他人睡眠者，须一律停止。（三）不得乱掷果皮及秽物投路上及宿舍之四围，免失观瞻。会友有不遵守以上规则者，纪律部人员有权随时纠正之。有经纠正而不从者，纪律部不得已而设罚款规则二项：（一）凡因衣物不整，而于一星期之内，受本部警告二次者，罚银一毫。（二）在宿舍烹调者，罚银二毫”。针对“大学生，既有自治之精神，何必设罚款规则”的观点，先生认为“规则之设，非为守规则者，而为不守规则者也。所谓自由者，非无规则之谓，虽有规则，而已不犯之之谓也。故对于自治上不能无规则以范围之。而规则亦不可过于繁苛，必须简易”。②

先生在岭南学校获得柯立斯科学奖。③

“本校毕业生，有欲领纽约毕业文凭者，可请求本校将其成绩一份，检送美国纽约教育局，经该教育局审查后，发给毕业证书。每张收证书费美金七元五角。”④

凡本校毕业生，欲往外国留学者，可将其在本校所修得之学业成绩纪录抄录一份。寄往其拟转学之学校。美国各大学，每准本校毕业生转入其研究院肄业，并免入学试验。其待遇与美国大学毕业生同。本校毕业生不论文学士、理学士，或工学士，若毕业后学习法律，预备应考纽约律师检定试，其学习法律之年限，可以减少一年。本大学医预科学程与国内外各大学医科学程相连接。本校医预科学生修习该科课程完竣，拟转入香港大学医科肄业者，可免该校入

---

① 李廷安：《余之所望者六》，《岭南青年》1919 年 10 月 9 日国庆号，第 3 页。

② 李廷安：《大学学生会事》，《岭南》1919 年第 4 期，第 123—125 页。

③ Ferguson M E. Obituary.Li T A. *The Chinese Medical Journal,* 1948, 66(6): 342-343.

④《（十）文凭》，《私立岭南大学教务规程》，民国二十年，第 9—10 页。

学试验与该校第一次医学试验。①

10月1日：协和医学院本科正式开学。首批学生为九人，其中五人从本校的预科直接升入。1924年的毕业生只有三人，他们的名字是刘绍光、侯祥川和梁宝平。②

在医本科第一二学年中，功课很紧，又实行严格的淘汰制，学习成绩差，或因健康原因就会被淘汰，这些学生往往占入学的四分之一或更多。五年下来，学生人数比入学时少三分之一，甚至二分之一。③

【民国九年庚申（1920年）】，先生二十三岁

2月：《岭南青年报》报道：先生任岭南学校外交总裁之一，负责学艺。（按：所谓外交，即广州市内各院校间的交往）“本校僻处省垣之一隅，外交事宜诸多隔膜。自本年我校被举为省会学生联合会会长。本校对外代表之组织，宜有更变。故今年外交人员之选举，乃由前总代表，合学生顾问部选派一共十名，为外交总裁……现任外交总裁如下：书记陈荣捷，学艺李廷安……”④

是月：先生在《南风》发表《动物色泽之研究》一文，先生认为：“动物色泽，以常人眼光观之，只一种颜色耳……若以科学眼光观之，则色泽之构造，其理甚深，对于动物之生存关系亦大。”先生解释了动物色泽来源以及种类。最后，先生把动物色泽与战争联系起来，“动物色泽实一种趣致之科学，对于战争上，关系尤大。战场军士常将身描画与战地相似，使袭击之时，敌人难以认识，其在石旁守卫者，常穿一深灰色之衣，在树中射击者，常将面目衣服，画成树枝树叶，战舰常油深绿色，飞机则油天青色，使在青天绿水中不易动目焉”。⑤

① 《（十二）毕业后留学外国》，《私立岭南大学教务规程》，民国二十年，第10页。
② 董炳琨、杜慧群、张新庆：《老协和》，保定：河北大学出版社，2004年，第88页。
③ 董炳琨、杜慧群、张新庆：《老协和》，保定：河北大学出版社，2004年，第87—88页。
④ 《外交团事务之种种》，《岭南青年报》1920年2月22日，第2页。
⑤ 李廷安：《动物色泽之研究》，《南风》1920年第1期，第73—76页。

按：先生在《大学学生会事》中提及“现有大学季报之组织，报名《南风》……大约九年（1920年）二月，可出版矣”①。

3月：岭南大学学生冬假，组织爱国演讲团。先生任岭南学校冬假讲演筹备部顾问。冬假讲演“以解释平民主义，扶植公民资格为主旨”②。

先生等五人在香山演讲：“此次分家庭与城市两种演讲，岭南人凡女学生及年岁不及17岁者，可往家庭演讲，一人为一队，各种职务，均由一人负责。倘家庭相近者，可合数人为一队，亦未尝不可。城市演讲，共分十队……香山：黄仁让、黄振权、李廷安、李宛生、何洪锦。”③

4月4日：先生在怀士堂地下室，举行题为“快乐”的讲演，到会人数56人，并于是夕勉基督徒作个人传道事业。④

5月：先生任岭南学校学生拒赌会筹办委员。“拒赌会征求会员一事，已纪前报。本校大学中学已决定全体请假帮助，现据学校执行部已允许学生所请，准于六月四号五号两日由学生自由告假出外进行云。闻本校学生顾问部已请任学生及教员共十人为本校学生拒赌筹办委员。姓名录下：温耀武（主任）、李廷安、古桂芬、黄振权、黄仁让、王觐慈、陈荣捷、张香生、邝森扬、陈辑伍。（按：学生时代，光阴至为宝贵，今竟然牺牲两日，无非因拒赌为万不容缓之事。故迫而出此不得已之举。望各同学于出发期内，思念告假之苦衷，益加奋勇。为拒赌会做多少工夫。冀我广东得早日清除赌祸，成一片干净土也）。”⑤

6月：“现有岭南学生六人，定于暑假时往考北京协和医学校。将来岭南人有病，不怕无人医矣。”⑥

8月：“李国宁、李廷安、李树培、阮康榜、江耀彰、李社炯六君本月2—3日，在校考北京协和医学入校试，拟入该校肄业。”⑦

按：北平协和医学院医预科考试安排在8月份，地点为北京和上海。⑧

---

① 李廷安：《大学学生会事》，《岭南》1919年第4期，第123—125页。
②《冬假讲演》，《岭南青年报》1920年3月8日，第1页。
③ 邓祖荫：《征募部》，《岭南青年报》1920年3月8日，第2页。
④《工人之宗教》，《岭南青年报》1920年4月11日，第1页。
⑤《为拒赌会招会员请假批准》，《岭南青年报》1920年5月30日，第1页。
⑥《好消息》，《岭南青年报》1920年6月5日，第4页。
⑦《个人消息》，《岭南青年报》1920年8月7日，第2页。
⑧ 董炳琨、杜慧群、张新庆：《老协和》，保定：河北大学出版社，2004年，第70页。

自办预科的同时，罗氏驻华医社每年拨款资助全国的一些综合性大学以加强那里的教学条件，使其能培养合乎协和要求的医预科生。受到资助的学校先后有圣约翰大学、金陵大学、金陵女子大学、东南大学、东吴大学、湘雅医学院、燕京大学、清华大学和南开大学等。后来还有福州协和大学、上海沪江大学、广州岭南大学、北京辅仁大学等。到 1925 年，由于上述各校均能培养合乎要求的医预科学生，协和自办的医预科就停办了，部分教师调往燕京大学。①

9 月：先生从广州岭南学校进入了北平协和医学院的预科学习。②

预科楼在东单帅府园胡同东口外，叫洛克哈特楼，是协和医学堂建于 1906 年的老房子。1925 年以后，洛克哈特楼改为公卫楼。注册处老师给新生一张表，表上有学校的方位路线图。按照表上的顺序，学生到宿舍管理处拿到了住室的钥匙，到被服处确定了被服的号码尺寸，到图书馆领到了借书证，不到半天时间，与学习和生活有关的手续已全部办理妥当。③

协和医学院的学制与美国大学的学制相同。一学年里分三个学期。9—12 月中旬是第一学期，中间的假期很短，圣诞节和新年一过，就到了开学的时间。1—3 月是第二学期，之后是短暂的春假。4—6 月是第三学期，学年考试结束，有 3 个月长的暑假。④

按：进入北平协和医学院学习以前，需要经过三年的医预科阶段，重点是强化物理、化学和生物学习。“北京协和医学院的入学要求就是依照韦尔奇的设想：高中毕业，两年大学医学预科，重点在物理、化学和生物。”“北京协和医学院设立的这些标准，不仅堪比优秀的美国学校，而且在许多方面都有所超越。第一批医学预科生中有许多已上过三年大学。1926 年之后，北京协和的医学预科学校关闭时，几乎所有学生入学前均已得到学士学位。反观美国，直到 1932 年，大部分医学院校还只需两年大学。”⑤“创办初期，也有少数学生在综合大学学习一年，然后考入本校办的预科二年级。”“与此同时，又对某些学校进行

① 董炳琨、杜慧群、张新庆：《老协和》，保定：河北大学出版社，2004 年，第 73 页。

② Ferguson M E. Obituary.Li T A. *The Chinese Medical Journal,* 1948, 66(6): 342-343.

③ 张清平：《林巧稚传》，天津：百花文艺出版社，2012 年，第 34 页。

④ 张清平：《林巧稚传》，天津：百花文艺出版社，2012 年，第 38 页。

⑤〔美〕玛丽・布朗・布洛克：《洛克菲勒基金会与协和模式》，张力军、魏柯玲译，北京：中国协和医科大学出版社，2014 年，第 42—43 页。

了帮助，既便于扩大招生来源，又为将来停办预科打下了基础。为此，驻华医社直接给予上海圣约翰大学、福建协和大学、岭南大学和长沙雅礼大学以经济援助，以加强这些学校与医预科有关的课程的教学，另外还援助了山东齐鲁大学医学院办医预科的经费。”①

11 月：《岭南青年》报道：“李君廷安生已于本年暑假后北上燕京，现在北京协和医学校肄业。”②

① 胡传揆：《北京协和医学校的创办概况》，中国人民政治协商会议全国委员会文史资料研究委员会编：《文史资料选辑》（第 43 辑），北京：文史资料出版社，1980 年，第 129—150 页。

②《校闻》，《岭南青年》1920 年 11 月 13 日，第 3 页。

第三章　就读协和（1921—1926年）

说明

本章记述1921—1926年先生二十四岁至二十九岁的主要事迹。

1921—1926年，先生就读于北平协和医学院。这一时期，中国正处于军阀混战时期，同时孙中山经营广东，准备北伐。

袁世凯死后，以段祺瑞为首的皖系军阀控制了“北京政府”，选举徐世昌为总统，提出“武力统一”口号；以吴佩孚、曹锟为首的直系军阀则针锋相对，主张“和平统一”。为争夺“北京政府”的统治权，直系和皖系于1920年在京津地区进行了一场战争，史称“直皖战争”。这场战争以直系获胜而告终。直、奉两系军阀控制了“北京政权”。1922年，奉系张作霖力荐亲日的梁士诒作内阁总理，两系军阀翻脸，第一次直奉战争爆发，直系获胜。直系军阀控制了“北京政权”，推行武力统一中国的政策，并通过贿选，使曹锟当上总统。1924年直系江苏军阀齐燮元与皖系军阀卢永祥爆发了江浙战争，奉系张作霖与直系吴佩孚、曹锟再次介入，史称“第二次直奉战争”。10月，冯玉祥等发动北京政变，推翻了贿选总统曹锟。直系战败，“北京政权”落入奉系张作霖之手。

护法运动后，桂系军阀陆荣廷占据广东，孙中山利用陈炯明、唐继尧势力，开展驱逐桂系军阀的运动。1921年4月，广州的护法国会参众两院召开联席会议，孙中山当选非常大总统，随后发动第二次粤桂战争，平定广西，实现两广统一。正当孙中山准备北伐之际，1922年6月，陈炯明兵变，孙中山出走。1923年1月4日，孙中山发布《讨伐陈炯明通电》，2月回到广州，3月成立海陆军大元帅大本营，自任大元帅。此时的孙中山不再提“护法”，不再开国会，转而亲近苏俄，与共产党人合作，改组国民党。1924年1月，中国国民党第一次全国代表大会在广州举行。1924 年黄埔军校创建，为北伐与国民革命训练军官。1926 年 7 月 9 日，国民政府成立，国民革命军在广州东校场举行北伐誓师典礼。

在军阀混战的年代，北平协和医学院能够创建与不断发展，其中原因是北洋军阀热衷于争权夺利，无暇顾及科技文化建设，政府缺少管理学校的相关法律法规。各系军阀对外国人创办的学校，也不敢干预。因此，北平协和医学院在当时享有特殊的地位。“在业务技术、事业发展、后勤供应、行政管理等方面都是自成体系，俨然成了一个‘独立王国’。”①

在军阀混战的动荡岁月里，先生在北平协和医学院这一“独立王国”度过了自己的求学生涯。先生于 1920 年 9 月进入北平协和医学院预科，次年 6 月以全班第二名的成绩毕业于北平协和医学院预科，进入 1926 年班级。1924 年 2 月先生参加中华医学会在南京东南大学召开的第五届大会，在会上宣读《香港的死亡率是一个衡量中国死亡率的判断标准》②，先生尝试利用香港的死亡率，来了解中国整体的死亡率。1925 年 9 月，先生发表《中国广州公共卫生的报告》，认为公共卫生的真正与首要目的是降低发病率与死亡率，所以卫生行政的举措应对准此目的。广州卫生行政的弱点之一是卫生官员忽视了这个主要目的。他们在非重点上着力，常忘了做面前最重要之事。1926 年，先生从北平协和医学院毕业，获得北平协和医学院和美国纽约州立大学的博士学位。在整个五年的学习过程中，先生因成绩最优秀而获“文海奖”。由于患了严重的斑疹伤寒，先生住在医院的隔离间中而逐渐好转，先生的医学博士证书和“文海奖”奖状是由医学院的领导特别地送到医院病床前的。

《香港的死亡率是一个衡量中国死亡率的判断标准》一文，是先生用英文撰写的，并刊于该年《中华医学杂志》上。1925 年 9 月，先生用英文撰写《中国广州公共卫生的报告》，并发表于是年的《中华医学杂志》上。对此文之影响力，后人评价为“（民国）十四年，北京协和医学校李廷安氏发表公共卫生意见书，嗣后各地均先后实施公共卫生。”③

① 董炳琨、杜慧群、张新庆：《老协和》，保定：河北大学出版社，2004 年，第 45 页。

② Li T A. The death rate of Hongkong as a criterion of mortality in China. *The National Medical Journal*, 1924, 10(1): 25-32.

③ 陈明齐：《我国新医学之进展及其现况》，《东方杂志》1935 年第 22 期，第 31—44 页。

【民国十年辛酉（1921 年）】，先生二十四岁

6 月：先生以全班第二名的成绩毕业于北平协和医学院预科，进入该医学院 1926 年班级。①

9 月：先生就读北平协和医学院。本年学习以下医科课程：解剖学组织学、生物化学、生理学。②

先生带新生陈志潜参观洛克哈特大厅和该厅后面的宿舍。“一位高年级同学李廷安（他后来成为以公共卫生为事业的第一位毕业生）带我去参观了洛克哈特（Lockhart）大厅，那是一栋旧教会建筑物作为我们的教室，他也带我去参观了在该厅后面的宿舍。”③

按：是年，陈志潜刚考入北平协和医学院预科，先生则于是年从预科毕业进入医学院，而陈志潜尚需学习预科三年（陈志潜 1929 年毕业，先生 1926 年毕业），故称先生为“高年级同学”。

陈志潜（Ch’en Chih-ch’ien，1903—2000）小传：出生于四川华阳，祖籍江苏武进，我国著名的公共卫生学家、中华医学会副会长、北平协和医学院董事、重庆大学医学院的创建人。1929 年毕业于北平协和医学院，受兰安生的影响，毕生致力于中国农村卫生保健事业，提倡公医制度；1929 年担任晓庄农村卫生示范项目的主任；1932 年参加晏阳初的定县平民教育运动，任乡村卫生处主任。全面抗战爆发后，在长沙、贵阳参加战时救护，后任华西协合大学医学院公共卫生学教授。中华人民共和国成立后，主要从事卫生学的教学工作。

是年：洛克菲勒中华医学基金会（China Medical Board，CMB）任命兰安生为北平协和医学院公共卫生教授。④

1921 年 8 月 18 日：从加拿大温哥华起航驶向日本横滨的“亚洲快线”号（Empress of Asia）承载着基督教、西方教育和美国商业输往东方的梦想。在这次特殊的横跨

---

① Ferguson M E. Obituary. Li T A. *The Chinese Medical Journal,* 1948, 66(6): 342-343.

② 狄瑞德：《医学教育与北平协和医学院之课程》，《中华医学杂志》1934 年第 12 期，第 1526—1546 页。

③ 陈志潜：《中国农村的医学——我的回忆》，成都：四川人民出版社，1998 年，第 37 页。

④ Bullock M B. *An American Transplant-The Rockefeller Foundation and Peking Union Medical College.* Los Angeles: University of California Press, 1980: 138.

太平洋的航行队伍中，有惯常的传教士、少数外交使节、私人企业家，还有几位美国对华事务的名人代表。标准石油（Standard Oil）大亨唯一的儿子洛克菲勒二世和洛克菲勒基金会总裁乔治·文森特（George Vincent）率领着有 25 名以上科学家、教授和基金会董事组成的团队前来出席北京协和医学院的揭幕典礼。[①]

1921 年 9 月 19 日：北平协和医学院新建筑落成仪式隆重举行（图 3.1、图 3.2）。老洛克菲勒来电说："无论西方医学能为中国提供什么援助，对中国人民来说都是有限的。除非它被中国人接管，并成为中国国民生活的组成部分。因此，我们必须企盼有朝一日，这所学校的大多数职务（如果不是全部的话）都由中国人担任。而学校的董事会将有著名的中方人士参加。除学杂费收入外，目前这所学校所需的资助和外国捐款，将来要由来自中国人的捐款和中国政府的补贴所取代。"小洛克菲勒说："学校的主要目的是要把有前途的男女学生培养成高质量的医师、教授和科学家。虽然教学是主要任务，但实验室的设备也可以提供基础医学和临床研究之用。基础医学研究对于树立医学院的国际声望是极端重要的。协和医学院应当具有一种科学研究的精神，为提高医学知识做准备。充分的经验和事实已经证明，有兴趣又有能力从事科学研究的教员，不仅能够更好地完成教学任务，而且能够进行并促进科学研究，还能培养一大批有造诣的学生和专门人才。"[②]其间，洛克菲勒二世及其随员参加了中华民国总统徐世昌的招待酒会（图 3.3）。

图 3.1　北平协和医学院落成典礼[③]

① 〔美〕玛丽·布朗·布洛克：《洛克菲勒基金会与协和模式》，张力军、魏柯玲译，北京：中国协和医科大学出版社，2014 年，第 1 页。

② 董炳琨、杜慧群、张新庆：《老协和》，保定：河北大学出版社，2004 年，第 38—40 页。

③ 马秋莎：《改变中国：洛克菲勒基金会在华百年》，桂林：广西师范大学出版社，2013 年，第 196 页。

图 3.2 洛克菲勒代表团在北平协和医学院落成典礼上[①]

图 3.3 徐世昌总统接见洛克菲勒[②]

北平协和医学院的建筑“采用了我国民族形式的造型；琉璃瓦的大屋顶，大红漆柱子，汉白玉的石栏杆，甚至院子里铺地用的石板也是汉白玉。内部装饰虽模仿了我国宫殿，但其内部结构却采用了西方的建筑方式，如水磨石地面，上下活动的窗扇等。从整体来看，可说是中西合璧，别具一格”。据陶世杰回忆：“协

① 马秋莎：《改变中国：洛克菲勒基金会在华百年》，桂林：广西师范大学出版社，2013 年，第 264 页。

②〔美〕玛丽·布朗·布洛克：《洛克菲勒基金会与协和模式》，张力军、魏柯玲译，北京：中国协和医科大学出版社，2014 年，第 12 页。

和工程所用建筑材料都很讲究。比如木材，一律是由菲律宾买来的 Teak 木（麻栗树木材，可能就是所谓的‘菲律宾木’）。这种木材质地好，除用来制作门、窗、地板、楼梯等外，也用来制作各种家具。直到 1970 年我重访协和时，见到各种木器、门窗等等仍未变形。”监工验收琉璃瓦时，“把琉璃瓦逐块敲击，声音清脆的就通过，否则就不收。这样一来，就有大批的琉璃瓦退货，以致烧瓦商人因赔钱过多而倾家荡产，有的甚至自杀”。协和不仅建筑考究，内部设备亦相当先进。“协和的每扇门上都装有自动关门的弹簧，弹簧中有一种缓冲装置，当自动关门时，开始很快，等快要碰上门框时忽然变慢，然后轻轻关上，一不振，二无声。门的碰锁都是美国‘耶鲁’牌碰锁。锁的本身并不特别，特别的是在钥匙上。每一幢楼有一把‘总钥匙’。它可以打开这幢楼里的任意一把门锁，但在其他楼则不能用。全院 16 幢楼又有一把‘总总钥匙’。它可以打开全院每一个房间。‘总总钥匙’共有三把，校长保存一把，总务长有一把，另一把由总工程师保存（并非管建筑的总工程师，而是土建工程完毕后，负责全院善后工程，并维护各有关的工程机械、设备的总工程师，他同时还负责防火、防盗以及添加设备等工作）”。[①]骆驼成了运输建筑材料的工具（图 3.4）。

图 3.4　运输建筑材料的工具——骆驼[②]

① 陶世杰：《协和医学院的建筑及其他》，中国人民政治协商会议北京市委员会文史资料研究委员会编：《文史资料选编》（第 34 辑），北京：北京出版社，1988 年，第 40—50 页。

② 马秋莎：《改变中国：洛克菲勒基金会在华百年》，桂林：广西师范大学出版社，2013 年，第 371 页。

北平协和医院中式外观的正门与窗明几净的特别病室延接室如图 3.5 与图 3.6 所示。在 1926 年发现了史前“北京人”的步达生，在他 1924 年关于协和医学院解剖学系的报告中有这样一段描述：努力让建筑外观尽可能接近中式，以使其与北京伟大的古迹浑然和谐……这一尝试中最惊人的特征就是弯曲的绿色琉璃屋顶，加上传统的屋檐颜色装饰，以及按照传统庙堂设计的入口庭院。[①]

图 3.5　北平协和医院正门[②]

图 3.6　北平协和医院特别病室延接室[③]

① 〔美〕玛丽·布朗·布洛克：《洛克菲勒基金会与协和模式》，张力军、魏柯玲译，北京：中国协和医科大学出版社，2014 年，第 8 页。

② 协和医院编：《北平协和医院报告书》，中国社会科学院近代史研究所、民国时期文献保护中心编：《民国文献类编》“医药卫生卷 989”，北京：国家图书馆出版社，2015 年，第 7 页。

③ 协和医院编：《北平协和医院报告书》，中国社会科学院近代史研究所、民国时期文献保护中心编：《民国文献类编》“医药卫生卷 989”，北京：国家图书馆出版社，2015 年，第 23 页。

校园和设备的花费已经从1915年估算的一百万美元剧增至1921年止的实际开支约八百万美元。现在每年的预算额明显朝着完全相同的方向变动。协和运行第一年（1919—1920年）的预算仅是493 000银圆（Mex.$），而为1921—1922年所作的预算便已翻了一倍多，总额达到1 065 000银圆。[①]

“北京协和医学院最初的目标就是培养当代中国的医学领袖。其标准和课程安排都不仅仅是为了培养合格的医生，而是要培养出教授、科学家、公共卫生管理者等。”[②]

北平协和医学院预科的各门课程教师的水平是很高的。据陈志潜回忆：其物理老师斯蒂夫勒（W. W. Stifler）后来成为美国一所著名大学的物理学教授。另一位是化学讲师（Associate，Instructor）威尔逊（S. D. Wilson），后来成为燕京大学科学部主任。[③]

当专业化在美国的医学院校还很新鲜的时候，协和学生最基本的课程就由这些领域的专家来教授了。就拿一年级学生来说，解剖学教师是步达生，生物化学是吴宪，生理学是林可胜。他们不仅是国际知名的医学科学家，还在协和的实验室中继续各自在古生物学、营养学和神经疾病领域的前沿研究。客座教授们又各自把国际医学的最新发现带进中国，进一步激发了科学研究的气氛。[④]

协和对基本功的训练要求非常严格，其中以生理实习课的要求最严格。如肌肉生理实习所用材料——青蛙大腿的两头肌，常常不听使唤，难以做出像样的曲线。但不管用多少时间，一定要做出来，经助教签字认可才行，有时弄到半夜，有时第三天还抽时间做，只有这样才能培养孜孜不倦进行科学探索的毅力。学生要自己制作切片，辨认这是什么组织或病变，如果学生当初学习不扎实或不细心，就可能会遗漏。[⑤]

---

① 〔美〕玛丽·布朗·布洛克：《洛克菲勒基金会与协和模式》，张力军、魏柯玲译，北京：中国协和医科大学出版社，2014年，第10页。

② 〔美〕玛丽·布朗·布洛克：《洛克菲勒基金会与协和模式》，张力军、魏柯玲译，北京：中国协和医科大学出版社，2014年，第128页。

③ 陈志潜：《中国农村的医学——我的回忆》，成都：四川人民出版社，1998年，第37页。

④ 〔美〕玛丽·布朗·布洛克：《洛克菲勒基金会与协和模式》，张力军、魏柯玲译，北京：中国协和医科大学出版社，2014年，第122页。

⑤ 董炳琨、杜慧群、张新庆：《老协和》，保定：河北大学出版社，2004年，第93—95页。

是年：兰安生受邀在北平协和医学院建立公共卫生系。①

“强调英语教学、教授的学术水平和学生的社会地位。这与北京协和医学院为中国培养医学精英的愿望相关。”②

至于使用英语教学的重要性：“在一个医学受到国际性关注，就连美国人也不断奔赴德法的时代，英语这样的国际化语言对科学交流而言不可或缺。”③

至于教授的学术水平，韦尔奇认为：“选择教师的关键点是其研究能力或者激发研究的能力。”④

至于学生的地位：“中华医学基金会希望吸引中国的精英阶层，而不是已被教会学校招收的落魄阶层。”⑤

洛克菲勒基金会的目标，正如韦尔奇对洛克菲勒所言：“目标应该是建立一所医学院，可以媲美欧美任何地方。”⑥

【民国十一年壬戌（1922年）】，先生二十五岁

是年：先生就读北平协和医学院二年级。本年学习以下医科课程：药物学、病理学、寄生虫学、细菌学、爱克司光学、内科学、小儿科学、神经系及精神病学、外科学、耳鼻喉科学、眼科学。⑦

北京协和医学院大部分的课程还是按照美国医学院校设置的。课程设置委员会

① 陈志潜：《中国农村的医学——我的回忆》，成都：四川人民出版社，1998年，第41页。

②〔美〕玛丽·布朗·布洛克：《洛克菲勒基金会与协和模式》，张力军、魏柯玲译，北京：中国协和医科大学出版社，2014年，第42页。

③〔美〕玛丽·布朗·布洛克：《洛克菲勒基金会与协和模式》，张力军、魏柯玲译，北京：中国协和医科大学出版社，2014年，第41页。

④〔美〕玛丽·布朗·布洛克：《洛克菲勒基金会与协和模式》，张力军、魏柯玲译，北京：中国协和医科大学出版社，2014年，第40页。

⑤〔美〕玛丽·布朗·布洛克：《洛克菲勒基金会与协和模式》，张力军、魏柯玲译，北京：中国协和医科大学出版社，2014年，第40—41页。

⑥〔美〕玛丽·布朗·布洛克：《洛克菲勒基金会与协和模式》，张力军、魏柯玲译，北京：中国协和医科大学出版社，2014年，第42页。

⑦〔美〕狄瑞德：《医学教育与北平协和医学院之课程》，《中华医学杂志》1934年第12期，第1526—1546页。

主席狄瑞德密切关注美国主要医学院每年的课程安排，并把它们记录在一张大表上。除了稍微调整一下课时或者课程的顺序，协和医学院完全是原样照搬。[①]

有人说："协和的学生不是教出来的，而是熏出来的。"很多小事都能说明这一点。一天，冯应琨教授在黑板上写出"癫痫"两个字，问同学们是否见过癫痫大发作，同学们回答没有，只见冯教授突然倒地，四肢抽动，口角还吐出白沫，吓得同学们都站起来，不知道出了什么事，老师站起来说："这就是癫痫发作。"受此情景"熏陶"的人大概一辈子不会忘记。[②]

【民国十二年癸亥（1923年）】，先生二十六岁

是年： 先生就读北平协和医学院三年级。本年学习以下医科课程：公共卫生学、内科学、小儿科学、神经系及精神病学、外科学、泌尿科学、眼科学、产科学妇科学。[③]

三年级的临床实习基本上是导师制。因学生人数少，通常可由一个教授或讲师负责带一个学生……每个病例记录写完后，学生紧接着赶到图书馆看书，去把有关该病例的问题全部浏览一遍，随后还得进行仔细的分析，因为学生不知道（导师）会提什么问题……学生学会了自学和自钻，临床实践上打下了扎实的根底。[④]

【民国十三年甲子（1924年）】，先生二十七岁

2月7日至12日： 中华医学会在南京东南大学召开第五届大会，先生在会

①〔美〕玛丽·布朗·布洛克：《洛克菲勒基金会与协和模式》，张力军、魏柯玲译，北京：中国协和医科大学出版社，2014年，第96页。

② 董炳琨、杜慧群、张新庆：《老协和》，保定：河北大学出版社，2004年，第95页。

③〔美〕狄瑞德：《医学教育与北平协和医学院之课程》，《中华医学杂志》1934年第12期，第1526—1546页。

④ 董炳琨、杜慧群、张新庆：《老协和》，保定：河北大学出版社，2004年，第96页。

上宣读“The death rate of Hongkong as a criterion of mortality in China”[①]。《香港的死亡率是一个衡量中国死亡率的判断标准》，该文用英文撰写并于该年发表在《中华医学杂志》上。

按：使用外国语的情形，以英语系统的西医为最突出，他们不但在学校、医院用英语，甚至日常生活也惯用英语。在公开的学术团体活动场合，多用英语作报告……我记得1941年中华医学会在昆明举行年会时，有一位某医学院的教授登上讲台，照例很自然地用英语作报告。同济大学医学院一位教授站起来气愤地大声说：“中国还没有灭亡，为什么在中国人自己的学会上要用外国语来作报告？”其实，中华医学会于1915年创立以后，每届年会英美派西医的学术报告很多是用英语作的。不熟谙英语的西医是很有意见的，但没有在会场上公开反对过，恐怕是因为自己不熟英语而有自卑感。[②]

按：《中华医学杂志》1915年创刊，为中华医学会会刊。早期为中英文双语期刊，英文刊名为*The National Medical Journal of China*。1932年，中华医学杂志的英文部分与博医会的英文杂志*The China Medical Journal*（博医会报）合并，以*The Chinese Medical Journal*为刊名出版；中文部分仍沿用《中华医学杂志》名，继续出版。

由于中国没有一个城市有准确的生命统计，对于中国人的死亡率，医生和统计学家心存怀疑。香港毗邻广州，有五十余万中国人口，他们大多数保持中国人的生活习惯。所以，先生尝试利用香港的死亡率，来了解中国整体的死亡率。先生发现1922年香港中国人标化死亡率为27.57‰；1922年香港中国人各种结核病的标化死亡率为每十万人中369.62人；1922年香港中国婴儿死亡率为289.98‰。

按：1948年《中华医学杂志》（英文版）讣告上有这样一段话：“当他还是一位四年级的学生的时候，他在南京举行的中华医学会上宣读了一篇《香港的死亡率是一个衡量中国死亡率的判断标准》的报告，接着于次年的《中华医学杂志》（英文版）上发表了《中国广州公共卫生的报告》，由上可见，他在早期

① Li T A. The death rate of Hongkong as a criterion of mortality in China. *The National Medical Journal of China*, 1924, 10(1): 25-32.

② 金宝善：《旧中国的西医派别与卫生事业的演变》，中国人民政治协商会议全国委员会文史资料研究委员会编：《文史资料选辑》第一辑（总101辑），北京：文史资料出版社，1985年，第130页。

就对公共卫生发生了兴趣。”①

是年：先生就读北平协和医学院四年级。本年学习以下医科课程：公共卫生学、内科学、小儿科学、皮肤花柳科学、神经系及精神病学、外科学、骨科学、耳鼻喉科学、泌尿科学、眼科学、产科学妇科学。②

严镜清回忆道：“1924 年我在协和预科一年级，他在本科四年级，他比我高七年，同住在文海楼宿舍，同在一个食堂吃饭，随便入座，接触较多。他为人开朗、亲切、随和，颇健谈，知识渊博，英语好，说的随便达意。对低年级同学没有架子，平等待人。”③

是年：先生参加卫生教育会举办的题为《医学为一生之职业》的登报征文。

按：本次征文，分中英文两组，以国内各大学学生为限。应征者，百余名，代表学校凡十六处，延请当时名宿代为评定名次。中文组取六名，英文组取四名。另中英文各有十人获优秀奖。1925 年 3 月 8 日《申报》公布获奖者。④

每月一次的全院性临床病理讨论会，主要是围绕不同临床科室那些诊断不清、误诊和疗效差的死亡病例展开的。这些病例都是病情比较复杂的罕见病或疑难杂症。相关科室在病人死前的检查全面细致，在简单汇报治疗经过后，与会师生将在诊断、处理以及一些学术问题上各抒己见，激烈辩论。最后，由病理科医师报告尸检结果和病理诊断，再请病理科教授提出最后的病理诊断，讨论在诊断和处理上的得失。听到各种不同的见解和得到比较肯定的病理结论，与会者感到印象非常深刻，收获也大。⑤

内科临床考试在本科三年级的期末进行。临考试前，病室换一些新病人，学生不许再进病室。考试时，老师临时给每个学生指定一个病人，要求在一个小时内完成病历询问、体格检查、常规血尿化验，在此基础上考虑该病人的诊断、鉴别诊断和处理意见，然后接受主考老师的提问。⑥

① Ferguson M E. Obituary.Li T A. *The Chinese Medical Journal*, 1948, 66(6): 342-343.

② 〔美〕狄瑞德：《医学教育与北平协和医学院之课程》，《中华医学杂志》1934 年第 12 期，第 1526—1546 页。

③ 严镜清：《缅怀李廷安教授》（未见刊，李宝健教授提供）。

④《卫生教育会征文揭晓》，《申报》1925 年 3 月 8 日，第 10 版。

⑤ 董炳琨、杜慧群、张新庆：《老协和》，保定：河北大学出版社，2004 年，第 98—99 页。

⑥ 张清平：《林巧稚传》，天津：百花文艺出版社，2012 年，第 54 页。

【民国十四年乙丑（1925 年）】，先生二十八岁

先生就读北平协和医学院五年级。本年在北平协和医院实习和实验室做研究，兼任北平英文夜校老师（图 3.7—图 3.9）。

图 3.7　实习时与协和同学在一起（左一为先生，李宝健提供并解释）

图 3.8　实习时与协和同学在一起（前排右一为先生，左一为凌炽桓，李宝健提供并解释）

图 3.9 早期在北平任英文夜校老师时与学生合影（穿西服者为先生，李宝健提供并解释）

3 月 8 日：《申报》刊登先生参加卫生教育会举办的题为《医学为一生之职业》的登报征文，获优等英文卷，并获奖状一张。

“中文卷特等第一名东南大学沈振家，奖金 50 元，第二名天津海军医学校熊科贤，奖金 40 元，第三名同济大学丁惠康，奖金 30 元，第四名山西大学尹钟祺，奖金 20 元，第五名北京中央大学张祖汉，奖金 15 元，第六名东南大学黄锡康，奖金 10 元，以上六名，除奖金外，并由该会各赠大号帕克自来墨水笔一枝（支），奖证一纸。英文卷特等第一名北京协和医学校陈宝书，奖金 50 元，第二名协和医学校施锡恩，奖金 40 元，第三名协和医学校吴朝仁，奖金 30 元，第四名协和医学校姚寻源，奖金 15 元，以上四名，除奖金外，亦各赠大号帕克自来墨水笔一枝（支），奖证一纸。此下优等中文卷卢宅仁、杜本岳、王景槐、陈志潜、谢肥城、阙文、罗光璧、袁宗周、传为方、张祖绶。优等英文卷徐润庠、卢观伟、陈志潜、郑天贵、王霭俊、洪绶、李廷安、钟惠兰、林元英、李宝田等 20 名，各赠奖证一纸。”①

19 日：孙中山灵柩由协和医院移向中央公园。协和医学院全体学生身穿白衣，肃立在学院门口，为孙中山先生送灵志哀。②

按：是年 1 月 26 日下午三时，孙中山进了协和医院，四点上了手术台，即由外科主任邰乐尔主刀，刘瑞恒、德国克礼医生、俄籍某医生参加手术。手术时间仅仅持续了 25 分钟，通过对取出组织进行活检，诊断为肝癌。③

① 《卫生教育会征文揭晓》，《申报》1925 年 3 月 8 日，第 10 版。

② 张清平：《林巧稚传》，天津：百花文艺出版社，2012 年，第 46 页。

③ 董炳琨、杜慧群、张新庆：《老协和》，保定：河北大学出版社，2004 年，第 249 页。

9月：先生在 *The National Medical Journal of China* 上发表“A public health report on Canton，China”（《中国广州公共卫生的报告》）[①]。先生利用广州当地官员、医生提供的资料、各种报道以及本人的观察所得，写成《中国广州公共卫生的报告》，该文分三部分：一是总体观察；二是公共卫生活动；三是总结、讨论与建议。

“总体观察”包括广州的地理概况、市政府、教育、工业、交通。

“公共卫生活动”含卫生机构组织、卫生行政（包括 14 种有关公共卫生的法规及其具体条款）、卫生机构经费、传染病、结核病、霍乱、妇幼卫生、公共卫生护士、学校卫生及医学观察、工厂卫生、特别诊所、卫生实验室、牛奶、食品与药物、不良习惯与违法交易、楼宇建筑、城市卫生、难民、饮水供应、污水处理、土壤污染、公共卫生教育、生命统计、特殊疾病的死亡率与发病率、行医、医学教育、城市医院、对卫生工作态度。

“总结”：生命统计未发挥作用；14 种有关公共卫生的法规，仅有 30%实行；传染病未得到有效控制、通报系统未生效；防痨措施及妇幼卫生、公共卫生护士、学校卫生及医学观察、工厂卫生缺如；吸食鸦片、妓女、有缺陷的排水系统以及拥挤的赌场；城市建筑尽管不能达到标准要求，但总体上是很满意的；公安局负责的生命统计太粗略而没有作用；死亡率及婴儿死亡率很高；博济医院（Canton Hospital）过去数年死亡率的主要原因是肺结核、疟疾、梅毒、脚气、伤寒、肺炎、肾炎和流感；霍乱和鼠疫每年暴发；按死亡率主要原因排序：肺结核、胃肠炎、痢疾、伤寒、肺炎、疟疾、肾炎、流感、梅毒、脚气。

“讨论”：公共卫生的真正与首要目的是降低发病率与死亡率，所以卫生行政的举措应对准此目的。广州卫生行政的弱点之一是卫生官员忽视了这个主要目的。他们在非重点上着力，常忘了做面前最重要之事。

中国城市经费资助有限，有许多高死亡率疾病，人们致力于降低死亡率，当前某种程度上，应该集中于一些点上，用最少的钱，获得最佳结果。在高死亡率的主要传染病中，选择那些易于控制的传染病来预防它。例如，新生儿破伤风、新生儿眼炎、天花、伤寒热、痢疾、霍乱、肠道寄生虫，如果防控措施

① Li T A. A public health report on Canton, China. *The National Medical Journal of China*, 1925, 11(5): 324-375.

落实，可以降低总死亡率20%。假设广州粗略死亡率为30‰，每年死亡总人数为800 000×30‰=24 000。降低20%意味着拯救了4800个生命。通过控制接生婆可以较容易与较有把握控制新生儿类疾病（新生儿破伤风、新生儿眼炎、天花），通过控制水、食物和苍蝇，可以控制胃肠道疾病。

有法规却无法实施，法规如同虚设。生命统计是卫生措施。没有它，办理公共卫生如同瞑行瞎马。

“建议”：①控制新生儿破伤风、新生儿眼炎和天花。②控制胃肠道疾病。③其他。一是聘请十位卫生督察员和一位督察长来落实卫生法规；二是要求公安局合作并做准确的生命统计。卫生局局长负责搜集、画表、解释由公安局获得的数据。

按：对此文之影响力，陈明齐在《东方杂志》上发文作如下评价：“（民国）十四年，北京协和医学校李廷安氏发表公共卫生意见书，嗣后各地均先后实施公共卫生。”[①]

是年：先生进入协和医学院学习的最后一年（图3.10）。

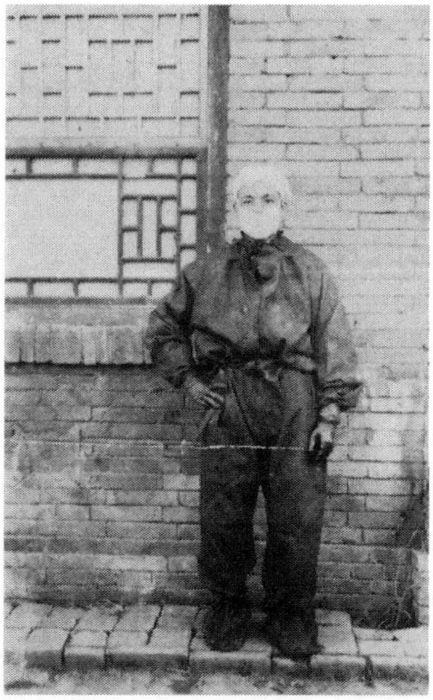

图3.10　在协和医院实习时穿防菌服（李宝健提供并解释）

① 陈明齐：《我国新医学之进展及其现况》，《东方杂志》1935年第22期，第31—44页。

第八年的毕业实习，采取24小时负责制。全班学生被分为三组，分别到内科、外科或妇产科做实习医师一年。在这期间，实习医师必须住在医院内，24小时随时接收新入院的病人，照顾病房的病人……实习生一清早就得赶到病房，将自己的病人看一遍，进行必要的血、尿及粪便常规化验……写病历、进行体检和化验，是培训实习生的重要内容……有一次，一个病人患有血性腹泻，怀疑是阿米巴性结肠炎，但实习生和化验员几次查大便都找不到阿米巴。主治医师亲自去查病房，赶上病人正在大便……他拿着便盆……从温热粪便中取出与鲜血相连的黏液制成标本作涂片。在化验室显微镜下看到了不断变形的深组织阿米巴，肯定了诊断。原来，阿米巴只在刚排出的温热粪便中才活跃。①

病房任何时候都要求保持整洁、安静。医护人员走路不能发出声响，护士挪动椅子要端起来，不能拖拉。开门、关门时要用手扶着轻轻开合，不能因为任何原因惊扰病人。绝对不允许医护人员工作时嬉戏玩闹、扎堆聊天。

一天两次的晨晚间护理，护士必须在规定时间内做好一切事情。让病房整洁，病人舒适，病床平整干净。要为行动不能自理的病人盥洗，用火酒为长期卧床的病人擦身。无论病人年龄大小，护士对病人就像母亲对孩子一样“勤慎警护”。

家政科的海典丝小姐负责全院的家政。她手握一块白绢，轻轻擦拭着走过的地方。一旦白绢上沾上污垢，不仅清洁班的工人要被处分，病房的护士长也要受批评。②

是年：北平第一卫生事务所成立。

兰安生征得市政警察合作，建立了第一卫生事务所，为北京的第一个卫生区提供医疗服务，覆盖协和医学院所在地区的大约十万人。更重要的是，它也是中国公共卫生专家的培训基地。虽然兰安生最初遇到了协和医学院内部教员的反对，但自1926年起，协和医学院的所有学生都必须在第一卫生事务所进行四个星期的实习，等同于内科、产科和外科的实习期。这是西方医学教育的一

① 董炳琨、杜慧群、张新庆：《老协和》，保定：河北大学出版社，2004年，第99—101页。

② 张清平：《林巧稚传》，天津：百花文艺出版社，2012年，第53—54页。

个重大创新，得到美国医学教育家们的认同，于 20 世纪 30 年代在一定程度上被复制到范德比尔特（Vanderbilt）、约翰·霍普金斯和哈佛。到 20 世纪 30 年代中期，其他的中国医学院校也开始注重公共卫生教学，但北京协和医学院一直在该领域坚持要求比其他院校更多的时间。[①]

【民国十五年丙寅（1926 年）】，先生二十九岁

是年：先生从北平协和医学院毕业，获得北平协和医学和美国纽约州立大学的博士学位（图 3.11—图 3.13）。

图 3.11　北平协和医学院 1926 届毕业生（左上为先生）[②]

---

① 〔美〕玛丽·布朗·布洛克：《洛克菲勒基金会与协和模式》，张力军、魏柯玲译，北京：中国协和医科大学出版社，2014 年，第 95—96 页。

②《协医同学会·李廷安》，《协医校刊》1927 年第 2 期，第 171 页。

图 3.12 北平协和医学院毕业照（李宝健提供并解释）

图 3.13 1926 年身着协和博士袍的毕业照（前排右二为先生，李宝健提供并解释）

6 月：先生从协和医学院毕业的那天，正由于患严重的斑疹伤寒而住在医院的隔离间中而逐渐好转，先生的医学博士的证书和“文海奖”奖状是由医学院的领导特别地送到了他医院病床前的。“文海奖”奖状上所写的一段话：“为了纪念这样的一个人，他的成就是由于他在医学教育事业上做出了令人难忘的贡献。我们将会高兴地得知，这个奖状授予了这样的一个人：他的成绩对纪念文海博士和对学院的院史都增添了光彩。”①

① Ferguson M E. Obituary. Li T A. *The Chinese Medical Journal,* 1948, 66(6): 342-343.

按：“文海奖”是北平协和医学院授予在整个五年的学习过程中，成绩最优秀的一位学生，每届仅授一人。“在整个医学院学程中，他都保持了第一名，在他毕业时他获得了在整个五年的学习中成绩最优秀的学生所能获得的文海奖。”①

“文海奖”不仅是很高的荣誉，还有很高的物质鼓励。400元的奖学金，相当于一个助理住院医生一年的工资。1929年毕业的林巧稚，在全班16人中，五年成绩高出另一同学1.5分。有人建议这届“文海奖”最好同时奖给两个人。学校一位兼管宗教事务的先生说：林巧稚不仅成绩突出，几年来课余为公益活动尽了许多义务。她为人热诚、有爱心，这是从医人的根本。最终学校决定将“文海奖”授予林巧稚。②

12月22日：先生从美国俄亥俄州的奥柏林向哈佛大学医学院和公共卫生学院院长戴维德·L. 埃兹尔（David L. Edsall）致以圣诞节快乐问候。信中提及：“我现在在奥柏林（Oberlin，Ohio），这是我为期两周旅行的第一座城市。这里的国家卫生工作对我是有益的启发。我也有幸遇见伯拉萧（Bradshaw）博士，他是哈佛大学毕业生，现在负责奥柏林学院的学生卫生工作。1927年1月10日前我将回来参加考试。我恭贺您和您的夫人圣诞节快乐！”③

按：据此，先生曾在毕业前有过一次为期两周前往美国考察公共卫生的短期旅行。

1927年1月2日，先生填具《洛克菲勒基金个人历史记录和留学奖金资格申请书》称：“1926年北平协和医学院毕业后，我任职于北平协和学院公共卫生系。1926年这一年，我花费大多数我的时间于工厂卫生，特别是学校卫生。我也在北平警察局市公共卫生事务所工作。大约四分之一时间用于北平协和医学院本科生教学。”④

是年：先生在北平协和医学院卫生系任助教（assistant），年薪1200美元，

① Ferguson M E. Obituary. Li T A. *The Chinese Medical Journal,* 1948, 66(6): 342-343.

② 张清平：《林巧稚传》，天津：百花文艺出版社，2012年，第68—69页。

③《12月22日先生从美国俄亥俄州的奥柏林致函哈佛大学医学院和公共卫生学院院长 David L. Edsall》，The Francis A. Countway Library of Medicine Boston Medical Library.

④《1927年10月李廷安填具哈佛大学公共卫生学院入学申请表》，The Francis A. Countway Library of Medicine Boston Medical Library.

住在北平协和医学院文海堂。[①]

按：整体上，医学院工资要高于其他任何教会或者中国机构；还有其他附加福利，如到欧美的学术休假年，保证让他们成为世界性的科学公民。荣登《世界医学名人录》（*International Who's Who of Medicine*），更不必说《中国名人录》（*Who's Who in China*），个人得到苏联等欧洲政府的认可，在国际医学期刊发表文章——所有这些和其他更多好处让北京协和医学院最优秀的中国教授受益无穷。[②]

① 《洛克菲勒基金个人历史记录和留学奖金资格申请书》，Rockefeller Archive Center-Citation Slip, Collection: CMB, Box: 76, Folder: 535.

② 〔美〕玛丽·布朗·布洛克：《洛克菲勒基金会与协和模式》，张力军、魏柯玲译，北京：中国协和医科大学出版社，2014年，第80页。

第四章 任职协和（1927—1932年）

说明

本章记述1927—1932年先生三十岁至三十五岁的主要事迹。

随着北伐的节节胜利，国民革命军消灭了军阀吴佩孚与孙传芳的势力，占领了长江中下游地区，国民政府于1927年4月18日定都南京。同年4月，蒋介石在徐州誓师，发动“二次北伐”，目标直指以张作霖为首的北方军阀，不久攻占济南，逼近京津，张作霖退出北京回东北。由于张作霖不能满足日本在满蒙筑路、开矿、设厂、租地、移民等要求，6月4日，张作霖在皇姑屯被日本关东军炸死。张作霖死后，张学良主持东北，12月29日，张学良宣布东北易帜，服从国民政府领导，国民政府在形式上完成了统一。

与此同时，日本加紧对中国的侵略。1927年4月，田中义一出任首相，在东京召开“东方会议”，提出了侵略中国的具体方案，并由田中义一起草了一份秘密奏折给天皇，称“欲征服中国，必先征服满蒙，欲征服世界，必先征服中国”。1931年9月18日，日本关东军炮轰东北军北大营，占领沈阳，“九一八事变”是日本帝国主义长期推行对华侵略扩张政策的必然结果，它揭开了第二次世界大战东方战场的序幕。1932年1月28日，日本海军陆战队向驻扎在闸北的十九路军发起进攻，十九路军在军长蔡廷锴、总指挥蒋光鼐的率领下，奋起抵抗，史称“淞沪抗战”。1925年，“五卅”惨案爆发时，生理学教授林可胜带领协和医学院的学生走上街头抗议。而“协和医学院的紧张之处不在于政治觉悟，而在于学术性”，校长顾临认为，“我们自己的学生们说得很清楚，他们不会罢课，这并非因为他们不如其他学生爱国，而是因为他们在应该以何种方式表达爱国之情上与其他学生不同。他们认为：作为专业学生，报效国家最好的方法就是顺利完成学业”[①]。

1927—1932 年，先生在北平协和医学院任教，同时任职于北平第一卫生事务所，其间，于 1927 年 7 月—1929 年 2 月在哈佛大学攻读公共卫生博士学位，1929 年 2—11 月，被上海市卫生局局长胡鸿基借调到上海，任卫生局第四科科长。在此期间他组织了学校卫生事业和建立了一个乡村卫生示范点，而受到地方和国家的权威学者们的赞扬。1929 年 11 月 7 日，先生在北平与王淑贤女士结婚。1930 年，先生晋升讲师，任北平市第一卫生事务所所长、国家防疫署技术委员会成员、教育部卫生教育委员会委员；1931 年，先生晋升助教授（assistant professor），与河北宛平县清河试验区合作，帮助开展公共卫生工作。先生于 1932 年 4 月 20 日召开的中华医学会执行委员会第一次会议上被推选为公共卫生委员会主席。同年，中华医学会及博医会合并组成之中华医学会，在上海举行第一次大会，先生在公共卫生组宣读《织毯业在卫生上危险》。中华医学会年会指派先生为中国乡村卫生调查委员会主席，从事调查中国乡村卫生之状况。10 月，上海市卫生局局长胡鸿基因车祸去世，先生继任卫生局局长。

1927 年，先生用英文撰写《现代工业化中营养性疾病的危险性》与《中国儿童的身高、体重、年龄表》，并刊登于同年的《中华医学杂志》（英文版）。1928 年，先生在《医学周刊集》发表《甚么是“公共卫生”》《天花》《“北京第一泉”》3 篇文章。1929 年，先生在《卫生月刊》上发表《民国十八年上海脑膜炎流行之经过》，同年先生用英文撰写的《北平特别卫生区学校卫生》，发表在《博医会报》上。先生认为“在当下中国的所有公共卫生活动中，学校卫生可能是一项以少量投入却效果显而易见的活动”[②]。1930 年，先生在《中华医学杂志》上发表《北平第一卫生区事务所传染病管理之初步计划》。同年 11 月，先生所撰《学校卫生概要》由商务印书馆出版，该书原用英文著述，民国十八年（1929 年）9 月，国民政府卫生部对《学校卫生概要》“详加审核修正”。兰安生曾这样

① 〔美〕玛丽·布朗·布洛克：《洛克菲勒基金会与协和模式》，张力军、魏柯玲译，北京：中国协和医科大学出版社，2014 年，第 120 页。

② Fang I C, Li T A. School health in the Peiping special health area. *The China Medical Journal*, 1929, 43 (7): 697-706.

评价这本书："本书内容条理周密，学理甚新，环顾东西各国，对于学校卫生之实施、卫生教育之发展，有此普及全国之计划者，余尚未之见也。"[①]同年，先生在《教育月刊》上发表《学校卫生概要》，阐述学校卫生之重要。同年，先生为北平青年会少年运动周讲演会发表《少年时代与健康》的演讲，认为少年时代的健康，是最要紧的。健康分两部分：一种是精神上的健康，另一种是身体上的健康。该文发表于《青年进步》。1931 年，先生在《唯生汇刊》上发表《医师在预防医学上之责任》。1932 年，先生在《医学周刊集》上发表《国民会议应注意卫生事业》，先生认为"我国之公共卫生问题有关我国之盛衰与民族之存亡"。同年，先生在《铁道卫生季刊》上发表《公共卫生之使命》，先生指出公共卫生之使命有三："一、增进个人身体之健康；二、减少疾病与死亡；三、延长寿命。"

【民国十六年丁卯（1927 年）】，先生三十岁

7 月：先生得到了一个由洛克菲勒基金委员会提供奖学金在哈佛大学医学院学习公共卫生一年的机会。[②]

8 月：在往美国途经上海时，先生用了一个月的时间帮助上海市卫生局局长胡鸿基博士设计了一些初步的全面公共卫生方案、霍乱的预防接种、卫生警察培训，以及建造了一个焚化炉。[③]

9 月 13 日：先生乘坐塔夫脱总统（S. S. President Taft）号邮轮（图 4.1）抵达美国西雅图，暂住 Frances Street 68 号，美国方面的证明人为洛克菲勒基金会（Rockefeller Foundation 61 Broadway New York）[④]。

① 李廷安：《学校卫生概要・序三》，上海：商务印书馆，中华民国十九年。

② Ferguson M E. Obituary.Li T A. *The Chinese Medical Journal,* 1948, 66(6): 342-343.

③ Ferguson M E. Obituary.Li T A. *The Chinese Medical Journal,* 1948, 66(6): 342-343.

④《乘坐 S. S. President Taft 号邮轮，抵达美国西雅图》，The Francis A. Countway Library of Medicine (Boston Medical Library and Harvard Medical Library).

图 4.1　李廷安在前往美国的塔夫脱总统邮轮上（李宝健教授提供并解释）

留言内容：“1927 年 9 月 4 日由唐先生摄于前往美国（从京都到横滨）的塔夫脱总统号邮轮上，李廷安。”（图 4.2）

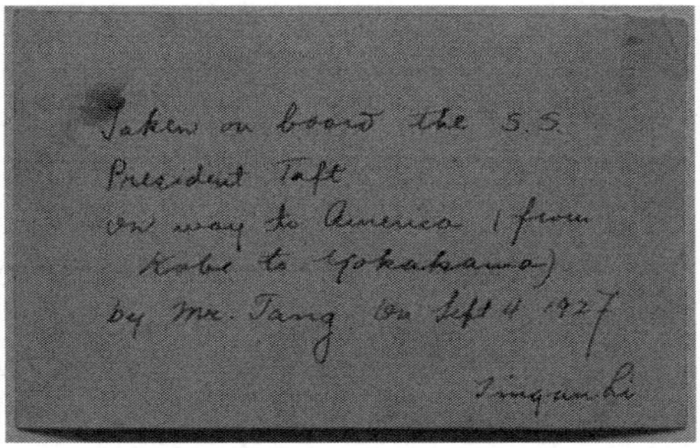
Taken on board the S.S.
President Taft
on way to America (from
Kobe to Yokohama)
by Mr. Tang on Sept 4 1927
Tingan Li

图 4.2　李廷安在前往美国的塔夫脱总统邮轮上的留言（李宝健教授提供并解释）

14 日：哈佛大学医学院和公共卫生学院院长戴维德 •L. 埃兹尔致电西雅图移民局局长（Commissioner of Immigration Seattle），证明先生已被哈佛大学医学院和公共卫生学院录取，请求让先生入境。①

10 月：先生在《中华医学杂志》（英文版）上发表《现代工业化中营养性疾病的危险性》②和《中国儿童的身高、体重、年龄表》③。

---

① 《戴维德 • L. 埃兹尔致电西雅图移民局局长》，The Francis A. Countway Library of Medicine (Boston Medical Library and Harvard Medical Library).

② Li T A. Danger from nutritional diseases in modern industrialization. *The National Medical Journal of China*, 1927, 13(5): 377-382.

③ Li T A, Chang T F. A height-weight-age table for Chinese children. *The National Medical Journal of China*, 1927, 13(5): 383-388.

在《现代工业化中营养性疾病的危险性》中，先生首先论述饮食结构与工人健康有关系："尽管人口工业化提高人们的经济地位，它也在多方面使生活处于危险之中，其中就包括要论述的营养性疾病。如果社会进行重新调整又缺乏合理性。工业化将把人口局限于某个小的地区，进而使他们丧失业已习惯的阳光、新鲜空气和均衡饮食，没有了这些，他们就不能正常成长与保持身体健康。"其次，先生报道北平毛毯厂工人患眼球干燥症，用鳕鱼肝油与羊肝治疗，在三至八周后，所有患者完全康复。先生从中发现，眼球干燥症与"工人饮食中缺乏蛋白质和维生素 A、B、C 低"有关。先生建议按以下方法改善饮食结构：①增加新鲜蔬菜；②增加豆及豆制品；③用小米代替部分大米；④尽可能用粗面粉代替白面粉。后来该病未出现。最后，北平另一家毛毯厂工人患手足抽搐症，先生发现他们服用钙盐和鳕鱼肝油后，在三周和三周不到的时间内，疾病及症状消失。先生发现这与饮食中缺少钙和磷有关，通过在饮食中增加新鲜蔬菜，确保钙的稳定来源。三个月后，没有再现手足抽搐病例。

在《中国儿童的身高、体重、年龄表》中，先生试图从中国儿童的身高、体重、年龄三者关系来研究中国儿童的营养状况。先生首先借助史蒂文森提供的身高、体重、年龄表（该表据 10 866 名来自中国南方、中部和北方个体设计而成）。然后，详细介绍量实际身高、量体重、计算小孩年龄以及使用表格方法。最后，指出身高、体重、年龄表的缺陷。

是月：先生填具哈佛大学公共卫生学院入学申请表，就读于哈佛大学，学习公共卫生。[①]师从理查德 •M. 史密斯（Richard M. Smith）教授与埃德温 •B. 威尔逊（Edwin B. Wilson）教授，以"儿童卫生的特殊工作"（special work in child hygiene）为研究项目。[②]

按：先生孙女（三子宝良之女）李星（Cindy Li）1994 年 6 月 16 日致函 The Francis A. Countway Library of Medicine（Boston Medical Library and Harvard Medical Library），询问先生 20 世纪 20 年代末在哈佛大学的情况，该馆稀有书籍和文稿馆馆长理查德 •J. 乌尔夫（Richard J. Wolfe）7 月 12 日复函：先生 1929

① 《哈佛大学公共卫生学院入学申请表》，The Francis A. Countway Library of Medicine (Boston Medical Library and Harvard Medical Library).

② 《一份 1942 年洛克菲勒基金会档案（无标题）》，Rockefeller Archive Center-Citation Slip, Collection: CMB, Series: 1942—1945, Box: 76, Folder: 536.

年 2 月获得公共卫生博士学位，论文题目：《影响新生儿出生体重诸因素》（Factors Affecting the Birth Weight of the New-Born）。

12 月 20 日至 1928 年 1 月 17 日：哈佛大学提供先生在美国参观学习一个月的机会，12 月 20 日先生离开波士顿。[①]

12 月 21 至 26 日：在纽约，先生参观洛克菲勒会所、市卫生机构等。[②]

27 日：到达 Albany（奥尔巴尼，纽约州首府），先生参观州卫生局（负责人 Nichols 博士）、实验室（负责人 Wadwworth 博士）。[③]

28 至 29 日：在纽约州雪城（Syracuse），先生参观城市卫生局。[④]

30 至 31 日：经克利夫兰到达俄亥俄州的奥柏林，参观县卫生局、奥柏林大学学生卫生服务部（负责人 Bradshaw 博士）。[⑤]

【民国十七年戊辰（1928 年）】，先生三十一岁

1 月 1 至 2 日：先生在俄亥俄州首府哥伦布市，参观州卫生局（负责人 Monger 博士）。[⑥]

3 日：先生到达俄亥俄州的格林维尔（Greenville），参观县卫生工作站（负责人 Barnes 博士）。[⑦]

① 《1927 年 12 月 20 日—1928 年 1 月 17 日在美国参观学习日程表》，The Francis A. Countway Library of Medicine (Boston Medical Library and Harvard Medical Library).

② 《1927 年 12 月 20 日—1928 年 1 月 17 日在美国参观学习日程表》，The Francis A. Countway Library of Medicine (Boston Medical Library and Harvard Medical Library).

③ 《1927 年 12 月 20 日—1928 年 1 月 17 日在美国参观学习日程表》，The Francis A. Countway Library of Medicine (Boston Medical Library and Harvard Medical Library).

④ 《1927 年 12 月 20 日—1928 年 1 月 17 日在美国参观学习日程表》，The Francis A. Countway Library of Medicine (Boston Medical Library and Harvard Medical Library).

⑤ 《1927 年 12 月 20 日—1928 年 1 月 17 日在美国参观学习日程表》，The Francis A. Countway Library of Medicine (Boston Medical Library and Harvard Medical Library).

⑥ 《1927 年 12 月 20 日—1928 年 1 月 17 日在美国参观学习日程表》，The Francis A. Countway Library of Medicine (Boston Medical Library and Harvard Medical Library).

⑦ 《1927 年 12 月 20 日—1928 年 1 月 17 日在美国参观学习日程表》，The Francis A. Countway Library of Medicine (Boston Medical Library and Harvard Medical Library).

4 至 5 日：先生在密歇根州的底特律（Detroit）参观。[①]

7 日：先生到达田纳西州首府纳什维尔（Nashville），参观州卫生局（负责人 Bishop 博士）、范德堡（又译作“范德比尔特”）大学（Vanderbilt University）（负责人 Leathers 博士）。[②]

8 日：先生到达阿拉马州的蒙哥马利县，考察儿童卫生（负责人 Mustard 博士）。[③]

9 至 10 日：先生在弗吉尼亚州的里士满，参观州卫生局（负责人 Williams 博士）。[④]

10 日：洛克菲勒基金会远东部副主席顾临致函文森特主席：“兰安生先生建议延长李廷安博士留学期限，李受 DME 资助正在哈佛大学学习。我现在这封信要说的是：我相信要是允许李廷安延长原先规定的一年学习时间，他将有机会深化其研究，这将是他渴望的。正如您了解的，李博士是协和医学院的毕业生，是一位具有超凡能力、充满热情、聪明异常的人，他具有杰出的与别人合作共事的能力。他或许可以为中国的医学教育事业和公共卫生事业做出伟大贡献，这是可能的。如果您能把推荐书传给洛克菲勒基金会医学教育处讨论，我将高兴不已。而正式的推荐书将通过 Gee 先生送交皮尔斯博士。”[⑤]

11 至 12 日：先生在华盛顿哥伦比亚特区，参观美国公共卫生服务（负责人 Cumming 博士）。[⑥]

14 至 16 日：先生在马里兰州巴尔的摩市，参观约翰·霍普金斯大学（John Hopkins University）公共卫生学院。[⑦]

---

① 《1927 年 12 月 20 日—1928 年 1 月 17 日在美国参观学习日程表》，The Francis A. Countway Library of Medicine (Boston Medical Library and Harvard Medical Library)

② 《1927 年 12 月 20 日—1928 年 1 月 17 日在美国参观学习日程表》，The Francis A. Countway Library of Medicine (Boston Medical Library and Harvard Medical Library).

③ 《1927 年 12 月 20 日—1928 年 1 月 17 日在美国参观学习日程表》，The Francis A. Countway Library of Medicine (Boston Medical Library and Harvard Medical Library).

④ 《1927 年 12 月 20 日—1928 年 1 月 17 日在美国参观学习日程表》，The Francis A. Countway Library of Medicine (Boston Medical Library and Harvard Medical Library).

⑤ 《顾临致函乔治·文森特》, Rockefeller Archive Center-Citation Slip, Collection: CMB, Box: 76, Folder: 535.

⑥ 《1927 年 12 月 20 日—1928 年 1 月 17 日在美国参观学习日程表》，The Francis A. Countway Library of Medicine (Boston Medical Library and Harvard Medical Library).

⑦ 《1927 年 12 月 20 日—1928 年 1 月 17 日在美国参观学习日程表》，The Francis A. Countway Library of Medicine (Boston Medical Library and Harvard Medical Library).

17 日： 先生回到波士顿。[①]

是日： 先生致信哈佛大学公共卫生学院高级学位委员会主席欧内斯特·泰泽（Ernest Tyzzer）博士，希望在儿童卫生和生命统计领域能得到进一步训练，并攻读博士学位，恳请高级学位委员会批准其独立设计的研究计划。所提出的这篇论文已经得到理查德·M. 史密斯博士与埃德温·B. 威尔逊博士的批准，他们的批准信将通过玛丽安·戴尔（Marian Dale）小姐转交。[②]

"在哈佛大学由于他的学习成绩优异而得到很好的评价，因此他的学习年限被延至次年，允许他完成其研究工作，并有申请获得公共卫生博士学位的机会。然后前往英国学习考察数月。前一部分计划是很好地完成了，他从哈佛大学获得了公共卫生学博士的学位。"[③]

25 日： 哈佛大学高级学位委员会主席欧内斯特·泰泽博士致函先生：哈佛大学高级学位委员会在考虑您的博士学位工作计划后，已投票同意您的计划。[④]

申请公共卫生博士学位论文提要：

标题：婴儿和儿童体重研究。

研究目的：作为婴儿正常发育的最好指标——体重的重要性已被很好地认识到了。然而与主题相关的认识却很少，而所得到的稿件却常常是来源于对小样本的观察，数据的准确性也很欠缺。

本研究目的在于利用波士顿婴儿卫生协会收集的丰富资料，以及其他数据，这些数据包括从国家公共卫生部、马萨诸塞州政府获取的相关记录，并试图将生物学和医学的重要知识运用到婴儿卫生领域。

研究内容：试图回答以下问题。

（1）母亲年龄影响婴儿出生体重吗？

（2）出生次序影响出生体重吗？

（3）出生月份影响出生体重吗？

---

① 《1927 年 12 月 20 日—1928 年 1 月 17 日在美国参观学习日程表》，The Francis A. Countway Library of Medicine (Boston Medical Library and Harvard Medical Library).

② 《李廷安致函 Dr. Ernest Tyzzer》, The Francis A. Countway Library of Medicine (Boston Medical Library and Harvard Medical Library).

③ Ferguson M E. Obituary.Li T A. *The Chinese Medical Journal,* 1948, 66(6): 342-343.

④ 《哈佛大学高级学位委员会主席 Dr. Ernest Tyzzer 致函李廷安》，The Francis A. Countway Library of Medicine (Boston Medical Library and Harvard Medical Library).

（4）性别影响出生体重吗？

（5）种族影响出生体重吗？

（6）环境影响出生体重吗？T. B. Robertson（Abt's Pediatrics，1485）通过使用增长等同对数 $\log\frac{x}{A-x}=k(t-t_7)$，断言：以等同对数 A 为代表的环境因素对婴儿体重有直接影响。该研究利用出生于英格兰的英国婴儿和出生于波士顿的英国婴儿体重，试图证实他的发现。如果数据能获取的话，两个或两个以上国籍的婴儿以同样的方法进行研究。

（7）双胞胎对双胞儿体重有何种程度的影响？

（8）婴儿体重与导致发病和死亡的主要原因有互相关系吗？

（9）儿童的身体缺陷与他们的体重有何种程度的影响？

附加说明：

（1）本论文将在婴儿卫生部和生命统计部完成。

（2）从事论文工作所能获取的时间总量为本年前半年的部分时间，以及 1928 年 6 月至 12 月的全部时间。

（3）基于统计困难可能出现，要求保留一定的自由度来调整一些研究内容。

（4）本研究计划试图尽可能解答上述列举的问题，最少完成九个问题中的六个。①

是月：《医学周刊集》第一卷分别刊登先生《甚么是“公共卫生”》《天花》《“北京第一泉”》3 篇文章。

先生从“公共卫生发达的原因”“公共卫生的重要”“公共卫生的组织”“城市卫生行政”“我国今日的公共卫生”五个方面，介绍“什么是公共卫生”。

先生认为公共卫生之发达有四大原因，就是惧病、慈善、经济、强国四者。

先生认为公共卫生之所以重要是因为公共卫生是一种独立的科学及技术，研究下列各项：①借有组织的社会，致力于环境卫生，以防病而延寿，并促进公民之健康与能率。②管理公共传染病症。③组织医事及看护机关，施行早期诊断及预防治疗。④引导社会服务机关，使人人咸能达到适当的生活标准，以

① 《申请公共卫生博士学位论文提要》，The Francis A. Countway Library of Medicine (Boston Medical Library and Harvard Medical Library).

维持个人的健康。公共卫生既是一个经济问题，也是强种强国的问题。其要点有三：①减少人民的死亡和患病率。②减少人民的忧苦。③增进国家的生产力。

至于“公共卫生的组织”，先生认为“卫生与交通及教育应当无所偏重。每国建设国立卫生部于国务院，各省有该省的卫生部，降而至于一城一乡，皆各有卫生的机关”①。

至于“城市卫生行政”，先生认为人口十万的城市，应设卫生局。卫生局包含总务处、卫生处、食品处、传染病管理处、儿童卫生处、公共卫生看护处、检验处、统计处。

先生认为“我国今日的公共卫生”，无论是卫生行政、卫生法律，还是卫生组织、卫生经费都还很落后。②

先生从“天花是人类的恶敌”“天花的病源和病状”“天花的传染”“我国首先发明种痘”“哲纳耳氏发明牛痘”“种痘怎能预防天花”“预防天花只须种痘”“人人须种痘”“种痘的良机”九个方面，介绍天花。先生在文中披露了关于中外天花流行史史料及数据：“欧人在 18 世纪的时候，死于天花者不下 6000 万人。及至西班牙人与墨西哥通商。把天花传入美洲，发生天花大疫。这时墨西哥人口不过 1200 万，但死于天花者，有 600 万人。现按医学家测算，我国近年之死于天花者每年不下数十万人。”“从前德国，天花盛行，尤以 1871 年为最甚，平均是年内每千人中死 37 人。于是德国于 1874 年实行强迫儿童种痘，逐年天花大减。至 1902 年，天花遂绝。又如美人于 1898 年入菲律宾的时候，菲律宾人因天花而死者，每年有三四万人之多。后实行种痘，十年之后，每年全国死者只有三百人。”③

先生“一天路过东城米市大街，看见干面胡同西口对过的地方，有个井，这个井边有一张四尺长尺余宽的牌子，上面书着五个美观的大字‘北京第一泉’。此外还有二十余人，内有打水的，有喝水的，很热闹，很拥挤……这些人中，虽有十位八位，是打水或喝水，其余都是在井边的厕所（出恭），所有那些不可思议的东西，横流满积，秽气冲天，肮脏得很！哎呀，这不是危险的事情么？

① 李廷安：《甚么是“公共卫生”》，《医学周刊集》1928 年第 1 卷，第 49—52 页。

② 李廷安：《甚么是“公共卫生”》，《医学周刊集》1928 年第 1 卷，第 49—52 页。

③ 李廷安：《天花》，《医学周刊集》1928 年第 1 卷，第 124—125 页。

大小便中，常含有痢疾，肠热症，虎列拉这些危险的病菌，因其离井不远，慢慢儿便透入井里，试问人若喝了这类的饮料，难保不生病吗？”

于是先生“用消毒的瓶子，取水送中央防疫处检查，果然不错！据该处‘第53 号水之细菌检查报告’说：‘此水有无数大肠菌，不宜生饮’”。

先生遇见一件更可痛的事情：“北京自来水，迭经中央防疫处委员、协和医科大学微菌学教授林宗扬博士，中央防疫处代理技师长、卫生事务所卫生科主任黄子方博士判定‘北京自来水，不合卫生’（请看民国十四年 7 月 27 日中央防疫处通告）。这件事已由《晨报》于 10 月 1 日登载，但该公司居然来函更正，硬说北京自来水，迭请协和医院等详加化验，确为清洁饮料等等奸话，大吹法螺。”

先生感叹说：“北京首善之区，社会现象，尚且如此，无怪乎世界医学家的统计，谓我国国民素不讲求卫生，以至死亡率为世界之冠。按我以上所说的仔细推想起来，敢问读者诸君，这是谁人之过？”①

11 月 21 日：先生致函哈佛大学公共卫生学院院长戴维德 • L. 埃兹尔博士，称：我忠心地对昨天您给予我的建议和帮助表达衷心感谢！特别是此时此刻我已经不幸地在我的学位论文上透支了我的身体，论文的完成是在如此短的时间内。然而，我高兴地向您汇报：据多林（Doering）博士的意见，当我已为我的论文做了足够多工作，我已准备就位时，我能放下夜间的工作计划，为了我将来回中国工作调整状态，而做些晨练了。②

12 月 13 日：理查德 • M. 史密斯致函高级学位委员会：我已经阅读了李廷安申请公共卫生博士学位论文；李博士以极大热情从事论文工作。我极认真而全面地研究了相关文献；他已经仔细而准确地分析了原始数据；我认为他的结论很有价值，因为研究结论最终解决了此前争论不休的问题；我认为他的论文质量足以值得授予他公共卫生博士学位。③

17 日：埃德温 • B. 威尔逊致函公共卫生学院秘书玛丽安 • 戴尔小姐：我认

① 李廷安：《“北京第一泉”》，《医学周刊集》1928 年第 1 卷，第 207—208 页。

②《李廷安致信哈佛大学公共卫生学院院长戴维德 • L. 埃兹尔博士》，The Francis A. Countway Library of Medicine (Boston Medical Library and Harvard Medical Library).

③《理查德 • M. 史密斯致函高级学位委员会》，The Francis A. Countway Library of Medicine (Boston Medical Library and Harvard Medical Library).

为理查德 •M. 史密斯博士理当批准李廷安的论文；我可以说：我已阅读了论文，已经阅读了两遍，阅读了大量由李博士准备的资料，据我建议，因时间不够无法将这些资料在论文中正式使用。我认为这是一篇优秀毕业论文，论文含大量统计工作以及解决了我们在文献中发现的一些分歧。①

31 日：先生致函艾格尔斯顿小姐，谈及薪酬问题："读了您关于我的薪水按每年 1500 美元的标准支付的来信——从 1928 年 12 月 21 日开始，在我完成进修学习之后。关于这件事，我已经在今天早上发给您的信函中和您讨论过了。我想再补充几句；当时我太忙，无法详细考虑。所以想再向您说明以下几点。

如果基金会的董事们满意这项安排，那么当然是可以的。但是，它有可能在法律上站不住脚。如果基金会或者北平协和医学院支付我那笔薪水，我不想接受比每年 1500 美元更多的金额。如果上海市卫生局从 1928 年 12 月 21 日我完成进修后马上开始支付我的薪水，那么我不想北平协和医学院再支付我任何额外的薪金，因为那就意味着我已从北平协和医学院辞职。我想建议北平协和医学院支付我的常规薪水直到上海市卫生局对我正式任命为止。但是，如果董事们或者您有其他计划，而这些计划也不会与总体原则相抵触，那么这样安排也可以。兰安生博士已指示我可以前往中央大学（National Central University）医学院，该学院的院长为颜福庆。事实上，颜院长已给我发来非正式的邀请。我已写信给兰安生博士与埃兹尔博士征求意见与指示。当然，如果没有兰安生博士的同意，我不会接受那个职务，因为我仍然所属于他所在的卫生系。如果我确定前往中央大学医学院，那么我预想关于我的薪水以及其他安排都会不一样。

我很抱歉我的薪水问题耗费了我们很多时间。我实在觉得关于此事我说得太多也做得太多了。我希望不要让人觉得我在试图拿到尽可能多的东西。只是有些原则我想要坚持。过去的四个月里我实在太忙碌，因为我想要在一年半的时间里完成原本需要两年的工作，因而我没有时间讨论问题的细节。如果我早知道我的论文会花费如此多时间，就不会去做它；这项工作肯定已经伤害了我

① 《埃德温 • B. 威尔逊致函公共卫生学院秘书 Marian Dale 小姐》，The Francis A. Countway Library of Medicine (Boston Medical Library and Harvard Medical Library).

的健康。如果我说过或者做过的事情里面有实际上或原则上不对的地方，我希望您作为基金会官员能够友善地教导我。我总归是一个服从于理性的人或者至少我会努力尝试这样做。

回到我的薪水问题。我想可以在我回到纽约的时候解决这件事。只要是符合我在上面提出的考虑意见，或者是与董事们的想法一致，那么我将乐于接受任何安排。

毕竟作为我个人的事情，在我和基金会之间给您添了各种麻烦。我个人希望向您给予我的这些帮助致以感谢。”[①]

图4.3—图4.6摄于留学哈佛大学时期。

图4.3　哈佛大学留学时期（摄于动物园，李宝健提供并解释）

①《李廷安致函艾格尔斯顿小姐》，Rockefeller Archive Center-Citation Slip, Collection: CMB, Box: 76, Folder: 535.

图 4.4　哈佛大学留学时期（左侧为先生，李宝健提供并解释）

图 4.5　哈佛大学留学时期（右侧为先生，李宝健提供并解释）

图 4.6 冰雪留痕：隆冬[①]（留学美国时拍摄）

【民国十八年己巳（1929 年）】，先生三十二岁

2 月：先生获得哈佛大学公共卫生博士学位。[②]

26 日：先生被上海市卫生局委任为第四科科长。[③]

“委任令第三四一号：兹委任李廷安为本特别市政府卫生局第四科科长此令。”[④]

是月：由于上海市卫生局发展的需要，胡（鸿基）博士在 1929 年要求借调先生，先生于 1929 年 2 月回上海，因而放弃了去英国的计划，先生在上海工作了 9 个月才去北平。在此期间他组织了学校卫生事业和建立了一个乡村卫生示

① 李廷安：《隆冬》，《良友》1930 年第 43 期，第 17 页。

②《稀有书籍与手稿馆馆长 Richard J. Wolfe 致函 Cindy Li》，The Francis A. Countway Library of Medicine (Boston Medical Library and Harvard Medical Library).

③《各局职员进退迁调消息》，《申报》1929 年 3 月 7 日《上海特别市市政周刊》，第 1 版。

④ 上海特别市政府：《上海特别市政府委任令第三四一号》，《上海特别市市政府市政公报》1929 年第 21 期，第 1 页。

范点，因而受到地方和国家的权威学者们的赞扬。[①]

3月13日：因春季伤寒流行甚盛，为预防起见，卫生局局长胡鸿基指派先生和第四科员尤济华为局内全体职员注射伤寒预防苗。昨日已注射者达三分之二。又据该局医师云：每人注射共应三针，每间一星期注射一针，注射伤寒苗后，在二年内可免伤寒之患，即偶有患者，亦必减轻。注射后，对于人体有益无害。间有反应，亦极显微。一二日内即如平常。唯注射后一二日内，宜戒过劳及烟酒辛辣之类。并闻市民如欲注射者，可径至毛家弄卫生局请求注射，若满十人以上之团体，并可请求派医前往注射，概不收费。[②]

15日：先生主管防疫事务，被卫生局派往南汇检查指导防疫事宜。

按：上海卫生局，昨接南汇县长来函云：境内自去冬以来，发现时疫，初由孩童，继由妇女。患者四肢厥冷，神智昏迷，片刻气绝。近来流行甚速，每日死者达六七人之多。本地医生对于防疫实施，尚乏精当研究，现已组织防疫委员会，期于最短时扑灭。唯不知病源，难定预防方针，请予委派专门人员，赴南检验，并指导实行防疫办法等情。[③]

19日：受卫生局委派，先生前往南汇调查传染病病源及防治方法，查明是急性流行性脑脊髓膜炎，并嘱该县防疫委员会：①从速调查各区已死及病者人数，以便实施预防。②实行病人隔离。③创设临时医院。④宣传预防方法。⑤暂停集会等事。

此外由卫生局发表宣传预防文：在前月以来，在邻近之南汇县，发生流行性脑脊髓膜炎，死者甚多。此病已传至本市，故市民对于此病之病状及预防，理应注意，人们日常所讲的传染病，只知道天花、霍乱、伤寒这几种。要知道其中尚有一种是人们向不注意，向不重视的，你道是什么，就是“流行性脑脊髓膜炎”（俗名惊风）。这病亦是感受一种微生物所生的。这种微生物，常由患者口鼻喷出，浮荡于空气中，人们吸了，就即生病。小人最多，大人较少，起初先有呕吐、发热，继而项部强直，神色昏瞶，终则死亡，速的三四小时，慢的六七天，就是不死，也要遗留其他不良疾病（耳聋痴呆等）。故这病的“预防”

① Ferguson M E. Obituary.Li T A. *The Chinese Medical Journal,* 1948, 66(6): 342-343.

②《卫生局注意预防伤寒》，《申报》1929年3月14日，第15版。

③《卫生局派员验查南汇时疫》，《申报》1929年3月16日，第15版。

实在比治疗重要得多。预防的方法，就是隔离，把患病的人，搬到特别房室，同健人绝断往来，患者所用的家伙以及衣服等，要慎重地消毒，就是放在消毒药水内或石灰水中。陪侍病人的人及染病的家族，都要戴口罩，并注射预防血清。已死的即速棺殓出埋，宅内房室，都要经极完全的消毒后，方可居住。最好就是人们一发见（现）这种病，就报告本局，我们马上派医师设法防止，指导预防方法，那么这种人们注意人的危险传染病，或可不致流行了。[①]

是日：因流行性脑脊髓膜炎自浦东南汇县蔓延至市区，非尽力预防，深恐蔓延日广，日前先生特印就传单多张，分送各机关，布告市民预防办法三项：①患者须即往医院诊视，并与常人隔离。②此病由口鼻之排泄物所传染，以面具蒙盖口鼻，可以防其蔓延。③凡民众聚集之处，如戏院电车等，非遇有必要时不去为妥。[②]

按：是年，先生在《卫生月刊》上发表《民国十八年上海脑膜炎流行之经过》[③]，其研究结论为：民国十八年（1929 年）春，脑膜炎蔓延全市，是发源于南汇县。因无可靠报告，死亡者总数不可确知。各医院及医师报告本局者，有 502 名。已死亡者 94 名。唯因医院医生之报告者不多，此数只占全数之小部分。患者确实之数目，恐有数千。而死亡者或在数百以上。该疫虽于十八年 1 月，已在本市发生，其最剧烈时期，乃在 4 月。自 7 月 1 日后，已完全消灭。患者男性比女性为多，而 10 岁至 30 岁之男女，比其他年龄为多。患者发病地点，虽在本市内为数较多，然此不足以断定该病之传染在本市内为最烈，因本市之调查，比租界为精勤也。

4 月 4 日：因租界内亦间或出现流行性脑脊髓膜炎，日前曾印发传单，并张贴布告，以资预防。先生恐租界内外人尚未知悉，昨转致密勒氏评论报鲍伟尔氏一书，请其将原函刊入该报。略谓此次流行性脑膜炎病症，不独流行华界，即公共租界、法租界内均亦有之。[④]

28 日：先生出席上海特别市教育局举行的学校卫生促进会筹备会，讨论并通过《学校卫生促进会章程》，决定 5 月 2 日下午准三时，在卫生局举行成立会。《学校卫生促进会章程》指出："本会以提倡并促进学校一般的卫生事业为宗旨。"其办理的主要事项有：①学校卫生演讲会。②学校卫生讨论会。③暑期学校卫生

---

① 《卫生局调查南汇时疫结果及预防方法》，《申报》1929 年 3 月 19 日，第 15 版。

② 《卫生局预防传染病》，《申报》1929 年 3 月 26 日，第 15 版。

③ 李廷安：《民国十八年上海脑膜炎流行之经过》，《卫生月刊》1929 年第 7 期，第 2—7 页。

④ 《卫生局注意租界传染病》，《申报》1929 年 4 月 4 日，第 15 版。

补习班。④卫生运动日。⑤灭蝇会。⑥卫生电影与歌剧表演。⑦学生卫生成绩展览会。⑧学生卫生部。⑨救护队。⑩运动会。⑪旅行团。⑫夏令营养班。⑬学生浴室。⑭其他。[①]

1929 年 4 月，在纽约举行的协和医学院董事会上，美国董事一个接一个地递交了辞呈，投票选举他们的中国继任者，新的董事会由一些著名中国人士组成，包括胡适博士、张伯苓博士、伍朝枢博士、施肇基博士、周诒春博士、翁文灏博士以及该校第一任中国籍院长刘瑞恒博士等学界泰斗。[②]

国民政府于民国十八年 8 月 29 日颁布（民国二十二年 10 月 19 日修正）的《私立学校规程》对教会学校有如下规定：外国人设立之私立中等以上学校须以中国人充任校长或院长。[③]

5 月 26 日：先生从位于上海市毛家弄的大上海市卫生局致函戴维德 •L. 埃兹尔博士，称："我早就想写信给您，我一直很忙，所以这事就耽搁了。首先我想感谢您个人对我的指导和启迪。我希望我能够在波士顿从您那学到更多东西。三个月来，我一直在上海。我任卫生局第四科科长，负责该科公共卫生，主管传染病防治、学校卫生和医疗服务。尽管我们有如此多方面的工作，目前，我们在科里只有 15 位工作人员。然而，我们都愉快地努力工作，我们的工作成效表明公众和我们全体工作人员对卫生工作的兴趣。一直有相当严重的流行性脑脊髓膜炎流行。粗略的估计显示大约 500 人死于这次灾疫。我已觉得罗西瑙（Rosenau）教授的演讲很有价值，同时我觉得我是知道在这场灾疫面前我应站在何处。根据费□法则，我们对传染病衰退时间的估计与实际发病病例是很接近的。据估计，传染病将在十余天内停止（在 1929 年 6 月 10 日前）。为一万学校人口而组织的学校卫生工作，到本年秋季将增长到一万五千人。所订计划与 1927 年 12 月提交给您的很相似。该计划已经提交给卫生部和教育部，由这些部付诸印刷推广。尽管我目前工作进展很顺利，但我还没有确定的未来工作计划。我打算 1 月（按：1930 年 1 月）前返回北平。"[④]

① 《学校卫生促进会之筹备，五月二日开成立大会》，《申报》1929 年 4 月 29 日，第 7 版。

② 董炳琨、杜慧群、张新庆：《老协和》，保定：河北大学出版社，2004 年，第 45—46 页。

③ 蔡鸿源主编：《民国法规集成》第 58 册，合肥：黄山书社，1999 年，第 182—183 页。

④ 《李廷安致函埃兹尔博士》，The Francis A. Countway Library of Medicine (Boston Medical Library and Harvard Medical Library).

29 日：四川路青年会与女青年会合办之卫生运动大会，于 28 日开幕。为期 3 天，内容有卫生展览、婴孩妇女检验体格、卫生演讲、卫生表演，欲求卫生知识者，均可参加，无须场券。先生于 29 日晚 8 时半演讲《公共卫生是什么》。①

6 月 3 日：卫生部次长刘瑞恒、顾问兰安生、司长严智钟、铁道部技正胡宣明等，于 6 月 3 日来沪，视察卫生局经办各政，先生受卫生局局长委派，陪往市立时化、比德等小学校，实地考察卫生局新近创办学校卫生工作实施情形，均颇满意。②

兰安生（John B. Grant）小传："兰安生于 1923 年担任北京协和医学院公共卫生科主任，这是中国医学教育历史上第一次有专为医学院本科学生教授现代公共卫生学的开端。他建立这门课程有两个为现代世界公共卫生学者所公认的论点：第一，公共卫生学是医学与社会学相互交叉的综合性科学，其内容必须与各个国家的社会经济情况相结合。第二，公共卫生学的教授方法必须是理论与实践相结合，每一个医学院的公共卫生科必须有教学基地，犹如临床学科有医院作为教学基地一样。根据以上两个基本论点，兰安生教授于 1925 年在北京成立了我国第一个公共卫生事务所——北京第一卫生事务所。"③被誉为"公共卫生之魂"和"医学的布尔什维克"④的兰安生 1890 年出生于浙江宁波一个加拿大传教士之家。1917 年，兰安生获得密歇根大学医学博士学位后，加入洛克菲勒基金会国际卫生部（IHB），不久，兰安生被任命为中国钩虫病调查副主任。1921 年，洛克菲勒基金会中国医学部（中华医学基金会）（CMB）任命兰安生为北平协和医学院公共卫生教授，他同时成为洛克菲勒基金会国际卫生部（IHB）的中国代表。通过与少数从事公共卫生的中国人的交往，兰安生发现他们"缺乏训练"，并用中国成语"坐井观天"来描述他们的短视。⑤他

① 《青年会卫生运动大会昨开幕》，《申报》1929 年 5 月 28 日，第 14 版。

② 《卫生部次长视察卫生局工作》，《申报》1929 年 6 月 5 日，第 14 版。

③ 陈志潜：《河北定县农村教学基地的建立经过》，政协北京市委员会文史资料研究委员会编：《话说老协和》，北京：中国文史出版社，1987 年，第 182—183 页。

④ Bullock M B. *An American Transplant-The Rockefeller Foundation and Peking Union Medical College*. Los Angeles: University of California Press, 1980: 134.

⑤ Bullock M B. *An American Transplant-The Rockefeller Foundation and Peking Union Medical College*. Los Angeles: University of California Press, 1980: 139-140.

同时意识到：（在公共卫生方面）“支持中国人只要付 60%的努力，就能产生比支持西方人付出 100%更好的效果。”[①]兰安生一方面鼓励有潜力的年轻人到国外学习 1—2 年，并为他们申请洛克菲勒基金奖学金。另一方面，兰安生努力构建发展中国公共卫生事业的框架，即“教育中国政治领导人；训练本土公共卫生专家；设计都市卫生模范事务所，上述工作将依靠中国人而非西方人”。[②]

兰安生充分发挥北平协和医学院在培训公共卫生专业人员方面的作用，他将临床医学与预防医学有机结合起来，普及社区医疗保健方法。兰安生的具体做法是“慢慢地将预防医学纳入北平协和医学院课程体系，首先开设学校卫生课程，其次通过鼓励生理学林可胜教授将公共卫生心理学纳入他的课程”。[③]兰安生对将预防医学纳入医学体系的关注基于他敏锐地意识到中国大多数地方的环境状况。“1922 年 2 月，他完成了一项北平卫生调查，这份调查的结论是北平公共卫生设施几乎完全空白。兰安生列举了三个死亡原因，而这三种病却最易预防：婴儿死亡、天花与胃肠疾病。”[④]

兰安生意识到，不能满足于“少数几门封闭的预防医学课程”，正像临床医学需要医院作为实习基地一样，公共卫生应以社区作为实习基地。“对于公共卫生系而言，一个良好的起板（榜）样作用的社区，要具有四万至六万人口，一所具有 200 张病床的医院，设有内、外、产科。北平协和医学院卫生系将具有如同教学医院的教学社区。”[⑤]经过不懈努力，兰安生于 1925 年开办了北平卫生事务所。卫生事务所解决了公共卫生专业学生的理论学习与临床实习脱节问题。1939—1945 年兰安生担任全印卫生和公共健康研究所所长。1962 年逝世。

---

① Bullock M B. *An American Transplant-The Rockefeller Foundation and Peking Union Medical College*. Los Angeles: University of California Press, 1980: 140-141.

② Bullock M B. *An American Transplant-The Rockefeller Foundation and Peking Union Medical College*. Los Angeles: University of California Press, 1980: 138.

③ Bullock M B. *An American Transplant-The Rockefeller Foundation and Peking Union Medical College*. Los Angeles: University of California Press, 1980: 144.

④ Bullock M B. *An American Transplant-The Rockefeller Foundation and Peking Union Medical College*. Los Angeles: University of California Press, 1980: 140.

⑤ Bullock M B. *An American Transplant-The Rockefeller Foundation and Peking Union Medical College*. Los Angeles: University of California Press, 1980: 144.

29 日：上海市乡村卫生事业由卫生局第四科乡村卫生股主持，将于 7 月初旬在高桥区实施乡村卫生工作，并以先生及卫生部金宝善司长兼任该区主任。另设技正一人（办理一切乡村卫生事务，第四科乡村卫生股主任），技士二人，护士三人，办事员一人，以及公役等。至本年内该区计划举办之事项：①调查并改善一般环境卫生（注意厕所、沟渠、垃圾、蚊虫、苍蝇与住血吸虫、田螺等问题）。②设立诊疗所一处，注重治疗保产婴儿卫生等。③各种预防接种、预防疟疾及住血吸虫病等。④其他防疫事项。⑤公共卫生看护事项。⑥总务事项。⑦与公安局分所合作，注意户口调查及生死统计。①

7 月 3 日：本年暑期，教育、卫生两部合组之暑期讲习会以研究学校卫生教育为主旨。该会已决定在上海举行，唯会址尚未借定。先生持教育部公函，赴沪与市教育局接洽。②

4 日：教育、卫生两部利用暑期，联合在沪举办暑期卫生讲习会，借以提倡卫生教育，促进学校卫生，业经在京开筹备会议，议决设筹备处于上海市卫生局内，会期定 7 月 22 日开始，至 8 月 17 日完毕，会员限一百人。资格分甲乙两种：甲种系各省市教育行政机关所选送者，已由教育部通令各省，如期选派来沪。乙种系中小学教职员，经审查合格者，可先至筹备处报名，听候审查。用费除学杂费免收外，其他均须自备。至讲授地点，现在尚未决定。先生云：拟函借一交通便利、设备完善之市立学校为会所。③

是日：杭州市政府教育科利用各校暑假期间，假（借）浙省教育会，组设暑期讲习会，于 25 日上午 9 时开幕。本市各校教职员到会听讲者，有二百余人。先生讲授学校卫生，定 8 月 7 日闭幕。④

8 月 1 日：教育、卫生两部合组暑期卫生教育讲习会，8 月 1 日为开讲之第十日。上午先生讲学校卫生，下午学校卫生表演，仍由先生负责指导。全体会员均参加，对于实地练习及观察，颇为满意。⑤

7 日：教育、卫生二部合组暑期卫生教育讲习会，上午先生讲小学校学生结

---

①《举办乡村卫生事业》，《申报》1929 年 6 月 29 日《上海特别市市政周刊》，第 1 版。

②《教卫部合组暑期讲习会在沪举行》，《申报》1929 年 7 月 3 日，第 11 版。

③《筹备中之暑期卫生讲习会》，《申报》1929 年 7 月 4 日，第 14 版。

④《杭州市暑期讲习会开幕》，《申报》1929 年 7 月 27 日，第 12 版。

⑤《暑期卫生讲习会昨闻》，《申报》1929 年 8 月 2 日，第 12 版。

核病预防法。[①]

13日：全国卫生教育研究会筹备委员会，昨开第一次筹备会，朱章赓代先生出席。出席者还有胡鸿基、金宝善（严智钟代）、袁敦礼、周尚（郭培基代）、赵侣青、郑敬舆，由袁敦礼主席，郑敬舆记录。[②]

16日：中华卫生教育研究会成立大会，于16日上午10时举行。选举执行委员11人，候补委员4人。先生作为该会的发起人，被选为执行委员。[③]

中华卫生教育研究会简介：中华卫生教育研究会于1929年8月16日成立于上海。出席成立大会的有金宝善、袁敦礼、朱章赓、陈玉美等36人。主席为金宝善，纪录（记录）为周尚、郑敬舆。袁敦礼报告卫生教育研究会筹备经过情形。讨论会名“全国”改为“中华”，简章修正通过，选举执行委员11人、候补委员4人。选举结果计陈美玉、金宝善、袁敦礼、朱章赓、李廷安、俞凤宾、周尚、陈邦贤、郑敬舆、赵乃传、赵德栗当选为执行委员。刘玮恒、李彤、洪式阁、赵侣青当选为候补执行委员。“该会发起人如下：朱章赓、江兰、李廷安、余云岫、林国镐、金宝善、胡宣明、胡鸿基、洪式阁、俞凤宾、陈美太、袁敦礼、梅贻琳、黄炳基、黄子芳、程树榛、赵乃传、刘瑞恒、严知经、傅文寿。”[④]中华卫生教育研究会开展的工作有帮助教育部拟定《高中师范科健康教育暂行课程标准草案》[⑤]，1937年，与上海市社会局卫生局之中国卫生教育社上海分社、上海市健康教育委员会、家庭工业社儿童齿科院共同举行“六六蛀牙预防日”，“决定每年六月六日为蛀牙预防日，并先组织筹备会，讨论预防日宣传事宜”。[⑥]

9月22日：上海特别市卫生局民国十八年（1929年）2月份至3月份捐俸助赈共计大洋876元4角8分，先生捐洋60元6角2分。[⑦]

25日：市卫生局昨日发表《高桥乡村卫生模范区工作报告》如下：高桥在黄浦江东岸与吴淞相对长十英里，广一二英里，人口共三万余，大半农业，有

① 《卫生教育讲习会昨闻》，《申报》1929年8月8日，第11版。
② 《全国卫生教育研究会之筹备》，《申报》1929年8月13日，第11版。
③ 《中华卫生教育研究会成立大会》，《申报》1929年8月17日，第17版。
④ 《中华卫生教育研究会成立大会》，《申报》1929年8月17日，第17版。
⑤ 《中华卫生教育研究会征集卫生科课程》，《申报》1930年1月14日，第9版。
⑥ 《六六蛀牙预防日市卫生教育机关倡行》，《申报》1937年6月3日，第12版。
⑦ 《振（赈）灾委员会鸣谢》，《申报》1929年9月22日，第19版。

小规模织布厂四处，公立私立学校十余所，分布各处。该区地位，为将来大上海重要区域，乡村卫生办事处设该镇慈善会内。该会及当地各团体，如神州医学会、救火会、保卫团、民众茶园、工厂厂长等都赞助颇力。

先生任办事处主任，副主任沈骥英协助办理，卫生部派金宝善司长指导，卫生局胡局长亦常亲自指挥，其余尚有专门人员五人。所办事项为救治时疫、治疗疾病、改善环境卫生、孕妇婴儿卫生、学校卫生、工厂卫生、公共卫生、护士卫生教育、生死统计、一般试验等，已先后举办，成绩颇佳。按该处 8 月份报告，治疗疾病者每日有一百人之多，挂号及药品均不取分文，足证乡农病者之多，该项工作之需要。

又 8 月份该区患霍乱者共 14 人，由该区指派医师亲自到家救治，故死亡不过十分之一。同时劝告家人实行消毒，并打预防针。8 月内本市时疫甚剧，而该区仅有患者十余人，且均由上海方面去者。经费年约二万元，由卫生局筹拨。该处现正积极整理各事，务期在一年内粗具规模，以证明近世社会医学之需要，日后工作有成效，该处并望当地慈善家收回接办，以提倡地方自治精神。①

11 月：先生前往北平协和医学院，任卫生学和公共卫生助教（图 4.7—图 4.10）。②

图 4.7　先生头像（哈佛大学毕业后，回北平协和医学院摄，李宝健教授提供并解释）

①《高桥乡村卫生模范区工作报告》，《申报》1929 年 9 月 25 日，第 14 版。

②《一份 1942 年洛克菲勒基金会档案》，Rockefeller Archive Center-Citation Slip, Collection: CMB, Series: 1942-1945, Box: 76, Folder: 536.

图 4.8　与北平协和医学院同事在一起（前排中间为先生，李宝健教授提供并解释）

图 4.9　与北平协和医学院同事在一起（左一为先生，李宝健教授提供并解释）

图 4.10　与北平协和医院同事在一起（中间为先生，李宝健教授提供并解释）

7 日：先生在北平与王淑贤女士结婚（图 4.11—图 4.13）。

图4.11 1929年11月7日先生与王淑贤女士在北平协和医学院结婚（王淑贤右侧为岳父王治平，右侧捧花者为妻姐王淑明；先生左侧两小孩后者为岳母郝锦英，王治平左侧为妻弟王鹏万，曾任上海耳鼻喉科医院院长；先生左三为妻兄王鹏云。李宝健教授提供并解释）

图4.12 李夫人与母亲、姐姐在北平协和医学院（右一为李夫人，李宝健教授提供并解释）

图4.13 在家中花园读报（李宝健教授提供并解释）

王淑贤女士小传：王淑贤于1905年5月17日（阴历四月初二）生于河北省山

海关一个基督教家庭，姐妹兄弟共四人。父亲王治平，字化清，1900 年毕业于北京汇文大学后，不久即与同年毕业于北京慕贞女中的郝锦英结婚。1902 年父亲被美以美会（基督教会，后改为卫理公会）派到山海关去创办汇文小学。经过父亲的努力筹备，山海关汇文小学于 1903 年成立并开学。1908 年秋父亲被调到北京汇文大学堂任教，全家迁到北京定居，就读于教会学校慕贞女学。1919 年，父亲到天津基督教青年会工作，全家也搬到天津。自 1919 年秋王淑贤即转入天津中西女学校读书，于 1923 年毕业，是年秋入南开大学文科，两年后因病退学，1926 年秋又随父母由津迁京，她在北京慕贞女学校任教两年余。1929 年 11 月 7 日，她与协和医学院公共卫生科教授李廷安博士结婚，并定居北平。1931 年长子宝善生于北平。二儿子宝健、三儿子宝良先后于上海出生。1937 年淑贤随先生辗转离沪到内地，饱尝抗战的困苦生活，抗战胜利后随先生到广州工作，他们全家也搬到广州。1948 年 5 月先生去世后，管理家务、教育三个儿子的责任就全部落在淑贤一人的身上。王淑贤一生只在北京慕贞女中教书两年余。先生终日在外操劳，无暇照顾家中事情。她一生主要是做家庭妇女，她治家有道，教子有方。王淑贤对儿辈的教育方法概括讲就是“循循善诱”四个字。她教育孩子要有高尚的品质，鼓励他们参加体育活动，主张德智体并重。她的儿子们的成绩就是她教育的具体成就。王淑贤笃信基督教，对人诚恳和蔼。她有一位青年时代在慕贞女中的老同学，没结婚，年老多病，无工作能力，生活困难。王淑贤接她在北京家中居住，供给她饭食、医药，直到她去世。王淑贤于 1981 年 12 月 28 在广州去世。①

是年：先生用英文撰写的《北平特别卫生区学校卫生》发表在《博医会报》上。先生以为：“在当下中国的所有公共卫生活动中，学校卫生可能是一项以少量投入却效果显而易见的活动。我们应对这样一个群体（学生）：他们的头脑能接受新思想、年纪尚轻易于形成卫生习惯、纠正尚未形成伤害的缺陷，通过对在学龄儿童中流行的传染病的预防接种，而获得免疫力。”

先生首先介绍北平卫生事务所从事学校卫生工作的对象、人员配置、经济收支等基本情况，然后从“医疗服务”“学校卫生”“健康教育”方面详细介绍了北平卫生事务所从事的学校卫生工作。

“医疗服务”包括体格检查、缺陷矫正、学校诊疗、预防接种、护理服务。

---

① 王鹏云：《悼念我们亲爱的淑贤妹》，《李廷安博士、王淑贤女士纪念册》，1982 年，广州。

例如，体格检查发现：最流行的身体疾病是沙眼、牙痛和扁桃体。学校护士在缺陷矫正中起重要作用，“学校护士是与学生父母的愚昧作斗争的首要武器。对于有身体缺陷的儿童，学校护士负责通知父母。如果通知无法产生效果，护士要采取进一步措施，例如邀请父母与医生商讨和家访。在得到儿童父母应承以前，护士常常需要通知家庭数次，甚至她们常常无果而终”。

“学校卫生”：一般而言，卫生意味着通过建造合适的教学楼，购买卫生设施和材料，提供通气良好、光线充足、足够卫生的厕所设备等，为学生提供愉快的、健康的、优美的环境。然而，由于经费原因，实际执行起来常常做不到。在公办学校，甚至薪水拖欠，极大的改善是不可能的。当民族主义在城市中盛行，在教会学校存在着对其地位的担忧，因而持观望的态度。在此情形下，要大幅改进学校卫生，是受到局限的。每年学校开学前，医生对卫生设施做彻底检查，对于需要改善的建议提供给学校当局。护士负责监督学校的日常卫生，定期汇报。

“健康教育”的目的在于通过以下方式确保健康的生活：①养成与实行有益于健康的习惯；②掌握必要的健康常识；③提高个人与社区的健康意识。先生意识到“只有把学校卫生工作与家庭、社区紧密结合，学校卫生工作才能取效，这已经是大家共识。换言之，父母、老师、医生、护士与其他机构将一起担负起教育孩子的责任。要是一些机构在这方面不作为，不仅另一些机构的责任增加，而且整体努力的结果也将受限”。[①]北平第一卫生事务所公共卫生护士，见图 4.14—图 4.16。

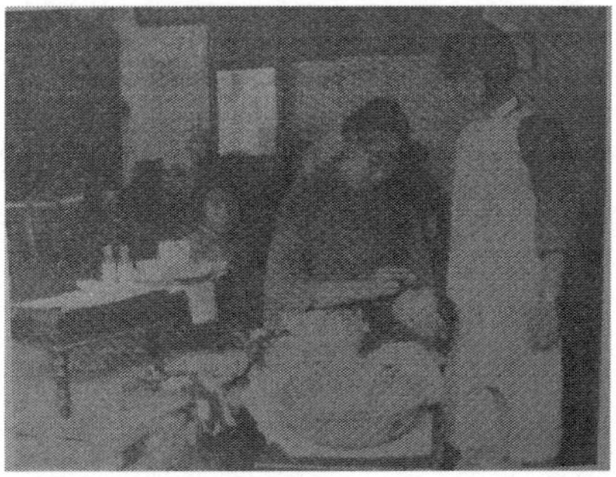

图 4.14　北平第一卫生事务所公共卫生护士深入家庭指导年轻母亲护理婴儿[②]

① Fang I C（方颐积），Li TA. School health in the Peiping special health area. *The China Medical Journal*, 1929, 43, (7): 697-706.

② 中国人民政治协商会议北京市委员会文史资料研究委员会：《话说老协和》，北京：中国文史出版社，1987 年，未标页。

图 4.15 北平第一卫生事务所公共卫生护士为居民施种牛痘[1]

图 4.16 整装待发的北平第一卫生事务所公共卫生护士[2]

是年：先生任北平第一卫生事务所所长（图 4.17—图 4.19）。[3]

“委任令：兹委任第一卫生区事务所第一股主任李廷安兼代所长职务此令。”[4]

① 中国人民政治协商会议北京市委员会文史资料研究委员会：《话说老协和》，北京：中国文史出版社，1987 年，未标页。

② 中国人民政治协商会议北京市委员会文史资料研究委员会：《话说老协和》，北京：中国文史出版社，1987 年，未标页。

③《1936 年 8 月 24 日李廷安致函哈佛大学公共卫生学院院长塞西尔·K. 德林克》，The Francis A. Countway Library of Medicine (Boston Medical Library and Harvard Medical Library).

④ 北平特别市政府：《卫生：命令：委任令》，《北平特别市市政公报》1929 年第 22 期，第 5 页。

图 4.17　左一为北平第一卫生事务所所长李廷安[①]

图 4.18　李廷安在北平第一卫生事务所（据严镜清《缅怀李廷安教授》，李廷安从 1926—1932 年，除了教学、出国学习和做科研工作外，大部分时间是在卫生事务所从事创立事务所内外的各项卫生工作。李宝健教授提供资料与照片）

图 4.19　1930 年前后与北平第一卫生事务所同事在一起（李宝健教授提供并解释）

① 北平市公安局：《北平市公安局第一卫生区事务所第七年年报》（中华民国二十一年），中国社会科学院近代史研究所、民国时期文献保护中心编：《民国文献类编》“医药卫生卷 972”，北京：国家图书馆出版社，2015 年，未标页。

北平第一卫生事务所简介：北平第一卫生事务所创立于1925年9月，所辖人口约11.6万人，下设4股：统计兼防疫股、环境卫生股、保健股、卫生劝导股。文书、会计、庶务等总务事项由所长办公室直接处理。北平第一卫生事务所是行政上隶属于市警察厅（后为卫生局），业务上由协和医学院公共卫生系规划管理运作，经费上主要由洛克菲勒基金提供的城市社区医疗卫生服务机构，同时又是协和医学院公共卫生系的公共卫生教育和科研基地。至于卫生事务所的性质及与卫生局的关系，李廷安精辟概括为“卫生局是行政机关，各区卫生事务所是只做工作不管行政的机关，一则居于指挥监督的地位，一则居于产生事业结果的地位”①。李廷安1926年北平协和医学院毕业后，到1932年10月出任上海市卫生局局长前，除了教学、出国学习和做科研工作外，大部分时间是在卫生事务所从事创立事务所内外的各项卫生工作，并于1929年底到1932年10月担任北平第一卫生事务所的所长。“如果说兰安生是北平第一卫生事务所的设计者，那么，李廷安则是北平第一卫生事务所的建设者。”②卫生事务所承担的主要工作包括以下几方面。①环境卫生：扫除垃圾、卫生稽查、检验牲畜。②预防接种：布种牛痘、霍乱预防注射。③诊疗疾病：诊疗新病、病人临诊。④学校卫生：检查学生体格、发现缺点、矫正缺点。⑤妇婴卫生：产妇检查、接生、婴儿诊疗。⑥卫生教育：卫生展览会、分发宣传品、卫生演讲。1941年12月，太平洋战争爆发，洛克菲洛基金停止拨款，协和医学院医生自己开业，“卫生所的同仁，每日下午可以到协和医院的开业大夫诊所去工作，借以维持生活。因而卫生所也就保持了下来”。③1956年，北平第一卫生事务所改为东单区卫生防疫站。卫生事务所这一组织制度，不仅在国内推广实行，也被东欧一些国家采用。“大凡每一城市，设一卫生总机关，按区分设卫生事务所，若一区中尚嫌一卫生事务所为不便应用，则于该区卫生事务所之下，再设简单之分所二三处，此种趋势，已公认为合式之组织制度。波兰及幼哥斯拉夫（按：南斯拉夫）等国，业已实行。”④

① 李廷安：《卫生局及各区卫生事务所之组织及工作（二十五年9月7日在上海市政府联合纪念周报告）》，《卫生月刊》1936年第10期，第459—463页。

② 李永宸：《卫生事务所是公共卫生理论与近代中国国情相结合的产物》，《中华医史杂志》2016年第3期，第172—176页。

③ 宋叔容：《回忆北京第一卫生事务所》，中国人民政治协商会议北京市委员会文史资料研究委员会编：《文史资料选编》（第30辑），北京：北京出版社，1986年，第246页。

④ 李廷安：《赴欧考察城市卫生行政报告》，《卫生月刊》1936年第4期，第169—176页。

【民国十九年庚午（1930年）】，先生三十三岁

1至6月：先生在北平第一卫生区事务所从事传染病之管理工作。传染病之管理范围含疾病之诊断、医师之报告、卫生之劝导、患者之隔离、病室之消毒、预防注射之实施、带菌人之检查等。据先生等拟定的传染病管理之初步计划，北平第一卫生区事务所在最初六个月，实施期内预定进行事项如下：订定法定报告之传染病，报告法之改良、医院及医士之报告者最少占十分之二，派劝导员到病家访问，编制报告表及流行性病调查表，依序保存调查表，劝勉本所管理之八校成立晨早传染病检查，锡克氏试验（注射一千人）及白喉预防注射（注射五百人），种牛痘（种五千人），卫生教育（分发传单一万五千张）。

每星期三下午二时至五时在卫生事务所诊疗部对学校及工厂的学生和工人施行传染病预防注射。

凡经注册在本卫生区内开业的医士，对下列之法定传染病，应即报告之：霍乱、痢疾、伤寒、天花、白喉、鼠疫、猩红热、流行性脑脊髓膜炎、斑疹伤寒。

凡本区内有上列法定传染病发生，即由本所派劝导员到病人家中诊视。在访问时应告诉患者及其家属隔离之手续、治疗之方针、避免他人接触之重要，以及消毒之方法。同时可将其得病之经过详为调查，即时记录于传染病调查表内，以为参考。

此外，详细介绍“传染病调查表”的制作、种痘方法、预防白喉注射法。规定对于未施行白喉预防注射前，应作锡克氏试验以检其有无抗白喉之抵抗力。①

2月7日：2月2日至8日中华医学会在上海借青年会召开第八次大会，7日开公共卫生会议，先生宣读《高桥卫生模范区之计划》。②

11月：先生所撰《学校卫生概要》一书由商务印书馆出版，本书原用英文著述，民国十八年（1929年）9月国民政府卫生部对《学校卫生概要》“详加审核修正”。该书“所述计划，系以五万人口之城市为标准”③。全书共14章，10

① 李廷安、左吉：《北平第一卫生区事务所传染病管理之初步计划》，《中华医学杂志》1930年第2、3期，第217—224页。

②《中华医学会第六日记》，《申报》1930年2月9日，第14版。

③ 李廷安：《学校卫生概要》，上海：商务印书馆，中华民国十九年，第1页。

余万字。现将全书内容摘要如下。

第一章　范围

一、诊疗事务

1. 检查身体、体格缺点、疾病。

2. 医治轻病并处置重病。

3. 施行预防注射，以防止传染病，如天花、伤寒、霍乱、白喉等项类。

4. 逐日视察，以防止传染病及其他有害健康之事项。

二、卫生设备：建筑合乎卫生原则之校舍，设备合乎卫生之器具，并注意光线、换气、调温等项。

三、卫生教育：灌输卫生知识，增进卫生观念，并养成卫生习惯。

四、体育训练：提倡游戏、体操等项，以养成国家之健全人民。

第二章　设施机关

教育与卫生两方均当和衷共济，以利学校卫生事业之进行。

第三章　职员

医师一人专任（不兼职），年俸 2400 元。

助医一人兼任，年俸 960 元。

护士二人专任，年俸 1440 元。

牙医一人兼任，年俸 720 元。

每校医一人，大概可处理学生 2700 人。

第四章　预算

共 6600 元，以 4000 学生计算，每人分担一元六角五分。

第五章　职员之资格及职务

校医须在政府立案之医学校毕业，并曾受有学校卫生训练，如得有公共卫生学学位者，则更合宜。

校医职务：按期检查身体；处理日常诊疗；施行预防注射；预防传染病；切实视察校舍及其设备之卫生状况（至少每年一次），并监督校舍之整理；对于学校卫生教育，应有相当建议及辅助，使全校人员具有充分之卫生观念；对于学生体育予以相当建议及辅助；编制年报；监督助医、牙医及护士，以促各项事务之进行。

学校护士之资格：必须在正式看护学校毕业，若曾服务于儿科医院与性情柔和、善于处事而有条不紊者，则更属适宜。性情不和顺者，不合当学校卫生护士。

学校护士之职务：视察学校卫生状况、处理疾病、协助校医、检查传染病之发现、检视校舍、推行卫生教育、联络家属。

第六章　学校儿童体格缺点

营养不良、皮肤病、眼病、耳病、鼻病、齿病、扁桃腺肥大及腺状增殖、淋巴腺病、甲状腺肥大、心脏病、呼吸器病、整形外科病、其他疾病。

第七章　检查身体

检查学生身体，宜每年一次。然因人员缺乏，行之不易，亦不必定须每年一次。如能将第一次查出之体格缺点，切实矫治，则实际上较诸每年徒事检查而不矫治者，收效自巨矣。

检查前，函请学生家长，检查时来校参观；如学生身体有缺点，则致函其家长，请急速延医诊治；如家长忙，护士须请该生家长填写请求书，以便代为送入医院；自通知发出两周后，未见答复，护士可用校医名义另发一通知单，约其家长于规定时日来校，与校医会谈；自通知发出两周后，尚无承诺矫治消息，学校护士可亲赴学生家中，申述一切。

第八章　学校诊疗所

学校诊疗所应设普通科、眼科、牙科。

以下疾病者，应送所诊察：受伤者、疑有传染或其他病症者、消病假者、无故离校逾三日而回校者、初来本校者。

第九章　记录

关于学校医务之详确记录极为重要，自不待言。其记录之第一要义，如准确与简明，一切不必要之事件，均应免载。

第十章　学校儿童之预防注射

预防之功效远胜于治疗。预防之法有四：种痘、锡克氏反应及白喉毒素抗毒素混合液之免疫注射、肠热症（伤寒）预防注射、霍乱预防注射。

第十一章　传染病之防范

隔离传染病症实为学校卫生中之重要事务。凡学生之应隔离者，由学校护士填写印刷品学字十七号，共四张，其一送交学生家属，其一送交卫生机关之传染病科主任，其一送交校长，其一留存备用。送交家属单之背面须填写应行隔离之传染病病名与隔离时间。

第十二章　学校环境卫生

完备之学校环境卫生，不仅能预防学生疾病，且能促进学生之卫生观念，而实施于家庭与社会。学校环境卫生包括：学校建筑物之全部、光线、空气之流通与温度、环境之清洁、教室之卫生设备、学生用品之卫生设备、饮食料之卫生、除秽、游戏场、防火设备、卫生室及病室。

第十三章　卫生教育大要

卫生教育之目的有三：一是养成儿童实施卫生之习惯。二是使儿童对于保持健康、预防疾病，领受相当之知识。三是使儿童对于社会卫生，具有正确之观念。在儿童教育期间，其个人之健康及其卫生知识，应居教程之主要。

小学校卫生教育，应以养成儿童实行卫生习惯为主要目的。

中学课程应注重生理及卫生原理。生理中所注意者不外人体解剖大意及其功用，但无须过于详细。

心理卫生之目的在预防心神错乱及增进青年应付环境之能力。心神错乱固往往由于遗传而不能凭借训练以抑制之。但大多数均由后天之外因而发生，可以相当训练避免之。心理卫生最重要之原则如下：训练儿童，使其心神安静；鼓励儿童，力求成功；予儿童以随意发挥意见之机会；使儿童富具创造及领袖才力；使儿童时与社会接触，以免其心神过敏；予儿童以快乐之环境。

第十四章　体育训练

体育训练之效果有三：增进血液循环，操练肌肉，使全体各部得完美之发育；预防身体畸形之发生；造成活泼快乐精神，使儿童具有敏捷、果断、专心、自治、合作等能力。体育训练之功效，不限于身而且及于心。

按：抗战时任卫生署署长的金宝善、时任上海市卫生局局长的胡鸿基、北平协和医学院教授兰安生、北平第一卫生事务所所长方颐积均为本书作序。兰安生曾这样评价这本书，“本书内容条理周密，学理甚新，环顾东西各国，对于学校卫生之实施、卫生教育之发展，有此普及全国之计划者，余尚未之见也”[①]。

是年：先生晋升北平协和医学院卫生与公共卫生学讲师。[②]

① 李廷安：《学校卫生概要》，上海：商务印书馆，中华民国十九年。

②《一份 1942 年洛克菲勒基金会档案》，Rockefeller Archive Center-Citation Slip, Collection: CMB, Series: 1942-1945, Box: 76, Folder: 536.

是年：先生任北平市第一卫生事务所主任、国家防疫署技术委员会成员、教育部卫生教育委员会委员。①

是年：先生为北平青年会少年运动周讲演会发表《少年时代与健康》②的演讲，先生以为少年时代的健康，是最要紧的。健康分两部份（分）：一种是精神上的健康，一种是身体上的健康。精神健康的方法，最要紧的条件，大致又分为四种。第一件事：我们作（做）事要努力成功，就要百折不回，才能达到目的。第二件事：同学中应当有交际，看见生人，不可害怕。"交际宽了，我们的知识才能增长，见的人多，我们才有魄力。"第三件事：要有服务的精神。第四件事：我们要有指导领袖与服从的精神。

精神健全以后，应当再有魄力，将来才敢做事。一个健全的人，第一样要有健全的魄力，第二样要有健全的肉体。

要想身体健全，也不很难，我可以简单的（地）说一说，要义不过就是"好卫生习惯"五个字。第一样：我们的坐立行动，身体都要端正。"身体健全的国家，可以说是第一等国家。你们如果想成为完全青年，想成为第一等国家的国民，就应当在坐立行动时，都有精神，将来也就不可限量了。这件事很容易办，并不费若干金钱。"第二样：我们每天应当运动一点钟。第三样：我们吃饭应当有一定的时间。第四样：我们睡觉，每天至少要睡八九点钟。第五样：我们讲卫生，身体要干净，不但衣服要干净，皮肤也是一样。"我检查学校，看见学生的皮肤是黑的，并且气味很难闻。原因就是不常洗澡换衣服。我以为最低限度，每星期应当洗澡一次。"第六样：我们不可吃烟喝酒。第七样：我们的饮食，应当吃有营养资料的物品。第八样：我们应当每年请医生检查身体一次。

是年：先生在《教育月刊》上发表《学校卫生概要》③。先生认为学校卫生之重要，原因有三：①欲求国家之安存，先须有健强之民族。②学校卫生为必须事项。③公共卫生为一经济问题。教育卫生机关有完善之学校卫生设备，学生疾病自然减少。种种因病而起之损失均能挽回。

先生认为学校卫生行政归属于卫生或教育机关，间有两机关合作举办者。人

① 《1936年8月24日李廷安致信哈佛大学公共卫生学院院长塞西尔·K. 德林克》，The Francis A. Countway Library of Medicine (Boston Medical Library and Harvard Medical Library).

② 李廷安讲、白陈群记：《少年时代与健康》，《青年进步》1930年第135期，第15—21页。

③ 李廷安：《学校卫生概要》，《教育月刊》1930年第1期，第14—18页。

员之中以医师为最重要，故其资格须在政府立案之医科学校毕业，并曾受学校卫生训练者。护士必须在正式护士学校毕业，曾受学校卫生训练，而性情柔和善与他人合作者。大约医师一人，可处理3000学生。护士一人，则可处理2500学生。

先生认为学校卫生之范围主要有传染病预防、体格检查、校舍卫生、体育训练、卫生教育。

先生认为传染病之预防有二要点，即一方面施行预防注射，一方面实行传染病隔离是也。

先生认为应由医师和护士为主、教员为辅，最好每年对学校学生进行体格检查。“凡身体一有缺点，不独能减少个人之求学能力，且能引起日后之重症。例如，龋齿及扁桃腺肿胀常为心脏病之先驱。营养不良易罹肺痨。所以各生应受健康检查，认为有病者宜及早矫正之。”

先生认为已查出之体格缺点，须予以相当之矫治，然后体格之检查，方收实效。教员可致函家长，说明该生缺点，请其早日延医矫治。为方便学生矫治疾病起见，当局应有各种矫治疾病之设备。如因财政不充，不克设立治疗机关，则可与附近医院订立优待学生治疗疾病办法。虽无自行设备之美满，便利于治疗亦属不浅。

先生认为学校卫生设备，应由卫生人员施行检查，并将其不良状况予以改善。校舍卫生之范围极广，其特别须注重者为课堂须宽大，光线充足，空气流通，温度适宜，打扫清洁，桌椅高低适度，学生有自用之手巾、面盆与饮杯。饮食品皆熟煮，厕所洁净而足用，游戏场所宽广，避火设备完全，并有学校卫生室，以为办理一切卫生之用。

先生认为运动能锻炼身体，增进血液之循环，使各部同时发育，又能发展学童之活泼、快乐、敏捷、勇敢、冒险、自治与合作之精神，以养成完善之人格。我国对于体育素不讲求，身体精神由是不能发达。所以体育训练，理宜提倡。体育之训练应注意全体学生运动，不可限于三数有特长者，亦不应限于正式体操，同时宜加入游戏。

先生认为学校课程应有卫生一科，其目的有二：一为养成儿童之卫生习惯，使其对于增进健康、预防疾病有充分之知识。一则使儿童对于公共卫生具有正确之观念。中学应有卫生一科，宜注重生理卫生，其中以个人卫生、预防疾病之方法与公共卫生之观念数端，较为重要。解剖学不必过详，概述之即可。

【民国二十年辛未（1931 年）】，先生三十四岁

4 月 8 日：先生长子宝善生于北平。

7 月：河北宛平县清河试验区与北平第一卫生事务所合作，开始公共卫生工作，北平第一卫生事务所每星期六派医师一人，前来清河协助工作。[①]

是年：先生在北平协和医学院晋升助教授（图 4.20）。[②]

按：协和医学院职称沿用美国职称系列，分助教（assistant）、讲师（associate，instructor）、助教授（或副教授，assistant professor）、襄教授（associate professor）、教授（professor）五级。

据严镜清回忆："在协和升任副教授，襄助兰安生教授从事教学，我是他们的学生。据我所知，他是本校毕业生中升任副教授最早的一人，而且是在内容日益多样化，范围日益广泛的公共卫生学科。他的讲课被认为思路清晰，重点明确，讲词简明，既富有感情，又易于理解。"[③]

图 4.20　上图左 2、右下图为卫生科助教授李廷安博士[④]

① 李廷安：《中国乡村卫生调查报告》，《中华医学杂志》1934 年第 9 期，第 1117 页。

②《一份 1942 年洛克菲勒基金会档案》，Rockefeller Archive Center-Citation Slip, Collection: CMB, Series: 1942-1945, Box: 76, Folder: 536.

③ 严镜清：《缅怀李廷安教授》（未见刊，李宝健教授提供）。

④《卫生科：卫生科助教授李廷安博士》，《协医校刊》1931 年第 3 期，第 61 页。

是年：先生在《唯生汇刊》上发表《医师在预防医学上之责任》[①]。先生认为："一般从医学校毕业在医院里当医师的人，对于病人，大半只是诊断后处方而已，关于疾病的预防，一点也不注意，这是很不好的。医师除了诊断处方之外，应当特别地注意预防疾病。"先生认为预防医学有三大功效：一是减少疾病与死亡；二是帮除痛苦；三是增长寿命和工作能力。先生认为：当医师的不应当坐在家里，等到患者的危险来到了，才去诊治，应当在事前就注意预防；要特别重视预防接种；对于患病的人也应当注意预防，例如，对伤寒患者，医师诊断处方后，要告知患者家属，患者接触的物品，消毒后才能使用；对白喉患者，医师要告知患者家属，患者饮具不可再用；对于公共卫生方面，医师应当报告生死及传染病，宣传卫生工作，服务公共卫生机关。

【民国二十一年壬申（1932 年）】，先生三十五岁

4 月 20 日：中华医学会执行委员会开第一次会议，推先生为公共卫生委员会主席。

按：是年 4 月 15 日，中华医学会执行委员会与博医会执行委员会开联席会议于上海，正式宣告两会合并，打破学术界之国际界限，开我国医学界之一新纪元。新会定名为中华医学会（Chinese Medical Association），两会执委会全体辞职，新会执委由联席会议推选牛惠生医师为会长。先生于 4 月 20 日召开的中华医学会执行委员会第一次会议上被推选为公共卫生委员会主席。[②]

按：中华医学会第一次执委会于民国二十一年 4 月 20 日上午九时，于上海山东路仁济医院举行。"推举颜福庆为教育委员会主席，李廷安为国家医学委员会主席，孟合理为出版委员会主席，H. G. Earle 白良知为医院注册委员会主席，H. H. Morris 为教会医学委员会主席。"[③]

9 月 29 日：中华医学会及博医会合并组成之中华医学会，在爱文义路李斯

① 李廷安讲演，刘乾、黄正清笔记：《医师在预防医学上之责任》，《唯生汇刊》1931 年第 1 期，第 32—34 页。

② 黄贻清：《本会创立二十年来大事记》，《中华医学杂志》1934 年第 1 期，第 159 页。

③《中华医学会第一次执委会纪录（记录）》，《中华医学杂志》1932 年第 3 期，第 511 页。

德研究院举行第一次大会，到中外医师三百余人（图 4.21）。九时开会，首由会长牛惠生致辞，继由副会长莫利司及卫生署长刘瑞恒演说。午后开分组会议，先生在公共卫生组宣读《织毯业在卫生上危险》。①

图 4.21 中华医学会与博医会合并后第一次大会，第二排右二为李廷安②

中华医学会指派先生为中国乡村卫生调查委员会主席，从事调查中国乡村卫生状况之工作。其目的乃在调查今日中国乡村卫生机关之数目，暨其组织与工作，俾为从事乡村卫生人员与学者之参考。③

10 月 14 日：中华医学会年会结束后，先生由沪赴平。④

17 日：先生抵平，接得市府（按：上海）电告，始悉胡氏（按：胡鸿基）死于非命（按：车祸），并承市府委以继任（上海市卫生局局长），当即首途来沪。⑤

“上海市政府令第三四二号：兹委任李廷安为本市卫生局局长。此令。”⑥

胡鸿基（Houki Hu）小传：江苏无锡人，民国六年（1917 年）在北京国立医学专门学校毕业，民国十三年（1924 年）在美国约翰·霍普金斯大学获公共卫生学博士学位，民国十五年（1926 年）任淞沪商沪卫生局专职副局长，次年（1927 年）上海特别市（Municipality of Greater Shanghai）政府卫生局成立，胡鸿基任局长。1932 年 10 月 15 日与中外友人由上海前往杭州，下午五时许抵

①《中华医学会昨开幕》，《申报》1932 年 9 月 30 日，第 14 版。
②《中华医学会与博医会合并后第一次大会摄影之一部》，《中华医学杂志》1932 年第 5 期。
③ 李廷安：《中国乡村卫生调查报告》，《中华医学杂志》1934 年第 9 期，第 1114 页。
④《新任卫生局长李廷安定明日就职》，《申报》1932 年 10 月 23 日，第 14 版。
⑤《新任卫生局长李廷安定明日就职》，《申报》1932 年 10 月 23 日，第 14 版。
⑥ 上海市政府：《上海市政府令第三四二号》，《上海市政府公报》1932 年第 126 期，第 3 页。

沪杭公路海盐站时，遭遇车祸而亡[①]，年仅40岁。“胡局长家况清贫，幼时习医，嗣向亲友处筹资赴美，专攻公共卫生。回国后，曾在山西等省办理防疫，于上海首创卫生事业，居官清勤，操守廉洁，所入官俸，除逐年家用外，尚未能将从前求学借款还清。身后萧条，遗有十岁以下之子女五人。”[②]胡鸿基著有《公共卫生概论》，1929 年由商务印书馆出版。胡氏与李廷安关系密切，1927 年 8 月，李廷安前往美国留学，途经上海时，用了一个月的时间去帮助卫生局局长胡鸿基计划了一些建设项目：初步的全面公共卫生方案、霍乱的预防接种、卫生警察培训和建造了一个焚化炉。1929 年，李廷安获得哈佛大学公共卫生博士学位后，由于上海卫生局发展的需要，胡鸿基要求借调李廷安。李廷安放弃了去英国的计划，回到上海。李廷安在上海工作了九个月才去北平。在此期间李廷安组织了学校卫生事业和建立了一个乡村卫生示范点，而受到地方和国家的权威学者们的赞扬。[③]

19 日：《申报》报道：“因前卫生局长胡鸿基，在海盐附近覆车，重伤殒命。李廷安被任命为上海市卫生局局长。当时李氏尚在北平市府，业已去电催其早日到任，在未到任前，局务仍由该局科长沈诰代拆代行。当时媒体评论李廷安及其担任卫生局长一事：‘局长一缺，吴市长因事关全市卫生，不得不郑重考虑。兹悉已确定派曾任本市卫生局科长之李廷安医学博士继任。李氏中山县人，广州岭南大学毕业，北平协和医科大学医学博士，美国哈佛大学公共卫生博士，现任北平协和医科大学卫生学教授，在卫生学识经验上，可称中国数一数二之人才。此番荣膺新任，深庆市府得人。闻李氏与吴市长（按：吴铁城），向非素识，只以内政部卫生署刘署长，与牛惠生、颜福庆等诸名医之推荐，方始有此任命。’”[④]

“上海市政府令第 343 号，令卫生局第一科科长沈诰：为令派事查该局局长胡鸿基覆车身故，所遗该局局长一职，业经派李廷安接充，李局长未到任以前，该局职务派该科长暂行代理，除令委外合行令仰遵照。此令。”[⑤]

吴铁城（1888—1953）小传：原籍广东香山，出生于江西九江，早年从事

---

① 《沪杭公路道上胡鸿基殒命》，《申报》1932 年 10 月 16 日，第 13 版。

② 《卫生局长胡鸿基昨日大殓》，《申报》1932 年 10 月 20 日，第 13 版。

③ Ferguson M E. Obituary.Li T A. *The Chinese Medical Journal,* 1948, 66(6): 342-343.

④ 《李廷安继任卫生局长》，《申报》1932 年 10 月 19 日，第 9 版。

⑤ 上海市政府：《上海市政府令第 343 号》，《上海市政府公报》1932 年第 126 期，第 3 页。

反清宣传，1911 年受中华民国临时大总统孙中山的接见，开始追随孙中山。1913 年加入中华革命党，参加二次革命，反对袁世凯复辟帝制。1916 年任广东护法军政府参军。1922 年抗击陈炯明叛军。1923 年任广州市公安局局长兼省警备处处长等职。1924 年参与平定广州商团叛乱。孙中山病逝后，追随蒋介石，1927 年任广东省府委员、建设厅厅长。1928 年成功说服张学良易帜，结束了南北多年的军阀混战局面。1930 年中原大战时，又说服张学良通电全国讨伐阎冯、支持蒋介石，“没有吴铁城的三寸不烂之舌当百万之师，蒋介石不可能那么轻而易举地稳定局势”①。1931—1936 年，吴铁城任上海市市长，1936—1938 年任广东省政府主席。全面抗战时期，先后任中央海外部长、中央秘书长，1945 年被推举为国民党中央常务委员会委员。1949 年后，任“总统府”资政。1953 年 11 月 18 日卒。

21 日：先生到达南京。②

按：上海市卫生局局长一职牵动各方关注，先生就任卫生局局长，受到了各方的一致支持。据严镜清回忆：“上海是我国最大城市，当时还有租界，也是我国唯一设有卫生局的市。南京政府在首都设卫生事务所，在北平设卫生局则还要再迟数年。1933 年春季（按：1932 年 10 月）原上海市卫生局局长因车祸丧生出缺，南京中央政府卫生署长刘瑞恒博士经在中央有关方面活动后与协和医学院领导商洽借调李廷安教授前往。并且当时上海市长吴铁城，国民党要人，广东人，与李教授是同乡，人们知道，广东人在上海是‘吃得开’的。吴铁城表示同意并欢迎。至于李教授本人呢？当时顾临代院长、兰安生教授（主任）等为加强提高协和的声望与影响，是他们主动提出此意的，刘（按：刘瑞恒）也是这一伙人（按：与顾临、兰安生意见一致）。他（按：李廷安）审时度势，要推却也不可能。另外，公共卫生既是学术、科学，也是事业，学以致用此其时矣。”③

“（先生所在的）协和公共卫生学科以及其教学区——第一卫生事务所，在一个高质量的学院内是有重大的吸引力的。”赴上海之任，对先生本人而言，是

① 金雄鹤编著：《国民党八十四位中常委实录・下》，北京：台海出版社，2013 年，第 133 页。

②《新任卫生局长李廷安今日可到沪》，《申报》1932 年 10 月 22 日，第 9 版。

③ 严镜清：《缅怀李廷安教授》（未见刊，李宝健教授提供）。

走另外一条人生道路。对先生选择这一“陌生”之路，严镜清有以下回忆：“作为一个卫生人员，未经任何努力或钻营，唾手而得我国第一大城市的首席卫生行政长官之职位，这真是求之不得的机遇。但李教授不是这样的人，他学医是想为人民造福，也即是为人民服务。他从（事）一般临床医学又从事公共卫生，是想为广大人民服务。我相信他在就职前夕必然深入忧思，有多少人是可合作有用的人才，这在我国都是非常短缺的。至于公共卫生基本物质要求或条件，最起码的上下水道也是残缺不全的。在上海，较大马路的后街，数十只或数百只马桶列队清倒刷洗是每天早上最常见的有代表性的风景。当时全国还未统一，有若干省、区被军阀割据。上海又是日本侵略的一个重点，光荣的十九路军抗日战记忆犹新。从全国政治上看，还谈不上市政建设，也难以增加必要的卫生经费。以上这些都是难以克服的困难，足以把许多先进者吓到。但李教授也不是那样遇事畏缩，畏首、畏尾的人。”①

刘瑞恒（J. Heng Liu，1890—1961）小传：天津人。北洋大学毕业，美国哈佛大学医学博士。1923 年任协和医院院长，1926 年任中华医学会会长。1927 年 3 月，任武汉国民政府卫生部部长。1928 年 11 月，任国民政府卫生部常务次长。1929 年 11 月代理部长。1930 年 4 月任卫生部部长，创建中央医院、中央卫生实验院，并兼任两院院长。同年 11 月，任内政部卫生署署长；12 月，任禁烟委员会委员长。1931 年 6 月，任国民政府委员。1932 年 5 月，任全国经济委员会委员。1936 年 1 月，任军政部军医总监。1937 年 7 月任卫生勤务部部长。1945 年 8 月任善后救济总署卫生委员会主任委员，后兼中国医学援助局医学组组长。1949 年去台湾。②

顾临（Roger S. Greene，1887—1947）小传：美国外交官，曾在驻日本使馆工作，后任驻哈尔滨领事、驻汉口总领事，1914 年成为洛克菲勒基金会组织的第一次中国医学教育考察团成员，同时参加了 1915 年的第二次考察团工作。1915—1935 年，任洛克菲勒基金会驻华医社的驻华代表。1928—1935 年任北平协和医学院校长，“在学校建设以及在制订和实施教育方针、人事和经济制度等等方面，他都曾

① 严镜清：《缅怀李廷安教授》（未见刊，李宝健教授提供）。

② 张宪文、方庆秋、黄美真主编：《中华民国史大辞典》，南京：江苏古籍出版社，2001 年，第 772—773 页。

经是一个领导核心人物”。[①]1928 年 1 月顾临这样评价李廷安：“一位具有非常的活力、热情和智慧，一个有突出的可以和他人进行合作的能力的人。”[②]

严镜清回忆：“在他临行的晚上，到火车站送行的有顾临代院长、兰安生教授兼主任，这是极为少见的，还有卫生学科全体人员，我也在内，以及公共卫生护理主任等。显然，这是一种特别排场。事有凑巧，那天乘车赴沪的还有一位医学界老前辈伍连德博士，即解放（中华人民共和国成立）以后不止一次获得周恩来总理为其在东北流行鼠疫时亲自深入前线参加并指导防治工作的赞许。协和为李安排的是有一间专用卧室的特等车，而伍则由个人购买的一般卧车铺位，他上车时李教授知此情况，立即表示不安、不妥的呼声，要求与伍对易，后经车方管理人员调停将二人安排在一起始告平息。这是一件突然发生的小事，却能表现出李的自知之明和由衷的敬老精神。”[③]

伍连德（Wu Lien-teh）小传：祖籍台山，1879 年生于槟榔屿，剑桥大学医学博士。后应袁世凯之请，到天津任陆军医专副院长 2 年（1908—1910 年），适值哈尔滨鼠疫流行，政府调伍连德往哈尔滨扑灭鼠疫。当时“俄国及日本——曾威迫我国对于该种疫病苟不予以进一步之解决，同将以武力对付”。伍氏“对于该病原之诊断，以及追迹西伯利拨山鼠之来源工作，无不极其努力。而最后有所成就”。因伍氏管理调度得法，散布于东北、直隶、山东鼠疫，于 3 个月之内被扑灭。1911 年，清政府召集国际鼠疫会议，共 13 国专家出席，伍氏被举为主席。“清帝并赐以二品顶戴，同时俄皇及法总统均加奖于伍氏。”[④]1916—1920 年，任中华医学会第二、三任会长。1930 年任上海全国海港检疫管理处处长，兼任上海海港检疫所所长。

22 日：《益世报》报道：沪卫生局局长已决定李廷安。[⑤]

是日：先生是日早晨抵沪。十时至市府晋谒吴市长，约一小时，旋回寓。午后，在寓次会见记者，言：“余（李氏）于本月初旬，曾由平来沪，参加中华

① 邓家栋：《我所知道的协和校长格林》，中国人民政治协商会议北京市委员会文史资料研究委员会编：《文史资料选编》（第 34 辑），北京：北京出版社，1988 年，第 36—39 页。

② Ferguson M E. Obituary.Li T A. *The Chinese Medical Journal,* 1948, 66(6): 342-343.

③ 严镜清：《缅怀李廷安教授》（未见刊，李宝健教授提供）。

④《医界名人伍连德博士退隐》，《拜耳医疗新报》第 12 卷，第 1 册，未标页。

⑤《沪卫生局长已决定李廷安》，《益世报》1932 年 10 月 22 日，第 3 版。

医学会年会，旋 14 日由沪赴平，前胡局长堕车殒命时，余尚在中途。及 17 日抵平，接得市府电告，始悉胡氏死于非命，并承市府委以继任，当即首途来沪。因其间为时甚促，故各事未获相当准备，不胜遗憾。至于局中同事，余决不予更动。盖凡事须为整个事业前途着想，且旧有同事，办事颇有成观。若遽加更动，则余工作前途，必无乐观。现余已准于星期一（即明日）上午九时，到局接事，嗣后余当秉承市府领导之下，从事谋全市卫生事业之进展。”①

24 日：先生于是日九时许到局视事（图 4.22）。首由代理局长沈诰，将印信以及其他重要案件，先行点请接收。旋即召集全体职员，举行纪念周，行礼如仪后，先生开始向全体职员训话。其内容约可分如下几点：

（1）申述本人对于原任职员一律不更动，希各安心任事。

（2）此次受命掌本市卫生，将继续胡前局长未完成之事业，并随时秉承吴市长之命，以图本市卫生事业之扩展。

（3）希望全体职员应以廉洁之精神努力从公。

训话既毕，宣告散会，并召各科长，率领各科职员，至局长室分别训示。

图 4.22　新任卫生局局长李廷安②

①《新任卫生局长李廷安定明日就职》，《申报》1932 年 10 月 23 日，第 14 版。

② 朱琦：《新任卫生局长李廷安》，《大亚画报》1932 年第 338 期，第 2 页。

先生告诉中央社记者：本人到沪虽不久，但深悉上海市区境内，缺乏规模宏大之医院。今后当量力创办，为贫病者造福，并拟于日内与公共租界及法租界卫生当局晤谈，借以联络。至北平协和医院补助上海市卫生经费，每年洋二万余元，已于两年前取消矣。①

27日：上午九时，上海市第四届小学联合运动会开幕，大会名誉会长吴市长（铁城），会长潘局长（公展）。先生任名誉指导。②

先生致辞：今天来参加这个运动会，是很荣幸的。中国现在很危险，要救国不在钱，而在人，而在人的身体。这次举行运动会，就是提倡体育，要锻炼诸位的身体，希望诸位努力，个个成为健全的国民，将来为国家服务。③

是日：先生接受中央社记者采访时言：本人以受任伊始，对于改革本市卫生之意见，现尚不愿多谈。至于美国煤油大王洛克悉洛（洛克菲勒）之二万元之补助金，现虽停止，但本人与洛氏素极熟识，拟于最短期内，仍得恢复，此事大约可有把握。该项补助金，将专为办理学校卫生及乡村卫生之用。至于胡前局长所草拟之市立医院计划，本人决继续努力进行。盖本市居民稠密，该项卫生上之重要设备，应加特别注意，现虽市库支绌，但无论如何，应极力设法，以求该项计划之及早完成。④

11月18日：先生接受中央社记者采访，谈学校卫生。先生认为：学校卫生极为重要，如无相当之推进，于学生受学能力大有影响。本市学校卫生工作，虽已于四年前陆续扩充至20个学校，但与本市学校数相差尚远。此因经费关系，正待筹划推行。但自“一·二八事变”发生，局中经费紧缩，学生亦多停课，不得已而暂停工作。本市教育局及各校对于此种事业非常重视，故历年合作之成绩颇佳。本年教育局且经规定为健康教育中心年度，故本人到任之后，认为此种事业断难再任久延，决心恢复，并谋推广。现已与教育局潘局长商量，极蒙赞同，将于最近期内实行其办法。并拟以南市、闸北及高桥区之各市立学校为第一期实施学校卫生之所，计有学校67处，学生约二万人。推进方法以各校当局负中心责任。卫生局则派曾受专门训练之人员为之计划指导，以利实施。

① 《市卫生局长李廷安昨到局视事》，《申报》1932年10月25日，第10版。

② 《第四届小学联合运动会开幕》，《申报》1932年10月27日，第9版。

③ 《全市小学联合运动会第一日》，《申报》1932年10月28日，第11版。

④ 《卫生局长李廷安谈话》，《申报》1932年10月28日，第13版。

技术方面亦由卫生局派员办理应有之工作，如体格检查、早期治疗及体格上缺点之矫治。如灌输卫生知识及训练养成良好卫生习惯。如学校环境卫生之整理，以免妨害学童健康。如改良营养，以免酿成贫血或肺病。如用各种方法养成，如健康程度，并增进受学能力。现已派本局学校卫生股主任孙家齐于上星期往南京考察，大约本星期六即可回沪，下星期一即将开始工作。

先生又称：外传此次学校卫生工作经费，系由美国煤油大王担任。此系传闻之误。现本局并未受煤油大王任何津贴。此次学校卫生之恢复，一切经费，均由市府发给。由教育、卫生两局分任，并无该社补助之款。民国十八年（1929年），本市创办学校卫生及高桥区乡村卫生工作时，承万国卫生社补助全部开办费，及第一年经常费，并第二年经常费之半数，此系胡前局长商量而得。①

是日：先生参加第 219 次市政会议。主持人吴铁城，出席者主要是各局局长。②

20 日：《申报》报道：先生“自就职后，对于局务整顿，不遗余力……该局近拟创办学校卫生三处，分在南市、闸北、特区三处。以局内经费支绌，决定与教育局合作，定于 11 月 21 日开始招考新生各二百人，以资造就本市卫生人材（才），而求卫生之普遍”③。

30 日：先生出席由上海市教育局召集沪南、闸北各校长及学校卫生人员举行的学校卫生谈话会。先生致辞：学校卫生与卫生教育虽异，而实相关人生健康与民族之影响。④

12 月 1 日：《申报》报道：先生与社会局长吴醒亚、土地局长金里仁、公安局长文鸿恩将出席于 10 日在南京开幕的全国内政会。⑤

10 日：晨九时，先生出席在京（按：南京）华侨招待所礼堂举行的第二次内政会议开幕式。⑥

14 日：市府令先生与财政局局长蔡增基、社会局局长吴醒亚、教育局局长

---

①《市校实施卫生工作》，《申报》1932 年 11 月 19 日，第 11 版。

②《市政府市政会议第二一九次》，《申报》1932 年 11 月 26 日，第 16 版。

③《市卫生局将创办学校卫生三处》，《申报》1932 年 11 月 20 日，第 12 版。

④《举办学校卫生谈话会》，《申报》1932 年 12 月 2 日，第 13 版。

⑤《四局长将出席内政会议》，《申报》1932 年 12 月 1 日，第 14 版。

⑥《第二次内政会议开幕》，《申报》1932 年 12 月 11 日，第 3 版。

潘公展、工务局局长沈怡统筹赛马筹款的支配方法。[①]

按：上海市受“一·二八事变”之影响，所有吴淞、江湾、闸北等区损失至巨。市政府以谋救济复兴，曾向淞沪善后委员会商拨救济费25万元，并筹募复兴公债六百万元，但以灾区辽阔，灾情过重，该款尚觉不敷支配，爰由市府发起，假静安寺路跑马厅举行万国慈善赛马，提成救济沪北灾民。[②]

16日：内政会15日闭幕，先生于16日离京返沪。[③]

23日：《申报》报道：先生与市工务局方面讨论建筑市立医院问题，并悉市立医院建筑地点，为市中心区。[④]

是日：《申报》报道：先生继任上海市卫生局局长后，“因感于卫生设施之不可迟延，仍依照胡前局长原定计划，与教育局详商，积极筹措，乃得于上月起实行”。

实施计划：学校卫生之设施，当须使之普及，唯以经济关系，故分三个时期。第一期为市内高桥、闸北、南市三区之市立学校。第二期为市内其他各区之市立学校。第三期为市内各区之一切市立及私立学校。其第一期工作，现已在进行中，将于本年底为止。第二期工作，将视第一期成绩如何，定期开始。

已设诊所：现在进行中之工作，计已设诊疗所二处。闸北区设于印安小学，南市区设在万竹小学，一切药品，乃由卫生局供给。在此两区各学校，如有患病者，即可送上述两家诊治。但因学校甚多，故尚望在短期内，能添设多处以应需要，至于各学校学生之体格检验，现亦在进行中。

特种诊所：除上述之诊疗所以外，尚有牙科诊疗所一处，附设市教育局内，聘请牙科专医专治牙疾。尚有痧眼诊疗所，现在计划中，希望能于短期内成立。除设诊疗所外，尚于三区内组织训练班。闸北区设和安小学内，南市设市党部大礼堂，高桥区设高桥小学。在各区内之市立学校，须派教职员三人，前往听讲，由卫生局派人前往指导，演讲卫生常识，普遍（及）生理病理及急救法，使其明了卫生设施之意义及重要。训练班于夜间开讲，每日2小时，计32小时

---

① 《慈善赛款救济灾区》，《申报》1932年12月15日，第11版。

② 《慈善赛款救济灾区》，《申报》1932年12月15日，第11版。

③ 《内政会员纷纷离京》，《申报》1932年12月17日，第8版。

④ 《市中心区内将建筑市立医院》，《申报》1932年12月23日，第12版。

为满期，满期后如能得良好影响及效果，当再继续开办，并拟加多内容。[①]

28日：市教育局举办中小学健康演说竞赛会，先生任高中组评判员。[②]

30日：先生参加市政府第225次市政会议。[③]

是年：河北宛平县清河试验区“深觉卫生工作在乡村之重要”，该区主任张鸿钧有扩大卫生工作之议，先生大力支持。[④]

是年：先生在《医学周刊集》上发表《国民会议应注意卫生事业》[⑤]，先生认为“我国之公共卫生问题有关我国之盛衰与民族之存亡”，鉴于“我国人民每年之死亡率，经卫生专家之调查为每千人中二十五至三十人之多，较诸文明先进各国（英美每千人中仅十二人）超过二倍有奇。以此种逾格死亡率计之，我国每年冤死者，达五百余万人……冤死者既多，冤病者亦同时而倍增。按吾人之推测，每年最少当有二千万人，就中因患病而失谋食之能力，致老幼无以养育而受各种苦难者，更不乏人。不但此也，病者既如此之多，则我国人之智力体力均将因之减损，而工作效力亦当随之而低落，社会经济方面所受之损失，更不可胜数也”。“医师、助产士、看护、牙医师之数远不足供社会之需要。例如我国须有二十万正式毕业之医师方足敷全国之支配，乃目下只有四五千人，仅及全数五十分之一，而公共卫生专家尤为缺乏。若予全国病者以充分治疗之便利，则应有病床一百万架。而今全国病床总数仅及此数百分之一。此外如产妇婴儿健康之不注意，致婴儿死亡率，达至千分之二百五十，约三倍于世界文明各国。”此外，环境卫生、传染病流行、海港防疫工作、工人卫生、学校卫生等问题也很严重，所以，先生针对上述存在的公共卫生问题，向即将召开的国民会议，提出解决方法，即“十大卫生行政要点”。

是年：先生在《铁道卫生季刊》上发表《公共卫生之使命》[⑥]一文，先生开宗明义地提出公共卫生之使命有三：“一、增进个人身体之健康；二、减少疾病与死亡；三、延长寿命。”英国近数十年由于实行公共卫生，人民得以发育健全、

---

① 《两局合办学校卫生最近概况》，《申报》1932年12月23日，第15版。

② 《中小学健康演说决赛结果》，《申报》1932年12月30日，第14版。

③ 《市政府市政会议第二二五次》，《申报》1933年1月14日，第10版。

④ 李廷安：《中国乡村卫生调查报告》，《中华医学杂志》1934年第9期，第1117页。

⑤ 李廷安：《国民会议应注意卫生事业》，《医学周刊集》1932年第5卷，第43—44页。

⑥ 李廷安：《公共卫生之使命》，《铁道卫生季刊》1932年第3期，第33—37页。

疾病减少、精神活泼、传染病减少、死亡率下降、平均寿命延长的事实，说明实行公共卫生可以实现上述使命。由于国人对于公共卫生向来缺乏讲求，“全国每年死亡人口，约在 1200 万以上，此 1200 万人中，至少有 600 万人，是为冤死。换言之，即因公共卫生设备不良而死者也。冤死者既多，冤病者则更不少。其中时受之痛苦与损失，又岂可以数计。此实为我国贫弱之一大原因”。最后，先生站在救亡图存的高度，来认识公共卫生。“兹值国难当前，民族存亡危急之秋，益觉我国卫生事业为不可或缓之图。吾人应急起直追，努力公共卫生之建设，以救国家民众于沦亡，而促人民同登寿域。”

据严镜清回忆：“据我所知，李教授从 1926 年毕业到我 1932 年毕业的七年时间内，他除了从事自修、帮助教学、出国学习和做科研工作外，大部分时间是在卫生事务所从事创立事务所内外的各项卫生工作。说来容易，这些事情大部分是初创工作，是从摸索工作开始的。他从实际工作中，从探索、研究、总结中得出初步结论，又以结论在实践予以继续改进，逐步写成一本著作，打印的英文大约有数十或百页。可译为《关于北京第一卫生区事务所的各项工作的批判性讨论》。原文为英文 *A Critical Study of the Various Services and Contents of Health Work in the 1st District Health Station*，简称为 *A Critical Study*。这本著作没有付印出版。但在各科室、各部门负责人中，尤其在协和毕业的从事公共卫生学科工作的人员中纷纷传阅、讨论，认为热题热文，是工作的具体指导。在学校与学科领导人中，有的人鉴于它在学科与事务所工作人员中走红的劲头，曾不无带一点讥讽的语调。我称之为‘圣经’（Bible）。

据我所知，李教授在北平时期，每星期一次聚集全所工作人员讲解各项工作，每次讲一项工作，约两小时，并回答问题或进行讨论。讲解各项工作的用意、目的及理论、当时的做法和改进意见，并将可进行的调查、研究结合起来。这些讲解、叙述、改进和调查研究都与当时世界上学术科研与论著结合在一起，写在 *A Critical Study* 之内。”①

① 严镜清：《缅怀李廷安教授》（未见刊，李宝健教授提供）。

第五章　主持上海市卫生局（1933—1937年）

说明

本章记述1933—1937年先生三十六岁至四十岁的主要事迹。

日本侵略军继1931年“九一八事变”侵占东北与1932年“一·二八事变”进攻闸北的十九路军之后，1933年进攻热河与察哈尔一带，中国守军在长城沿线奋起抵抗。长城抗战及《塘沽协定》签订后，1935年，日本侵略军先后制造“察东事件”“河北事件”“张北事件”，迫使南京政府签订《何梅协定》，河北、察哈尔两省主权大部丧失。日本侵略军随即策动华北五省（河北、山东、山西、察哈尔、绥远）自治运动，企图使华北五省成为“第二个东北”。日本侵略军蚕食华北地区的一系列事件，史称“华北事变”。“华北事变”表明中华民族的危机到了空前严重的程度。1937年7月7日，日本侵略军炮轰北平西南的宛平城，第二十九军奋起抵抗，史称“七七事变”，又称“卢沟桥事变”，29日日军占领北平，30日占领天津。“七七事变”是日本帝国主义全面侵华战争的开始，也是全面抗战的起点。日本侵略军为扩大侵华战争，于1937年8月13日对上海发起全面进攻，直接威胁南京，国民政府调集八十余万精锐军队，进行为期3个月的顽强抵抗，史称“淞沪会战”，11月12日上海沦陷。这是中日双方在抗日战争中展开的第一场大型会战，“也是整个中日战争中进行的规模最大，战斗最惨烈的一场战役”，虽然失败，但彻底粉碎了日本“3个月灭亡中国”的计划。11月19日，蒋介石在南京主持召开国防最高会议，决定迁都重庆。12月13日，南京沦陷。

1933年

长城抗战，华北危机，先生与诸位医界领袖组成中华医学会上海支会救护委员会，予以医疗支援；编辑《战地卫生学》，将来预备印成书本，广赠各地军队；参加救济委员会与战区难童救济委员会工作，选派代表驰往华北战区实地救济；作为中国航空协会征求队队长，积极参与征募，购置飞机，充实我国空防。

先生在战区善后委员会、内政部卫生署资助下，与同济大学合作，重建毁于“一·二八事变”的吴淞区卫生事务所；创建上海市卫生局市南诊疗所。

上海市塘山路正泰橡胶厂失火事件引起先生对劳工卫生的重视，先生担任工业安全协会工厂卫生顾问。先生热心赞助上海各界组织工业福利协会。

先生作为发起人之一，创设中国肺病学会与中国预防痨病协会，担任中国预防痨病协会副理事长，并短期代理理事长。

先生认为“卫生教育为一国国民应受之基本教育。盖一国国民之健全与否，与一国国民卫生教育程度，其升降成正比例”。因此，先生非常重视卫生教育，为第三届暑期学校及第一届私立立案小学教师暑期讲习会发表卫生讲演，为中华医学会主办之公共卫生班讲授《公共卫生行政》。

1933 年先生发表的文章有：《中华麻疯救济会的事业》发表于《麻疯季刊》（中、英文版）；1933 年先生对上海市塘山路正泰橡胶厂失火事件的原因、教训及实施劳工卫生之方法作了总结与阐述，编辑部以《上海市政府对租界内工厂检查之积极及卫生局李局长对于惨剧所发之感想》为题，发表于是年《中华医学杂志》，又以《劳工卫生》为题，发表于是年《纺织周刊》；《地毯工业中职业性疾病之研究》发表于《中华医学杂志》（中、英文版）；《“国产药物专号”致祝词》发表于《社会医报》；4 月 4 日，先生发表“婴儿卫生与学龄前儿童卫生”谈话，谈话内容以《婴儿卫生与学龄前儿童卫生——一国国民之强健与否与其国民在儿童时代之身体状况有极大之关系》为题，发表于 1934 年的《现代父母》；《夏令传染病预防法》发表于《卫生杂志》；10 月 4 日，先生在东南医学院对学生作《公共卫生与国难》演讲，陈生白记录演讲内容，整理后发表于《医药评论》；《劳工卫生与民生之关系》发表于《民生》；《一年来之卫生教育》发表于《一九三三年之上海教育》；发表《优生学对于民族前途之关系》与《预防霍乱》，载于《上海市教育局无线电播音演讲集》；《研究国药与科学医术》发表于《科学国药》；《上海之卫生事业》发表于《上海周报》。

1934 年

先生以为“我国民族之衰落，痨病实为主因”，积极致力于防痨工作：利用广播电台讲演“中国之痨病情形及吾人应付方法”；对新闻界宣传防痨；呼吁宗教界领袖参与防痨；募集防痨资金，创建疗养院，在南市设立临时诊所，先行诊治痨病；为防痨协会聘请医生；发行防痨刊物，悬奖征文；撰写文章，介绍防痨知识。

先生参与中华麻风救济会的系列活动，作为名誉副总队长，为筹建中华麻风疗养院而募捐；作为铲除麻风论文竞赛的评判员。

先生筹建江湾区卫生事务所；受中国防痨协会之托，在江湾着手进行筹建疗养院工作，在南市设立临时诊所；设南北市传染病院，一在闸北前中国公立医院，一在林荫路前市党部旧址。

先生作为教育部中小学卫生教育设计委员会成员，注重卫生教育，认为卫生教育不仅在预防瘟疫，还包括家庭卫生、产儿卫生、食料卫生。先生通过举办卫生运动大会、夏令儿童健康营、暑期学校、卫生讲座、儿童幸福丛书之编纂，宣讲“夏令卫生”“儿童健康”“儿童的营养”，在上海市第十三届卫生运动大会上，发表《为十三届卫生运动告全市民众》演讲。

先生作为中华医学会公共卫生委员会兼附设中国乡村卫生调查委员会主席，完成了《中国乡村卫生调查报告》，先生通过调查“河北定县实验乡村卫生”，提出了“中国乡间卫生事业能不用医生护士，则不用”的观点。

是年，先生发表的文章有：《妇女卫生研究》发表于《中华日报》（“新年特刊”）；《儿童的营养》发表于《大上海教育》；《中国乡村卫生调查报告》发表于《中华医学杂志》，该调查报告结论性内容以《中国乡村卫生实践的总结性报告》为题，发表在该年英文版《中华医学杂志》；《上海市学童肺痨病问题之重要》（上、下）发表于《申报》和1934年10月8日与15日和《卫生月刊》；先生制定《上海市儿童幸福委员会改组托儿所计划》，该计划发表于1935年《卫生半月刊》；《妇女卫生常识》发表于《卫生杂志》；《中国保母育婴问题之重要》发表于《卫生月刊》；《我国乡村卫生之重要》发表于《卫生月刊》；《上海市之公共卫生行政》发表于《卫生月刊》；《上海市卫生局工作之概况》发表于《中华医学杂志》；《警士对于公共卫生应有之认识》发表于《卫生月刊》；《上海市市民生命应有之保障》发表于《社会医报》；《我国重要都市卫生行政经费之现况》发表于《卫生月刊》；《防痨运动声中“中国预防痨病协会”成立概要》发表于《中华医学杂志》英文版和《社会医报》。

1935年

先生举行扩大种痘运动，免费施种痘苗，以预防天花；宣传预防霍乱，派医生护士分赴各工厂及学校等处注射防疫针，“统计四个半月，注射防疫针男女四四万四千八百五十五人”。

先生高度认可卫生事务所的作用，“高桥卫生事务所，没有成立以前，高桥地方的婴儿死亡率为百分之四十。自高桥卫生事务所成立后，竟减至百分之三或四”，积极筹建上海市立闸北、浦东卫生事务所。

先生通过举办儿童健康比赛，敦请卫生专家与名医师播音演讲防疫方法及防疫常识，派员分头出发演讲，向市民灌输防疫知识；以暑期学校及暑期讲习会、播音大会等方式，开展卫生教育。先生在谈及举办上海市第14届卫生运动意义时称：“卫生运动的意义就是作大规模的卫生宣传，将种种卫生常识，灌输到一般民众的心目中。使能彻底了解卫生的意义，增进健康，即是强我国家，又即是强我民族。”

先生通过上海市第14届卫生运动，宣传戒烟戒毒；在龙华戒毒所及南市上海公立医院基础上，在闸北、沪西及浦东各处，设戒烟院；借用江湾“高境纪念新村”房屋，作为临时戒烟医院，“可容烟犯一千人”。

先生认为“夫一地卫生行政之良否，可以该地之生命统计为批判之标准”，“卫生行政之最高原则，即为运用治疗医学预防医学。抵抗各种疾病之侵害。谋人民健康程度之增高”。在卫生行政管理方面：办理妇婴卫生，举行产妇登记，厉行新法接生；防止部分产科医院“巧立名目欺诈”；整顿报纸医药广告。

先生重视乡村卫生，认为办好乡村卫生“在消极方面，因减少疾病死亡及精神上之痛苦，而减少因以遭受之经济损失。在积极方面，因促进健康，延长寿命，提高工作效率以及添加精神上之愉快，而增加因以获得之经济利益”。

是年，先生发表的文章有：《对于广州医学教育改进之我见》发表于《广州卫生》；《新生活运动与健康之关系》发表于《新生活周刊》；《肺痨病之预防》发表于《防痨杂志》；《中国防痨协会征募大会宣言》发表于《防痨杂志》；《上海市立各戒烟机关概况》发表于《中华医学杂志》；《公共卫生问题之经济关系》发表于《医药评论》；《卫生行政与死亡率——北平市第一卫生区事务所之生命统计》发表于《卫生月刊》；《可怕的夏秋》撰写于是年，发表于1936年《时代》；《营养不良之儿童与露天学校》发表于《公共卫生月刊》，该文节录自先生所撰

《学校卫生概要》;《我人对于痨病应有之认识》发表于《防痨杂志》;《上海市卫生局工作之概况》发表于《中华医学杂志》英文版;《中国乡村卫生问题》由商务印书馆出版。

1936年

先生于1935年11月—1936年3月赴欧洲考察公共卫生,回国后将各国办理公共卫生的先进经验运用于改进上海市的卫生行政工作上。市立上海医院改建之际,恰逢先生赴欧洲考察归来,借鉴先进国家经验,对于该院"房屋之建筑及内部之设备,均力谋适合于时代化"。该院正副院长,经先生荐请市政府委由翁之龙、吴利国担任。

先生认为"民族体格之强弱与国家兴替有密切之关系。儿童身心之锻炼更为成人健康之基础",所办的第15届卫生运动"一切工作,皆以儿童为对象"。

是年,李廷安当选"协和"董事会七董事(胡适、林行规、刘瑞恒、施肇基、李廷安、李德、普鲁)之一,这是第一位"协和"毕业生进入董事会。

是年,先生发表的文章有:《儿童健康的要义》发表于《卫生月刊》;《新生活与卫生》发表于《卫生月刊》;《实行新运应该由小及大推己及人》发表于《上海党声》;《赴欧考察城市卫生行政报告》发表于《卫生月刊》;《上海市第三届夏令儿童健康营营刊·发刊词》和《保障儿童健康的几个要点》发表于《上海市第三届夏令儿童健康营营刊》;《乡村粪便之处置》发表于《公共卫生月刊》;《卫生局及各区卫生事务所之组织及工作》发表于《卫生月刊》;《农民不健康之损失》发表于《公共卫生月刊》。

1937年

经过先生多年努力,多层次医疗卫生格局已在上海初步形成,"卫生局以管理全市卫生设施,市医院以治疗市民疾病,卫生试验所以从事化验研究等工作,将来并拟有各专门医院,如神经(精神)病院、麻疯病院、肺痨病院等设置。如市民有轻病,即可赴沪南、闸北、江湾、吴淞等各卫生事务所医院治疗,肺痨等病将来亦有专院可入。而病较重者,则来市医院诊治"。市民的卫生观念已有很大进步,一般流行病症逐渐减少。由于"上海市之地位为中外瞩目之区,其卫生事业,亦为中外市政学、卫生学、医学等专家所注意"。《中华医学杂志》(英文版)"讣告"评价先生任上海市卫生局局长以来所取得的成就:"卫生局的工作是一个具有活力的、热情的、智慧的、杰出的和良好协作的优异样板。"

从卢沟桥事变爆发到上海沦陷的这段时期，李廷安配合卫生署的抗战救护工作，主张扩大“上海市救护委员会”等救护组织的力量；与夫人一起投入上海市妇女新生活运动促进会工作，积极发挥妇女在抗战救护中的作用；为上海慈善团体联合救灾会制订具体的救济大纲与防护训练计划；为伤兵医院聘请医生；受聘担任华南地区防疫专员，组织指导战时防疫工作。

是年，先生发表的文章有：《上海市卫生十年来演进概要》发表于《申报》1937年7月7日，第12版；《上海市儿童之健康保障》发表于《卫生月刊》；《敬告市民书（预防霍乱）》发表于《医药评论》；《一年来上海市卫生局禁烟禁毒工作》发表于《禁烟专刊》；《为父母们进一言》由李夫人撰，发表于《快乐家庭》。

【民国二十二年癸酉（1933年）】，先生三十六岁

1月1日：先生参加第224次市政会议，报告本市筹办进市肉品检验经过情形。[①]

19日：“华北战云日趋浓密，救护事宜，急应有充分准备。中华医学会有鉴于此，已于上星期末，致电全国各地分会，令其将自愿投效医师，速行登记，以便动员。令下立刻出发前方服务，顷已得北平分会来电，谓该处伤兵医院，已组织就绪，亟盼南中人士，对于医药用品及医护人才，源源接济，作积极之准备。又得香港分会来电，谓该处会员，一致奋起，共愿效命。昨（按：1月19日）晚，上海支会开全体大会，将救护问题，提出讨论，到会会员，莫不同愿努力。旋推牛惠生、颜福庆、李廷安、朱恒璧、倪葆春、白良志、饶柏森等六人，组织上海支会救护委员会，并决议在爱文义路池浜路41号该会内，立刻成立登记处，以便投效医师，报名登记。闻该会办法，以各分会为枝、总会为干，通力合作，以有步骤之组织，作整个之救护，所望各埠医护人才，闻风兴起，速往该会总分会登记，共纾国难。”[②]

① 《市政会议纪，第二二四次》，《申报》1933年1月1日，第19版。

② 《中华医学会》，《申报》1933年1月20日，第10版。

21日：中华麻风救济会董事部执行委员会借银行公会俱乐部举行会议，议决于2月1日借青年协会中山厅举行第七届年会，聘请先生演讲。①

中华麻风救济会简介：1926年由上海士绅邝富灼、刁信德、李元信、王志仁等发起组织成立，总会设于上海。名誉会长唐绍仪，会长李元信，副会长邝富灼、刁信德，总干事邬志豪。次年，创办《麻疯季刊》。1935年，该会在上海成立中华麻风疗养院，它是“中国精英以现代化方式处理麻风的主要‘橱窗’”。②

22日：中国航空协会为扩大宣传起见，特于下午四时借八仙桥青年会九楼招待上海市各界。即席决议，以到会人数一致加入为会员。“到会者有监委吴稚晖，行政院秘书长褚民谊，前外交部部长王正廷，上海市市长吴铁城，公安局长文鸿恩，卫生局长李廷安，教育局长潘公展，市商会主席王晓籁，银行公会秘书长林康侯，财政部秘书郭德华，闸北保卫团长王彬彦，苏二法院长沈家彝，中国航空公司吴照轩，市政府科长李大超，暨该会理事史量才、林我将，并各报通讯社记者等百余人”。③

24日：《申报》报道：“自李廷安长局以来，益见推进，对于各级职员，时加指导，期求大上海卫生计划之实现。李氏于每星期一，必假总理纪念周之便，讲述各种卫生问题，以增职员经验。而对教育卫生，尤为关心。遇星期六，亦必召集一部份（分）卫生人员，讲教育卫生。有时并函各校推员参加听讲。凡此种种，皆足表现李氏对于卫生之注意焉。李氏近感外患日亟，国势阽危，关于战地卫生，殊属重要。曾于本月前令该第一科科长沈诰，领导全体职员，加以切实之研究，编为《战地卫生学》，并由李氏参加意见，在公余之暇，从事编辑，将来预备印成书本，广赠各地军队。现该项工作，大致两星期中可告完成，俟交李氏披阅后，即将付锌（梓）。藉为大观，出版后完全赠送全国各地军队，希冀军人在战地与驻守时之种种卫生，有以借镜，以资强健军人体格，而免疫疠时生，但该项印刷，为数至巨，现正由李局长筹措。”④

27日：先生参加市政府第227次市政会议。⑤

---

①《杂闻·麻疯救济会董事会纪》，《申报》1933年1月22日，第15版。

② 梁其姿：《麻风隔离与近代中国》，《历史研究》2003年第5期，第3—14页。

③《今日起航空救国宣传周》，《申报》1933年1月23日，第9版。

④《出版界·卫生局编〈战地卫生学〉》，《申报》1933年1月24日，第11版。

⑤《市政府市政会议第二二七次》，《申报》1933年2月11日，第13版。

2月1日：《申报》报道：日前中华慈幼协会假座博物院路20号青年协会中山厅，举行第四届年会。“新选职员：（会长）孔祥熙，（首席副会长）罗运炎，（次席副会长）丁淑静女士，（会计）林康侯，（副会计）孙瑞璜，（书记）陈鹤琴，（执行委员）朱立德、李廷安、李锦纶夫人、胡宣明、郭顺夫人、郭云观、费吴生、费思、赵晋卿、乐灵生、刘湛恩夫人、张雪楼夫人、邝富灼。（名誉董事）董事长国府林主席、上海吴市长、王一亭、王正廷、蔡元培、熊希龄、潘公展、王晓籁、牛惠生、朱经农、朱庆澜将军、何东爵士、吴经熊、余日章、李组绅、屈文六、胡文虎、胡诒谷、陶知行（陶行知）、高凤池、马应彪、张伯苓、张静江、许世英、晏阳初、贺衡夫、程伯庐、黄涵之、雍剑秋、诚静怡、闻兰亭、钟荣光。（名誉法律顾问）薛笃弼。”[①]

中华慈幼协会简介：中华慈幼协会于1928年4月成立于上海，由孔祥熙、邝富灼、高凤池等组织成立。所办事工，如儿童保障、儿童救济、儿童卫生、儿童研究，以及教养院、托儿所、儿童诊疗所等。[②]1933年，长城抗战，华北战区难民增多，“该会当推赵晋卿、李廷安、朱立德等，成立救济委员会，选派代表陈铁生驰往战区实地救济”[③]。

是日：中华麻风救济会下午四时半在博物院路青年协会五楼中山厅开第七届年会。先生发表演说：“麻疯病乃最可怕的病，而他每不原谅患者，将其驱逐出外，漂流谋生，殊堪悯恻。据本国专家伍连德先生调查统计，我国麻疯人数，在一百万以上，救济问题，甚为严重。兄弟常阅贵会月刊，作为参考，其中所述救济麻疯之五年计划。如（一）作一翔实的麻疯调查。（二）将麻疯的事实编为各校的教材。（三）参与各处城市卫生运动。（四）组织中央麻疯协会。（五）召集全国麻疯会议。（六）督促政府颁布麻疯法令。（七）凡被沾染各省，至少建设一个麻疯院。（八）各大城市至少有一麻疯治疗所。（九）每年举行全国学生之铲除麻疯演讲竞赛。（十）设法保护及栽培麻疯之儿童。（十一）安插已治愈的麻疯人等数要项。非常钦佩。听到贵会总干事邬志坚先生报告，推进努力的结果，兄弟不得不发表一些感想。大家以为政府对救济麻疯不予合作，

①《中华慈幼协会年会纪》，《申报》1933年2月1日，第17版。

②《中华慈幼协会年会纪》，《申报》1933年2月1日，第17版。

③《陈铁生电告战区灾况》，《申报》1933年8月25日，第12版。

表示不满。查我国疾病甚多，慢性者如肺痨、肺病、沙眼、花柳、麻疯等。急性者如霍乱、猩红热、白喉等，范围甚大。卫生局因注重公共卫生，不能专门注重某种疾病。又因财政甚为支绌，致不能补助进行。兄弟相信将来卫生事业发达，政府与麻疯问题，当能协力合作，注重救济工作，并对贵会表同情。敬祝贵会继续努力，并望市民医界卫生界同人共同合作进行，幸甚。”①

按：先生发言，由高明强节录发表于《麻疯季刊》1933年第7卷第1期，题为《中华麻疯救济会的事业——上海市卫生局局长李廷安博士在本会第七届年会时演讲》，并在《麻疯季刊》（英文版）上发表。②

4日： 7时，先生与吴市长等出席上海市政府秘书长俞鸿钧妹丽芳女士与财政局北市征收处主任梁思成君在东亚酒楼举行的婚宴。③

9日： 上海市教育局设立之健康教育委员会分卫生组和体育组。是日下午，卫生组在该局举行首次会议，先生任主席。首由周斐成、吴利国两科长报告学校卫生工作近况，次即讨论健康教育卫生方面问题。先生摘要卫生教育参考书，由教育局选购。④

13日： 先生致函哈佛大学医学院院长戴维德·L. 埃兹尔博士：承蒙1月16日惠赐来信，我无比喜悦和感激。我一直想写信给您，表达我对您的尊敬和问候。同时向您汇报我的工作，或许这些工作能让您和哈佛大学的老师们感兴趣。

直到去年10月中旬，我在北平协和医学院工作，任助教授。同时任北平卫生模范区的卫生官员。我的时间非常紧凑，我很高兴地说：我与我的同事干得不错，通过与本地卫生机构的合作和努力，在北平的工作已明显取得了进步。我很喜欢在北平的工作。而且，我参与北平、南京的许多卫生项目之中，例如，河北定县和清河乡村卫生工作，国家防疫处和国家卫生署的卫生工作。

1932年10月15日上海卫生局局长胡鸿基不幸遇车祸罹难。在刘瑞恒博士和一些医界领袖的推荐下，吴铁城任命我继任于他。顾临先生和兰安生博士慷慨地给我离开北平协和医学院的假期。基于政治和其他原因，我觉得我10月24日承担的行政职务是必需的。我来卫生局工作，并未改变人事安排。我正仔细

① 《中华麻疯救济会年会纪，卫生局长李廷安演说》，《申报》1933年2月2日，第15版。

② Li T A. The work of the Chinese mission to leper. *The Leper Quarterly*, 1933, 7(1): 2-4.

③ 《梁俞婚礼志》，《申报》1933年2月5日，第16版。

④ 《本市将办儿童健康保险》，《申报》1933年2月12日，第15版。

研究各种规划，只要这些计划能产生良好效果，我就不想改变。我已任职三个半月，我欣慰地说事情正稳步推进。我们已再次重启学校卫生服务，已募集了足够的资金在吴淞建设一所现代乡村卫生中心。随着日本侵略，我们受限于资金的不足。本市领导道义上的支持似乎看到了未来光明的前景。

当今中国在公共卫生方面表现的问题与美国很不相同。由于这里的卫生制度还处于发育的胚胎阶段，没有什么可说的。解决问题的规划设计必须满足各方的具体情况。但是，我觉得我在哈佛大学接受的训练是很有用的，我非常感谢哈佛大学的老师们。

我现正在设法与这里的医学院校合作，为院校学生提供公共卫生设施。我们现在有两个乡村卫生中心，一个在高桥区，一个在吴淞。前者与中央大学医学院（院长颜福庆博士）合作经营，由张维（Chang Wei）博士（也是哈佛人）为领导。后者与同济医学院（前属德国机构，现由中国人经营）合作经营，以李宣果（H. K. Li）博士为领导。行政管理隶属于政府，但经费和人员由学校和政府分配，各占50%。第四年级学生在此实习四周。这一安排一直很令人满意。要是我们期待的这些工作不被政府或公众理解，我们不会正式接受他们的请求。我明白马萨诸塞州卫生局与哈佛大学正在合作。我希望尽可能多地了解合作计划或合作条件，尤其是在时间和酬金等方面。要是您能提供给我一些相关信息，我将不胜感激。

若有机会，请代我向我的教授和老师们致以最好的祝福。我将不时地写信给您，向您讨教。①

24日：鉴于塘山路正泰橡胶厂失火，焚毙工人一百余名，损失资本二十余万元。先生发表如下之谈话："现代虽为机器生产的时代，但应用机器，仍不能不靠工人，故工人在生产上，极关重要。而提倡工业，尤不可不注重于劳工卫生，是以我国工厂法中，对于工人之安全问题、卫生问题、童工女工工作程度之限制等事，均已有所规定。但现在我国各工厂，遵行者甚少，实足痛惜。"②

先生要求各方要通过此次惨剧，吸取以下教训："（一）厂中如已办理劳工卫生，不致发生此次惨剧。盖劳工卫生之意义，非仅仅为工人医病，举凡足以

① 《1933年2月13日李廷安致函哈佛大学医学院院长埃兹尔》，The Francis A. Countway Library of Medicine (Boston Medical Library and Harvard Medical Library).

② 《李廷安谈工厂卫生之重要，为正泰厂失慎而发》，《申报》1933年2月24日，第9版。

有害于工人之健康与生命者，皆在应行防范之列。应用专门人才，随时检视之，使火患水患、受伤染疫、疾病等害，得以减少。（二）我国工业，正待提倡，故工厂卫生，应有切实之措施。使工厂得以盈利，工人生命，得以安存。此次正泰橡胶厂之惨剧，工厂及工人，双方皆受巨大之损失，可与我国有志于工业者作一深刻之殷鉴。惟正泰厂不过系不幸而首肇其祸，平情而论，如该厂之潜伏危机者，何容胜言。故不便独以正泰厂为诟病也。”①

对实施劳工卫生之方法，先生建议：“应由工厂与工人双方同受行政机关，如卫生、社会局等之指导，而遵行之，庶乎有济。现拟与社会局长交换意见，于相当时机，邀集本市工业界，设法创办之。”②妥善实施劳工卫生，对厂方、对社会、对工人都有益处：“在厂方，以免去资产上意外之损失（如此次正泰厂据报载，财物损失二十余万元），可以免去工作效率上之损失（如工人受伤或生病，常由他人代替，则不纯熟，而效降低）。在社会方面，可以减去若干残废与死亡之损失，可以保存社会间若干之生产力。在工人方面，可免意外灾害，或疾病，而失事蓄之资，故劳工卫生，为我国即须注意之要务，深望转告工业界与劳动界，协力以图，本局固深愿与以肫诚之指导。”③

按：该文以《上海市政府对租界内工厂检查之积极及卫生局李局长对于惨剧所发之感想》为题，发表于1933年《中华医学杂志》第19卷第2期；又以《劳工卫生》为题，发表于1933年《纺织周刊》第3卷第10期“编者与读者”栏。

是日：上海市卫生局及教育局组织之健康教育委员会卫生组，在教局会议室举行二次会议。先生与潘公展、吴利国、周斐成、孙家齐、周尚各委员到会。由先生任主席，先由各委员报告上届议案实施情形，继即讨论各事如次：“（一）通过该组办事细则。（二）通过儿童保险规章草案。（三）教职员保险，容后另拟办法。（四）儿童节草案由周委员斐成、吴委员利国审查交大会。（五）卫生视察片优先用已有佳片，然后改善，提下次会议讨论。（六）卫生彩色画片，由吴利国委员责筹办。（七）教局房屋俟迁至市中心区后，请留下充小医院及健

① 《李廷安谈工厂卫生之重要，为正泰厂失慎而发》，《申报》1933年2月24日，第9版。
② 《李廷安谈工厂卫生之重要，为正泰厂失慎而发》，《申报》1933年2月24日，第9版。
③ 《李廷安谈工厂卫生之重要，为正泰厂失慎而发》，《申报》1933年2月24日，第9版。

康保险事业等用，健康教育委员会，定明日（2日）在教局开二次大会，讨论施行问题。”①

25日：中国航空协会推定市长吴铁城为会员征求队总队长，决定组织征求队二百五十队至三百队，每队至少筹募一万元。下午四时，在八仙桥青年会举行茶会，招待各队长。先生为队长。②

27日：《申报》报道：吴淞镇前有卫生模范区，系由中央大学医学院及市卫生局合办。“一·二八事变”发生以后，遂致停顿。去年，先生与同济大学翁之龙校长，暨该校教授李宣果，商筹恢复，并请卫生署予以协助，已有成议，闻不日即可实现。“此项卫生区，拟设一委员会，主持其事。经费则由卫生局与同济大学分任，上海会际奖券方面，已拨助临时费三万元，以作开办之用。将来一经恢复，则吴淞区公共卫生，必有进步，市民健康，赖以保护，而同济大学医学院，公共卫生系学生，又多一实习之所，诚一举数得。”③

是日：先生参加市政府第229次市政会议。④

是月：先生在《中华医学杂志》上发表《地毯工业中职业性疾病之研究》，该文以1927年北京某地毯工厂999名工人及工徒之体格检查，以及1927—1932年工厂诊疗所中搜集之疾病为研究对象，研究结论是地毯工业中职业性疾病主要有三种，即“指部之损伤及传染，因灰尘刺激而起之咽炎及枝（支）气管炎，以及炭疽传染症”，希望在地毯工业中执业的医生要注意这三种职业病，最后指出“吾国实业化之方兴未艾，凡我医界同仁于工业之险症及其预防之策略，予以充分之注意”⑤。

按：先生于是年《中华医学杂志》（英文版）第一期发表此文，杨建邦据此翻译发表。

3月1日：先生任中国航空协会上海市征求队第274队队长，为扩大征求工作起见，“前特分函其挚友及医药界卫生家等”。于是日下午八时，借八仙桥青年会开会，讨论征求办法计划，有二百余人。先生报告开会宗旨。有人提议请

---

①《健康教委会卫生组会议》，《申报》1933年3月1日，第14版。

②《航空救国要讯》，《申报》1933年2月24日，第8版。

③《吴淞卫生区行将成立》，《申报》1933年2月27日，第8版。

④《市政府第二二九次市政会议》，《申报》1933年3月4日，第12版。

⑤ 李廷安：《地毯工业中职业性疾病之研究》，杨建邦译，《中华医学杂志》1933年第1期，第13—20页。

在座中西医师，“以一天之诊金，全数捐与中国航空协会”。经先生提出后，“一致案拍手赞成，当即将此通过”。[①]

2日：中国航空协会会员征求队总队长吴铁城于是日下午四时在八仙桥青年会开茶话会，招待新聘各队长。吴市长起立演说，略谓中国航空协会，乃上海各领袖所组织，其目的统一中国全国力量，代表中央政府，募集捐款，购置飞机，充实我国空防。先生作为征求队队长索取入会志愿书五千份。[②]

3日：先生出席市政府第230次市政会议。[③]

11日：《申报》报道：“《社会医报》刊印国产药物专号。名医师余云岫、胡定安、谢筠寿、曹子功（恐为“曹志功”）等主编之《社会医报》，出版已有五年，握有医药界刊物之权威，现为提倡国产药物起见，特于五周纪念刊中，编印国产药物专号，内容尤为丰富，有市卫生局长李廷安之题词。”[④]

按：《社会医报》，1929年1月创刊于上海，余云岫、胡定安主编。1933年先生为该刊“国产药物专号”致祝词：“药物为治疗要品，而我国近年以来，外国药物充斥于肆。其所以有此现象者，由于信仰科学医术者之日增也。然则，为杜绝因外国药物而生之漏卮（按：国家利益外溢的漏洞）计，其阻止科学医术之推行乎。曰：是逆于进化之潮流，势所不可者也。故将我国药物加以研究，辨其功效，以供科学医术之应用，乃为根本要图。余云岫、胡定安、谢筠寿、曹志功诸医师有鉴于此，特于《社会医报》第五周年纪念，编刊国产药物专号，以促国人注意，以作研究嚆矢，深望我国化学家、医药家等作一大联合，筹设一规模宏大之研究机关，罗致有关系之各项专门人才，专攻其事。行见我国药物，不但不致遭受遗弃，且以我国药物出产之丰富，果能详细研究，定大有裨于人类之治疗也。爰述所怀，以备明达之商榷焉。”[⑤]

12日：“本市第五届植树式典礼，于今晨十时，在东沟市立园林场举行，由市长吴铁城主席。”“计到市长吴铁城、社会局长吴醒亚、公用局长徐佩璜、公安局长文鸿恩、财政局长蔡增基、工务局长沈怡、卫生局长李廷安、土地局长

---

①《航空协会吴总队长昨日招待新聘队长》，《申报》1933年3月3日，第12版。

②《航空协会吴总队长昨日招待新聘队长》，《申报》1933年3月3日，第12版。

③《市政府市政会议，第二三〇次》，《申报》1933年3月18日，第11版。

④《出版界》，《申报》1933年3月11日，第11版。

⑤ 李廷安：《〈社会医报〉五周纪念国产药物专号祝词》，《社会医报》1933年第184期，第3643页。

金里仁，暨全体职员，外交部驻沪办事处刘亿德，特区地方法院张天福，暨竹隐、西成、时代、西沟、三修、潭镇、和安、比德、万竹等各小学，吴淞、务本、洋泾等各中学师生千余人。”[①]

15 日：中国航空协会上海征求队总队长吴铁城于午后六时半，在八仙桥青年会宴请各队长。“计到王晓籁、林康侯、褚慧僧、王一亭、张铭、温宗尧、闻兰亭、李廷安、徐佩璜、金里仁、李登辉、张竹平等百余人。首由吴氏报告征募成绩结果，总数共二十六万余元。”其中，先生征募到 3117 元（按：先生成绩居第五位）。[②]

16 日：哈佛大学医学院院长戴维德 • L. 埃兹尔致函先生[③]：感谢您的 2 月 13 日的来信。就马萨诸塞州卫生局与哈佛大学公共卫生学院合作问题，我回答您的问题：从公共卫生学院创立伊始，卫生局局长及其一到两个助手一直是我们教师组成员，贡献出他们的一部分时间给学院。当然，大部分时间还是从事州卫生工作。卫生局局长本人首先要执行公共卫生行政的方针。他觉得，我们也感到有一位全职人员负责此事（卫生局与学院合作事宜）是必要的，所以斯迈利（Smillie）博士被赋予此职责。然而他与卫生局局长合作得很密切，州卫生局为我们的学生提供了在实践中观察公共卫生活动的机会，与卫生行政人员一道负责各种州卫生事务。

我们为州卫生局前来学院工作的所有人提供报酬。薪水只有他们总收入的五分之一或六分之一，或像原先收入一样。这一做法在这时已起到满意效果。似乎没有理由考虑薪水问题会出现困难。

为一些想做公共卫生行政、传染病、乡村卫生工作的人集中更多时间，我们正在为其寻找当地的发展机会。这就是：我们希望一二个当地的卫生所，它们就像别的州的县卫生局，与学院建立起日益密切的联系。我们也希望与附近的大镇建立密切的联系，使得它将成为我们学生的实习基地，正如医院之于医学院之关系一般。

至于传染病等问题，卫生局局长为公共卫生管理部门和学生提供机会，研

---

① 《举行第五届本市植树式》，《申报》（号外）1933 年 3 月 12 日，第 2 版。

② 《航空救国征求成绩，昨日为第一次揭晓，总数二十六万余元》，《申报》1933 年 3 月 16 日，第 12 版。

③ 《1933 年 3 月 16 日哈佛大学医学院院长埃兹尔致函先生》，The Francis A. Countway Library of Medicine (Boston Medical Library and Harvard Medical Library).

究出现的问题。作为一种完成大量的调查工作的手段，不仅对于学院和学生，而且对卫生部门本身，都有明显的好处。否则，这些调查工作无法完成，或者卫生局需要大量昂贵的雇员。请接受我的祝福与问候。

17 日：先生出席市政府第 231 次市政会议。[①]

25 日："昨日下午四时，中国航空协会上海市征求队，假青年会举行第二次成绩报告，到总队长吴铁城，及各队长蔡增基、赖震寰、杨念祖、李廷安、汪荫庭、钱锦华、童行白、李登辉、李梦南、潘公展、郑通和、周斐成、朱少屏、王廉方、黄造雄、林康侯等百余人，首由总队长报告第二次成绩概数，继由许世英、李廷安、林康侯等相继演说，最后由征求股主任朱少屏发表各队成绩分数。"第二次征求成绩，总数达二十九万余元。先生征求到 4064 元。[②]

28 日：《申报》报道："本市（按：上海市）华租界卫生当局，近有发起组织防痨会之运动。闻该项运动之动机，曾于去年有公共租界工部局防疫股主任布美，因鉴于年来本市患痨瘵之市民日见增加，而痨瘵既易于传染。且患此病者，小则有损健康，大则致伤性命，是不得不亟谋防御之策，故有组织防痨会之议。布美氏曾与市卫生局长李廷安氏，及海港防疫处处长伍连德氏，往返磋商，近已将意见书草拟完竣。"[③]

是日：市（按：上海市）教育局于下午二时半起，在务本女子中学大礼堂，举行体育演讲会，及颁发卫生人员训练班及格证书，暨健康演说竞赛会优胜员奖品。先生致训词，略谓：健康与个人社会及民族生存，俱有密切关系，目前中国之国难，其造成之原因固多。但国人之心理不健康，与身体不健康，实为一大原因。因心理之不健康，致发生不负责任、自私自利等现象。因身体之不健康，致发生办事无魄力，无精神，遇事畏缩苟安等现象。教、卫两局所办之卫训班及演说竞赛，其效力而不能普遍，故希望诸位不断地研究，并宣传发展，由上海而普及全国，以收宏效。[④]

30 日：先生与社会局局长吴醒亚、公安局局长文鸿恩、财政局局长蔡增基联合布告：本卫生局，兹奉市政府第 4816 号训令，奉行政院训令，以上海市卫

---

①《市政府市政会议第二三一次》，《申报》1933 年 4 月 1 日，第 13 版。

②《航空救国第二次征求成绩》，《申报》1933 年 3 月 26 日，第 12 版。

③《华租卫生当局发起防痨会，吴市长赞助提倡》，《申报》1933 年 3 月 28 日，第 2 版。

④《市教育局昨日举行体育演讲》，《申报》1933 年 3 月 29 日，第 12 版。

生局，根据市政府核准之进市肉品检验规则，举办腌腊火腿等项肉类检验。既据该市政府呈明，系为取缔病害肉类进市，维护公众卫生起见，于二十二年 4 月 1 日，开始实施检验，并将检验费改为每百斤只收大洋三角，业经呈报市政府在案。按照规则第七条之规定，凡每人携带百斤以上肉品进市者，均应预向本财政局任何稽征处购具进市肉品检验证，以便凭证检验，违则照章处分。①

4 月 2 日：先生与公安局局长文鸿恩、教育局局长潘公展、社会局局长吴醒亚，特出示布告。“略谓：查本年 4 月 4 日，为我国第三届儿童节。本局等业已联合本市各机关社团，组织上海市庆祝儿童节筹备委员会，决定是日（4 日）上午八时三刻起十二时止，假座南市蓬莱大戏院，举行纪念会，表演各种游艺，招待全市儿童欢叙。并经分别接洽本市商店，在儿童节，特别大廉价。医院免费代儿童布种牛痘。公园在儿童节特别开放，允许儿童免费游览，各大日报在儿童节发行特刊。”②

4 日：今日全市庆祝儿童节，上午开纪念大会，表演游艺，下午有幸福演讲、播音演讲，名园开放，分赠各种刊物，18 医院免费施种牛痘。先生发表“婴儿卫生与学龄前儿童卫生”谈话。先生认为“一国国民之强健与否与其国民在儿童时代之身体状况有极大之关系”，因此，“谋一国国民之强健，对于儿童卫生，必须特别注意而实行之”。先生详细介绍婴儿的哺乳方法、睡眠、沐浴、穿衣、种痘、常见病防治、个人卫生等。对于学龄前儿童，先生强调要培养其养成良好卫生习惯。③

按：先生畅谈《婴儿卫生与学龄前儿童卫生——一国国民之强健与否与其国民在儿童时代之身体状况有极大之关系》④，首先，先生认为：“一国国民之强健与否与其国民在儿童时代之身体状况有极大之关系。盖儿童尚在发育期中，如不运用合于卫生原则之种种方法以训育之，维护之，则易夭亡。即或幸免夭亡，亦易成为怯懦愚弱之人，非但不能为国家社会服务，而国家与社会反须支出若干之救助费用。故谋一国国民之强健，对于儿童卫生，必须特别注意而实

① 《定期检验腌腊肉类》，《申报》1933 年 3 月 30 日，第 11 版。

② 《四局会衔布告儿童节程序，儿童乃国家之元气，民族之生命》，《申报》（号外）1933 年 4 月 2 日，第 2 版。

③ 《今日全市庆祝儿童节》，《申报》1933 年 4 月 4 日，第 13 版。

④ 李廷安：《婴儿卫生与学龄前儿童卫生》，《现代父母》1934 年第 1 期，第 38—40 页。

行之。”其次，先生详细介绍婴儿的喂乳、睡眠、穿衣、沐浴、口腔卫生、常见病等，指出：“婴儿往往因患气管枝（支）炎（支气管炎）、肺炎、下痢及肠炎、痉挛、百日咳及其他疾病而致夭亡。但非医生不易察知，故宜常请医生施行婴儿之健康检查。如遇婴儿有不良现象（如多哭及食量减低等情形），尤须速请小儿科医生诊断，施以适宜之治疗。”最后，先生强调学龄前儿童要注意传染病的预防接种及养成良好卫生习惯。

是日：第三届儿童纪念节。上海市庆祝儿童节筹备会，于上午八时三刻，在城内蓬莱大戏院举行纪念会，“推俞鸿钧、冯叔鸾、吴醒亚、潘公展、李廷安等五人为主席团”①。

5 日：中国航空协会基金征求，是日为第三届报告成绩之期，征求总队长吴铁城市长，于下午四时假座青年会九楼，招待各征求队长，“计到王晓籁、林康侯、史量才、王一亭、郭乐、沈冠生（代表）、戴戟、金里仁、李廷安、吴醒亚、文鸿恩、陈松源、唐海安、叶家兴、杨筱堂，暨征求总队长办事处职员朱少屏、李大超等五十余人。由吴总队长主席，报告本届成绩为 235 231 元 3 角 8 分”。其中先生征集 1789 元 2 角。②

8 日：晚七时，先生与吴铁城市长等出席国立交通大学工业及铁道展览会在容闳堂会议厅举行的例会。“到会者，有市长吴铁城，前实业部长孔祥熙（朱懋澄代），造币厂长郭承恩，财部秘书郭德华，市公安局长文鸿恩、市卫生局长李廷安、中央研究院周子竞、两路机务处长王绳善、道路协会总干事吴山。外宾到者有瑞士领事劳台、美国商务参赞埃拿德、奥国总领事奥克懋勒、美侨商会会长金氏、比侨商会会长汉氏、德侨商会会长波而仙、孔士洋行喀伯、百禄钢厂拿维里（华人陆君代）、马尔根洋行马尔根，及享士西门子洋行司克密达、奥史彭洋行勃登及参加展览会各中外厂家代表共百五十人。由黎照寰主席。”③

12 日：先生以卫生局局长名义发《卫生局严防冒骗布告市民周知》布告：“本局办理攸关公共卫生各种职业之登记注册，并核发执照等事，一切手续，均有定章，为依据应收费用数额，均已明晰规定，悉为本市市库之收入，均用财

① 《第三届儿童纪念节》，《申报》1933 年 4 月 5 日，第 12 版。
② 《航空征求第三届成绩》，《申报》1933 年 4 月 6 日，第 10 版。
③ 《交通大学工铁展览会昨闭幕》，《申报》1933 年 4 月 10 日，第 16 版。

政局会印之正式收据为凭。”[①]

14 日：先生参加市政府第 233 次市政会议。[②]

16 日：《申报》报道：先生与同济大学校长翁之龙受卫生署署长刘瑞恒委托代为招待德国牟伦（Muehlens）博士。

按：德国牟伦博士为研究热带病学专家，学问湛深，系欧洲有数之学者，现任德国汉堡大学教授及热带病研究所主任，国际联盟兹聘其来华，调查卫生事项，已于本月 10 日到沪。在同济大学医学院、上海医学院举办“螺旋菌学”“战地卫生经验”“赘瘤学”“痢疾”“疟疾”等多场讲演。[③]

17 日：是日为（中国航空协会征求基金会）上海征求队第四次报告成绩日期。总队长吴铁城，于下午四时，假座八仙桥青年会九楼，招待各征求队长。“到张寿镛、王晓籁、金里仁、戴戟、郑西谷、李廷安、文鸿恩、李登辉、童行白、吴醒亚、徐佩璜、洗（恐为‘冼’）冠生、林我将等三十余人。”吴总队长报告本次总成绩为 88 545 元 1 角零 5 厘，航空协会因华北形势日殆，决先订购飞机 12 架，编成一队，北上抗敌。其中先生募得 428 元 2 角 7 分。[④]

20 日：《申报》报道：上海市教育局主办之第二届中等学校联合运动会，将于本月 27 日起，在劳神父路中华田径赛场举行 3 日。“各界赠送奖品者，已有俞鸿钧、徐佩璜、徐佩琨、李大超、市教育会、王晓籁、林美衍、市执监委员会、姜豪、文鸿恩、邢琬、黄造雄、王延松、吴开先、上海法政学院郑洪年、吴醒亚、陈鹤琴、翁之龙、蔡增基、朱凤竹、戴戟、李登辉、时报馆、李廷安、郑通和、沈怡、新闻报馆、金里仁、陈小通等银杯银盾，有三十余件。”[⑤]

21 日：《申报》报道：先生任上海市教育局主办之第二届中等学校联合运动会名誉指导。[⑥]

30 日：《申报》报道：先生为《民生》半月刊“五一”劳工节专号撰文《论劳工卫生》。[⑦]

---

①《卫生局严防冒骗布告市民周知》，《申报》1933 年 4 月 14 日，第 10 版。
②《市政府市政会议第二三三次》，《申报》1933 年 4 月 29 日，第 13 版。
③《德国牟伦博士讲演讯》，《申报》1933 年 4 月 16 日，第 12 版。
④《航空征求四次成绩报告》，《申报》1933 年 4 月 18 日，第 8 版。
⑤《中等校联运会今日截止报告》，《申报》1933 年 4 月 20 日，第 12 版。
⑥《中校联合运动会参加踊跃》，《申报》1933 年 4 月 21 日，第 11 版。
⑦《出版界》，《申报》1933 年 4 月 30 日，第 14 版。

5月1日:《申报》报道：上海各界组织工业福利协会，从事于防御工业灾害，改善工厂卫生状况及提倡其他工业福利设施等事务，先生热心赞助。[①]

是日：下午四时，中国航空协会上海征求会员总队长吴铁城在八仙桥青年会招待各征求队长，报告第五次征求揭晓为130 918元9角6分厘，先生募得1729元零8分。[②]

15日：中华慈幼协会假华懋饭店招待上海各界领袖，先生等数十人出席。[③]

18日:《申报》报道：先生竭力恢复毁于"一·二八"之役的吴淞卫生区办事处：一方面向吴淞积德堂租用被毁之海滨医院基址，以建筑吴淞区卫生事务所；一方面努力筹划经费。请由战区善后委员会议决，补助32 000元，内政部卫生署拨助5073元1角6分。国立同济大学，因便于该校公共卫生科见习起见，提议合作。[④]

是日：鉴于本市德国人艾克甫"以其价值150万之房产地皮，暨其珍藏古玩之售价，悉以捐购飞机及各项军用品"。先生与各界人士三百余人于大西路艾园特为此事开盛大之园游会，借此筹建航空救国奖委员会办事处。[⑤]

航空救国奖委员会简介："溯自倭寇侵凌，夺我东省，造成傀儡，倏已年余。近日变本加厉，得寸进尺，陷我热河，迫我长城，怅望燕冀，已有戎行，充其封豕长蛇之野心，扰我江海，伺我内地，决非意外之事。此诚我华空前未有之国难也。凡属国民，允宜急起直追，有力者执戈前驱，有财者毁家纾难，抱必死之决心，求再生之新路，庶几众志成城，国难乃纾。"[⑥]德国人艾克甫生活于中国三十余年，"睹夫日军之暴行，激起义侠精神，慨然愿以其价值150万之房产地皮，暨其珍藏古玩之售价，悉以捐购飞机及各项军用品"。于是，"以本市辛家花园之成例，以房地古玩作奖，经公（按：共）同磋议，以其房地古玩，充作基金，发行航空救国奖，额定为120万元。分12万张，每张10元，加附奖12 000张，除发还原价及一切开支，其余所得，悉数拨作航空救国基金，并

---

①《本市各工厂发起组工业福利协会》，《申报》1933年5月1日，第14版。

②《航空征求队第五次揭晓》，《申报》1933年5月3日，第13版。

③《中华慈幼协会招待各界领袖提倡慈幼》，《申报》1933年5月16日，第12版。

④《吴淞区卫生事务所开始兴建》，《申报》1933年5月18日，第11版。

⑤《航空救国奖委员会办事处成立》，《申报》1933年5月20日，第11版。

⑥《航空救国奖委员会办事处成立》，《申报》1933年5月20日，第11版。

接济前方，如此办法，既利于我之救国，又可慰西人之盛意”①。1933 年 5 月 18 日，李廷安与各界人士三百余人在大西路艾园特为此事开盛大之园游会，王晓籁任主席，推定常务委员王晓籁、杜月笙、虞洽卿、张公权、林康侯、李大超、保君建等及各组负责人，即日成立办事处，积极筹办。

20 日：下午四时，先生参加法租界金神父路广慈医院 25 周年纪念，并发表演说：略谓本人得参盛会，不胜欢欣，并得睹广慈医院以救济贫病为怀，克勤克苦，而至今日优良之成绩，至为难能可贵。中国现正处于天灾人祸之秋，食饭问题已不得解决，对于医院建设，每每更感有求过于供之势。今得广慈医院之热忱，救济受惠者不下十万之众，殊为佩谢。②

21 日：鉴于“榆关失守，热河继陷，战区难民，困苦异常，尤以妇孺为特甚”，中华慈幼协会推举先生等成立战区难童救济委员会。③

是日：上海市李斯德医学研究院博士罗勃生氏致函先生：青旸港一带之小浜及河旁采集螺蛳等类甚多。由于此种软体动物为日本吸血虫（血吸虫）之中间宿主，卫生局函青旸港所隶属之江苏省昆山县主管机关设法妥善办理。④

28 日：下午三时，先生参加民生改进社在博物院路 20 号全国青年协会开第二届年会。⑤

30 日：《申报》报道：中华医学会将于暑假期间，开办公共卫生班。内有公共卫生之重要及其范围，医学及公共卫生发达史，传染病之管理，生命统计，护士及儿童保护，学校及工业卫生，公共卫生行政等。研习人员之资格，限于医校毕业生及卫生行政机关服务人员。先生将任教员。⑥

是日：下午五时，中国航空协会征求基金在八仙桥青年会九楼作结束报告。吴铁城市长任主席，报告总成绩为 1 394 870 元 9 角 1 分 1 厘。已向美国订购鹰牌战机 18 架捐赠政府，已到一架，定 6 月 1 日，在江浔命名。望各队长队员踊跃参加，其余 17 架，将于 6、7、8 三个月中陆续运到，以缴清十万元以上之团

---

①《航空救国奖委员会办事处成立》，《申报》1933 年 5 月 20 日，第 11 版。
②《广慈医院二十五周银庆纪念》，《申报》1933 年 5 月 22 日，第 9 版。
③《慈幼协会陈铁生北上救灾》，《申报》1933 年 5 月 21 日，第 11 版。
④《青旸港河浜发现大批日本吸血虫，罗勃生博士函卫生局请注意》，《申报》1933 年 5 月 22 日，第 10 版。
⑤《民生改进社年会》，《申报》1933 年 5 月 29 日，第 9 版。
⑥《中华医学会开办公共卫生班》，《申报》1933 年 5 月 30 日，第 9 版。

体或机关个人名命之，其先后次序亦以缴款迟速为标准。先生第六次成绩：878元1角8分。募足或超过预定目的一万元以上成绩之队长，共20人。先生六次共募得12 010.73元，排第九位。①

6月1日：下午二时，上海市中国航空协会在江湾跑马厅举行上海市号飞机命名典礼。出席嘉宾有："中央代表中央银行总裁孔祥熙夫妇、军政部航空署长葛敬恩、市长吴铁城夫妇、保安处长杨虎夫妇、王正廷夫妇、戴戟代表警备司令部参谋长张襄、江海关监督唐海安、财政部秘书郭德华、公安局长文鸿恩、公用局长徐佩璜、卫生局长李廷安，沈德燮及各界领袖虞洽卿、史量才、王晓籁、林康侯、许世英等，及各界民众，各校学生等，共约五万余人。"②

按：本市中国航空协会，募集航空救国捐款，"在美国寇蒂斯飞机制造公司，购置鹰式驱逐机18架，业经运到一架，其余17架将于8月中旬前陆续运沪。昨日（6月1日）上午十时，由美国著名飞行家杜礼特少校驾驶该机，环市飞行一周，并散发传单标语，期促进市民之航空救国志趣。下午二时，在江湾跑马厅举行上海市号飞机命名典礼"③。

是日："上海市教育、卫生两局合办之第一次健康教育展览会，于昨日（按：6月1日）起在普益社及仓基小学两会场开始展览，并于上午十时在普益社举行开幕典礼。""参加代表：除会长吴铁城，副会长潘公展、李廷安，及全体健康教育委员外，到各机关代表有市党部曹沛滋、中山文化教育馆李大超、外交部驻沪办事处刘亿德、卫生署朱季青、海防检疫处伍连德、警备司令部徐义衡、公安局萧其雄、市政委员会潘鸿鼎、寰球学生会朱少屏、图书馆协会陆伯逵、新药公会孙筹成，暨各学校教职员学生五百余人。"④

潘公展（1895—1975）小传：浙江吴兴人。早年鼓吹反清，1912年考入上海圣约翰大学，响应五四运动，大学毕业后任职于《商报》，"1927年1月与陈布雷同往南昌拜见蒋介石……2月，与陈布雷一起正式加入了国民党"⑤。1926年6月上海市特别市政府成立，潘公展任农工商局局长，不久改名为社会局，

① 《本市航空征求总结束》，《申报》1933年6月1日，第13版。
② 《上海市号飞机昨日举行命名典礼》，《申报》1933年6月2日，第10版。
③ 《上海市号飞机昨日举行命名典礼》，《申报》1933年6月2日，第10版。
④ 《健康教育展览会昨日开幕》，《申报》1933年6月2日，第13版。
⑤ 金雄鹤编著：《国民党八十四位中常委实录·下》，北京：台海出版社，2013年，第85页。

潘公展任局长并兼任市政府秘书长，1932 年 8 月，任教育局局长。1935 年 11 月被选为中央执行委员。全面抗战期间先后任国民政府军事委员会参事室参事、湖南省政府秘书长、中央宣传部部长，兼《中央日报》总主笔，1942 年 11 月被选为中央执行委员会常务委员。抗战胜利后，任《申报》社长，1949 年逃到香港，次年到达美国，创办《华美日报》并任社长兼总编辑，1975 年 6 月 23 日病逝。

7 日：“江湾医院昨（按：6 月 7 日）晚假功德林，举行全体董事会议，并欢迎新任董事长颜福庆博士。到卫生局长李廷安，暨董事蔡香孙、朱子云、袁希济、张心良、桑荣庆、刁浩春、王恩广等二十余人。主席刁浩春，报告江湾医院历史甚详，院长王汉襄，申述江湾医院办理之困难，与希望各董事多多襄助，江湾贫病者幸甚。后李局长与颜博士演讲，深表同情。”①

9 日：先生参加市政府第 238 次市政会议，讨论事项有“续议淞沪抗日阵亡将士营葬委员会拟建公墓，请求补助案，议决，准予一次补助五千元”。“市立医院筹备委员会组织规则案，议决，修正通过。”②

17 日：下午二时，上海市天厨味精厂等发起组织本市工业安全协会在蒲柏路嵩山路吉益里 1 号中国工业化学研究所举行成立大会。吴利国代表先生参加，并致辞：“本人代表卫生局，对于贵局之成立，深为欣慰。本局嗣后对于工业卫生上之设备，及改善之计划，愿尽量效力。”③

18 日：下午二时，上海市牙医业公会假八仙桥青年会开成立大会，公推毛志祥主席。大会提出三点主张：①唤起社会民众注意口腔卫生。②设法增加牙医人才。③研究并发展中国牙医事业。先生受邀与会，并致辞。④

23 日：上午十时，先生参加市政会议。⑤

27 日：上海市卫生局、公共租界、法租界两卫生处及海港检疫处召开联席会议，分别进行防疫运动。下午三时，借北京路二号海港检疫管理处开宣传会议。先生与会并任主席。⑥

---

①《江湾医院董事会纪》，《申报》1933 年 6 月 8 日，第 12 版。

②《市政府市政会议第二三八次》，《申报》1933 年 6 月 17 日，第 13 版。

③《工业安全协会成立会》，《申报》1933 年 6 月 18 日，第 13 版。

④《牙医业公会成立大会》，《申报》1933 年 6 月 19 日，第 11 版。

⑤《市政会议》，《申报》1933 年 6 月 24 日，第 11 版。

⑥《华租当局防疫宣传会议》，《申报》1933 年 6 月 28 日，第 13 版。

按："本市市卫生局、公共租界、法租界两卫生处及海港检疫处，因沪埠人口稠密，每届夏令，辄有时疫发现，市民因之丧生者，不知凡几，故历年于夏令开始时，必召开联席会议，讨论防疫办法，及救济时疫，并组织宣传组，用各种方法，向市民宣传防疫运动等。今夏季又届，天气逐渐炎热，业于日前召开联席会议、分别进行防疫运动……出席者市卫生局长李廷安、京沪沪杭甬两路管理局卫生科长黄子方、海港检疫处伍连德，及两租界工部局卫生处代表等。由李局长主席，讨论宣传方法，以广告、图书、告白、口头等各方法，劝告市民勿饮生冷饮料、街头杂物等。"①

28日：上海市童子军理事会举行第四次理事会议，"聘请吴铁城、吴开先、戴戟、俞鸿钧、洪逵、吴醒亚、李廷安、李登辉、廖茂如、杜少文、陈鹤琴、郑通和、郑洪年、沈嗣良、徐佩璜、孙科、王伯群、黄伯樵、黄炎培、马超俊、程贻泽、姚麟书、刘鸿生、李启藩、王晓籁、沈同一、林康侯、徐玉成、王延松、乐秀荣、胡筠秋、俞元爵、史量才、沈叔逵、杜月笙、钱新之、陈学謦、朱少屏、王云五、黄金荣、徐通浩、蔡增基等，暨本会理事共52人为设计委员"②。

是日：下午三时半，先生参加国立上海医学院在海格路举行的第三届毕业典礼。③

按：参加毕业典礼的嘉宾有：教育部代表市教育局局长潘公展、卫生署署长刘瑞恒、市卫生局局长李廷安、海港检疫处处长伍连德、中国"红十字会"会长王培元、国立同济大学校长翁之龙、沪江大学校长刘湛恩、中山文化教育馆代表李大超，以及各界来宾、该院教职员学生等百余人。④

7月4日：《申报》报道：卫生署署长刘瑞恒曾于日前借海格路"红十字会"第一医院，召集全体卫生领袖开会，先生与公共租界工部局卫生处处长米尔登、法租界工部局卫生署署长拉波、海港检疫管理处处长伍连德、"红十字会"第一医院院长颜福庆、国联卫生部驻华代表鲍礼士出席。议决组织两委员会：一为免疫学研究委员会，专事探讨传染病之病源；一为宣传委员会，专事设法普及

① 《华租当局防疫宣传会议》，《申报》1933年6月28日，第13版。
② 《市童军理事会议记》，《申报》1933年6月29日，第14版。
③ 《各校行毕业礼》，《申报》1933年6月29日，第14版。
④ 《各校行毕业礼》，《申报》1933年6月29日，第14版。

民众卫生教育之发展。①

5 日：《申报》报道：上海市教育局定 7 月 8 日起，8 月 2 日止，借本市黄家阙路务本女子中学、蓬莱路西成小学，分别举办第三届暑期学校及第一届私立立案小学教师暑期讲习会，并请先生等讲演。

按：参加讲演者，还有蔡元培、罗家伦、王云五、吴开先、舒新城、吴醒亚、钱昌照、汤济沧、陈礼江、郑晓沧、周佛海、陈立夫、萧友梅、郭有守诸名人或专门学者。②

6 日：晚上七时，先生受青年普益社邀请，举行《夏令传染病预防法》演讲。③

先生介绍夏令最常见的三种胃肠系统传染病——霍乱、肠热病（伤寒）、痢疾的病菌、传入途径、症状及危害性，介绍了四种预防方法：不可喝生水、处置粪便、防蝇灭蝇、食前洗手。还有一件很便利的方法，霍乱与伤寒两病，都可以打预防针。

青年普益社简介：由中美两国基督教慈善家于 1915 年 4 月初创设于上海南市，“以提倡智、德、体三育为宗旨”④。“其宗旨、规模、办法与青年会大略相似。”⑤开展的工作主要有：组织英文商业夜校，设立图书馆、阅报室，组织演讲。专家演讲内容主要集中于提倡卫生、预防疫症、预防肺痨、禁烟宣传、商业常识、道德卫生、社交公益、体育演讲等。例如，1916 年 7 月 29 日聘请胡诒谷君演讲社会服务，称：“社会服务输入吾国不过数年，约分三类，为家庭、社会、国家。盖人有家庭之培植、有社会之陶铸、有国家之保护，乃克成立。”⑥

10 日：新任湖北省政府主席张岳军，定今晚晋京，转轮赴鄂履新。上海市商会、上海地方协会，于是日下午七时在静安寺路地方协会草场欢宴饯行。先生参加欢送宴会。⑦

按：参加欢送宴会的有：张岳军、王晓籁、史量才、吴铁城、杜月笙、朱

①《中央防御霍乱所公报第一次》，《申报》1933 年 7 月 4 日，第 14 版。
②《市教局暑校近讯》，《申报》1933 年 7 月 5 日，第 18 版。
③ 李廷安：《夏令传染病预防法》，《卫生杂志》1933 年第 8 期，第 23—24 页。
④《体育家演讲健康问题》，《申报》1915 年 8 月 16 日，第 10 版。
⑤《青年普益社之演讲会》，《申报》1915 年 8 月 23 日，第 10 版。
⑥《青年普益社演讲社会服务》，《申报》1916 年 7 月 31 日，第 10 版。
⑦《两团体饯别张群》，《申报》1933 年 7 月 11 日，第 14 版。

子桥、张啸林、俞鸿钧、李廷安、蔡增基、吴蕴斋、王延松、陆文韶、钱新之、穆藕初、文鸿恩、闻兰亭、徐佩璜、虞洽卿、叶家兴、陈蔗青、沈怡、陈光甫、潘公展、林康侯、陈松源、劳敬修、萧延芳、秦曙声等。[①]

11 日：先生参加市政府第 243 次市政会议。[②]

15 日：下午二时许，卫生局吴淞事务所在吴淞举行奠基礼，市长吴铁城主持一切。先生报告事务所筹备经过。[③]

按：市长吴铁城称："吴淞卫生事务所之设立实可谓为复兴吴淞之先兆。"参加人员有：市长吴铁城，秘书长俞鸿钧，秘书张廷荣、唐士煊，公用局长徐佩璜，公安局长文鸿恩，卫生局长李廷安，工务局长沈怡，土地局长金里仁（范永增代），实业部商标局长何焯贤等。公共租界及法租界卫生处亦派员到场参与。来宾方面有刘瑞恒、颜福庆、牛惠生等多人。[④]

18 日：《申报》报道：上海市教育局今年暑期举办第三届暑期学校，及第一届私立立案小学教师暑期讲习会，计自 7 月 10 日开学，迄今已有一周。先生受邀为暑期学校及讲习会演讲。[⑤]

19 日：《申报》报道：以国人患肺病者为数可惊，而社会方面对于预防治疗之宣传等，尚无一研究及指导之集会。因此，各界人士发起中国肺病学会。先生为发起人之一。[⑥]

中国肺病学会简介：鉴于国人患肺病者为数可惊，而社会方面对于预防治疗之宣传等，尚无一研究及指导之集会。因此，各界人士发起中国肺病学会。会址在上海大通路 379 至 380 号。发起人有中央委员吴稚晖、李石曾、蔡元培、张静江、戴季陶、叶楚伧、钮永建，监察院院长于右任、铁道部部长顾孟余、前实业部部长孔祥熙、行政院秘书长褚民谊、朱子桥将军、前铁道部部长叶恭绰、上海市市长吴铁城、卫生局局长李廷安、公安局局长文鸿恩以及海上闻人王晓籁、杜月笙、林康侯、王一亭等。[⑦]该会"以专门研究预防肺病及扑灭其病

①《两团体饯别张群》，《申报》1933 年 7 月 11 日，第 14 版。
②《市政府市政会议第二四三次》，《申报》1933 年 9 月 2 日，第 19 版。
③《市卫生局吴淞事务所昨日奠基，市长吴铁城亲临举行》，《申报》1933 年 7 月 16 日，第 14 版。
④《市卫生局吴淞事务所昨日奠基，市长吴铁城亲临举行》，《申报》1933 年 7 月 16 日，第 14 版。
⑤《潘局长勖勉暑校学员》，《申报》1933 年 7 月 18 日，第 16 版。
⑥《吴稚晖等创设中国肺病学会》，《申报》1933 年 7 月 19 日，第 13 版。
⑦《吴稚晖等创设中国肺病学会》，《申报》1933 年 7 月 19 日，第 13 版。

原菌之各种方法，维护社会全体康宁为宗旨”[①]。该会为普及肺病知识，对民众赠送《肺病疗养法》《肺病预防法》等。[②]

27日：《申报》报道：上海市沪西曹家渡一带，于日前发现虎列拉（霍乱）。“局长李廷安语新声社记者：卫生事业，初开办时，多数市民，皆未明了，而明了者占十分之三。后经市府与该局之努力宣传，故现在市民，大多数已明白卫生清洁之重要，因而本市卫生事业之进行，颇见顺利，逆料此种霍乱性疫症，决不致蔓延。”[③]

28日：先生参加市政府第242次市政会议。讨论事项：“卫生局请保留也是园及药珠宫屋地为筹设沪南区卫生事务所及免费诊疗所之用案，议决，交土地、卫生两局会商办法后，再行提会讨论。”[④]

8月3日：“工业安全协会于昨日（按：8月3日）下午三时，在该会所内，举行第三次理事会。出席者朱励公、方志澄、史久芸、苏公选、李新甫等，主席苏公选……李廷安先生来函，允为本会卫生专家顾问。”[⑤]

10日：“龙华淞沪警备司令部一·二八纪念堂于昨日上午十时，举行落成典礼。”“参加典礼者除淞沪警备司令部戴戟，参谋长张襄，暨全体官佐外，计到市长吴铁城，中央银行总裁孔祥熙代表吴光新，市政府秘书长俞鸿钧，市参事会参事虞洽卿、杜月笙，保安处长杨虎，公安局长文鸿恩，公用局长徐佩璜，工务局长沈怡，卫生局长李廷安，公安局督察长龚尔揆，市党部委员姜怀素，监察院委员高一涵，赈务委员会主席许世英，十九路军代表黄和春，八十八师代表叶飞，海军第一舰队司令陈季良等各界代表暨（及）各报社记者约六百余人。”[⑥]

13日：寰球中国学生会、上海市教育局及《申报》等32文化团体所筹备之本届欢送出洋学生会，于下午四时，在霞飞路1881号市政府花园举行。市长吴铁城、中央银行总裁孔祥熙、市商会主席王晓籁、各国驻沪领事、各大学校长

---

①《杂闻》，《申报》1933年8月18日，第14版。

②《杂闻》，《申报》1933年8月18日，第14版。

③《曹家渡发见（现）急性霍乱时疫》，《申报》1933年7月27日，第13版。

④《市政府市政会议第二四二次》，《申报》1933年8月12日，第11版。

⑤《工业安全协会昨开第三次理事会》，《申报》1933年8月4日，第13版。

⑥《警备部昨日举行一·二八纪念堂落成典礼》，《申报》1933年8月11日，第11版。

等三百余人参加欢送，先生与会。[①]

寰球中国学会简介：1905 年，由李登辉、颜惠庆、王正廷等在上海创办，李登辉任会长。寰球中国学会在各国主要城市设有联络处，出版中英文合编的《寰球中国学生会月刊》，旨在为海内外中国青年服务，辅导留学生，主要工作有“代办出国及入境护照，指点报考的手续等”，“办理文教界和青年界福利事业，随时与国外侨胞通音讯，征集各国科技资料，并举办讲座，聘请名人学者演讲”，“附设日夜班辅习学校，职业介绍部，文娱活动室和图书馆等等”。[②]1934 年李廷安为《寰球中国学生会特刊》题词：“以文会友，以友辅仁。”[③]

李登辉（1873—1947）小传：祖籍厦门同安，生于爪哇，1887 年毕业于耶鲁大学，1905 年回国，与颜惠庆、王正廷等在上海创办“寰球中国学会”并任会长，又担任复旦公学总教习（教务长），1913 年任复旦监督（校长），主持复旦，直到抗战胜利。李登辉矢志教育，拒不从政。“武汉军政府都督黎元洪邀他为外交部长，他以‘不会做官’而婉拒之。”“国民党政府一再邀他为立法委员，他始终不就。”[④]李登辉在复旦的办学方针有四：“第一点，为培养民治的能力，注重学生自治，反对封建专制；第二点，为复兴祖国民族，重视世界大势，提倡体育军训；第三点，为培植科教技术人才，以中学为体，西学为用，展开学术研究；第四点，为改革社会，须从个人做起，必须提倡德育，即人格教育。”[⑤]李登辉生活俭朴，不置产业，“他穿的衣服，大半还是二十年的旧东西，衬衫上满是补丁……每月节余的钱，捐给孤儿院等慈善事业了”[⑥]。

---

① 《三十二团体欢送出洋学生》，《申报》1933 年 8 月 14 日，第 14 版。

② 朱仲华、陈于德：《复旦校长李登辉事迹述要》，中国人民政治协商会议全国委员会文史资料研究委员会编：《文史资料选辑》（第 97 辑），北京：文史资料出版社，1985 年，第 129—149 页。

③ 李廷安：《以文会友，以友辅仁》，《寰球中国学生会特刊》1934 年 8 月，第 28 页。

④ 朱仲华、陈于德：《复旦校长李登辉事迹述要》，中国人民政治协商会议全国委员会文史资料研究委员会编：《文史资料选辑》（第 97 辑），北京：文史资料出版社，1985 年，第 129—149 页。

⑤ 朱仲华、陈于德：《复旦校长李登辉事迹述要》，中国人民政治协商会议全国委员会文史资料研究委员会编：《文史资料选辑》（第 97 辑），北京：文史资料出版社，1985 年，第 129—149 页。

⑥ 朱仲华、陈于德：《复旦校长李登辉事迹述要》，中国人民政治协商会议全国委员会文史资料研究委员会编：《文史资料选辑》（第 97 辑），北京：文史资料出版社，1985 年，第 129—149 页。

18日：《申报》报道："肺会学会赠《肺病预防法》，本埠大通路379至380号中国肺病学会为中委吴稚晖、上海市市长吴铁城、卫生局局长李廷安等所发起，以专门研究预防肺病及扑灭其病原菌之各种方法，维护社会全体康宁为宗旨。成立以来，入会者颇为踊跃。近该会以我国肺病患者虽多，而具有肺病知识者尚少，欲使公众防患未然，挽救既病，必须先行普及肺病知识，而后关于肺病之一切设施，方易推行。故决定于短时期内，努力编印各种肺病书，广布全国。其已出版者，有《肺病疗养法》，今继续出版《肺病预防法》，每种索阅附邮三分，诚社会康宁之共同福音也。"①

24日：中华慈幼协会，前以华北战区难民众多，其中妇孺受创最深，该会推举先生与赵晋卿、朱立德等成立救济委员会，选派代表陈铁生驰往战区实地救济。是日，中华慈幼协会救济委员会接陈铁生代表自遵化来电报告："所见所闻、悲惨万状，房屋尽毁，人畜全毙，幸而逃生者，多绝食待毙，立需急赈。"②

按：1933年，日军侵犯热河、察哈尔。由于华北战区难民众多，其中妇孺受创最深。中华慈幼协会"推赵晋卿、李廷安、朱立德等，成立救济委员会，选派代表陈铁生驰往战区实地救济"③。陈铁生在华北沿线救济难民，并将救济情况与所见所闻报告中华慈幼协会。

29日：先生次子宝健生于上海（图5.1、图5.2）。

图5.1　1933年，李夫人抱着宝健（李宝健教授提供并解释）

①《杂闻》，《申报》1933年8月18日，第14版。

②《陈铁生电告战区灾况》，《申报》1933年8月25日，第12版。

③《陈铁生电告战区灾况》，《申报》1933年8月25日，第12版。

图 5.2 李夫人王淑贤（李宝健教授提供并解释）

30 日：午后五时许，吴铁城市长在霞飞路 1881 号市府花园举行茶会，欢迎宋（子文）财长欧游归来，并邀各国外交官及各界领袖作陪。“宾客方面参加者，除宋财长及宋夫人张乐怡女士外，尚有外宾苏联驻华大使鲍格莫洛夫，日本公使有吉明，古巴公使马泰，捷克代办费休，比国公使纪佑穆，波兰公使魏登涛，瑞士代办安福素，智利代办宝希纳，美总领事克银汉，法总领事梅礼霭，英总领事台维荪，德总领事白仁德，日总领事石射猪太郎，总税务司梅乐和，公共租界工部局总董贝尔，总裁费信惇，总办琼斯，法工部局总巡泰勃，日本驻沪陆战队司令杉坂，及各国商务参赞、商会会长、军舰舰长。华宾卫生署署长刘瑞恒，江海关监督唐海安，市府秘书长俞鸿钧，淞沪警备司令部代理司令张襄，前外次刘崇杰，教育局长潘公展，工务局长沈怡，公用局长徐佩璜，卫生局长李廷安，地方法院院长沈锡庆，第二特区法院院长应时，关务署长沈叔玉，国货银行总理宋子良，及虞洽卿、王晓籁、钱新之、林康侯、刘鸿生、赵晋卿、郑莱、陈行、许建屏、徐新六、胡筠庄、杜月笙、黄金荣、张啸林、荣宗敬、沈能毅、叶琢堂、郭顺、林我将、赵铁章，暨各报社记者，总计约有六百余人。”①

31 日：中华慈幼协会于下午五时在博物院路会所中山厅举行半年大会，由孔祥熙主席。“出席者计有中央银行总裁孔祥熙，市长吴铁城，卫生局长李廷安，公安局长文鸿恩，市政府情报处长张廷荣，市党部代表毛霞轩，五区区长靳巩，张之江、吴醒亚、王晓籁、林康侯、吴维德、孙瑞璜、黎照寰、赵晋卿、高凤池、钱振亚、郇志坚、王完白、吴利国、陈荆生、潘石麟、华静贞夫人、丁淑

① 《昨日两大盛会·市长茶会》，《申报》1933 年 8 月 31 日，第 12 版。

静女士、刘王立明女士、李冠芳女士、刘瑾芳女士、华美杰女士、王爱田女士、王宝珠女士、许建屏、王贯一、陈征帆、张月如、赵蔚天、丁秉南、顾云樵、丁治修、黄振镛等二百余人。”通过提案：创办闸北慈幼卫生区，并公推先生等九人为筹备上海闸北慈幼卫生区之委员，指定先生为召集人。①

按：中央银行总裁孔祥熙、市长吴铁城、卫生局局长李廷安、公安局局长文鸿恩等二百余人出席了中华慈幼协会半年大会，孔祥熙主席汇报中华慈幼协会工作。吴铁城致辞：“慈幼事业为救国之基本工作，为复兴民族之续命汤。今日之中国，必须生聚教训，卧薪尝胆，然后始能臻于富强。以吾中华民族过去之伟大历史观之，如全国人民都能认识慈幼之重要，并一致努力，训练今日之儿童，为他年健全之国民，则民族之光大复兴，可立而待，甚望慈幼协会永持此旨，勉力做去，则中华民国之前途，与慈幼协会之前途，均属不可限量。”大会通过“创办闸北慈幼卫生区”议案，“公推王晓籁、林康侯、李廷安、吴维德、赵晋卿、黎照寰、刘王立明、王完白、高凤池等九人为筹备上海闸北慈幼卫生区之委员，指定李廷安为召集人”②。

9月1日：中华医学会主办之公共卫生班，于7月15日开始授课，是日结束。先生等授《公共卫生行政》，培训班结束后，先生致辞。③

按：中华医学会主办之公共卫生班，于7月15日开始授课。各科教授，如张维授公共卫生之重要及其范围，伍连德授医学及公共卫生发达史，江世澄授环境卫生，赖斗岩授传染病之管理，陶炽荪、朱席儒授生命统计，张维、张志圣授护士及儿童保护，张志圣、张维、孙家齐授学校卫生，李宣果授工业卫生，吴利国授卫生教育，林国镐授营养学，吴兴业授健康保险，颜福庆授医学社会化，李廷安、赵蟾授公共卫生行政，徐蔼诸授公共卫生访视。所授课程昨日始告结束。由该班研习员筵宴各教授，并由现任江西民政厅卫生科科长李树华主席，大意谓贵会于此溽暑炎热中开办公共卫生班，其提倡热忱，至所钦佩。同人等此后应以此番所学去各处努力卫生工作，继由牛会长，朱总秘书，李卫生局长致辞毕，遂尽欢而散。④

①《中华慈幼协会大会》，《申报》1933年9月1日，第21—22版。
②《中华慈幼协会大会》，《申报》1933年9月1日，第21—22版。
③《中华医学会公共卫生班昨日结束》，《申报》1933年9月2日，第18版。
④《中华医学会公共卫生班昨日结束》，《申报》1933年9月2日，第18版。

3 日：下午六时，中国教育电影协会上海分会召集第二次执监联席会议，函请先生等为本分会名誉会员。①

按：中国教育电影协会上海分会名誉会员有：吴铁城、孔祥熙、钱新之、俞鸿钧、王晓籁、童行白、吴醒亚、虞洽聊、潘仰尧、黄金荣、杜月笙、张啸林、林康侯、袁履登、荣家敬、陈光甫、杨敦甫、文鸿恩、李廷安、冯耿光、柳亚子、吴蕴初、刘鸿生、胡文虎、胡文豹、胡桂庚、蔡增基、贝淞荪、唐寿民、胡孟嘉、陶嘉瑶、朱博泉、汪伯奇、温宗尧、赵晋卿、秦润卿先生等。②

6 日：晚七时，由上海市政府秘书长俞鸿钧代表市长吴铁城在法租界霞飞路市政府招待处为孙桐岗、王祖文设宴洗尘，并邀各界名人作陪。先生受邀出席。

孙桐岗（1908—1991）小传："单机飞越欧亚两洲的第一人"③，河北交河人，民国二十二年（1933 年）由国府派送德国留学。先后在德国航空学校滑行飞机部、国立交通航空学校学习，1933 年暑假毕业，作欧亚长途飞行，俟完成全国环飞后，即拟赴德研习飞机制造。孙氏自德国飞回，为国增光。今又作全国飞行之壮举，提倡航空救国。④

8 日：上海市儿童幸福委员会于下午二时借市政府大礼堂举行成立大会。先生任大会主席，并代表市长吴铁城做报告："略谓本会成立目的，为促进社会重视儿童地位，发展儿童事业，以谋全市儿童之幸福。中国儿童历来处于恶劣环境中，地位非常凄惨，如强迫儿童作（做）工，不注意儿童卫生，及贩卖虐待等残害儿童之事实，所在皆是。致婴儿死亡率，一千人中每年占三十人之多，大过欧美三倍。须知今日之儿童为将来国家之主人翁，在儿童发育时代受了摧残，将来即不能为健全国民，影响国家前途，实为至大。故本会成立后，本会同仁即应切实做去，负此保障儿童幸福之责任。"先生当选为常委，并任儿童健康部主任。⑤

上海市儿童幸福委员会简介：1933 年 4 月 4 日举行儿童节时，上海市教育局、卫生局、社会局、公安局等联合举行庆祝，感到儿童事业之发展，不是儿

① 《教影协会沪分会第二次执监联席会议》，《申报》1933 年 9 月 4 日，第 14 版。
② 《教影协会沪分会第二次执监联席会议》，《申报》1933 年 9 月 4 日，第 14 版。
③ 邱进：《单机飞越欧亚两洲的第一人》，《民国春秋》1997 年第 4 期，第 49—50 页。
④ 《环飞全国壮举·市府欢宴》，《申报》1933 年 9 月 7 日，第 13 版。
⑤ 《本市儿童幸福会成立》，《申报》1933 年 9 月 9 日，第 20 版。

童节日举行纪念所可办到。必须有永久之机关始能逐渐谋儿童之幸福。于是由教育、社会、卫生、公安四局共同负责筹备组织本市儿童幸福委员会。拟订简则于 5 月中呈准市府备案。并在 6 月中，鉴于一般工厂中劳动工人对于儿童抚养之困难，于是发起组织托儿事业委员会，筹办托儿所。①该会设会长一人，常务委员会主席一人，常务委员六人，干事一人，并设儿童保障部、儿童健康部、儿童研究部、儿童事业部等，每部设主任一人，委员若干人。会长吴铁城，常务委员会主席潘公展，常务委员李廷安、陈鹤琴、胡叔异、王贯一、刘王立明、赵增祺。儿童保障部专司保障儿童之生命及权益，禁止虐待、遗弃及一切营救事宜；儿童健康部办理儿童之卫生及营养事宜；儿童研究部办理设计及儿童心理测验及一切调查统计事宜；儿童事业部兴办托儿所、教养院等事业。该会为上海市谋儿童幸福之永久机关，拟募集捐款，自建会所。目前暂借西门大吉路市教育局为会址。通信处为山东路 205 号。②

18 日：中华慈幼协会于 12 时假银行公会开执委会议，主席孔祥熙。先生出席，并报告闸北慈幼卫生区筹备经过。③

是日：第三届上海全市运动会开幕，先生任名誉指导。④

23 日：工业安全协会下午七时在汉口路益友社欢宴各专家顾问及新会员。先生作为工厂卫生专家被聘为顾问，并就“工厂卫生和工人健康的关系”发表演说：“工厂卫生和工人健康的关系，工人健康和工厂生产，也是有极密切的关系。我国厂主往往不顾到工人的健康，以致妨害生产。前几年北平地毯工厂的厂主来问我，我们厂里的童工，为什么不大起来，做事也没有劲，后来研究的结果，是工人缺少维他命（维生素），以致患眼疾，后来设法改良。两星期后大见功效，到现在已经没有这种现象。近来我国厂主，往往请一位厂医，每日来厂诊病一二小时，有时又请几位护士，当时我问他们所做的工作，只是做几种治标的看病工作，而对于根本的预防工作，毫不注意，这是大错误。我们提倡工厂卫生，乃是要做根本的工作，这种根本工作，就是设法预防，和注意工人的营养。至于工厂卫生的进行工作，希望政府与贵会合作，将来共同组织委员

---

①《本市儿童幸福会成立》，《申报》1933 年 9 月 9 日，第 20 版。

②《本市儿童幸福会工作近况》，《申报》1933 年 10 月 27 日，第 14 版。

③《慈幼协会昨开执委会》，《申报》1933 年 9 月 19 日，第 12 版。

④《上海全市运动会》，《申报》1933 年 9 月 21 日，第 13 版。

会，商议一切应办工作。”[①]

24日：上海市第一特区市民联合会及中华国货厂商联合会主办之上海市国货运动展览会，上午十时，特召集审评委员会，卫生局沈诰科长代先生出席。[②]

10月1日：上午十时，国货运动展览大会在小西门蓬莱市场该会大礼堂举行第二次审评委员会议，“到会审委有：吴铁城（郭乐代）、潘公展（潘大波代）、文鸿恩（李泽民代）、李廷安（沈诒代，按恐为‘沈诰’）、王延松、王汉良、张一尘、胡凤翔、方剑阁、徐缄若、张德斋、邵达人、徐赓华、刘仲英、陈蔚文、许云辉等二十余人”。“推定潘公展、文鸿恩、王延松、王晓籁、陆文韶、陈炳辉、许云辉、陈蔚文、计健南、余华龙等七人为服用品、日用品、皮件品负责审查人。李廷安、江世澄、周定一、沈成权、沈诒、何炳贤、胡凤翔、张一尘、徐缄若、方液仙等为医学化学用品、化妆品、食品等负责审查人。潘公展、王汉良、方剑阁、张德斋、陈济成、成爕春等为教育用具、美术品等负责审查人。”[③]

2日：“国联特派技术合作联络专员拉西曼博士偕秘书等乘意邮船康脱卢梭轮来沪。于昨午（按：10月2日）抵埠。”“外部情报司长李迪俊、外部办事处长余铭、国联代表马来博士，及波兰公使馆随员威尔斯等数人均往码头欢迎。江海关监督唐海安、全国经济会秘书长秦汾、市卫生局长李廷安，及沪江大学校长刘湛恩，亦另乘海港检疫所小火轮，前往轮次欢迎。”[④]

按：拉西曼博士为波兰籍，系国联卫生部长，数年前曾应聘来华，指导卫生建设事宜。1932年回欧报告，1933年夏宋子文财长抵日内瓦后，国联遂决定派其为驻华技术合作联络专员。[⑤]

是日：上午十时，上海市市长吴铁城赴龙华警备司令部，就兼代司令职。“市长因事前通知不举行就职典礼，故参加者全系市政府同人，计到有市府秘书长俞鸿钧、社会局长吴醒亚、公安局长文鸿恩、教育局长潘公展、公用局长徐佩璜、财政局长蔡增基、土地局长金里仁、工务局长沈怡、卫生局长李廷安、保

①《工业安全协会制定安全计划九项》，《申报》1933年9月25日，第10版。
②《国货运动展览会昨召集审评委员会》，《申报》1933年9月25日，第11版。
③《国货展览大会昨开二次出品审查会》，《申报》1933年10月2日，第12版。
④《国联技术联络员拉西曼博士昨午莅沪》，《申报》1933年10月3日，第11版。
⑤《国联技术联络员拉西曼博士昨午莅沪》，《申报》1933年10月3日，第11版。

安处长杨虎及市公安局各区中区长等五十余人。”[①]

3日：先生参加市政府第246次市政会议。[②]

4日：先生在东南医学院对学生作《公共卫生与国难》演讲，陈生白记录演讲内容，整理后发表于《医药评论》，先生以为要救中国，先要观察到中国所以积弱的原因和弱点，即贫、愚、病、私。救贫是民生问题，救愚是教育问题，救私是道德训导和法制管理问题，三者非本题所及。先生首先阐述疾病与国家的关系：在中国，因疾病而死亡的，大约每年每千人中死30人。我们拿欧美和日本的死亡率之平均数为标准率，大约每年每千人中死的为15人。试将中国的死亡率，与各国死亡率相比较，我们可以知道我国每年每千人中以防病与治病之未周而冤死的有15人。现姑以我国之人口为四万万计，那我们可以得到结论（甲）我国每年冤死有六百万人！其他不致伤命的疾病，以我们的统计，大约为病死者的50倍。即病死者仅占整个病人数中之五十分之一。那么，我们又可以得到结论（乙）冤病者有三万万人！由疾病更联想到增加无限的痛苦，与无限之经济损失，我们“以死者平均年龄为15岁计，以每人每年之衣食住费为百二十元计，那么这15年的生活费，每人须1800元。而六百万死者所消费的，又是一个极大的数目……其他如以疾病而费的医药资，与调养所费的金钱，暨完全梦想之迷信的治疗费，倘使精密地来计算，又是一个极大的数目。疾病与国家的关系，岂不至重且大！”

鉴于疾病与国家的关系巨大，先生认为可以用“卫生的保障与医药的设备”来补救。“所谓卫生的保障者，最主要当推防病，防病是比治病要高妙得多。”关于“医药设备”，先生认为包括三方面：一是“医药社会化：这是说医药是要普及，要分散。一般医师，只顾自己拿钱，拼命往城市里跑，想享乐，不耐劳苦，只顾个人，不顾众人，以致占了吾国80%的农人，未病而不知防，已病而无以治”。二是治疗须与预防并重。三是“国家整个的计划：如国置部署，省置局，县置处，乡置所，为卫生的指导，做防病和治疗的工作，通盘筹划”。

最后，先生对上海东南医学院学生说：“诸位！请诸位记着国难！同时不要忘掉公共卫生！不要忘掉自己的责任，去干公共卫生事业！”[③]

---

①《吴市长昨就警备司令兼职》，《申报》1933年10月3日，第11版。

②《市政府市政会议第二四六次》，《申报》1933年10月29日，第12版。

③ 李廷安演讲，陈生白录：《公共卫生与国难》，《医药评论》1933年第107期，第49—51页。

按：王铭鼎亦记录先生的演讲，将记录内容以《公共卫生与国难》为题，于 1933 年和 1934 年分别发表于《东南医刊》[①]与《文艺的医学》[②]。这两篇文章内容完全相同，与陈生白记录的内容也大体相同。

东南医学院简介：安徽医科大学前身，由留学日本的医学生于 1926 年 5 月 29 日创立于上海，郭琦元为第一任校长。学制六年，使用汉语、德语、日语、拉丁语教学，1932 年有学生 437 人，教师 23 人，病床 120 张，每年学费与用费，分别为 112 元与 500 元。[③]

5 日：国货展览运动大会上午十时召开第三次审评会议，审评各厂出品。“到会审委计有：文鸿恩（李泽民代）、李廷安（沈怡代，恐为‘沈诰’）、王延松、王汉良、沈田莘、胡凤翔、张一尘、徐缄若、陈炳辉、西胡园、邵达人、陈济成、王剑锷、陈蔚文、沈仲谋、周定一、江世澄、张德斋、徐赓华、金鉴清、刘仲英、郑东山等二十余人。”“根据第二次审查委员会决议。分四组审查：（一）丝棉毛织针织品，由王延松、文鸿恩、邵达人、沈田莘、王剑锷等分别审查，由平步青纪录（记录）。（二）服用品日用品皮件品等。由徐佩璜、陈炳辉、陈蔚文、许云辉等分别审查，由周兆麟纪录（记录）。（三）医学化学用品化装（妆）品食品等，由李廷安、江世澄、沈成权、周定一、何炳贤、王汉良、胡凤翔、张一尘、徐缄若等分别审查，由赵子云纪录（记录）。（四）教育用品美术品等，由潘公展、张德斋、陈济成、胡西园、沈仲谋等分别审查，由郑东山纪录（记录）。”[④]

是日：市长吴铁城前因汽车撞路旁电杆致腰部受伤，虽经布美医师疗治，仍觉腰部疼痛，故仍未到市府办公，先生于早晨往市府招待所探望吴市长时代为诊治。[⑤]

按：市长吴铁城，于本月三日午时，访晤俄国领事后，突在归途中，因汽车避让女孩，以致车撞电杆，腰部受伤。[⑥]经先生会同牛惠生、布美两医生连日

① 李廷安讲，王铭鼎录：《公共卫生与国难》，《东南医刊》1933 年第 4 期，第 77—81 页。

② 李廷安讲，王铭鼎录：《公共卫生与国难》，《文艺的医学》1934 年第 1 期，第 76—80 页。

③ 李涛：《民国二十一年度医学教育》，《中华医学杂志》1933 年第 5 期，第 681—700 页。

④《国展会出品审评告竣》，《申报》1933 年 10 月 6 日，第 10 版。

⑤《吴市长尚未全愈》，《申报》1933 年 10 月 6 日，第 13 版。

⑥《吴市长伤已愈》，《申报》1933 年 10 月 10 日，第 25 版。

诊治，并用电气治疗，业已稍痊，即日照常治事。[①]

12日：先生出席市政府第246次市政会议。[②]

17日：中华慈幼协会在银行公会召开执行委员会，先生与会。执行委员会讨论呈请国民政府定明年为儿童年等事项。[③]

按：参加本次执行委员会的有：孔祥熙、罗运炎、李廷安、朱立德、陈鹤琴、丁淑静、林康侯、费吴生、赵晋卿、许建屏。[④]

21日：上海市市长吴铁城等发起组织中国预防痨病协会，下午四时，在霞飞路1881号市府招待处开成立大会，由吴铁城主席报告组织协会意义及目的，通过章程，推选职员及理监事常务理事。"理事长牛惠生，常务理事李廷安、颜福庆、伍连德、翁之龙、朱恒璧、布美、萧智吉夫人、刘吉生夫人、吴铁城、Dr. J. A. Snell。""监事：王晓籁、徐新六、杜月笙、陆伯鸿、丁福保、史量才、褚民谊、庞京周、蔡香荪、孔庸之夫人、梁小初。"[⑤]

中国预防痨病协会简介：民国二十一年（1932年）春，上海公共卫生学会议决组织预防痨病协会，当时推伍连德、布美两博士及李廷安为筹备委员，从事起草，所拟草案，经公共卫生会委员颜福庆、朱恒璧、牛惠生、张维、吴利国、李宣果、李大超诸君等讨论通过。上海市市长吴铁城于1932年10月21日，邀集医学及卫生各界之领袖并社会知名之士，在霞飞路1881号开本会成立大会。"阐述成立本会之宗旨，及痨病祸人之可畏，与我国亟应提倡预防之必要，由到会诸公通过本会章程21条，选举理事55人，常务理事11人，监事11人，并公推牛惠生博士为本会理事长。"[⑥]李廷安曾短期代理中国预防痨病协会理事长。据颜福庆回忆：中国预防痨病协会成立后，推吴铁城为名誉会长，牛惠生为理事长，李廷安为副理事长，颜福庆、翁之龙、布美等为常务理事。民国二十三年（1934年），牛惠生因病请假，理事长一席，由副理事长李廷安依法兼代，二十四年理事长牛惠生迭请辞职，乃于是年9月中第五次常务理事会议席上照准，推陆伯鸿为理事长。[⑦]

①《吴市长伤稍痊，即日照常治事》，《申报》1933年10月7日，第12版。

②《市政府市政会议》，《申报》1933年10月29日，第12版。

③《中华慈幼协会请政府定明岁为儿童年》，《申报》1933年10月18日，第20版。

④《中华慈幼协会请政府定明岁为儿童年》，《申报》1933年10月18日，第20版。

⑤《中国预防痨病协会成立》，《申报》1933年10月24日，第9版。

⑥ 李廷安：《防痨运动声中"中国预防痨病协会"成立概要》，《社会医报》1934年第208期，第4667—4670页。

⑦《中国防痨协会三年来工作概况及今后计划》，《申报》1936年11月17日，第15版。

23日:《申报》报道：道路协会征求会员，吴铁城担任该会副会长和上海队总队长，先生任上海队分队长。[①]

是日：下午二时，上海医事事业董事会在江湾叶园举行成立会，“其目的为全市医药设备之居中策应机关。第一步先行筹设私立澄衷、中山两医院”。先生被推举为董事。[②]

按：上海市华洋杂处，人口繁盛，易滋疾病，而疗养方面，尚少正式之大规模医院，以三百万市民，而病床统计，不到五千架，医药上之需要，可以想见。本市各界领袖有鉴于此，爰发起上海医事事业董事会，其目的为全市医药设备之居中策应机关。第一步先行筹设私立澄衷、中山两医院，该项董事会，现已正式成立，于1933年10月23日下午二时，在江湾叶园举行成立会，推定董事孔祥熙、刘鸿生、郭顺、闻兰亭、钱新之、黎照寰、颜福庆、宋子良、任鸿隽任期三年。史量才、丁贵堂、张继光、赵晋卿、刘瑞恒、叶子衡、杜月笙、孙科、杭立武任期一年。孙衡甫、褚民谊、吴铁城、林康侯、叶鸿英、李铭、陈光甫、李廷安、徐新六任期一年，共计27人。其任期抽签决定，并推举职员及常务委员 7 人。董事长孔祥熙，书记叶子衡，会计钱新之，常务委员孙科、刘鸿生、史量才、林康侯。聘定颜福庆为总干事，讨论澄衷及中山两医院之进行事宜。[③]

27日：先生参加本市政府举行的第247次市政会议。[④]

28日：上海市儿童幸福委员会于上午十二时在香港路银行俱乐部宴请各界领袖，并举行第二次常务委员会议，讨论筹设托儿所等重要案件。卫生局吴利国科长代先生出席。[⑤]

按：上海市儿童幸福委员会“为谋辅助家庭教育，减轻家庭负担，养护清寒子女起见，拟筹设托儿所，其性质分普通、劳动、流浪三种。在最短期间拟先完成三所，其开办费预算每所约计三千元，此事尚请热心社会事业各界人士

---

① 《吴铁城热心全国道路》，《申报》1933年10月23日，第9版。
② 《上海医事事业董事会成立会》，《申报》1933年10月24日，第10版。
③ 《上海医事事业董事会成立会》，《申报》1933年10月24日，第10版。
④ 《市政府市政会议》，《申报》1933年11月14日，第8版。
⑤ 《本市儿童幸福会筹设托儿所》，《申报》1933年10月29日，第16版。

极力赞助”①。

29日：上海市卫生局市南诊疗所，地址在南市蓬莱路，正式开幕。但不举行仪式，仅招待各界参观。先生等略备茶点，招待来宾百余人。②

上海市卫生局市南诊疗所简介：上海市卫生局市南诊疗所，地址在南市蓬莱路，1933年9月20日成立后，先办门诊部，每日门诊达一百六十余号，市民都称便利。10月29日正式开幕，但不举行仪式，仅招待各界参观。先后到公安局长文鸿恩、公共租界工部局卫生局道洛阿罗等百余人。由局长李廷安，主任俞佑世，医师胡广生等分别招待，略备茶点。该所房屋计七幢，设内科室、外科室、人工太阳灯室、开刀室、花柳科室、鼻眼耳喉科室、物理治疗室、割症室，药房间主任一人、医师一人、护士四人、配药一人、事务员一人，每月经费为一千元。一切诊疗完全免费。门诊部时间：上午九时至十二时，下午一时至五时。新声社记者昨往参观时，晤卫生局第一科长，据称卫生局原定计划，全市15区，每区设一卫生事务所，办理各项卫生设施、检验、防疫、诊疗、学校卫生等。今因经费关系，仅吴淞、高桥、江湾等三处已成立。闸北、南市设诊疗所，诊疗所为事务所所属之一部，俟经费有办法，即行设法成立。③

11月2日：先生受市教育局之聘请，是日下午三时半在务本女中大礼堂为上海市市立、私立中小学有关公民训练教职员，举行《公民卫生》讲座。④

5日：《申报》报道：第五届上海全市小学运动会于九日起举行三日。先生任名誉指导。⑤

10日：上海市第四届菊花展览会假南京路大陆商场举行，各界名流捐赠精美奖品。先生捐资购买镜框，以示赞助菊会、提倡艺术。⑥

是日：晚七时，海港检疫处在东亚酒楼举行第四周年宴。受邀出席者有“卫生署长刘瑞恒，招商局总理刘鸿生，市商会长王晓籁，袁礼敦、李廷安、董显光及各国使领馆代表等百余人”⑦。

---

①《本市儿童幸福会筹设托儿所》，《申报》1933年10月29日，第16版。

②《卫生局市南诊疗所昨开幕》，《申报》1933年10月30日，第12版。

③《卫生局市南诊疗所昨开幕》，《申报》1933年10月30日，第12版。

④《市教育局明日公民演讲》，《申报》1933年11月1日，第17版。

⑤《小学联合运动会职员评判发表》，《申报》1933年11月5日，第15版。

⑥《本市菊展开幕》，《申报》1933年11月10日，第12版。

⑦《海港检疫处昨晚四周年宴》，《申报》1933年11月11日，第11版。

是日：先生参加市政府第 248 次市政会议。[①]

13 日：中华麻风救济会联合内政部卫生署、上海市卫生局、同济医学院、上海医学院、中华职业教育社等团体组织中华麻风疗养院筹备委员会，下午五时，借银行公会举行第一次会议，公举颜福庆为主席，尤济华代先生出席。[②]

21 日：《申报》报道：中华麻风救济会规定每间隔二年举行全国铲除麻风论文竞赛一次，本届征文除中等以上学生外，其他各界人士一律欢迎。收稿日期，自即日起，至明年四月底止。“所有各界投寄之稿，业已聘定上海市卫生局局长李廷安博士、中华医学会总干事朱恒璧博士、华年周刊主笔潘光旦博士，三先生评判。”“备有现金，赠与（予）最优先之五名，计第一名 50 元，第二名 30 元，第三名 15 元，第四名十元，第五名五元，五名以下者，来稿如经录用，赠送《麻疯季刊》全年一份。”[③]

12 月 1 日：先生参加上海市政府第 249 次市政会议。[④]

4 日：大夏大学为提倡健康教育、准备实施中小学卫生新课程起见，特于该校教育学院开设《卫生教育》课程。该项课程学理与实习并重，并请专家担任指导。大夏大学请先生演讲《青年卫生》。“李氏研究学校卫生，已逾十稔（按：年），京、平、沪卫生教育，多赖李氏倡导。”[⑤]

大夏大学简介：大夏大学创立于 1924 年，“大夏大学的创建同早年的厦门大学学潮有不可分割的联系”[⑥]。因厦门大学学潮，三百多位教授与同学集体离开厦门大学，并组织代表团到上海请求前厦门大学教授王毓祥、傅式说、余泽兰等，为他们筹设新校。在王毓祥等人帮助下，组建临时筹备处，初名“大厦大学”，后改为“大夏大学”，“以志校史系由‘厦大’嬗蜕而来，并寓光大华夏之意，是为大夏大学创业之始”[⑦]。在建校时期，提出三个口号：一是“三苦精

① 《市政府市政会议第二四八次》，《申报》1933 年 12 月 2 日，第 13 版。

② 《中华麻疯疗养院之进行》，《申报》1933 年 11 月 14 日，第 10 版。

③ 《中华麻疯救济会征文》，《申报》1933 年 11 月 21 日，第 10 版。

④ 《市政府市政会议第二四九次》，《申报》1933 年 12 月 20 日，第 10 版。

⑤ 《大夏请李廷安讲演》，《申报》1933 年 12 月 3 日，第 18 版。

⑥ 欧元怀：《大夏大学校史纪要》，中国人民政治协商会议上海市委员会文史资料工作委员会编：《上海文史资料选辑》第 59 辑《解放前上海的学校》，上海：上海人民出版社，1988 年，第 143—158 页。

⑦ 欧元怀：《大夏大学校史纪要》，中国人民政治协商会议上海市委员会文史资料工作委员会编：《上海文史资料选辑》第 59 辑《解放前上海的学校》，上海：上海人民出版社，1988 年，第 143—158 页。

神”（苦教、苦学、苦干），二是“师生合作”，三是“读书救国”。全面抗战后，学校先后西迁至庐山、贵阳、赤水，1946年秋返回上海。1951年，大夏大学与光华大学合并成华东师范大学，土木工程系并入同济大学，政治、法律、经济、会计、银行、工商管理等系大部分并入复旦大学，小部分并入上海财经学院。华东师范大学校址设在大夏大学原址。

是日：《申报》报道：丁惠康提及“至今岁始由吴铁城市长及李廷安局长发起成立防痨协会”①。

11日：《申报》报道：丁惠康提及“李廷安君曾有将两会合并，以期集中力量，共同为社会服务之议”。按：两会指“中国肺病学会”和“中国防痨协会”。②

15日：上海市儿童幸福委员会下午四时借三马路绸业大楼上海联欢社召开第四次常务委员会议，“讨论上海市儿童年（明年）委员会组织等事宜，计到潘公展、胡叔异、李廷安、王贯一、刘王立明、赵增祺、陈鹤琴，列席有文鸿恩（殷冠之代）、周望鹤等十余人，公推潘公展主席”。“上海市儿童年委员会分会务部、事业部两部。会务部分三组，计（一）常务组。（二）宣传组。（三）经济组。事业部分六组，计（一）儿童国货组。（二）儿童文化组。（三）儿童健康组。（四）儿童服务组。（五）儿童娱乐组。（六）儿童救济组。”先生被推举为上海市儿童年委员会会务部常务组委员与事业部儿童健康组委员。③

是日：午后七时，防痨协会借银行公会欢宴各征求队队长。“到会者有市长吴铁城、牛惠生、伍连德、颜福庆、李廷安、朱恒璧、李大超、郭顺、黄任之、虞洽卿、翁之龙、徐新六、林康侯等及各男女队长队员五十余人。”“吴市长起立致欢迎词，并略叙宗旨。次由该会会长牛惠生博士说明防痨协会之旨趣及计划，尽情发挥，语语动听。再由杨君怀僧报告该会之征求办法，有条不紊。”④

21日：是日为中华国民拒毒会主办之全国学生拒毒论文比赛收卷截止日期。大学组论文题目为“本地烟祸实况及有效肃清计划”，叙述各地鸦片之产生、贩

① 丁惠康：《中国肺病之危机及当今之急图（上）》，《申报》1933年12月4日，第13版。

② 丁惠康：《中国肺病之危机及当今之急图（下）》，《申报》1933年12月11日，第13版。

③《儿童幸福会常务会议》，《申报》1933年12月16日，第15版。

④《中国防痨协会征求会开幕》，《申报》1933年12月17日，第14版。

卖、收税、运输、吸食，以及鸦片对于社会经济道德法律之影响等问题。中学组论文题目为“烟鬼之下场”，叙述各人对于所知烟鬼之身世家庭、染瘾之原因及成瘾后所受种种之恶果。昨日截止收卷计收到大学组参加者六十余校，论文百余篇，中学组参加者四百余校，论文九百余篇。总计千余篇。

“该会业经聘请江问渔、何德、李廷安、王景岐、王云五、王亚征等为大学组聘评判委员。朱立德、孟寿椿、王长宝、沈钧儒、谢春木、吴有汾等为中学组评判委员。”①

是日：《申报》报道：“上海新闻社自创办以来，两载于兹，向以发刊教育新闻驰誉教界。兹谋进一步为教育界服务起见，特随时收集资料，编印教育丛书，以供教界参考。兹届1933年序幕更新之际，特先编印《一九三三年之上海教育》，列为丛书之一，并定明年编印儿童年。该刊现正从事编辑，不日即将出版，各界预约者颇为踊跃。每册预约价洋一元。通讯处：湖北路迎春妨（坊）27号。为该刊撰述文字者有王世杰、潘公展、黎照寰、张寿镛、叶恭绰、朱少屏、黄造雄、郑西谷、蒋建白、薛光前、徐则麟、张仲寰、傅式说、江问渔、马家振、郑洪年、陶百川、许性初、陈济成、陈鹤琴、童行白、潘仰尧、胡叔异、杨孝述、周尚、陈白、张翼、姚苏凤、李廷安、沈嗣良、杜定友、汤增□、王云五、黄警顽等三十余人。”②

按：先生为《一九三三年之上海教育》丛书撰写《一年来之卫生教育》。③

22日：《申报》报道：先生与公安局长文鸿恩联合布告市民：“各铺户屋内自行置备垃圾桶，每日由本卫生局清道夫，按时前往收运，以免任意乱倒，而维道路清洁。”④

23日：下午三时，上海市儿童幸福会借上海联欢社举行常务组委员会议，讨论儿童年开幕日应办事项。“出席者潘公展、文鸿恩、李廷安、胡叔异、刘王立明、殷冠文、杨懋荣、朱少屏、孙道胜、陈济成、童行白、王晓籁、王贯一、胡西园、唐冠玉、陈鹤琴、蒋建白、陈公素、邱希望、吴利国等，列席者周望

①《全国大中学生拒毒论文赛截止收卷》，《申报》1933年12月22日，第11版。

②《上海新闻社编印教育丛书》，《申报》1933年12月21日，第12版。

③ 李廷安：《一年来之卫生教育》，上海新闻社：《一九三三年之上海教育》，上海：上海新闻社，1933年，第237—241页。

④《本市举行大扫除·两局会衔布告》，《申报》1933年12月22日，第8版。

鹤。”[①]先生为《广济医刊》“小儿医学特刊”题词：“保赤南针。”（图5.3）

27日：午后五时半，防痨协会在该会议事厅举行理事会，“到会者有吴铁城（由李大超代）、牛惠生、李廷安、朱恒璧及西人施雷等。当由会长牛惠生主席，说明招（召）集会议之用意。又由该会总干事张君俊提出各项议案，逐一加以详细之讨论，当经议决，征求会员会之队长35人，皆由各界名流担任，如吴铁城、王晓籁、唐海安等”[②]。

29日：先生参加上海市政府举行的第250次市政会议。[③]

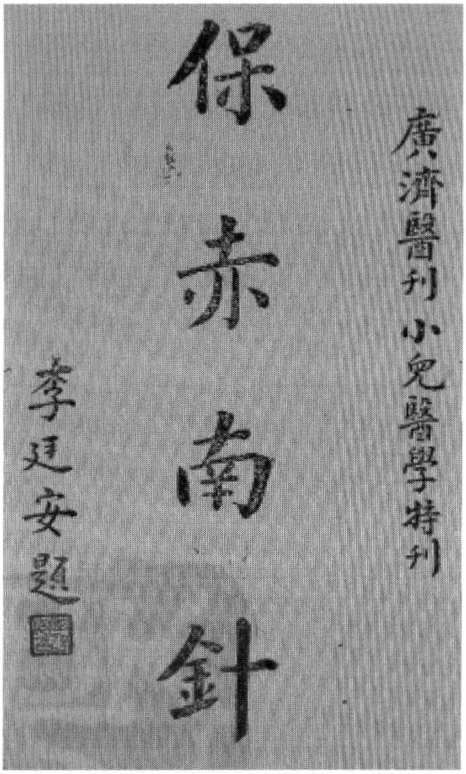

图5.3　李廷安1933年为《广济医刊》“小儿医学特刊”题词：保赤南针[④]

① 《儿童幸福会昨开常会》，《申报》1933年12月24日，第14版。
② 《防痨协会理事会记》，《申报》1933年12月29日，第10版。
③ 《市政府市政会议第二五〇次》，《申报》1934年1月14日，第10版。
④ 李廷安：《保赤南针》，《广济医刊》1933年第6期，第2页。

是年：先生在《民生》杂志上发表《劳工卫生与民生之关系》[①]，先生强调工业社会里劳工之重要，“经济学以机器为生产要素中资本之一种，而不谓为要素中之劳力也。工人既系劳力之原动，而为生产要素之一，则如何保护此劳力之原动者，而使之发挥光大，此劳工卫生一事之所以应需要而发生，并因科学进步而猛进”。

先生认为做好劳工卫生，可以减少企业之损失，增加企业之利润，增加劳资双方情谊。先生认为要在以下方面实施劳工卫生：防止伤害、预防职业病、工厂内之环境卫生、医药设备、卫生教育、劳动保险（含疾病保险、灾厄保险、残老保险、失业保险、遗族保险）。

先生对实施工作卫生的具体做法提出设想：“工业落后方待振兴之我国，为发展民生计，劳工卫生之应创办实施，自不待言。上海为工厂林立之区，尤应提前兴办，鄙见所及，似可由各企业家与劳动团体，与社会、卫生两局，合组一劳工卫生设计委员会，先就目前可能范围，在工厂内分别实施，如灌输卫生教育、设置医药等事，所费无多，收效甚大，即防止伤害，整理工厂环境卫生，预防职业病等事，因事而利导之，固不难一一使之改进者也。甚望我企业家及工业团体共起图之。”

是年：先生发表《一年来之卫生教育》[②]，认为：“卫生教育为一国国民应受之基本教育。盖一国国民之健全与否，与一国国民卫生教育程度，其升降成正比例。”“卫生教育为教育行政与卫生行政上之要务。更可断言者，卫生教育如被忽视，则其他教育均蒙不良影响。”“卫生教育可分家庭卫生教育、学校卫生教育、社会卫生教育三种。”“至卫生教育之实施，以学校卫生教育为尤宜，更以小学及中学为尤要。”“如学校卫生教育，果已普及，则家庭卫生教育，与社会卫生教育，亦可迎刃而解。”先生介绍对“家庭卫生教育”所做工作包括家庭访视与传染病人家属之视察。先生总结“学校卫生教育”所做的工作：举办第一届学校卫生人员训练班；举行健康演说竞赛会；举行晨间检查；举行卫生谈话。先生回顾“社会卫生教育”工作，包括举行第一次健康教育展览会、放

① 李廷安：《劳工卫生与民生之关系》，《民生》1933年第17期，第6—7页。

② 李廷安：《一年来之卫生教育》，上海新闻社：《一九三三年之上海教育》，上海：上海新闻社，1933年，第237—241页。

映预防霍乱影片、发表卫生事项新闻、无线电台播音。

是年：先生发表《优生学对于民族前途之关系》[①]的播音演讲，先生首先解释什么是优生学。先生认为优生学与民族前途的关系很大；优生学的任务就是要设法改良人种。由于民族之体格、精神与疾病都可以遗传，其对于我们民族前途的影响是很大的。所以我们对于我民族体格上、精神上及疾病上之缺陷，都须注意。对如何才能有健全的体格、健康的精神、长寿勇敢的民族，先生提出了改良我们民族的三种方法：一是改良社会环境；二是家庭婚姻之审慎，男女有可遗传之疾病，就不应结婚；三是国家法律之取缔。根本之优种办法是用国家之法律力量来禁止不良种子之繁殖。即体格或精神十分不健全者，有可以遗传后代之疾病者，绝对禁止其生育。

是年：先生作《预防霍乱》[②]的播音演讲。先生首先从中外霍乱流行史来说明霍乱是一种可怕的传染病，然后，说明霍乱是由哪种细菌所致？这种细菌怎样害人？在未被害之先，应该怎样预防？如果不幸而已病，应该怎样救治？以达到预防霍乱的目的。

是年：先生在《科学国药》上发表《研究国药与科学医术》[③]一文，先生鉴于“日本人对于民国医事之调查，详有记载，对于中国医药如何进行之工作，早有成见”，感到“人为我谋，而我不自谋，民族亡、国家亡，医药文化亦亡，吾人思之当不寒而慄（栗），深愿急起图之”。对研究国药具体方法与意义，先生提出以下建议和期待：“将我国药物加以研究，辨其功效，以供科学医术上之应用，乃为根本要图；（中略）深望我国化学家、医学家等作一大联合，筹设一规模宏大之研究机关，罗致有关系之各项专门人才，专攻其事，行见我国药物，不但不致遭受遗弃，且以我国药物出产之丰富，果能详细研究，定大有裨于人类之治疗也。”

是年：先生在《上海周报》上发表《上海之卫生事业》[④]，先生从“卫生局之行政方针”“卫生局之组织”“卫生局工作之进展”“六年之简报”四方面介绍了“上海之卫生事业”。

---

① 李廷安：《优生学对于民族前途之关系》，《上海市教育局无线电播音演讲集》1933年第6期，第2—4页。

② 李廷安：《预防霍乱》，《上海市教育局无线电播音演讲集》1933年第4期，第9—10页。

③ 李廷安：《研究国药与科学医术》，《科学国药》1933年第2期，第18—19页。

④ 李廷安：《上海之卫生事业》，《上海周报》1933年第1期，第12—13页。

按：该文发表于 1933 年，次年发表的《上海市之公共卫生行政》《上海市卫生局工作之概况》包含该文内容，且有增加，在此，仅作扼要介绍，详细内容见后文。

【民国二十三年甲戌（1934 年）】，先生三十七岁

1 月 1 日：先生为“家庭工业社之新事业、儿童齿科院、家庭医药社开幕特刊”作贺词。贺词如下：“家庭工业社十余年来致力于国货事业，不遗余力，成绩斐然，举世共晓。其坚毅奋斗之精神，实为难能可贵。近更出其余绪，努力于社会事业，如新创之儿童齿科院、家庭医药社已定于元旦开幕。其关心儿童之健康，病家之便利，实为本市福音。察其内容具有四长：设备新式而完美一也；医师积学而术精二也；收费低廉贫病减免三也；有助于本市学校卫生工作之推进四也。兼此四长，将来对于社会之贡献及该社之发展，其突飞猛晋（进），定可预卜。廷安私心快慰，故略志数语，为该社贺焉。李廷安志二十三年元旦。”①

家庭工业社简介：陈栩园创办于上海，初为家庭手工业，故名家庭工业社。主要生产牙粉。1918 年改组为股份有限公司。1922 年在上海已拥有五家工厂，并在无锡、镇江、太仓设有分厂，主要产品已扩展到牙膏、各种化妆品及其原料，销路遍及全国。抗战全面爆发时，该社产品已达一百三十多种，化妆品有牙粉、牙膏、雪花膏、蛤蜊油等，化妆品原料有碳酸镁、碳酸钙、薄荷油、丁香油等，此外还生产瓶盒装璜纸张，并在南京、南昌、蚌埠、汉口、长沙、广州设有分社。抗战期间上海老厂及各分社相继被日本侵占，一部分内迁四川重庆设厂复工，同时在云南昆明设分厂。抗战胜利后，上海厂恢复。1954 年公私合营。1966 年改为国营。②

5 日：中国防痨协会于午后六时举行第二次理事会议，由牛惠生主席，先生

① 《家庭工业社之新事业》，《申报》1934 年 1 月 1 日，第 37 版。

② 张宪文、方庆秋、黄美真主编：《中华民国史大辞典》，南京：江苏古籍出版社，2001 年，第 1555 页。

作为理事与会。大会公推先生于本月11日在无线电台讲演防痨，以资提倡。[①]

牛惠生小传：1892年生于上海，1907年毕业于圣约翰中学，1910年获圣约翰大学文学士学位，1914年，获美国哈佛大学医学博士学位。1915—1916年任上海哈佛医科大学解剖学教师。嗣后赴美，专攻骨科。1918年返国主持北平协和医学院骨科。牛惠生是中华医学会与博医会合并前与合并后的最后一任（第八任）及首任（第九任）中华医学会会长（1930—1934年）。1937年5月4日上午二时50分逝世，年仅46岁。牛先生“悯国内残费（废）者之众，故矢志专攻骨科，为我国骨科医师第一人”[②]。“牛惠生是中国第一位西医骨外科医生，又是第一个被选为美国外科医师学会会员的中国人。”[③]

6日：上海市国术馆呈请市府及中央国术馆核准备案后，由市长吴铁城聘定先生等45人为董事，于是日晚在青年会开欢迎新董筹备会议。[④]

11日：中国防痨协会敦请先生于今晚九时借福音广播电台（电波840）讲演《中国之痨病情形及吾人应付方法》[⑤]。

按：《申报》介绍先生如下：“李君为留美医学专家，对于公共卫生，尤具超越之卓识，故此次讲演，必有伟大贡献，可以预卜也。”[⑥]

是日：中华麻风救济会为筹建中华麻风疗养院于下午七时借银行公会举行筹款大会开幕典礼。先生与会，并发表演说，参与募捐。[⑦]

按：中华麻风救济会鉴于上海麻风日见猖獗，若不设法救治，势将不可收拾，因此有建筑中华麻风疗养院之议，“聘请吴铁城市长为名誉总队长，李廷安局长为名誉副总队长，袁履登为总队长，徐新六、邬志豪、颜福庆、李元信等为副总队长，朱少屏为总参谋，邬志坚为总干事，计分22队，杜月笙、虞洽卿、陆伯鸿、袁履登、文鸿恩、徐新六、钱新之、陈光甫、王晓籁、邬志豪、刘鸿生、吴蕴斋、颜福庆、李元信、刁信德、萧智吉夫人、戴耕莘、罗爱思、何德

①《中国防痨协会二次理事会》，《申报》1934年1月7日，第12版。

②《牛惠生医师行略》，《中华医学杂志》1937年第5期，未标页。

③ 黄树则主编：《中国现代名医传（二）》，北京：科学普及出版社，1987年，第16—22页。

④《市国术馆改组》，《申报》1934年1月7日，第11版。

⑤《中国防痨协会今晚讲演防痨》，《申报》1934年1月11日，第11版。

⑥《中国防痨协会今晚讲演防痨》，《申报》1934年1月11日，第11版。

⑦《中华麻疯疗养院筹款大会开幕志盛》，《申报》1934年1月12日，第12版。

奎、马雪程联等担任分队长，以资分头进行筹款。此次筹款目标为六万元”。①据颜福庆报告：建筑经费预算十万余元，已有四万元之把握，故不敷者仅六万元。②

12日：中国预防痨病协会于下午四时在八仙桥青年会招待本埠新闻界，并开映防痨电影。先生出席，并演讲。“略谓：据世界之痨病死亡率统计，以十万人为单位，牛西兰（按：新西兰）死50人，埃及死72人，美国死79人，德国死86人，英国死102人，西班牙死136人，义国（按：意大利）死148人，法国死175人，日本死186人。惟我国之痨病死率，竟达307人。是中国之死率，六倍于牛西兰，四倍于埃及及美国，三倍半于德国，三倍于英国，二倍半于西班牙，二倍于义国，一倍半于法国及日本云。猗欤（叹词，多么）浩荡中国之痨病军势力。惟查307人之指数，系根据民（国）十八年北平第一卫生区之调查，殊不知此种数目，决不能认为中国之痨病死率。因北平气候，为全国最宜于康健之气候，以北平气候之优越，每十万人中尚有307人为痨军之俘掳（虏），然则长江以南气候之不适于民族之康健者，彼数目之增加，当亦不足骇怪也。设不亟谋应付，则更不堪设想。其方法：①已患者实行补救之治疗。②未患者实施防痨。”③先生任中国预防痨病协会副理事长时的照片，如图5.4所示。

是日：上海市儿童幸福委员会常务组于下午四时在联欢社举行第五次常务会议，先生任儿童健康部主任，卫生局科长吴利国代表先生出席，报告儿童健康部工作进行之计划。④

13日：晚六时，吴铁城市长借青年会宴请上海市国术馆新董事。先生参加。⑤

按：吴铁城致辞称：“提倡国术为振作民族精神之唯一方法。”⑥

17日：午后六时，中国防痨协会举行的第四次理事会议。“到会者有吴铁城（李大超）、牛惠生、李廷安、颜福庆、朱恒璧、伍连德、翁之龙、萧智吉夫人等。当由牛惠生主席，总干事张君俊报告会务，并与各队长接洽经过，继即讨

---

① 《麻疯疗养院筹款大会》，《申报》1934年1月10日，第11版。

② 《中华麻疯疗养院筹款大会开幕志盛》，《申报》1934年1月12日，第12版。

③ 《预防痨病协会昨招待新闻界》，《申报》1934年1月13日，第11版。

④ 《儿童幸福会两会议》，《申报》1934年1月13日，第14版。

⑤ 《吴市长欢宴市国术馆董事》，《申报》1934年1月14日，第14版。

⑥ 《吴市长欢宴市国术馆董事》，《申报》1934年1月14日，第14版。

论事项……拟在各医院或诊所先行免费检查肺痨，现已着手计划。”[①]

图 5.4　中国防痨协会副理事长李廷安（左上为先生）[②]

是日：《申报》报道：上海新闻社主编之《一九三三年之上海教育》，先生为其撰写《一年来之卫生教育》。[③]

19 日：下午四时，先生出席中国防痨协会招待教会领袖会议，并致辞。略谓：痨病之为害，人尽知之，国人因缺乏常识，被痨菌之侵袭而牺牲者，年逾百数十万。我国民族之衰落，痨病实为主因。同人等不忍坐视其日益猖獗而使社会长此受重大损失，故不惜大声疾呼，以唤起社会之注意，冀维护社会之康宁。唯兹事体大，非合全社会人士群策努力，不足以收宏效，此同人等所以有防痨协会之设，以为集思广益之所也。[④]

28 日：为纪念“一・二八事变”两周年，四马路中西大药房广播无线电台请名人演讲，以期唤起民众注意。具体安排如下：“上午十时，请教育局长潘公展主讲。下午一时，请卫生局长李廷安主讲。二时，杜月笙先生。五时，吴铁城市长。六时，林康侯先生。七时，王延松先生。八时，王晓籁先生。如张汉

① 《防痨协会常务理事会》，《申报》1934 年 1 月 19 日，第 12 版。

② 《中国防痨协会常务理事》，《防痨》1934 年（创刊号）。

③ 《上海新闻社编印教育丛书行将出版》，《申报》1934 年 1 月 17 日，第 14 版。

④ 《防痨协会招待教会领袖》，《申报》1934 年 1 月 21 日，第 13 版。

卿（按：张学良）将军返沪，亦将于三时前往演讲。该药房并为纪念‘一・二八’起见，特将补品设立特别牺牲部及化装香品一二八组。”[①]

29日：下午四时半，中华慈幼协会假座博物院路20号青年协会中山厅举行第五届常年大会，通过今后五年工作计划，呈请国府教育部通令全国中等以上学校均须注重父母教育之训练，并修改会章及通过提名委员会建议本届执行委员暨名誉董事名单。先生被选为执行委员。[②]

是月：先生在《中华日报・新年特刊》上发表《妇女卫生研究》[③]，先生认为妇女在家庭中起主导作用，而妇女卫生是家庭幸福的基础。“抽象的家庭，也只有通过了妇女的生活，才成为具体。然则所谓家庭幸福，无疑是妇女的责任，也是妇女的希望。然而家庭幸福也不是抽象的，而是招展的（地）开放在经济条件之上的一朵鲜花，其基地是在卫生。”先生从“卫生能增进健康”“卫生能延长寿命”“卫生能得到精神上物质上无限的愉快和幸福”“卫生能消极的（地）减少疾病、绝对的（地）减少生产上医药上的损失、相对的（地）增加了生产力”“减少早期死亡”方面来论证妇女卫生之于家庭幸福之重要。妇女卫生主要有房屋的清洁、食物饮料的清洁、厉行传染病预防、产妇育婴的卫生。

按：先生发表于1935年《新生活周刊》的《妇女卫生是家庭经济和幸福的问题》，其内容与《妇女卫生研究》同。

2月7日：上海市儿童幸福委员会健康部第一次会议于正午十二时在邓脱摩饭店举行，先生作为本市儿童幸福委员会健康部主任，担任会议主席。先生“报告召集斯会之意义，及今后工作步骤”。健康部订定1934年拟办事业如下：“拟在南市、闸北各设儿婴健康指导处。办理（一）婴儿定期检查，（一岁以下）预防接种，营养补充与指导，缺点矫治，沐浴，母亲育婴指导，家庭拜访。（二）学龄前儿童卫生，卫生习惯之养成，露天游戏及太阳浴。（三）学童，除本市学校卫生工作全部进行外，拟在本年夏季举办夏令营一处，为期一至两个月，收容三百人为限，地点在海港检疫处医院，或任何私人之大花园，并据健康部主任李廷安称：该项事业现先从闸北、南市二处举办，一俟较有成

---

① 《播音台》，《申报》1934年1月28日，第14版。

② 《中华慈幼协会昨开常年大会》，《申报》1934年1月30日，第11版。

③ 李廷安：《妇女卫生研究》，《中华日报・新年特刊》1934年，未标页。

效后，再行扩充。”①

16 日：先生参加上海市政府第 253 次市政会议。②

19 日：《申报》报道：中华麻风救济会每隔两年举行铲除麻风论文竞赛一次，先生被请为评判员。

按：每隔两年举行铲除麻风论文竞赛一次，第一届于 1930 年举行。本届征文题目为“①麻疯为公众卫生问题。②文化与麻疯。③我国救济麻疯运动与各国之比较。④吾乡之麻疯状况及应救济之方法。文字以中文为主，英文亦可。以二千至五千字为限。四题中任作一题，揭晓后第一名奖国币 50 元，第二名 30 元，第三名 15 元，第四名 10 元，第五名 5 元。五名下者，经揭载《麻疯季刊》，即赠该刊全年。凡中国国籍之中等以上男女学生，及其他各界人士皆得参加，收件至 4 月底截止，6 月 1 日揭晓”③。

22 日：上午十时，先生等中外来宾三百余人参观沪平客车。④

是日：“中华麻风救济会所发起之筹款建筑中华麻风疗养院大会，开幕以来，经该会总干事邬志坚及总参谋朱少屏等积极进行后，成绩斐然。本市市长吴铁城，极端赞助，为促进早日成功，并鼓励工作人员计，特于昨日（按：2 月 22 日）下午四时，在霞飞路市政府外宾招待处，款待各界人士，及各队长队员，筹划一切。该会捐款定额原为十万元，已经募得四分之三。昨复经吴市长当场认捐五千元，并各界热心人士当场认捐者计有万余元。现所缺者不及十分之一。不日即可厥功告成也。”“出席参加各界领袖及募捐各队队长队员计有：虞洽卿、徐新六（乔文寿代）、杜月笙（庞京周代）、颜福庆、徐佩璜、朱少屏、王晓籁（李大超代）、李廷安、袁履登、萧智吉夫人、林惠贞、陆伯鸿、陈炳谦、沈怡、卢少堂、李组绅、陆干臣、郑希涛、汤有为、许树屏、杨敦甫、丁福保、丁惠康、张翼枢、胡咏祺、吴蕴斋、陈立廷、何德奎及外人等四十余人。”⑤

23 日：《申报》报道，先生与公安局局长文鸿恩联合通告：“市中心区浮厝甚多，对于观瞻卫生，均有妨碍，合行布告各该柩主，限于本年 4 月 15 日以前，

---

①《本市儿童幸福会积极举办儿童事业》，《申报》1934 年 2 月 8 日，第 16 版。

②《市政府市政会议》，《申报》1934 年 3 月 4 日，第 12 版。

③《中华麻疯救济会举办铲除麻风论文赛》，《申报》1934 年 2 月 19 日，第 15 版。

④《各界昨日参观沪平客车》，《申报》1934 年 2 月 23 日，第 11 版。

⑤《吴市长招待各界筹建麻风疗养院》，《申报》1934 年 2 月 23 日，第 12 版。

自行设法迁葬。”[①]

是日：上海圣约翰大学庆祝卜舫济校长70寿辰，由校董会、同学协会、上海同学会及教职员会举行茶会，下午四时至六时，“中西人士往贺者有李廷安、刘鸿生、赵晋卿、朱少屏、钱新之、黄任之、颜福庆、何联第、马立斯等一千余人”[②]。

上海圣约翰大学简介：创立于1879年，由美国圣公会上海主教施约瑟将两所圣公会学校培雅书院与度恩书院合并而成，是中国第一所用英语授课的学校。1905年升格为大学，并在美国华盛顿州注册，是中国第一所现代高等教会学校。1913年开始招收研究生。圣约翰大学有“东方的哈佛”“外交人才的养成所”“现代中国绅士的摇篮”等美誉。卜舫济，美国人，早年就读于哥伦比亚大学神学专业，1881年开始在该校完全用英语上课，1888年开始任该校校长，直至1941年去世，长达52年之久。卜氏妻为中国人，“生有三子一女……（长子）也娶一个中国妻子，生有一子……这个青年在抗战期间参加美国援华的滇缅空运组织，在一次飞越喜马拉雅山脉时触山头牺牲”。“1927年南京国民党政府要所有私立学校向教育部立案注册……她（圣约翰大学）恐怕是国内唯一不立案注册的大学。”“圣约翰大学成立得早，当初国内极缺外语人才和懂得洋务的人才，因此由她培养出来的人很多在政界尤其是外交界占有地位。在北洋军阀时代和国民党政府时代就有若干外交人物如颜惠庆、顾维钧、王正廷、施肇基等出自圣约翰。”“因为早期的毕业生或肄业生在社会上抢先占了重要职位，成为豪门富室，他们的子弟多数被送进圣约翰学习，出来后承袭其父兄地位，如此陈陈相因，这个学校就形成了一个贵族学校。”[③]1952年院系调整，该校被拆散并入上海多所高校，校址为华东政法大学所用。

25日：下午二时，中国保护动物会借赫德路觉园举行成立大会，“到党政名流五百余人，即席通过章程，选出理事”。先生当选理事。[④]

按：中国保护动物会主席叶恭绰称：“保护动物会是世界各国普遍的‘慈善

①《两局通告限迁市中心区浮厝》，《申报》1934年2月23日，第11版。

②《约翰大学庆祝卜校长寿辰举行茶会》，《申报》1934年2月24日，第16版。

③ 郑朝强：《我所知道的上海圣约翰大学》，中国人民政治协商会议全国委员会文史资料研究委员会编：《文史资料选辑》（第91辑），北京：文史资料出版社，1983年，第80—105页。

④《中国保护动物会成立》，《申报》1934年2月26日，第11版。

机关'，并非中国所独创。盖吾人对于各种动物，均应平等看待，不可恣意残杀。各国所以有保护动物会的组织，就是这种意思。现在各先进国家的宪法内，也有保护动物的条例。我们中国向来缺少此种机关，使各种动物，失其保障。就中国今日的现状，本会的工作，一定是不容易收速效的，显系一种永久的事业，亦可说是一种移风易俗的事业，说不定三十年、五十年、一百年的下去都可以。但我们应有很坚（持）久的力量，继续我们的工作，现在尤应该先巩固基础，设法多补充会员，培植本会健全的根本。"①

27日：午后五时，上海市儿童幸福委员会会长吴铁城借霞飞路福开森路市府招待处召集该会常务委员，举行第六次常务委员会议，讨论筹募该会经费及其他重要业务，先生与会。②会议讨论"在最近期内在南市及闸北建筑规模较大之劳动托儿所各一"。会议决定劳动托儿所建筑计划请先生等设计，并交常务委员会讨论。③

3月8日：中国保护动物会于下午五时借派克路功德林举行第一届理事首次会议，先生为该会调查部助理。④

9日：下午六时，中国防痨协会举行第五次理事会议。"到会者有吴铁城（李大超代）、李廷安、翁之龙、伍连德等，当由李廷安主席，总干事张君俊报告会务，并提出各项议案，加以讨论。""当经议决：①募捐大会。由各理事每人担任一队，进行征募工作。②本届中华医学会年会派朱恒璧理事往京，向各会员征募捐款。③在江湾着手进行疗养院，并在南市设立临时诊所，先行诊治痨病，由李廷安积极筹备一切。④4月中旬，举行茶舞会。函请各界购券，由李廷安、李大超负责办理。⑤在募捐期间张贴电车汽车广告，以广宣传。又该会自登报赠送《肺病指南》《肺病预防法》《疗养法》书三种后，在最近数周间，函索者竟达375起，计共赠出一千二百余本。闻该会为求普及，计决继续赠送，如欲索阅可附邮四分，寄上海池浜路，当即奉赠。"⑤

10日："卫生局设南北市传染病院，一在闸北前中国公立医院，一在林荫路

①《中国保护动物会成立》，《申报》1934年2月26日，第11版。

②《吴市长今日召集儿童幸福会常务会议》，《申报》1934年2月27日，第15版。

③《儿童幸福会六次常会筹建南市闸北托儿所》，《申报》1934年3月1日，第15版。

④《保护动物会昨开首次理事会》，《申报》1934年3月9日，第12版。

⑤《中国防痨协会五次理事会》，《申报》1934年3月10日，第13版。

前市党部旧址。”“卫生局以本市华洋杂处，人口众多，一旦发生传染病，细菌散播甚速，无辜市民，因此殒命者，实繁有徒。公共租界工部局已有传染病公立免费医院之设，而市政府行政区内，尚付阙如。卫生局长李廷安为保障市民安全造福社会起见，特于闸北天通庵路前中国公立医院旧址，设市立传染病医院，已于前日（10 日）开始诊治传染病。沪南区林荫路上海市党部旧址，亦已进行筹备设立。一俟内部部署完竣，再行正式开幕。”①

11 日：午十二时半，上海青年会第 34 届征求会在江湾市中心区上海市政府举行开幕典礼。到会者有总队长吴铁城、名誉总队长孔祥熙、名誉总参谋王正廷，先生出席开幕典礼。吴铁城在开幕典礼上致辞：“青年会这个组织应当是任何关心社会国家问题的人所不容漠视。中国方遭空前未有的国难，现在挽救之道，首先应该使青年能够一致的自觉，彻底的自觉。因此，青年既是社会机体的中坚、民族生命的基础，所以青年的自觉，就可以使我们整个社会的机体，以及整个民族的人生，健全起来，挽救国难。”②

12 日：先生出席“本市第六届植树典礼”，并当选主席团 11 名成员之一。另外十名为：市长兼淞沪警备司令吴铁城、秘书长俞鸿钧、社会局局长吴醒亚、教育局局长潘公展、公安局局长文鸿恩、土地局局长金里仁、公用局局长徐佩璜、工务局局长沈怡、财政局局长蔡增基、市参议会议长史量才。③

是日：下午二时，先生出席上海市中山文化教育馆在该馆举行的周年纪念典礼。李石曾、孔祥熙、蔡元培等演说。“参加人员：计到孔祥熙、李石曾、叶恭绰、蔡元培、柳亚子、吴铁城（李大超代）、王晓籁、黎照寰、杨庶堪、薛笃弼、陈立廷、许世英、史量才、李廷安、徐佩璜、吴凯声、黄任之、李烈钧（张宓公代）、郭德华、陈济成、黄超雄、朱少屏、陈彬龢等一百余人。”④

13 日：《申报》报道：上海市儿童幸福委员会会长吴铁城决定于 3 月 15 日下午四时借霞飞路 1881 号市政府招待处招待儿童年全体委员，共商儿童年一切进行事宜。先生担任会务部常务组委员和事业部健康组委员。⑤

---

①《卫生局设南北市传染病院》，《申报》1934 年 3 月 13 日，第 11 版。

②《青年会征求会开幕》，《申报》1934 年 3 月 12 日，第 10 版。

③《各界昨日举行总理逝世纪念及植树·植树典礼》，《申报》1934 年 3 月 13 日，第 9 版。

④《中山文化教育馆昨举行周年纪念典礼》，《申报》1934 年 3 月 13 日，第 12 版。

⑤《本市儿童幸福会主办普通托儿所行将成立》，《申报》1934 年 3 月 13 日，第 12 版。

15日：晚七时，防痨协会名誉会长吴铁城“在市政府招待处欢宴本地各界名流。计到会者有杜月笙、荣宗敬、史量才、闻兰亭、吴达铨、王延松及该会理事李廷安、伍连德、颜福庆、李大超等多人”。当晚因吴氏感冒风寒，未能列席，由先生代表致辞。“略谓：本会成立以来，深蒙各界人士多方赞助，爱护热忱，曷胜感幸！惟查肺病在今日猖獗已极，敝会所负使命，顾名思义，至为重大，是消极之补救，积极之预防，则疗餮（按：养）院、预防院、临时疹（按：诊）所之设，实为急不容缓之图。惟敝会预算计划，需款五六万金，舍赖各方之援助，无由实现。诸位皆海上领袖，对于此项自救救人之防痨运动，想必乐予同情，故请诸位设一办法，俾得早观厥成，则靡特（按：不只是）国人之幸，敝会同人，亦拜赐良多矣。”[①]

17日：午十二时半，中华慈幼协会假座银行公会召集开第62次全体执委会议。“出席有孔祥熙、林康侯、应溥泉、陈鹤琴、斐美海（译音）、克银汉夫人、赵晋卿、乐灵生、吴维德、王晓籁、李廷安等各委员。列席者有许建屏、陈铁生、王贯一。由孔祥熙主席。”会议决定本年10月召开中华慈幼协会年度大会，“推举朱庆澜、许世英、赵晋卿、吴维德、罗运炎、陆伯鸿、陈鹤琴、丁淑静、李廷安等为筹备委员”。产生小组委员会，“卫生组：李廷安为委员长，颜福庆、张雪楼夫人等为委员”。[②]

21日：上午十时，上海市商会主办之南市国货商场在南市中华路县商会旧址举行开幕典礼，市长吴铁城亲自莅临致辞，勉励市民须服用国货。“昨晨参加典礼者计有市长吴铁城、公安局长文鸿恩、社会局长吴醒亚（吴桓如代）、卫生局长李廷安、实业部代表蔡无忌、国际贸易局长何炳贤、代表陈荆生、商标局邱鹤年、绸业银行骆清华，及林康侯、方椒伯、黄任之、胡西园，暨市商会王晓籁、王延松、诸文绮、叶家兴、严谔声、郑澄清，及各界来宾约五千余人。”[③]

24日：《申报》报道：上海市新生活运动促进会推定吴铁城市长等为筹备员，先生为发起人之一。[④]

---

①《防痨协会募捐运动》，《申报》1934年3月16日，第14版。

②《慈幼协会执委会》，《申报》1934年3月18日，第11版。

③《南市国货商场昨晨开幕》，《申报》1934年3月22日，第10版。

④《本市新生活运动》，《申报》1934年3月24日，第13版。

28 日：下午四时，中华麻风救济会借青年协会中山厅举行第八届年会，该会董事会员及来宾等百余人参会。先生与会，并训词。“略谓：麻疯为慢性传染病之一，望该会努力，以求救济得以普遍。”“推选颜福庆、袁履登、李廷安、朱少屏、古恩康、赖斗岩、陆伯鸿、刁信德、程联、王志仁、邝富灼、徐新六、萧智吉夫人、颜斐雯女士 15 人为董事。”①

31 日：上午十时，上海市儿童幸福委员会举行第七次常务委员会，筹备庆祝儿童节。卫生局沈诰科长代先生出席。②

4 月 1 日：上午十时，上海市新生活运动促进会在八仙桥青年会大礼堂开成立大会，到市长吴铁城及各界代表等千余人，当场通过章程及新生活公约，并推举吴铁城等 79 人为理事，颜福庆等 41 人为监事。先生被推举为理事。③

是日：中华医学会第十届大会在南京励志社举行，先生在本届大会当选为理事，并为中华医学会成立 20 年题词“志在民生”（图 5.5），为《中华医学杂志》年会特刊题词“恫瘝在抱”（图 5.6）。

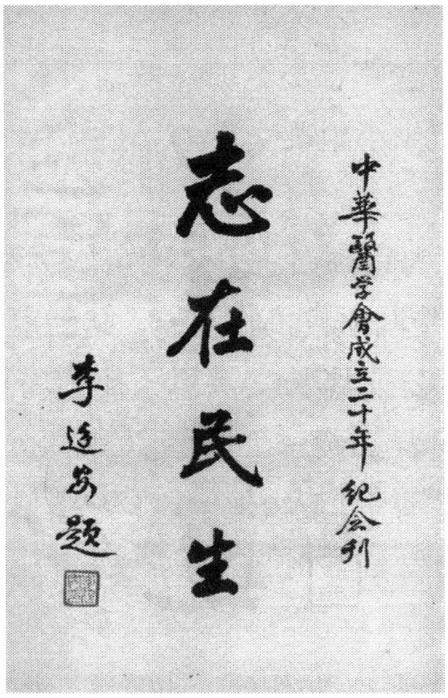

图 5.5　李廷安为《中华医学会成立 20 年纪念刊》题词：“志在民生”④

①《中国麻疯救济会昨举行第八届年会》，《申报》1934 年 3 月 29 日，第 11 版。
②《本市各界积极筹备庆祝儿童节 • 读物玩具展览》，《申报》1934 年 4 月 1 日，第 17 版。
③《新生活运动促进会昨日举行成立大会》，《申报》1934 年 4 月 2 日，第 10 版。
④ 李廷安：《题词与题字：志在民生》，《中华医学杂志》1934 年第 1 期，未标页。

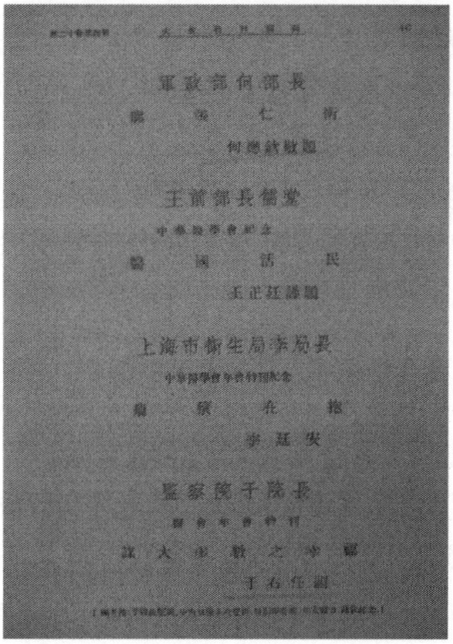
軍政部何部長
何應欽敬題
上海市衛生局李局長
中華醫學會年會特刊紀念
恫　瘝　在　抱
李廷安
監察院于院長
于右任題

图 5.6　李廷安为中华医学会年会特刊纪念题词：“恫瘝在抱”①

3 日：先生在 1934 年 4 月 3 日举行的中华医学会公共卫生大会上发表《都市卫生行政》演讲。先生从六大方面介绍上海市卫生行政。第一，从上海为世界重要商港、死亡率至低尚为 20%、生病人数更多方面，强调“上海公共卫生重要”。第二，提出“卫生局之行政方针”：卫生行政之最高原则，即为运用治疗医学预防医学，在消极方面，抵抗各种疾病之侵害，在积极方面，谋人民健康程度之增高。介绍了卫生局的七大类工作，即普通行政、环境卫生之改良、传染病之管理、生命统计、卫生教育、保健及医药之监督与设施、卫生试验。第三，介绍了卫生局的组织，“本市将以市中心区为卫生行政之总区，掌理全市公共卫生之卫生局，及最高治疗机关之市立医院，并协助治疗与预防推行之卫生试验所在焉。其余各区则设卫生事务所，秉承卫生局之监督指挥，掌理各该区内卫生各政之实施。至局内组织，现暂设置三科：第一科复分为文书、会计、庶务、医药管理、卫生教育、生命统计等六股。第二科复分为清道清洁、普通卫生、肉品检验等三股。第三科复分为产妇婴儿卫生、学校卫生、劳工卫生、防疫、诊疗等五股。分工治事，以利进行。此外设有技正室，赞襄技术之设计

① 李廷安：《大会特刊题词：恫瘝在抱》，《中华医学杂志》1934 年第 4 期，第 447 页。

及审核事宜”。第四，从环境卫生、管理传染病、生命统计、卫生教育、保护及医药之监督与设施、卫生试验六方面，总结“卫生局已办之工作”。第五，介绍“卫生局最近设施之计划”：陆续成立各区卫生事务所、设立传染病院、设立市立医院、设立市立宰牲厂、扩大卫生试验所及其他。第六，认为以下两点为日后的工作目标：一是“引导全市人民对于公共卫生之认识，而相与图成”，二是“筹集经费，以应建设上必需之资财”。[①]

按：同年，先生在《中华医学杂志》上发表《上海市卫生局工作之概况》[②]。相比而言，该文与《上海市之公共卫生行政》内容基本相同，所不同的是：①该文没有“上海公共卫生重要”这一节内容。②该文增加了上海市卫生局成立经过及名称变更，“上海市卫生局系于民国十六年7月9日成立，为上海市政府直属行政机关之一。初系依照中央公布之上海特别市暂行条例，名曰上海特别市政府卫生局。至民国十七年7月3日，依照中央公布之特别市组织法，改名上海特别市卫生局。至十九年7月1日，依照中央公布之市组织法，改称上海市卫生局”。③该文增加了“卫生局之行政区域及其治权之行使方式”，“上海市卫生局之行政区域，系随上海市政府之辖境而定。现有面积一千四百九十余方里（公共租界及法租界暂不计入），内分沪南、闸北、引翔、法华、蒲淞、漕泾、殷行、吴淞、江湾、彭浦、真如、高桥、高行、陆行、洋泾、塘桥、杨思等17区。共有人口1 744 398人（二十二年6月调查数）。卫生局之行使治权，可概分为三种方式：有完全由局直接处理者，如沪南、闸北、法华、引翔、蒲淞、洋泾等六区是；有由卫生局设置卫生事务所，秉承局旨，负责处理者，如高桥、吴淞、江湾等三区是；有由局以一部份（分）之事务委任各该区市政委员办事处处理者，如漕泾、殷行、彭浦、真如、高行、陆行、塘桥、杨思等八区是”。

4日：是日“为我国公定第四届儿童节，全市各界儿童万余人，参加市政府之庆祝典礼，并由市长招待儿童，接见儿童代表。蔡元培、李石曾两氏特到会参加，并致演辞”。先生为主席团成员（沈诰代）。[③]

是日：先生畅谈“婴儿卫生与学龄前儿童卫生”[④]，先生认为：“一国国民

---

① 李廷安：《上海市之公共卫生行政》，《卫生月刊》1934年第1期，第20—24页。

② 李廷安：《上海市卫生局工作之概况》，《中华医学杂志》1934年第1期，第107—115页。

③《万余儿童昨在市府热烈庆祝儿童节》，《申报》1934年4月5日，第11版。

④ 李廷安：《婴儿卫生与学龄前儿童卫生》，《现代父母》1934年第1期，第38—40页。

之强健与否与其国民在儿童时代之身体状况有极大之关系。盖儿童尚在发育期中，如不运用合于卫生原则之种种方法以训育之，维护之，则易夭亡。即或幸免夭亡，亦易成为怯懦愚弱之人，非但不能为国家社会服务，而国家与社会反须支出若干之救助费用。故谋一国国民之强健，对于儿童卫生，必须特别注意而实行之。”

先生认为儿童可分为三阶段：自出生以至一岁，为婴儿。自二岁以至应受义务教育之年（六足岁），为学龄前儿童。自受义务教育之年起，为学龄儿童。关于学龄儿童之卫生，系在学校卫生范围之内，应由卫生机关与学校共负施行及指导之责。婴儿卫生及学龄前儿童卫生，重在家庭方面，而母亲为负责尤重之人。

接着先生介绍了婴儿哺乳、睡眠、沐浴、衣服、避免受惊吓、布种牛痘、口腔卫生、常见病预防等婴儿卫生要旨。至于“学龄前儿童”。先生以为：“一岁以上而至应受国民义务教育之年之儿童，其生存之保持，虽较一岁以下之婴儿稍易，但因营养不良，先天不健全，并于疾病易于感受等原因，仍易夭亡。故父母仍须予以妥慎之维护，并施行适宜之训育。”具体而言：①在三岁以下，每日须有 14 小时之睡眠。6 岁以下，每日须有 10 小时之睡眠。②导以适宜之轻便运动，吸收通畅之新鲜空气，并受日光照耀，但仍宜慎防过寒过冷气候之猝袭。③衣服卧具，不可潮湿，并常为之沐浴，口腔亦须为之保持清洁。④预防天花。每隔三年请医种痘一次。⑤预防佝偻病。宜常使幼孩受日光之直接照耀，并于可能时，常喂以适量而含有丁种生活素之食品（如鱼肝油）及含有铁质之物（如蛋黄等）。⑥预防坏血症。于可能时，常喂以适量而含有丙种生活素之食物，如橘汁、橙汁、蕃汁、菜蔬等。⑦预防其他疾病。如白喉、霍乱、猩红热、流行性脑脊髓膜炎、流行性感冒、痢疾等一切疾病，均须请合格医生施以适当之预防及指导。⑧请医施行健康检查。遇有不宁现象，即为医治。⑨养成良好卫生习惯，如喜清洁，饮食有定时，勿食杂食，每晨大便一次，食前洗手，拒绝不良嗜好，如烟酒及其他刺激物，公正平和气度。

5 日：下午四时，上海市新生活运动促进会全体理监事在市商会三楼举行第一次联席会议，推定理事长及常务理监事人选，并通过章程等案。先生作为理事出席会议。[①]

7日：上海青年会第34届征求会总队长吴铁城市长发出最后通函，务望各队长队员及各征求委员作最后之努力。先生“任该征求会第16队队长，协力维助，曾通函邀请全沪医师加入该会为会员，或自由捐助经费，日来各医师之应征者，人数甚多”[②]。

8日：中华医学会本届在南京开会，是日闭幕。林宗扬当选为中华医学会会长。先生当选为理事。[③]

中华医学会第十届大会简介：1934年4月1日—4月8日，中华医学会年会在南京励志社举行，本次年会是与博医会合并后第二次大会，出席大会者达四百余人。3月31日会员注册，4月2日晨七时谒总理墓，九时正式开会，教育部长、卫生署长、中华医学会会长相继演说，推举大会秘书，会后分科会议。李廷安在4月3日举行的公共卫生大会上发表“都市卫生行政”演讲。4月4日，卫生委员会主席李廷安报告工作，委员会议定两年计划，分为五组进行。其中，李廷安主持“研究调查农村公共卫生”。李廷安任主席的卫生委员会在中国预防痨病协会的成立中起到促成作用。4月8日会议闭幕，牛惠生会长因病未能出席闭幕式，由其兄牛惠霖代表到会。牛惠霖致闭幕词。“本届当选职员：主席林宗扬，副（主席）施尔德、李树芬，秘书朱恒璧，会计方嘉成，英文编辑林宗扬、马雅各，中文余岩。理事牛惠生、李廷安、金宝善、伍长耀、麦医师、罗医师。”[④]

林宗扬（1890—1988）小传：1890年出生于马来西亚槟榔屿，祖籍福建龙海县。1916年毕业于香港大学医学院，1922年获约翰·霍普金斯大学医学院博士学位，1924年任职北平协和医学院，“1928年他被提升为协和的第一名中国人教授兼微生物学室主任”[⑤]。“1937年被任命为协和医学院教务长，并连任四年，是协和医学院第一个担任这一职务的中国人。”[⑥]1934年中华医学会第十届

① 《新生活运动促进会昨首次理监联席会》，《申报》1934年4月6日，第9版。
② 《青年会征求会四次揭晓》，《申报》1934年4月8日，第12版。
③ 《中华医学会当选职员》，《申报》1934年4月10日，第12版。
④ 《中华医学会当选职员》，《申报》1934年4月10日，第12版。
⑤ 吴阶平主编：《中国现代医学家传（第二卷）》，长沙：湖南科学技术出版社，1989年，第7—10页。
⑥ 青宁生：《医学微生物学一代宗师——林宗扬》，《微生物学报》2005年第6期，第978页。

大会当选为会长。

15日：“姚子让先生治丧处，定于今日假本埠南市西门内肇嘉路关帝庙护国禅院设奠领贴。”“全部悬挂哀挽联幛等项：戴传贤、居正、孔祥熙、吴铁城、于右任、鲁涤平、王正廷、陈调元、钮永建、韩复榘、马相伯、吴醒亚、张寿镛、王晓籁、张知本、刘燕翼、张嘉璈、宋汉章、黄庆澜、陈公博、许世英、张耀曾、朱家骅、黄炎培、江一平、秦联奎、罗家衡、徐佩璜、唐海安、黄伯樵、李廷安、汪伯奇、史量才、关炯、黄伯惠、严独鹤、沈钧儒等千余件之多。”①

17日：中华慈幼协会借银行公会召集63次执委会，“到孔祥熙、罗运炎、斐美德、林康侯、孙瑞璜、应时、乐灵生、赵晋卿、费吴生、胡孟嘉、吴维德、李廷安、王晓籁、许建屏、王贯一等二十余人”，拟筹款六千元，建筑江湾叶园慈幼疗养院纪念堂，以纪念已故执委克银汉夫人。

按：“克银汉夫人在华多年，热心公益，最近对于慈幼事业，尤能发生特别兴趣，多方扶助……此堂之建筑工程，采取中国式样科学设备，将来建筑费，如六千元不敷时，再另行设法补足。院内分设医药及教育二部，使一般患肺病、肺痨、软骨病之贫苦儿童，一入其间。在疗养期内，不独获医药上之诊治，且享教育上之活动，同时该院地位在叶园之南极，面水枕山，环境优超，养病儿童，可以饱尝美景，发生快感，促健康，利教化，诚慈幼事业之别开生面，纪念堂之超群出众者也。”②

19日：晚八时，中华麻风救济会借银行公会叙餐，并举行本年度第一届董事会。“出席袁履登、陆伯鸿、徐新六、李廷安、朱少屏、王志仁、颜福庆、刁信德、赖斗岩、程联、李元信、邬志坚等十余人”，“推李廷安、伍连德、颜福庆、陈鸿康、赖斗岩、巴德巽、麦雅谷（各）、刁信德、罗爱恩、应元岳、丁惠康、陈志方等为医学委员会委员”。③

25日：十时，鉴于本市每届夏季，常有霍乱症流行，辗转传染，为害极烈。卫生署署长刘瑞恒由南京抵沪，借市府会议室召开第一次会议，讨论预防之

①《姚子让先生今日开吊》，《申报》1934年4月15日，第15版。

②《慈幼会建堂纪念克银汉夫人》，《申报》1934年4月18日，第11版。

③《中华麻疯救济会举行第一届董事会》，《申报》1934年4月21日，第15版。

筹备事项。“计出席者有刘瑞恒、李廷安、颜福庆、伍长耀，及公共租界、法租界、本工部局代表等 14 人，由刘署长主席。”会议决定：时疫委员会、宣传委员会委员任期延长一年、时疫委员会主席仍为伍连德，宣传委员会主席仍为先生。①

5 月 4 日：是日为陆伯鸿六旬生日，“由王一亭建等议，将寿仪悉助建筑闸北母心医院，当经陆氏赞同，并假座国货路正修中学大礼堂设筵，招待来宾”。“是日到者计有：市长吴铁城、市府秘书耿续之、公用局长徐佩璜、卫生局长李廷安、上海教区惠大司及黄金荣、杜月笙、何德奎、张啸林、王一亭、施省之、虞洽卿、史量才、顾馨一、姚慕莲、方椒伯、汪伯奇、许世英、冯炳南、钱新之、姚紫若、吴蕴斋、张效良、乐振葆、朱寿丞、朱学范、陆京士等中西各界来宾达二千余人。”②

5 日：《申报》报道：据周尚回忆，“上海市卫生局长李廷安悉心研究卫生教育有年。他对我说：‘他的侄子患扁桃腺，学业成绩屡败，三年倒有二年留级。经他检出病原治愈后，学业成绩竟突飞猛进。’这都是真凭实据。这是大家该觉悟的。有了健全的身心才有健全的头脑。记取了这话，有益求学不少”③。

10 日：先生参加上海江湾两江女子体育师范学校举行的复兴纪念。④

17 日：下午一时起，上海市中等学校教职员联合会主办之中等学校春季联合运动会在劳神父路中华田径场开幕，为期三天。“名誉会长吴铁城，名誉副会（长）褚民谊、吴醒亚。会长潘公展，副会长陶百川、陈济成。名誉指导文鸿恩、俞鸿钧、徐佩璜、金里仁、吴开先、童行白、姜怀素、李廷安、沈君怡（按：沈怡，字君怡）、蔡增基。”⑤

18 日：夜七时，贵州路湖社在社所内大礼堂举行卫生谈讲会。先生与会，并作题为“夏令卫生”的讲座。⑥

湖社简介：湖州六邑（吴兴、长兴、德清、安吉、武康、孝丰）旅居外地

① 《沪市昨开筹备防疫会议》，《申报》1934 年 4 月 26 日，第 12 版。
② 《陆伯鸿周甲寿辰寿仪助建医院》，《申报》1934 年 5 月 6 日，第 12 版。
③ 《青年烦恼与健康教育（二）》，《申报》1934 年 5 月 5 日，第 14 版。
④ 《两江复兴纪念第二日》，《申报》1934 年 5 月 11 日，第 13 版。
⑤ 《中等学校联合运动会明日开幕》，《申报》1934 年 5 月 16 日，第 16 版。
⑥ 《湖社卫生演讲会》，《申报》1934 年 5 月 20 日，第 14 版。

的同乡组织。1924 年 6 月 1 日成立于上海。建社初期，社址屡迁，至 1931 年冬，始在上海北京路贵州路口建成陈英士纪念堂作为永久社址。其组织：设社长一人，由陈蔼士（陈英士之弟）担任。下设总务、宣传、教育、社会调查、土产推销、湖属旅行、同乡公益七部及社员俱乐部等机构，并在吴兴、南京、武汉、苏州设立分社，在嘉兴、永嘉设立通讯处。该社以主持正义、研究建设事业、促进地方自治、扶助平民教育、办理同乡公益为宗旨。主要从事帮助旅外同乡的公益事业，如提供免费医疗、保送同乡入学和造福家乡等，并编辑出版有《湖州月刊》。抗日战争期间，因社务衰微，曾一度改组为湖属六邑旅沪同乡会，抗战胜利后恢复活动。中华人民共和国成立后，于 1953 年划归浦东残老院。①

19 日：《申报》报道："中华国民拒毒会"教育科历年主办全国大学生拒毒论文比赛，成绩甚著。去年又继续举办，全国大学学生加入者，至为踊跃。"该会延请商务印书馆总经理王云五、上海公共租界工部局会办何德奎、北平大学法学博士王亚征、上海卫生局长李廷安、中华职业教育社主干江问渔、前驻比公使王景岐诸名流，分别评定甲乙。因卷数繁多，直至日前，始经竣事。现经按照平均总分数，拔取武汉大学段仲榕第一名，其题目为《四川涪陵烟祸实况及有效之肃清计划》。"②

24 日：第六届全市小学联合运动会上午九时在大吉路市立第一公共体育场举行开幕典礼。先生被举为名誉指导。③

是日：下午二时，新生活运动促进指导组第一次会议在大吉路公共体育场会议室举行，先生出席。④

25 日：中午 12 时，吴铁城市长在市政府中心区大礼堂举行招待青岛工业考察团宴会。"到市长吴铁城，秘书长俞鸿钧，及各局长吴醒亚、潘公展、文鸿恩、金里仁、李廷安，暨市党部童行白，工商界领袖王晓籁、刘鸿生、郭顺、郭乐、陆文韶、徐寄庼、林康侯、胡西园、蔡声白、方液仙、吴蕴初、陆伯鸿、陈小

① 张宪文、方庆秋、黄美真主编：《中华民国史大辞典》，南京：江苏古籍出版社，2001 年，第 1770 页。
②《拒毒论文比赛揭晓》，《申报》1934 年 5 月 19 日，第 12 版。
③《本市小学运动会明晨开幕》，《申报》1934 年 5 月 23 日，第 13 版。
④《新生活运动组劝导队定期检阅》，《申报》1934 年 5 月 28 日，第 10 版。

蝶、张子廉、沈九成等五十余人。”①

26日：下午四时，市长吴铁城夫妇在市中心区市府新屋举行茶会，欢迎班禅，中外来宾、驻沪各国使领文武官长，暨工商业领袖两千余人参加茶会。先生与会。②

29日：“本市市党部全体执监委员为表示欢迎计，特定于今日下午七时，假法租界霞飞路1881号市政府招待处，欢宴班禅大师暨随员。”“邀请吴市长、李大超、杨啸天、许金源、金里仁、沈怡、蔡增基、黄伯樵、李廷安、文鸿恩、徐佩璜、王晓籁、杜月笙、朱学范、史量才、张竹平、汪伯奇、王一亭、关炯之、屈文六、闻兰亭、德浩、黄涵之等数十人作陪。”③

30日：《申报》报道：中华慈幼协会联合上海医事事业董事会，选择江湾叶园之南角，为克银汉夫人建筑纪念堂，作为慈幼疗养院院所。各方致送纪念金：“杜月笙500元，朱家骅300元，汪兆铭、蒋中正、黄郛、许毓森（许建屏之三公子）各100元，戴季陶、中华书局各50元，浙江兴业银行30元，郭承恩25元，钱永铭、穆藕初、薛笃弼、俞佐廷、赵晋卿、许世英、卢春芳各20元，陈光甫、何炳贤、秦润卿、孙瑞璜、李廷安、夏陆军、徐新六、吴蕴斋、林康侯、朱经农各10元，李大超、黎照寰、朱芾各5元，连同以前所收已达2100余元。”④

6月4日：“本市新生活运动促进会为使全市市民实现新生活起见，业已分别组织军警农工商学各界劝导队，4日晨十时，在市立第一公共体育场，由吴市长亲自检阅。”“参加者……共505队，暨市长吴铁城、教育局长潘公展、公安局局长文鸿恩、卫生局局长李廷安、社会局局长吴醒亚（吴桓如代）、童子军理事冷雪樵、美国童子军执行委员魏白等二千余人。”“吴市长偕同文局长、潘局长、李局长等下检阅台。”⑤

按：吴铁城市长训话后，“尚有卫生局长李廷安演说，辞长从略”。考先生有关新生活运动的文章有：《新生活运动与健康之关系》1935年发表于《新生活

①《吴市长昨欢宴青岛考察团》，《申报》1934年5月26日，第11版。
②《市府昨开茶会吴市长招待中外来宾》，《申报》1934年5月27日，第10版。
③《市商会等十一团体昨晚欢宴班禅大师·党部招待》，《申报》1934年5月29日，第9版。
④《限期落成之克银汉夫人纪念堂》，《申报》1934年5月30日，第13版。
⑤《吴市长昨日检阅新生活运动劝导队》，《申报》1934年6月5日，第11版。

周刊》；《新生活与卫生》1936年发表于《卫生月刊》；《实行新运应该由小及大推己及人》1936年发表于《上海党声》。

8日：防痨协会筹设之第一痨病诊疗所，决定在月中成立。午后四时，开第七次常务理事及第一次医务委员会议。先生出席，并以主席身份报告医务。先生被推举为医务委员。会议决定：第一痨病诊疗所医生由颜福庆、布美推荐，由先生和朱恒璧决定。防痨协会拟举办之儿童夏令营，本市教育局、卫生局、儿童幸福会，皆要求加入合办。儿童夏令营筹备会第一次议决："推儿童幸福会李廷安、胡叔异，防痨协会张君俊、张维，教育局潘公展、周尚，卫生局吴利国、孙家齐为委员，督促会务。"①

颜福庆（F. C. Yen）小传：1882年生于上海，我国著名的医学教育家与公共卫生学家，1904年毕业于上海圣约翰大学医学院，1909年获耶鲁大学医学博士学位。"这是耶鲁大学第一位获博士学位的亚洲人。"②同年获英国利物浦热带病学院的热带病学位证书，由于认识到疾病预防的重要性，1914年赴美专攻预防医学，获哈佛大学公共卫生学院公共卫生学毕业证书。回国后，任湖南湘雅医学院院长，1915年组建中华医学会，被选为首任会长；1926年任北平协和医学院副院长；1927年组建第四中山大学医学院（上海医科大学前身），并任院长；1937年担任上海市救护委员会主任委员；1938年任国民政府卫生署署长；1939年辞去卫生署署长之职，返回上海。"他拒绝与汪伪政府合作，深居简出，几乎不与外界交往。"③中华人民共和国成立后，任上海第一医学院副院长，1970年病逝。

14日：《申报》报道：上海市卫生局、教育局、儿童晨报社、中国防痨协会、儿童幸福会五机关，鉴于我国儿童身体孱弱，影响于国家民族者至大，利用暑期举办"上海市夏令儿童健康营"，"推定幸福会李廷安、胡叔异，防痨会张君俊、张维，卫生局吴利国、孙家齐，教育局潘公展、周尚组织委员会，从事进

---

① 《防痨协会业务进展》，《申报》1934年6月9日，第13版。

② 朱裕庭、戎恭炎：《颜福庆和上海医学院》，中国人民政治协商会议上海市委员会文史资料工作委员会编：《上海文史资料选辑》第59辑《解放前上海的学校》，上海：上海人民出版社，1988年，第167—173页。

③ 朱裕庭、戎恭炎：《颜福庆和上海医学院》，中国人民政治协商会议上海市委员会文史资料工作委员会编：《上海文史资料选辑》第59辑《解放前上海的学校》，上海：上海人民出版社，1988年，第167—173页。

行，决定医务由卫生局负责，事务由幸福会负责，教育由教育局负责，护理由防痨会负责。该营除由学校卫生主任孙家齐医师、普通医师二名、护士二名、教员二名、助教六名，早晚驻营办理外，复请营养等各专科医师高镜朗、祝慎之、江兆菊等为顾问，教育方面请陈鹤琴等指导，以利进行。凡属市民子女均可入营”。①

是日：上午九时，江湾东南女子体育师范学校为庆祝该校十周年纪念，在该校体育馆举行十周年典礼。先生参加庆典，并发表演说。②

16日：《申报》报道：上海市“第十三届卫生运动宣传周，定19日开幕，市长持帚主礼，22日举行展览会，由胡蝶揭幕”。“大会主席团经推定市长吴铁城、秘书长俞鸿钧、卫生局长李廷安、公安局长文鸿恩、教育局长潘公展、社会局长吴醒亚、财政局长蔡增基、土地局长金里仁……”③

是日：下午二时，上海市儿童幸福委员会主办之家庭教育讲座，在湖社大礼堂举行首次公开演讲，到男女听众四百余人，主席为吴市长夫人。先生参加，并演讲“儿童健康”。“略谓：健康为一切事业之基础，而儿童健康尤为重要，中国现在儿童生病者较外国儿童多二三倍，民众健康破产。当此国难时期，须有健康的民众，才能抵抗一切困难。要民众健康，一定要儿童健康，而要儿童健康，一定要家庭教育，研究儿童之营养、儿童之运动、儿童之卫生及心理健康。”④

17日：下午三时，沪西虹桥疗养院举行新厦落成开幕典礼，“参观来宾有：吴铁城及夫人、叶恭绰、李烈钧、许世英、程潜、张定璠、李大超、李廷安、工部局总办琼思、史量才、王晓籁、杜月笙、林康侯、王一亭、朱少屏、俞鸿钧、汪伯奇、张竹平、潘公展、文鸿恩、黄涵之。医师有牛惠生、牛惠霖、徐乃礼、阮尚丞、蔡禹门、宋国宾、冯五昌、恩格尔、布美、柏德、费纳煦、顾毓琦、金问淇、吴忆初、富文寿、李冈，同济及同德医学院学生及中外记者等一千余人。”先生演说。“略谓：办医院甚难，办好医院更难。今见虹桥疗养院

① 《上海市夏令儿童健康营招生》，《申报》1934年6月14日，第14版。
② 《东南女体师十周纪念礼》，《申报》1934年6月16日，第15版。
③ 《卫生运动宣传周定十九日开幕》，《申报》1934年6月16日，第13版。
④ 《家庭教育讲座昨举行首次演讲》，《申报》1934年6月17日，第15版。

如此完美，足见经营之不易，希望国人多加赞助，以为提倡。”①

虹桥疗养院简介：1932 年在上海市肺病疗养院基础上，丁福保创立虹桥疗养院。1934 年 6 月 17 日下午三时，举行新厦落成开幕典礼。参观来宾有吴铁城及夫人、叶恭绰、李烈钧、许世英、程潜、张定璠、李大超、李廷安等，同济及同德医学院学生及中外记者等一千余人。虹桥疗养院始建于 1932 年，“屋外部用红白二色……入门后，左为医生室，右为交谊厅，墙作淡绿色，古雅宜人。第一层有看护室、爱克司光室、太阳灯室、医生卧室。第二层有消毒室、手术室、器具室、麻醉室、待产室、药室。第三层为化验室、看护室。第四层为大饭厅、藏书室、音乐室、大厨房、小厨房、大平台及特别养病室。内分会客室、卧室、读书室、陪客间及浴室。该院新厦之特点为所有卧室，悉数南向，每室均有互相隔离之洋（阳）台，以备横卧憩息之用，每高一层即向内缩进六七尺，故每层卧室之光线空气，异常充足，实为国内最新式之医院建筑。而环境幽静，接近乡村，尤适合疗养之用”②。“张定璠氏（曾任上海市市长）捐助名贵机械多种，立法院长孙哲生氏捐助太阳灯室一座，暨大校长郑洪年氏捐助该院图书室全部。”③

18 日：鉴于山东乡村建设研究院梁漱溟院长调借吴淞区卫生事务所副所长李玉仁办理卫生工作，先生函呈吴铁城市长，认为：“事关推进卫生，似无不可。关于调借期间拟以一年为限。在调借期内，该员薪水由调借机关支给该员。现于本年 6 月 30 日离职前往。除将该员停薪留职并另行派员暂行接替外。理合备文呈报。”④

19 日：上海市第十三届卫生运动大会上午十时半在大吉路公共体育场举行开会仪式。“吴市长及各机关长官各界领袖，将亲持扫帚清道。”先生任大会主席团成员。⑤

---

①《虹桥疗养院昨日开幕》，《申报》1934 年 6 月 18 日，第 11 版。

②《虹桥疗养院昨日开幕》，《申报》1934 年 6 月 18 日，第 11 版。

③《虹桥疗养院近讯》，《申报》1933 年 12 月 29 日，第 10 版。

④ 上海市政府：《上海市政府指令第一〇六四九号》，《上海市政府公报》1934 年第 146 期，第 72—73 页。

⑤《卫生运动今日开始》，《申报》1934 年 6 月 19 日，第 10 版。

是日：上海市第十三届卫生运动大会开幕，先生发表《为十三届卫生运动告全市民众》演讲："公共卫生，简言之，欲人之无病而已矣。然进言之，于个人则非独祛除疾病，克享大年。而优哉游哉，人生之兴趣盎然。魁乎雄乎，工作之效能增矣。于国家则死亡率既经下降，经济上无谓之损失，因以得免。而工作效力既已递增，生产上经常之收获，必以倍丰。此公共卫生所以为近代国家要政之一也。"①

是日：上午十时半，上海市第十三届卫生运动大会在大吉路公共体育场开大会。"吴市长及各局局长各机关长官，于开会演说后，皆亲持扫帚，在大吉路扫除街道。"先生等一千余人参加（图 5.7）。首由先生报告："上海市第十三届卫生运动，于今日开幕。我人深认身体健康之重要，故对于个人卫生，及公共卫生之不可忽视，本市每年均有卫生运动之举行……本届卫生运动更加扩大。此次参加之团体机关有二三十个之多，并承参加各团体各机关之热烈协助，得能一切进行顺利，殊为感谢。今年之卫生运动，应注意之事有五：①吐痰必须养成良好习惯。②小便必上厕所。③垃圾必须倒在垃圾桶内。④喝水喝沸水。⑤接受防疫注射等五事。盖此五事最（至）关重要，我全市市民，均能做到以上五事，则公共卫生得有较好成绩矣。"②

按：先生是日在第十三届卫生运动大会的发言，刊于《卫生月刊》。③

是日：下午四时半至六时，上海市公用局公共汽车管理处在斜徐路 252 号该管理处厂招待中外来宾。先生出席。④

20 日："吴市长对于卫生运动，极为关心，除于开幕礼时，领导扫街以为提倡外，并于日前（按：6 月 20 日）偕同卫生局长李廷安，亲往视察南市卫生区事务所，对该区卫生事务，多所指导，并顺道赴南市托儿所视察一周，对儿童卫生上之设备，亦有所指正。"⑤

---

①《卫生运动特刊》，《申报》1934 年 6 月 19 日，第 15 版。

②《第十三届卫生运动开幕》，《申报》1934 年 6 月 20 日，第 9 版。

③ 李廷安：《为十三届卫生运动告全市民众》，《卫生月刊》1934 年第 7 期，第 267 页。

④《公用局招待环城游览》，《申报》1934 年 6 月 20 日，第 11 版。

⑤《吴市长关心卫生运动》，《申报》1934 年 6 月 21 日，第 12 版。

图 5.7　李廷安在清洁运动中（前排左一为李廷安）①

南市卫生区事务所简介：南市卫生区事务所成立于 1933 年，由卫生局直接领导，后因卫生局迁入市中心区，该所于 1934 年迁入沪南卫生事务所。尤济华任所长。因沪南区“户口稠密，中产以下市民之免费治疗，需要甚殷，爰令卫生局于南市蓬莱路租赁民房，自二十二年（1933 年）9 月 20 日起，开始免费诊疗。至二十三年（1934 年）2 月迁设于沪南区卫生事务所内”②。南市卫生区事务所开展的工作主要有：注射霍乱疫苗，“（1934 年 7 月份注射霍乱疫苗）为男 91 647 人，女 57 681 人，共 149 328 人”③。施种牛痘疫苗，“由该所分派大批人员驾驶种痘车，从上午八时半起，开始向各街户以及道途行人劝种，所有费用完全免除，一方面并聘请全市著名医师以及公私之卫生机关义务施种，期以三月，使市民无传染症发生，而逐渐入于康庄大道”④。此外，还举办体检、举办儿童健康比赛等。前往卫生事务所看病病人逐渐增多，“南市卫生区事务所，

① Li T A. *A report on the Bureau of Public Health, City Government of Greater Shanghai*. The Francis A.Countway Library of Medicine(Boston Medical Library and Harvard Medical Library).

② 上海市卫生局编：《上海市四年来卫生工作概要（民国二十一年至二十四年）》，民国时期文献保护中心、中国社会科学院近代史研究所编：《民国文献类编·医药卫生卷》（991），北京：国家图书馆出版社，2015 年，第 129 页。

③《市卫生局发表本年夏季防疫工作》，《申报》1934 年 8 月 20 日，第 13 版。

④《春季天花防止，卫生局扩大播种牛痘》，《申报》1935 年 2 月 18 日，第 12 版。

在从前每天到那里去求医取药的约有六百人，现在差不都已增至一千人”[①]。1934年8月20日南京市政府公共卫生参观团参观南市卫生区事务所，“该团对于各处内部设备，均甚赞许”[②]。

21日：《申报》报道：上海市卫生局、教育局、儿童幸福会、儿童晨报社及中国肺痨预防协会合办之上海市夏令儿童健康营，专事锻炼儿童体格，增进儿童健康。“定于7月初聘请卫生局长李廷安及吴利国、费昆年、高镜朗、江兆菊、张维、张君俊、孙家齐、周尚诸君，分别指导该营服务职员养护儿童，如营养、传染病预防、睡眠、洗澡、游戏、日光浴、刷牙诸事，以资增进入营儿童健康。”[③]

22日：下午二时，上海市第十三届卫生运动之卫生展览会借天后宫桥市立树基小学校大礼堂举行开幕典礼。“由市卫生局局长李廷安主席，余璞司仪，市教育局长潘公展、市商会主席王晓籁均出席致词，电影明星胡蝶女士莅场揭幕授篮，并有滑稽演剧家江笑笑、刘春山等表演滑稽戏剧。”先生致开幕词：“今日本市第十三届卫生运动之卫生展览会，在此举行开幕典礼。荷承各界热烈参加，殊为庆幸。本市此次卫生运动，得赖两租界之卫生处，以及其他各机关各团体之赞助。进行上殊见顺利，范围亦较往年为扩大。兹在此对于参加之各机关各团体表示感谢。本市此次卫生运动所注意之事凡五：①吐痰。②小便。③饮水。④垃圾。⑤注射。过去一般人，对于极简单而极关重要之五事，往往不能切实注意。故今后凡本市市民，对此五事，应一律遵照本市卫生局所颁发之卫生戒严令办理，此实为本市卫生运动第一步之成功。”各来宾演说毕，即由先生请电影明星胡蝶女士行揭幕礼，致揭幕词。致辞毕，由胡蝶授花篮于先生。[④]

25日：上海市第十三届卫生运动今日闭幕。开幕以来，每日下午四时至四时半，以及四时半至五时，上海市市长吴铁城和先生分别在中西大药房播音台及福音广播无线电台，广播卫生运动之常识及其意义。[⑤]

是日：下午四时，国立上海医学院借海格路红十字会第一实习医院礼堂举行第四届毕业典礼。“计到市长吴铁城，卫生署代表金宝善，李廷安、蔡增基、

① 《市府昨日召开各筹建委会成立会》，《申报》1935年4月12日，第9版。
② 《南京市政府公共卫生参观团到沪》，《申报》1934年8月21日，第15版。
③ 《夏令儿童健康营将聘卫生局长指导》，《申报》1934年6月21日，第15版。
④ 《卫生展览会昨日开幕》，《申报》1934年6月23日，第14版。
⑤ 《第十三届卫生运动今日闭幕》，《申报》1934年6月25日，第13版。

黄任之、马凤岐，暨来宾五十余人。”[①]

金宝善（P. Z. King，1893—1984）小传：浙江绍兴人，在绍兴中学堂读书时，受学监鲁迅赏识，“鲁迅先生的《辫子的风波》一文中所描述的那个学生，就是以金先生做模特儿的”[②]，1911 年考入日本千叶医科学校主修内科；1916 年毕业后考入东京帝国大学，专攻传染病学与生物制品制造技术；1919 年在中央防疫处任技师，“制备出鼠疫疫苗、免疫血清、抗毒素、牛痘苗等多种生物制品。从此，中国有了自己的生物制品事业，结束了依赖国外进口生物制品的局面”[③]。1920—1921 年，金宝善与伍连德、俞树芬一起平息东三省鼠疫。1926 年，前往美国约翰·霍普金斯大学公共卫生学院进修。1927 年，组建杭州市卫生局并任局长。1928 年，任中央防疫处处长。1931 年，将中央防疫处从北平迁至南京。1932 年，中央卫生实验处成立，卫生署署长刘瑞恒兼处长，金宝善任副处长，“其主要任务是建立各项卫生事业的实验及研究工作，包括设立各种实验区，训练各种卫生、保健、防疫的专门人才。处内设防疫检验、寄生虫学、化学药物、妇幼卫生、卫生教育、卫生工程、环境卫生、生命统计、社会医学、工业卫生等十个系，开始调查我国各地区的流行病如鼠疫、血吸虫病、疟疾、黑热病等，并筹建了一些地区的卫生实验机构和卫生工程，制定了生命统计制度及卫生教育计划”。[④]1938 年任卫生署副署长，1941 年任署长。1947 年，卫生署改为卫生部，周诒春任部长，金宝善为副部长。该年，世界卫生组织在日内瓦成立，“金先生作为中国代表参加了会议，成为世界卫生组织的发起人之一”[⑤]。1949 年，金宝

① 《各校行毕业礼·国立上海医学院》，《申报》1934 年 6 月 26 日，第 14 版。

② 杜孝贤：《他为祖国的卫生事业贡献了一生——忆公共卫生专家金宝善先生》，中国人民政治协商会议北京市委员会文史资料研究委员会编：《文史资料选编》（第 28 辑），北京：北京出版社，1986 年，第 171—181 页。

③ 杜孝贤：《他为祖国的卫生事业贡献了一生——忆公共卫生专家金宝善先生》，中国人民政治协商会议北京市委员会文史资料研究委员会编：《文史资料选编》（第 28 辑），北京：北京出版社，1986 年，第 171—181 页。

④ 杜孝贤：《他为祖国的卫生事业贡献了一生——忆公共卫生专家金宝善先生》，中国人民政治协商会议北京市委员会文史资料研究委员会编：《文史资料选编》（第 28 辑），北京：北京出版社，1986 年，第 171—181 页。

⑤ 杜孝贤：《他为祖国的卫生事业贡献了一生——忆公共卫生专家金宝善先生》，中国人民政治协商会议北京市委员会文史资料研究委员会编：《文史资料选编》（第 28 辑），北京：北京出版社，1986 年，第 171—181 页。

善被国民政府任命为卫生部部长，没有回国就任。他是中华医学会第十二、十三次大会会长（1937—1943 年）。1951 年从美国经香港回到中国，在北京医学院从事公共卫生教学与外文资料翻译工作，被定为一级教授，是第二、五、六届全国政协委员。1946 年 1 月 4 日，卫生署署长金宝善向广州市政府发出“函为派李廷安前往广州筹设广州中央医院请予协助由”的公函。具体内容如下：“查本署拟于广州市设立中央医院一所，配置病床 500 张，定名为广州中央医院，派李廷安为该院院长。”①

7 月 1 日：江湾区卫生事务所举行开幕典礼。“来宾到有：市长吴铁城、卫生局长李廷安、公安局长文鸿恩、工部局卫生处处长乔屯、市党部代表王国屏，暨颜福庆、蔡晋孙等三百余人。”先生担任大会主席，并做报告：“本事务所……今日举行开幕典礼，此后工作，将努力保健，使市民减少疾病，增加寿命。”②

江湾区卫生事务所简介：由上海市卫生局主办，地方士绅组织江湾区卫生委员会，筹募开办费及经常费，将昔日江湾时疫医院房屋改造刷新，委任杨玉阶为该所主任。1933 年 11 月开始筹备，1934 年 7 月 1 日举行开幕典礼。“大会职员：主席李廷安、总干事沈诰、总招待吴利国、司仪闫森。”“主席李廷安报告：略谓本事务所筹备迄今，业已 8 月，内部粗具规模……此后工作……尚望地方热心士绅，本其今日协助精神，始终维护。”③“该所为便利家境困苦起见，设有免费接生，无论住院或出外，概不取手术费。”④

6 日：上海市夏令儿童健康营开营，先生亲往指导。⑤

12 日：《申报》报道：上海市教育局第二届暑期讲习会自 7 月 9 日开始举行至 7 月 21 日止，共计两星期。“每日下午一时半至五时半为特别演讲，由该会敦请海上名流到会演讲。那天大约是十二日吧，会中敦请卫生局长李廷安先生演讲《教育与卫生》。李局长到会时，已经是一时三刻了。李局长在未演讲之前，首先说明他迟到的原因。他说：‘现在实行新生活运动，约会要守时刻。兄弟素

① 《卫生署筹设广州中央医院》，广州市档案馆，4-02（全宗号）-4418（案卷号），第 1 页。

② 《江湾区卫生事务所昨日开幕》，《申报》1934 年 7 月 2 日，第 15 版。

③ 《江湾区卫生事务所昨日开幕》，《申报》1934 年 7 月 2 日，第 15 版。

④ 《医药界》，《申报》1935 年 1 月 12 日，第 15 版。

⑤ 《五机关合办夏令儿童健康营近况》，《申报》1934 年 7 月 21 日，第 14 版。

来是最守时刻的，今天因为时表坏了，不知时候，赶着去买了新表到来，哪知已迟到 15 分钟了。’他说罢取出新表来给大家看。”[①]

13 日：是日下午一时半，先生受邀为上海市教育局举办的第三届暑期学校作题为《儿童的营养》[②]的演讲。先生首先从儿童新陈代谢与生长发育角度阐明营养的重要性，认为营养充足的儿童，他的身体是强健的，他的精神是愉快的，思想灵敏，举动伶俐，不论做事读书，成绩总是优良的。反之，营养不足的儿童，他的身体是孱弱的，他的精神是萎靡的，思想迟钝，举动呆笨。不论做事读书，成绩总是恶劣的。其次，先生从蛋白质、碳水化合物、脂肪、盐类、维生素方面来介绍营养的成分以及缺少某种营养的危害。最后，先生谈到儿童的食物，先生认为儿童是国家的主人翁，儿童期是儿童一生最重要的黄金时代。在此期间，如果他得不到良好的营养，一定会像得不到适当养分的一棵花或一株草一样，不是夭折便是生长迟缓。

15 日：中国统计学社第四届年会闭幕，中午 12 时半，借新亚酒店答宴各界，先生出席，并致辞。[③]

17 日：“中华慈幼协会日前（按：7 月 17 日）举行 66 届执委会议。除该会会长孔祥熙因有华北之行未克出席外，各委如罗运炎、斐美德、林康侯、王晓籁、赵晋卿、李廷安、吴维德、孙瑞璜、韦志华，暨干事许建屏、陈铁生、王贯一等均到会。本届会议除报告事项，由林康侯报告财政状况，许建屏报告会务情形后，所有讨论事项，皆甚重要，分记如次：①通过接办闸北平民教养院，定正式接办期为 8 月 1 日，期前先行进洽一切。②决定半年大会，于 8 月 24 日下午五时，假青年协会中山厅举行。③因纪念克银汉夫人之江湾慈幼疗养院，工程已达盖顶。议决：照原议先付建筑费 6000 元。④关于儿童幸福会请求补助第一托儿所经费事。议决：一次拨助 1000 元，指定用于购床。⑤通过聘请美按察使赫满克夫人，递补克银汉夫人遗缺。”[④]

18 日：下午四时半起，申时电讯社在上海市巨泼来斯路 263 号张宅举行园游茶会，由该社董事长杜月笙暨该社全体职员等招待。市长吴铁城、先生等三

---

① 《暑期讲习会的花花絮絮》，《申报》（本埠增刊）1934 年 8 月 5 日，第 5 版。

② 李廷安讲，王修和笔记：《儿童的营养》，《大上海教育月刊》1934 年第 7 期，第 137—140 页。

③ 《中国统计学社四届年会昨日闭幕》，《申报》1934 年 7 月 16 日，第 17 版。

④ 《慈幼协会执委会议》，《申报》1934 年 7 月 18 日，第 11 版。

百余人出席。[①]

申时电讯社简介：1924年建立于上海，张竹平主办，属民营通讯社，该社将《申报》《时事新报》所得中外专电选编成电讯、邮讯，供外埠有关系的报纸使用。1928年扩充资本，改组机构，聘用专职人员，编发中英文电讯。1932年与香港、马尼拉、新加坡、爪哇等地一百一十多家报社订约供稿，日发电讯稿六万字。1934年2月成立股份有限公司，设立南京、汉口、天津、香港分社，增发新闻摄影稿。1937年11月后停止发稿。[②]

20日：《申报》报道："本埠博物院路131号中华麻疯救济会发起之悬奖征文，旨在征求国人对于铲除麻疯之意见，俾收集思广益之效，诚法良意美也。实行以来，颇为各界注意，并因前五名有现金奖励之规定，故每届举行，无不踊跃参加，非常热烈。而本届且有陕西、云南、福建、汕头、厦门、潮州等处亦纷纷来函应征，其盛况可想见一斑。该会为郑重计，特延聘上海市卫生局李廷安局长、中华医学会总干事朱恒璧博士，暨《华年周刊》主笔潘光旦博士等三闻人为评判员，故取舍极为公允。闻本届征文各卷业经审核完毕，以成绩最优之盛彤笙为第一名、黄杏标第二、黄广生第三、方於幄第四、文郁章第五。除由该会备函分别通知外，并已正式登报揭晓。"[③]

朱恒璧（H. P. Chu，1890—1987）小传：江苏阜宁县人。1916年毕业于中国哈佛医学校，1918年赴哈佛大学进修病理学一年，1923—1925年在美国西留（Western Reserve）大学进修药理学，1929年任上海医学院教务主任，1935年11月在广州举行的中华医学会第11届大会上当选为会长，1937—1953年任上海医学院院长。"1953年，我被调到浙江省卫生厅任技正，两年后转到浙江医学院（现浙江医科大学）任药理学教授。"[④]

21日：《申报》报道："上海市夏令儿童健康营系儿童晨报社、中国预防痨病协会、儿童幸福会、卫生局、教育局五机关合办。目的在施行假期健康教育，

---

①《申时电讯社昨举行十周纪念园游茶会》，《申报》1934年7月19日，第13版。

② 张宪文、方庆秋、黄美真主编：《中华民国史大辞典》，南京：江苏古籍出版社，2001年，第547—548页。

③《麻疯会征文揭晓》，《申报》1934年7月20日，第14版。

④ 朱恒璧：《努力促进药理学的定量研究》，王志均、韩济生主编：《治学之道——老一辈生理科学家自述》，北京：北京医科大学、中国协和医科大学联合出版社，1992年，第297—300页。

俾身心不良儿童，得能恢复健康。营址在吴淞区同济大学中学部，环境殊佳。本月 6 日开营，教育局潘公展局长、卫生局李廷安局长，均亲往指导。开营以来，前往参观者络绎不绝。”成效有：日常生活卫生化、纪律化，检查体重平均每人增加一磅。①

23 日：上海市儿童幸福委员会于昨日下午四时借用上海联欢社举行第九次常会，决定儿童图书馆馆址：第一儿童图书馆设和安，第二儿童图书馆设尚文，筹组儿童升学补助会。“出席者吴铁城（李廷安代）、李廷安、潘公展、胡叔异、陈鹤琴、王贯一、刘王立明、赵增祺。列席者文鸿恩（殷冠之代）、杨懋荣、周望鹤、钱弗公。主席吴会长（李代），纪录（记录）钱弗公。”②

27 日：防痨协会举行第八次常务理事会议。“吴铁城（李大超代）、李廷安、朱恒璧、伍连德（陈永汉代）、J. A. Snell 等。首由主席李廷安及总干事张君俊报告会务。”“议决下列事项：①向市政府租地十亩，建筑疗养院，推李廷安、李大超与市府接洽，由朱恒璧、汤书年、张君俊、张维、J. A. Snell 设计建筑图样。②发行刊物一种，内容关乎防痨论文、阐发防痨学理、防痨方法及儿童健康。敦请丁福保、伍连德、翁之龙、褚民谊、钱慕韩、谭世鑫等为特约编辑人，并由张君俊负责进行。③购买八千元之 X 光镜一架，以备第一痨病诊疗所之用。”③

29 日：《申报》报道：中国航空协会上海市征求队总队长办事处自去年 3 月间开始在本市征募航空救国基金，承各团体之热忱，各队长之努力，以及各界民众之慷慨输捐，乃获显著之成绩。中国航空协会依照赠奖办法，将成绩优良之各团体及各队并个人，分别给奖。先生获得银奖章。④

8 月 2 日：“吴市长昨日（按：8 月 2 日）下午六时在海格路望庐茶会招待沿太平洋学生领袖、会议代表。计到该会议男女代表克隆莱等，及来宾李登辉、黎照寰、裴复恒、张竹平、吴经熊、董显光、李才、鲍威尔、陆干臣、朱少屏、刘王立明、王孝英、俞鸿钧、李廷安、张廷荣、吴子祥、唐士暄、王长春、李大超等六十余人。由吴市长及夫人马凤岐女士招待。”⑤

① 《五机关合办夏令儿童健康营近况》，《申报》1934 年 7 月 21 日，第 14 版。
② 《儿童幸福会九次常会》，《申报》1934 年 7 月 24 日，第 15 版。
③ 《中国防痨协会常务理事会》，《申报》1934 年 7 月 29 日，第 13 版。
④ 《中国航空协会发给奖章》，《申报》1934 年 7 月 29 日，第 12 版。
⑤ 《吴市长招待太平洋学生会议代表》，《申报》1934 年 8 月 3 日，第 14 版。

3 日:《申报》报道:中华民生改进社举行征求社员运动,先生被举为队长。[①]

中华民生改进社简介:中华民生改进社由李登辉、李廷安、刘湛恩、应书贵、朱懋澄、潘仰尧、胡咏骐、沈体兰等发起,以协助国人建设国民经济,改进民众生活为宗旨。1932 年成立以后,即办理“一·二八”难民工厂,救济因沪战被难之民众,颇得社会之赞助。现时办理民生合作印刷所,以作生产合作之先声,出版《民生》半月刊,以鼓吹民生运动各种工作,进行非常努力。1933 年曾在博物院路举行第一届年会。1934 年第二届年会聘请孔庸之、马超俊、吴铁城、钮惕生、唐俞庆霖诸名流演讲。“为谋更加扩大力量起见,于开会时同时举行征求社员运动,期广征同志,集中力量,共同奋斗,以达到民生改进之目的。举定孔庸之、吴铁城为总队长,徐新六、朱少屏为副总队长,李廷安、刘湛恩、陈已生、潘仰尧、胡咏骐、李冠芳、吴若安、陈文仙、李伯嘉、田和卿、郭鲍懿、谈伯质等为队长,王志仁、应书贵为总参谋,沈体兰、史久芸、吴维德、金武周、谢颂羔、傅清淮、黄仲明、黄警顽为参谋,朱懋澄、郑剑峰为总干事。”[②]

4 日:中午 12 时 30 分,京沪、沪杭甬铁路同人在北四川路新亚酒店七楼举行第一次叙餐会。因该局局长黄伯樵不日赴欧美各国考察路政,借此话别。先生与会。[③]

20 日:南京市政府所派公共卫生参观团十时许携同公函至市中心区,往见先生。先生“亲为延见,略为叙谈后,即导引至各科处及市中心区诊疗所参观。并陪同至市政府晋谒市长吴铁城。吴市长派科长李大超陪同参观各办公室。至中午,由李局长在局内设宴洗尘,各科科长在席陪坐,至一时许始散席”。下午由先生派员陪往吴淞卫生事务所、南市卫生事务所及诊疗所参观。[④]

21 日:下午四时,上海市儿童幸福委员会在上海联欢社举行第十次常务会议,先生出席,“劳动托儿所经费已募有成数,应如何积极规划设立案,议决推李委员廷安,王委员贯一,于两星期内计划妥善提会讨论”[⑤]。

---

① 《中华民生改进社消息》,《申报》1934 年 8 月 3 日,第 12 版。

② 《中华民生改进社消息》,《申报》1934 年 8 月 3 日,第 12 版。

③ 《两路同人昨举行首次聚餐会》,《申报》1934 年 8 月 5 日,第 11 版。

④ 《南京市政府公共卫生参观团到沪》,《申报》1934 年 8 月 21 日,第 15 版。

⑤ 《本市儿童幸福会筹备开办劳动托儿所》,《申报》1934 年 8 月 22 日,第 16 版。

22日：《申报》报道：远东热带医药会第九次大会将于今年10月1日起至7日止在南京举行。参加该项大会者有二十余国，国民政府鉴于该会性质之重要，特组派委员会，拨给经费，积极筹备。“该会为便于各地人仕（士）之入会，及对于大会情形，有所不明，而必待探询者，特由该会执行委员会在当地设秘书一人，以便接洽。名单如下：首都金宝善（南京卫生署）、华北区李宗恩（北平协和医院）、华南区谈翼平（广州中山大学医学院）。”“大会名誉会长汪精卫，名誉副会长孔祥熙、黄绍雄，大会会长刘瑞恒，名誉顾问褚民谊、伍连德、牛惠生等。”“大会会长刘瑞恒，为开幕期近，各国代表均将先后来华，并拟于各代表抵沪先行招待游历参观，爰先组织招待委员会，以敦国际友谊。兹探得委员会人选如下：主任委员李廷安，副主任委员S. H. Jordan、H. Rabeute、伍连德，委员朱恒璧、沈诰、程慕颐、汤非（飞）凡、伍长耀、齐大治、李宣果、张维、谷镜硏（汧）、宋国宾、宋梧生、吴利国、张鋆、陶炽孙、曾广方、黄子方等。”①

远东热带医学会简介：远东热带医学会于1908年3月1日由“东方大小各国之医师组织而成，是年在小吕宋开创立会至1912年乃在香港开第二次大会，1913年在西贡开第三次会议，1921年在巴达维亚举行第四次大会，1923年在新嘉坡（新加坡）召集第五次大会”②。1925年10月在日本东京开第六次大会，“本届会长为北里氏，会中经费向由东方各国政府所津贴”，“此次吾国医师往东出席者有伍连德、林宗扬、吴祥凤、邓初、金宝善、黄子方、刘翔云、赵輸恩、黄孝湘、吴钧和、牛惠霖、余云岫、汪企张、陈冶愚、俞凤宾等。伍氏系该会副会长，林氏系文牍”。③

24日：下午五时，先生出席中华慈幼协会在博物院路全国基督教青年协会五楼礼堂举行的本年上半年度年会，由会长孔祥熙报告过去工作及未来发展计划。④

27日：上午十时，上海市各界在南市文庙路市立民众教育馆大成殿举行“先师孔子诞辰纪念大会”。“计到市长吴铁城，市党部童行白、姜怀素，市教育局潘公展，市保安处杨虎，市教育会陶百川、市商会郑澄清，市工会周学湘，市

---

①《远东热带医药会第九次大会开幕期近》，《申报》1934年8月22日，第13版。

②《远东热带医学会消息》，《申报》1925年10月9日，第15版。

③《远东热带医学会消息》，《申报》1925年10月9日，第15版。

④《慈幼协会半年大会记》，《申报》1934年8月25日，第14版。

农会俞振辉，公安局长文鸿恩，公用局（长）徐佩璜，土地局长金里仁，卫生局长李廷安，地方法院汪勋，中教联吴志骞，市民教馆陈颂春，市图书馆徐则骧，微风社朱斅春，市动物园沈祥瑞，现代思潮社王龙章，中山文教馆李大超，当代青年社赖志文，中华职教社施舍，及各学校代表一千余人。”①

30日：早晨，先生与公安局局长文鸿恩往闸北区，沿途视察街道整洁情形。②

是月：《寰球中国学生会特刊》刊登先生“以文会友，以友辅仁”题词（图5.8）。③

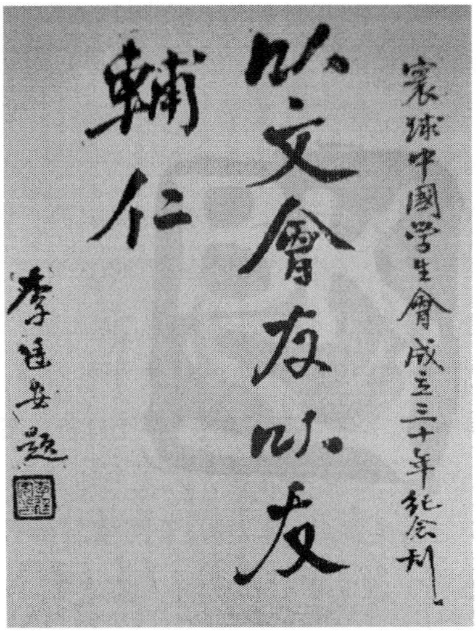

图5.8　李廷安为《寰球中国学生会特刊》题词：“以文会友，以友辅仁”

9月8日：欧亚航空公司新购之容克斯52号巨型飞机抵沪后停留在虹桥机场，定今日午后仍由格勃连兹男爵驾驶飞绕沪市一周，晚七时，借大东酒楼设筵欢宴，以庆祝中德远距离飞行之成功。先生参加宴会。④

19日：民生改进社为上海各界名流联合组织，晚七时借四川路青年会举行第

①《昨晨各界举行孔子诞辰纪念大会》，《申报》1934年8月28日，第11版。

②《两局长昨巡视闸北区街道》，《申报》1934年8月31日，第13版。

③ 李廷安：《寰球中国学生会特刊题词：以文会友，以友辅仁》，《寰球中国学生会特刊》1934年8月，第11页。

④《欧亚新机今日环飞沪市》，《申报》1934年9月9日，第13版。

20 次理事叙餐会议。“到李登辉、应书贵、李廷安、刘湛恩、潘仰尧、黄警顽、朱懋澄等十余人，由李登辉主席，报告社务发展情形及今后设施方针。”[①]

22 日：教育部为编订中小学卫生教育实施方案起见，特组织中小学卫生教育设计委员会，“22 日函聘朱章赓、胡惇五、张维、陈美愉、李廷安、金宝善、严镜清、余濆、张崇德等九人为委员”[②]。

23 日：远东热带病学会大会会期定下月 2 日至 8 日，为南京政府第一次国际会议，除特拨经费四万元外，并予以舟车优待，且派员陪同各国会员游览各地名胜。下午，先生和海港检疫处处长伍连德等陪同各代表游览全市，并参观本市卫生设备。晚七时，先生与国立上海医学院院长颜福庆、海港检疫处处长伍连德等借东亚酒楼为各代表洗尘。[③]

是日：晚七时，远东热带病学会招待委员会在东亚酒楼设宴，为昨日到沪之各会员洗尘。席间，先生致辞。“略谓：各会员跋涉重洋，来此参加会议，非常感谢。各会员均为现代热带传染病学专家，故此次在本京开会时，也有许多宏见，贡献我国人。于我国传染病前途，当有极大之裨益。矧（按：何况）医家原无国界之分，希望各专家，对于我国卫生建设，如有意见，请尽量加以批评并指导。”[④]

29 日：《申报》报道：中国防痨协会鉴于普及防痨教育为当前急务，特发行《防痨先锋》刊物一种，悬奖征求著作。已聘请先生和牛惠生、颜福庆、翁之龙、朱恒璧、伍连德、丁福保等为评判委员。[⑤]

按：中国防痨协会发行《防痨先锋》，悬奖征求著作，其简章如下。

题目：①防痨运动与中国民族之复兴；②防痨与教育；③从中国民族体质说到防痨（三题任择一题）。

奖金分三种：第一名 50 元，第二名 30 元，第三名 20 元。论文须在 500 字以上，不拘文言白话，但须用新式标点符号。来稿曾经他处披露者，例不致酬。稿件限明年 3 月底截止。已聘请牛惠生、李廷安、颜福庆、翁之龙、朱恒璧、

① 《民生改进社昨开理事会议》，《申报》1934 年 9 月 20 日，第 12 版。
② 《教部组织中小学卫生教育委员会》，《申报》1934 年 9 月 24 日，第 12 版。
③ 《远东热带病学会会员陆续抵沪》，《申报》1934 年 9 月 22 日，第 9 版。
④ 《热带病学会会员第二批昨抵沪》，《申报》1934 年 9 月 24 日，第 8 版。
⑤ 《防痨协会悬奖征文》，《申报》1934 年 9 月 29 日，第 15 版。

伍连德、丁福保先生等为评判委员。如稿件过少且乏佳作时，得展期征收，并得将奖额保留之，欲知详细办法，可附邮二分，寄本市池浜路该会，当即将详章寄奉。又该会近以索书者甚多，特将日前之《肺病指南》《肺病预防法》《肺病疗养法》三书添印，再作大规模之赠送。如各校图书馆及患有是病者需要参考，可附邮四分，寄交该会，当奉赠三册。①

是日：有美国医生赖某来沪，宣传其发明的治痨新法，曾往访先生，请加以赞助。先生“告以未经科学证明以前，空言有效，不能见信。只可代商防痨协会医药组加以研究，遂由防痨协会订期召集医学专家公开研究”，并请赖某出席报告。当时赖某并未能就所说治痨新法药物处方公开宣布。各专家议决：“遂由此项新法，发明人不能据实报告，殊觉诡秘可疑，应照科学步骤，由会推派专家数人监视，先作动物试验。如有良好成绩，再征求愿受试验之病人，作第二步之试验。果有可靠成绩，方能承认为正当之疗法而赞助之。在试验期中，应与约定，不得自做宣传，更不得借此招摇等项。当时该医生等表示愿意遵守。”近据报告，该医生“竟不依守规定，即将其所自称之治痨新法，尚未经过上述之科学证明，擅在市内夸大宣传，向医家接洽，出卖秘方，或共同合作等举动，此事殊属不合，除由防痨协会正式声明与该医生断绝关系外，望市民加以注意，毋受欺蒙”②。

30日：下午二时，上海市临时戒毒所宣告成立，并招待各界参观（图5.9）。“该所鉴于自愿请求戒毒者日多，而临时戒毒所地位不甚宽大，故现由（上海市长）兼司令吴铁城、军法处长陶百川会同卫生局长李廷安，在闸北青云路购地二亩，建造第二分所。”③

上海市临时戒毒所简介：1934年9月30日宣告成立。所址在龙华谨记路淞沪警备部对面，共有平屋14间，病房大小共6间，可收容一百人。办公室两间，职员宿舍两间，厨房一间，洗衣房一间，厕所两间。犯案及自愿戒毒者同时并收，一律免费。设所长一人、医务主任一人、住院医师一人、配药一人、护士三人、护生一人、文书一人、庶务一人、管理员一人。“对于管理毒犯，除医疗

①《防痨协会悬奖征文》，《申报》1934年9月29日，第15版。

②《托名新法治痨，外医招摇欺蒙》，《申报》1934年9月30日，第14版。

③《市戒毒所参观记·筹设分院》，《申报》1934年10月1日，第17版。

方面由医务人员负责外，其他监视事宜由警备司令部派有警卫员负责。”“该所自 7 月 11 日起，至 9 月 15 日止，总计戒毒人数 732 人。”[①]

图 5.9　视察上海市临时戒毒所（前排左二为李廷安）[②]

是年 9 月：先生作为中华医学会公共卫生委员会兼附设中国乡村卫生调查委员会主席在《中华医学杂志》上发表《中国乡村卫生调查报告》一文。先生通过整理国民政府卫生署姚寻源所搜集的有关乡村卫生工作的资料，介绍全国 17 个乡村卫生机关的成立经过、组织、人员与经费、工作计划暨工作概况。

先生发现 17 个乡村卫生机关的组织方式有中央举办、县或市举办、县或市与其他政府机关或私人团体合办、私人团体举办四种。工作人员有医师、护士、助产士、药剂师、卫生稽查、其他，共计六种。工作事项分治疗、防疫、卫生宣传、学校卫生、助产与妇婴卫生、劳工卫生、生命统计、人才训练、戒烟九种。

先生将中国乡村卫生状况总结出六大特点：“①设立未普遍也。中国乡村卫生机关寥若晨星，言省，则仅河北、山东、安徽、江苏、浙江、广东六省。言市，则仅北平、上海二市。言县，则仅宛平、定县、和县、萧县、盐城、泰县、句容、江宁、吴兴、武康、广州 11 县。总计全国 17 处，江苏居其六，上海居其三，设立之不普遍可见矣。②组织不一律也。中国乡村卫生机关之组织，各自为政，颇不一律。由中央举办者一：汤山是。由县或市举办者二：江湾、武康是。由县或市与其他政府机关或私人团体合办者九（实为八）：定县、萧县、

① 《市戒毒所参观记》，《申报》1934 年 10 月 1 日，第 17 版。
② 《最近开幕之上海市立戒毒所》，《新生周刊》1934 年第 36 期。

盐城、泰县、句容、江宁镇、吴淞、高桥是。由私人团体举办者五：清河、西山、龙山、乌江、广州是。然中国仅此寥若晨星之乡村卫生机关，多半犹必合各方之力，始克创办。其能由中央及县或市独力举办者，仅汤山、江湾、武康三处。可叹也夫！③为时犹不多也。中国乡村卫生开办最早者，厥推吴淞、高桥、定县，系在十八年间，距今亦仅五年耳。其余各处，则均在二十年后，而以二十二年为最多。二十三年后，忽又中断……④人员殊缺乏也。任何工作，当与人力之多寡有关。中国乡村卫生工作人员，实感缺乏。定县最多，不过 50 人；江湾次之，25 人；清河最少，3 人。总计全国，医师 34 人，护士 42 人，助产士 18 人，药剂师 9 人，卫生稽查 4 人，其他人员 80 人，共仅 187 人，宜其不能负重致远矣！⑤经费益竭蹶也。经费为事业之母，尽人知之。返（反）观中国乡村卫生事业之经费，既无的款可言，复无收入可恃。今日各处，已尽罗掘之能事。最多之定县，年亦不过 33 550 元。龙山最少，则仅 2200 元。全国总计，乃约 140 336 元。其不将惨惨欲瘁乎！⑥工作较相似也。各地工作虽稍有差别，要皆以治疗、防疫为主。诚以此二项工作易于收效，而得信仰，非如他项工作之必待民众有相当程度也。且各处机关之成立，其动机亦复类似。或由于疫厉（疫疠）流行，始亡羊而补牢；或由于实验设施，因未雨而绸缪。是则与泰西各国彷佛（仿佛）。然则中国乡村卫生事业之旁落人后也明矣。”①

先生通过调查“河北定县实验乡村卫生”，提出“中国乡间卫生事业能不用医生护士，则不用”的观点。对此，先生解释说：“以我身为一医师，而发此种论调，似乎近于矛盾与滑稽，其实大家若平心静气一想，则未必不与我表同情。”先生提出“乡村卫生工作在今日中国情形下，绝不能过于依靠专家（按：医生、护士）”的观点，是基于以下三方面考虑：一是中国乡村卫生能举办之事项既少而简，是否样样必需医生与护士？二是今日之医师护士工资颇高，是否为农村经济所能担负得起？三是今日医师护士之训练方法皆由欧美、日本抄袭而来，其结果是否合乎国内之需要？单就经费一项而言，先生认为：“（定县）每村既需要一种卫生基本组织，而其每年经费，至多不过 50 元，以 50 元之数雇养今日之护士，绝对为不可能，医师一层，更无从谈起。”②

---

① 李廷安：《中国乡村卫生调查报告》，《中华医学杂志》1934 年第 9 期，第 1115—1117 页。
② 李廷安：《中国乡村卫生调查报告》，《中华医学杂志》1934 年第 9 期，第 1125—1126 页。

先生将定县实验乡村卫生的组织、人员配置、功用做了归纳：全县分村、区、县三级；村设保健员一人，负责施种牛痘、改良井水建筑、运用适用药箱；区设保健所一处，内有医生一人、护士一人、助理员一人，管理各村保健员所不能办理之事。保健所负责灌输卫生常识、治疗较重疾病、施行预防注射、督率保健员进行每村卫生工作。县城设保健院一所。负责重病治疗、防疫、灌输卫生常识、分发用品。先生高度赞扬保健员之设："每年平均可种牛痘一百人，可施治疗一千次左右，以15元之经费，作此项工作，平均每次种痘或治疗一次，仅合大洋一分左右，若以其他方式行之，其结果未必比今日保健员所得者为良，而其价值，则高过数倍无疑。"①

先生调查"安徽和县乌江农民医院"时发现，通过简单的医疗救助，可以联络村民感情，进而达到推广农业工作的目的。1923年秋，金陵大学派李洁斋先生到乌江创办农业推广工作，但农民不接受。李君东奔西走，收效甚微。李君感到，要联络地方感情，获得农民信任，方能开展农业推广工作。他"(目)睹乌江附近农村疾病流行，与夫医药之缺乏，遂以为救济疫疠，借与农民来往，实为联络感情，获得信仰之捷径"。于是，他在1925年春购金鸡纳霜一瓶、碘酒半磅并其他西药数种，施诊舍药，医病救苦，颇得一般农民之敬爱。农业推广工作亦一日千里。先生感叹："今乌江金大农业推广实验区，名播全国，中外同钦，远道参观者，络绎不绝于项王墓旁，岂知首开风气者，实一瓶金鸡纳霜与半磅碘酒之力也。"②

由于民众对西医持不信任态度，欲在乡村开展诸如学校卫生、妇婴卫生、预防工作，一些乡村卫生机构遇见不少困难。对此，乡村卫生机构首先开展医疗工作，以取得民众信任，然后再开展其他工作。先生通过调查"浙江吴兴县立乡村诊疗所"发现："该所（浙江吴兴县立乡村诊疗所）以民智不开，对于新医素不信仰，故于开幕后，拟在开始三月，专事治疗。俟取得信仰后，再依照计划进行。"③

国内卫生领导部门及国际卫生组织非常重视中国乡村卫生工作。先生调查

① 李廷安：《中国乡村卫生调查报告》，《中华医学杂志》1934年第9期，第1127—1130页。
② 李廷安：《中国乡村卫生调查报告》，《中华医学杂志》1934年第9期，第1136—1137页。
③ 李廷安：《中国乡村卫生调查报告》，《中华医学杂志》1934年第9期，第1191页。

“江苏泰县县立医院”，发现在县立医院成立周年纪念及其附办平民产院举行开幕典礼时，“卫生署署长刘公瑞恒，南斯拉夫国全国卫生处长斯达巴氏，卫生署顾问鲍极西氏，奥国解剖学教授、卫生行政专家谭德乐氏，江苏省立医院汪元臣院长，江苏省立助产学校汪黄英校长，北平第一助产学校杨崇瑞校长、卫生署乡村卫生管理室姚寻源主任，均亲与盛典”[①]。

先生通过调查“上海市吴淞区卫生事务所”、“上海市高桥乡村卫生模范区办事处”与“上海市卫生局江湾区卫生事务所”发现：“当‘一·二八’战事发生，上海市卫生局与上海医学院合办之吴淞卫生模范区办事处及地方办理之海滨医院，均毁于炮火，致一切卫生医药设施均无形停顿。”[②]“高桥模范区亦因受战事影响，经费支绌，无法进行。”[③]“昔年富裕之户，大都经商于沪埠，而卜宅于江湾。商业昌盛，为一重要之小镇……居民在民国十年之调查，为22 748户，人口为100 468名。自‘一·二八’以后，据最近公安局调查，仅剩4600余户，人口仅有27 000余名。较之往昔，相差有数倍之巨……目下富庶之户不论矣。即小康之家，亦多迁居租界。故留居于江湾者，什九系穷贫之徒，而无力迁徙者。居民十之七八务农，工商次之。因‘一·二八’之难，全镇成一片瓦砾之场，现虽略见恢复，而商业凋敝，远不如昔。”[④]

先生调查“上海市高桥乡村卫生模范区办事处”幼儿卫生时，强调幼儿教育的重要及方法。“一岁至五岁之幼儿，为最缺乏教育之时代。往往三五成群，嬉游于街头巷尾，恶习相长，贻误终身。救济之道，端在斯时加以指导，树立身体与精神健康之基础。爰于各诊所及各学校附设幼儿健康会（又称学前儿童健康会），每星期一次，兄挈其弟，妹随其姊，于唱歌游戏之中，寓健康教育之义，潜移默化，收效綦（极）宏。”[⑤]

按：是年，先生将《中国乡村卫生调查报告》结论性内容，发表于《中华医学杂志》（英文版）。[⑥]

---

① 李廷安：《中国乡村卫生调查报告》，《中华医学杂志》1934年第9期，第1145—1146页。

② 李廷安：《中国乡村卫生调查报告》，《中华医学杂志》1934年第9期，第1160页。

③ 李廷安：《中国乡村卫生调查报告》，《中华医学杂志》1934年第9期，第1168页。

④ 李廷安：《中国乡村卫生调查报告》，《中华医学杂志》1934年第9期，第1173—1174页。

⑤ 李廷安：《中国乡村卫生调查报告》，《中华医学杂志》1934年第9期，第1171—1172页。

⑥ Li T A. Summary report on rural public health practice in China. *The Chinese Medical Journal*, 1934, 48（10）：1086-1090.

10 月 1 日： 上海市公安局所属各区所经市政府改为各分局及各警察所，并于八时召集各分局局长及各警察所所长于市府大礼堂举行受印典礼。“到会者计吴市长、社会局长吴醒亚、教育局长潘公展、卫生局长李廷安、市党部书记长姜怀素、市府秘书长俞鸿钧、土地局长金里仁、淞沪警备司令部副官长甘海澜，暨各分局局长各警察所所长等百余人。”[①]

是日： 上午十时，先生参加上海市大体育场奠基典礼。[②]

是日： 《佛学半月刊》刊登先生题词（图 5.10）：“仁民爱物。”[③]

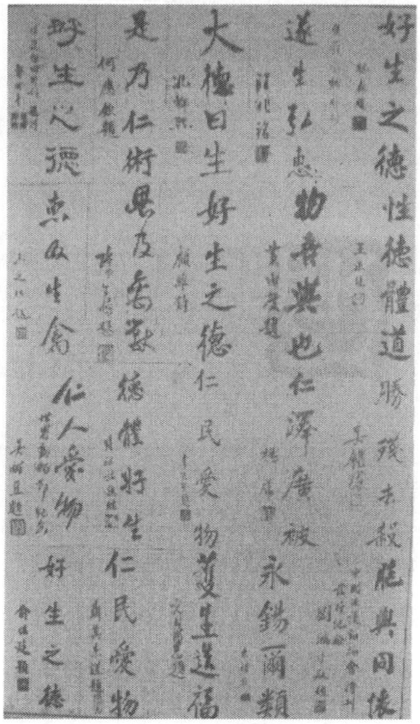

图 5.10 李廷安为《佛学半月刊》题词：“仁民爱物”

按：《佛学半月刊》由上海佛学书局 1930 年创刊于上海，“每月 1 日及 16 日出版，已出创刊号及第一号两期，每期售大洋一分”[④]。佛学书局经营业务主

① 《市公安局各区所实行更改名称》，《申报》1934 年 10 月 2 日，第 11 版。

② 《本市大体育场昨行隆重奠基典礼》，《申报》1934 年 10 月 2 日，第 16 版。

③ 李廷安：《题字》，《佛学半月刊》1934 年第 88 期，第 2 页。

④ 《佛学书局·最近出版新刊物》，《申报》1930 年 10 月 20 日，第 4 版。

要有编印、出版佛经，兼营学校教科用书、中西文具纸笔簿册。[①]

3 日：早晨，第九届远东热带病学会在南京举行开幕典礼，先生 2 日夜车偕同留沪各国会员三十余人同行入京，参加会议。[②]

4 日：《护士报》刊登先生为《动物节特刊》题词（图 5.11）：“仁民爱物。”[③]

動物節特刊
仁民愛物
永錫爾類
為什麼要保護動物
XHHP
安定別墅廣播電台
祥興琴行

图 5.11　李廷安为《护士报·动物节特刊》题词：“仁民爱物”

按：10 月 4 日为世界动物节，中国保护动物会为促进社会人士之护生观念起见，已请准上海市政府令行卫生局通饬市区各肉商宰作，于是日禁屠一天，并定于是日下午一时假座天后宫桥市商会会场举行动物节宣传大会。除函请党政机关及名流指导演讲并举行该会第一次征文给奖典礼外，殿以游艺，其精彩节目，闻有某女校之歌舞及黎锦晖为该会特编之护生歌，由黎明健女士届时登台演唱，其文字宣传，如《新闻报》《佛学半月刊》《护生报》等均发行特刊，并印有巨量护

① 《佛学书局》，《申报》1930 年 10 月 20 日，第 4 版。

② 《远东热带病学会会员昨晚晋京》，《申报》1934 年 10 月 3 日，第 10 版。

③ 李廷安：《仁民爱物》，《护士报》1934 年 10 月 4 日，第 9 版。

生标语、画图，张贴各道路，并且向全国各电台接洽播音以广宣传。[①]

8 日：《申报医药周刊》第 93 期刊载先生《上海市学童肺痨病问题之重要（上）》。

先生首先重点介绍肺痨的分期、预后以及对国人的危害：轻症患者不自知觉，一如常人。以后溃烂渐大，毒素弥漫，以致面庞黄瘦、体重减轻，并常于下午发热而体温增高，常人是 37 度，肺痨病患者则常增至 37 度半至 38 度。小孩在此时甚易发怒，再溃烂则咳嗽，但次数不多，每咳一两声而已，情形厉害者吐血，虚瘦，出冷汗（不热而出汗之谓）。此时肺部溃烂愈大，患者就变成几根瘦骨支成的一个“痨病鬼”了！这已经到了肺痨第三期的情形，甚难治愈。我国每年死于肺痨病者十万人口中有四百人之多，我国人口四万万用简单的比例来算一算，每年总共要产生 160 万的“肺痨病鬼”！

其次，先生谈了“上海市学童肺痨的状态”，卫生、教育两局合作一个肺痨检查，英文名字叫作“杜白克林”试验（Tuberculin Test）。试验方法就是将菌体晒干，磨成粉末，和以盐水，放在玻璃瓶内，用注射筒抽取少许，注射于皮下，随即胀成泡状，过若干小时，无肺痨者不表现反应，有肺痨病者局部甚红，这是测验我们有无肺痨病的方法。卫生局去年秋天在市立比德学校施行肺痨检查，受检学童计有 822 人，其中有 542 人有阳性反应，这就证明 60%以上有肺痨病。于是劝告这 542 人的家长到红十字会医院减费施照爱克司光（X 光）。总计有 129 名愿受检查，结果病情最重者 5 人，应该送到医院疗治，重者 33 人，轻者 57 人，最轻者 34 人，诸位试看 129 名中已有 5 个最重的病人、33 个重症的患者，按此比例，如果 542 人均受检查则可得最重者 15 人、重者 100 人。[②]据此，先生指出学童肺痨病的三大害处：“第一点害处是危害学童个人的身体健康和学业进步。”“第二点的害处是患者能够传染于其他学生，使和患者一般的受害。”“第三点的害处，国家花许多经费把学生教出便死了。这种损失颇大，据教育界之统计，一个大学生培养成功约费三万元左右，假使死去一个则经济上即损失三万元之巨！”[③]

① 《中国保护动物会近讯》，《申报》1934 年 10 月 3 日，第 11 版。
② 李廷安：《上海市学童肺痨病问题之重要（上）》，《申报》1934 年 10 月 8 日，第 15 版。
③ 李廷安：《上海市学童肺痨病问题之重要（下）》，《申报》1934 年 10 月 15 日，第 15 版。

最后，先生提出肺痨病的补救办法：一是改良衣食住等生活状况。二是要做调查工作和“结核素”试验。每个学校经医师试验，有阳性反应者照爱克司光（X光），有病就应该赶紧设法医治。三是患者在原则上可分为最重、重、轻、最轻四个等级，重者应即停学，免得传染他人与危害自己，轻者可以读书，但时间宜少，家长应加滋补食物，晚间睡在新鲜空气中。四是普及健康教育。①

按：《申报》1934年10月8日仅刊载先生《上海市学童肺痨病问题之重要》部分内容，考虑到文章的连续性，将《申报》1934年10月15日《上海市学童肺痨病问题之重要（下）》的内容置于此一并介绍。该文是先生演讲稿，由顾正汉记录，以《上海市学童肺痨病问题之重要》为题，发表于《卫生月刊》。

10日：上海市各界借市商会举行中华民国二十三周年国庆纪念大会。“参加大会者：计市长兼司令吴铁城、市政府秘书长俞鸿钧、保安处处长杨虎、土地局长金里仁、卫生局局长李廷安、公用局局长徐佩璜、淞沪警备司令部参谋长许金源、副官长甘海澜，暨市府所属各局处，并司令部全体职员千余人。”②

14日：朱少屏先生之公子朱鸿杰在南京路东亚酒楼与黄红萸女士举行结婚典礼。“汪精卫、孙科、居正、孔祥熙、吴铁城、张人杰、吴稚晖、顾维钧、王宠惠、陈绍宽、朱家骅、邵元冲、俞鸿钧、丁文江、陈果夫、陈立夫、王陆一、曾仲鸣、甘乃光、陈其采、曾养甫、陈公博、王正廷、唐在复、马超俊、薛笃弼、王景岐、刘维炽、梁寒操、叶楚伧、陈树人、盛泽承、张惠长、余铭、童行白、陶百川、王延松、吴绍曾、莫衡、秦汾、李廷安、许世英、柳亚子等三百余人参加。”③

25日：下午四时，上海市圆明园路133号中华基督教女青年会全国协会在该会会所举行11周年纪念庆祝会，同时举行全国协会与上海市会联合募款大会队长会议。全国女青年协会及上海市会此次联合募款，日期定于11月1日至22日，募捐时间为三星期，目标是六万元。募款大会会长为吴铁城夫人。李夫人为队长之一。④

中华基督教女青年会（Young Women's Christian Association，YWCA）简介：

---

① 李廷安：《上海市学童肺痨病问题之重要（下）》，《申报》1934年10月15日，第15版。

②《全市庆祝国庆纪念》，《申报》1934年10月12日，第12版。

③《朱少屏公子结婚志盛》，《申报》1934年10月16日，第14版。

④《女青年会新讯》，《申报》1934年10月26日，第10版。

中华基督教女青年会是中国基督教界主办的妇女活动和社会服务团体，简称女青年会。其主要活动不是宗教性的，参加者亦多不是教徒。该会面向社会，为妇女举办有益的活动，并开办托儿所、幼儿园，同时与基督教青年会合作开展活动。女青年会是国际性组织。中国的基督教女青年会由美国传入。1890年，杭州弘道女中成立中国第一个学校女青年会。1899年，女青年会全国委员会在上海成立。1923年10月5日，中华基督教女青年会在杭州召开第一次基督教女青年会全国代表大会。中华基督教女青年会会址设于上海，聘请丁淑静为全国协会首任总干事。中华基督教女青年会"是中国当时人数最多、分布地域最广的女性社会团体"①。

27日："中华慈幼协会，昨日（按：10月27日）正午，假银行公会，举行第69次执行委员会。出席：会长孔祥熙，委员林康侯、李廷安、赵晋卿、丁淑静、赫美克夫人、柏乐德夫人、乐灵生、吴维德。列席：总干事许建屏。""议决事项：①推选赵晋卿、林康侯、罗运安（恐为'罗运炎'）、李廷安、王晓籁、丁淑静、吴维德七人为办理全慈会议决案委员。②通过承认上海市儿童幸福会为本会上海分会。③议决南市托儿所仍由儿童幸福会办理。④议决聘任姚淑文女士为江湾慈幼疗养院教育主任。⑤推定丁淑静、邝富灼、吴维德、陈铁生为欢迎本月30日由日来沪之本会美协会执委陶霭德夫人。"②

28日：《申报》报道：《中华医学杂志》所载乡村卫生调查，"系前中华医学会公共卫生委员会主席李廷安先生所报告。调查所及有河北清河、定县，北平西山，山东龙山，安徽乌江，江苏萧县、盐城、泰县、句容、江宁镇、南京汤山，上海吴淞、高桥、江湾，浙江吴兴、武康，广东广州河南诸处，计共17处。全国乡村卫生事业，已网罗无遗，殊足为各地创办小规模或大规模卫生事业之参考"③。

是日：上海市第三届中等学校联合运动会职员已由教育局聘请，临时办事处设大吉路市立第一公共体育场。先生任名誉指导。④

30日：儿童幸福委员会第一托儿所宣告停办。"并即筹组劳工托儿所，不久

① 王丽：《中华基督教女青年会干事研究——以20世纪二三十年代为中心》，首都师范大学硕士学位论文，2005年，第1页。

②《慈幼会执行委员会》，《申报》1934年10月28日，第12版。

③《出版界》，《申报》1934年10月28日，第13版。

④《第三届中校联运职员业已聘定》，《申报》1934年10月28日，第14版。

可望成立，先拟受托儿童30名，作小规模试办，由市卫生局长李廷安主持所务。一俟经费有着，再行扩大。”[①]

按：上海市儿童幸福委员会“为谋儿童福利起见，特于本年3月间开办第一托儿所”，地址在小南门俞家弄住房一幢，专托六岁以下儿童，收费分七元、八元两种，然因该处住房不甚宽敞，容纳儿童仅以50名为限。该所突然于10月30日宣告停办，拟筹组劳工托儿所。

11月3日：夜间，上海市举行救灾演习，计动员人数约有两万，经过时间约四小时。卫生局部署“第三课目：救伤”，“经过时间：十二时三十分闻警，各军警及参加团体人员均于最短时间到达出险地点，施行营救，分别处理二时三十分，已工作完毕。评判员：李廷安、杜刚、鲍启通、戴士瑶。意见：各救护人员动作尚称努力，救护方法亦颇得宜，惟少认真及紧张之表现。又于平时行路靠左之习惯，未能养成，似与事变时，动作上有莫大之障碍。而卫生局之救护得宜，新民学生扮演伤者逼真，尚属难能可贵”。[②]

5日：永安堂主人南洋华侨巨商胡文虎，今次应吴铁城市长等之邀，参观大上海新市政之建设暨东南五省之各项新兴事业。下午一时，乘柯立芝总统轮莅沪。各机关团体都往码头热烈欢迎。先生代表吴铁城市长前往码头欢迎。[③]

6日：十时许，吴铁城市长亲自陪同胡文虎至各科及社会、教育、卫生等局参观。由先生等各局局长亲自招待。[④]

8日：下午四时，中华基督教女青年会募款大会于江西路248号美国总领事馆举行第一次报告会。李夫人的第14队募款20元。[⑤]

按：此次募款大会在美国总领事馆举行，由美驻华法院海按察使夫人及美卓领事夫人代为招待。美红十字会会长陶霭德夫人演讲：“今日参加盛会，甚为欣快。予来华已一星期，观察所得，深觉中国儿童工作，至为重要。中国有儿童一万三千万，而在校受教育儿童仅八百万，可见儿童教育之不普及。对儿童工作，应有三点注意：①为儿童健康。②为人格培养。③为教育训练。女青年

①《上海市第一托儿所停办》，《申报》1934年11月1日，第15版。

②《救灾演习总评判》，《申报》1934年11月11日，第10版。

③《胡文虎昨午抵沪》，《申报》1934年11月6日，第10版。

④《胡文虎昨晨参观市中心区》，《申报》1934年11月7日，第9版。

⑤《女青年会募款大会讯》，《申报》1934年11月9日，第11版。

会对家庭工作，素来注意，会员多为儿童之母亲，对于此民族基本工作，负有甚大责任，望能努力，俾养成良好国民，并祝募款成功。”①

10 日：上海市社会局主办之第六届国货运动宣传周定于 12 日开幕，参加厂商 10 日开会，抽定场位。“大会筹备处经推定市长吴铁城、秘书长俞鸿钧、社会局长吴醒亚、公安局长文鸿恩、教育局长潘公展、工务局长沈怡、财政局长蔡增基、卫生局长李廷安、公用局长徐佩璜、土地局长金里仁、市党部常委童行白等 11 人为主席团，另推吴铁城为总主席。”②

是日：中国防痨协会敦请先生于八时至八时半，借福音广播电台（周波 840）讲演痨病之预防及疗养。③

按：媒体对先生的介绍为“李君为一医学专家，留美多年，现任本市卫生局长，学识经验，异常丰富，关心痨病或患者，幸留意也”④。

12 日：上午十时，上海市社会局主办之上海市第六届国货运动大会行开幕礼。先生被推为大会主席团成员。吴铁城为总主席。⑤

13 日：九时半，胡文虎在仁记路码头乘海港检疫处特备小轮登意国（意大利）康脱卢梭号邮船，于十时许启碇南下香港。“往码头欢送者：计有吴市长代表潘公展、李廷安、李大超，市商会代表胡西园，侨务委员会谢仲复，全国海港检疫处长伍连德，中南文化协会刘士木，暨胡桂庚、胡仲英、黄警顽、郎静山，各团体代表，复旦大学童子军，各学校代表等五百余人。”胡文虎捐款数逾 50 万，委杜月笙等代为分配处理。⑥

14 日：下午二时半，公安局长文鸿恩在中国殡仪馆举行大殓。先生前往吊唁。

按：文鸿恩，广东（现海南）文昌人，因病于本月 12 日下午四时在虹桥疗养院去世。⑦

15 日：《申报》报道：中华慈幼协会第 69 届执行委员会“已推举赵晋卿、罗运炎、李廷安、丁淑静、林康侯、王晓籁、吴维德等七人，组织特别委员会，

①《女青年会募款大会讯》，《申报》1934 年 11 月 9 日，第 11 版。
②《社会局主办第六届国货宣传周将开幕》，《申报》1934 年 11 月 9 日，第 10 版。
③《李廷安讲演防痨》，《申报》1934 年 11 月 10 日，第 13 版。
④《李廷安讲演防痨》，《申报》1934 年 11 月 10 日，第 13 版。
⑤《今日开幕之第六届国货运动会》，《申报》1934 年 11 月 12 日，第 10 版。
⑥《胡文虎昨返港》，《申报》1934 年 11 月 14 日，第 10 版。
⑦《文局长今日下午大殓》，《申报》1934 年 11 月 14 日，第 10 版。

负计划执行全慈会议议决案之使命”[①]。

是日：女青年会募款大会于外滩英领事馆举行第二次报告会，“承美璧总领事夫人亲为招待各队长队员，到人数五十余人”。大会会长为吴铁城市长夫人。李夫人的第 14 队募款 358 元。[②]

是日：中午 12 时，中华慈幼协会产生全慈会议特别委员会，借银行俱乐部举行首次会议。“出席者为王晓籁、李廷安、屈映光、林康侯、丁淑静、吴维德、赵晋卿、陈铁生、周楚材等。”[③]

16 日：下午二时，《申报》总经理史量才先生遗体在哈同路邸第举行大殓。先生参加吊唁。[④]

18 日：晨八时，西光越野队主办之第二届沪华来回长跑竞赛会，“公开组第一名得吴市长‘图强不息’及卫生局李廷安‘任重致远’银盾二只。第二名得故公安局长文鸿恩‘强国先导’银盾一只。第三名得市商会主席俞佐庭‘捷足先登’锦架一只。第四名得市国术馆教务主任佟忠义银盾一只。第五名得《晨报》‘发奋图强’镜架一座。第六名得陈济成‘优胜纪念’银盾一只”[⑤]。

23 日：下午四时，女青年会在西爱咸斯路 383 号孔（按：孔祥熙）部长私邸举行第三次报告会，由孔部长孔夫人亲自殷勤招待。李夫人出席，李夫人的第 14 队募款 199 元。[⑥]

28 日：中华慈幼协会准上海市儿童幸福会之建议，以民国二十四年（1935 年）为中国儿童年，“儿童幸福会已于日昨推举潘公展、李廷安、李大超、胡叔异、王贯一等五人，为上海市儿童年筹备委员”[⑦]。

是日：上海市儿童幸福会举行第 14 次常务会议，先生出席，被推为《家庭教育讲座月刊》名誉编辑，负责办理劳动托儿所房屋修葺事项，并与潘公展等人负责全国儿童年筹备计划。[⑧]

---

①《中华慈幼协会执行全慈会议议决案》，《申报》1934 年 11 月 15 日，第 12 版。
②《女青年会募款大会二次报告会》，《申报》1934 年 11 月 16 日，第 13 版。
③《全慈会议特别委员会昨开会》，《申报》1934 年 11 月 16 日，第 13 版。
④《本报史总经理昨大殓》，《申报》1934 年 11 月 17 日，第 10 版。
⑤《第二届沪华长跑赛王正林得冠军》，《申报》1934 年 11 月 19 日，第 12 版。
⑥《女青年会募款大会第三次报告》，《申报》1934 年 11 月 24 日，第 12 版。
⑦《民国二十四年为中国儿童年》，《申报》1934 年 11 月 29 日，第 11 版。
⑧《儿童幸福会劳动托儿所元旦成立》，《申报》1934 年 11 月 29 日，第 14 版。

30 日：下午四时，全国女青年协会举行女青年会募款大会，在上海市圆明园路 133 号全国女青年协会大厦举行闭幕典礼。李夫人队募款 692 元，“团体得人数最多之前三队为：第一名李冠芳女士队，队员秦振鹏夫人、邹恺女士、刘忆德夫人、施琴女士，共得 335 人。第二名简又文夫人队，队员张采苹女士、程中石夫人、黄柄基夫人、黄雯夫人、王敬如女士、高君铭女士，共得 125 人。第三名李廷安夫人队，队员李扬安夫人、郭克悌夫人、施葆真女士、侯封川夫人、余夫人、汤飞凡夫人、张维夫人、刘夫人，共得 121 人”①。

是月：先生制订《上海市儿童幸福委员会改组托儿所计划》②，首先，先生从托儿所在国外发展状况、设立宗旨方面阐明改组原因，“托儿所在欧美日本，皆已有相当历史，在苏俄更有惊人之发展，其宗旨无非使社会上一般壮年妇女，不因职业关系，而妨碍育儿之天职，或因养育儿童而丧失生产之能力，故现代托儿所之组织，乃应社会实际之需要，决非昔日以慈善性质为目标者可比，必须科学化与社会化。本会曾有托儿所之组织，但事属创举，3 月以来，尚多欠善之处，兹经常务委员会议决，加以改良”。

先生在“就商于富有托儿所经验之中外学者数人，同时研究旧有托儿所发生缺憾之原因”基础上，对改组托儿所做了以下工作：①改变寄托制度；②规定收费办法；③限制年龄办法；④甄别工作人员；⑤指定日常程序；⑥护士日常责任；⑦教师日常责任；⑧宣传育儿方法；⑨改建适宜房屋。

12 月 6 日：上海市儿童幸福会着手儿童幸福丛书之编纂，“是书分章详述儿童年中社会、学校与家庭三方面应有之设施，除略述理论外，侧重实际的施行办法，长凡十余万言，装订一厚册，实为全国儿童年中伟大之贡献，机关团体学校家庭不可不备之书籍”。先生参与校订。③

26 日：教育部与内政部卫生署为改进全国护士教育及中小学卫生教育计，曾由两部电聘护士及卫生教育专家多人组织两委员会，下午三时，在教育部会议室召开中小学卫生教育设计委员会。“中小学卫生教育设计委员会委员：朱赓章（恐为‘朱章赓’）、胡敦五、张维、陈美愉、李廷安、金宝善、严镜清、余

---

①《女青年会募款大会闭幕》，《申报》1934 年 12 月 1 日，第 16 版。

② 李廷安：《上海市儿童幸福委员会改组托儿所计划》，《卫生半月刊》（学校卫生）1935 年第 11 期，第 50—53 页。

③《全国儿童年之伟大贡献，中国儿童实施法出版》，《申报》1934 年 12 月 6 日，第 15 版。

濆、张崇德、顾树森、郝更生、戴应观、吴研因。”[①]

29 日:《申报》报道：上海市儿童幸福委员会主办第一劳动托儿所于蓬莱路近泮坊现已筹备就绪。“由卫生局长李廷安暂兼主任，南市卫生事务所长尤济华为副主任，并聘前南京传染病院护士长朱寄沧女士为护士主任。开办费 2000 元，每月经常费 450 元，寄托儿童每月教养费 2 元，以 30 名儿童为限，每月可得经常费 510 元，决于下月四日正式招收儿童。入院后，每日由护士检查身长、体重、砂眼、牙齿、扁桃腺、营养、皮肤、心肺，以及各种疾病之预防”。[②]

上海市儿童幸福委员会劳动托儿所简介：上海市儿童幸福委员会鉴于一般女工有因抚育子女而无暇工作，或因工作而妨碍抚育，特主办第一劳动托儿所于蓬莱路近泮坊，1935 年 1 月 9 日正式开幕。

托儿简章：①宗旨：本所鉴于一般女工有因抚育子女而无暇工作，或因工作而妨碍抚育，以代办日间抚育，俾可兼顾谋生工作与养育子女为宗旨。②范围：本所只收劳动者之子女，凡因职业或环境关系，日间确属不能兼顾育儿者，均得照章送入本所代养，如假借劳动名义寄托小儿者，经查（察）觉后，除停止寄托外，并加倍追缴寄托费。③年龄：凡年在两岁以上、四岁以下之小孩，皆可送所代养。④寄托时间：以日间为限，每日由家属于上午七时至八时送所，下午六时至七时领回，其办法另订之，但星期例假停止寄托。⑤名额：暂定 30 名。⑥教养：本所设护士及保姆，担任护养工作，并设女教师一人，担任幼稚教科。其目的有二：（甲）注重科学教养，活泼指导，务使环境适宜，发育正当。（乙）每月举行恳亲会一次，使本所与幼孩之家庭双方，联络教导儿童良好习惯。⑦医药：如有疾病，由本所延医诊治，同时通知家属领回，或送入医院治疗。⑧制服：凡寄托本所之小儿，须一律穿着制服，制服由本所制备，概不收费，但入时为之穿着，出时为之解脱。⑨纳费：寄托费包括粥、饭、牛乳、豆腐浆、水果、饼干，及教养、沐浴、洗衣等费。每月一律两元，但须于月初预缴。⑩附则：本简章如有本（未）尽事宜，得随时呈请上海市儿童幸福委员会修改之；本简章由上海市儿童幸福委员会核准施行。

家属须知：①第一次送所寄托小儿，一律须缴小儿二寸半身照片两张，一

---

①《内教两部召开护士卫生教育委员会》，《申报》1934 年 12 月 21 日，第 14 版。

②《明年开幕之劳动托儿所》，《申报》1934 年 12 月 29 日，第 11 版。

张存所，一张贴于寄托证。②第一次送所寄托小儿，一律须经本所医师检查体格，如有传染疾病，得拒收之。但治疗后经医师检查证明，已完全医愈者，仍得请求寄托。③每月第一及第三星期一，各儿须经本所医师检查体格各一次，如查有传染病时，令其家属暂停寄托，以免传染其他小儿。④接送时间须照本所定章，不得过早过迟。⑤寄托小儿由本所发给寄托证一张，每晚来所抱领时，须将寄托证呈验，并盖章始可领回。⑥如家属遇有特别事故，不能准时到所抱领时，须于事前通知，方得由亲友凭证代领，否则由本所派人雇车送回，车资由家属担负。⑦寄托证如有遗失或被窃情事，应即报告本所声（申）请补发，并登报声明，一面取保领回，以资慎重。⑧各家属如不照本所规定手续办理，遇有冒领小孩情事，本所概不负责。[①]“吴市长（按：吴铁城）鉴于本市工商发展，工厂林立，平民特多。无论男女，俱因迫于谋生，致婴儿安全，不能顾及，平民托儿事业，厥为本市目前重要社会建设之一，决于本年内在南北二区，择地建筑平民托儿所二处，以谋本市劳动平民之生活安全。”[②]

是年：先生为《上海东南医学院成立八周年纪念特刊》题词（图 5.12）：“学道爱人。”[③]

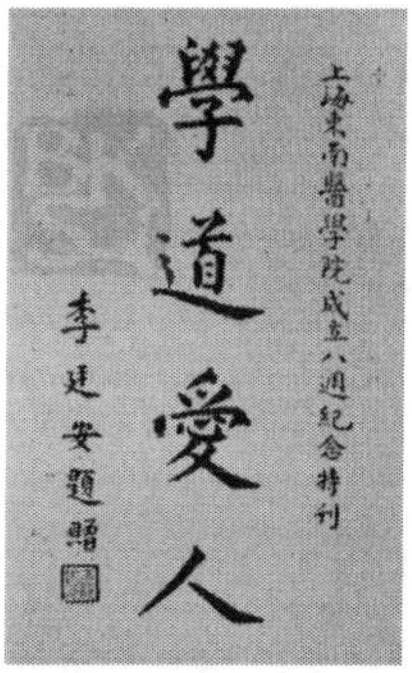

图 5.12　李廷安为《上海东南医学院成立八周年纪念特刊》题词：“学道爱人”

是年：“上海市政府令第六五六号至第六五九号：兹派本市卫生局局长李廷安、本府专员卓越、本府第一科科长李大超、工务局第五科科长萧庆云为本市

①《明年开幕之劳动托儿所》，《申报》1934 年 12 月 29 日，第 11 版。
②《本市重要社会建设劳动托儿所今日开幕》，《申报》1935 年 1 月 9 日，第 11 版。
③ 李廷安：《上海东南医学院成立八周年纪念特刊》，1934 年。

市中心区建设委员会委员。此令。”①

是年：先生在《卫生杂志》第16期发表《妇女卫生常识》②。先生从“衣服之卫生”“饮食之卫生”“居处之卫生”“日常生活之卫生习惯”“妇女经期之卫生”“生产之卫生”六个方面全面介绍妇女卫生常识，具体内容如下：妇女为一家之主干，故其自身卫生之能否实行。不唯仅关妇女本身之利害。而于所生儿女及家庭方面，皆有直接之影响。至若“妇女经期之卫生”，先生认为：“凡为母者，于其女13岁时，须先讲明月经系生理上之变迁，始于十四五岁，而止于45岁左右。每28至31日一次，每次三至七日，量数约四至八两。”先生从产前卫生（孕期卫生）、日常生活之卫生、孕妇精神之卫生、产时卫生、产后卫生五方面详细介绍“生产之卫生”。例如，“产时卫生：延医：孕妇于预定临盆期左右，如发现腹痛，即须延请产科医师，或助产士诊查接生，最好赴医院生养。切勿使旧式产婆，或亲属接生，以免性命之危险。消毒：临盆时，孕妇之阴道，及接生者之手，必须用药水消毒，垫布剪脐带之剪刀，及脐带布等物，皆须消毒，以防产母得产蓐热证、婴儿抽风（破伤风）之危险。临盆阵痛发作后，不宜急躁或使劲，以免疲困，而致力竭难产。阴道：除产科医科医师外，不得使手探入，以防产蓐热证。流血：若系旧式产婆接生者，遇有会阴破裂时，应即请医师用线缝好。或产后流血不止，应以手揉小肚，使子宫收缩，垫高肾部，并请医师止血。婴儿点眼药：婴儿生下，脐带剪断包好后，即须用百分之一硝酸银滴于两眼内，以防淋病菌侵入，而致瞎眼。产前应将临产时，以及婴儿所用各物，预备妥当。饮食：产妇可随意饮开水，食易消化之食物，如稀饭、牛乳、鸡蛋、汤、面等”。

是年：先生为助产学校学生讲演《中国保母育婴问题之重要》③，先生从“中国产妇与婴儿的死亡率”“中国产妇与婴儿高死亡率的原因”“保母育婴在公共卫生上之工作方针”三方面来讨论“中国保母育婴问题之重要”。首先，先生通过中外产妇、婴儿死亡率的对比，发现中国产妇、婴儿死亡率达到“触目惊心”的程度：欧美各国产妇死亡率平均为4%，而我国约为15%；1919年，欧美各

① 上海市政府：《上海市政府令第六五六号至第六五九号》，《上海市政府公报》1934年第146期，第1页。

② 李廷安：《妇女卫生常识》，《卫生杂志》1934年第16期，第22—25页。

③ 李廷安讲，胡昌治记：《中国保母育婴问题之重要》，《卫生月刊》1934年第5期，第206—210页。

国婴儿死亡率平均为每千人中约一百，而我国每千人中约二百五十。

先生发现中国产妇死亡的主要原因有二：一是产褥热，二是分娩意外危险。“因为中国的接生婆大都是北京人所谓姥姥，甚至是隔壁对门邻居的老年中年妇人毛遂自荐的帮手。他们不管指甲很长，手很污秽，把成千上万的细菌送进产妇的子宫交换一个孩子，结果产妇就得了产褥热。他们也不懂得产妇的骨盘（盆）多大，产妇的子宫怎样，揪拳勒臂的（地）伸入产道，任意胡为。产妇于是遭到分娩的意外危险。”

先生发现中国婴儿死亡的主要原因也有二：第一个是破伤风，第二个是天花。“中国的收生婆常用那不消毒的剪子，甚至破瓦，来割断脐带，或是挖了一堆灰土去掩塞伤口，结果把破伤风杆菌带进小孩的体内，而这小孩因以抽风死了。”

先生对降低产妇死亡率提出了六项办法：助产士应该注册、提倡助产教育、产妇的医药保障、多设诊疗所、多设产科医院、普及卫生教育。

先生对降低婴儿死亡率也提出了六项办法：出生报告、防盲、设立保婴事务所、派遣护士作家庭访问、多设儿童医院及诊疗所、普及卫生教育。

最后，先生说：“中国今日值得给诸位努力的地方真多，而且是正留待给诸位努力的地方太多了，换句话说也是诸位的责任太重了。使诸位明了目前中国的需要。使诸位知道将来服务的方针。使诸位知道从今以后应负的责任。这就是兄弟今天来讲演的目的。”

是年：先生发表《我国乡村卫生之重要》[①]，先生认为：“欲明乡村卫生于经济上之重要，须先于消极方面作讨论之开始，即乡村卫生不发达之结果，将于经济上有若何损失。所谓消极方面即指死亡与疾病而言，所谓消极方面影响于经济上之损失，即死亡与疾病以及其他有关之经济损失而已。”“我国人民，农民居极（绝）大多数，农民之死亡率，几即为全国之死亡率。故我国乡村卫生之不发达，直接将影响于全国之死亡率，亦即间接将影响于全国之经济力量。”“世界先进各国平均死亡率约为 15，我国死亡率尚无的确统计，惟依各方之推算，约数为 30，较先进国高出一倍，即每千人中多死 15 人。此 15 人谓之逾格死亡，即不应死亡而竟死亡之数，故可视为公共卫生不发达之损失。

① 李廷安：《我国乡村卫生之重要》，《卫生月刊》1934 年第 12 期，第 500—505 页。

我国人口以 400 000 000 计，农民占 85%，为 340 000 000，农民每年之逾格死亡应有 5 100 000，此 5 100 000 人之死亡为经常的而非偶然的。”“死亡固于经济上有极大之损失，疾病之损失，亦殊可观……假定以每 50 病人中死亡一人计算，则我国农民之每年逾格疾病数目当为 255 000 000 人。”

先生从“不健康之损失”“疾病之损失”“夭折之损失”“逾格死亡之损失”几个方面探究我国农民每年的死亡与疾病导致直接之经济损失。总计前述四种损失，可知我国农民因乡村卫生不发达，每年遭受之经济总损失以货币估计之，可得约数如下：①不健康之损失：2 720 000 000 元。②疾病之损失：158 100 000 元。③夭折之损失：19 584 000 000 元。④逾格死亡之损失：131 345 400 000 元。总计：153 807 500 000 元。

最后，先生认为：“每年有此不健康、夭折、逾格疾病、逾格死亡之损失，以其发生于不显著之状态中，遂年复一年，视若无睹。我国农村中每年必须有如此巨大之经常损失，我国农村焉得不日趋衰落而濒于崩溃哉！况乎，疾病死亡于人类精神上之打击，亦非浅鲜（也不轻浅少见），无论病人本身，或其家属亲友均受有莫大之损害。此种精神上之打击，无形中亦影响于社会之稳定、生产之条件，唯更难于以数字代表而已。”

按：1936 年，《公共卫生月刊》刊载《农民不健康之损失》，未标明作者，在文末注明“节录李廷安著《中国乡村卫生问题》”。该文实摘录自先生发表于 1934 年《卫生月刊》之《我国乡村卫生之重要》中“不健康之损失”部分。

是年：先生发表《警士对于公共卫生应有之认识》[①]。首先，先生认为公共卫生“乃是整个民族上很重要的一个问题，对于我中华民族生命更有莫大的关系”。中国公共卫生的落后导致“死亡率高”“民间多病”“精神打击”“经济损失”“国家贫弱”。就经济损失而言，单就每年冤枉死亡的 6 000 000 人来计算一下：最低限格，平均每人每月的衣食住费用是 5 块钱，一年就是 60 块钱。例如，平均死亡的年龄是 20 岁，每人就要花去 1200 元，这等钱再以复利计算，至少要增加一倍。6 000 000 人就要花费 144 000 000 000 元。换句话说，中国每年冤枉死亡 6 000 000 人，就是国家社会里面冤枉丢掉 144 000 000 000 元。医药棺葬

① 李廷安讲，江世灵速记：《警士对于公共卫生应有之认识》，《卫生月刊》1934 年第 6 期，第 251—253 页。

等费，犹不在其内。此外还有病中的经济损失，就是说一个人病了，当然不能工作，不能生产，这种损失亦当以万万计。至于“警士们对于公共卫生的贡献”，先生要求警士“要充分明了卫生行政与民族关系之重大，认真指导市民，遵守卫生法规。因为卫生法令之执行，警察应负很多的责任”。先生认为警士要做好以下工作：“关于环境卫生方面，诸位是非常接近，最易发挥服务能力的，像禁止溺便、清洁街道、禁卖有害卫生的食物等等，诸位可以随时随地执行取缔。诸位是受有相当训练，不像从前有些警士，自己还不知遵守卫生法规，那里（哪里）配说做市民的表率呢？关于防疫方面，市民如有患天花、霍乱等传染病，警察应当赶快报告区所，以便转报卫生局处理，以免蔓延。关于卫生教育方面，警察应把卫生常识向市民宣传，使市民有卫生观念，一致提倡公共卫生。关于医药保障方面，警察应当告知病家，嘱往上海市市办的医院或诊疗所医治，附带取缔未经登记的医生，以免庸医杀人。关于生命统计方面，警察应当训练市民养成报告出生、报告死亡、报告迁移等习惯，促成精密的统计。”

是年：先生发表《上海市市民生命应有之保障》[①]。先生认为：“政府以保护人民生命之安全为最要任务。人民生命之最易受害者，莫如疫疠与疾病。盖疫疠之发生流行，往往非一般国民所能预知。迨其爆发，又非个人所能制止。即普通疾病，而在潜伏期中，往往为人所忽。及其病势已成，即使治愈，而患者身受之痛苦，已无可补偿。此尚就个人而言耳。至疫疠疾病之足使社会经济衰落，国力贫弱，乃事势所必然。此近代国家莫不以卫生行政为重要内政之原因也。”“上海为我国最大之商港，人口稠密，情形复杂。市民生命，尤多危害。卫生保障，益为重要。盖卫生行政之目的，系运用预防医学及治疗医学，一方面遏止或扑灭为（危）害人民生命之一切疫病。一方面促进人民健康程度之增高，生存年龄之延长。不论其贫穷贵贱，男女老幼，务使社会民众皆可享受卫生之保障。此固不仅为个人计，抑实维持社会生产能力，保存国家永远存在所必须之要务。其于国计民生之关系，殊为密切，至其成效之显而易见者。”

先生列举了上海市卫生局所做的工作：“①每年夏秋两季，推行免费打针，以防霍乱。②每年冬春两季，推行免费种痘，以防天花。③检查自来水及实行井水消毒并检验肉品牛乳等，以防传染霍乱、伤寒、痢疾等疫病。④办理沪南、

---

① 李廷安：《上海市市民生命应有之保障》，《社会医报》1934年第205期，第4515—4519页。

闸北、高桥、吴淞、江湾等区市立各校学校卫生，以维学童健康，俾保受学能力。⑤设置南市、闸北、高桥诊察所，及吴淞、江湾两医院，免费治疗，以利早期诊治。⑥先在高桥、吴淞、江湾等区办理产前、产后免费检查，及免费接产，以保生育。⑦检查病原体，以助医生治病之诊断。⑧宣传防疫保健等常识，以期卫生教育之推进。”

先生介绍设立执行上述卫生工作的卫生机关的必要性：“1、各区设卫生委员会，受卫生局之监督。为推进本区卫生事业之筹议机关，于不背现行法令及行政系统之范围内。有（1）筹画（划）本区卫生事业费，并审核预算决算之权。（2）考察本区卫生事务所设施成绩之权。（3）筹画（划）其他关于本区公共卫生兴革事项之权。”“2、各区设卫生事务所，受卫生局之监督指挥。为本区内各项卫生行政之执行机关，以实现并推进卫生局所交办之事项为主旨。各所设所长及其他职员，必要时得设副所长。所长及副所长，须在正式医校毕业，且专攻公共卫生学一年以上，或曾在卫生机关服务满二年者任之。”

是年：先生在《卫生月刊》上发表《我国重要都市卫生行政经费之现况》[①]。第一，先生阐明写该文的缘起，“公共卫生为我国内政中急待发展之要图，乃留心国家兴亡，民族盛衰者不容否认之公论。而经费为事业之母，际兹公帑奇绌之秋，办理卫生固不可遽得充分之经费，若无相当之财力，则事业即无从实现。故欲查悉我国各重要都市最近年支之经费若干，及其用途之分配若何，而据以研究其现有经费之数额，是否可敷卫生设施上最低限度之应用，并用途分配上轻重缓急之是否适宜。此本篇之所由作也”。第二，先生解释了“研究程序”，先生将制作的“卫生经费概况调查表”“卫生经费用途分配表”寄往各重要都市，然后，将回收表进行统计。第三，先生介绍统计结果，“每人每年可享之卫生设施费，以上海公共租界为最高，计每人 2 元 2 角 4 分；次为广州市，每人年享 1 元零 9 分；又次为汕头市，每人年享 5 角 5 分；又次为南京市，每人年享 5 角 4 分；又次为青岛市，每人年享 4 角 6 分；又次为上海市，每人年享 1 角 9 分；又次为北平市，每人年享 1 角 7 分；又次为天津市，每人年享 1 角 4 分。故以 2.24 为最高数，0.14 为最低数，而 0.50 为中数”。第四，各市对于卫生经费用途之分配（%）。总务费：以汕头市为最高，占 24%；天津市最低，占 2.4%；

① 李廷安：《我国重要都市卫生行政经费之现况》，《卫生月刊》1934 年第 11 期，第 436—448 页。

中数为 10.2%（北平市）。环境卫生费：以上海市为最高，占 77%；汕头市最低，占 33.4%；中数为 51%（天津、青岛二市之数相和，以 2 除之）。卫生教育费：以天津市为最高，占 4.4%；广州市最低，占 0.1%；中数为 0.5%（汕头市）。统计费：以上海市为最高，占 0.9%；广州市最低，占 0.1%；中数为 0.3%（汕头、南京二市之数相和，以 2 除之，并采四舍五入法）。防疫费：以上海公共租界为最高，占 18.1%；青岛市最低，占 0.5%；中数为 4.6%。保健费：以南京市为最高，占 9.2%；广州市最低，占 0.4%；中数为 3.1%（北平市）。治疗费：以青岛市为最高，占 49.1%；上海市最低，占 2.7%；中数为 17.0%。卫生试验费：以公共租界为最高，占 15.0%；广州市最低，占 0.7%；中数为 0.5%。其他各费：以汕头市为最高，占 29.4%；公共租界最低，占 4.8%；中数为 9.9%。第五，先生讨论了两个问题：一是“我国都市究需（究竟需要）若干卫生经费，始敷设施上最低限度之应用？”二是“各市卫生经费之用途究应如何分配始为适宜？”对第一个问题，“每百万人之都市，非年有 1 484 280 元之卫生经费，即不克尽其为居民保障健康之任务。是以拨充卫生经费之标准，就我国目前财力而论，应以每一居民每年克享 1 元 5 角之卫生设施费为至（最）低之限度”。对第二个问题，“大体而论，如果果（确实）能按照居民人口数支拨每人每年 1 元 5 角之卫生经费，则以我国各市目前卫生现状观之，似宜使防疫费占 35.2%，保健费占 27.2%，治疗费占 20.0%，环境卫生费占 10.6%，总务费占 3.7%，卫生试验费占 2.4%，统计费占 0.5%，卫生教育费占 0.4%。但照目前我国各市之财政情况，似难遽拨每人每年可享 1 元 5 角之卫生设施费。不得已而求其次，可照前述调查所得各市居民年享卫生经费之中数，为筹拨之至（最）低标准”。

是年：先生在《中华医学杂志》（英文版）[①]与《社会医报》[②]上发表《防痨运动声中“中国预防痨病协会”成立概要》。

先生首先指出肺痨病对我国的危害：肺痨病为最普遍而盛行之一种传染病。我国肺痨死亡率大约为十万分之三百，我国目下每年因肺痨而死者约 1 200 000 人。然而患者人数，更以死亡率之十进计算，约有 12 000 000 人之谱。其影响

① Li T A. The campaign against tuberculosis with special reference to the inauguration of the National Anti-Tuberculosis Association of China. *The Chinese Medical Journal*, 1934, 48（3）：301-303.

② 李廷安：《防痨运动声中“中国预防痨病协会”成立概要》，《社会医报》1934 年第 208 期，第 4667—4670 页。

于国家经济者，至大且巨。其次，先生提出了三条控制肺痨病的方法。第一是医疗方面，包括痨病患者调查登记，实施牛乳消毒，设立诊疗所以求早期诊断而予适当之治疗。第二是宣传卫生教育：对病人灌输卫生教育，指导卫生习惯，而于痰涕之处理尤应注意，对公众宣传卫生生活之重要。第三是改善生活习惯。再次，作为筹备委员，先生回顾了“中国预防痨病协会”的创办经过。最后，先生满怀信心地期待“中国预防痨病协会”在防治肺痨病中的作用，“‘中国预防痨病协会’的创立，开创了中国防痨史上的重要篇章”。

【民国二十四年乙亥（1935年）】，先生三十八岁

1月6日：先生参加华德大药房开幕礼。“本埠福煦路西摩路一号，华德大药房，于昨日举行开幕礼，各界前往道贺者，有市政府科长李大超、教育局长潘公展、卫生局长李廷安、中国经济信用合作社理事长张寿镛、丘汉平，全国商联会主席林康侯，及陆连奎、刘俊卿诸君等数百人。”①

7日：先生出席公安局新任局长文朝籍宣誓就职典礼。②

8日：万国红十字会秘书白郎氏自出席日本东京第15届国际红十字会议后即赴平游览，于日前转京来沪，寓南京路外滩华懋饭店45号房间。先生于是日下午前往白氏旅次拜访。③

9日：儿童幸福委员会主办之蓬莱路近泮坊第一劳动托儿所正式开幕。先生兼任所长。④

12日：先生出席同德医学院新屋奠基礼。⑤

同德医学院简介：同德医学院创设于中华民国七年，倡其议者为沈云扉先生，获德国医学会赞助，初始命名为私立上海同德医学专门学校，江逢治为校长。“同

① 《华德大药房开幕志盛》，《申报》1935年1月7日，第12版。
② 《文局长参加市府纪念周补行宣誓典礼》，《申报》1935年1月8日，第8版。
③ 《红会明晚欢宴白郎》，《申报》1935年1月9日，第11版。
④ 《本市重要社会建设劳动托儿所今日开幕》，《申报》1935年1月9日，第11版。
⑤ 《同德医学院新校舍昨行奠基礼》，《申报》1935年1月13日，第15版。

德医学院创办迄今，已有18年之悠久历史，桃李遍全国。毕业同学，服务社会，极著声誉者甚多。本市名医有卢施福、黄日骧等。而任职于卫生机关者，亦复不少。四川等省医政，几尽为该校学生所主持，教育英才，同德固有其相当地位也。”①

15日：本市儿童幸福会与家庭工业社联合出版之《家庭教育讲座》，其第一册已定于本月15日出版。“是书由吴铁城、潘公展、李廷安三氏任名誉总编辑，陈蝶仙、胡叔异二氏任主任编辑，马凤岐、唐冠玉、朱嫩云、黄秀芳、陈小翠等任编辑委员，钱弗公、周望鹤二人为编辑。内容异常丰富，有吴市长之《儿童幸福与民族生存》、潘局长之《教育儿童之责任》、李局长之《家庭建筑》、陈蝶仙之《创刊缘起及吃饭问题》、胡叔异之《父母教育与家庭教育》、唐冠玉之《提高妇女与家庭教育》、朱凤蔚之《家庭经济与齐家》、钱弗公之《国定儿童年中谈家庭教育》等，均属佳构。”②

17日：晨九时，蒋介石在公馆传见先生及各局局长，历时约30分钟先生等才告辞而出。“（蒋介石）在公馆传见市府秘书长俞鸿钧、公安局长文朝籍、教育局长潘公展、工务局长沈怡、卫生局长李廷安、公用局长徐佩璜、土地局长金里仁、保安处长杨虎、副处长曾则生等由吴市长偕俞秘书长及各局局长（社会局长吴醒亚因假离沪）晋谒，分别将主管工作择要报告……历时约三十分始辞出。”③

是日：中华麻风救济会借北京路上海信托公司董事室举行医药建筑联席董事会议，由会长颜福庆主席，商讨在福州、厦门兴建麻风疗养院事宜，先生出席。④

25日：《申报》报道：中国防痨会鉴于国人身体日弱，对于民族前途影响很大。而儿童为国家之本，关系尤大。该会有鉴于此，特由第一痨病诊疗所派医生赴各小学向学童施种痨苗，并特约著名医师，已聘定先生在福音广播电台举行防痨演讲。先生对痨病之预防学理、疗养之认识均有阐述。同时举行“防痨”征文，题为“防痨运动与中国民族复兴运动之关系”“防痨与教育”“从中国民族体质说到防痨之运动”，聘请先生及牛惠生、颜福庆、朱恒璧、翁之龙、丁福

---

①《同德医学院新校舍昨行奠基礼》，《申报》1935年1月13日，第15版。

②《儿童幸福会主编家庭教育讲座将出版》，《申报》1935年1月14日，第13版。

③《蒋委员长昨传见市府重要职员》，《申报》1935年1月18日，第11版。

④《麻疯会将兴建疗养院》，《申报》1935年1月18日，第12版。

保、伍连德等为评判委员。[①]

26日：下午三时，中华慈幼协会借北四川路新亚酒楼大礼厅举行第六届年会，“到会者有会长孔祥熙，行政院秘书长褚民谊，中央研究院院长蔡元培，立法院代表孙稚栋，市商会主席俞佐庭，市党部代表毛云，市社会局代表陈冷僧，暨熊希龄、林康侯、丁淑静、丁福保、王晓籁、许建屏、赵晋卿、李廷安、杜月笙、吴维德、颜福庆、朱少屏、杨敦甫等七十余人”，讨论民国二十四年（1935年）工作大纲及预算，并修改会章，熊希龄、蔡元培等亦到会演说。[②]

29日：《申报》报道：中国航空协会自2月1日起在上海市开始第二次航空救国征募运动，吴铁城市长担任总队长，先生任154队队长。[③]

是日：下午二时，上海市国定儿童年筹备委员会在市政府第一科举行第三次会议，先生出席。[④]

30日：美国煤油大王罗克斯氏所组罗氏慈善基金董事会近鉴于我国连年灾患，特派董事福斯狄克（R. S. Fosdeck）会同前由华回国之该会驻华代表格恩（S. M. Gunn）来华视察，晨八时半，乘昌兴公司加拿大皇后号轮抵沪，先生与中国红十字会理事颜福庆等多人前往公和祥码头轮次迎接。[⑤]

是月：先生在《广州卫生》上发表《对于广州医学教育改进之我见》[⑥]，先生认为医学教育要以担负起“预防未病，以至于增进民众之一般健康”的使命为目的，若以近代医学真正之使命而言，广州的医学教育有许多有待改进的地方。先生提出了四项改进方法：其一是扩充完备之学校；其二是合并不完备之学校；其三为课程方面，宜治疗与预防并重；其四为提倡毕业生为乡村服务。

2月7日：鉴于“本市粪车夫向住户非法勒索，并时有将粪便倾入阴沟，虽迭经当局取缔，终难禁绝”，上海市政府令先生办理。下午三时许，先生在该局召集本市各关系机关职员开会，到会代表来自卫生局、财政局、工务局、公用局、社会局、公安局，议定取缔粪便倾入阴沟及有效制裁方法。[⑦]

---

①《中国防痨会扩大防痨运动》，《申报》1935年1月25日，第12版。

②《慈幼协会昨第六届年会》，《申报》1935年1月27日，第12版。

③《航协会吴总队长聘定第二次征求队长》，《申报》1935年1月29日，第10版。

④《本市儿童年筹会昨举行第三次会议》，《申报》1935年1月30日，第14版。

⑤《美国两慈善家到沪》，《申报》1935年1月31日，第14版。

⑥ 李廷安：《对于广州医学教育改进之我见》，《广州卫生》1935年第1期，第1—2页。

⑦《卫生局会议取缔粪便倾入阴沟》，《申报》1935年2月8日，第20版。

9日：广东旅沪同乡会开第三届会员大会，并改选董监事，出席会员三百余人。“计当选董事唐海安、文朝籍、郭顺、吴铁城、陈凤元、郑正秋、李大超、王云五、汪精卫、郑洪年、俞鸿钧、郭启明、冼冠生、翁子光、郭仲良、宋子文、汪道源、杨梅南、林炳炎、劳敬修、简玉阶、崔聘西、陈其芬、郭乐、潘志铨、李译、麦佐衡、李廷安、蔡昌、冯少山、郭九如。”①

16日：《申报》报道：先生成为闸北平民教养院管理委员会成员。

按：淞沪战后，上海市民地方维持会鉴于闸北游民之聚集，先就闸北柳营路习艺所旧址增建新屋，于1933年春落成，由沪南庇寒所等处移送平民百余名，教养兼施、工读并重。1934年8月1日，正式委托中华慈幼会办理。②

17日：《申报》报道：先生兼任劳动托儿所主任。③

19日：上午十时，上海市市党部在天后宫桥市商会大礼堂召集各界代表举行新生活运动一周年纪念大会。先生在《申报》上刊登《新生活运动与健康之关系》一文④，先生从清洁、健全之体格、复兴民族间的关系方面理解“新生活运动”：“新生活运动，其目的乃在复兴民族，其动力乃在全体民众，其方法乃以清洁为首要。良以欲复兴民族必须全体民众参加运动，而全体民众所能贡献于国家之主要条件，厥唯其健全之体格，而健全体格之养成，宜自初步开始，即自注意清洁着手。”接着，先生从医学角度理解“新生活公约”有关健康的条文：“夫清洁之于人生，诚有莫大之关系。例如勤于沐浴，可以使全身血液时常畅流。而我人之食物经胃肠消化后，能吸收者由淋巴管输入血液，运送至身体各部组织，经氧化后，以供生活之需要。即在其起氧化作用之时，产生各种有毒废物，其主要者为炭（碳）酸尿素、尿酸等。炭（碳）酸气由肺排出体外，尿素、尿酸，渗以水份（分），由泌尿器排出，或经汗管排出皮肤。日久之后，水份（分）虽能蒸发，而汗垢（如尿素及各种盐基类），多积存于管口，如不勤为洗除，易将管口闭塞，失去排泄废物及调节体温之功能，因易致病。若能勤于沐浴，此种弊害，即可除去。故新生活公约曰：‘常常洗澡。’”

---

①《广东同乡会改选董监事》，《申报》1935年2月11日，第13版。

②《闸北平民教养院第一步实施计划成功》，《申报》1935年2月16日，第14版。

③《劳动托儿所参观记》，《申报》（本埠增刊）1935年2月17日，第1版。

④《今日各界举行新生活运动一周纪念》，《申报》1935年2月19日，第13版。

按：是年，该文发表于《新生活周刊》①。

20日：《申报》报道："本年4月4日儿童节，为国定儿童年开始之期……本埠中华慈幼协会以4月4日转瞬期届，已着手编辑《儿童年开幕暨儿童节庆祝特刊》。该会除前已收到国府主席林森……孙科、于右任、王世杰、黄郛、蔡元培、王正廷、张之江、罗家伦、吴铁城、潘公展、吴醒亚、李廷安等之题词外，兹并已发出公函多通，敦请名流学者撰著儿童年纪念论文，藉襄盛举，而资倡导。所请名人与撰著文题，一并列下：林森《儿童年宣言》、汪精卫《告全国人民》、蒋中正《儿童年与新生活运动》、戴季陶《儿童年我观》、王世杰《告全国教育者》、黄郛《告全国慈幼机关人员》、吴铁城《告全国父母》、潘公展《告全国儿童》、天虚我生《儿童年与提倡国货运动》、蔡元培《慈幼的新意义》、关炯《谈慈幼事业》、董任坚《谈父母教育》、郑宗海《谈父母读物》、陈济成《谈儿童教育》、胡叔异《谈儿童读物》、李廷安《谈儿童卫生》。该会会长孔祥熙将发表《儿童年的意义》、副会长罗运炎将发表《儿童年的希望》、总干事许建屏将发表《中华慈幼协会敬告国人》。"②

按：先生为《儿童年特刊》的题词（图5.13）为"教养并重"③。

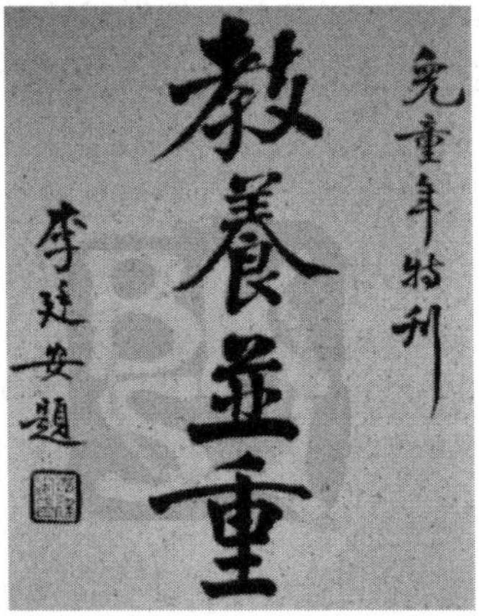

图5.13 李廷安为《儿童年特刊》题词："教养并重"

① 李廷安：《新生活运动与健康之关系》，《新生活周刊》1935年第43期，第1—2页。
②《慈幼会已着手编辑儿童年开幕特刊》，《申报》1935年2月20日，第13版。
③ 李廷安：《儿童年特刊：教养并重》，《现代父母》1935年第6期，第67页。

28 日：中国航空协会上海市征求队吴（铁城）总队长，分函第一次征求队各队长，请即查明已经入会之会员，按照规定年费金额，即日征收会费，以符规定而利航空救国。先生积极征募。“各征求队队长开始征募工作后，分头努力进行。日来多以前发各种征求文件不敷支配，函电续请加发，日必十余起，闻总队长办事处昨日又续发 154 队队长李廷安等入会书徽章等数百份。”①

是日：上海市国术馆第七届征求会员大会开幕，馆长吴铁城市长宴请征求队各职员于八仙桥青年会，“计到会者有吴市长、褚民谊、李大超、蔡劲军、袁履登、李廷安、王兆麒、郑缄之、顾文生、钱瘦铁、王云五、史久芸、刘云舫、柯干臣、蒋德馨、袁鹤松、江长风、杨镜澄、刘梧斋、陈绪良，及各队参谋干事队员等一百余人，由吴市长主席（李大超代），略述国术之重要，提倡推行，刻不容缓，希望全市民众踊跃参加，俾国术普遍化，是皆有赖于征求队各职员努力征求，以打破现在艰难困苦之环境”②。

3 月 1 日：《申报》报道：“上海市地方协会所属之闸北柳营路平民教养院，于去岁秋季，以经费支绌，后继为难，乃移交中华慈幼协会接办……该会执行委员会……委派保障组干事王贯一兼任教养院主任之职，并推举林康侯、丁淑静、李廷安三执委，为教养院管理委员，全权处理一切。”③

4 日：上午十时，先生参加上海市公安局新任局长蔡劲军宣誓就职典礼。④

是日：中国航空协会自 2 月 1 日起在本市开始第二次航空救国征募运动，总队长办事处日来续发各征求队征求文件，为数极多。先生作为第 154 队队长请续发徽章 2000 枚。⑤

13 日：上海市国医公会、国医学会、神州国医学会、中华国医学会、国药业公会、药材业公会等团体为举行国医节纪念大会事，特分函先生等，请届时到会指导。原函内容：“夙仰令名，久殷景慕。兹本会等为发扬固有文化，维护中国医药起见，特定于 3 月 17 日下午一时，假座天后宫桥市商会，举行‘三一七’国医节纪念大会，为敢专函敦请高轩，届时惠临，即席演讲，以资启迪愚

①《航空救国捐征募热烈》，《申报》1935 年 3 月 1 日，第 14 版。
②《市国术馆征求大会》，《申报》1935 年 3 月 3 日，第 12 版。
③《闸北平民教养院主任易人》，《申报》1935 年 3 月 3 日，第 13 版。
④《新任蔡公安局长昨晨宣誓就职》，《申报》1935 年 3 月 5 日，第 8 版。
⑤《宰作业努力航空救国运动》，《申报》1935 年 3 月 5 日，第 9 版。

蒙，祈勿吝玉，是为至祷。”[①]

15日：先生作为85队队长，向中国航空协会上海市征求队总队长办事处汇报收到会费洋444元5角。[②]

是日：中午十二时半，上海市中国防痨协会借新亚酒店召开第13次常务理事会议。“出席者：吴铁城（李大超代）、颜福庆、黄子方、萧智吉夫人、布美、李廷安，列席者赖斗岩、张维、张君俊等共计十余人，由李廷安主席。”“首由主席报告开会宗旨，及张君俊报告会务经过，旋即开始讨论：①队长人选案，决议：名誉会长吴铁城、总队长颜福庆。其他各队长，推李廷安、颜福庆、张维审定，征求会员征募捐款，同时分队进行。关于各队长征募，由各理事分途担任催促进行。②任（恐为‘伍’）连德理事辞职案，决议：去函慰留，并推李廷安劝驾……”[③]

16日：下午二时，中国航空协会上海市征求队总队长在该办事处召开第四次处务会议，讨论征求募捐进行方针。“154队队长李廷安请加聘王兆麒为该队训队长，沈诰、阎森、钟之琦、冯晓庭、胡昌治、张正圃、杨祖炯、王鹏等二百五十余人为队员。”[④]

18日：晚，上海市国术馆借八仙桥青年会召开第二届第二次全体董事会议。“计出席者有褚民谊、王晓籁、林康侯、沈怡、李大超、徐佩璜、陈培德、郑缄三、王云五、朱廉湘、郑友尚、徐致一、李遵光、李廷安等二十余人，由吴市长主席（李大超代）。”[⑤]

19日：新生活运动总视察团徐庆誉一行四人视察江湾卫生事务所等处。吴铁城亲自陪同视察市府各科。中午，吴铁城招待四位专员午餐，“由俞秘书长鸿钧、市工务局长沈怡、市卫生局长李廷安，及陆京士、李大超等作陪”[⑥]。

20日：中午，吴铁城市长在市轮渡水上饭店设宴招待新生活运动总视察团四位专员，“社会局长吴醒亚、教育局长潘公展、公安局长蔡劲军、财政局长蔡

---

①《国医节纪念大会筹备讯》，《申报》1935年3月14日，第14版。

②《航空救国各队报告征募成绩》，《申报》1935年3月16日，第15版。

③《中国防痨协会昨开常务理事会议》，《申报》1935年3月16日，第15版。

④《航协会昨开处务会议》，《申报》1935年3月17日，第12版。

⑤《市国术馆召开董事会》，《申报》1935年3月20日，第13版。

⑥《新运视察团昨视察市政府》，《申报》1935年3月20日，第9版。

增基、市保安处长杨虎、工务局长沈怡、卫生局长李廷安、土地局长金里仁、公用局长徐佩璜，暨市党部委员童行白、陶百川、蔡洪田、姜怀素、林美衍、陈君毅、陆京士、吴开先、王延松、吴修、姜豪等作陪”①。

是日：上午十时，上海市儿童节筹备委员会在市政府举行会议。“出席者：李大超、胡叔异、潘公展（胡代）、李廷安（王世伟代）、钱弗公等，主席李大超。”②

是日：上海市教育局为防痨协会悬奖征文，凡中华民国国籍人民，不论男女老幼均得应征。题目：①防痨运动与中国民族复兴运动之关系；②防痨与教育；③从中国民族体质说到防痨运动（三题任择一题）。奖金分三种：第一名50元、第二名30元、第三名20元。论文须在500字以上，不拘文言白话，但须用中国文字缮写清楚，并用新式标点符号，通讯地址亦请注明稿端。“本会已聘请牛惠生、李廷安、颜福庆、朱恒璧、翁云龙（恐为‘翁之龙’）、丁福保、伍连德先生等为评判委员。”③

21日：内政部卫生署派社会医系主任姚寻源、技正金宝善来沪，于下午四时在李斯德研究院召集各教会医院主要人员举行谈话会，由卫生署代表，劝请各教会医院除于普通疾病治疗以外还须注意公共卫生，预防治疗，如种痘及学校卫生设施等事宜。各教会医院均表示接受。“到者胡美、詹姆士、仁济医院斐德森，及由四川来沪之潘迪生，暨李廷安、颜福庆、姚寻源、金宝善等，由胡美主席。”“卫生局长李廷安氏语（告诉）国闻社记者云：此次会议系卫生当局与教会医院，磋商送药事业之切实联络进行方法。”④

22日：午后四时三十分，中华麻风救济会在博物院路131号青年协会五楼中山厅举行第九次年会，汇报去年度工作概况暨改选新董事等。“当选董事17人：颜福庆、刁信德、陆伯鸿、程联、朱少屏、邝富灼、赖斗岩、李元信、李廷安、袁履登、黎照寰、丁福保、胡桂庚、伍连德、罗运炎、萧智吉夫人、颜斐雯女士等。又名誉董事及名誉顾问会长唐绍仪、副会长萨镇冰、谭纳。”⑤

是日：教育部22日函聘第六届全运会筹备委员41人，是晚，教育部派郝

①《新运视察团昨视察市政府》，《申报》1935年3月20日，第9版。
②《本市筹备庆祝儿童节》，《申报》1935年3月21日，第15版。
③《中国防痨协会征文》，《申报》1935年3月21日，第15版。
④《卫生署劝令各教会医院注意预防治疗》，《申报》1935年3月22日，第10版。
⑤《中华麻疯救济会昨开九届年会》，《申报》1935年3月23日，第12版。

更生再度赴沪与沪市府接洽筹备。先生为第六届全运会筹备委员之一。①

是日：上午十时，上海市儿童幸福会与学生国货年运动委员会在市教育局举行联席会议，讨论庆祝儿童节事宜。“出席幸福会代表潘公展（胡代）、胡叔异、李廷安、钱弗公，学生国货年会代表杨椒其、朱昌礼、曹志功、倪拜言等。”②

24 日：《申报》报道：“本市卫生局，对于市民卫生，极为注意，除于 2 月 20 日举行扩大种痘运动三个月，派该局直辖市立医院一律免费施种痘苗。现据卫生局长李廷安语（告诉）国民社记者：天气已渐趋和暖，时疫病又将流行。本局为预防起见，决自下月 15 日起，举行防疫运动，较各地防疫运动，提早半个月。因本市气候较他处为暖和，届时全市市立医院，一律免费注射防疫针，并由医师分赴机关学校注射，以免疫病流行。”③

25 日：中午十二时，中华慈幼协会借香港路银行公会举行第 74 届执委会议。“推选丁淑静、林康侯、李廷安、朱友渔、曹云祥、赫满克夫人、赵晋卿七人为本会教养委员。”④

28 日：上午九时，中国防痨协会主办之劝止吐痰运动大会在丽都大戏院开幕。“到会者计市长吴铁城（李廷安代）、卫生局长李廷安、市党部执委邢琬、社会局长吴醒亚（张秉辉代）、教育局周尚、市商会主席俞佐廷（朱伯元代）、新生活运动促进会胡天僧、中华慈幼协会刘亿德、公共租界工部局卫生局沈定夷、法工部局卫生处徐传俊、女青年会薛韦增佩、总工会周学湘、公安局袁良骏……二百余人。”“主席李廷安报告云：痨病之为害，人均知之。惟国人因缺乏常识，不加预防，致每年牺牲于痨者，达 1 600 000 人。其原因为国人随地吐痰之恶习，须知国民之健全与否，关系整个民族强弱弥切。我人为求民族复兴，更应致力人民之健全，欲人民之健全，应力除吐痰恶习。故防痨会发起劝止运动，愿在座诸君，广为宣传力行。同时希冀各地当局，同时防止，以期人民之健康。”

禁止痰歌：大会刊印禁止吐痰歌，分发各学校学生歌唱，以收普遍宣传之效。原文：①小兄弟，要记牢，小姊妹，要记牢，不要随便乱吐痰，乱吐容易患痨病，痨病毒菌虽然小，害起人来不得了，有的终身变废人，有的染病便死了。②痨病

① 《第六届全国运动会筹备委员已聘定》，《申报》1935 年 3 月 23 日，第 14 版。

② 《学生国货年，改期举行宣誓》，《申报》1935 年 3 月 23 日，第 14 版。

③ 《市卫生局定期举行防疫运动》，《申报》1935 年 3 月 24 日，第 11 版。

④ 《慈幼会昨开委会》，《申报》1935 年 3 月 26 日，第 10 版。

菌，真可恶，我们要将牠（它）扫除，扫除方法无别的，就是吐痰有定所，路上吐痰有阴沟，家里吐痰有痰盂，大家都能如此作，痨病毒菌永灭除。[①]

30 日：《申报》报道：第五届儿童纪念节庆祝典礼定 4 月 4 日上午九时在月光大戏院举行。“大会职员主席团吴铁城、吴醒亚、潘公展、吴开先、杨啸天、陶百川、童行白、蔡劲军、李廷安、胡叔异、俞佐庭、陈济成、朱学范、林克聪、俞振辉、陈铁生。”“各报特刊稿业已征求，题字有汪精卫、孔祥熙、吴开先。撰文有吴铁城、潘公展、吴醒亚、李廷安、王晓籁、童行白、胡叔异、钱弗公等。”“是日由卫生局通知全市各医院免费为儿童检查身体及布种牛痘。”[②]

是日：下午五时，海港检疫总管理处借法租界金神父路 118 号马立司住宅举行第五届年会，“到有财政部长孔祥熙、市长吴铁城、海关监督唐海安、外交部驻沪办事处长余铭、商品检验局局长蔡无忌、国际电信局长温毓庆、市公用局长徐佩璜、市卫生局长李廷安、国立医学院颜福庆、上海银行总经理陈光甫、招商局总经理刘鸿生、宁绍公司总经理袁履登……男女来宾二百余人”[③]。

是月：先生在《防痨杂志》上发表《肺痨病之预防》[④]，先生从“病原”“传染”“症状”“治疗”“预防”方面论述做好预防肺痨病工作。先生详细介绍了肺痨病的“症状”“治疗”“预防”。

症状：身体重量减少；精神不振，容易困乏，夜间盗汗；下午发热，而热度并不高，仅达 38℃左右；长时间之咳嗽吐痰；时常咳嗽吐血。

治疗五要点：充分休息；充分而适宜之滋养食物；呼吸新鲜空气；日光；慎用药物。

预防四要点：勿随地吐痰；患肺痨者宜自知此病之危险与传染之途径，应处处谨慎，勿将己之痰任意乱吐或抛弃，致予他人传染此病之机会；定期健康检查为预防肺痨之唯一良法；按时测量体重亦为防痨要则。

4 月 1 日：《申报》报道：上海市市长吴铁城“为谋加惠平民起见……筹定巨款，办理福利平民事业，并邀请中外名流，组建管理委员会。现在一切计划，均已就绪。对于平民状况，调查完竣，先行规定区域，建筑平民住所，业将开

---

① 《防痨协会发起劝止吐痰运动开始》，《申报》1935 年 3 月 29 日，第 12 版。

② 《本市各界筹备庆祝儿童节》，《申报》1935 年 3 月 30 日，第 14 版。

③ 《海港检疫总管理处昨第五届年会》，《申报》1935 年 3 月 31 日，第 17 版。

④ 李廷安：《肺痨病之预防》，《防痨杂志》1935 年第 5 期，第 239—242 页。

始征用土地，以便早日开工”。“关于平民福利事业管理委员会，业经吴市长择定人选如下：主席委员吴市长，委员俞鸿钧、金里仁、潘公展、吴醒亚、蔡增基、沈怡、李廷安、蔡劲军、徐佩璜、陆伯鸿、陈光甫、徐新六、冯炳南、李明、吴蕴斋、简又文、朱懋澄、丁淑静、船律一郎、Mr. Cardermarshall（祥兴洋行）、Mr. G. Bolsen（德国商会）、Mr. George Fitch（西侨青年会）、Mr. M. P. Dupury（德国商会）、Father Jaquinot De Besange（天主教会）、Mr. P. S. Hopkins（上海电力公司）、Major Arthur Basset（英美烟草公司）、Mr. C. V. Stars（亚细亚人寿保险公司）、Mr. A. W. Burkill（上海自来水自来火公司）、Mr. M. Speelman（万国储蓄会）、Major. Wm. Darpy（救世军）等。”①

上海市平民福利事业管理委员会简介：1935年4月17日在海格路吴铁城市长私邸举行成立大会。该委会员委员均为中外知名人士，吴铁城会中宣布建筑平民住所3000间计划，以及救济人力车夫等事业。吴铁城任主席，俞鸿钧等中外人士30人为委员。通过《上海市平民福利事业管理委员会组织章程》，章程规定以发行公债、募捐、合作投资作为筹款方式，“委员会管理事业，除以有益市区平民及人力车夫为原则外，并采用薄利主义，以谋发展事业”②。

2日：九时，中华慈幼协会、慈幼疗养院、慈幼托儿所、慈幼诊疗所、慈幼教养院五团体主办之儿童健康比赛在闸北西宝兴路789号慈幼诊疗所开幕，各界来宾及儿童三百余人。“请颜福庆、李廷安、赖斗岩、富文寿、徐乃礼、刁信德、古恩康等七人为评判委员。”③

是日：《申报》报道：市政府为实施社会建设起见，特定今年为社会建设年，将本年内应行办理各项事业加以分别组织委员会。“①识字教育委员会，为实施强迫识字教育。②平民福利事业管理委员会，筹建市民住所3000间，及改善人力车夫生活。③上海市立闸北南市大礼堂筹建委员会，筹建礼堂，供民众婚丧喜庆之用，所以提倡节俭，改良习惯。④上海市立闸北、浦东卫生事务所筹建委员会，江湾、高桥、吴淞办理预防治疗，施医施药，以及公共卫生事业，已著成效，人民称便，兹因闸北、浦东尚未周备，特添建两所，以应需要。”

---

①《吴市长福利平民》，《申报》1935年4月1日，第11版。
②《吴市长福利平民》，《申报》1935年4月1日，第11版。
③《五团体主办儿童健康比赛》，《申报》1935年4月2日，第12版。

各委员会人选："①识字教育委员会委员长吴市长，副委员长潘公展"。"②平民福利事业管理委员会委员俞鸿钧、金里仁、潘公展、吴醒亚、沈怡、李廷安、蔡劲军、蔡增基、徐佩璜、陆伯鸿、陈光甫、徐新六、冯炳南、李明、吴蕴斋、简又文、朱懋澄、丁淑静、船津一郎……""③南市大礼堂筹备委员会委员王一亭、陆伯鸿……""④闸北大礼堂筹备委员会委员王彬彦、陈炳谦……""⑤闸北卫生事务所筹建委员会委员王彬彦、陈炳谦、王云五、王培元、李廷安，召集人沈骥成、陆伯鸿"。"⑥浦东卫生事务所筹建委员会委员杜月笙、潘伟柄、童受民、瞿鉞、刘鸿生、李廷安，召集人张鸣钦"。[①]

"上海市政府令第 1046 号、第 1047 号：令卫生局局长李廷安、公安局浦东分局长张鸣钦：兹派该局长、分局长为上海市市立浦东卫生事务所筹建委员会委员。此令。"[②]

"上海市政府令第 1048 号：令卫生局局长李廷安：兹派该局长为上海市市立闸北卫生事务所筹建委员会委员。此令。"[③]

3 日：《申报》报道：中国航空协会上海市征求队总队长办事处自分函各队长将征募成绩报告后，各队办理非常踊跃。先生为 154 队队长，已收到洋 236 元，向该办事处报告。[④]

是日：中华慈幼协会主办之儿童健康比赛，今日下午五时在博物院路会所举行评判委员会会议。先生任委员长。[⑤]

是日：《申报》报道："（儿童节）庆祝特刊，业已全部编就。内容计有孔祥熙、吴铁城、潘公展、吴醒亚、李廷安、胡叔异等之论著，及汪精卫、吴开先、姜怀素等之题字。"[⑥]

4 日：《申报》刊登先生的《新生活运动与儿童健康》，先生文中指出："儿童健康，旧名词也，亦新生活也。曩者宣传于报纸，腾播乎远道，非旧名词而何哉！虽然往往空言者，今日实行之，往往藐视者。今日奉行之，往往籍（借）

① 《市政府定今年为社会建设年》，《申报》1935 年 4 月 2 日，第 10 版。
② 上海市政府：《上海市政府令第 1046 号、第 1047 号》，《上海市政府公报》1935 年第 155 期，第 5 页。
③ 上海市政府：《上海市政府令第 1048 号》，《上海市政府公报》1935 年第 155 期，第 5 页。
④ 《航空救国各队征募踊跃》，《申报》1935 年 4 月 3 日，第 10 版。
⑤ 《儿童健康比赛今日举行评判》，《申报》1935 年 4 月 3 日，第 11 版。
⑥ 《本市各界明日庆祝儿童节》，《申报》1935 年 4 月 3 日，第 13 版。

以标榜者。今日身体力行之，非新生活而何哉！噫！春日回暖，草木独得沾新意，况际此新生活运动中，正期待我侪为谋儿童之幸福乎！”[①]

是日：上午九时，上海市在月光大戏院举行第五届儿童节庆祝典礼，参加儿童计五千余人。先生为主席团成员，并致辞。“略谓：今天举行儿童庆祝会的意义，就是要为小朋友谋利益。儿童是中国未来的主人翁，各位要自己造就自己，并希望上海市的母亲，对儿童教养特别注意。”[②]

李廷安为上海市第二届夏令儿童健康营题词（图 5.14）：“自强不息。”[③]

图 5.14 李廷安为上海市第二届夏令儿童健康营题词：“自强不息”

是日：中华慈幼协会联合闸北慈幼疗养院、慈幼诊疗所、慈幼托儿所、平民教养院等机关于上午十时在平民教养院举行庆祝大会，有三百余贫苦儿童参加。该会主办之儿童健康比赛业已结束。下午二时，即在平民教养院大礼堂举行颁奖典礼，先生任主席并致开会词，由李夫人颁给奖品。[④]

---

① 《新生活运动与儿童健康》，《申报》1935 年 4 月 4 日，第 18 版。

② 《昨日第五届儿童节》，《申报》1935 年 4 月 5 日，第 10 版。

③ 《上海市假期儿童健康活动促进会主办人：卫生局局长李廷安》，《上海市第二届夏令儿童健康营营务旬刊》1935 年第 2 期。

④ 《昨日第五届儿童节 • 慈幼协会庆祝典礼》，《申报》1935 年 4 月 5 日，第 10 版。

6日：中国防痨协会在吴铁城市长私邸举行第二届征募大会。先生作《中国防痨协会征募大会宣言》，是日刊登于《申报》。先生阐述“本会宗旨，以预防及治疗痨病为唯一目的”，回顾一年来协会举办之事项：一为发行《防痨杂志》，以灌输防痨之知识。二为举办夏令儿童健康营，以增强儿童之身体，养成其防痨习惯；三为设置第一、第二痨病诊疗所，为患者免费诊察及治疗。先生从“民族方面之关系”“国家方面之关系”“社会经济方面之关系”“人类道义方面之关系”四方面阐明入会意义，以广征会员。①

按：该文发表于《防痨杂志》1935年第7期。

是日：下午三时，中国防痨协会在海格路吴铁城市长私邸举行第二届征募大会。“到会人员计有市长吴铁城，秘书长俞鸿钧，公安局长蔡劲军，卫生局长李廷安，防痨会征求总队长颜福庆，副总队长陆伯鸿、布美，名誉副会长王晓籁、徐新六，常务理事伍连德、萧智吉夫人、翁之龙、朱恒璧。监事杜月笙、庞京周，理事丁福保、刘鸿生、潘公展、吴蕴初、林康侯、李大超、刁信德、王孝英、丁淑静，及各征求队长俞佐庭、赖丰岩（恐为赖斗岩）、冼冠生、张湘纹、薛次莘、陆干臣、刘吉生等等五十余人。”先生汇报一年来之工作、收支情况，并报告三年计划。②

是日：中华麻风救济会借上海信托公司会议室，举行本年度第一届董事会。选举本年度新职员，颜福庆当选会长。“医药委员：李廷安、伍连德、颜福庆、陈鸿康、赖斗岩、巴德巽、麦雅各、罗爱斯、刁信德、古恩康、应元岳、李达、丁福保、陈志方等。”③

7日：晚七时半，行政院院长汪精卫在市政府举行盛大宴会，招待中外各界领袖，先生受邀与会。“计有各院部会长官及高级官员：孙科、于右任、戴季陶、孔祥熙、宋子文、蔡元培、王世杰、陈绍宽、陈树人、刘瑞恒、马超俊、朱培德、傅汝霖、叶恭绰、顾维钧、陈季兵、唐有壬、曾仲鸣、徐谟、陶履谦、马衡、曾镕甫、陈箓、王景歧、雷震、顾树森、唐惜分、李圣五、李迪俊、孙履平、汪延熙、周志成、汤良礼、梁宇皋。沪市行政长官吴铁城、杨虎、俞鸿钧、

---

①《中国防痨协会第二届征募大会特刊》，《申报》1935年4月6日，第13版。

②《中国防痨协会昨开第二届征募大会》，《申报》1935年4月7日，第11版。

③《中华麻疯救济会昨举行第一届董事会》，《申报》1935年4月7日，第11版。

吴醒亚、蔡劲军、蔡增基、沈怡、潘公展、李廷安、金里仁、徐佩璜、唐海安、余铭、王长春、张廷荣、耿嘉基、唐士暄、吴子祥、赵铁章。金融及工商界俞佐庭、张公权、李馥荪、陈光甫、贝凇荪、虞洽卿、杜月笙、陈炳谦、郭乐、郭顺、吴蕴斋、林康侯、王晓籁、刘鸿生、王一亭、胡笔江、徐寄庼、陈蔗青、周作民、钱新之、徐新六、王云五、张菊生、李拔可……”“汪院长此来，系主持伦敦中国艺术展览上海预展会，并招待沪上中外各界领袖。”①

8日：在上海市政府开会讨论上海本年联合预防霍乱之实施办法，由卫生署署长刘瑞恒主席。“出席者计有：中央卫生实验处副处长金宝善，海港检疫处处长伍连德、科长伍长耀，市卫生局局长李廷安，中央防疫处处长陈宗贤，两路管理局卫生课课长黄子方，卫生试验所所长程树臻，市卫生局技正王世伟，卫生专家兰安生，病理专家邓斯根，公共租界卫生处处长乔登，法租界卫生局局长赖宝德，及医院医师谢结杨。”②

是日：上午十二时，第六届全国运动会筹备委员会在上海市政府会议室举行第一次会议。“出席委员：王世杰、褚民谊、王正廷（沈嗣良代）、张伯苓、吴铁城、俞鸿钧、潘公展、陈奎生（蒋湘青代）、宋如海、杨虎（王成志代）、蔡劲军、蔡增基、徐佩璜、李廷安、沈怡、董大酉、郝更生、张炯、雷震、徐逸樵、童行白、王晓籁、杜月笙（王晓籁代）、沈嗣良、袁敦礼、吴蕴瑞、马约翰、许民辉、程登科、潘佑强（程登科代）、蒋湘青、陈咏声、李大超、马崇淦、邵汝干、蒋建白、陈石珍（吴蕴瑞代）等。”③

是日：下午三时，卫生署刘瑞恒署长借上海市政府召集本年预防霍乱会议。“首由市卫生局长李廷安报告去年本市防疫状况，努力宣传，俾全市民众注意预防，并接受注射，供给免费自来水，贫民受益不少，结果，去年未发生流行。次由两租界卫生当局报告去年租界内预防成绩亦佳，并无流行。所用方法，仍以强迫注射，及供给贫民免费自来水，收效最宏。继由海港检疫管理处长伍连德、卫生试验所长程树榛、两路卫生课长黄子方分别报告。”“继即指定各组委员：防疫组伍连德（主席）、邓司克、拉卜德、颜福庆、罗卜生、陈永汉、杨永年、

① 《汪院长昨晨抵沪》，《申报》1935年4月8日，第11版。

② 《沪市昨开防疫会议》，《申报》1935年4月9日，第10版。

③ 《六届全国运动会筹委昨首次会议》，《申报》1935年4月9日，第13版。

黄子方、程树榛。宣传组李廷安（主席）、伍长耀、拉卜德、黄子方、爱伦。”[①]

11 日：上午十一时半，上海市政府在市府会议室召开闸北大礼堂、南市大礼堂、火葬场、浦东卫生事务所、闸北卫生事务所各筹建委员会成立会议。先生为浦东卫生事务所、闸北卫生事务所、火葬场筹建委员会委员。先生报告：闸北卫生事务所地址在青云路，“已购得相当地基一方，该地一半为公产，一半为某君捐助，约价 14 000 元”。

“卫生事务所的建设，已为本市很迫急的需要。现在上海市立的卫生事务所，高桥有一个、吴淞有一个、江湾有一个、南市有一个。这几处卫生事务所成立后，使各该地方的人民，得到了不少的便利。这是众目共睹的事实。好像高桥卫生事务所，没有成立以前，高桥地方的婴儿死亡率为百分之四十。自高桥卫生事务所成立后，竟减至百分之三或四。换言之，在高桥卫生事务所没有成立以前，高桥的婴儿一百个之中，死四十个。自高桥卫生事务所成立后，在一百个婴儿之中，只死三个或四个而已。很明显的，因为卫生事务所之设立，婴儿死亡率已呈锐减的现象。又好像江湾一带的人民，和江湾附近林立的学校的学生等。因江湾卫生事务所的成立，也得到了极多的便利。如学生的验眼验牙等等，每日人数很多。再譬如南市卫生事务所，在从前每天到那里去求医取药的约有六百人，现在差不都（多）已增至一千人。以此就可以证明卫生事务所需要的迫切。现在南市、闸北虽都已有医院。但是医院和卫生事务所的性质和功用，各有不同。而现在浦东与闸北两处的卫生事务所尚付阙如。所以我们想赶紧在浦东和闸北两处，各设卫生事务所一所，来施医施药以便利当地人民，并管理公共卫生事务。这是我们要建筑浦东和闸北两卫生事务所的缘由。”[②]

14 日：前上海市公安局局长文鸿恩在天通庵路广东医院开吊，下午三时举殡，安葬于漕河泾警察公墓。“文氏举殡时，前往执绋者计有：吴市长、马超俊、陈策、蔡劲军、蔡增基、耿嘉基、王长春、唐士煊、罗泮辉、俞鸿钧、徐佩璜、李廷安、姜怀素、王一亭、顾馨一、袁良骅、王晓籁、吴蕴斋、俞佐庭、朱学范、朱吟江……千余人。”[③]

---

① 《本年预防霍乱首次筹备会议》，《申报》1935 年 4 月 11 日，第 13 版。
②《市府昨日召开各筹建委会成立会》，《申报》1935 年 4 月 12 日，第 9 版。
③《故市公安局长文鸿恩昨举殡》，《申报》1935 年 4 月 15 日，第 12 版。

15 日：《申报》报道：中国航空协会上海市征求队总队长办事处开始征募工作后，各队长进行非常努力。先生作为 154 队队长第三次续报，又得成绩洋 118 元。①

20 日：十二时一刻，中华慈幼协会借香港路 59 号银行俱乐部举行第 75 次执行委员会。“由罗运炎副会长主席开会，其他列席者为：陈鹤琴、林康侯、孙瑞璜、丁淑静、王晓籁、朱友渔、朱立德、杜月笙、吴维德、李廷安、曹云祥、赵晋卿、颜福庆等。”②

是日：《申报》报道：上海市教育局为本市市立及已立案私立小学教职员开列各科学习书目，分别选阅，并做成杂记，在暑期学校开学时呈缴核查。先生的《学校卫生概要》被列入“上海市教育局第五届小学教职员暑期学校学员自修书目表”中。③

是月：先生为《齿科季刊》创刊号题词（图 5.15）：“切磋琢磨。”④

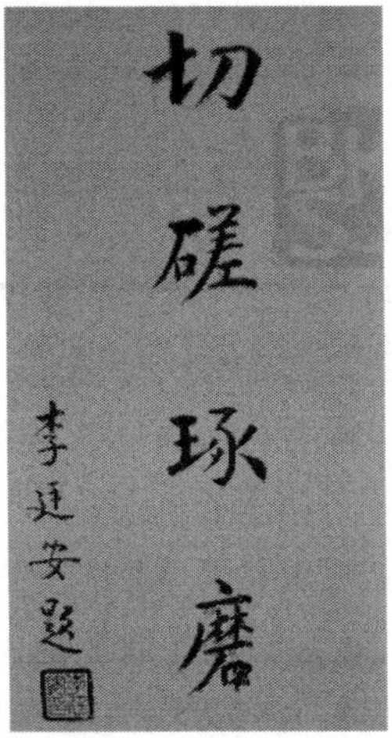

图 5.15 李廷安为《齿科季刊》创刊号题词：“切磋琢磨”

5 月 1 日：“市卫生局局长李廷安氏鉴于疫疠之流行，由于市民缺乏防疫常识，为普遍宣传防疫起见，特于今日起，商假中西电台与佛音电台，敦请卫生

① 《航空征求各队踊跃》，《申报》1935 年 4 月 15 日，第 10 版。

② 《慈幼会今午开执委会》，《申报》1935 年 4 月 20 日，第 13 版。

③ 《市教局颁发暑校学员自修书目表》，《申报》1935 年 4 月 20 日，第 15 版。

④ 李廷安：《创刊号题词：切磋琢磨》，《齿科季刊》1935 年第 1 期。

专家、名医师播音演讲防疫方法及防疫常识，俾普通传晓，促起一般市民之注意及早预防，以保身体健康。秩序节目时间，均在排定中，不日公布各报，同时派员分头出发演讲，向市民灌输防疫切要常识。”①

5 日：“前淞沪护军使署军医院长杨庆云氏之公子、律师杨志豪之介弟志刚君，于前日（五日）下午，假座南京路大东酒楼礼厅，与海上耆绅李平书氏之孙女祥钧女士举行婚礼。由上海市长吴铁城氏亲临证婚，中央委员李石曾、中央军官学校教育长张治中、上海市长吴铁城、前司法行政部长魏道明、江苏省保安处长项致庄、江苏高等法院院长朱树声、前院长林彪、上海市党部常务委员童行白、教育局长潘公展、卫生局长李廷安诸氏，均有屏轴联幛致贺。”②

11 日：西门妇孺医院，今岁为成立 50 周年，特定于 11 日，在该院举行纪念会。先生与会，并祝辞。

13 日：下午四时，上海市儿童幸福委员会举行第 16 次常会。“到李廷安、胡叔异、刘王立明、陈鹤琴、潘公展、赵增祺（钱弗公代）、陈铁生、吴铁城（李大超代）、刘席、钱弗公、尤济华、朱寄沧、周望鹤、陆云逵。主席潘公展，纪录（记录）钱公弗。”③

15 日：中国航空协会上海市征求队总队长办事处为广募航空救国金，由各同业征收航空救国捐。先生到该办事处，缴送救国捐。④

17 日：下午四时半，上海女青年会在圆明园路该会所举行第 26 次年会，到会一百余人。“选举李廷安夫人、何麟夫人、陆梅僧夫人、黄叔培夫人、程修龄女士、杨怀僧夫人（以姓字笔书多少为序）等为该会新董事。”⑤

24 日：《申报》报道：上海青年会智育部前次举行（上海）系统演讲时，听众踊跃。演讲后接到各方来函催询演讲集何日出版者，非常之多。今此演讲集已出版，封面有吴铁城市长题字。演讲集收入先生之《上海卫生的设施》。⑥

27 日：上海市教育、卫生两局为利用假日实施健康教育、改进儿童身心起

①《市卫生局今日起开始全市防疫运动》，《申报》1935 年 5 月 1 日，第 14 版。

②《杨李婚礼纪盛》，《申报》1935 年 5 月 8 日，第 12 版。

③《儿童幸福会定期招待各界参观托儿所》，《申报》1935 年 5 月 14 日，第 15 版。

④《今日开收航空救国金》，《申报》1935 年 5 月 16 日，第 12 版。

⑤《上海女青年会第廿六届年会志盛》，《申报》1935 年 5 月 18 日，第 11 版。

⑥《（上海）演讲集出版》，《申报》1935 年 5 月 24 日，第 13 版。

见，特发起组织上海市儿童假期健康活动促进会，下午七时在大西洋西菜社举行成立大会。“出席者计：教育局潘（按：潘公展）局长、邵汝干、周尚，卫生局李局长、孙家齐、胡昌浩，儿童幸福会胡叔异、中华慈幼协会陈铁生、防痨协会张君俊、中华医学会朱恒璧、医师公会徐乃礼、青年会陆干臣、《申报》马荫良、《晨报》周望鹤、商务印书馆张叔良、中华书局陆费伯鸿、儿童书局张一渠、正中书局王丰谷、上海医学院张维、中西药房周邦俊、中法药房许晓初、家庭工业社李新甫、儿童齿科医院季小波、冠生园黄翰良、茂昌眼镜公司胡赓佩及专家高镜朗、费昆年、刘以祥、祝慎之、干事钱弗公等四十余人。”“推请教育局长潘公展、卫生局长李廷安、中华慈幼协会会长孔祥熙等三人担任常务委员。”①

是月：先生为药剂生签发开业执照（图 5.16）②。

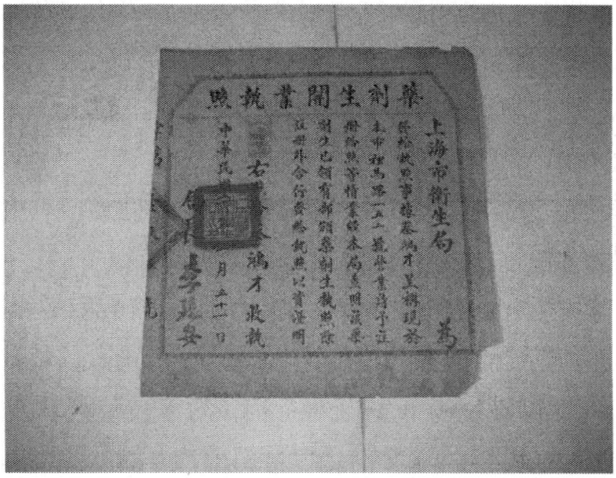

图 5.16　李廷安签发的药剂生开业执照

按：《修正上海市办理药师请领部证章程》第五条“已领证（按：由国民政府行政院内政部颁发）之药师欲在本市开业者，应分别遵照药师暂行条例第九条之规定，呈请本市卫生局注册”③。

6 月 1 日：上海市儿童幸福委员会主办之第一劳动托儿所成立于本年 1 月。

① 《本市儿童假期健康促进会成立》，《申报》1935 年 5 月 29 日，第 13 版。

② 《民国二十四年上海药剂生开业执照》，997788.com，2014 年 7 月 21 日。

③ 上海市政府：《修正上海市办理药师请领部证章程》，《上海市政府公报》1934 年第 143 期，第 119 页。

“初以创办伊始，内部设施，诸待规划，一切情形，不暇向社会作公开之报告。兹以规模粗具，所务日见发达，特于昨日（1日）招待各界到所参观。”“全日统计，（参观人数）约在五、六百人左右。”“均由该所所长李廷安、副所长尤济华、主任朱寄沧，及各看护各保姆分任招待及引导。幸福会常务委员胡叔异、干事陆云逵等亦均到所襄助一切。”①

9日：《申报》报道：上海市第14届卫生运动与卫生展览会定于15日开幕，“本届大会会长，业经二次筹备会通过，聘函已发出，计大会会长市卫生局李局长、大会副会长公共租界卫生处处长乔屯、法租界卫生处处长百卢。此外吴市长为名誉会长，市教育局潘（按：潘公展）局长、市社会局吴（按：吴醒亚）局长、市公安局蔡（按：蔡劲军）局长、市党部常委童行白、监委吴开先、总工会常委朱学范、青年报务团团长陆京士、市商会主席俞佐廷、两路管理局局长黄伯樵、民众常识指导委员林美衍、童子军理事会常务理事瞿越、市教育会常委黄造雄、金龙章夫人、李廷安夫人为名誉副会长。”②

15日：上午十时，上海市第14届卫生运动在公共体育场举行开幕典礼。先生作为大会会长以及大会名誉会长吴铁城市长均亲自参加。“大会为纪念此次卫生运动起见，今日本市各大日报，如《申报》《新闻报》《时事新报》《晨报》《民报》《中华日报》等均出特刊，由大会名誉会长吴市长、正会长李廷安，及名誉副会长蔡劲军、陆京士等撰述文章。”③

是日：先生发表《上海市第十四届卫生运动大会特刊辞》。全文如下：“卫生运动的意义就是作大规模的卫生宣传，将种种卫生常识，灌输到一般民众的心目中，使能彻底了解卫生的意义，增进健康，即是强我国家，又即是强我民族。本年第十四届卫生运动大会，市卫生局深认欲得很大的功效必要与各界合作，所以联合租界卫生当局和本市二十余机关团体分工合作，于6月15日开幕了。查本市卫生事业，逐年进步，所以运动大会的精神，也是一年比一年兴奋。今年又把戒烟戒毒，也并在卫生运动之内，同时宣传。展览会场内，关于卫生方面的各种标本、模型、图表，以及书报刊物等等，无不尽量收集，公开阅览，

---

①《劳动托儿所招待参观》，《申报》1935年6月2日，第13版。

②《本市卫生运动召集校长谈话》，《申报》1935年6月9日，第14版。

③《14届卫生运动今日举行开幕典礼》，《申报》1935年6月15日，第13版。

希望全体市民都能认识，认识之后，还要身体力行下边两件事：一方面实行种种的个人卫生方法。一方面互助公共卫生的进展。该会为普遍宣传起见，特约本市各大报编印特刊，因将所以要举行卫生运动大会的缘故，略说几句，以告读者。”①

是日：上海市第 14 届卫生运动大会十时在南市公共体育场开幕。“到会者计：卫生局长李廷安、公安局长蔡劲军、市党部常委童行白、童子军理事会罗列、总工会邵虚白、教育局袁增煜、青年会凌希陶、市教育会李光腾，及金龙章夫人、李廷安夫人，暨培本、民立、君毅、务本、和安、万竹等学校学生童子军代表，共五百余人。”“主席李廷安报告云：诸位来宾，诸位同学，今日为上海市第十四届卫生运动大会开幕礼，承踊跃参加，非常荣幸。卫生运动每年举行，其目的为使民众减少疾病痛苦，增加服务效能，使市民均有健全之体格，延长其生命。盖我国人平均寿命，仅 30 岁，较之欧美几弱一倍。关于本年筹备经过，经由卫生局发起，参加团体，计市府秘书处等 25 个。各团体均有经济资助，今日谨代表卫生局谢谢。至于其组织，系由发起团体组织筹备会。同时今日下午，在新世界举行卫生展览会。陈列者，计中央卫生署、海港检疫处、市卫生局、公共租界卫生处、法租界卫生处，各项图表模型。此次卫生运动，所异于前者：①童军学生之宣誓，用意使其努力宣传，以达同处寿域。②厉行戒烟……本市已成立戒烟医院三所。③防范疯狗。④厨房比赛。一切均为促进卫生之办法，盼各界多多宣传。俾收实效。”

下午二时，卫生展览会在新世界开幕，参加者四百余人。“主席李廷安报告云：今日为卫生运动十四届展览会开幕礼。在此国难时期，卫生运动实为一重要问题。盖欲复兴民族，必先养成健全之体魄，乃我国人民，因平日不研究卫生，故体力孱弱，外人讥我为‘东亚病夫’。反之，若人人能讲究卫生，复兴民族，可立而待也。我人欲复兴民族，延长自身之寿命，除注意个人卫生、家庭卫生外，更应助政府励（厉）行公共卫生。政府为此特筹设痨病医院，借以减少死亡。卫生署特请各卫生机关，在此举行卫生展览会，希望多多加以指导。”②

---

①《上海市第十四届卫生运动大会特刊辞》，《申报》1935 年 6 月 15 日，第 16 版。

②《第十四届卫生运动昨晨开幕》，《申报》1935 年 6 月 16 日，第 13 版。

21日：午一时，暹罗考察团赴上海市中心区市政府，受到吴铁城市长宴请，“俞佐廷、郭秉文、徐善祥、吴蕴初、余铭、陈湘涛、简琴石、俞鸿钧、徐佩璜、李廷安、罗泮辉、张廷荣、唐士暄、李大超等作陪”①。

22日：下午一时，私立同德医学院在市中心区翔殷路新校舍大礼堂举行第14届毕业典礼。“到教育局潘局长公展，卫生局李局长廷安，市府第一科长李大超，该院院长顾毓琦、教务长曾立群，各机关代表来宾，及全体教职员、全体学生，凡数百人。由院长顾毓琦主席……首由主席报告：略谓本届毕业同学，大半已受中央医院及鼓楼医院之聘任，余则在苏州、杭州等各大医院及该学院附属医院服务。”②

是日：下午四时，国立上海医学院借大西路德国学校大礼堂举行第五届毕业典礼，“到教职员学生二百余人，外界来宾有吴市长、李大超、卫生局长李廷安，医界耆宿丁福保及曹云祥博士等”③。

23日：下午一时，上海市第14届卫生运动闭幕仪式在新世界大剧场举行。沈诰代先生出席。④

26日：晚八时，上海市国医公会在本会会所举行第12次执监委员联席会议。会议议程之一：“李廷安柬请参加6月26日补行市立传染病医院落成开幕案，议决，推举蒋文芳代表。”⑤

29日：上海普慈疗养院于下午三时在距离上海市20公里之上海县属北桥地方举行开幕礼。先生代表吴铁城市长参加，并发表演说。略谓：“市长本应参加开幕盛典，适患感冒，特嘱廷安代表。本市对市民卫生问题，素极注意。如麻疯医院、慈幼事业，均先后得有相当成绩。市医院建筑工程，亦已过半。惟精神病院尚付缺如。除过去一般人对神经病患者，颇不人道，其实神经病患者，实与普通病人无异。陆伯鸿先生以二十余年之经验，创立此院，实为神经病患者之福音，希各界领袖予以援助，俾得发扬而光大之。”⑥

---

①《吴市长昨午宴暹罗考察团》，《申报》1935年6月22日，第9版。

②《各校行毕业典礼》，《申报》1935年6月23日，第14版。

③《各校行毕业典礼》，《申报》1935年6月23日，第14版。

④《卫生运动今日结束》，《申报》1935年6月24日，第10版。

⑤《国医公会开会纪》，《申报》1935年6月28日，第10版。

⑥《普慈疗养院昨开幕》，《申报》1935年6月30日，第14版。

上海普慈疗养院简介：近代上海市的一所精神病医院，由天主教慈善家陆伯鸿所发起，得公教进行会之筹办，以及上海市政府、公共租界工部局及法租界工董局之赞助，经两年之经营，于1935年6月29日举行开幕盛典。“计参加典礼者计有市长吴铁城代表李廷安、国货银行董事长宋子良、市公用局长徐佩璜、上海县长潘忠甲、公安局长徐敏寅，暨何德奎、惠主教、颜德庆、朱志尧，天主教神父及中西各界代表三百余人。”“全院占地150亩，建筑费及仪器设备共50万元。”“上海市政府及公共租界工部局各捐10万元、法租界公董局捐助5万元，其余25万元，由陆伯鸿负责向教会及慈善家募助。”“该院房屋共14座，其中病院部份（分）计8座，男女病房各半，分头、二、三、四等四级，头等病房两座，每座可收病人40人，合计80人。二等病房两座，84间，每间可住病人两人，计168人。三等病房两座，12间，16人合住一室，可容192人。四等病房，则特设为武痴用，四壁装有弹簧垫，地上则铺以橡皮，可容40人，病房一切设备，均为大中华钢铁厂特制之钢铁克罗米者，即墙壁及用具色泽，亦分红黄蓝黑等各种不同颜色，以便病人随意选择。每座屋前均有大块草地，周植花木，以备病人游息。据称该院平时可容病人五百人，必要时可扩充至六百人。”公共租界工部局、法租界公董局代表、上海县县长先后致辞，“除李廷安系本人翻译英语外，余均由颜德庆翻译中英语”。“该院院长为陆伯鸿、副院长陆隐耕、院务主任沈曾怡、医务主任韩芬女医师（上海国立医学院神经心理系教授），护士则有法、德天主教男修士及美国女修士各12人，彼等均为欧洲各精神病院中服务多年之教友，医生亦多为专家，对病人则中外兼收。”①

是月：先生所撰《中国乡村卫生问题》，由商务印书馆出版。卫生署署长刘瑞恒为该书作序，高度评价《中国乡村卫生问题》：“我国乡村为一病态之乡村，此著不啻（按：只是）为一详细之病历与治疗之方案，当此全国均憬然（按：醒悟的样子）奋起，求所以复兴农村之途径，此著实无愧为一指示之南针焉。”上海市市长吴铁城为此书题词“恫瘝在抱”。②

7月7日：先生参加市政府第284次市政会议。③

① 《普慈疗养院昨开幕》，《申报》1935年6月30日，第14版。

② 李廷安：《中国乡村卫生问题》，上海：商务印书馆，中华民国二十四年。

③ 《第二八四次市政会议》，《申报》1935年7月8日，第9版。

8 日：上午十时，上海市第五届暑期学校及第三届暑期讲习会在中华学艺社大礼堂举行联合开学典礼。先生讲授《卫生教育》。①

9 日：下午三时，沪郊农村工作协进会卫生委员会在中华职业教育社举行成立会。先生出席，被举为卫生事业委员会委员。②

沪郊农村工作协进会卫生委员会简介：沪郊农村工作协进会卫生委员会成立于 1935 年 7 月 9 日，陶行知、王揆生、黄梅生、朱恒璧、王子方（恐为“黄子方”）、翁之龙、张维、姚惠泉、牛惠生、牛徐蘅、李廷安出席成立大会，主席张楚珩。决议事项：①决议接受第一届沪郊农村卫生讨论会记录，作为本会参考。②决议实地调查沪郊农村工作，各地机关卫生设施作为本会工作推进之参考。③决议修正通过本年工作计划大纲及概算。④决议修正通过实验巡回卫生指导办法。⑤决议推张楚珩委员会同本委员会主席起草，向罗氏基金社请款者，并请协进会理事长、副理事长及本委员会主席签名，决议担任巡回指导医师及助产士，请张楚珩委员接洽，由本委员会主席聘请，并报告理事会备案。⑥（原文为⑦）决议理事会已聘请本委员会张楚珩委员为卫生组干事。所有本委员会执行干事，即请张委员担任，不另推举。推举李廷安、朱恒璧、翁之龙、牛惠生、黄梅生、黄子方、郃爽秋、陶行知、姚惠泉、王揆生、张维为卫生委员。③

15 日：下午四时左右，中国防痨协会借北四川路新亚酒店举行 1935 年度第一次理事会议。“出席者计有黄子方、翁之龙、颜福庆、李廷安、布美，及列席者张维、刘岷庵、樊侃如等十余人，由黄子方主席。”④

18 日：《申报》报道：上海正风中学校长胡昌治为纪念其先太夫人鞠育劬劳（按：父母养育孩子劳苦），并嘉惠贫寒子弟求学起见，特移鹤俸（官俸），于 1935 年度起，设置胡太夫人奖学金，招收免费学生 20 名。先生被聘请为试卷评判委员。⑤

19 日：《申报》报道：“本市于本月一日，在南市毛家弄，成立禁烟委员会

① 《本市暑校及暑讲会今晨举行联合开学礼》，《申报》1935 年 7 月 8 日，第 13 版。
② 《沪郊农村协进会卫生委员会成立》，《申报》1935 年 7 月 12 日，第 11 版。
③ 《沪郊农村协进会卫生委员会成立》，《申报》1935 年 7 月 12 日，第 11 版。
④ 《中国防痨协会昨开首次理事会议》，《申报》1935 年 7 月 16 日，第 12 版。
⑤ 《正风中学》，《申报》1935 年 7 月 18 日，第 14 版。

以来，该会对于禁烟事宜，已经市公安局长蔡劲军，分令各局各所，派员在境内将烟民分别办理登记手续。卫生局长李廷安，令积极扩充戒烟所，借以尽量收容烟民，而期戒绝。惟原有龙华戒毒所，及南市上海公立医院二所，因铺位不多，殊感不敷，故将于闸北、沪西及浦东各处，在最短期内，遍设戒烟院，计划各该院尽量设置铺位，以便强迫一般烟民入院戒绝烟瘾，闻此项戒烟院之设立，现正在筹集经费，不久即可实行。”①

“上海市政府指令第14386号：令卫生局：为据呈送闸北戒烟医院租屋合同，准予备案，所需经费并准自成立之日起拨令仰知照由。”②

21日：“宣传卫生运动播音大会，中华（1140），下午二时至晚二时，市长吴铁城、卫生局长李廷安、教育局长潘公展、社会局长吴醒亚。”③

是日：晚，“天纪楼主人苏民，自脱离政海后，从事实业，广交游。闻人雅士，无不识之。苏民为联络海上友人感情起见，特假座爱多亚路慈林蔬食处，举行消夏之宴”。“到者有王一亭、王西神、王云五、于右任、胡朴安、关炯之、李廷安、李云书、林康侯、陈其采、薛笃弼、徐朗西、朱少屏、黄涵之、狄平之、唐乃康、苏理平、陆连奎、金九林、任矜苹、胡凤翔、蔡钧徒等数十人。席间由苏夫人及黎锦晖夫妇、徐女士殷勤招待。”④

22日：下午二时，上海市卫生局为整理本市报纸医药广告起见，在市中心区卫生局会议室召集各报广告部暨市府所属各局代表，商议整理各报广告办法。“到市府代表陈克成、教育局代表孙育才、社会局代表陈冷僧、日报公会许心一，《申报》姚子初、《新闻报》王维桢、《时事新报》王逸民、《时报》曾漫君、《民报》袁一匡、《晨报》孙道胜、《大晚报》杨可民、《中华日报》王华，由卫生局长李廷安主席。结果决议如下：①以前所规定之不予刊登者，各报自动检查取缔。②疑问者送社会局或卫生局审查。③如第一次登过之禁止广告，由卫生局通知免登。④主管机关嘱甲报免发某广告后，该报可通知其他各报免登。”⑤

---

①《闸北沪西浦东等处将遍设戒烟医院》，《申报》1935年7月19日，第11版。

② 上海市政府：《上海市政府指令第14386号》，《上海市政府公报》1935年第157期，第98页。

③《特别节目：宣传卫生运动播音大会》，《申报》（本埠增刊）1935年7月21日，第5版。

④《苏民昨晚宴客》，《申报》1935年7月22日，第13版。

⑤《市卫生局昨召集各报馆举行广告会议》，《申报》1935年7月23日，第13版。

25 日：《申报》报道：先生为注意公共卫生暨办理妇婴卫生及产妇登记起见，特令沪南区卫生事务所所长尤济华筹备一切。国民社记者探悉各情，分记如下。

办理妇婴卫生："我国一般妇女，因生产雇用旧式稳婆接生，而遭牺牲者，不知凡几。盖稳婆对产妇临产时，每用破瓷与碎玻璃及铁剪刀等剪断婴孩脐带，不明消毒方法，既无接生技术，且乏科学知识，因之婴孩发生脐带风（即破伤风，俗名七日风）致夭亡者甚多，对产后一切处置，及婴孩之保障，又毫无办法，故产母时有发生'产褥热'之可能。李局长以沪地尤多，长此以往，后患不堪设想。乃于昨日特令沪南区卫生事务所所长尤济华办理妇婴卫生，使避免妇婴之牺牲而得以安全。"

举行产妇登记："市卫生局为保障产妇及胎位安全起见，将在南市林荫路沪南区卫生事务所内，举行产妇登记，并拟定章程及各种表格。凡产妇怀孕五个月以上者，均可前往该所领取登记表格，填就后送所备案。当有专员指导饮食起居规定，与妊娠之摄生法，并定期检查胎位有否异状，同时对于产妇日常动作等，均有相当之纠正。据沪南区卫生事务所长尤济华语国民社记者，对于办理妇婴卫生，拟与南市上海公立医院合作进行。惟举行产妇登记手续，正在筹备一切表格，大约出月即可实行。"

防止假名诈欺："最近本埠一部分产科医院，在各日报大登广告，其接生价目，标榜便宜，而一般市民受欺者甚多。盖虽亦用科学方法接生，然除接生费之外，每多巧立名目欺诈。如向产妇注射催生针、止血针、补血针、强心针等种种费用，结果统计颇巨。对于产妇经济负担极重，故该局为防止上述一部分产科医院发生欺诈计，将予以设法制止。"①

29 日：下午二时，上海市儿童年筹备委员会在社会局会议室举行筹备会议，定 8 月 1 日开幕，当日下午，先生将检阅江湾疗养院等处。"各大报出版开幕特刊，吴市长、吴醒亚、潘公展、李廷安、蔡劲军、童行白、王晓籁、陈鹤琴、张秉辉等均有撰稿。""卫生局令本市各医院翌日免费为儿童检查身体。"②

30 日：《申报》报道：自规定本年 8 月 1 日起至明年 7 月 31 日止为全国儿

---

①《卫生局将举办产妇登记》，《申报》1935 年 7 月 25 日，第 12 版。

②《本市儿童年后日开幕》，《申报》1935 年 7 月 30 日，第 12 版。

童年后，上海市市政府令饬社会教育、卫生、公安等局，组织儿童年实施委员会。“开幕典礼由市长吴铁城、社会局长吴醒亚、教育局长潘公展、卫生局长李廷安、公安局长蔡劲军，及市党部代表担任主席团。”是日免费开放儿童各医院，免费检验儿童身体医院名称如下：①多稼路市立上海医院。②莫利爱路人和医院。③宝健路大华医院。④小沙渡路劳工医院。⑤福煦路中德医院。⑥萨坡赛路生生医院。⑦同孚路同德医院。⑧制造局路伯特利医院。⑨外马路东南医院。⑩萨坡赛路尚贤堂医院。⑪海格路红十字医院。⑫黄家路南洋医院。⑬虹桥路虹桥疗养院。⑭浦东警局路浦东医院。⑮星加坡（新加坡）路健华颐疾园。⑯方斜路妇孺医院。⑰天通庵广东医院。⑱小东门瞿直甫医院。⑲白克路实隆医院。⑳巨籁达路体仁医院。①

是日：上海市新闸路 856 号中国红十字会假新亚酒楼宴请第二次征求会员总队长。先生作为理事与会。②

夏：先生为《时代》撰写《可怕的夏秋》（图 5.17），为读者介绍预防夏秋传染病的常识。先生以为夏秋两季是一年当中最热的天气，也是人们最容易传染霍乱、伤寒、痢疾等急性胃肠传染病的时候。先生将这些传染病的传播过程作了形象阐述：“霍乱、伤寒、杆菌痢疾等急性胃肠病，都是因为把这类病在不知不觉之时，引入肠内，才会发生的。苍蝇、生水便是这类病菌最得力的开路先锋。这类病人的粪便或呕吐物便是这类病菌的大本营。人的胃肠便是这类病菌所要进攻的目的地。生水同苍蝇沾染过的东西以及病人馂（吃别人剩下的食物）余或食具，都不要碰到嘴边，这便是为保全自己生命起见，建筑了一种很坚固的防御工程。”

按：该文撰于民国二十四年（1935 年）炎夏，发表于 1936 年第 111 期的《时代》。

8 月 1 日：上午九时，上海市儿童年开幕典礼在市政府大礼堂举行，参加儿童一千五百余人，由吴铁城市长致开幕辞。先生为主席团成员之一。③

① 《明日在市政府举行儿童年开幕礼》，《申报》1935 年 7 月 31 日，第 13 版。
② 《中国红十字会今日起征求会员二月》，《申报》1935 年 8 月 1 日，第 13 版。
③ 《本市千余儿童昨日参加儿童年开幕礼》，《申报》1935 年 8 月 2 日，第 15 版。

ANTI-INFECTION CAMPAIGNS MOBILIZED AT SHANGHAI

可怕的夏秋

图 5.17　李廷安为《时代》撰写《可怕的夏秋》

4 日：先生“以浦江内时有倾倒垃圾情事，殊属有碍卫生，尤易发生疫疠，昨（4 日）特函请市公安局饬水巡队，通令各分队派警查禁”[①]。

8 日：上海各界以本年水灾惨重，下午四时借云南路仁济堂举行上海筹募各省水灾义赈会成立大会，到本市各界领袖百余人，吴铁城被推举为临时主席，吴铁城称：“上海之繁荣尚赖内地经济之恢复。本人常谓，上海犹如鱼，而内地犹如水，如鱼而无水，决难生存。故我人欲图恢复上海之繁荣，尚赖拯救内地之窘困。上海人民之生活，既较内地人民之生活为佳，则仍应极力设法，以负同舟共济之义务。”孔祥熙被举为上海筹募各省水灾义赈会会长，许世英、王正廷、王震、吴铁城为副会长。该会下设总务组、筹募组、财务组、设计组、查放组、审核组、卫生组等。“卫生组：颜福庆、李廷安、王培元。”[②]

9 日：下午四时，上海市儿童幸福委员会在蓬莱路近泮坊会所举行第 17 次常会，讨论儿童年进行事项并发表宣言，促各界注意儿童幸福之提倡。“出席委员：计吴铁城（李廷安代）、潘公展、李廷安、胡叔异、赵增祺、陈鹤琴（胡代），列席者钱弗公、周望鹤、尤济华、朱济沧、睦云达等。主席李廷安，纪录（记录）钱弗公”，议决“函请卫生局令饬市立医院及卫生事务所实施贫民免费接生”。[③]

---

①《卫生局请公安局查禁垃圾倾倒浦江》，《申报》1935 年 8 月 5 日，第 11 版。

②《筹募各省水灾义赈会昨日举行成立大会》，《申报》1935 年 8 月 9 日，第 9 版。

③《本市儿童幸福会常会为儿童年发表宣言》，《申报》1935 年 8 月 10 日，第 15 版。

15 日：先生主持上海市立第一公墓开幕典礼（图 5.18）。[①]

图 5.18　李廷安主持上海市立第一公墓开幕典礼（先生位于正中穿深色马褂者右侧）

9 月 5 日：正午十二时，中国防痨协会假新亚酒店欢迎新任理事长陆伯鸿（图 5.19）及总干事童星门，并举行本年度第三次常务理事会议。“到会者计有陆伯鸿、吴铁城（李大超代）、李廷安、颜福庆、翁之龙、黄子方、童星门，列席者有刘德启、赖斗岩、李兆璋、樊侃如等多人。首由李廷安致欢迎词。略谓：本会前任理事长牛惠生先生，因病辞职。兹蒙陆氏继任，殊觉荣幸。按陆氏系本市慈善大家，对于防痨运动，提倡不遗余力。童氏历任本埠青年会少年部干事，及哈尔滨青年会总干事等职多年，经验丰富。本会得此二人，深为防痨运动前途幸。兹谨代表本会同人，致欢迎之忱，并望诸氏努力。”“随由陆氏主席开会，首为李廷安、黄子方、童星门报告会务经过，继即讨论议题，当经议决：①疗养院基地，推陆理事长设法。②俟市中心区体育场开庭后，定期举行慈善足球比赛。③拟于十月初举行会员联欢大会，推李廷安、李大超、黄子方、童星门负责筹备。④第一诊疗所迁移案，由医务委员会商办。⑤（原文⑥）发售

① 上海市卫生局编：《上海市四年来卫生工作概要（民国二十一年至二十四年）》，民国时期文献保护中心、中国社会科学院近代史研究所编：《民国文献类编·医药卫生卷》（991），北京：国家图书馆出版社，2015 年，第 190 页。

防痨印花案，交布美、刘德启研究办理。⑥（原文⑦）监事补选案。推姚慕莲为本会监事。”[①]

图 5.19　李廷安参加中国防痨协会欢宴陆伯鸿理事长（右起第五为李廷安）

8 日：下午二时，上海市游泳池举行开幕典礼，由吴铁城市长亲临剪彩并致开幕词。先生出席。[②]

14 日：中午十二时半，中华慈幼协会于香港路银行俱乐部举行第 79 届执委会议。“聆取（听）许建屏总干事之工作报告、林康侯会计之经济报告，并讨论承认青岛托儿所、建筑南京慈幼实验区，向吴市长要求拨地，于最近期间，即在江湾建筑会所等议案。”出席人员有：“执行委员如罗运炎、陈鹤琴、赵晋卿、杜月笙、颜福庆、王晓籁、李廷安、吴维德、曹云祥、朱友渔、朱立德等。”[③]

是日：下午二时，上海市闸北卫生事务所举行奠基典礼（图 5.20、图 5.21）。“计到吴市长、卫生局长李廷安、工务局长沈怡及华商电气公司总经理陆伯鸿、宁绍轮船公司总经理袁履登、公共租界工部局会办德奎等百余人。”吴铁城市长出席并致辞。“略谓：闸北人口共有 70 万，占全市人口五分之一，且为工业区，

① 《中国防痨协会欢宴陆伯鸿理事长》，《申报》1935 年 9 月 7 日，第 15 版。

② 《吴市长亲临剪彩盛极一时》，《申报》1935 年 9 月 9 日，第 15 版。

③ 《慈幼会今午举行执委会议》，《申报》1935 年 9 月 14 日，第 14 版。

多贫民，对于卫生设施，尤感重要。市政当局，特建筑此事务所，以供本区市民之急需，此后尚盼各界努力于卫生建设，以造福贫民。”①

图 5.20　李廷安出席闸北卫生事务所奠基礼（前排左二为李廷安，左三为吴铁城）②

图 5.21　李廷安出席上海市卫生局沪北区卫生事务所奠基典礼③

①《闸北卫生事务所昨举行奠基礼》，《申报》1935 年 9 月 15 日，第 14 版。

② 上海市卫生局编：《上海市四年来卫生工作概要（民国二十一年至二十四年）》，民国时期文献保护中心、中国社会科学院近代史研究所编：《民国文献类编 • 医药卫生卷》（991），北京：国家图书馆出版社，2015 年，第 164 页。

③《上海市卫生局沪北区卫生事务所奠基典礼（二）：上海市卫生局局长李廷安博士留影》，《卫生月刊》1935 年第 10 期。

上海市闸北卫生事务所简介：上海市政府将 1935 年定为社会建设年，鉴于闸北人口有 70 万，占全市人口五分之一，且贫民居多，虽有医院，但多未设立卫生事务所。上海市闸北卫生事务所被定为社会建设年的建设项目之一，并组织上海市闸北卫生事务所委员会，确定“闸北卫生事务所筹建委员会委员王彬彦、陈炳谦、王云五、王培元、李廷安，召集人沈骥成、陆伯鸿”①。4 月 11 日，李廷安在各筹建委员会成立会议上，报告“（闸北卫生事务所）地址在青云路，已购得相当地基一方，该地一半为公产，一半为某君捐助，约价一万四千元”②。至于“建筑及设备等费、预算五万元为限”③。1935 年 9 月 14 日，上海市闸北卫生事务所举行奠基典礼。该经费由上海市政府“拨款五万元”，“11 月 1 日起开始办公，除一切行政事务外，有诊疗、清道清洁、妇婴卫生、传染病预防等工作。凡贫苦市民前往诊病者，概行免费给药”。④

是日：午十二时半，中华慈幼协会开第 79 届执委会议，“出席者：会长孔祥熙，副会长罗运炎，美国贵宾劳勃芝夫人，执委赵晋卿、林康侯、陈鹤琴、颜福庆、李廷安、朱立德、朱友渔、费吴生、赫满克夫人、柏兰德夫人等”。“推举林康侯、赵晋卿、李廷安、颜福庆、许建屏等，与吴市长接洽，要求拨地，准备在最近将来，建筑本会会所。”⑤

17 日：《申报》报道：“本市卫生局长李廷安，今夏为预防霍乱起见，令饬沪南区卫生事务所所长尤济华，派医生护士，于本年 5 月 1 日起，分赴各工厂及学校等处注射防疫针，已于本月 15 日结束。”“统计 4 个半月，注射防疫针男女 444 855 人。该局沪南区卫生事务务（恐为‘所’）长尤济华昨语记者云：现为防止天花发生，故于昨日（16 日）起派大批医生及护士，分赴境内播种牛痘。”⑥

22 日：《申报》报道：“防痨协会举办之防痨征文，业经该会评判委员会委员牛惠生、李廷安、颜福庆、朱恒璧、翁之龙、丁福保、伍连德先生等评定名次，并变通原定给奖办法，定第一名王君纲论文，题为《防痨与教育》，得奖

---

①《市政府定今年为社会建设年》，《申报》1935 年 4 月 2 日，第 10 版。

②《市府昨日召开各筹建委会成立会》，《申报》1935 年 4 月 12 日，第 9 版。

③《闸北卫生事务所新屋预定十一月竣工》，《申报》1935 年 8 月 14 日，第 11 版。

④《市立沪北卫生所将开幕》，《申报》1936 年 12 月 9 日，第 12 版。

⑤《慈幼协会昨开执委会》，《申报》1935 年 9 月 15 日，第 15 版。

⑥《市卫生局今夏注射防疫针成绩》，《申报》1935 年 9 月 17 日，第 10 版。

50 元。”[①]

26 日：《申报》报道：仁济医院“附设看护训练学校，历年造就看护人才，为数甚多，上届举行毕业礼时，本市卫生局长李廷安氏夫妇亲临致词（辞），奖励有加”[②]。

10 月 5 日：下午三时，中国防痨协会借四川路青年会举行会员联欢大会，汇报一年来之会务，并讨论进行事宜。出席会议的有：“该会理事长陆伯鸿、副理事长李廷安、总干事童星门、红十字医院医士方侃、沪江大学校长刘湛恩，及全体会员来宾三百余人，当经公推陆伯鸿、李廷安、童星门三人为主席。”陆伯鸿报告称：“本会系由吴市长提议创办，至今年余，得各方之赞成，及会员之努力，虽无惊人成绩，然处处均可表现不断努力之精神，不过本人事务甚忙，将来尚须李廷安先生及诸会员多多协助。至本会将来工作最大目标在创办痨病医院。现已觅得地基一百亩，尚希望热心慈善事业者，多多援助，以期完成此项工作”，“继由李廷安演说，及童星门报告会务”。[③]

7 日：下午三时，上海市教育局等 97 团体假大沪花园举行欢迎马华选手大会，到各团体代表千余人。“参加团体：计到胡文虎、林金殿、王景成、林蔼民，及马华全体选手外，有市长吴铁城、教育局长潘公展、社会局长吴醒亚（张辉代）、卫生局长李廷安、公安局长蔡劲军，各省水灾义振（赈）会许世英、保安处杨虎、市参议会杜月笙、航空协会李大超、市商会俞佐廷……”[④]

9 日：上午九时，第六届全国运动大会筹备委员会在上海市政府会议室开第二次会议。“出席委员：吴铁城、王世杰、潘公展、雷震、张炯、沈嗣良、宋如海、沈怡、陈咏声、陈奎生、马约翰、袁敦礼、李廷安、马崇淦、蒋建白、陈石珍、徐逸樵、吴蕴瑞、杜月笙、杨虎、蔡劲军、张伯苓、童行白、郝更生、李大超、王晓籁（杜月笙代）、蒋湘青、褚民谊、徐佩璜、王正廷、许民辉、董大酉、程登科、潘佑强（程代）、邵汝干，列席者汪大燧、吴邦伟、金贵澄，主席王世杰、纪录（记录）汪大煦。”[⑤]

---

① 《防痨协会征文揭晓》，《申报》1935 年 9 月 22 日，第 14 版。

② 《奋斗垂九十一年仁济医院遭逢经济困难》，《申报》1935 年 9 月 26 日，第 13 版。

③ 《中国防痨协会报告华人百分之五患痨》，《申报》1935 年 10 月 6 日，第 13 版。

④ 《九十七团体昨在大沪花园热烈欢迎马华选手》，《申报》1935 年 10 月 8 日，第 13 版。

⑤ 《第二次全体筹委会议议决：选手应绝对服从裁判员》，《申报》1935 年 10 月 10 日，第 23 版。

10 日：上午十时，第六届全国运动大会在上海市体育场开幕。参加者有各省市特区及华侨团体共 38 单位，运动员两千余人。“大会会长王世杰，副会长吴铁城。筹备委员：王世杰、褚民谊、朱家骅、王正廷、张之江、张伯苓、吴铁城、俞鸿钧、潘公展、杨虎、蔡劲军、徐佩璜、李廷安、沈怡、蔡增基、郝更生、张炯、雷震、陈石珍、袁敦礼、徐逸樵、吴蕴瑞、潘佑强、马约翰、童行白、许民辉、俞佐庭、程登科、陈光甫、高锡威、秦润卿、陈奎生、王晓籁、宋如海、杜月笙、蒋湘冉、沈嗣良、陈咏声、李大超、董大酉、马崇淦、邵汝干、蒋建白。”①

11 日：中华基督教女子青年会在圆明园路 133 号协会礼堂开会欢迎全国协会总干事丁淑静女士。“到者除该会会长黄秀峰夫人，副会长孙王国秀女士，及其他委员如梅华铨夫人、郑章成夫人、郭克悌夫人、朱友渔夫人等外，中外来宾如立法委员罗运炎先生及夫人、李廷安夫人、牛惠生夫人、杨锡珍女士等。”②

14 日：上海市禁烟委员会“应市卫生局局长李廷安之请，赴闸北天通庵路市立沪北戒烟医院，参观该院内容设备，并请即在该院会议室举行会议，计是日到院委员王晓籁、虞洽卿、王一亭、汪伯奇、杜月笙，及该会秘书贵郁华、蔡步白，课长林桴、汪煜等。由李局长、沈科长、梅院长接待，分别导观第一、第二、第三病房，对于施戒方法手续亲加说明，颇为详尽”。“李局长起立致词，略谓：今天能趁此机会，招待各位到此参观，本席很为荣幸，诸位对于禁烟事业，咸有专长，希望不吝赐教，以后如有机会，仍拟时相聚首，共谋禁烟前途之进展云云。继由委员颜福庆起立致谢词毕，即继开第十次常会，出席委员颜福庆、汪伯奇、王晓籁、杜月笙（晓代）、虞洽卿、王一亭，列席者李廷安、沈诰、梅卓生、贵郁华、汪煜、林桴。主席颜福庆，纪录（记录）蔡步白。”③

19 日：午十二时半，中华慈幼协会借香港路银行俱乐部举行第 80 届执委会议。“出席者：副会长罗运炎、斐美德夫人，执委陈鹤琴、李廷安、赵晋卿、颜福庆、吴维德、朱立德、韦志华、赫满克夫人等。”④

20 日：下午四时，先生应八仙桥青年会之邀请，作题为“民族健康的意义”之

①《国庆声中全国运动大会今晨开幕》，《申报》1935 年 10 月 10 日，第 21 版。

②《女青年会协会欢迎丁淑静女士》，《申报》1935 年 10 月 13 日，第 12 版。

③《禁烟会第十次常会并参观沪北戒烟医院》，《申报》1935 年 10 月 17 日，第 10 版。

④《中华慈幼协会昨午举行执委会议》，《申报》1935 年 10 月 20 日，第 13 版。

演讲。[①]

按：八仙桥青年会，即“上海中华基督教青年会”，因地处八仙桥地区，故称。会所位于西藏南路 123 号。

11 月 1 日：《申报》报道：“市卫生局局长李廷安氏，为国内有数之公共卫生专家，近应国联之请，得市长同意，奉派往欧洲各国考察卫生行政。此项消息，各报均有揭载。兹悉李氏已定于 11 月 3 日乘日本皇后号轮船放洋，行程四月。道经日本、加拿大、美国，而至欧洲各国。预计下年 3 月中旬，可由欧洲折返上海。闻李氏出国期间，局务已委托该局第三科科长吴利国氏代理。李氏此次考察，尤侧重各国城市卫生行政，以为我国之借镜（鉴）。”[②]

“上海市政府指令第一六二三五号：令卫生局局长李廷安……呈一件为呈报启程赴欧考察卫生行政日期，局务并派第三科科长吴利国暂行代理祈鉴准备案由，呈悉，准予备案，此令。”[③]

是日：先生参加第 291 次市政会议。[④]

2 日：鉴于烟民总数达二万二千余人，上午十时，“经公安局烟民登记科科长戴立珍，与卫生局局长李廷安商酌，决定假江湾‘高境纪念新村’房屋为临时戒烟医院院址，预计可容烟犯一千人”[⑤]。

4 日：先生应国联招待并奉市政府委派，乘昌兴公司日本皇后号启程赴欧考察各国卫生行政（图 5.22、图 5.23）。“李氏在轮次语记者：此次出国考察，半为国联招待，半为市府委派，并承卫生署予以种种帮助，介绍便利，今后考察方便不少。旅途中预定先经日本，逗留神户、东京一二日，顺道考察，再经加拿大，亦逗留一二日，转赴美国，逗留五日，然后再赴欧洲各国考察，逗留期间，约二月左右，将对于各国之卫生行政事业，予以详细考察，而尤注意于欧洲新兴国家，如波兰等国之卫生行政。我国各种事业，与欧洲各国较，均望尘莫及，瞠乎其后，而尤以卫生事业为最。本人此次出国考察，将侧重注意城市卫生行政，借以归国后作改革我国卫生事业之借镜（鉴）。此次考察期间，共为四月有余，明年 3 月中旬，必可返沪。

① 《李廷安演说民族健康》，《申报》1935 年 10 月 20 日，第 14 版。

② 《市卫生局长李廷安氏将出国考察》，《申报》1935 年 11 月 1 日，第 11 版。

③ 上海市政府：《上海市政府指令第 16235 号》，《上海市政府公报》1935 年第 162 期，第 53—54 页。

④ 《市政会议纪二九一次》，《申报》1935 年 11 月 2 日，第 10 版。

⑤ 《市公安局添办戒烟医院》，《申报》1935 年 11 月 3 日，第 14 版。

在出国期间内，一切局务事宜，概由第三科长吴利国代拆代行。”“本市各机关团体代表前往欢送者，至为踊跃，计有市公用局长徐佩璜、工务局长沈怡、社会局代表张科长秉辉、公安局代表袁良驺、卫生局代局长吴利国、第一科长沈诰、沪南卫生事务所所长尤济华，及平民福利事业管理委员会训练班学员等各机关团体代表百余人。”[①]

图 5.22　各机关团体代表欢送李廷安赴欧考察卫生行政（右起第五为李廷安）[②]

图 5.23　欢送李廷安出国考察人员在新关码头留影（前排右起第五为李廷安，第六为李夫人）[③]

① 《卫生局长李廷安昨午放洋考察》，《申报》1935 年 11 月 5 日，第 11 版。

② 《卫生局长李廷安昨午放洋考察》，《申报》1935 年 11 月 5 日，第 11 版。

③ 《欢送李局长廷安出国考察在新关码头留影》，《卫生月刊》1935 年第 11 期。

是日：《申报》报道："中华慈幼协会，鉴于我国育婴堂设备简陋，对设备乳养卫生诸方面缺点极多，与婴儿生命健康影响颇巨。特聘儿童卫生专家李廷安、张继（恐为'张维'）、颜福庆、刘忆德等起草改良育婴堂计划，使全国育婴堂均合现代化与科学化，并拟先在上海开始，再推及全国。"①

11 日：《申报》报道：中华医学会此次借广州博济医院举行创立百周年纪念与孙中山开始学医及开展革命运动 50 年纪念、逸仙医学院奠基典礼之便，在广州举行第 11 届，即合并后第三届大会。"大会于 4 日上午正式开幕，由主席林宗扬致开会词，教育部王部长代表朱章赓，广东林（按：林云陔）省主席代表金曾澄，广州刘市长代表何炽昌，广州市卫生局局长邓真德等致训词，中华民国医药学会代表陶炽孙，中华全国医师联合会代表金问淇等致颂词，并由总秘书朱恒璧宣读卫生署、中央医院、中央大学医学院、香港大学、英国医学会、美国医学会，南京、香港等各地中华医学会支会贺电数十通，并报告一年半以来之会务。"5 日上午改选职员，"推刘瑞恒、林可胜、牛惠霖、刁信德、林宗扬、胡惠德、马理斯为监察委员会委员，颜福庆、伍连德、兰安生、胡美、李树芬、刘剑秋为董事部董事，朱恒璧为主席，金宝善、嘉惠霖为副主席，牛惠生为总秘书，方嘉成为会计，许雨阶、马雅各、余岩为编辑，牛惠生、方嘉成、马雅各、莫约西、翁之龙、苏达立为理事会理事，黄子方、李廷安等（为）公共卫生委员会委员，戚寿南、朱章赓、颜福庆等为医学教育委员会委员，宋国宾、胡定安、陶炽孙等为业务保障委员会委员，沈克非、王德光、王锡炽等为医院标准委员会委员，吴宪、江清、于光元等为研究委员会委员，张霁、侯宝璋、余濱等为出版委员会委员，贝德巽、马雅各、伊文思等为教会医事委员会委员，陈宗贤、伊博恩、朱恒璧等为药物化学委员会委员"。②

16 日：先生致函哈佛大学公共卫生学院院长 C. K. 德林克（Cecil K. Drinker），称："自从 1929 年我离开您后，已很长时间了……我时常思念您的教授们和哈佛大学公共卫生学院。毋庸置言，漫长的这些年已经带来了很大变化，但是只要机会允许，重访我的母校一直是我的愿望。我现在正前往欧洲考察城市卫生工作，经由纽约前往那里。尽管我停留在美国的时间很短，但我期待在 1935 年 11 月 25 日上午九时与您有愉快的会晤。我也希望见到威尔逊教授、斯迈利教授及其他教授。我将于 26 日

①《中华慈幼协会改善育婴计划》，《申报》1935 年 11 月 4 日，第 9 版。

②《中华医学会第十一届大会纪闻》，《申报》1935 年 11 月 11 日，第 16 版。

上午九时离开波士顿。我于 1929 年离开波士顿，1929 年至 1932 年任职于北平协和医学院卫生系，1932 年至今，任大上海市政府卫生局局长。我作为国际联盟成员巡视四个半月。尽管我是一位行政官员，但我的学术兴趣并未减退。”①

18 日：《申报》报道：先生为社会局主办之上海市园艺展览会赠送奖品。奖品为题有“蕃殖畅茂”的镜框。②

是日：《申报》报道：“圆明园路 55 号上海女青年会，自成立以来，倏已 26 载，素以服务社会为天职。如提倡工人教育，普及成年学识，组织妇女宿舍，指导妇女职业，成立改良家庭区，及学校少女团，征集财物，赈助水灾，恤问疾病等。凡应为之事，莫不竭力为之。事工所及，成绩卓然。近以社会需要更多，而该会事业尤为重要。乃又定于 11 月 18 日举行征求大会。一方征求会员，集中人才，以厚服务能力。一方捐募经费，以便扩充事工。此次征募目的，为国币 26 000 元，请孔祥熙夫人、吴铁城夫人、熊希龄夫人……为会长，共分九队，由董事两人主领一队……第三队队长梅华铨夫人、李廷安夫人……”③

20 日：“上海市政府指令第一六五一五号：令卫生局：呈一件为就原有经费于市立沪北戒烟医院内扩充病床 50 张请鉴准备案由。呈悉。准予备案。仰即知照。此令。中华民国二十四年 11 月 20 日。”④

“附原呈：案查本市戒烟医院现有床位尚不敷用，亟应设法扩充以利施戒。兹查市立沪北戒烟医院犹有余屋可资添设病床，计可容纳病人 50，约需添置床铺、被褥、衣服、医药械材料等，开办费国币 3 000 元。每月经常费约国币 700 元。上项需费因各戒烟医院开办以来均饬力求节省。该院原领每月经常费项下均尚有节余，堪资匀支移用，无须另列预算，请拨款项借省市库财力，理合具文呈报。仰祈。鉴准备案，俾便汇办报销，实为公便。谨呈市长吴。卫生局局长李廷安，第三科科长吴利国代行。中华民国二十四年 11 月 16 日。”⑤

29 日：吴利国代先生出席本市第 294 次市政会议。⑥

---

①《1935 年 11 月 16 日：李廷安致函时任哈佛大学公共卫生学院院长的 C. K. Drinker》，The Francis A. Countway Library of Medicine（Boston Medical Library and Harvard Medical Library）.

②《上海市第二届园艺展昨闭幕》，《申报》1935 年 11 月 18 日，第 9 版。

③《上海女青年会征求大会开幕》，《申报》1935 年 11 月 18 日，第 10 版。

④ 上海市政府：《上海市政府指令第 16515 号》，《上海市政府公报》1935 年第 163 期，第 94 页。

⑤ 上海市政府：《上海市政府指令第 16515 号》，《上海市政府公报》1935 年第 163 期，第 94—95 页。

⑥《二九四次市政会议纪》，《申报》1935 年 12 月 15 日，第 10 版。

是月：先生在《中华医学杂志》上发表《上海市立各戒烟机关概况》[①]，先生披露：自1934年6月15日起，至1935年8月底止，上海市卫生局先后设立戒烟机关四处，共有床位500张，共用开办费58 762元，每月经常经费14 760元。所任医师、护士及事务人员，均经慎重选择。现有医师11人，护士25人，事务员9人，皆具相当之资格与经验。自1934年6月15日起至本年8月底止，共戒断有瘾癖者3577人。

12月1日：西光越野队主办的第三届龙华来回长跑竞赛于上午八时二十分在中华路民立中学门首起步举行，参加者计有148人。奖品由各界名流提供，先生提供银盾一座，由季军获得。[②]

5日：先生赴欧美各国考察城市卫生市政，到达日内瓦。[③]

10日：中国防痨协会下午四时在池浜路会所举行第五次常务理事会议。“出席者计有陆伯鸿、李廷安（赖斗岩代）、吴铁城（李大超代）、颜福庆、伍连德、朱恒璧、布美、苏迩原、翁之龙、黄子方等十余人，由陆伯鸿主席、童星门纪录（记录）。”[④]

11日：先生赴欧美各国考察城市卫生市政，到达伦敦。[⑤]

14日：下午二时，中华麻风救济会主办的麻风疗养院在大场庙举行开幕典礼。尤洛华（恐为“尤济华”）代表先生出席。[⑥]

28日：先生赴欧美各国考察城市卫生市政，到达孟车士他（曼彻斯特）。[⑦]

是年：先生为《上海市药师公会年报》题词（图5.24）：“恫瘝在抱。”[⑧]

是年：先生参加上海市清洁运动（图5.25）。[⑨]

---

① 李廷安：《上海市立各戒烟机关概况》，《中华医学杂志》1935年第11期，第1255页。

②《昨日龙华来回长跑》，《申报》1935年12月2日，第16版。

③《考察卫生行政毕事，李廷安将返国》，《申报》1936年2月6日，第12版。

④《中国防痨协会昨开常务理事会议》，《申报》1935年12月11日，第10版。

⑤《考察卫生行政毕事，李廷安将返国》，《申报》1936年2月6日，第12版。

⑥《中华麻疯疗养院昨日举行开幕典礼》，《申报》1935年12月15日，第10版。

⑦《考察卫生行政毕事，李廷安将返国》，《申报》1936年2月6日，第12版。

⑧ 李廷安：《题词：恫瘝在抱》，《上海市药师公会年报》1935年第1期。

⑨ 上海市卫生局编：《上海市四年来卫生工作概要（民国二十一年至二十四年）》，民国时期文献保护中心、中国社会科学院近代史研究所编：《民国文献类编·医药卫生卷》（991），北京：国家图书馆出版社，2015年，第172页。

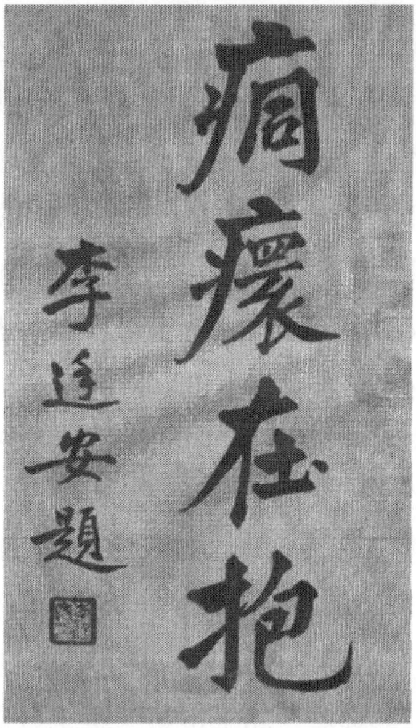

图 5.24　李廷安为《上海市药师公会年报》题词：“恫瘝在抱”

图 5.25　李廷安参加清洁运动（前排左起第二持帚者）[①]

① 上海市卫生局编：《上海市四年来卫生工作概要（民国二十一年至二十四年）》，民国时期文献保护中心、中国社会科学院近代史研究所编：《民国文献类编·医药卫生卷》（991），北京：国家图书馆出版社，2015 年，第 172 页。

是年：先生在《医药评论》上发表《公共卫生问题之经济关系》[①]。先生在死亡率及患病率方面将上海与伦敦、纽约相比，得出“上海与各大都市比较，所超过之死亡率，为千人中多五人”。“上海居民为 3 500 000，以此统计，则不应死而死者年有 16 500 人”。“苟（如果）每五十病人中有一死亡者，则上海一年中增加不应病之病人 725 000 人。”对于高死亡率与患病率所造成的经济损失，先生研究得出：“此种疾病，费款极巨。因病人求医服药，必须停止工作。痊可之后，须服滋养食物，并须休养。不幸死亡，则须丧葬。此 16 500 死亡者，计费洋 66 000 000 元。”

是年：先生在《卫生月刊》上发表《卫生行政与死亡率——北平市第一卫生区事务所之生命统计》[②]，先生首先介绍北平市第一卫生区事务所历史及组织架构。其次，先生提出“夫一地卫生行政之良否，可以该地之生命统计为批判之标准。有如商店之以收支帐（账）目为计算盈亏之根据”“我人欲批判一地之卫生行政，首先之问题，乃在统计本身之是否可靠”的观点。再次，先生指出北平市第一卫生区之生命统计资料较可靠及其原因：“北平市第一卫生区之生命统计，其所以能较他处为可靠者，除警察有训练，随时报告外，复有护士、卫生稽查、医师等之协同调查，而北平出殡者必须经过城门，如无出殡证，一律不能通过。欲领出殡证者必须报告死亡，遗漏自然减少。”最后，先生认为，北平市第一卫生区由于很好地实行卫生行政，死亡率大减，“该区死亡率自 21.00 至 14.4，则已减少 6.6，亦即该区 110 000 人中每年已可少死 726 人，死亡少，疾病亦少，工作效能提高，于社会有极大之利益”。

是年：《公共卫生月刊》刊登《营养不良之儿童与露天学校》[③]，该文节录自先生所撰《学校卫生概要》。先生认为校医及护士对于营养不良之儿童，应竭力搜寻其原因。假设病根由于饮食不良，可将儿童收入营养班以矫治之。具体做法：营养班儿童每日正午饮食牛乳一杯、饼干数块，膳后休息 20 分钟。经济宽裕者，照价收费，其无力者，得免纳（不宜将免费生姓名宣布于众）。每两星期称重一次，重量增减结果，可悬贴墙壁上，以引起儿童及家属之兴趣。重量达到标准数目后，方予退除，以补新进。露天学校为近年学校卫生之创举，1904 年，初设于德国柏林。凡患贫血、

① 李廷安：《公共卫生问题之经济关系》，《医药评论》1935 年第 78 期，第 11—12 页。

② 李廷安：《卫生行政与死亡率——北平市第一卫生区事务所之生命统计》，《卫生月刊》1935 年第 4 期，第 174—176 页。

③ 李廷安：《营养不良之儿童与露天学校》，《公共卫生月刊》1935 年第 3 期，第 100 页。

营养不良、初期肺痨及重病后需要调养者，均适于露天学校。具体做法：每日儿童聚集于森林，露天授课，早八时入校，午后七时归家。在校室内，餐食四次。午膳后，休息三小时。课程减至最低数。每周洗浴两次，学校护士每日到校一次。校医每周察看一次，儿童之体重往往增加甚速，胸部扩张，面色焕发，血色素亦同时增进，其效甚显著。

是年：先生发表《我人对于痨病应有之认识》的演讲，由李兆璋记录，发表于《防痨杂志》[①]，先生认为"痨病问题，非但是严重问题，亦是复杂问题"，要从"病原""初起病状""治疗""病人家庭中之防范""中国之痨病情形""预防"方面来认识痨病。

痨病的病原是一种细菌，名为结核菌。结核菌侵入人身后，抵抗力弱的就得患病。户外工作的动物浸透在强烈的太阳光线中，洗濯于新鲜的空气里，就有了很强的抵抗力，因此不致得病。其传染途径有三：痰吐、公共碗筷、牛乳。

初起病状：胃口不良，精神萎靡，体力退化，下午微微升火或竟发烧。如此身体一天比一天瘦，以致晚上盗汗，咳嗽，痰里带血，于是进入沉重时期。

治疗：一发觉前述初起的病状，马上请医生诊治。现在治痨病还没有特效的药物发明，普通除服用必要的药物外，最重要的还是病人生活上的改良。例如，多受太阳光的晒射，多在新鲜空气中运动，多休养，勿疲劳，心境愉快，饮食合于卫生，等等。

病人家庭中之防范：一方面不要和病人接触，一方面要把他所用的什物加以消毒。并且别让他随地吐痰。孩子尤其不能和病人接触。最好索性把他送入疗养院里，和家人隔离。

中国之痨病情形：我国死于痨病者，每年约有一百六十万人。患者常在一千万与两千万之间。而且死者患者多半为年富力强的青年，在经济上之损失非常巨大，而民族前途危害更甚。

预防：个人方面，生活要有规律，早起早眠，工作休息都有定时；要有充分的营养和运动，多吸新鲜空气，多受太阳光。公共方面，医药界和卫生当局须时常宣传关于痨病的常识，设立免费或廉费治疗机关。

---

① 李廷安讲，李兆璋记录：《我人对于痨病应有之认识》，《防痨杂志》1935年第3期，第153—156页。

是年：先生在《中华医学杂志》（英文版）上发表《上海市卫生局工作之概况》[①]，介绍上海市的行政架构、卫生局工作目标以及实现目标所开展的工作、卫生局日常工作、计划实施事项。上海市行政上隶属于国民政府行政院，下辖八个局。卫生局工作目标："创建一个系统的医疗机构预防治疗疾病，以提高所有上海市民的身体与精神健康。不分贫富，俾能享受人生之乐趣，发挥为社会服务之效率。"为达此目标，卫生局围绕"环境卫生""防疫""生命统计""保健""卫生教育""卫生试验"开展工作。"卫生局日常工作"包括 15 个方面：医药之管理、卫生教育之推进、街道之清除、自来水之管理、夏季饮料之管理、池浜及井水之消毒、浮棺之取缔、肉品检验、饮食店铺之管理、妇幼卫生、学校卫生之推进、免费诊疗之设施、戒烟医院、传染病之管理、试验所之推进。最后，简单介绍正在计划实施的事项。

是年：先生的《中国乡村卫生问题》[②]出版，全书共分五章。

第一章"乡村卫生之重要"，先生指出乡村卫生并非一种慈善事业，"在范围方面，既不仅限于施诊给药，乃包括预防治疗保健等一切卫生工作，而其目的实具有消极积极二重之经济意义。在消极方面，因减少疾病死亡及精神上之痛苦，而减少因以遭受之经济损失。在积极方面，因促进健康，延长寿命，提高工作效率以及添加精神上之愉快，而增加因以获得之经济利益。乡村卫生之目的，既若是其远大，其于我国农村经济之重要，不亚于其他复兴之工作也明矣"。先生认为："欲明乡村卫生于民生之重要，须先于消极方面，开始讨论。即先讨论我国乡村卫生不良之结果，对于民生之影响。即因疾病死亡等之原因，影响于农村经济之各方面损失也。"因农村公共卫生不良，农民每年之逾格死亡应有 5 100 000，而逾格疾病当有 255 000 000。此外，不健康之损失、逾格疾病之损失、逾格死亡之损失，都严重地影响我国农村经济。

第二章"我国乡村卫生之现状"，先生认为："我国乡村卫生简陋之一般，确有阻碍民族复兴之可能，而今日农村经济崩溃之原因，与此种简陋之乡村卫生不无重大之关系也。"

第三章"我国举办乡村卫生应行注意之事项"，先生从卫生工作分类、卫生行政、

① Li T A. Activities of the bureau of public health city government of greater Shanghai. *The Chinese Medical Journal*, 1935,49（9）：990-992.

② 李廷安：《中国乡村卫生问题》，上海：商务印书馆，中华民国二十四年。

环境卫生、传染病防止（治）、生命统计、卫生教育、保健事业等方面详细说明举办农村卫生的可行办法，使从事农村卫生工作的政府、机关、团体、个人可照章执行。

第四章“我国乡村卫生现有之事业”，先生总结我国乡村卫生现有机构的特点是为数不多、组织不同、历史甚短、人员缺乏、经费竭蹶、工作相类，重点介绍中央举办之汤山卫生事务所、市办之上海市江湾区卫生事务所、县与中央合办之萧县县立医院、市与学校合办之上海市高桥区卫生事务所、私人团体举办之定县卫生机关。本章除涉及《中国乡村卫生调查报告》内容外，章末增加了甘肃、宁夏、青海西北及广西、湖南乡村卫生资料。

第五章“我国乡村卫生应行如何办理之探讨”，先生总结我国乡村卫生六大特点：①土地辽阔，交通不便；②人口众多，民众智（知）识浅陋，迷信极盛；③急性慢性传染病十分普遍；④经济状况极为恶劣；⑤科学医学人才极为缺乏；⑥医院数目亦极缺乏，且大部在都市中，乡村中除少数教会所举办者外，几不可得。先生根据我国农村卫生的特点与办理乡村卫生的经验，提出了我国办理乡村卫生应采用公医制度，“欲达此（按：卫生行政）目的，必须以全国人民，无分贫贱富贵，悉置于医药保障之下然后可。而欲求医药保障之得以普遍，非打破以前个人行医之风气，采用公医制度不可，不仅注意于治疗方面，必须重视预防之工作”①。

【民国二十五年丙子（1936年）】，先生三十九岁

1月1至4日：全国医师联合会第四次代表大会于1936年1月1—3日在汉口汉江一路璇宫饭店举行，出席代表三百余人，通过“呈请政府提倡优生学以强民族案及各地方应提倡职业卫生指导两案”。徐乃礼、蔡禹门、余云岫、陈方之、姜振勋、汪企张、牛惠生、夏慎初、张森玉九人当选为执行委员。②先生为“全国医师联合会第四次代表大会”致贺词（图5.26）：“扶弱拯痍。”③

按：会议召开时先生在欧洲考察公共卫生，贺词恐为事前征集。

① 李廷安：《中国乡村卫生问题》，上海：商务印书馆，中华民国二十四年，第123页。
②《全国医师联合会第四次全国代表大会》，《申报》1936年1月12日，第14版。
③《全国医师联合会第四次代表大会·贺词》，《医事汇刊》1936年第1期。

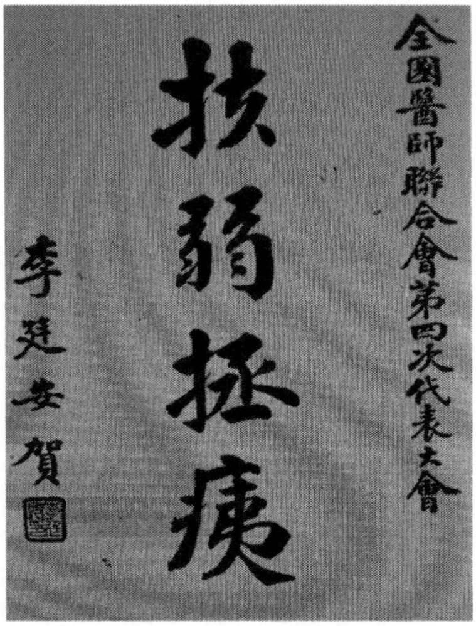

图 5.26　李廷安为《全国医师联合会第四次代表大会》致贺词：“扶弱拯痍”

4 日：先生赴欧美各国考察城市卫生市政，到达荷兰之海牙。①

12 日：先生赴欧美各国考察城市卫生市政，到达丹麦之可搬黑根城（哥本哈根），旋即继续行程，往柏林华沙等城。②

2 月 15 日：《申报》报道：吴利国代先生参加第 298 次市政会议。③

20 日：下午四时半至六时，基督教女青年会全国协会及上海市会在静安寺路 999 号会所举行欢送前任会长金龙章夫人暨董事王正序夫人茶会。李夫人参加茶会。④

3 月 1 日：“社会局会同卫生、公安二局，召集关系猪业团体协商禁止办法，于昨日起实行，并于昨晨出示布告如下：查活拔猪鬃，行为残忍，并碍肉品卫生，迭经布告在案。兹查不肖之徒，仍有私行活拔情事，事属故违法令，除随时查惩外，为革除恶习，杜绝贪利活拔之残忍行为起见，由本局等会商决定，自二十五年 3 月 1 日起，运沪猪只，须先将猪鬃剪去，方准进口，如有活拔猪鬃行为，应以虐待牲畜论。按照本市宰牲检验规则第七条之规定，处以五角以上五元以下之罚锾。除呈报市政府备案，并函请猪只来源地各县政府，转饬猪商遵照，暨分令本市各猪业团

① 《考察卫生行政毕事，李廷安将返国》，《申报》1936 年 2 月 6 日，第 12 版。
② 《考察卫生行政毕事，李廷安将返国》，《申报》1936 年 2 月 6 日，第 12 版。
③ 《市政会议决定筹建职员经济住宅》，《申报》1936 年 2 月 15 日，第 13 版。
④ 《女青年会欢送金王二董事茶会》，《申报》1936 年 2 月 21 日，第 12 版。

体遵照外，合再会同布告，仰各凛遵，毋再尝试，致干惩罚。公安局长蔡劲军、社会局长吴醒亚、卫生局长李廷安。”①

3日：《申报》报道：吴利国代先生参加第299次市政会议。②

7日：上海女青年会以圆明园路原有会址不敷应用，迁入静安寺路999号，于下午二时举行迁移典礼，招待各界参观，并邀请吴铁城市长前往演说。李夫人出席。③

8日：上午九时，上海市教育局主办的第四届二万公尺（米）长程赛跑在市中心区举行。“本届奖品甚为丰富，兹将各界名誉顾问赠送长跑及竞走两会代制奖品法币及银盾等录下，计赠法币者：贝松荪20元、叶琢堂20元、陈行20元、周宗良20元、陈子馨10元、何炳松10元、徐寄庼10元、李石曾10元、胡祖同10元、黎照寰10元、蔡劲军10元、翁之龙10元、沈君怡5元、李登辉5元、童行白4元、李大超2元、法学院1元。计赠奖品者：孔庸之特号银盾2只、胡筠唐寿民真银杯1只、林毅伯真银碗1只、汪伯奇银盾2只、吴醒亚银盾2只、吴蕴斋银盾2只、吴开先银盾2只、范季美银盾2只、郑通和银鼎1只、黄伯惠银盾1只、李廷安银盾2只、王延松银盾2只、王一亭小横披1张、陆京士银镜框1只、黄造雄银盾1只。”④

9日：《申报》报道：“本市卫生局长李廷安，前出国考察，远经欧美各国，历时数月，对于各国卫生设施，搜罗颇详。现李氏已经事毕，由欧乘北德公司邮船香藿斯脱返国，预计本月12日可以抵埠。闻李氏抵沪后，即将销假视事，并将编纂考察材料呈献主管机关俾作改进之依据。”⑤

11日：《申报》报道：“沪市卫生局长李廷安，去年出国考察卫生事业，兹已事毕，十日乘桑霍士轮过港返沪。”⑥

是日：北平协和医院董事会开会。翁文灏、刘瑞恒等出席。“决议：一、推选胡适、林行规、刘瑞恒、施肇基、李廷安、李德、普鲁七人为新董事。二、通过新预算案。”⑦

---

①《昨日起禁止活拔猪鬃》，《申报》1936年3月2日，第12版。

②《市府二九九次会议案》，《申报》1936年3月3日，第12版。

③《女青年会会所迁移静安寺路九九九号》，《申报》1936年3月6日，第9版。

④《本市二万公尺长程赛跑》，《申报》1936年3月8日，第15版。

⑤《李廷安十二日可抵沪》，《申报》1936年3月9日，第9版。

⑥《李廷安过港返沪》，《申报》1936年3月11日，第7版。

⑦《协和医院开董事会》，《申报》1936年3月12日，第7版。

民国三十五年（1946年）董事会：董事长周贻（诒）春，副董事长金叔初，董事有贝纳德、顾临、胡适、张伯苓、方石珊、伊博恩、胡恒德、李廷安、翁文灏、林行规、刘瑞恒、施肇基、柏乐五。[①]

12日：《申报》报道："市卫生局长李廷安，自去岁出国考察，已历四阅月，搭北德公司香霍斯脱号轮回国，今日下午二时半可抵沪，船泊公和祥码头。"[②]

是日：《申报》报道："本市市卫生局长李廷安氏，于去岁11月初旬，奉命出国，赴欧美各国，考察卫生行政事宜，历时四阅月，凡经十余国，方于昨日下午，乘北德公司香霍斯脱轮抵沪，船于下午四时，停靠公和祥码头，各欢迎人员，即登轮与李氏握手言欢，旋即登岸返沪寓。

考察经过：中央社记者，于轮次晤李氏。据谈，本人此次奉命出国考察，凡经十余国，先至日本，旋渡太平洋，至加拿大、美国，再渡大西洋，至英国、荷兰、丹麦、德意志、波兰、捷克、南斯拉夫、瑞士、义（意）大利等国。在日内瓦时，曾与国联前派来华技术专家拉西曼相晤，交换改善中国卫生行政事宜。

观感所及：此次本人历游日本及欧美各国，观感所及，以为列国对于卫生设备，均极力求刷新，卫生行政亦多改进之处，均堪为我国所借镜，其中尤以南斯拉夫，所有一切卫生行政，对于我国国情，极为适合，故将来本人颇拟以该国所有卫生行政，以为我国改革卫生行政之张本。

今日销假：李氏以离国日久，一切重要局务，均待亲为处理，故将于今日即行销假视事，而本市一切卫生设施，均在积极改进中，各项卫生建设，亦均在积极兴办中。如市立医院之开办，各区卫生事务所及卫生试验所之扩充，以及其他各种卫生事务之发展，均待李氏之筹划。

晋谒市长：李氏此次出国，系奉本市市政府及中央卫生署所派遣，考察各国之卫生行政，故将于今日晋谒市长吴铁城，报告此次考察经过，俾资本市发展卫生事业之借镜，并将于日内晋京，向卫生署署长刘瑞恒复命。至于李氏此次出国考察详细报告，尚待整理后，再行发表。"[③]

按：先生1935年11月赴欧考察卫生行政，历时四个月，于1936年3月12日

---

① 张研、孙燕京主编：《民国史料丛刊》（1071）"文教·高等教育·私立北平协和医学院简章"，郑州：大象出版社，2009年，第23—24页。

②《时人行踪录》，《申报》1936年3月12日，第10版。

③《市卫生局长李廷安昨返国》，《申报》1936年3月13日，第9版。

抵沪。李夫人与长子宝善前往迎接（图5.27）。照片中左起第一为先生；第二为李宝铿，先生侄儿，20世纪80年代任广州空军医院副院长；第三为李夫人；第四为先生岳父王治平。

图5.27　李廷安赴欧考察卫生行政返沪，家人迎接①

是日：下午四时半，中华麻风救济会在博物院路召开第十届年会。“选出唐绍仪为名誉会长，萨镇冰、胡文虎、谭纳为名誉副会长，麦雅各、罗爱思、陈鸿康为医药顾问，薛笃弼、江一平为法律顾问，徐永祚、巢纪梅为会计顾问，颜福庆、刁信德、陆伯鸿、程联、朱少屏、邝富灼、赖斗岩、李元信、李廷安、丁福保、伍连德、袁履登、萧智吉夫人、颜斐雯、朱恒璧、梁小初、牛惠生夫人17人为董事。”②

13日：先生于12日下午四时抵沪，以离国日久一切局务均待亲为处理，于13日晨即到局销假视事，并赴市政府晋谒吴市长。“吴市长对于各国卫生行政近况，垂

①《市卫生局长李廷安昨返国》，《申报》1936年3月13日，第9版。
②《中华麻疯救济会昨举行第十届年会》，《申报》1936年3月13日，第11版。

询甚详。李局长将考察所得，先作口头报告，尚须将详细书面报告，整理就绪后，除呈复吴市长外，并将赴京一行，晋谒卫生署刘署长，呈递报告书，至于本市卫生行政将来如何以谋改进，尚待李氏拟具详细计划，呈奉市政府核示后，方可逐步实现。”①

15 日：全国新药业联合会附设之药学讲习所举行开学典礼，出席者有“卫生局长李廷安，联合会主席许晓初，新药公会袁鹤松、孙筹成，制药厂业公会许冠群、沈济川，汉口长沙两公会赵升宾、项润泉等百余人。由副所长周梦白致开会词，教务长周邦俊报告筹备情形后，李局长、许主席及曾广方、张辅忠、陈思义三教师，相继演说”②。

按：全国新药业同业公会联合会附设之药学讲习所训练配制药剂人员，以适应医药界之需用为宗旨，聘褚民谊、周梦白、周邦俊三君为正副所长及教务长外，已函聘张辅忠、沈济川、吴冠民、赵汝倜、刘步青、蒋绍宋、金丽渊、陈思义、曾广方诸博士，担任化学分析、植物药物微生、法文、德文、英文等科教授。③

19 日：先生考察各国卫生行政归来后，在沪将公私事务办理就绪，于是夜乘夜快车晋京，先生在京勾留一星期，将晋谒卫生署署长刘瑞恒氏，报告出国考察经过，并有其他要公（紧要公事）向刘署长请示一切，约于 27 日返沪。④

23 日：《申报》报道：先生 20 日晋京，谒卫生署署长刘瑞恒，报告考察经过情形。先生在京公毕，即于 21 日搭夜车离京，22 日晨七时抵沪，于九时即赴卫生局办公。⑤

25 日：《申报》报道：“南市多稼路市立上海医院，自改归市办后，因事权统一，整理改进，焕然一新。惜原有房屋，陈旧不堪，曾经吴市长亲致视察，认有改建之必要，爰拨款重建，即由卫生、工务二局会同设计招标。开工之时，正值卫生局长李廷安由欧美考察归来，一切规划，益臻完善。对于房屋之建筑，及内部之设备，均力谋适合于时代化，将来新屋一经落成，规模必有可观，造福于地方市民，诚非浅鲜。闻该院现已将后埭一部份（分）房屋动工拆卸，但诊务方面，除因房屋关系，限制必须住院者方予收容外，其他诊务，仍照常进行，并不间断。”⑥

① 《李廷安昨销假视事》，《申报》1936 年 3 月 14 日，第 9 版。
② 《药学讲习所昨开学》，《申报》1936 年 3 月 16 日，第 12 版。
③ 《新药业联合会药学讲习所今日开学》，《申报》1936 年 3 月 15 日，第 15 版。
④ 《李廷安前晚晋京报告出国考察经过》，《申报》1936 年 3 月 21 日，第 11 版。
⑤ 《李廷安昨晨返沪，即赴卫生局办公》，《申报》1936 年 3 月 23 日，第 9 版。
⑥ 《市立上海医院改建》，《申报》1936 年 3 月 25 日，第 13 版。

26日：上午十时，上海健康教育委员会在卫生局会议室举行改组成立大会。“出席委员潘公展（李代）、李廷安、曾绳点、蒋建白、陈白、胡叔异、张詠（咏）春、周裴成、邵汝干、吴利国、王世伟、马崇淦、尤济华、赵钻。”“由李廷安主席，首由主席报告，继讨论事项：一、本会原为建议机关，现决改组为执行机关……讨论毕，由李局长报告考察欧美卫生教育之经过。”①

28日：《申报》报道：今年为蒋介石50寿辰，上海市各团体及各界名流“筹备购机十架祝寿”。“上海市政府、中国防空协会、上海中等学校协进会、中华职业教育社、中国防痨会、市鲜猪行业同业公会、市金库、市保卫委员会、公用局、社会局、法商水电公司车务处同人联益社、砖灰行业同业公会、煤石驳船业公会等机关团体，及各界领袖徐佩璜、何炳松、李廷安、褚慧僧、庞赞臣、全绍武、钱选青、马家振、曹源浚、江万平、周斐成、王云五、陶广川、程宽正、裴复恒、郑通和、潘鸿鼎、盛振声、季达、胡文耀、张子廉、杨梅南、王德恒、徐婉珊、陈陶遗、朱秉禄、王景庐、刘春山等数十人，复允参加，共策进行。”②

是日：《申报》报道：“寰球中国学生会定于……4月18日主讲人，已请定上海市卫生局局长李廷安氏，讲题为《考察欧美后之感想》。”③

是日：美国卫生教育专家麻省理工大学卫生教育科主任教授端纳博士应教育部、卫生署之请，来华讨论卫生教育之改进事宜。本市教育、卫生两局特于下午二时半在中华学艺社商请端纳博士公开演讲。“计到教育局潘局长，专员胡叔异、唐锦柏，卫生局李局长、王技正，及本市各中小学校长三四百人。”④

端纳博士演讲大意谓：今天很荣幸，得与诸君相见，但很抱歉，因为本人不能说美丽的中国话，现在我先来报个信，即世界卫生教育会议行将开幕。记得第一次集会远在十数年之前，是在旧金山举行。自第一次起直到现在，每次总有中国卫生教育家参加，而且每次均有很好的意见贡献。所以大会对于中国代表的印象是非常良好。本人此次周游世界，目的是想联络各地先生们作健康教育之改进与倡导。世界卫生教育大会已定于1937年在东京举行。此乃亚洲首次会议，希望诸位踊跃参加。其次，本人想说的，即卫生教育与学生的关系。我认为改良学校卫生教育，应先从

---

①《本市健康教育会改组成立》，《申报》1936年3月27日，第14版。

②《各团体参加购机祝寿》，《申报》1936年3月28日，第12版。

③《赵兰坪讲减低利息问题》，《申报》1936年3月28日，第15版。

④《教育卫生两局昨请端纳博士演讲》，《申报》1936年3月29日，第15版。

改良学生习惯做起。这个改良习惯的责任，非诸位担负不可。诸位能否注意到，学生因皮肤病或沙眼等而影响他们的学业。我敢相信，在最近25年以内，没有别的方法去改良卫生教育。只有设法改良学生的习惯才是办法。生活习惯如能改良，则可以使许多疾病无从侵入。在下一个礼拜内，南京将举行一次学校卫生讨论会。在此会内，可以讨论出一个良好的办法来贡献各方。中国在全世界是很受尊重的国家，全世界没有一个国家怀恨中国的，因为中国是一个诚实的国家，希望中国一天天地强盛起来，并希望热心卫生教育的诸君们，明年来参加亚洲第一次的大会。端纳演讲完毕，由先生加以摘要说明，并代表听众向端氏致谢，四时余，始散会。①

是日：中国防痨协会监理事及各委员借八仙桥青年会，"公宴该会理事长陆伯鸿，副理事长李廷安，及肺病专家丁惠康（图5.28），参加宴会者有李大超、潘公展、王晓籁、陈公素、蔡劲军、李宣果、林康侯、颜福庆、杨光性、赖斗岩、翁之龙、陆礼华、黄警顽、刁信德、丁福保、翁国勋、宋国宾、刘亿德、邓青山、王伯元、邓贤祥、王振常、陈铁生、童星门、刘惠霖、李兆璋、樊侃如、孙干成等。席间推李大超主席，颜福庆致欢迎词，嗣由陆、李、丁三氏致词答谢"。"颜氏致词：今晚同人欢宴陆、李、丁三君，含有三种意义：①陆伯鸿先生，于月前荣膺意皇都骑尉勋章，同人等忝有余荣，共申庆祝。②李廷安先生，去秋赴欧，考察公共卫生事业，研究所得，将来本市内卫生事业之革新与进展，自可拭目以待，同人预祝市民之健康，有尖锐的进步。③丁惠康先生，潜心痨病学，去年复留德研究，返国后，又拟推进防痨工作，本会同人，尤当竭诚欢迎。"②

先生演词："鄙人奉命赴欧考察卫生事业，历时4月，观察殊多。关于欧洲各国防痨事宜，将由丁惠康先生详细报告，恕不多述。本会由吴市长发起，鄙人追随其后。初由牛惠生博士担任理事长，旋以牛先生身体违和，由鄙人以副理事长名义代理斯职。嗣以牛先生辞职，经会中各同志慎重考虑人选，咸认理事长一席，非有德高望重，热心慈善事业，如陆伯鸿先生者，不克担任。遂由鄙人前往敦请，出任艰巨。蒙陆先生欣然允诺，此固陆先生之见义勇为，亦上帝爱护本会之深意也。自陆先生接任理事长以来，本会会务，日趋发达，殊深感幸。陆先生鉴于本市痨病患者之众多，而疗养院尚付缺如，乃于前年计划，筹建大规模之肺病疗养院。现在地址

①《教育卫生两局昨请端纳博士演讲》，《申报》1936年3月29日，第15版。
②《中国防痨协会公宴陆李丁三氏》，《申报》1936年3月30日，第12版。

已行勘定，医务人员亦有把握，不久当可成立。鄙人才能浅薄，当追随陆先生之后，努力防痨事工，以孚诸同志之雅爱，今晚蒙诸先生盛肴款待，殊深感谢。”①

图 5.28　中国防痨协会欢宴陆伯鸿、李廷安、丁惠康三先生（前排右五坐者为先生）②

29 日：《申报》报道：“市卫生局职员，为联络全体同人情感起见，向有年会之举。本年为第七届年会，将于下月 5 日假市政府大礼堂举行，现已积极筹备中。并闻该局同人，因卫生局局长李廷安氏，由欧考察返国，并于年会时，举行欢迎会，请李局长即席演讲考察欧洲各国卫生行政之经过以广听闻。又有各种游艺节目，并举行抽彩，以佐余兴。”③

4 月 4 日：上午九时，上海市各界在市中心区体育场举行第六届儿童节典礼。“主席团：吴铁城、吴醒亚、潘公展、李廷安、蔡劲军、徐佩璜、杨啸天、邢琬、蒋建白、林炎南、胡叔异、陈铁生。”五时半至六时，先生在福音电台担任播音演讲。④

6 日：“中央及本市卫生当局，鉴于 1936 年将为扬子江流域虎疫流行周期年，尤以本市为有流行之可能性，为防患未然计，特于本月 6 日下午三时，在市政府召开防疫联合会议。出席者计到：市卫生局局长李廷安、公共租界卫生处处长乔登、

①《中国防痨协会公宴陆李丁三氏》，《申报》1936 年 3 月 30 日，第 12 版。

②《本会欢宴陆伯鸿李廷安丁惠康三先生摄影》，《防痨月刊》1936 年第 5 期。

③《卫生局同人年会预志》，《申报》1936 年 3 月 29 日，第 14 版。

④《本市各界今日热烈庆祝儿童节》，《申报》1936 年 4 月 4 日，第 16 版。

法公董局卫生处长栢庐、两路卫生处黄子芳、中国红十字会医院院长颜福庆、李斯德医学院长劳勃生、海港检疫处长伍连德、卫生署署长刘瑞恒等，由刘瑞恒主席（伍代），当由主席报告开会意义。略谓：本年为江南及扬子江流域虎疫流行周年期，为防患于未然计，特联合各卫生机关，召开联合防疫会议，共同讨论防疫办法，俾理想中之时疫事，得以平安渡过云。继由出席各代表分别报告各机关防疫工作情形后，即进行讨论防疫办法。兹将议决各点，汇志如下：①劳勃生提议，本年之霍乱预防注射，改用二千万万死菌制成之疫苗，只注射一次，以利进行案，议决。此项办法，缓至明年实行。②李廷安提议，本市霍乱预防注射，自 5 月 15 日起，与两特区同时举行案，议决，通过。③组织防疫委员会，推伍连德（主席）、栢庐、颜福庆、黄子芳、劳勃生等九人为委员。④扩大宣传，使市民明疗（恐为‘了’）防疫意义。⑤组织防疫宣传委员会，推李廷安、黄子芳、乔斯登、栢庐等五人为委员。⑥指定各时疫医院收容虎疫病人，共增设病床二千张。其指定之防疫医院，计为西藏路上海时疫医院（100 床）、工部局隔离医院（100 床）、南市上海医院（60 床）、闸北时疫医院（200 床）、虹口防疫医院（150 床）、平凉路防疫医院（150 床）、法公董局医院（80 床）等数处。”[①]

8 日：下午四时，新药业、制药厂业、饼干糖果罐头业等三同业公会借银行俱乐部举行茶会，联合欢迎先生从欧美考察回国。先生致答词：“今日承诸君热烈欢迎，并惠以茶点，殊深感激。兄弟自奉吴市长之命，赴欧美各先进国家考察卫生事业，经日本神户、横滨、东京等各大都会，而达欧美，为时仅 130 日。在船次之时间有 60 天之多。所历诸国卫生设施，类皆美善兼尽。对卫生事业之措施改良，均不惜耗费巨大财力与精神，一往直前，实地干去，是以结果良好，堪为我国借镜（鉴）者殊多。惜以今日时间匆促，不能详谈，好在不久将来，兄弟即拟将在欧美考察所得，编成报告，公诸社会，以供采择仿行，而收实效。再有一点，可向诸位报告者，即各国名流对我国各项新建设及卫生措施之逐步推进，均有良好批评。诸位先生均为社会知名之士，或各业领袖，尚望不吝赐教，对卫生事业之改善，予以扶助指教，以谋逐渐演进，与各先进国得并驾齐驱。”[②]

15 日：“本市新生活运动促进会所主办之清洁运动宣传周，业于 15 日开始举行，

① 《卫生界联合防疫会议》，《申报》1936 年 4 月 11 日，第 12 版。

② 《新药业等三团体昨欢迎李廷安》，《申报》1936 年 4 月 9 日，第 11 版。

上午九时，由本市新运指导员吴铁城领导，在南市陈英士纪念塔出发清道。”“参加开幕式者计有：指导员吴铁城，新运总会视察团第一队队长陈琮，视察员路载温、郢克成，市教育局局长潘公展，卫生局局长李廷安（图5.29），沪南卫生事务所主任尤洪华（恐为‘尤济华’），市党部委员陆京士、姜豪，光华大学校长张寿镛，警备司令部司令杨虎，保安总队王寄一，中华海员公会李剑白，本市新运促进会朱家骥、胡天儒，第一分团指导长包鹤年，第二分团长王德言，第三分团封光甲，第八分团吴人骐，第11分团陈中孚，童子军理事会罗烈，及清道夫警队等百余人。”“沿民国路向北缓步前进，至方浜桥，再折回至陈英士塔前，沿途各将扫帚拨地清道。”[①]

图5.29　李廷安参加上海市新生活运动促进会所主办的清洁运动（右一为先生）[②]

18日：下午四时，中国防痨协会在八仙桥青年会举行第三届征募大会开幕礼。上海市市长吴铁城等五十余人参加，先生与会。“因沪上领袖虞洽卿，本年国历7月3日七十寿辰，该会拟乘机募款十万元，建设洽卿防痨医院。”经大会通过，由各团体个人发起，并推举事务、设计两委员会积极推进，其地基已由陆伯鸿在上海县治北桥附近购就六十余亩，准7月3日行奠基礼。病院计划：“由吴市长即席领导计划筹建防痨病院分配工作办法，当众确定：一、名称。设立虞洽卿先生七十诞辰筹备

①《本市清洁运动昨日开始举行》，《申报》1936年4月16日，第11版。

②《本市清洁运动昨日开始举行》，《申报》1936年4月16日，第11版。

委员会（因筹组洽卿防痨医院而设立）。二、发起。由各团体各个人发起之。三、分组：甲、防痨医院事务委员会。乙、防痨医院设计委员会。四、委员。（一）事务委员：王晓籁、杜月笙、钱新之、林康侯、刘鸿生、俞佐廷、陆伯鸿、李大超。（二）设计委员：颜福庆、李廷安、丁惠康、陆伯鸿、沈怡、董大酉、乔尔登、Dr. J. H. Jordan。五、目的。以十万元为目的。”

“征募委员如下：一、名誉总队长吴铁城。二、名誉副总队长杜月笙。三、本届征募大会执行委员会委员：陆伯鸿、李廷安、颜福庆、李大超、翁之龙。又此次征求共分55队，已聘社会名流55人担任。其芳名如下：洗（冼）冠生、徐少明、许晓初、刘步青、周邦俊、张竹君、秦砚畦、王子敏、王一亭、钱新之、徐新六、姚慕莲、张效良、唐瑛、李耀邦夫人、Mrs. Chester. Fitz、贝淞荪、郑观昌、杨梅南、胡桂庚、唐海安、汪伯奇、许超、黄伯樵、朱恺俦、萧智吉夫人、布英（恐为‘布美’）、翁之龙、陈钟声、刘忆德、朱少屏、曾则生、萧庆云、杨聂瑜灵、李崧峻、范恩光、蔡劲军、张丰衍、陆礼华、丁惠康、阎振玉、吴蕴初、赖斗岩、Dr. J. H. Jordan.、Mr. G. A. Fitch、施思明、朱懋澄、刁信德、陆伯鸿、李廷安、颜福庆、李大超、朱恒璧、牛惠生、刘德启。”①

20 日：上海市市党部联合各机关法团举行之上海市禁烟拒毒宣传游上午十时借市商会大礼堂举行宣传大会。筹备会聘请本市各界名人播音演讲禁烟拒毒意义。先生将于 22 日上午 11 时半至 12 时，在东方电台演讲禁烟拒毒意义。播音演讲禁烟拒毒意义的名人有吴铁城、杨虎、蔡劲军、王晓籁、杜月笙、颜福庆等。②

22 日：“本市市党部联合各机关法团举行之上海市禁烟拒毒宣传游”始于 4 月 20 日，该日为“各界宣传日”，21 日为“党部宣传日”，是日为“学界宣传日”。“除全市学生组织宣传队出发宣传外，并由筹备会聘请本市各界名人播音演讲禁烟拒毒意义。姓名时间如下：吴铁城，下午二时至三时在市电台；杨虎，下午三时半至四时在大中华电台；蔡劲军，下午四时至四时半在中西电台；李廷安，上午 11 时半至 12 时在东方电台；王晓籁，下午三时至四时在航音电台；杜月笙，下午三时一刻至四时，在国华电台；颜福庆，下午一时三刻至二时半在大陆电台；刘湛恩，下午三时至四时在明远电台；张寿镛，下午五时至五时半在福音电台；黎照寰，下午四时

①《中国防痨协会第三届征募大会昨开幕》，《申报》1936 年 4 月 19 日，第 11 版。

②《禁烟宣传周昨日开始》，《申报》1936 年 4 月 21 日，第 10 版。

至五时半在交通部电台；裴复恒，下午五时三刻至六时半在佛音电台；俞佐庭，下午八时半至九时一刻在李树德堂电台；马亮，下午五时至六时在新新电台。”①

23 日：上海市工务局第三科科长薛次莘奉全国经济委员会及市政府派遣出国考察欧美公路情形，历时半载，经欧美各国，于是日下午一时乘德邮轮宝斯登号返国抵沪。先生前往欢迎（图 5.30）。②

图 5.30　李廷安欢迎薛次莘考察欧美公路情形返沪（右起第二为先生）③

5 月 5 日：下午二时，中国航空协会新会所举行落成典礼。“到会者除该会理事王晓籁、王正廷、朱庆澜、杜月笙、林康侯、黄秉衡、虞洽卿及征求队长吴铁城、该会秘书长姚锡九及全体职员外，并到各机关团体来宾杨虎、陆伯鸿、陈季良、曾贻经、黄江泉、俞佐廷、戴恩基、袁履登、唐寿民、李廷安、徐佩璜、吴蕴初、黄伯樵、何德奎等五百余人。”④

是日：《申报》报道：“本会（按：中国航空协会）第 30 次常务理事会，议决在上海市募集 1 000 000 元，购机十架，定名为中正队，以资提倡。上海市吴市长，乃于 3 月 10 日在市府约请各界领袖，会商进行办法，经决定募足捐款时期为 6 个月（自

①《禁烟宣传周昨日开始》，《申报》1936 年 4 月 21 日，第 10 版。
②《考察欧美公路情形薛次莘昨返沪》，《申报》1936 年 4 月 24 日，第 10 版。
③《考察欧美公路情形薛次莘昨返沪》，《申报》1936 年 4 月 24 日，第 10 版。
④《中国航空协会新会所昨行落成典礼》，《申报》1936 年 5 月 6 日，第 8 版。

3月起至8月止）。募款办法：分普通、特别两种。普通寿礼捐款，由各人任意捐。特别捐款用寿礼券，礼券数额分为天字号10 000元，地字号5 000元，中字号1 000元，正字号800元，和字号600元，平字号500元，福字号400元，禄字号300元，寿字号200元，喜字号100元。并推定吴铁城、王晓籁、姚锡九、李大超、潘公展、吴醒亚、蔡劲军，杜月笙、钱新之、张啸林、陆伯鸿、徐寄庼、陈光甫、林康侯、邵燕山、俞佐廷、王延松、黄造雄、吴开先、姜怀素、朱学范、周学湘、童行白、虞洽卿、梅华铨太太、穆藕初、张慰如、徐补荪、顾馨一、王一亭、张寿镛、黎照寰、翁之龙等为委员。吴铁城、王晓籁、潘公展、俞佐廷、张寿镛为常务委员。姚锡九为秘书长，李大超为总干事。设办事处于八仙桥青年会，4月28日续开二（两）次会议，决定登报公告招请各界参加发起，以收宏效。并讨论关于组织宣传推动联络事宜……除第一次会议时推定各委员，为当然发起人外，有各机关、各团体、各工厂、各公司、各银行、各学校等各界领袖。叶琢堂、李廷安、何炳松、唐寿民、陈洪、赵晋卿、马德骥、褚慧僧、陈陶遗、方椒伯、宋子良、李茀侯、郭顺、贝淞孙、王孝英、胡西园等数百人，亦可见参加之踊跃矣。”①

11 日：“本市吴市长暨各界领袖王晓籁、林康侯、李大超等，以虞洽卿先生热心社会公益事业，今岁适逢其七秩荣庆，特发起征集基地及建筑费，筹办洽卿防痨医院，以为纪念。”下午三时，事务委员会在八仙桥青年会召开第一次会议。“出席者：李大超、李廷安、陆伯鸿（李代）、王晓籁、林康侯、童心门等。主席：李大超，纪录（记录）：童心门。即席议决：一、关于纪念虞洽卿先生医院名称案、决议，定名为洽卿防痨医院。二、发起人名义案、决议，以团体及个人名义发起，庆祝虞洽卿先生七十寿辰。三、筹募基地及建设等金额案、决议，募集基地及建设费，至少五万元，若能超出此数，则亦医院附近，多购地亩若干，以备将来发展。防痨医院基地及建筑费分配如左（下）：（一）床位。设床位80只（每床400元），共计建筑费32 000元。（二）购地。购地20亩（每亩400元），共计地价国币8 000元。（三）设备。以每床125元计算，共计国币10 000元。以上共计国币50 000元。（四）祝寿办法，及购地案、决议。甲、公推俞佐廷、李大超两委员筹办虞洽卿先生祝寿及筹款事。乙、公推委员王晓籁、李廷安，及干事童心门三人，在吴淞、漕河泾及浏河

①《募款购机祝寿进行概况》，《申报》1936年5月5日，第13版。

三处察勘（勘察）相当地址，决定后报告本委员会。”①

12 日：下午二时，先生出席上海市第十五届卫生运动筹备会在四川路青年会举行的第一次会议。本届卫生运动会“以儿童卫生妇婴卫生为中心”，“以儿童为其活动之主要对象，而以父母卫生知识之灌输为次要，以收相得益彰之效”。②

16 日：上海市国货运动展览大会“聘请吴铁城、杨虎、吴醒亚、潘公展、李廷安、徐桴、袁履登、王晓籁、林康侯、蔡劲军、童行白、吴开先、陆京士、唐海安、徐新六、虞洽卿、许晓初、陈济成、徐寄庼、俞佐廷、胡西园、项康元、陈小蝶、叶友才等 25 人为审查委员”③。

18 日：全国新药业同业公会联合会为训练配制药剂人员以适医药界之需用起见，特设药学讲习所于龙门路，是日举行开学典礼。“上海市卫生局局长李廷安，甫由国外考察归来，应该会主席许晓初暨所长褚民谊之请，抽暇前往观礼。主席请其致训时，渠谓：鄙人奉命出国，考察卫生事业方回，因地位与环境关系，而穿舶来品原料之西装。顷见诸君，由内地来沪者多，概穿蓝布大袍，确系国货，可见内地较沪上俭朴多矣。平心而论，穿了舶来品西装，而对全体着国货蓝布大袍者讲话，实在有些惭愧而不配。以后当改用国货原料以制服。诸君所学之科目，采自外洋者居多数，故对于蟹行文字，应特别注意，欲取人之长，以补我之短，不得不如是办理。但西药之原料，出自我国者不少，诸君对于此种药品之性质，应分别研究，冀能自造，以挽利权。又上海繁华甲全国，衣食住行，沾染欧化者多，诸君来所肄业，须抱定采取外洋科学之精华为主旨，万不可于饮食起居上，亦沾染洋化而摆阔。欲以本人之力量战胜万恶之环境，切不可随波追流，为繁华之环境所包围而迷恋，以致沉醉。今日参加贵所之开学典礼，与寻常酬应者不同，故将肺腑之言，向诸君实说。听众因其用意深远，语皆率直，莫不动容。”④

19 日：出席世界运动会的中国政府代表戴季陶是日启程，晚六时半，在江海关码头，“各方欢送者计有交通部代理部长俞飞鹏，淞沪警备司令杨虎，外交部驻沪办事处主任周珏，副主任赵铁章、张梦龄，市卫生局长李廷安，公安局长蔡劲军，公务局长沈怡，公用局长徐佩璜，两路局长黄伯樵，招商局副经理谭伯英，中央银行

①《吴市长等发起募款建筑洽卿防痨医院》，《申报》1936 年 5 月 13 日，第 13 版。

②《十五届卫生运动昨首次筹备会》，《申报》1936 年 5 月 13 日，第 13 版。

③《国货运动展览会要讯》，《申报》1936 年 5 月 17 日，第 12 版。

④《新药业与提倡国货》，《申报》1936 年 5 月 20 日，第 14 版。

秘书处长谭光，及王一亭、沈田莘，暨德国驻沪领事白仁德等三百余人”[①]。

25日：中华慈幼协会国外视察员熊芷女士去年出国考察欧美各国慈幼事业，现已视察完毕。午刻，中华慈幼协会执委及熊女士亲友等借用八仙桥青年会举行欢迎宴会。“到熊芷女士、熊希龄夫妇、丁淑静女士、管萃真女士、夏时女士、郭克悌夫人、黄秀峰夫人、陈鹤琴、陆干臣、全绍武、赵晋卿、李廷安、吴维德、许建屏、陈铁生、陈征帆等三十余人，并由熊女士即席演讲德意俄暨英美法诸国之慈幼事业。”[②]

26日：上午十时，先生参加各机关公祭胡主席展堂先生（胡汉民）。[③]

6月2日：《申报》报道先生“在中华医学会发起之预防花柳病大会演讲”原词，以澄清误会。“自本市卫生局局长李廷安氏前在中华医学会发起之预防花柳病大会演讲后，迭见各报登载李氏演词，内有上海某女子中校学生其中百分率之三十，皆患有梅毒等语。中华医学会以此种记载，与李氏演讲原词略有不符，为免除误会起见，该会特将李氏演讲原词发表如下：‘李氏云：就本人所知，上海某一女学校有一次招考新生，投考人共计52人，考试结果录取者计有18人。在此18人中，经作华氏血液检验。其结果有4人显梅毒阳性，占全数百分之二十二强。此种情形，实为偶见。惟当时投考者之年龄，较大于寻常。且有多数已结婚者，自不能与其他女校并论’。”[④]

3日：“今日‘六三’97周年纪念日，国府已定是日为禁烟纪念日。本市市党部特于今日上午十时，假市商会召集全市各界，举行纪念大会……纪念大会散会后，在天后宫空场上，举行焚毁烟土毒品烟具大会，并为扩大宣传起见，特聘各界名人播音演讲禁烟拒毒。被请者有吴市长、吴开先、潘公展、杨虎、吴醒亚、马亮、蔡劲军、李廷安、童行白、姜怀素、蔡洪田、杜月笙、虞洽卿、王晓籁等。”[⑤]

按：6月3日下午五时至五时半，先生在福音电台播音。[⑥]

4日：上海女青年会为扩大会员团结能力，希望各界妇女借参加女青年会之机会，而可服务社会，造福人群，故举行会员征求会。李夫人为队员。[⑦]

10日：“本市各界以虞氏（按：虞洽卿）热心社会、慈善为怀……特发起庆祝

---

①《出席世运政府代表戴季陶昨晚启程》，《申报》1936年5月20日，第10版。

②《熊芷女士昨演讲德意俄等国慈幼事业》，《申报》1936年5月26日，第10版。

③《昨日公祭胡主席》，《申报》1936年5月27日，第8版。

④《女校花柳病，李廷安氏演讲原词——报载略有不符》，《申报》1936年6月2日，第19版。

⑤《今日“六三”禁烟纪念》，《申报》1936年6月3日，第11版。

⑥《明日“六三”禁烟纪念》，《申报》1936年6月2日，第12版。

⑦《女青年会会员征求会》，《申报》1936年6月5日，第12版。

（按：虞洽卿旅沪55年纪念）。”是日中午，“吴铁城（李大超代）、王晓籁、俞佐廷、毛和源、江一平、张申之、乌崖岑、李大超等十余人集议筹备事宜，由王晓籁主席，李大超代吴市长报告，发起建筑洽卿防痨医院，以留纪念之意义，并推定洽卿防痨医院筹备委员：杜月笙、王晓籁、俞佐廷、李大超、李廷安负责”。[①]

是日：先生从上海卫生局致函美国纽约中华医学基金会公司（China Medical Board, Inc）埃德温·C. 罗炳生（Edwin C. Lobenstine）主席，祝贺罗炳生先生当选中华医学基金会主席，并汇报在上海的工作：“我非常高兴收到您于1936年5月18日的来信。得悉您当选为中华医学基金会主席，我感到十分欣喜。我感谢您对我当选为北平协和医学院董事会成员的祝贺。我与北平协和医学院之间的关系如此密切而持久，能以这种形式为北平协和医学院服务让我感到非常高兴。毫无疑问，北平协和医学院的工作开始结出硕果，这正是学校的创办者们一直期待的。此时该由我们把工作进一步向前推进，让这份来自洛克菲勒基金的礼物发挥出最大限度的益处。我们很高兴北平协和医学院有胡恒德（Houghton，Henry）博士在。凭借他的能力以及他对北平协和医学院的热情，我们乐观地期待光明的未来。

我很荣幸地另外给您寄上一份吴（铁城）市长关于我所在的卫生局过去四年所做工作的报告，以及一份卫生局的工作汇报。很遗憾前者是用中文写的，但我想起码里面的照片可以给您一个总体的印象。在过去四年，我们组建了三个巡回诊所，六个诊疗所，四所综合性医院，一所隔离医院，四所戒毒医院，四个公共卫生事务所，以及一个新的公共卫生实验所。卫生局所提供的部分重要服务包括：为874 913人免费种牛痘，为2 384 826人预防接种霍乱疫苗，为680 711穷人提供免费治疗，为56 984学校儿童做体格检查，并矫正10 686个体格缺陷者，完成75 984项实验室检验，生产5 934 000c.c.疫苗，并且完成4 120 144头牲畜的检疫。虽然这是困难时期，但是我们满意地看到，我们的工作正在稳步发展而公众对我们的支持一直是令人鼓舞的。

我受市政府委派前往欧洲各国考察公共卫生，离开了上海约四个半月，三个月前才回到上海。”[②]

---

①《虞洽卿旅沪五十五年纪念》，《申报》1936年6月11日，第12版。

②《1936年6月10日先生从上海卫生局致函美国纽约中华医学基金会Mr. Edwin C. Lobenstine主席》，Rockefeller Archive Center-Citation Slip，Collection:CMB. Box:76. Folder:536.

11 日：“上海市妇女新生活运动促进会，前由蒋夫人宋美龄女士指导，吴铁城夫人等为发起人，业于 11 日下午四时，在海格路 464 号，开成立大会。闻该会之组织为理事制，设理事 15 人：推定吴铁城夫人、潘公展夫人、李廷安夫人、蔡劲军夫人、梅华铨夫人、牛惠生夫人、黄炳基夫人、谭葆寿夫人、丁淑静女士、刘王立明女士、杨锡珍女士、陈令仪女士、王孝英女士、谢祖仪女士、杨懿熙女士等为理事，并推吴铁城夫人为理事长。潘公展夫人、牛惠生夫人为副理事长。组织方面分调查、设计、推行三股。又推定陈令仪女士为调查股长，杨锡珍女士、丁淑静女士为股员；以牛惠生夫人兼任设计股股长，梅华铨夫人、王孝英女士为股员；以潘公展夫人兼任推行股股长，蔡劲军夫人、李廷安夫人、谢祖仪女士为股员。此外并设中英文书记二人，由杨懿熙女士、黄炳基夫人分任之。闻该会即日起开始进行工作，首先注重于市民之卫生清洁问题等业务。”①

是日：“上海市政府，因市内浮厝颇多，不但妨碍卫生，且亦有碍市容，并为节省地力，以厚生产起见，已成立市立火葬场筹建委员会，筹划进行。本月 11 日，该会假座水上饭店，开第一次委员会。到委员叶恭绰、蔡劲军（洪起代）、伍连德、黄庆澜、关炯之、沈怡、李廷安、王长春、吴醒亚（颜文凯代）。列席者：海港检疫处周仲千，卫生局王兆麒、江世澄。由卫生局李局长主席、阎鑫纪录（记录）。经各委员商讨之下，议决：①火葬场地点，择定江湾区中山北路市立第一公墓前面约二十余亩之公地。②开办费以四万元为标准，拟请市政府担任一半。本会推举委员征募一半。市政府方面推沈君怡委员及李廷安委员晋谒市长请求。征募方面，除已由伍连德委员负担征募一万元外，尚有一万元，推叶誉虎、关炯之、黄涵之、王一亭四位委员担任劝募，并请市政府函聘四委员担任募款。③工程及设备计划，请工务局计划后再行开会讨论，并由该会发起火葬协会，推伍连德、王长春、颜文凯三位为筹备发起事宜。”②

15 日：上午十时，第 15 届卫生运动在文庙路民众教育馆正式开幕（图 5.31）。“主席团：名誉会长吴市长铁城，名誉副会长杨司令啸天、潘局长公展、吴局长醒亚、蔡局长劲军、俞秘书长鸿钧、童委员行白、会长李局长廷安、副会长朱处长尔登、

---

①《妇女新运促进会成立吴铁城夫人任理事长》，《申报》1936 年 6 月 13 日，第 12 版。

②《筹建市立火葬场》，《申报》1936 年 6 月 17 日，第 12 版。

沈科长诰”。[①]

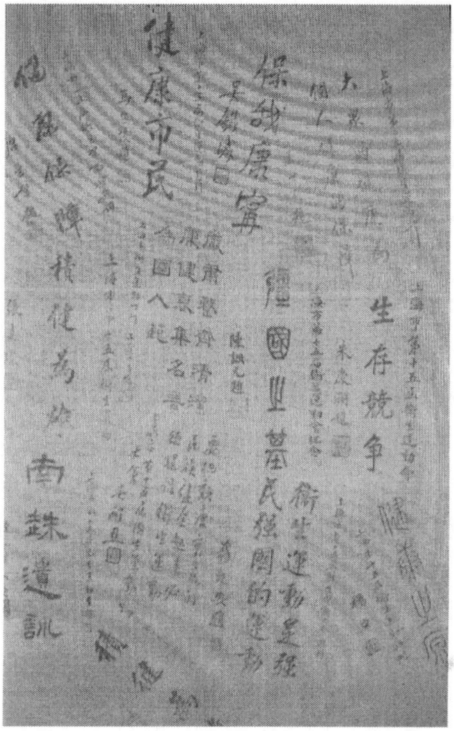

图5.31 李廷安第十五届卫生运动题词：“卫生运动是强民强国的运动”[②]

是日：“此次大会假民教馆为会场……大门搭盖简单彩牌，悬书‘上海市第15届卫生运动大会’字样，进内搭木板牌坊二：由吴市长题‘保我康宁’、李局长题‘强国之基’。”“会后，由吴市长、卫生局长李廷安、教育局长潘公展、公安局长蔡劲军等领导，携带用具，沿路向陈英士纪念塔下扫除，同时西门区清洁运动劳动服务即行开始。下午一时至五时，虹口区亦即发动工作，下午一时至四时，民教馆会场有儿童服装卫生指导，由尚文小学学生表演，四时至六时，请吴市长、李局长、杨司令，分别在市府、福音、中西三电台播讲。”[③]

①《十五届卫生运动明日正式开幕》，《申报》1936年6月14日，第13版。

② 李廷安：《第十五届卫生运动题词：卫生运动是强民强国的运动》，《卫生月刊》1936年第7期。

③《本市十五届卫运今晨在民教馆开幕》，《申报》1936年6月15日，第11版。

是日：“参加开幕礼者有吴市长（李廷安代）、市党部童行白、新生活运动促进会潘公展、卫生局局长李廷安、公安局局长蔡劲军（洪起代）、社会局局长吴醒亚（张秉辉代）、保安总团团长吉章简（林知生代）、工部局卫生处处长朱尔登（琼司登代）……千余人。”[①]

先生代表市长吴铁城行剪彩礼并发表演说：“诸位先生，我们上海第十五届卫生运动系由新运促进会、卫生局、公共租界卫生处、四十余团体组织而成。本届与历届不同之点，即本会与新运会等各机关之合作，筹备经月，乃得有今日之现象，皆赖各机关团体加意赞助，此次大会特点。因为今年为儿童年，所以一切工作，皆以儿童为对象。但节目方面，经研究结果，比历届增多。即①婴孩康健比赛。②儿童卫生比赛。③儿童服装比赛。④母亲日。⑤劝止吐痰运动。⑥卫生指导。⑦灭蝇运动。⑧各饮食店之集中训练。至于会期，也比以前增多不少。计 16 日为儿童玩具卫生指导，17 日儿童饮食卫生指导，18 日游艺，19 日儿童健康比赛，20 日主妇日，21 日儿童卫生演说比赛，22 日为休息日，23 日工厂卫生，24 日儿童生活指导，25 日劝止吐痰，26 日儿童口腔卫生，27 日为母亲日，28 日为少年日，29 日休息，30 日闭幕式。至于费用问题，与前次不同。从前由市府拨给 1 040 元，不足之数，自由筹集。今年只有五百元之费用，但参加团体多，广告费亦用去不少，大致可以维持。”[②]

是日：青年会儿童健康运动周在该会四川路分会举行。“6 月 15 日（星期一）下午二时开幕展览，五时至五时半，卫生局长李廷安氏演讲。”[③]

16 日：《申报》报道：上海市第三届夏令儿童健康营（图 5.32）“宗旨：利用暑假增进儿童健康，养成儿童卫生习惯。日期：7 月 5 日起到 8 月 19 日止，定期一个半月。营址：吴淞镇车站国立同济大学中学部。资格：7 岁至 13 岁之男女儿童均可加入。课目：假期作业、音乐、图画、手工、体操、游戏、旅行、比赛、演讲、故事、常识、检验体格等。费用：本营注重营养，收滋补品费、膳费共 12 元。报名：即日起至 6 月 25 日止，在（一）爱文义路池浜路 33 号中国防痨协会。（二）西门方斜路 306 号卫生事务所。（三）八仙桥青年会。（四）四川路青年会”[④]。

① 《十五届卫运大会昨晨在民教馆开幕》，《申报》1936 年 6 月 16 日，第 10 版。
② 《十五届卫运大会昨晨在民教馆开幕》，《申报》1936 年 6 月 16 日，第 10 版。
③ 《青年会儿童健康运动周开幕》，《申报》1936 年 6 月 15 日，第 13 版。
④ 《上海市第三届夏令儿童健康营招生》，《申报》1936 年 6 月 16 日，第 14 版。

图 5.32　李廷安为《上海市第三届夏令儿童健康营营刊》题词："自强不息"[①]

19 日：今日为上海市第 15 届卫生运动大会第五日，"经规定为儿童健康决赛日，由市儿童年实施委员会主持……决赛定今日下午一时起，在大会礼堂举行，评判员已聘定李廷安、徐乃礼、周国宝、吴利国等诸氏担任"[②]。

20 日：中央银行投资建筑之虬江码头于下午三时安置基石，举行盛大奠基典礼，"中外各界参加者，我国方面计到财政部长孔祥熙、次长徐堪，上海市长吴铁城，虬江码头建设委员会主席宋子良，委员陈行、叶琢堂、刘鸿生，淞沪警备司令杨虎，暨周作民、唐寿民、蔡劲军、李廷安、蔡增基、荣宗敬、钱新之、王晓籁、杜月笙、郑莱、唐海安、傅汝霖、伍连德、俞鸿钧。外宾方面计有海关税务司梅乐和、税务司巴闰森，及英、美、德、法、俄、意、波兰等各国驻沪领事白里南、克里拜、戈

① 李廷安：《上海市第三届夏令儿童健康营营刊题词：自强不息》，《上海市第三届夏令儿童健康营营刊》1936 年。

②《今日举行十五届卫生运动儿童健康赛》，《申报》1936 年 6 月 19 日，第 13 版。

士、鲍黛芝等，暨大来、昌兴、大英、太古、渣华、意大利等各邮船公司大班、经理，中外各机关团体男女来宾一千五百余人，由宋子良主席”[①]。

25日：“今日节目为劝止吐痰运动”，先生受上海市第十五届卫生运动会邀请，发表演讲。[②]

30日：“上海市第十五届卫生运动，自6月15日在民教馆开幕后，连日举行卫生展览、儿童妇婴及夏令卫生指导各中心活动，并由青年服务团、保卫团、保安队、警士、卫生稽查员、清道夫等，举行全市清洁运动、劳动服务、公共场所卫生检查及各卫生事务所举办公共场所卫生知识训练，俱已先后办理完毕。”于十时，在会场正式闭幕。“大会会长李廷安，及筹备会主席沈诰，均因要公（紧要公事）未能出席。”[③]

7月1日：上海市第二特区卫生试验所由法国驻华大使那齐亚行开幕典礼。“是日参与开幕典礼者，除法大使、法总领事及公董局、法华董事以外，华人方面有慈善家陆伯鸿氏、李廷安局长、吴利国科长、孙达方所长、程慕颐所长、陈永汉所长、雷氏德研究所诸研究家、震旦校长胡文耀氏等。西人方面有雷氏德研究所所长罗宾孙氏、天主教会诸领袖神甫、中法工专校长薛蟠氏诸人，计中西来宾者百余人，皆沪上知名之士。”[④]

按：上海第二特区是法国人在上海建立的法租界，民国十六年（1927年）法国驻沪总领事那齐亚鉴于该特区公益事业待办者甚多，特创办公益基金会，第二特区卫生试验所由此会独立经营。“本所工作之大纲，可以分为四项：第一为以专门技术，助医师之诊断。第二免费检查，以救济第二特区内贫病。第三制造疫苗及其他生物学品物，以供本区、卫生局及医家之应用。第四关于防疫及保健方面之协助。”[⑤]

13日：中午，上海市中华慈幼协会在新亚酒店举行第二届全国慈幼大会第四次筹备会议。“此次筹备会到有赵晋卿、卢运炎（恐为‘罗运炎’）、吴维德、陆伯鸿、李廷安（由沈诰代），暨陈铁生、戚扬等八人。”[⑥]

---

①《虬江码头昨行奠基礼》，《申报》1936年6月21日，第11版。

②《今日卫运第十日劝止吐痰运动》，《申报》1936年6月25日，第13版。

③《十五届卫运昨日闭幕》，《申报》1936年7月1日，第15版。

④《第二特区卫生试验所开幕典礼》，《申报》1936年7月4日，第13版。

⑤《第二特区卫生试验所开幕典礼》，《申报》1936年7月4日，第13版。

⑥《筹备会决定慈幼大会日程》，《申报》1936年7月14日，第16版。

29日：《申报》报道："上海市医院，经市政府饬由市卫生局积极筹建，现在建筑部分，均已就绪。对于内部设备，前经市卫生局局长李廷安出国考察，对于各国医院最近设备，择要采用，现由市政府拨款购备。该院正副院长，业经李局长荐请市政府委由翁之龙、吴利国担任。翁、吴两氏，将先视事，以积极从事内部布置，冀于双十节能正式开幕，其建筑及内部设备，实为海上规范（模）最大之医院。"①

30日："本年7月6日为虞洽卿先生70大庆。本市各界以虞氏热心社会，慈善为怀……特由吴市长等发起筹建洽卿医院，并推定委员负责进行。""午12时半，市长特柬邀虞洽卿、杜月笙、王晓籁、江一平、金廷荪、颜福庆、李廷安、李大超诸氏，假叶家花园会商进行事宜。该院院址原定在吴淞，现因澄衷医院后面已由医务事业委员会购地约50亩，拟改在该处兴建。"②

虞洽卿（1867—1945）小传：浙江镇海县（今宁波镇海区）人。"著名买办，航运商，近代上海商界领袖人物。"③其在1897年四明公所事件中崭露头角，1905年大闹会审公堂中更赢得声望。1908年参与创办四明银行与宁绍轮船公司，任预备立宪公会会员、沪北商团公会会长。1911年参与筹办中国近代第一次全国博览会即南洋劝业会，任副会长。1918年筹办上海证券物品交易所，1920年开业后任理事长。1920年创办劝业银行，1921年参与创办中国商业信托公司与华盛信托公司。1924年任上海总商会会长。1925年组织上海航业公会，后更名轮船业同业公会，任理事长、主席。1927年组织上海商业联合会，任主席。"与江浙财团其他头面人物资助蒋介石及其南京政府。曾先后任全国工商协会会长、淞沪商埠市政会办、全国商会联合会候补会长、上海特别市参议会参事、江苏兼上海财政委员、全国经济委员会和财政委员会委员、上海公共租界工部局华董、上海租界纳税华人会主席、大上海剧院经理、中国红十字会名誉副会长等。"④全面抗战爆发后，任上海各界抗敌后援会执行委员，1939年任上海难民救济会理事长，1945年在重庆病故。

8月3日："吴市长为表扬虞洽卿氏功绩，发起筹建之洽卿医院，业已推定筹备委员负责进行。"中午十二时半，"由吴市长柬邀虞洽卿、王晓籁、杜月笙、江一平、金廷荪、颜福庆、李廷安、李大超诸氏，假叶家花园会商一切进行事宜。讨论结果：

① 《上海市医院院长将先视事，双十节正式开幕》，《申报》1936年7月29日，第11版。
② 《吴市长等会商洽卿医院，院址改在澄衷医院后》，《申报》1936年7月31日，第9版。
③ 林吕建主编：《浙江民国人物大辞典》，杭州：浙江大学出版社，2013年，第632页。
④ 林吕建主编：《浙江民国人物大辞典》，杭州：浙江大学出版社，2013年，第633页。

①该院院址原定在吴淞，现因医务事业委员会已在澄衷医院后面购得地皮五十余亩，拟即改在该处建筑。②下次筹备会议定于下月四日，在广东路航运俱乐部举行，讨论医院进行办法”。[①]

4日：“本市各界领袖发起筹建洽卿医院，推举吴市长、王晓籁、杜月笙、虞顺懋、颜福庆、金廷荪、俞佐廷、李廷安、毛和源、李大超、张继光、乌崖琴、江一平、顾毓琦、吴德生等为筹备委员。”下午五时，“在广东路航运俱乐部会商进行计划。吴铁城（李大超代）、杜月笙、王晓籁、江一平、李廷安（沈诰代）、颜福庆（方子川代）、乌崖琴、李大超等十余人。主席王晓籁，纪录（记录）李大超。主席报告谓：虞洽卿先生70大寿，及旅沪55年纪念庆祝情形，及除礼力广告开支外，收到寿仪计国币21 240元5角6分，计划筹足至少55 000元。不敷之数，吴市长拟另设筹募一部分。余请梅兰芳君义务演戏，已应允，待秋凉举行。院址问题，原定在吴淞觅定兴建，嗣于上星期四，市长约虞洽老（虞洽卿）、王晓籁、杜月笙、李廷安、江一平、李大超诸氏，在叶家花园午宴会商，以澄衷医院旁，已由医务事业董事会购定地基50亩，可在该地兴建，在座均甚同意，特提本日会议讨论。关于医院设计及兴建事宜，急须（需）早日进行，拟于本年10月1日举行奠基，明年5月18日，举行落成典礼。继即讨论，议决：①决定洽卿医院院址案，议决：在江湾澄衷医院东首医务事业董事会所购之地50亩为院址，但医院大门，必须沿靠马路。②关于医院建筑设计，应如何进行案，议决：推王晓籁、颜福庆、张继光、顾毓琦、李大超为建筑设计委员，并请范文熙、李扬安、董大酉等三建筑师为顾问。③应如何早日筹足建筑经费案，议决：由本会负责筹足55 000元，不敷之数，遵照市长计划筹募之。④关于统一医院行政权案，议决，原则通过。⑤决定医院奠基日期案，议决：定于10月1日举行奠基典礼。⑥决定本会会址案，议决：借广东路航运俱乐部为会址，六时半散会”。[②]

9日：“本市《申报》馆及虹桥疗养院，鉴于实施防痨之重要，特举办X光集团检查。”是日，“《申报》馆经理马荫良，及虹桥疗养院院长丁惠康博士，在国际饭店招待各界。到吴市长、李廷安、李大超、伍连德、杜月笙、朱少屏、武廷琛、李子宽、郑希涛、钱沧硕、赵慕儒、陈大凡、钱伯源、王锦城、曾虚白、马崇淦、黄折

① 《洽卿医院昨开筹备会议》，《申报》1936年8月4日，第11版。

② 《洽卿医院院址决定江湾》，《申报》1936年8月5日，第12版。

冲诸氏。由丁惠康博士致词，略谓：凡疾病之发现愈早，则治愈之希望愈多。现代医学，显由各种准确之诊断，而达到预防之医学。但在实际上，则有许多疾病，当其初起，殊鲜痛苦，必俟病势增进，始急求医治，如心肾、梅毒、癌肿等疾病皆是，而要以肺痨为尤甚。以余十年来之观察，凡来院就诊之患者，大都失去正当治疗时机。此种患者，体力衰弱不堪，故于治疗方面，较为困难。若能于初起时，即加以治疗，则事半功倍。惟欲达到早期诊断之目的，只有病人在自认健康时即施行检查方可。但早期检查，甚为困难。若只行普通之打针，听诊于期肺病，不足以尽诊断之能事。其最可恃（依靠）者，厥为X光检查。吾人理想中之防痨办法，只有将全体民众，每年施行X光总检查，俾病人于毫无痛苦时，检出病灶，此种不自觉性之患者，关系非常重大。一方因早期发现，易于扑灭，而达到痊治目的。一方则减少传染之危险，于公共卫生、社会健康、所关甚大。以各国专家统计而观，则潜伏肺痨，非常之多，有时且属于开放性，即咯痰中已含有结核菌而不自觉者。此种实为传染之源泉，其危险甚于市虎（喻横行市井的恶霸）。总之，肺病初起，症状甚微，颇难鉴别，非用X光检查，实难得准确之诊断。然多数医家，未必尽有X光，且检查收费太昂，则不能普及，因此贻误者势所不免。目怵心伤，莫甚于是。因有集团检查之发起，承李局长及防痨协会诸公加以赞助，并订定简单办法，每人每次取检查费一元，如须（需）摄照片时，其收费亦较任何医院为廉，以期普及。兹为使检查者免除久候，不论个人或团体，务须先期向本埠《申报》馆购检查证，将姓名登记，按照规定时间，每星期二及星期六上午，往大西路四号分院，即可随到随检。明日为第一届检查，该处交通便利，X光机业已由德运沪，上月装置完竣。有一切最新设备，现规定每次以80人为限，同时可得一种检查统计，如何种职员、何处居民，或某种年龄，患痨较多，则逐渐可谋预防之方。此举于个人健康、社会卫生，均有重大关系。惟在我国事属初创，希望当局防痨协会及舆论界诸君，随时督促及指教”。①

15日：下午，先生参加各界公祭故社会局局长吴醒亚。②

21日：“本市上海医事事业董事会，在枫林桥购地，建筑上海医学院及中山医院新院舍，自去冬兴建以来，各部大厦均将于月内完成。复经已故项松茂先生家属

---

①《虹桥疗养院明日举行防痨X光集团检查》，《申报》1936年8月10日，第12版。

②《党政各界昨日公祭吴醒亚》，《申报》1936年8月16日，第14版。

捐建松得堂一所，作该院药学专修科及药理研究之用。史量才先生家属捐建量才堂一所，作中山医院护士宿舍之用。”下午二时，“为二堂举行奠基典礼之期。计到来宾高翰卿氏、坎大利爵士等二百余人。由董事赵晋卿氏主席报告开会宗旨后，由吴市长代表卫生局长李廷安博士，及董事长孔庸之博士代表中央银行秘书胡贻谷氏，史氏家族代表黄子键君，五洲大药房代表卢成章君，及该院颜福庆院长等致词。继由项绳武君为松德常奠基，黄子键君为量才堂奠基”。[①]

项松茂（1880—1932）小传：名世澄，别号渭川。浙江鄞县（今宁波鄞州区）人。早年任职上海中英药房及其汉口分店。1911 年受聘任上海五洲大药房经理。自制“人造自来血”等多种成药。1915 年改组成立五洲大药房股份有限公司，任总经理。五四运动后，先后收买德商肥皂厂和药厂，创立固本皂药厂。1925 年收买中华兴记香皂厂、南洋木塞厂。1929 年承办宁波东吴药棉厂等。此外，其向上海开成造酸公司等十多个企业投资，与邬志象等合办宁波实业银行，形成五洲资本集团。历任上海市商会和中华国货维持会执委、机制国货工厂联合会常委、上海华商皂业公会主席委员等职。“九一八事变”后，在厂内编组抗日义勇军一营，自任营长，积极开展抵制日货活动。1932 年“一•二八”淞沪抗战时，为营救被日军掳去的五洲大药房沪北支店店员 11 人，于 1 月 31 日遭日军杀害。[②]

史量才（1880—1934）小传：名家修，以字行。江苏江宁（今南京江宁区）人。早年读私塾。1903 年杭州蚕学馆毕业。曾在上海育才学堂、兵工学堂、务本女学、南洋中学任教。1904 年创设上海女子蚕桑学堂。1907 年任江苏铁路公司董事。后任上海《时报》主笔。辛亥革命后，任江苏省议会议员、松江盐务局监事。1902 年任《申报》总经理，1915 年独资经营《申报》，1927 年后购进《时事新报》和《新闻报》，1932 年创办《申报月刊》，编印《申报年鉴》，成为当时国内最大的报界企业家。“九一八事变”后，主张团结抗战，严厉抨击国民政府对日妥协政策，成为上海著名的民众领袖，任上海地方协会会长、上海临时参议会第一任议员、中国农村复兴委员会委员、招商局理事，并参与创设中国中南银行、民生纱厂、五洲房和中华书局等。1934 年 11 月在沪杭公路上被暗杀身亡。[③]

① 《松德堂量才堂昨日奠基》，《申报》1936 年 8 月 22 日，第 13 版。

② 张宪文、方庆秋、黄美真主编：《中华民国史大辞典》，南京：江苏古籍出版社，2001 年，第 1308 页。

③ 张宪文、方庆秋、黄美真主编：《中华民国史大辞典》，南京：江苏古籍出版社，2001 年，第 561 页。

24 日：先生致信哈佛大学公共卫生学院院长塞西尔 • K. 德林克博士介绍自己从哈佛毕业后的工作经历以及出版的著作、发表的论文。先生应塞西尔 •K. 德林克博士要求，对哈佛大学医学院的发展提出建议："您一直要求我关注人们对哈佛大学授课的评论。我在哈佛大学受到了老师和朋友们的善待。然而，我觉得我们哈佛大学医学院需进一步发展；教师队伍需要扩大和加强；教学设施和设备需要增加。此外，公共卫生专业学生的课程联系实际不够紧密；应该有更多的供学生自己操作的实际工作。以上是我的意见。" ①

9 月 5 日：上海市新生活运动促进会于上午九时借市党部会议室举行第 14 次干事会议。"推李廷安为本会干事兼设计股股长。" ②

7 日：先生在上海市政府联合纪念周报告《卫生局及各区卫生事务所之组织及工作》③，先生首先介绍了上海市的卫生组织机构及其职能，"近四年来，本市卫生设施，仰承市长的促进，已设立了 21 个市办卫生事业机关，已经先后开办的有四个卫生事务所（高桥、吴淞、江湾、沪南），三个普通病医院（上海、吴淞、江湾），一个传染病医院，四个戒烟医院（沪南、沪北、人犯、戒毒），一个护士学校，两处市立公墓（第一、万国）"。接着，先生从环境卫生、防疫、保健、社会卫生方面介绍各卫生事务所所做的具体工作，并指出了卫生事务所存在的问题："上海市，现在设有卫生事务所的，只有沪南、江湾、吴淞、高桥等四区，所以只有这四区，对于上面所举出来的各种卫生事业，大多数是已经举办了，但是已经举办的事业，尚欠充实，而未办的事业，当然有举办的必要。"最后，先生总结卫生事务所取得的成效："从前每年夏秋二季，必有霍乱大流行的祸害，自建设卫生行政，努力预防以后，已有显著的挽救，近三年来，且未发生。""高桥卫生事务所，曾将该区二十一年 10 月至二十三年 1 月所调查 862 家，共产生 2 795 个的婴儿，分为由卫生事务所接生者，与非卫生事务所接生者两类，互相比较，发见（现）由卫生事务所接生而死亡的婴儿，为 40.3‰，非卫生事务所接生而死亡的婴儿，为 210. 8‰。"

17 日："中国防痨协会医务委员丁惠康博士为提倡健康保险事业，本月 17（日）晚在新亚酒店招待各界。到李大超、潘公展、李廷安、陆伯鸿、颜福庆、翁之龙、

---

① 《致信哈佛大学公共卫生学院院长塞西尔 • K. 德林克》，The Francis A.Countway Library of Medicine（Boston Medical Library and Harvard Medical Library）.

② 《额外小账取缔办法》，《申报》1936 年 9 月 6 日，第 16 版。

③ 李廷安：《卫生局及各区卫生事务所之组织及工作》，《卫生月刊》1936 年第 10 期，第 459—463 页。

庞京周、赖斗岩、童星门等。”[①]

19日：下午二时半，静安寺路999号上海女青年会在该会所召开秋季董干事联席会议。“到何林一夫人、梅华铨夫人、凌宪扬夫人、李廷安夫人、谢祖仪女士、钟韶琴女士，暨张淑义女士等二十余人，主席何林一夫人。”[②]

按：上海女青年会举行秋季第一次董干事联席会议，讨论全年工作，研究改善妇女生活。“由会长何林一夫人，副会长梅华铨夫人、余英杰夫人，董事郑莱夫人、李廷安夫人、董显光夫人，总干事谢祖仪女士等，会同拟具整个计划。”[③]

23日：先生致函美国纽约中华医学基金会埃德温·C. 罗炳生主席：“我荣幸地出席于9月23日在北平举行的荣誉董事会议，高兴地会晤北平协和医学院以前我的老师和朋友们。当霍顿博士经过北平时，我拥有特殊的便利常常拜会他。在我看来，在最近会议上，北平协和医学院的新蓝图正设计出来。”[④]

按：1936年先生被选为协和医学院的第一位校友董事（the first alumnus trustee of PUMC）。[⑤]

10月12日：上午十时，市立国民体育学校在该校校址举行开学典礼。“计到校长吴铁城、总务主任宋大章、教务主任方万邦、卫生局长李廷安、工务局长沈怡、公安局长蔡劲军、财政局长徐桴、市参议会会长王晓籁，暨该校教职员学生及来宾等共二百余人。”[⑥]

是日：《申报》报道：上海市社会局主办的本市第四届全市运动会决定本月22日起在市中心区体育场举行。该会近日收到各省市奖品颇为丰富。“寄来现款请该会代制奖品者计：行政院蒋院长20元、训练总监唐生智8元、外交部长张岳军8元、内政部长蒋作宾10元、中央银行总裁孔庸之50元、副总裁陈行20元、市商会杜月笙50元、江苏省政府主席陈果夫6元、湖北省政府主席杨永泰20元、江西省政府主席熊式辉5元、浙江兴业银行徐寄庼10元、暨南大学校长何炳松10元、中法药房许晓初20元、保安总团长吉章简10元、天厨味精厂吴蕴初10元、德孚洋行买办

---

①《丁惠康博士谈各国健康保险事业》，《申报》1936年9月20日，第14版。

②《女青年会今后工作计划》，《申报》1936年9月21日，第12版。

③《女青年会研究改善妇女生活》，《申报》1936年9月16日，第13版。

④《1936年10月17日李廷安致函美国纽约中华医学基金会埃德温·C. 罗炳生主席》，Rockefeller Archive Center-Citation Slip,Collection:CMB，Box:76，Folder:536.

⑤ Ferguson M E.Obituary. Li T A .*The Chinese Medical Journal*,1948, 66(6): 342-343.

⑥《市立国民体育学校昨日举行开学礼》，《申报》1936年10月13日，第13版。

周宗良20元、卫生局长李廷安6元、交通大学校长黎照寰10元、市农会林美衍2元、法学院1元。”①

17日：上海市中华慈幼协会于12时半借香港路银行俱乐部举行第91届执委会议。“出席者罗运炎、赵晋卿、林康侯、李廷安、陈鹤琴、颜福庆、朱立德、刘湛恩夫人、赫满克夫人、佛兰克林夫人等，列席者许建屏、陈铁生，纪录（记录）丁秉南等。罗运炎主席，许建屏报告会务。”“本届征求会员运动，其总队长为孔祥熙，副总队长为孙哲生、蒋作宾、王世杰、吴达铨、吴铁城等，总参谋为熊秉三，参谋为罗运炎、王晓籁、赵晋卿、牛惠生夫人、林康侯、李廷安、朱立德、许建屏、陈铁生等。”②

是日：先生从上海卫生局致函美国纽约中华医学基金会埃德温·C. 罗炳生主席，“我很高兴您对我的工作以及整个中国的发展感兴趣。为此，我另外寄上一份中央社发行的《中华民国二十五周年纪念》。希望您以及其他中国的朋友们会有兴趣阅读。如果没有受到干扰，我相信我们能够把祖国建设成和平而且现代化的国家。我荣幸地出席了9月23日在北平举行的董事会议并且很高兴能够再见到北平协和医学院我以前的老师和朋友们。我非常荣幸能够经常在霍顿博士经过上海的时候与他见面。在我看来，上一次会议上被采纳的北平协和医学院的新方案制定得很不错。然而这个方案能够成功与否，很大程度上取决于执行得如何。这不仅需要一位拥有能力和权威的执行者，更加需要的是一种振兴事业的精神。而这种振兴精神正是我们这样一所承载着创建者们的理想的机构所最需要的”③。

18日：《申报》报道：“中国保健社为本市联合民众医师医院之最新医疗服务机关。现聘定李大超、潘公展、李廷安、颜福庆、陆伯鸿诸氏为监事，叶恭绰、张定璠、周雍能、冯炳南、朱少屏、江问渔、翁之龙、朱博泉、蔡承新、杜重远、汪伯奇、马荫良、郑耀南、丁福保、丁惠康诸氏为理事。该社与德国汉堡拿沃公司、北德最大之社会保险机关，订有协作条件，并得各方之赞助，集中现代一切最新医疗设备。本医疗服务精神，专为一般经济阶级着想，务使任何人化（花）少数有限之社费，即可解决一切医药住院问题，以期普及公众医药保障，推进预防保健工作，

①《市运会收到奖品丰富》，《申报》1936年10月13日，第13版。
②《中华慈幼协会昨举行执委会》，《申报》1936年10月18日，第12版。
③《1936年10月17日李廷安致函美国纽约中华医学基金会埃德温·C. 罗炳生主席》，Rockefeller Archive Center-Citation Slip, Collection: CMB, Box:76, Folder:536.

在国内洵为创举。进行以来，一切业已就绪，下星期起，即将开始服务。”[①]

23日：《申报》报道：“本市新生活运动促进会，为发扬新运理论、训练干部人员起见，特自11月1日起，举办新运讲习班二月。由该会规定全市党政机关及民众团体保送学员，现开学期近，内部一切事务，均已筹备就绪。除已聘请童行白、陶百川、章渊若、阎宝航、邢琬、包惠僧等为各科讲师，并敦请中央委员及当地名流陈立夫、叶楚伧、吴铁城、方治、张厉生、蔡劲军、俞鸿钧、潘公展、徐桴、刘湛恩、徐庆誉、雷震、周佛海、徐佩璜、李廷安等为特约讲师。”[②]

24日：下午三时半，中国防痨协会借八仙桥青年会九楼举行年会，报告会务并改选理监事。“到会者计吴市长（李廷安代）、李廷安、潘公展（胡叔异代）、蔡劲军（陈长庆代）、王晓籁（史梦兰代）、吉章简（杜和生代）、吴蕴初（方志澄代）、社会局代表雷可南、新运会代表朱家让、慈幼协会代表刘文林。会员颜福庆、袁海平、徐鑫如、曹永正、杨□镐等百余人。”

“首由主席吴铁城（李廷安代）致词，略谓：痨病之为害，最属惊人。我国每年约有百（恐漏‘万’）余人因痨病而死，尚有一千余万人因痨病而卧床不起，尚有未有确实调查之数千万人患此痨病，以致体力不支，精神萎顿。我人深信，欲谋民族之复兴，对于民族健康，则应力加注意。而以我们民族情形而言，防痨一事，又为实现民众健康之要务。本会之组织，虽曰防痨，实亦以促成民族健康为任务。现在上海已有此组织，将来更使扩充至于全国。况值兹国难严重时期，全国上下，一致奋发，以图民族之复兴，则于民族健康中之重要工作，如防痨者，则更应重视，更应努力。”

“最后改选理监事，其名单如下：（理事）吴铁城、陆伯鸿、李廷安、颜福庆、翁之龙、潘公展、陈鹤琴、王孝英、J. H. Jordan、刘鸿生、邝富灼、陆干臣、黄任之、林康侯、顾毓琦、朱庆澜、吴蕴初、李登辉、郭顺、许建屏、许世英、董显光、胡筠秋、李祖蔚、金叔初、卢永春、冯少山、刁信德、陈志方、李大超、谭世鑫、胡宣明、宋国宾、钱慕韩、蔡劲军、朱少屏、俞佐廷、梁小初、蔡香孙、J. Rabaute、刘瑞恩、S. M. Garnn、张之江、褚民谊、项隆勋、陈光甫、赵晋卿、伍连德、萧智吉夫人、朱恒璧、周邦俊、刘王立明、欧阳慧冲。（常务理事）陆伯鸿、李廷安、

① 《中国保健社将成立》，《申报》1936年10月18日，第11版。
② 《新运讲习班扩充学额》，《申报》1936年10月23日，第11版。

颜福庆、翁之龙、黄子方、陈鹤琴、吴铁城、乔尔登、潘公展、王孝英、施思明。（监事）杜月笙、庞京周、丁福保、钱新之、姚慕莲、刘湛恩、虞洽卿。”[①]

是日：“筹备经年之中国保健社，为本市联合民众医师医院之最新医疗服务机关。”是日正式成立。先生担任该社监事。[②]

中国保健社简介：①成立经过：“虹桥疗养院院长丁惠康博士，奉部令出国考察，与德国汉堡拿沃公司、北德最大之社会保险机关，曾订有协作条件，归国后即积极提倡，与国内专家，作缜密研讨，并经前市长张定璠氏及各方之赞助，筹备进行。”1936 年 10 月 27 日成立于上海，中国保健社设总事务所于上海静安寺南大西路 A 字 2 号。②该社性质：“中国保健社为本市联合民众医师医院之最新医疗服务机关。”“我国向无集结民众医师医院之保健组织，该社适应社会之需要，集中现代一切最新医疗设备，成立全市大规模之医疗服务组织，普及公众医药保障，推进预防保健工作，在国内洵为创举。”③成立目的：“务使任何人化（花）少数有限之社费，即可解决一切医药问题，而获最有力之健康保障。”④技术力量：“该社特约各科专门医师，常期（时常定期）为社员服务，其各科专门医师，为心胎科主任丁惠康博士、妇产科主任王逸慧博士、X 光科主任古鸿烈博士、小儿科主任卢翼侯博士、传染病热带病主任江俊孙博士、胃肠病内科主任李祖白博士、皮肤科主任孙克锦博士、外科胸部外科生殖泌尿科主任董秉奇博士、眼耳鼻喉科主任林世熙博士、检验科主任瞿松寿博士、驻（住）院主任唐敬恒博士。此外并特约各科著名医师共同协作。除发起该社之虹桥疗养院及分院，供给一切医疗设备外，并特约全市各大医院，共同协作，以适应病家各项需要。”⑤免费权利：“该社依照社会经济情形，分社员为甲、乙、丙、丁，及附带社员三种，俾各随其个人环境而纳经济化之社费，一经入社，照章享受医疗上种种利益，平均每日纳费一分六厘，即获全年诊察免费，每日纳社费□角三分，即获住院及医疗上一切免费，故社员一经入社，对于疾病医药问题，即完全解决。”⑥预防工作：“现代医学日进□。消极方面，固重治疗。而积极方面，则尤注意于预防疾病工作。该社计划实行者，为肺病、癌肿、花柳病、砂（沙）眼各项检查以及免费健康检验等，以促进预防的医学，而使公众达到真正保健之目的。凡社员日常生活及一切卫生方法均由该社随时派员访问，

① 《防痨协会昨开年会》，《申报》1936 年 10 月 25 日，第 12 版。

② 《中国保健社昨成立》，《申报》1936 年 10 月 28 日，第 12 版。

详细指导以增进家庭间健康幸福。”⑦十年计划：“保健事业在我国尚属萌芽，该社拥有十年计划：第一年使社会明了保健真相，及服务情形，为认识事期。第二、三年，以社会已有认识，树有相当基础，该社得尽力服务，为服务时期。第三年后，力求发展，俾国民保健得收宏效，为推广时期。第五年至第十年，希望各地响应，多设分社，为普及时期，亦即我国保健事业成功时期。”⑧监理事：“该社深得各界领袖热烈赞助，担任监事者为李大超、潘公展、李廷安、颜福庆、陆伯鸿诸氏。理事为叶恭绰、张定璠、周雍能、冯炳南、朱少屏、江问渔、翁之龙、朱博泉、蔡承新、杜重远、汪伯奇、马荫良、郑耀南、丁福保、丁惠康诸氏。”①

28日：“国府10月28日令，派吴铁城为上海市普通考试典试委员长，此令。又令，派阮毅成、胡樸安、陶百川、何炳松、俞鸿钧、金国宝、徐桴、欧元怀、林襟宇、蔡劲军、李廷安、蔡无忌、沈君怡、徐佩璜、胡端行、包可永，为上海市普通考试典试委员，此令。”②

29日：北平协和医学院教授委员会与医院委员会举行联合会议，任命先生为城市卫生事务所（the Urban Health Station）所长，同时担任协和医院副院长与预防医学教授，从1937年7月1日始。③

1936年10月31日，北平协和医学院教授委员会决议：“医院委员会向行政委员会推荐任命李廷安为协和医院副院长，主管医院门诊，从1937年7月1日始。同时任命他为城市卫生事务所所长。”④

11月11日：“静安寺路上海女青年会募捐大会，自10月30日开幕以来，在该募捐会会长孔庸之夫人、吴铁城夫人指导之下，各队长各队员协力同心，努力进行，又得各界之乐于解囊，共力推进，女青年运动，成绩甚佳。闻此次各队成绩，以飞机竞飞为比赛，各队有一飞机，募款最多者飞得最先，昨日（按：11月11日）为第一次报告，计公益飞机队队长何林一夫人，队员严叔和女士、陈景韩夫人、王淑贞女士、薛韦增佩女士、邝潘真宝女士、沈子癸女士、简又文夫人、萧智吉夫人、

① 《中国保健社昨成立》，《申报》1936年10月28日，第12版。

② 《命令》，《申报》1936年11月5日，第4版。

③ *Minutes of the Peiping Union Medical College,Joint Meeting Committes of Professors Committee on the Hospital, October 29,1936,3637-9.* Rockefeller Archive Center-Citation Slip, Collection:CMB, Series: 1942-1945, Box:76, Folder:536.

④ *Minutes of the Peiping Union Medical College,Committes of Professors October 31,1936,3637-13.* Rockefeller Archive Center-Citation Slip, Collection:CMB, Series:1942-1945，Box:76，Folder:536.

陈潘玉梅女士共得 600 元。大同飞机队队长夏玛利女士，队员鲍凤珍女士、胡咏骐夫人、蔡六乘夫人、陈其标夫人、凌宪扬夫人、郭琳爽夫人、李廷安夫人、李扬安夫人、乔辅三夫人、共得 226 元……共计 5 126 元。距目的 20 000 元虽远，但赖各募捐员之热忱，各界士女之乐于赞助，必有圆满之果。”①

16 日：《申报》报道：“王一亭先生为当代耆宿，且以艺术家而致力于社会慈善事业，德望弥著，名闻海内外。今年国历 12 月 22 日，即古历十一月初九日，适值王先生七十寿辰。吴市长联合本市各界领袖虞洽卿、王晓籁、杜月笙、钱新之、张啸林、杨虎、沈怡、蔡劲军、徐佩璜、俞鸿钧、李廷安、潘公展、徐桴等，为彰贤者之德，而示久远，发起醵资建设本市龙华风景区。盖本先生素信念修持之虔诚，扩为供养建设之功德，闻其计划如下：①修理龙华寺塔，供中外游人瞻仰。②于寺院左近建屋三楹，颜曰一亭堂，石刻先生画像，陈列其中。③于龙华区内植桃万株，点缀风景。④倘有余款，应储为葺葺屋□植树之基金。吴市长交李大超科长办理，已在积极进行中，并悉南京方面，有人假冒王一亭先生祝寿，向各机关领袖捐募，系属假借名义，望各界勿受其愚。”②

是日：“中国华洋义赈救灾总会，系在民国十年 11 月 16 日成立于上海，迄昨日适值 15 周年之期，特于昨日（按：11 月 16 日）下午七时 30 分，假静安寺路万国总会举行纪念大会，邀请中外人士参加……参加来宾有吴铁城、王正廷（刘云舫代）、俞鸿钧、潘公展、李廷安、张廷荣、陈光甫、李大超、魏文彬、刘驭万、王一亭、郭承恩、杜月笙、王晓籁、刘云舫，及英、美、法、德、苏联、丹麦、瑞典、瑞士各国领事等，中外人士百余人。”③

中国华洋义赈救灾总会简介：中国华洋义赈救灾总会成立于民国十年（1921 年）11 月 16 日，“时值华北大旱之后，当时国内虽有义振（赈）团体，但不相联络，后始成之本会。总会设北平，将原有各华洋团体改为分会，此为成之经过”。“本会系中外人士合组之慈善团体，绝无政治宗教畛域之分。国内山东、山西、陕西、甘肃、绥远、湖南、湖北、江西、贵州、云南、四川等 12 省各设分会，南京、上海等处设事务所，此为组织之概况。”“施振（赈）方面。本会不仅救已成之灾，更注重防未

---

①《上海女青年会募捐大会报告》，《申报》1936 年 11 月 12 日，第 11 版。

②《王一亭七十寿吴市长发起醵资建设龙华风景区》，《申报》1936 年 11 月 16 日，第 14 版。

③《华洋义赈会昨举行十五周纪念》，《申报》1936 年 11 月 17 日，第 10 版。

来之灾，此防灾之目标为建设。凡开渠凿井，筑路修堤等事，与夫便利民生之种种设备，均认为防灾要务，所谓‘建设救灾’主义是也。”“至于今后改进方针，亦已决定为三点：①以后注意乡村建设工程，其对于乡村之公路水利等，扶助国家建设计划所不及者，促其建设完成，便利农村。②推进合作技术，帮助实部促进合作事业。③训练救灾人才，训练工作人员，使工作效率增加。”①

17日：洽卿医院筹备会在该院筹备处开筹备会议，“到委员王晓籁、吴铁城（李大超代）、李大超、颜福庆、李廷安、虞洽卿、毛和源、金廷荪、江一平、俞佐廷、张继光、顾毓琦、杜月笙、虞顺懋（毛和源代）等，主席王晓籁”②。

18日：“本市各界虞洽卿、钱新之、黄炎培、江问渔等发起组织之上海市救护事业协进会，经数度筹备，于昨日下午五时，假座市商会常会室开成立大会。到许也夫、蔡洪田、顾希欧、江问渔、陶百川、王晓籁、严谔声、黄炎培、杜月笙（黄代）、范守渊、杨卫玉、李廷安、王揆生、许冠群、庞京周、周邦俊、颜福庆、姜怀素、童行白、徐乃礼、季灏、何元明、柯干臣、顾毓琦、许晓初、周梦白等三十余人，公推陶百川主席。”③

21日：上海中华慈幼协会于中午十二时半借香港路银行俱乐部举行第92届执委会议。“出席者罗运炎、熊希龄、赵晋卿、林康侯、李廷安、陈鹤琴、颜福庆、吴维德、朱立德，列席者许建屏、陈铁生，纪录（记录）丁秉南等。当由罗运炎主席，开会如仪。许建屏报告过去一月之会务概况，略谓：慈幼教养院为收容被解放之婢女计，已决定迁移至辣斐德路之新址，工作范围当然扩大。时局之转变未可知，本会已派员参加各界组织之非常救济工作，保障组办理虐童案件八起，救济组拯救难童三名，教育组出版《现代父母》四卷八期。儿童个案之研究颇为顺利，获效甚大。两教养院现有儿童200名，托儿所有50名，疗养院有20名，闸北诊疗所治疗病儿1 231名，并举行体格检查，儿童沐浴，家庭访问等。”④

26日：“本市社会局局长潘公展，昨日（按：11月26日）上午十时半，在市政府大礼堂，补行宣誓就职典礼。到吴市长，及市府所属各局处长官俞鸿钧、蔡劲军、徐桴、沈君怡、李廷安、徐佩璜，暨各界来宾陶白川、何炳松、林襟宇、欧元怀、

---

①《华洋义赈会昨举行十五周纪念》，《申报》1936年11月17日，第10版。

②《洽卿医院筹备会议》，《申报》1936年11月18日，第12版。

③《救护协进会》，《申报》1936年11月19日，第9版。

④《中华慈幼会昨举行执委会》，《申报》1936年11月22日，第12版。

金国宝、包可永，并市政府社会局高级职员，即由潘局长宣誓就职。”[①]

是日：上午五时，上海市普通考试定于 12 月 1 日起举行，所有普通考试典试委员长、典试委员、襄试委员、监试委员及试务处人员在市政府大礼堂举行宣誓典礼。“参加人员：计本市普通考试典试委员长吴铁城，监试委员刘三。典试委员阮毅成、胡朴庵、陶百川、何炳松、俞鸿钧、金国宝、徐桴、欧元怀、林襟宇、蔡劲军、李廷安、蔡无忌、沈君怡、徐佩璜、胡端行、包可永。试务处长潘公展。襄试委员陈彦通、王新命、童行白、邢琬、姚明辉、周雍能、吴利国、张志让、李权时、谢恩皋、汪大燧、包伯度、胡树楫、陈石英、蔡正雅、郁秉坚、沈熊庆、江万平，暨试务处秘书主任潘忠甲，秘书沈阶升，第一科长宓季方，第二科长马崇淦，监场主任蒋建白，及全体人员。”[②]

30 日：上海市各慈善团体联合救灾会是日下午三时在仁济堂举行成立大会。大会推举孔祥熙为委员长、吴铁城为副委员长，下设总务组、筹募组、财务组、救济组、稽核组。除各组正、副主任为当然常务委员外，先生等被举为常务委员。[③]

12 月 2 日：上海医事事业董事会“下午四时，在枫林桥南首沈家浜路国立上海医学院新院舍会议室，举行第九次会议。出席董事长孔庸之部长，董事杜月笙、钱新之、王正廷、赵晋卿、马荫良、闻兰亭、郭顺、吴铁城、张继光、卢成章、李廷安、颜福庆、徐新六（颜福庆代）等，先参观医学院及中山医院新建筑，旋即开会。由孔董事长主席，先由颜总干事报告医学院建筑业已完成，并将基本各科学生，迁入上课。此外学生宿舍一座，亦已完成。松德堂及量才堂两建筑，皆将于本月底，与中山医院大厦，同时完成。前此收买外交部驻沪办事处原址，已改建毕业护士宿舍，并在隙地，建筑职业住宅，此为建筑简要。继作经济报告，该董事会业已聘请巢纪梅会计师为查账员，审查经济收支，及中山医院建筑帐（账）目，拟具报告书，经各董事审查后，通过。又巢会计师并为中山医院设计会计制度，议决，交常务委员会。报告毕，通过下列议案：①中山医院门前沈家浜路，及侧面之枫林路，应请市政府迅筑柏油马路，以利交通。又医学院大门，拟跨沈家浜路建筑，以壮观瞻。俟将来该路开通后，再行拆让。以上两案，通过时，吴市长以董事资格出席，当场

① 《市社会局长潘公展昨补行宣誓就职礼》，《申报》1936 年 11 月 27 日，第 9 版。

② 《本市普通考试典试委员等昨宣誓》，《申报》1936 年 11 月 27 日，第 13 版。

③ 《各慈善团体联合救灾会昨成立》，《申报》1936 年 12 月 1 日，第 13 版。

允准。②中山医院建筑，其宗旨在服务社会，故病床数量虽多，皆为平民化，对于头等病房，不敷应用，拟另建头等病房一宅，需费约六万元，应如何筹措案，议决。另建头等病房一宅，定名中正楼，纪念蒋委员长，其费用由各董事分别担任，详细办法，请孔庸之、孙科、吴铁城、钱新之、刘鸿生、林康侯、叶子衡、颜福庆各董事，拟具，议毕散会，已万家灯火”[①]。

5日：《申报》报道：上海市奉令举办1936年冬令市民劳动服务，曾由市府令饬工务、社会、公安三局，会同拟具办法，组织上海市劳动服务委员会，设办事处于市中心区航空协会。吴铁城市长为主任委员。现各项筹备工作，均已次第竣事，日内即由指定区域内之壮丁六万余人，动员浚河筑堤。“上海市劳动服务委员会委员，计主任委员吴铁城，委员俞鸿钧、周雍能、沈怡、徐桴、蔡劲军、潘公展、李廷安、吉章简、黄任之、王晓籁、杜月笙。总干事洪起，副总干事许贯三、吴桓如。干事戴尔竞、邹志高、俞振辉、李泽民、徐绍修、徐祖铭、李世根，暨各区主任。吴淞区主任唐承宗，副主任商守业。殷行区朱家俊，胡文才。江湾区顾善章，刘锡荣。引翔区黎卓仁，陈振东。真如区洪兰祥，温纯蒲。淞区董平兴，程忠晋。漕泾区杨心正，羊径翔。高桥区唐镜寰，贾振升。高行区潘鸿鼎，温紫霖。陆行区张企文，温紫霖。”[②]

6日：“为段前执政（按：段祺瑞）逝世五七开吊之期，自上午九时至下午五时，党政各界及使领外宾，即就霞飞路段氏本宅，举行公祭。”“陆续前往致祭者，计有监察院长于右任，立法院长孙科，行政院副院长兼财政部长孔祥熙，军事参议院院长陈调元，蒙藏委员会委员长吴忠信，外交部长张群，实业部长吴鼎昌，铁道部长张嘉璈，新任湖北省政府主席黄绍竑，军事委员会代表姚琮、何遂。三省剿匪副总司令张学良代表汤国桢，参谋总长程潜代表熊守一，冀察政务委员会委员长宋哲元代表门致中，山东省政府主席韩复榘暨青岛市长沈鸿烈代表周秀文，甘肃省政府主席于学忠代表黄永熙，本市市长吴铁城，淞沪警备司令杨虎，新任驻美大使王正廷，驻土耳其公使贺耀组，外交部次长陈介，财政部次长徐堪，海军部次长陈季良，内政部次长陶履谦，冀察政务委员会委员萧振瀛，训练总监唐生智（姚方代），中委薛笃弼、李烈钧（蒋群代）、张定璠、王伯群，立法院委员郑洪年、张国元、叶夏声，

① 《上海医事事业新建筑次第完成》，《申报》1936年12月3日，第10版。

② 《市府动员壮丁六万余人举办市民劳动服务》，《申报》1936年12月5日，第13版。

北宁路局长陈觉生（赵慰如代），关务署长郑莱，江海关监督诸昌年，外交部驻沪办事处主任周珏。本市公安局长蔡劲军，卫生局长李廷安，市党部代表蔡洪田，市保安总团长吉章简，地方协会会长杜月笙，市商会主席王晓籁，周作民，屈文六，及靳云鹏、王一亭、虞洽卿、冯耿光、赵晋卿、俞佐廷、林康侯、叶扶霄、胡笔江、许修直、褚辅成、沈昆山、戴民权、白宝山、杨德昭、傅宗耀、黎照寰、李大超、王之南等。”①

9 日：《申报》报道：“上海市政府以卫生事业关系民族健康至巨，消极足以消弭疫病，减少死亡，积极足以延长寿命，增加生产。爰（于是）有各区设立卫生事务所，分别办理公共卫生之筹划。现经成立者，已有高桥、吴淞、江湾、沪南等区。惟闸北一带，自经‘一·二八’战役之后，卫生状况，颇现不良，且人口众多，已有设立卫生机关之必要。吴市长关怀市民疾病，特于市库拮据之时，拨款五万元，饬令卫生局局长李廷安氏从速筹设沪北卫生事务所，以保市民健康。自聘请王彬彦、陈炳谦、王云五、王培元、沈驿、陆伯鸿、李廷安诸氏为筹备委员后，即在闸北青云路择定地基，去春开始建筑，迄今已告厥成。该卫生事务所，已定 11 月 1 日起开始办公，除一切行政事务外，有诊疗、清道消洁、妇婴卫生、传染病预防等工作。凡贫苦市民前往诊病者，概行免费给药。近来并拟设立公共浴室，以利民众，将来全所整顿完竣后，即行正式开幕。”②

11 日：“中国麻疯救济会总干事邬志坚辞职照准，并经董事会推请施思明为总干事，陈椿葆为副总干事。该会于昨日（按：12 月 11 日）下午四时半，假静安寺路万国总会举行茶宴，欢送邬志坚，并欢迎新任干事。计到该会董事长颜福庆、陆伯鸿、刁信德。董事朱少屏、丁福保、李廷安、袁履登、李元信、邝富灼、麦牙谷、罗爱斯等数十人。”③

15 日：“中国防痨协会理监事联席会议，定于本日 12 时假五洲大药房六楼举行，届时理事吴铁城、陆伯鸿、李廷安、潘公展、颜福庆、翁之龙、黄子方、陈鹤琴、王孝英、G. H. Jordan、施思明等。监事杜月笙、虞洽卿、庞京周、丁福保、钱新之、姚慕莲、刘湛恩等，均往参加。讨论改良吃饭运动，实施防痨口罩，全国理发业卫

①《党政各界昨日公祭段前执政》，《申报》1936 年 12 月 7 日，第 9 版。
②《市立沪北卫生所将开幕》，《申报》1936 年 12 月 9 日，第 12 版。
③《施思明任麻疯救济会总干事》，《申报》1936 年 12 月 12 日，第 16 版。

生规约等重要议案。”[①]

上海市防痨展览会于本日下午二时借五洲大药房六楼举行开幕典礼。先生致辞。[②]

按：“中国防痨协会鉴于痨病为害酷烈，传染迅速，除倡导预防方法、晓谕各界以谋防范外，并以一般民众，每以痨病来势轻微，仍多忽略，初期诊断，因循坐误，终为痨菌所杀，深为可惜。爰乃联合五洲大药房，举办防痨展览会，以丰富之材料，作醒目之陈列，务使到会观众，咸知预防方法。闻此次展览内容，异常丰富，计各国痨病死亡率统计表，中国各部痨病死亡比较表，卫生挂图，各种痨病标本，人体模型，肺脏模型，结核肺与健康肺之比较，肠结核模型，显微镜上之结核杆菌，人工气胸及X光照片，各种结核菌之形状，玻璃片，病房设计，营养食品，防痨书籍等，应有尽有。凡关心防痨工作及卫生健康者，幸注意焉。”[③]

防痨展览会由陆伯鸿主席。“吴市长代表、李廷安局长致训，略谓：防痨为增加民族健康之重要工作，中国人多患痨病，在消极上应设法唤起一般人之从速疗治，在积极上尤应锻炼体格，严防痨病之传染。”[④]

18日：下午七时一刻至八时，先生在敦本宣讲防痨常识。[⑤]

按：《申报》报道：“痨病的为害，比枪炮还要残酷，可是人们却没有注意到，既不知道预防的方法，又不知道早期诊断的重要，于是因循坐误，终为痨菌（即核菌）所杀，多么的可惜啊！痨病在我国的猖獗，说起来真是可怕，每年死于斯病者约一百四十万人之多，患痨病的约二千七百万人（平均每百人中有六个，每十六人中有一个人患着痨病）。如果以时间计算，则每一分钟有三个人死于痨病，试想此种人才经济的损失，是何等的重大呀！而且死于痨病的，以青年为最多，他们是社会的生产份（分）子，正在奋发有为的时候，便给痨病吞灭了，这是何等可惜啊！”[⑥]

27日：《申报》报道：“上海市卫生局局长李廷安氏对于近来天花流行，尤为注意。据谈：天花系急性传染病，由于直接接触患者或感染患者分泌物而起。儿童甚易被害，死亡率约在百分之二十左右，言之可怖。本市10月及11月份，天花患者

①《上海市防痨展览会今日在五洲药房开幕》，《申报》1936年12月15日，第11版。
②《防痨展览会昨日开幕》，《申报》1936年12月16日，第15版。
③《上海市防痨展览会今日在五洲药房开幕》，《申报》1936年12月15日，第11版。
④《防痨展览会昨日开幕》，《申报》1936年12月16日，第15版。
⑤《医药防痨常识》，《申报》（本埠增刊）1936年12月17日，第3版。
⑥《医药防痨常识》，《申报》（本埠增刊）1936年12月17日，第3版。

尚少发现，10月为一人，11月为两人。惟本月份猖獗特甚。据上海市之传染病医院统计，日前收容患者，已有33人之多，实因沪市人口众多，且流动不居，有以致之。预防方法，为早期施种牛痘，无论儿童成人，均应布种。上海市卫生局所属之沪南、沪北、江湾、吴淞、高桥等区卫生事务所，及市立传染病医院、市立沪南医院（即前上海医院）均可免费接种。并为便利市民起见，特约东南医院、同德医院、新普育堂、中德医院、平民施诊所、上海时疫医院、妇孺医院、急救时疫医院、南洋医院、沪西公社、水神阁诊所、浦东医院、市民众教育馆、儿童施诊所、台州医院、普善医院、劳工医院、联义西医院、红十字会医院及第二第三医院、沪南平民产院等22机关，为种痘分处。机会所在均有，幸勿坐失。倘系30人以上团体，可径函市卫生局，当即派员，前往布种。”[①]

是年：先生为《敬业附小毕业纪念刊》题词（图5.33）：“业精于勤。”[②]

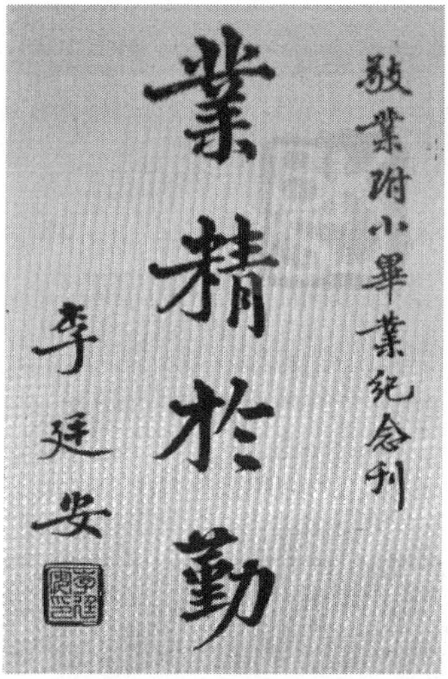

图5.33 李廷安为《敬业附小毕业纪念刊》题词：“业精于勤”

是年：先生为《上海中医学院年刊》题词（图5.34）：“精益求精。”[③]

---

①《天花猖獗，宜速种痘》，《申报》1936年12月30日，第12版。

② 李廷安：《题词：“业精于勤”》，《敬业附小毕业纪念刊》1936年第82期。

③ 李廷安：《题词：“精益求精”》，《上海中医学院年刊》1936年。

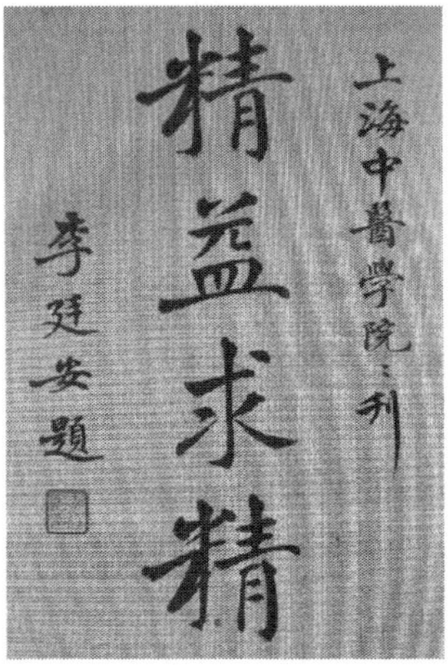

图 5.34　李廷安为《上海中医学院年刊》题词："精益求精"

是年：先生担任上海市第三届夏令儿童健康营名誉营长（图 5.35）。[①]

图 5.35　上海市第三届夏令儿童健康营名誉营长李廷安（居上方者为李廷安）

① 《名誉营长李廷安博士》，《上海市第三届儿童健康营营刊》1936 年，第 7 页。

是年：名誉营长李廷安视察上海市第三届夏令儿童健康营（图 5.36）。①

图 5.36 名誉营长李廷安视察上海市第三届夏令儿童健康营（后排左三为李廷安）

是年：先生在《卫生月刊》上发表《儿童健康的要义》②，首先，先生强调儿童健康关乎国家强盛，“使得下一代的新国民——‘现在的儿童’——个个都有健康而坚实的体魄，到成人的时候就能有聪明的脑力与伟大的智能和精神，来应付各种新事业，复兴我们的国家”。其次，先生认为“儿童健康的保障，就从注意儿童卫生得来的”，“在儿童时期最重要的保健工作是培养儿童的卫生习惯，用教育方法使儿童对于卫生发生兴趣，使儿童明白不清洁、不卫生的害处”。最后，鉴于“儿童时期为成人的预备时期，也就是人生最重要的一个阶段，因为在这个阶段里是发育的时期”，先生对儿童发育期在饮食、两性等方面提出了注意事项：“食物的选择，这是关于营养方面最重要的一点，其余如适当的运动，睡眠要满足，娱乐、日光和新鲜空气，都当注意。”“对于两性生理……为父母者以及学校教师要负责……讲明生理上各种器官的构造与功用，应贯彻两性间生理上的正当观念。”“养成按期检查身体的习惯。”“家庭中的父母和学校中的教师都当以身作则，讲求清洁卫生，做儿童的模范。”

① 《名誉营长李廷安氏视察本营留影》，《上海市第三届夏令儿童健康营营刊》1936 年营刊。

② 李廷安：《儿童健康的要义》，《卫生月刊》1936 年第 7 期，第 329—330 页。

是年：先生在《卫生月刊》上发表《新生活与卫生》[①]，先生首先解释“新生活”概念的提出，“‘新生活’可算是时代的产物，针对着不良生活而发的一种矫正的运动”。“新生活”兴起的动力包括目前国势的衰弱、复兴思热（想）的澎湃、先贤先圣的启迪等。接着，先生从广义、狭义两方面解释卫生的概念以及为什么要注重卫生。“狭义就是个人卫生，广义是公共卫生。”至于“为什么要注重卫生”，先生认为有三方面原因：第一是维持个人生命，第二是保障群众安宁，第三是发展社会经济。最后，先生重点阐述“新生活与卫生的相互关系”。先生认为，“1. 从理论来观察……礼义廉耻就是新生活的中心理论，凡合乎礼义廉耻的行为就是新生活……不知礼义廉耻的人，心理一定是不健康的”，“2. 就内容来分析……‘新生活’里面所包含的德目有整齐、清洁、简单、朴素、迅速、确实等项，而实际生活上的各种公约很多，其中有关卫生的大约至少占三分之一以上，尤其是食、衣、住、行、娱乐，这五种生活中的卫生信条为多”，“3. 按需要来评量……我可以讲‘新生活’是当前的需要，而‘卫生’是人生基本的要求，在我国的健康状况之下，尤其应当注意，不独借以预防疾病，增进个人幸福，而且足以减少死亡，延长寿命，增加生产，增进国际地位。所以，在我国现时需要上，‘新生活’与‘卫生’，这两件事是有确实相同的地方”。

是年：先生发表《实行新运应该由小及大推己及人》[②]，先生认为：“新运之意义，重在躬行实践，造成自强不息之民族，自强之道，应以修身为本，修身之法，不外注意于人生衣食住行四大需要之合理化……新运之推行，凡居于任何组织团体中之领袖地位者，尤须以身作则，应于不知不觉中引导其部属走入新运之正路。”

是年：先生发表《赴欧考察城市卫生行政报告》[③]，首先，先生认为“城市卫生工作，为地方卫生行政中尤为复杂而重要之部份（分）”。此次考察目的为“欲借助他山，以资改进我国城市卫生行政之参考”。其次，先生从“考察地点及时日”“事类及处数”“各城市卫生进步之实况”“对于公共卫生之信仰”“城市卫生行政组织之趋势”“卫生事业之种类”“卫生工作人员”“医疗设施”“公共卫生人才之造就”“戒烟办法之研讨”等方面报告了考察内容。就“事类及处数”而言，先生考察最为集

---

① 李廷安：《新生活与卫生》，《卫生月刊》1936年第12期，第541—544页。

② 李廷安：《实行新运应该由小及大推己及人》，《上海党声》1936年第2期，第30页。

③ 李廷安：《赴欧考察城市卫生行政报告》，《卫生月刊》1936年第4期，第169—176页。

中的部门机构有“卫生稽查组织及工作（12处）”“城市卫生行政机关（10处）”“肺痨预防组织及疗养院（9处）”“卫生学院（8处）”“卫生专家之特约晤谈（7处）”。再次，先生据考察所得，从“卫生行政组织计划之审视”“各区现有卫生工作之检讨”“治疗设施”“学校卫生之普及”“社会卫生教育之推进”“环境卫生之改良”“卫生稽查之补充”“戒毒戒烟办法之推进”方面，提出了“对于上海市今后卫生行政方针之意见”。最后，先生认为“我国国计民生，正值困疲之时，卫生建设，自应以支出最为经济而收效最为宏大之方法办理”，就个人考察研究之所及，上海市内，如果能筹（筹措到）每一市民每年可享1元5角之卫生费用，刻意经营，则5年以后，死亡率不难降至15（按：千分之十五）左右，每年约可少死17 500人。

是年：先生在《上海市第三届夏令儿童健康营营刊》上发表《发刊词》，先生认为：“民族体格之强弱与国家兴替有密切之关系。儿童身心之锻炼更为成人健康之基础。本乎斯旨，上海市每届夏令，有儿童健康之举办，以利用暑假，集合儿童，作实地身心健康之训练。本年第三届夏令儿童健康营，由市政府、教育局、卫生局、中国防痨协会等机关，秉承前两届之经验，假吴淞同济中学为营址，招收儿童220名，营期40天。设总务、卫生、教育、训育、体育五组，从事训练。其结果除全体儿童体重增加71%强外，对于团体生活之训练、品性之陶冶、学业之修养，均收获相当效果，堪以告慰各界者也。兹将该营经过，刊印成册，以供各界参考。并希切实指导，俾下届举办者有所改进，而臻美备，是所厚望焉。”①

是年：先生在《上海市第三届夏令儿童健康营营刊》上发表《保障儿童健康的几个要点》②，先生首先强调儿童健康的重要性，“要能够使得我们这衰老的民族走进强健的境域，要洗净已往‘东亚病夫’之耻辱，能够在这二十世纪新时代里面求生存，必先求坚强我们整个民族的健康基础。就是使得下一代的新国民（现在的儿童）个个都有健康的身体，到了成人时期，乃有伟大的智力和体力，创造科学事业，担负救国重任，将我们中华古国造成功一个现代国家”。其次，先生以为，要保障儿童健康，就要实施健康教育。实施健康教育要注意五点：第一点，培养儿童的卫生习惯，用游嬉（戏）方法以锻炼体格。用教育方法以激发兴趣，使儿童自己明白不卫生、不清洁的害处，为父母者在日常生活中随时加以指导。第二点，按期检查身体。第三点，

---

① 李廷安：《发刊词》，《上海市第三届夏令儿童健康营营刊》1936年。

② 李廷安：《保障儿童健康的几个要点》，《上海市第三届夏令儿童健康营营刊》1936年，第47—48页。

实行预防接种。第四点，注意心理卫生。第五点，要注意儿童的性教育。

是年：《公共卫生月刊》节录先生论著《中国乡村卫生问题》，刊登《乡村粪便之处置》①，先生以为："粪便与乡村卫生有重大之关系，因其在消极方面，可以因处置不得当而危害健康也。我国农民向用粪便施肥，废物利用，不可尽非。然粪便中不免带有病菌虫卵，因而传染疾病，危险极大。"对如何处置乡村粪便，先生主张："采用粪缸为宜，所有粪便一律积储合式之粪缸内，粪缸上均用木板紧盖，不使苍蝇飞入，一缸积满后，始用第二缸，每缸积满后，最少须过两星期之封存，方可运往施肥。盖有两星期以上之封存，大部份（分）之病菌可因化学作用而毁灭，危险可减去不少。惟须（只是需要）每村中先有健全之组织，然后管理上可以严密，粪缸制度，始易收成效也。"

是年：《公共卫生月刊》节录先生论著《中国乡村卫生问题》，刊登《农民不健康之损失》②，先生认为：农民体格不能达到完全健康，在社会经济上即有极大之损失。"不健康虽未必即为有病，而其工作效率之不能与健康者相比，即为对象之损失。""欲（要）推算此种不健康之损失，最好能假定每一健康农民在我国小农经济条件下并在寻常状态之下，每一小时之平均生产量，即每一小时之劳动价值能有若干。"先生借助河北定县农民每人每年 40 元，每日合 1 角 1 分标准，假定健康农民之体格为 100，不健康者为 90，则健康农民每日可继续不断工作 10 小时，不健康者仅可工作 9 小时，1 小时之不能工作，即为每一不健康农民所给予社会之不健康损失。"又若我国农民之体格，均已达到 100，则即每日工作 10 小时，其每年之生产，亦决不止（只）40 元，大约可增加 5 元，我国农民 340 000 000，除去老幼一半外，尚有 170 000 000，如以每人每年损失 5 元（约数）计，则全国农民因不健康之总损失为 850 000 000 元。"

【民国二十六年丁丑（1937 年）】，先生四十岁

1 月 6 日："天主教友领袖大慈善家陆伯鸿氏，办理各种慈善事业，达数十年。

① 李廷安：《乡村粪便之处置》，《公共卫生月刊》1936 年第 1 期，第 46 页。

② 李廷安：《农民不健康之损失》，《公共卫生月刊》1936 年第 8 期，第 28 页。

现蒙罗马教皇庇护第11世颁赐教廷袍剑爵士勋位，在远东尚为第一人。昨日（按：1月6日）下午四时，由教廷驻华钦使蔡宁总主教，代表教皇庇护第一世，为陆氏躬行授勋典礼。”观礼来宾共千余人：“市参议会、市商会王晓籁，地方协会杜月笙，慈善团联会王一亭，国际问题研究会郭秉文，轮船业公会虞洽卿，银行公会陈光甫，钱业公会秦润卿，华洋义赈会宋汉章，公教进行会朱志尧，联名发柬，邀请各界观礼。计到吴市长代表耿嘉基，驻美大使王正廷，警备司令杨虎，秘书王之南，市政府参事周雍能，科长李大超，社会局长潘公展，卫生局长李廷安，警察局长蔡劲军，公用局长徐佩璜，外交部驻沪办事处主任周珏，义（意大利）大使罗亚谷诺，英、法、比等国领事，于主教，惠主教。各公团代表赵晋卿、王一亭、林康侯、颜福庆、施省之、关炯之，及来宾等千余人。”[①]

按：“罗马教廷袍剑爵士勋位，于1555年，教皇保禄第四世所颁定。曾经历任教皇，先后赠给与（予）法王、德王、班（西班牙）王等。查该勋位系教廷最高贵之一种。例赠与（予）各国有特殊勋劳之显贵、并有爵位者。教廷不轻于颁给与（予）人。盖可随时出入宫廷，侍从教皇。现在得此勋位，全世界仅有七八人。今陆伯鸿膺此荣典，在远东尚属第一人。”[②]

15日：“吴淞区本为卫生模范区域，自本市卫生局在（吴）淞建筑卫生事务所后，对于各项设备，已大加锐进，前日卫生局长李廷安，假炮台湾福致饭店，召开委员会议。出席：同济校长翁之龙，市政委员唐缵之，商会主任张磐石，救火会主席顾丹巢，及该局吴利国、李宜果、王世伟等。议决：①勘定泰兴路等地址，添设卫生分诊所。②添设救护车，由卫生事务所与救火会共商办法。③丁福保等捐款，充作分诊所开办经费之用。”[③]

19日：《申报》报道：“本市卫生局对于公共卫生事业之推进，不遗余力。李廷安局长热心策划各项事，业已逐见实现……

市立医院业已开诊：市中心区新建之市立医院，为本市有数医疗机关，建筑经二年始克完成。内部设备已布置就绪，将来再谋扩充。兹为便利病家起见，已于1月4日开诊，往求医者，甚为踊跃。

---

①《教皇颁赐陆伯鸿勋位，昨日举行授勋典礼》，《申报》1937年1月7日，第13版。

②《教皇颁赐陆伯鸿勋位，昨日举行授勋典礼》，《申报》1937年1月7日，第13版。

③《吴淞卫生事务所召开委员会议》，《申报》1937年1月17日，第15版。

卫生试验所迁新厦：卫生试验所，亦该局重要建设之一。自民国廿四年元旦奠基以来，全部建筑已完竣。本年元旦起，即由虬江路广东街旧址，陆续迁往市中心区。现已全部迁竣，开始办公。更为便利市民起见，另在成都路修德新邨设有办事处一所，以便处理各种检验事务，及出售血清防疫苗等材料。

沪北卫生所已办公：沪北卫生事务所，于去冬建筑竣工后，亦于元旦日开始办公。除一切行政事务外，尚有诊疗、清道清洁、妇婴卫生、传染病预防等工作。凡贫苦市民前往诊病者，一概免费施诊给药。该所并拟设置公共浴室，以利民众。

陆行诊疗所已完工：卫生局复在陆行设立诊疗所。该所地基及建筑费用约二千元，悉由该地行政委员张企文等筹募。李局长以事关民众健康，除将此项计划呈准市政府外，特两度亲往察勘（勘察），现在建筑工程、内部设备已就绪。日内开始工作。”①

23日：“本埠中华慈幼协会，于前（按：1月23日）午12时半，假座香港路银行俱乐部，举行第94届执委会议。出席罗运炎、赵晋卿、林康侯、吴维德、李廷安、颜福庆、朱立德、牛惠生夫人、赫满克夫人。”②

30日：中华慈幼协会于下午三时借博物院路青年协会中山厅举行第八届常年大会。“到会会员及来宾，计有孔祥熙、吴铁城（李廷安代）、潘公展（张秉辉代）、王一亭、薛笃弼、林康侯、毛云、屈文六、刘瑞恒、赵晋卿、许建屏、陈镇生（恐为‘陈铁生’）等五十余人，由会长孔祥熙主席。”③

是日：会长孔祥熙亲临主持中华慈幼协会第八届年会，通过民国二十六年（1937年）度工作大纲，推定新委（员）：“名誉会长林森，法律顾问薛笃弼，会长孔祥熙，副会长罗运炎、赫满克夫人、Mrs. Miltoa、J. Holmick，会计林康侯、孙瑞璜，委员牛惠生夫人、朱立德、李廷安、吴维德、法兰克霖夫人、Mrs. C. S. Fonklin、陈鹤琴、钮永建夫人、赵晋卿、熊秉三、刘王立明女士、颜福庆、黄秀晖（恐为‘黄秀峰’）夫人、李王孝英女士、李登辉、颜雅清女士、亨德女士、Miss. E. M. Hindor。候补委员梅华铨夫人、熊秉三夫人、谢祖仪女士、Mrs.Whitney。”“吴市长代表李廷安致词，略谓：慈幼协会均着重于实际工作，希望全国各地从速设立分会，俾谋充分

①《市卫生局注意公共卫生事业》，《申报》1937年1月19日，第16版。

②《中华慈幼协会前日执委会议》，《申报》1937年1月25日，第15版。

③《中华慈幼协会昨举行第八届年会》，《申报》1937年1月31日，第16版。

发展。”[①]

是月：先生在《卫生月刊》上发表《告读者》[②]短文，先生述及“本刊（《卫生月刊》）旨趣在灌输卫生知识，指导健康行为”，“凡合乎宗旨以及有益公共卫生之文字，无不采纳”。

2月3日：《申报》报道：“本市市党部……计划在本市各处，设立社会服务处……聘请吴铁城、杜月笙等68人为董事。”“董事姓名录：吴铁城、杜月笙、王云五、徐桴、吴蕴初、诸文绮、刘鸿生、金润庠、姚慕莲、朱吟江、郭顺、许晓初、周邦俊、王晓籁、杨啸天、丁济万、顾馨一、江一平、陈霆锐、朱学范、徐寄庼、吴开先、潘公展、陶百川、童行白、陆京士、黄造雄、吴修、蔡洪田、陈君毅、姜豪、邢琬、王延松、林美衍、耿续之、李大超、蔡劲军、骆清华、钱永铭、汪曼云、谭伯英、陈天锡、穆藕初、张石麟、汪伯奇、马荫良、陈济成、徐佩璜、李廷安、黄伯樵、蔡增基、何炳松、翁之龙、陈行、杨管北、陆子冬、褚民谊、郑西谷、周学湘、蒋建白、丁仲英、周钰、赵铁章、王祖廉、黎照寰、劳敬修、陆文韶、叶友才等。”[③]

13日：“粤绥靖主任余汉谋，建设厅长刘维炽，广州市长曾养甫，中委邓青阳、詹菊似、李福林，暨随员等十余人，因出席三中全会，已于昨日（按：2月13日）下午二时30分，由港乘坐德轮拿爱斯奴号抵沪。”“到埠欢迎者有全国经济委员会常务委员宋子文，市长吴铁城，淞沪警备司令杨虎，中委王宠惠，江海关监督诸昌年，宋子良代表庄永龄，粤绥靖公署驻京代表邓刚，第四路军总司令部参议雷天鸣，财部关务署长郑华，市保安队总队长吉章简，侨务委员会委员谢仲复，市卫生局长李廷安，杨德昭、李煦寰、李大超、王之南、唐士煊等数十人。”[④]

19日：上海市新生活运动促进会以是日为新运总会成立三周年纪念日，借用天后宫桥市商会大礼堂举行纪念大会。“分四组视察各机关及各劳动服务团，各组干事职员姓名及视察机关等名称录下：（第一组）蔡劲军、陆京士、胡天僧，视察市党部、海道测量局、财政局、土地局、保安总团部、保安团党部、淞沪警备司令部、孤儿院服务团、东亚体专服务团、上海女中服务团等。（第二组）张寿镛、俞鸿钧、朱家让，视察中央银行、海关监督公署、特二法院、高三分院、中华海员党部、保卫委

---

①《中华慈幼协会前日开第八届年会（续）》，《申报》1937年2月1日，第19版。

② 李廷安：《告读者》，《卫生月刊》1937年第1期，第1页。

③《市党部社会服务各处总管理处组织就绪》，《申报》1937年2月3日，第14版。

④《余汉谋昨由港抵沪》，《申报》1937年2月14日，第13版。

员会、警察局、市金库服务团、地方法院、江南造船所、上海炼钢厂等。（第三组）杨虎、李廷安、沈亮衷，视察两路管理局、市政府、工务局、社会局、公用局、卫生局、图书馆、体育场、博物馆、上海市审计处、旦华中学服务团、市北中学服务团等。（第四组）潘公展、姜豪、杨德安，视察商品检验局、国际贸易局、中央造币厂、外交部驻沪办事处、邮政管理局、邮政储金汇业局、高二分院、特一法院、招商局、电报局等。”①

是日：先生在新运总会成立三周年纪念日上致辞。“略谓：今日为新生活运动三周纪念，关于新生活运动之意义，已由主席及指导员代表阐述甚详。本人就观感所及，与诸君略述之。新生活运动中所提倡之整洁一事，似甚简易，而关系极为重大。整洁在个人，是求取个人健康的起点。整洁在事业，是求取事业取宏效的起点。整洁在国家社会，是求取国家社会有纪律有秩序的起点。我们在新生活运运（动）的一切纲领中，觉得无一不重要的。总之，新生活运动是复兴民族的要素。所以我们必须严格奉行。”②

27 日：上海市中华慈幼协会下午二时半借银行公会举行第八届年会后，首次（即95 届）执委会议推选各组委员。“一、经济委员：林康侯（主席）、赵晋卿、熊秉三、罗运炎、钮永建夫人。二、救济保障委员：刘湛恩夫人（主席）、王孝英女士、薛笃弼、王思默、徐维震、张秉辉、邢德女士、朱懿宝女士。三、教养委员：牛惠生夫人（主席）、黄炎培、熊秉三夫人、朱友渔夫人、何墨林夫人、管萃桢女士、林康侯、赵晋卿、李廷安、陈鹤琴、程守中。四、卫生委员：颜福庆（主席）、李廷安、梅国桢、陈鸿达、徐乃礼、高镜朗、富文寿、邓青山、周邦俊、庞京周、黄桂葆女士。五、推广委员：吴维德（主席）、郭克悌夫人、陈鹤琴、李登辉、朱友渔、蔡葵女士。六、筹备十周纪念委员：林康侯（主席）、熊秉三夫人、牛惠生夫人、赵晋卿、吴维德、朱立德、颜福庆、罗运炎、陈鹤琴。”③

3 月 2 日：《申报》报道：“上海市火葬场，自经市府发起，并聘王一亭、屈文六、关炯之、黄涵之、叶誉虎、郭承恩、郝伯、温宗尧、朱博泉、江一平、李元信，并市府秘书长俞鸿钧、专员王长春、社会局长潘公展、警察局长蔡劲军、工务局长

①《本市新运促进会明晨三周纪念大会》，《申报》1937 年 2 月 18 日，第 13 版。

②《新运三周纪念大会》，《申报》1937 年 2 月 20 日，第 13 版。

③《慈幼协会昨开执会》，《申报》1937 年 2 月 28 日，第 14 版。

沈怡、卫生局长李廷安等组织筹建委员会，并经数度召集筹备会议，规定全部建筑经费为六万元。”①

7日：“洽卿医院筹备委员会，昨（按：3月7日）假福州路梅园酒家开临时会议，到王晓籁、李大超、杜月笙、张继先（恐为‘张继光’）、俞佐廷、颜福庆、毛和源、江一平、李廷安、虞洽卿、金廷荪。主席王晓籁，记录沈望云。（甲）报告事项：①颜委员福庆报告。②定照本会第三次筹委会议决案，会同江委员一平向公共租界工部局接洽，捐助本院经费时，经分别访晤该局各负责当局，希望捐助五万元。该局总裁总办财政处长及卫生处等对于原则上，均表赞同。再应如何进行，请公决。（乙）讨论事项：①李大超、张继光、毛和源三委员提请拟以标价最低之龚顺兴承造本院工程案，议决：龚顺兴如有殷实铺保两家担保，准以所开标价承造本院工程，限150天完工，由张委员继光派员会同李建筑师负责监工，并推张委员代表本会签订合同。②王委员晓籁等五委员审查之本院董事会章程草案，签注意见，提请核议案，议决，修正通过。③医事事业董事会所拟之基地契约稿，请核议案，议决，交李大超、江一平两委员审查。④向公共租界工部局劝募经费如何进行案，议决，本会全体委员具名，函请工部局捐款五万元，推颜福庆、江一平、李廷安、李大超四委员起草，请颜委员主稿。”②

12日：《申报》报道：上海“联华出版社之《快乐家庭》2月刊，五期以来，早已风行遐迩。一般新进家庭，及智（知）识份子，咸认为家庭唯一良善读物，故销路日益增加，已成为家庭杂志之典型。第六期刻已付印，不日即可出版。内有赵晋卿、荣宗敬、王晓籁、李廷安夫人、刘王立明诸氏之最近杰作，取材丰富，印刷精美”③。

按：李夫人于1937年2月出版的《快乐家庭》第六期发表题为《为父母们进一言》的文章，李夫人认为：养育孩子确不是一件容易的事，因为小孩不能像机器一样受人管理，更不能像木偶似的听人摆布。同时小孩本身并不是个人的产物，而是国家的资源，我们固然不能攘为己有，更不能不尽心竭力地养育，一方面了却做父母的责任，一方面完成个人对于民族所负的义务。我不敢说有做父母的丰富经验，

---

①《上海市火葬场规定中国建筑式》，《申报》1937年3月2日，第15版。

②《洽卿医院筹备会昨开临时会议》，《申报》1937年3月8日，第13版。

③《出版界》，《申报》1937年3月12日，第11版。

不过在我抚养两个孩子的过程中，以及在日常耳闻目见的感触上，有几句话不得不讲的。

第一，要保护小孩的健康。健康是人生最基本的需求，成人有无健康的身体与幼小时期保护周到与否极有关系，所以在婴孩坠地以后就得有科学的护理和合法的养育。关于养育，第一当推饮食，因为饮食是建筑身体的原料，没有充足的营养，不能获得完美的发育。婴儿时期的饮食以哺授母乳为宜，假使母乳实在缺乏，也可雇用奶妈。不过奶妈的奶量是否足用，身体是否健康，均须严加考虑。凡有肺痨、花柳、麻风、砂（沙）眼、皮肤病类的传染病者，绝对不可雇用。所以在雇用之前，最好经过体格检查。有的人喜欢用人工方法哺喂，本来用鲜牛奶或奶粉这也未始不可，但得经过医师指导才比较妥当。婴儿渐长以后，饮食也得跟着变化，性质与养料必须适合需要和支配平衡，既不能缺，又不能过多。此外，不可纵容小孩随意吃零食，免害（以免伤害）肠胃。除却营养，空气、日光、沐浴、衣服等问题都直接与小孩有关系外，父母更应当留心指导，养成良好的卫生习惯。

第二，须了解小孩的心理。小孩的问题，不单单是身体方面的，且与心理有莫大的关系。许多成人心理上发生缺陷，都是从小未曾受到良好的训练。比方父母常常责罚儿童，便最易引起小孩的不快。有的小孩本来是很活泼的，为着常受不公平的刺激，心理渐渐地忧郁起来，发生一种卑逊之感（Inferiority Complex），自己觉得事事不如他人，于是不愿跟（与）生人来往，而怨恨着自己是世界上的赘瘤。这许多不健全的心理状态，都由于父母领导不得其法，爱恶失其常态所致。因此我觉得父母的态度要和蔼，对小孩的心理须有切实的了解、同情和指导。

以上所述，可说是养育小孩的最大原则，我希望贤明的父母们不要把孩子当成专利品，应当抱着研究的态度，常常跟医师、教育家、心理学家讨论，一定会获得满意的指示。[①]

是日：“上海市政府，于上午十时，在市府大礼堂，举行总理逝世12周纪念，及上海市第九届植树典礼。到吴市长、杨司令、俞秘书长，社会、警察、财政、工务、卫生等各局长，及全体官佐职员，暨市立各中小学校教职员、学生等千余人。主席团为吴市长、杨司令、潘公展、蔡劲军、徐佩璜、沈怡、李廷安等七人。”[②]

① 王淑贤：《为父母们进一言》，《快乐家庭》1937年第6期，第12页。

②《党政机关昨均举行总理逝世纪念大会·市府两大典礼》，《申报》1937年3月13日，第13版。

17日：“本市慈善团体联合救灾会，为豫省旱灾严重，特依照会章第六条规定，组织救济豫省旱灾委员会。于昨日（按：3月17日）下午四时，在仁济堂会所，举行成立大会。出席者计有王一亭、杜月笙、王晓籁、张钫、朱子桥（陶弗卿代）、李大超、俞佐庭、蔡劲军（洪起代）、李廷安、俞静波、赵晋卿、关炯之、陈铁生、屈文六、吴叔田、顾馨一、毛云、殷冠之、王振常、钱镜平、朱子干、顾君扬、常惺、大悲等三十余人。由屈文六主席，赵诚公纪录（记录）。”①

18日：“海港检疫处，昨（按：3月18日）晚八时，假新亚酒店举行第六届年宴，到有海关当局、卫生长官，暨中外航业界领袖一百余人，颇极一时之盛。”出席人员有：“关务署长郑莱、总税务司梅乐和、江海关监督诸昌年、税务司巴润森、市卫生局长李廷安、工部局卫生处长乔登、法工董局卫生处长拉卜说、招商局总经理蔡增基、三北公司虞洽卿、爪哇公司加利爱、宁绍公司竺梅先、太古公司杨梅南、大通公司陆伯鸿、大阪邮船会社杉板、日本邮船会社山本武夫、大来公司包德卫、北德公司美屈士、意大利邮船公司布立西罗等一百余人。”②

20 日：“上海市医院，自年前建筑完成后，院内各部经布置就绪，已于本年1月4日接受门诊。2月17日接受住院病人，并定4月3日正式举行开幕礼。卫生局及该院当局，以正式开幕期近，特于昨日（按：3月20日）下午三时，在该院客厅举行茶会，招待本市报界。卫生局长李廷安，及院长翁之龙、副院长吴利国等，均出席致词（辞）及报告，并领导参观。”“卫生局长李廷安氏报告上海市卫生事业之整个计划。略谓：自吴铁城长市以来，对卫生设施益为注意。现上海市卫生设施系按整个计划进行，民廿一年淞沪战役以后，我市政当局积极建设市中心区，是年10月，卫生局即计划市医院之建筑图样，迄去年6月，验收房屋，8月委定院长，下月正式开幕。如是则市中心区三卫生机关成立，卫生局以管理全市卫生设施，市医院以治疗市民疾病，卫生试验所以从事化验研究等工作，将来并拟有各专门医院，如神经（精神）病院、麻疯病院、肺痨病院等设置。如市民有轻病，即可赴沪南、闸北、江湾、吴淞等各卫生事务所医院治疗，肺痨等病将来亦有专院可入。而病较重者，则来市医院诊治。依照整个卫生计划，则在市医院傍，尚有八大附属之建筑，将视实际情形次第实现。上海为东亚大埠国际观瞻所系，决促使市立医院之办理完

①《慈善团体联合会组织救济豫灾会昨成立》，《申报》1937年3月18日，第13版。

②《海港检疫处昨举行第6届年宴》，《申报》1937年3月19日，第14版。

善，为市民谋福利。本院并与国立同济大学作技术上之合作，以期学术及事业同时发展，故本人等对市立医院实有无限期许。”①

按：先生发表于1937年第4期《卫生月刊》的《弁言》，回顾了建立上海市医院的缘起、筹备经过、建立目的、经费来源。“溯自筹建以来，廷安始终其事，深感缔造之艰难，与夫使命之重大……我沪市居民都（总共）三百万人以上，关于疾病之治疗，厥赖外人或私人经办之医院，管理自不能尽善，收费亦未必低廉，故为保障市民健康、普及医药救济起见，特有上海市医院之筹设，经由吴市长铁城聘定刘瑞恒、颜福庆、俞鸿钧、沈怡、李扬安、翁之龙、叶恭绰、安尔、汤博生、坦德楼、马歇尔、黄大酉、蔡增基、邓禄勃、潘德生、关颂声等先生及廷安共17人为筹备委员，于二十三年7月组织筹备委员会，努力进行，且与国立同济大学取得合作，俾行从事医学之研究，是均足以明示吾人树立之初衷，非在美市容，壮声誉也。医院地址坐落市中心区，占地八十七亩有奇，与市立卫生试验所之新厦相毗连……两者之建筑及设备费用约为六十余万元，吴市长铁城之热心赞助，胡公文虎之慷慨输捐，实深铭感，而诸筹备委员之努力，并志谢忱。”②

是日：“本埠中华慈幼协会，于昨（按：3月20日）午12时半，假座香港路银行俱乐部举行第九十六届执委会议。出席者罗运炎、赵晋卿、林康侯、朱立德、李廷安（杨锡龄代）、李登辉、吴维德、陈鹤琴、熊希龄、颜福庆、王孝英女士、邢德女士、刘王立明女士、牛惠生夫人、赫满克夫人等，列席者许建屏、陈铁生，纪录（记录）丁秉南等，罗运炎主席。”③

25日：“洽卿医院筹备委员会，昨（按：3月25日）在广东路九十三号航运俱乐部，召开第五次筹备委员会，出席委员吴铁城（李廷安代）、李廷安、毛和源、李大超、王晓籁、江一平、杜月笙（王晓籁代）、颜福庆、虞顺懋（毛和源代），主席王晓籁，记录秘书沈望灵。（甲）报告事项：①本会前呈上海市政府请捐助本院经费一事，兹奉指令第二三二八七号开，呈悉，业经提交第三二三次临时市政会议，议决：补助五万元在案，除令财政局拨发外，仰即知照具领，此令等因，特此报告。（乙）讨论事项：①呈谢市政府捐款，并函谢吴市长热心提倡社会公益案，议决，通过。

---

①《市立医院开幕在即昨日招待新闻界》，《申报》1937年3月21日，第15版。

② 李廷安：《弁言·上海市医院及卫生试验所》，《卫生月刊》1937年第4期，第1页。

③《中华慈幼协会决组儿童保健委员会》，《申报》1937年3月21日，第16版。

②呈请市工务局迅将有关院基之路线划定，安置界石，以使早日兴工建筑院址案，议决，缓办。”[①]

26日：上海市市政府筹设火葬场一事，经吴铁城市长派定专员积极筹备，现在一切计划均告就绪。下午四时，吴铁城市长在八仙桥青年会招待各同乡会会馆代表及慈善界领袖，协商进行办法。

“到会者计：吴市长（李廷安代），丹阳旅沪同乡会王舜范，通如崇海启同乡会张子佩，京江公所丁子盈，潮惠会馆郭九如，普善山庄陈良玉，山东会馆崔裕堂，江淮公所顾竹轩，江宁六县同乡会邓志沂，宁波旅沪同乡会虞洽卿、毛和源，暨沈怡（董大酉代）、王一亭、王涵之、屈文六、关炯之、谢驾千、朱子桥（关炯之代）等二十余人。”

“由吴市长代表卫生局长李廷安主席，报告筹设上海市市立火葬场之经过。谓：上海市政府于二十四年间，奉蒋委员长允晏，令饬各省市县之乡村，应如规定公葬场地，不得任人民自由营葬，妨碍土地效用，而裕民生。当令卫生、地政、警察三局负责办理。本市除由卫生局设立市立第一公墓，并扩充市立万国公墓外，正在筹设免费公葬及火葬场，已有市政府聘王一亭、穆藕初、朱子桥、杜月笙、屈文六、关炯之、黄涵之、叶誉虎、郭承恩、刘鸿生、伍连德、郝伯阳、温宗尧、朱博泉、江一平、李元信诸先生，并委市政府秘书俞鸿钧、专员王长春、社会局长潘公展、警察局局长蔡劲军、工务局局长沈怡、卫生局局长李廷安，组织上海市市立火葬场筹建委员会，共同进行。经各委员计划研究结果：①对于火葬场建筑式样，采用本国建换式，费用为6万元（按照董大酉建筑师设计，需8万元）。②建筑费，除由市政府拨2万元，伍连德委员担任募捐1万元外，尚有3万元向办理掩埋棺柩工作之各慈善团、各公所劝募。（捐款之慈善团体及公所，假定共有一百体，则平均每一团体应请捐款3百元。惟组织有大小，规模小者，希各尽力捐助，规模大者，希多捐助，俾得凑足所需之数）。捐款者将来得享受优待办法，即所收无主棺柩得以免费火葬。查上海地少人多，浮厝累累，于十八年间经卫生等局调查，已有十万具以上，如由各慈善团体掩埋□亦因地少柩多，难以清理，故愈积愈多，处置益感困难。且浮厝停置日久，木料破裂，尸骸狼籍（藉），臭气四溢，不但妨碍卫生，抑且有舛人道。又寄柩之各公所善堂，对于所置棺柩，或因年久不葬，或因无人过问，若为运

① 《洽卿医院经费市府助五万元》，《申报》1937年3月26日，第10版。

送回籍，或代为觅地掩埋，手续既多，用费亦大。且恐发生纠纷，如赞助市立公葬场成立，仅耗极小数之柴油费，便可免去种种困难，而使原有房屋，改为其他自办公益之用。况火葬为干净之葬法，早由佛教采用，故从经济、人道、卫生、市容及社会人群公益各方面着想，提倡火葬确有裨益。而本市为清理俘厝计，尤有从速促成之必要。惟设备各费，尚不足数，犹赖热心人士，及公益慈善团体，共与图成。爰述筹备经过之概略，即为公鉴。”①

28 日：行政院副院长兼财政部长孔祥熙奉派为参加英皇乔治六世加冕典礼特使。上海市市党部及各机关团体以孔特使起行在即，为表示欢送起见，特于 28 日下午七时借国际饭店大餐厅举行盛大公宴欢送。此次参加欢送机关团体达数十单位，参加代表达三百余人。先生与会。②

30 日：是日为上海文庙路民立女子中学 30 周年纪念日，上午十时举行纪念大会。“参加来宾：除校董吴开先、陈济成、杨卫玉等外，到社会局潘公展、市党部姜怀素、司令部杨虎（陈代）、卫生局李廷安、童军理事会赵慰祖，军训会罗光伦、郭敏，教护事业协进会王揆生，暨各校代表汪曼云、林美衍、冯树华，及学生家长等一千余人。”③

4 月 1 日：“上海中山医院新院舍开幕、国立上海医学院新院舍落成、暨中华医学会第四届年会开幕，三典礼，于昨日（按：4 月 1 日）下午二时，在上海医学院大礼堂联合举行。”“参加者计：行政院副院长孔祥熙、卫生署署长刘瑞恒、教育部次长段锡朋、驻美大使王正廷、财政部次长徐堪、司法行政部法医研究所所长孙逵方、中央大学医学院院长戚寿南、暨南大学校（‘校’衍文）校长何炳松、淞沪警备司令部司令杨虎、中央银行副总裁陈行、银行公会秘书长林康侯、市社会局局长潘公展、工务局局长沈怡、卫生局局长李廷安，暨各界领袖杜月笙、刘海粟、陈铁生、赵晋卿、王彬彦、马荫良、伍连德、丁惠康，并中华医学会会员等数千人。”④

“下午八时，在静安寺路 722 号万国总会登记全体会员，并举行交谊会，由市卫生局局长李廷安、公共租界工部局卫生处处长乔登、法租界公董局卫生处处长莱蒲

---

①《市府昨邀各团体议筹设火葬场》，《申报》1937 年 3 月 27 日，第 11 版。

②《赴英特使孔祥熙昨晨抵沪》，《申报》1937 年 3 月 27 日，第 9 版。

③《民立女中昨举行卅周年校庆》，《申报》1937 年 3 月 31 日，第 10 版。

④《三大医业昨日盛况》，《申报》1937 年 4 月 2 日，第 14 版。

脱等，亲为招待。”[①]

“大会筹备委员：筹备委员，富文寿（主任）、黄子方、马雅各、施思明。招待委员，颜福庆（主任）、朱恒璧、德奥格（A. W. Tuckets）。宣传委员，伍连德（主任）、马荫良、庞京周。娱乐委员，萧智吉（主任）、褚民谊、罗爱思、李廷安。科学展览委员，劳勃森（R. C. Robertson）（主任）、许思瑾、钱建初。电影委员，何浩澜（R. V. Deut）。交通委员，吴利国（主任）、凌炽桓、高维。学术讨论各组秘书：中文组，朱章赓（南京卫生署）；内科组，杨济时（长沙湘雅医院）；外科组倪葆春（上海愚园路 411 号）；妇产科组，赖斗岩（国立上海医学院）；放射学及生理疗法组，丁果（上海同仁医院）；眼科组，谢福星（上海同仁医院）；耳鼻喉科组，胡懋廉（南京中央医院）；皮肤花柳科组，穆瑞五（北平协和医院）；小儿科组，诸福棠（北平协和医院）；结核病组，安特森（H. G. Anderson）（华西协合大学）；麻疯组，马雅各（上海雷氏德医学研究院）；生理学组，张锡钧（北平协和医院）；病理学组，余贺（恐为‘濆’）（上海雷氏德医学研究院）；医院行政管理组，德奥格（上海同仁医院）。”[②]

按：中华医学会沿革：“中华医学会系国人创办之医事学术团体，历时已 22 年，于民国二十一年，与外侨创办之中华博医会合并，该会则具 50 年之历史，现有会员三千余人。总会初设南京路俞凤宾医师诊所，继迁西藏路时疫医院，民国二十年 8 月，以三万六千两之价，购进今之会所，是年 9 月，正式迁入办公。历任会长为颜福庆、伍连德、俞凤宾、刁信德、牛惠霖、刘瑞恒、林可胜、牛惠生、林宗扬，现任会长为朱恒璧。大会本定每年举行，嗣改二年一次，在沪开会，合改组前而言，是为第六次。监察委员会设委员七人。大会时，就永久会员中推选之，提名委员会，以本会已退职之会长及主席充任之。每届大会时，负次届大会提名之职。董事会设董事六人，职权为保管财产、核准预算，及负筹款之职。每次大会改选职员二人、会长一人、副会长二人、总干事一人、中英文杂志编辑各二人、会计一人，总干事得聘请副总干事一人、事务员若干人。理事会设理事十二人，总干事、会计为当然理事。余于大会时选举之。专门委员会：医学教育委员会、公共卫生委员会、医学标准委员会、研究委员会、出版委员会、教会医事委员会、业务保障委员会、药物化学委

① 《中华医学会四届年会今午开幕》，《申报》1937 年 4 月 1 日，第 14 版。
② 《中华医学会四届年会今午开幕》，《申报》1937 年 4 月 1 日，第 14 版。

员会。各地友会：厦门、广州、长沙、杭州、香港、开封、牯岭、南昌、南京、北平、上海、汕头、苏州、济南、清江浦、武汉。”[①]

3 日：“本市市立医院于昨日（按：4 月 3 日）下午三时，举行开幕典礼，同时并举行市立卫生试验所新厦落成及胡文虎先生铜像揭幕礼。”“参加典礼者有：前上海市长新任广东省政府主席吴铁城、卫生署署长刘瑞恒、本市代理市长俞鸿钧、市商会主席王晓籁、工务局局长沈怡、卫生局局长李廷安、上海医学院院长颜福庆、国立同济大学校长兼上海市立医院院长翁之龙、副院长吴利国、市立卫生试验所所长吴树桢，暨中华医学会全体会员等千余人。”“卫生署长刘瑞恒致词（辞），略谓：兄弟过去几年中，奉中央命，整理全国卫生行政，在此几年中，兄弟觉得最高兴的就是各地卫生机关或计划兴建，或举行奠基典礼，或落成典礼，或开幕典礼，此即表征全国卫生机关之日见增多，卫生事业之日见发展。我国对于卫生一事，向为忽视，故全国卫生状况，均极幼稚。今能逐见（慢慢被）注意，当属幸事。尤以上海一市，经前任市长与卫生局胡前局长及现任李局长之热心筹划，努力进行，故非常有成绩。在一切卫生设备上，上海可为全国之模范，将来希望其他各大都市，均能以上海为标榜，力求卫生事业之发展。兄弟复以受中华医学会朱会长之托，代表全体会员恭贺上海市卫生行政之猛晋（猛进），复以吴前市长及俞代市长，对于卫生事业之能特别帮助努力，故兄弟极想应以名誉医学博士相赠。盖此项头衔，不仅必以对于医学有特别研究者方可，而于医事热心者，亦可受此荣誉也。”[②]

俞鸿钧代市长夫人为市立医院行剪彩礼，李夫人为市立卫生试验所行剪彩礼，俞鸿钧代市长为胡文虎先生铜像行揭幕礼。[③]

是日：晚七时，新亚药厂与信谊药厂“假座新亚酒楼，宴请中华医学会第四届代表大会，并招待全国医师联合会上海市新药业同业公会及各界代表。到有褚民谊、刘瑞恒、李廷安、颜福庆、牛惠生、伍联德（恐为‘伍连德’）、徐乃礼、庞京周、顾毓琦、朱恒璧、赵石民、马荫良、汪伯奇、金宝善等中西来宾千余人”[④]。

7 日：“中华医学会第四届年会昨日（按：4 月 7 日）为第七日，已将董事会、总办事处及各委员会等负责人选举完竣。兹将选出之名单录下：董事会董事胡美、

① 《中华医学会四届年会今午开幕》，《申报》1937 年 4 月 1 日，第 14 版。
② 《市立医院昨午开幕》，《申报》1937 年 4 月 4 日，第 13 版。
③ 《市立医院昨午开幕》，《申报》1937 年 4 月 4 日，第 13 版。
④ 《中华医学会四届年会》，《申报》1937 年 4 月 4 日，第 14 版。

李树芬、宋梧生、朱恒璧、李廷安、刘剑秋等六人。总办事处会长金宝善，副会长马雅各、王吉民。秘书长施明思（恐为‘施思明’），会计方嘉成。文书许雨阶、施屈万斯、余岩、李涛，出版部干事刘士豪。监察委员会委员：林宗扬、颜福庆、刘瑞恒、伍连德、莫利逊、牛惠霖、刁信德。执行委员会委员：许雨阶、余岩、方嘉成、富文寿、牛惠生、麦克莱根、汤泼生、施明思（恐为‘施思明’）、陈宗贤、王先宇、黄雯、王吉民。公共卫生委员会：会长黄子方，委员张维、方颐积、李廷安、粤尔芝、伍连德、陈鸿康、乔藤、麦克罗、王祖祥、侯祥川、克劳福特。医事教育委员会：戚寿南、朱章赓、裘劳特、翁之龙、希尔芝、麦克莱根、顾铭琦、颜福庆、闾尔庞、烈姆。业务保障委员会：会长朱恒璧，委员吴利国、庞京周、金宝善、宋梧生、程慕颐、陶炽孙、宋国宾。医院标准委员会委员：李柏芬、孟其脱谭尼尔斯、王德先、颜福庆、王光宗、王锡炽、勃朗、沈克非、土格泼脱孙、牛惠生。研究委员会委员：李特、吴应德、江清、于先元、吴宪、闾特勃兰、爱独夫泼莱脱。药物化学委员会委员：程慕颐、张锡钧、陈宗贤、朱恒璧、孟谋特、李特、勃罗□。出版委员会委员：赵士卿、侯宝障（恐为‘侯宝璋’）、鲁德馨、希尔芝、张查理、朱章赓、英格李、李特、李涛、朱恒璧。教会医事委员会：会长马立斯，委员牛惠生、劳耐、史兜顿、古大特、汤泼孙、麦克惠尔、勃朗等。”①

8 日：中华医学会第四届年会闭幕。上海中国红十字会总会午十二时招待中华医学会出席第四届大会会员数百人，先生等演说。②

是日：“中华麻疯救济会于昨日（按：4 月 8 日）上午十时假枫林桥中山医院大礼堂举行第三届年会。到上海市党部代表毛云、内政部卫生署长刘瑞恒代表上海市卫生局长李廷安、公共租界工部局卫生处长乔藤、国立医学院长颜福庆，各地分会代表及会员来宾等二百余人。”

“卫生署长代表、上海市卫生局长李廷安致词（辞）。略谓：我国麻疯患者达一百余万人，大都为贫穷者，甚望贵会能在政府未举办前努力救济。政府对于此事并非不过问，实因中国卫生设备不佳，全国尚待建设事项甚多，且又限于经济，故一时不能举办。将来各项卫生设备逐渐完善，当然注意到麻疯救济问题。现在希望贵会努力工作，为社会服务，为国家分劳。”

---

①《中华医会全体职员昨日改选》，《申报》1937 年 4 月 8 日，第 9 版。

②《医学会第四届年会昨日闭幕》，《申报》1937 年 4 月 9 日，第 10 版。

“改选职员：下午选举职员当选名单如下：名誉会长唐绍仪，名誉副会长吴铁城、谭纳、杜月笙、萨镇冰、胡文虎。名誉董事王晓籁、孔庸之、吴德施主教、李清泉、林秉祥、林文庆、徐新六、孙哲生、陈光甫、陈炳谦、张岳军夫人、章永顺、施肇基、惠济良主教、梅理霭、卜舫济、虞洽卿。名誉总干事施思明，医药顾问陈鸿康、麦雅各、罗爱思，法律顾问薛笃弼、江一平，会计顾问徐永祚，董事丁福保、刁信德、牛惠生、伍连德、王一亭、朱少屏、李尔登、林康侯、李元信、朱恒璧、李廷安、邓述堃、海深德、梅华铨夫人、袁履登、陆干臣、陆伯鸿、苏达立、赖斗岩、邬志坚、巢纪梅、萧智吉、邝富灼、颜福庆、颜裴云女士。”①

按：《麻疯季刊》刊登了先生致辞，先生提及：“兄弟今日出席贵会大会时，接到南京卫生署刘（瑞恒）署长来电，谓本人因有要公，不克来沪参加，嘱兄弟代为致颂。”②

是日：“本市全国新药业公会联合会、新药业制药业两公会，九福、爱华、集成、济华堂、华美、中法、中西、中美、南洋、华洋、正德、新星等各药房于昨日中午，假座枫林桥中华医学会，联合欢宴各省市出席医学会年会全体代表。计到宾主许晓初、李廷安、陈星五、庞京周、牛惠霖、黄子方等六百余人。”③

10 日：吴铁城市长离任赴粤，任广东省主席。“中外各界领袖前往欢送者有国民政府文官长魏怀、驻美大使王正廷、监察院院长于右任、淞沪警备司令杨虎、市社会局长潘公展、工务局长沈怡、卫生局长李廷安、公用局长徐佩璜、上海审计处处长林襟宇、招商局总理蔡增基、两路管理局局长黄伯樵、市府财政局长徐桴、立法院长孙科、第二特区法院院长王思默、监察院副院长许崇智、审计部长林云陔、边区主任张发奎、立法委员吴焕章、军委会委员马占山、军委会秘书毛庆祥、外部顾问王廷璋。本市各界领袖杜月笙、张啸林、虞洽卿、钱新之、周作民、徐新六、林康侯、张寿镛、陈济成，及市府所属各处局秘书科长，及市党部各委员。”④

11 日：《申报》报道：“本市医师庞京周、丁惠康及报界前辈张竹平，昨在沪闵路亦吾园招待各界，举行春游小集。到有吴稚晖、陈锦涛、林康侯、朱少屏、刘海粟、李直夫、卢寿联、史詠（咏）赓等三百余人。履痕鬓影，盛极一时。郊外风光，

---

①《中华麻疯救济会昨开三届年会》，《申报》1937 年 4 月 9 日，第 12 版。
②《李廷安局长致词》，《麻疯季刊》1937 年第 2 期，第 26—27 页。
③《新药业昨午联合宴医学会代表》，《申报》1937 年 4 月 9 日，第 12 版。
④《全市中外官民热烈欢送吴主席昨离沪赴粤》，《申报》1937 年 4 月 11 日，第 9 版。

弥足令人流连。该园与县府比邻，交通便利，环境幽静。刻由本市医界名流，发起一新型之上海疗养新村。其主旨为不重医药设备，而利用大自然之环境，以供各界调养身心及恢复健康之需。而一切设施，均以大众经济化为原则。已请名建筑师奚福泉氏测绘新村图样。兹录发起人丁惠康博士对于该村之缘起如下：晚近医事建设，已趋于天然疗养之途，即远离城市之尘嚣，而置身于恬美环境之大自然中，乃为早复健康必要之条件。惠康于年前，奉内政部卫生署令，调查各国防痨及各地疗养院设施之情形，观感所及，深以为疗养院确为调整健康上必需之工具。惟以国内一般社会而论，平民化之疗养院，尤为当务之急。适沪闵路北桥镇前适园原址，拓地50亩，交通便利，环境优美。原主以事关公益，慷慨出让，特与友人组织康乐公司，同意设立平民化之疗养新村，曾与公共卫生专家李廷安氏、陆伯鸿氏，及各界名流，详为观察。佥（都）谓：该地远去沪市，既合环境清新之条件，而比邻县府，治安尤妥。况园林布置，已非旦日之功，果能利用以设疗养院，确收省事省时省费之效云。尚祈诸君子不吝珠玉，赐以南针，不胜企祷之至。'建筑'——为现代化之乡村别墅式，每宅隔离，均有起居室及浴室、卧室、厨室、役室各一间。每所既可独居，亦可多人同寓。每月经收费十余元至数十元不等。膳食自理，以便所好。'园艺'——本园所植花木果蔬，及所养蜂、鸽、鸡、兔、鸭、鱼等，在管理人指导之下，住客可自由灌溉饲育，既供消遣，并资劳动。俾收借工作以复健康之效，在我国实为嚆矢也。"①

20日："本市代理市长俞鸿钧氏夫妇，以我国新任驻美大使王正廷氏，已定期下月4日出国履新，特于昨日（20日）下午六时至八时，假白赛仲路市府招待处举行茶会，为王氏饯行。"先生受邀参加。②

25日："中国卫生教育社上海分社发起之儿童世界，会期3日，昨日下午在湖社举行开幕典礼。""今日上午八时，举行儿童健康比赛决赛（名单在当日申新两报封面发表），当时报名加入者1300名，复赛取500名，决赛取50名，均分赠优美赠品。并推定李廷安为名誉评判长，李廷安夫人、潘公展夫人、吴铁城夫人、周瘦鹃、严独鹤为名誉评判；徐乃礼、汪企张、瞿绍衡、朱仰高、周君常、吴忆初、富文寿、苏曾祥、程朝政、程翰章、凌炽桓、高镜朗、祝慎之、陈卓人、陈琦、张贻萱、蒋

①《本市将有最新型疗养新村之建设》，《申报》1937年4月12日，第10版。

②《俞市长及甬同乡会昨日茶会》，《申报》1937年4月21日，第9版。

保康等为评判员。”①

5月2日：“上海工商界领袖地方协会会长杜月笙……任复旦大学校董有年，对于校务发展赞助尤多。今岁8月，适逢杜氏50荣庆。又值该校筹划扩充校址，在无锡太湖边上，兴建新校舍之际。爰经该校校董会决议，由全体校董发起，筹备庆祝。向杜氏建议，移寿仪之资，在新校址内建月笙科学馆一所，为杜氏永留纪念。建筑经费约需十余万元。昨日（按：5月2日）午刻，该校校董叶楚伧、邵力子两氏特为此事由京来沪，邀请各界领袖及杜氏亲友，假座国际饭店欢宴，共同商讨杜寿筹备事宜。计到有孙科、李石曾、俞鸿钧、虞洽卿、周作民、宋汉章、叶誉虎、胡笔江、徐新六、杜月笙、钱新之、傅筱庵、闻兰亭、吴蕴斋、胡西园、潘公弼、汪伯奇、马荫良、严独鹤、管际安、赵群豪、吴开先、潘公展、徐佩璜、蔡劲军、沈怡、李廷安、周雍能、吉章简、叶琢堂、王一亭、林康侯、王晓籁、俞佐庭、叶扶霄、秦润卿、陈行、金宗城、郭顺、刘志陆、张寿镛、赵晋卿、李登辉、朱少屏、郭仲良、唐世昌、张石川、刘湛恩、江一平、许晓初、奚玉书、周越然、庄瑞五、蔡福棠、毛和源、吴颖荪、邵佐龙、浦贤元、张克昌、顾馨一、徐寄庼、汤有为、叶季纯、陈达哉、傅瑞铨、吕岳泉、经乾堃、陆京士、沈振华、毛志祥、桂葆泉、骆清华、王延松、张法尧、张慰如、庞京周、朱斗文、傅品圭、姚荫鹏、许也夫、陈济成、吴江枫、鄂森、毛云、吴南轩、章友三、殷以文、金通尹等。”②

3日：“广东旅沪同乡会，前（二）日下午二时，在高乃依路该会所举行会员大会，并选举第四届董监事，投票者达三千余票，由五时起开票，至深夜三时口，仍未竣事。直至昨（三）午始毕。选出新任董监，现已决于本月8日下午二时在该会所举行宣誓就职典礼。兹将当选董监姓名列后：郭顺、林炳炎、蔡劲军、俞鸿钧、陈其芬、蔡增基、冯少由、陈炳谦、陈凤元、杨梅南、郭仲良、唐海安、郭启明、温宗尧、梁扶初、劳敬修、柳柳谷、卢颂虔、崔聘西、冼冠生、郭九如、潘志铨、李泽、杨富臣、李廷安、杨润之、郑子嘉、郑公侠、侥韬叔、霍宝树、黎照寰、孙科、宋子文、简玉阶、杨虎臣、梁海筹、李大超、蔡昌、何逸洲、何少卿、陈禧等董事41人。姜和椿、郑子良、苏理平、王云五、周崧生、林柏生、吴纪舜、张伉龙、冯炳南、何权生、李烈、黄少岩、李凤梧、梁维四、吴公虎、冯耿光、郭基铭、郭

①《儿童世界昨日开幕》，《申报》1937年4月25日，第14版。

②《叶楚伧邵力子昨午欢宴各界领袖》，《申报》1937年5月3日，第14版。

乐、方公溥、张学溥、周清泉等监事21人。”①

6日：“大医家牛惠生博士于4日逝世，噩耗传出后，连日医界纷纷往万国殡仪馆吊唁。昨日（6日）续接外埠及海外唁电数十通。”“广东吴主席铁城电云：上海卫生局李局长转牛惠生夫人鉴，报载惠生先生逝世，悲悼同深，特电吊唁，敬祈鉴察。”先生本人亦致电吊唁。②

8日：“沪西虹桥疗养院为筹建新型三等病房，特于前（按：5月8日）晚，假座百乐门，举行初夏宴舞大会。到有俞代市长、杨司令、周雍能、李廷安、钱大钧、吴启鼎、杜月笙、张啸林、王晓籁、朱少屏、谭甘金翠、江一平等一千四百余人。首由丁惠康博士致开会词（辞）。即为俞代市长暨李廷安局长演说。略谓：欲达到真正卫生之目的，不仅须（需）有幽美之环境，即正当之娱乐，亦为卫生之要素。继谓：该院年来服务社会，颇著成效，但限于头二等病房，他日新屋落成后对于社会能普遍的服务，实深希望。”③

10日：上海市市博物馆、市通志馆联合地方各界收藏家发起组织之上海文献展览会于是日下午四时借八仙桥青年会召开发起人会议。到会五十余人，由叶恭绰主席，报告开会宗旨。先生被举为理事。④

17日：“上海霍乱预防联席会议于5月17日下午三时，假市政府举行，出席者卫生署刘瑞恒、卫生局李廷安、卫生试验所程慕颐、市立传染病医院张茂林（Chang Mao Lin）、两路管理局卫生课黄子方、国立医学院颜福庆、海港检疫处伍长耀、工部局卫生处勃拉克洛克及突克、法工部局赖宝德，主席刘署长。①报告去年工作。②本年计划。”⑤

22日：上海中华慈幼协会于中午十二时半借香港路银行俱乐部举行第78届执委会议。本会正积极救济灾童，准备设立灾童收容所。“出席：罗运炎、赵晋卿、林康侯、陈鹤琴、李登辉、李廷安、吴维德、朱立德、王孝英。列席：许建屏、陈铁生等，纪录（记录）丁秉南。当由罗运炎主席。”⑥

---

①《广东同乡会选出新董监事》，《申报》1937年5月4日，第15版。

②《各方来电唁牛惠生家属》，《申报》1937年5月7日，第11版。

③《百乐门前晚初夏宴舞盛况》，《申报》1937年5月10日，第12版。

④《上海文献展览会昨召开发起人会议》，《申报》1937年5月11日，第11版。

⑤《霍乱预防联席会议》，《申报》1937年5月19日，第11版。

⑥《中华慈幼协会决设灾童收容所》，《申报》1937年5月24日，第10版。

27日："中华麻疯救济会第十二届征求大会于昨日（按：5月27日）下午四时半，在哈同花园开幕。由俞代市长招待本市各界领袖。到俞代市长、陆伯鸿、王晓籁、关炯之、汪伯奇、朱少屏、赵晋卿、徐佩璜、潘公展（张秉辉代）、李廷安、蒋建白、王绍斋、刘瑞恒、陆干臣、何德奎、屈文六等百余人。"①

29日："中华慈幼协会上海慈幼诊疗所主办之儿童健康比赛，自27日举行复赛，结果计录取陈淑贤等19名，特于昨日（29日）下午三时，在闸北柳营路平民教养院颁给奖品奖状，到各优胜儿童家长及来宾等三百余人，开会后首由主席陈铁生报告，李廷安致词（辞），次由钮（永建）夫人颁给奖品。"②

按：本次儿童健康比赛分婴儿组、幼稚组。获奖者礼品由各名人捐献。其中幼稚组第三名邓文惠，得"李局长锦旗"。③

是日：《申报》报道："上海市商会商品陈列所主办之国货卫生用品展览会，业经筹备就绪，连日各厂派员前往亲自布置，钩心斗角，设计精巧，罗列式样颇具美化，总计参加种类，计分模型、挂图、卫生用具、新药国药、化妆品、饮食品等六大类，厂商有□十余家。准6月1日上午二时，举行开幕典礼。敦请卫生局长李廷安夫人、李王淑贤女士剪彩。由该会主席王晓籁、陈列所主任许晓初启门。在会期内，每日请名人演讲卫生常识，如王晓籁、李廷安、许晓初、颜福庆、许冠群、程树榛、汪企张、周邦俊、郭琦元、包天白、林康侯、丁惠康、曹志功……均允按日在市府、中西、大陆三电台演讲。"④

6月1日："上海市商会商品陈列所主办之国货卫生用品展览会（图5.37），于昨日（按：6月1日）下午二时在该会议事厅举行开幕典礼，实业部次长周诒春，及本市党政机关均派代表莅会致训，各界代表及观众前往参加者，不下五千余人。"

"市卫生局长李廷安致训。略谓：近年来各界对于卫生运动之提倡，养成卫生观念，使一般流行病症逐渐减少，颇有成绩可观。贵会提倡卫生用品，在卫生运动中，实极关（恐为'其'）重要之工作。今后希望贵业同人，努力求卫生用品制造厂商之发展，卫生事业日趋改善。"

"主席团即引导各机关代表暨各界来宾出议事厅，至展览会场前，展览大门上扎

① 《昨麻疯救济会征求开幕》，《申报》1937年5月28日，第9版。
② 《慈幼诊疗所儿童健康赛给奖》，《申报》1937年5月30日，第12版。
③ 《慈幼诊疗所儿童健康赛给奖》，《申报》1937年5月30日，第12版。
④ 《国货卫生用品展六月一日开幕》，《申报》1937年5月30日，第18版。

有红绿色彩带，乃由市卫生局局长李廷安夫人、王晓籁夫人、许晓初夫人……行剪彩礼。”[①]

图 5.37　李廷安出席上海市商会商品陈列所主办之国货卫生用品展览会（自左至右第二人起为卫生局局长李廷安、李夫人、褚民谊、许晓初，最右者为林康侯）[②]

3 日：“今日为国定禁烟纪念日，本市各界定今日上午九时在天后宫桥北堍市商会大礼堂，举行‘上海市各界六三禁烟纪念大会’，午后组织宣传队出发宣传。”“播音演讲：本市六三禁烟纪念大会筹备会，特请各界名人，于今日下午一时至七时，分赴各播音电台演讲禁烟纪念意义。市政府电台由俞代市长播音，大中华由吴开先播音，华美由潘公展播音，亚美陶百川、大陆童行白、国华杜月笙、新新杨啸天、中西蔡劲军、李树德堂陈凌云、东方李登辉、福音李廷安，请各界民众注意收听。”[③]

是日：《申报》报道：“市政府十周年纪念举行之市政展览会，规模甚大，材料丰富……关于卫生部分，将另行组织卫生展览会，业经市政府分别委聘张廷荣（市府秘书处）、李廷安、程慕頤、王世伟（卫生局）、颜福庆（上海医学会）、翁之龙（同济大学医学院）、顾毓琦（同德医学院）、刁培德（圣约翰大学医科）、朱尔登（工部

① 《国货卫生用品展会昨日举行开幕典礼》，《申报》1937 年 6 月 2 日，第 13 版。

② 《上海市商会商品陈列所主办之国货卫生用品展览会，主席团及代表来宾等摄于茶会席》，《礼拜六》1937 年第 694 期。

③ 《本市各界今日举行禁烟纪念》，《申报》1937 年 6 月 3 日，第 13 版。

局卫生处）、伍连德（海港检疫处）、施思明（中华医学会）、王逸慧（上海节育指导所）、陈鸿康（中华医学会花柳病委会）、李兆璋（中国防痨协会）、陈铁生（慈幼协会）、朱仰高（上海医师公会）、陈惠卿（上海牙医师公会）、徐翔孙（上海新药业同业公会）、庞京周（中国红十字会）、赖宝德（法工部局卫生处）、郭琦元（东南医学院）等为筹备委员，并拟订计划，积极筹备。”

关于各项展览物品之陈列，分为“生理解剖、病理药物及公共卫生三部份（分）。公共卫生部份（分）又可列为若干项目。兹拟定如下：一、行政组织。二、环境卫生。三、学校卫生。四、孕妇卫生。五、婴孩及学龄前儿童卫生。六、劳工卫生。七、诊疗设施。八、防疫工作。九、生命统计。十、卫生教育。十一、卫生试验。十二、禁烟工作”。①

5 日：南京路新新公司鉴于育儿常识及儿童教育有特别提倡之必要，故特辟四楼创办“育儿用品世界”，以为宣传，用意至善。5 日上午 11 时开幕，“由本市卫生局李局长廷安主持开幕典礼”。李局长训词大意：“希望该公司对于此种有益社会教育事业，明年仍继续举行。由此而推及于市上各大商店及社团，皆本此种精神，以为社会教育之一助等语，后由李廷安剪彩。”②

按：据《申报》报道：“南京路新新公司，对于服务社会，向极注意，最近复创设育儿用品世界于该公司四楼，以灌输育儿常识，普及妇女教育为鹄的，陈列儿童用品，以备各界之采择，举办健康比赛，以为育儿之奖励。且聘专家，讲解一切生理学，务求适合生养教卫为前提。此种运动，在海上尚属仅见，裨益于社会教育，实非浅鲜，闻已筹备就绪，将于本月 5 日正式开幕，并敦请本市卫生局长李廷安氏主持开幕典礼。”③

9 日：“中苏文化协会主办之苏联母性与儿童保护成绩展览会于昨日（按：6 月 9 日）起，假青年会九楼开幕公开展览。下午五时，中苏文化协会并在该处举行茶会，招待中苏各界人士，报告主办展览会之意义。参加两国各界人士有苏联驻华大使鲍格莫洛夫、苏联对外文化协会美拉美德、中苏文化协会上海分会会长黎照寰、中苏文化协会南京总会代表张西曼、本市社会局局长潘公展、卫生局长李廷安、中

① 《市府成立十周纪念卫生展览计划大纲》，《申报》1937 年 6 月 3 日，第 14 版。
② 《新新公司育儿用品世界，昨日举行开幕礼》，《申报》1937 年 6 月 6 日，第 13 版。
③ 《新新公司创设育儿用品世界》，《申报》1937 年 6 月 3 日，第 15 版。

苏文化协会特种教育委员会周君尚等五十余人。”展览三天，6月11日闭幕。[①]

11日：先生参加市政府第329次市政会议[②]。

13日：《申报》报道：“市府为整理市容及顾全土地及公共卫生起见，拟在浦东浦西各筹建火葬场一处，并已先后推□屈文六、关炯之、黄涵之、叶恭绰、蔡劲军、李廷安、沈怡、王长春等为上海市火葬场筹建委员会。兹悉该项火葬场经费，经各方积极筹划后，亦已筹有相当成数，将与南北市大礼堂同时兴建。”[③]

15日：“本市第十六届夏令卫生运动筹备会于昨日（按：6月15日）下午二时在新亚酒店举行第一次筹备会议，到各机关团体代表李廷安、朱敩春、袁鸿钧、周学湘、马崇淦等三十余人。首由主席李廷安报告举办夏令卫生运动之意义及此次市政府将于7月7日举办十周纪念，届时可联合举行。旋即开始讨论：（一）通过大会章程。（二）汽车游行。由参加机关团体各备汽车一辆，车上装置卫生图表，及新奇装饰，于7月6日下午六时，在市政府集合，由市中心区经江湾而至租界。（三）推定大会职员：①总干事卫生局。②推行委员会常委警察局。③宣传委员会常委市党部。④设计委员会常委社会局。⑤经济委员会常委市政府秘书处。（四）聘请大会名誉会长、名誉副会长及大会会长、副会长，由总干事聘请之。（五）定16日下午二时，在市商会举行各委员会分组会议。（六）大会办公地点假市商会，至四时许散会。”[④]

17日：“本市中国防痨协会同各机关团体主办第四届夏令儿童健康营，昨日（按：6月17日）下午四时，假八仙桥青年会举行首次筹备会。到筹备委员中国防痨协会陆伯鸿、李兆璋、何中狱，市政府沈初征，新运会杨德安，社会局周尚，卫生局李廷安，市警察局陈长庆，市商会袁鸿钧，新亚药厂许冠群，生生牧（‘牧’衍文）牧场沈九成，中国特种教育协会郑杰、袁哲，《大公报》儿童刊张友铭等三十余人。”“（会议通过）聘请名誉营长及营长副营长案。议决聘请俞代市长、杨司令、潘公展、李廷安、蔡劲军、陆伯鸿、陈鹤琴、王晓籁等八人为名誉营长。营长、副营长，由潘公展、李廷安两名誉营长会同推聘。”[⑤]

---

①《中苏文化协会展览苏联育婴成绩》，《申报》1937年6月10日，第13版。

②《第三二九次市政会议三案》，《申报》1937年6月26日，第14版。

③《市当局积极筹建市大礼堂及火葬场》，《申报》1937年6月13日，第14版。

④《夏令卫生运动会昨首次筹备会》，《申报》1937年6月16日，第14版。

⑤《防痨协会昨开筹委会》，《申报》1937年6月18日，第10版。

23日： 上海市兴业信托社主办之浦东自来水厂于昨晨（按：6月23日）举行开幕典礼，并招待各界赴该厂参观。被邀前往者计有傅筱庵、□延芳、徐佩璜、李廷安、李骧骐、沈怡、徐新六、吴嵋、吴蕴斋、周作民、陆伯鸿、姚慕莲、许宝铭等百余人。由该社总经理徐桴、经理谭伯英等殷勤招待。“李廷安致词（辞），略谓：浦东一区，在卫生上实最不完备，浮厝遍地，河沟淤塞。本人执掌卫生，殊觉惭愧。但俞市长对于浦东卫生，极为关怀，现已责令本局，在浦东筹设浦东卫生事务所，希冀早日成立。对于浦东卫生，当可逐谋改善。贵厂成立，在卫生上及消防上均有极大帮助。预料贵厂成立后，浦东市民，可减少疾病，在生命财产上亦有保障矣。惟今后希望：①在管理上应加注意，使市民乐用。②尽教育上宣传，使市民知用自来水利益。③政府与社会联合起来，推广营业。总之，自来水厂之成立对于浦东市民有极大利益。故当局与社会均有使其发展之责任。”[①]

7月5日：“广东省政府主席吴铁城自4月间摆脱本市市长之职赴粤履新以来，将及三月，此次因参加本市府十周纪念，并赴庐（山）谒见蒋委员长，业于昨日（按：7月5日）上午11时，偕粤省府设计委员会主任委员章渊若、第四科科长李大超、秘书黄祖耀暨随从等，乘大来公司麦金兰总统号轮抵沪。”“各欢迎人员于九时半在新关码头乘特备之第五号市轮渡，驶赴麦金兰轮次欢迎。计有本市代理市长俞鸿钧夫妇、社会局长潘公展、警察局长蔡劲军、卫生局长李廷安……各高级职员。吴主席夫人马凤歧女士，介弟子祥，淞沪警备司令杨虎，秘书王之南，市党部委员吴开先、童行白、姜怀素，前外交部驻沪办事处主任周珏，市商会主席王晓籁代表，及陆伯鸿、杨德昭、李仙根，并各方友好，各报社记者等约达二百余人。”[②]

6日：“上海市卫生局发起举办之第十四（恐为‘十六’）届夏令卫生运动大会，于昨（按：7月6日）晨九时，假南市文庙路市立民众教育馆，举行开幕典礼。主席李廷安致开会词（开幕辞）。略谓：今天为上海市第十六届夏令卫生运动开幕之日，我们每年有卫生运动之举行，但成绩未著，诚为遗憾。卫生运动是由市卫生局负责发起，由市党部、市商会等各机关团体赞助。此次运动会共分宣传、防疫、检查、训练等四组。每一组均有各机关团体派员负责。今天在此举行盛大仪式外，此外尚有提灯

---

① 《浦东自来水厂昨举行开幕典礼》，《申报》1937年6月24日，第13版。

② 《吴铁城昨午抵沪》，《申报》1937年7月6日，第13版。

大会及汽车游行，时间在今日下午五时，在市政府五权路集合出发。一则使市民注意认识，一则并庆祝市政府成立十周纪念。同时此种运动会决非一人或二人之力，可能担负，端赖群众力量，共同赞助，所以尤希望在座各位，以后不吝见教。”①

7 日：《申报》全文刊载先生所撰写的《上海市卫生十年来演进概要》：“上海为世界商埠之一，在十年以前，尚无现代卫生事业之可言，疫病流行，死亡甚众。而霍乱一病，尤为每年夏秋二季所必不免之祸害。迨民国十五年 8 月间，始有近代卫生事业之开端。自设立卫生事业专管机关以后，沪南、沪北自来水大加改良，免费注射霍乱预防疫苗及布种牛痘，卫生教育，卫生试验，取缔不良饮食物品，管理医药职业，举办学校卫生，提倡产妇婴儿卫生等事，始有创办，均为减少疾病增进健康之要图，日积月累，于防疫保健，洵有其不可磨灭之功效。此外尤觉堪以报述者，厥唯市民对于卫生观念之进步，而向卫生机关商请指导援助事件之逐年增多，及执行卫生法令之顺利进行，可为明证者也。

上海市卫生局掌理全市卫生行政，为上海市政府直辖行政机关之一，系于民国十六年 7 月 7 日，将前淞沪卫生局接收改组，主其事者，自民国十六年 7 月 7 日至二十一年 10 月 5 日，为前局长胡鸿基博士。因胡博士覆车殒命，乃由上海市政府呈请国民政府任命廷安继任，于二十一年 10 月 24 日到任，服务迄今。现在局内共设三科：第一科分设文书、会计、庶务、医药管理、卫生教育、生命统计等六股。第二科分设清道清洁、普通卫生、肉品检验等三股。第三科分设产妇婴儿卫生、学校卫生、劳工卫生、防疫、诊疗等五股。卫生局在市中心区域，市立医院及卫生试验所亦设于此。拟于本市各区各设卫生事务所，推行预防医学之各种工作。又于各区设置医院或诊疗所，而与市立医院取得联络，推行治疗医学之各种工作，尚有传染病医院，戒烟医院等之组织，以应特种疾病之需求。

上海市卫生事业之建设，虽因经费所限，犹待继续完成者尚多，但十年以来颇有逐年进展之事实。尤于‘一·二八’以后，更不惜于经费奇绌之中力图建设。例如，原有吴淞卫生模范区办事处被毁，闸北诊疗所被毁，现已成立吴淞区卫生事务所及沪北区卫生事务所，江湾区亦于兵燹灰烬之后设立该区卫生事务所。又如常设之治疗床位在‘一·二八’以前尚付阙如，自‘一·二八’以后，设置吴淞区医院、江湾区医院、传染病医院、戒毒所、戒烟医院、市医院、沪南医院等治疗处所，已

①《十六届卫生运动昨晨开幕》，《申报》1937 年 7 月 7 日，第 15 版。

有常设床位一千一百余张。而护士学校，沪南区卫生事务所，新建卫生试验所，市立公墓等，亦均于‘一·二八’之役以后所开办。

按上海市之地位为中外属（瞩）目之区，其卫生事业，亦为中外市政学、卫生学、医学等专家所注意。莅沪参观之公共卫生专家多人，曾作直率批评，许以所订施政方针，及工作之努力，无可非议，故疫病之害锐减。市民卫生观念亦渐普遍，唯各种建设与工作，尚在开始之阶段上，仍待加以扩充，方可达到完备目的。其十年以来所以有此进步之收获者，其内在原因：一则由于历任市长重视卫生与市政之关系，督促甚力，而市政府所属各机关间，复能联络推进。一则由于任用之工作人员，选择较严，且使久于其任，方可恃之以恒，而获相当之进步。用述概要以冀阅者之指教而为今后之南针焉。”[①]

是日：晨十时，上海市政府成立十周纪念开幕典礼在市政府大礼堂举行。“参加典礼者计有国民政府林主席代表王伯群，行政院蒋委员长代表俞代市长，立法院孙院长代表唐世潍，国府主计长陈其采，侨务委员会陈委员长代表简经纶，外交部王部长代表周珏，粤省主席吴铁城，浙省主席朱家骅代表周象贤，南京市长马超俊代表王漱芳，京市社会局长陈剑如，青岛市长沈鸿烈代表董志道，淞沪警备司令杨啸天，市党部委员吴开先、童行白、姜怀素，特一法院院长郭云观，特二法院院长王思黔，高三分院院长杨鹏，工部局总裁费信惇，中国劳工局长程海峰，江南造船所所长马德骥，海军部飞机处处长曾诒经，第一舰队司令部参谋黄显淇，宁海舰长高宪中，中央造币厂厂长席德柄，中国银行总经理宋汉章，地方协会杜月笙、钱新之，市商会王晓籁，银行公会林康侯，总工会邵虚白，及各界领袖虞洽卿、俞佐庭、刘海粟、陆伯鸿、江问渔、徐新六、俞代市长，既各局局长徐桴、李廷安、蔡劲军、徐佩璜、沈怡、吉章简、汪大燧，暨各外宾，计日本驻沪领事青柳、北村，海军武官本田，陆军武官喜多，苏联大使馆鲍格莫洛夫，捷克公使费哲尔，瑞士代办劳迪，驻沪美、法、葡、英、巴西、德等总领事，及代理总领事高斯、鲍德斯，及各国海陆军武官，各报社各通讯社记者，各学校各社团代表共二千余人。”[②]

10日：上海市卫生局沪北卫生事务所于下午三时在青云路该所举行开幕典礼。同时在该所内所建之前卫生局长胡鸿基铜像，亦行揭幕礼。参加开幕典礼者：“俞代

①《上海市卫生十年来演进概要》，《申报》1937年7月7日，第12版。

②《昨晨隆重典礼声中市府十周纪念会启幕》，《申报》1937年7月8日，第13版。

市长、徐桴、沈怡，及商会王晓籁（曹志功代），红十字会颜福庆、庞京周，市立医院院长翁之龙，新运会杨德安，新药业联合会许晓初等百余人。”“由李局长及该所尤济华所长等率同全体职员在场招待。开幕式先由俞代市长夫人剪彩，次由主席致开幕词。李局长报告内部组织情形，胡前局长铜像建在该事务所之二楼。由俞代市长将铜像上所覆之国旗揭去后，全体随即行一鞠躬礼，表示敬意。末由李局长导引来宾参观一周，始告礼成。”

“主席俞代市长致开会词，略谓：市卫生局为普及全市卫生工作起见，原定有分设 17 区卫生事务所之计划，惟因需费颇巨，而市库又不甚充裕，不得不采取陆续成立之办法，如高桥、吴淞二区，业于十八年间成立；江湾区于二十二年 11 月成立；沪南区于二十三年 1 月成立；至沪北一区，地域辽阔，人口稠密，劳苦平民，居最多数，承淞沪兵灾之后，各种市政，亟待建设，以图复兴。关于防疫保健等卫生设施，尤属急不容缓。故经费虽在奇窘之下，仍勉力设法组织筹建委员会。经多年努力及各界协助之结果，始告实现。今日举行开幕典礼，承蒙各界惠临指教，殊感荣幸。同时前局长胡鸿基先生服务卫生局，功绩卓著，故在事务所内，特建铜像一座。今日亦同时举行揭幕，以供瞻仰，而留纪念。”

“局长李廷安报告。略谓：沪北卫生事务所之建筑，虽限于经费，规模不甚宏大，但房屋结构，及内容设备，由工务局悉心计划，均采取最新式。本事务所于去年 11 月间即开始工作，内部分设四课。第一课掌理文书、会计、庶务、送药管理、卫生教育诸事项。第二科掌理清道、清洁、普通卫生、肉品检验诸事项。第三科掌理妇婴卫生、学校卫生、劳工卫生诸事项。第四课掌理生命统计、防疫诊疗诸事项，并附设诊疗所一处。此为组织情形之大概。希望各界随时予敝局同人以指导与鼓励。”[①]

17 日：上海市市立沪南医院于下午三时举行开幕典礼，俞代市长亲往主持并致辞与行剪彩礼。“前往参加开幕典礼者，计有俞代市长、李廷安局长、王晓籁、陆伯鸿、王彬彦、王绍斋、程树桢，暨中西医界人物百余人。”“市卫生局长李廷安报告。略谓：上海医院成立于清末，初为私人设立，后由地方机关及慈善团拨款补助，乃名公立上海医院。本市政府成立后，亦逐年拨款补助。但因公立上海医院时代，组织不健全，行政不统一，院务日益废弛，乃于民国二十三年 12 月 1 日，奉市府令，饬将该院接收，改归市办，即更名市立上海医院。由局委派第三科科长吴利国暂兼院

① 《沪北卫生所昨日开幕》，《申报》1937 年 7 月 11 日，第 13 版。

长，孙家斋（恐为‘孙家齐’）为副院长，将该院医务护理等工作，先行整顿，以利病家。旋以吴院长工作繁冗（繁忙），不克兼顾，改委朱润深为院长。本年7月1日，朱润深调局任技正，另委朱功宏继任。本院自经改革，日见进步，复蒙吴前市长拨款重建新屋。市工务局计划建筑，今新屋落成，内部设备，亦渐次完备。望我同仁益加努力，社会人士共同匡助。本院施诊力求普遍，并力谋减轻病家负担，使一般平民均蒙其利。”①

按：先生在1937年第6期《卫生月刊》之《弁言》回顾了上海医院的历史、整改与归属、名称变更、筹备经过、建立目的、经费来源。②

上海市市立沪南医院简介：上海市市立沪南医院由前上海公立医院改组而成，位于外滩三泰码头街。“为沪南唯一设备较完备之医院。”“该院系三层楼洋房一幢，内除供为办公门诊及其他设备所用之各室外，并可设备病床130张之病房。病房分三等：头等最少，二等次之，大半均为三等。每二（两）病房间有卫生设备一间，均装有盥洗盆、浴盆、抽水马桶等。头等病房每日六元，二等二元，三等仅六角，一切医药费膳费等均在内。医务方面，分内科、外科、小儿科、妇产科、眼科、耳鼻喉科、齿科、X光科、护理部、药剂室、化验室。在理学治疗方面，添有新式X光机、太阳灯、热光灯等。手术室有最新式之手术台、无影大光灯、新式消毒器以及手术器械、其他诊疗器械。”③

是日：蒋介石在庐山发表了《抗战宣言》，“如果战端一开，那就是地无分南北，年无分老幼，无论何人，皆有守土抗战之责任，皆应抱定牺牲一切之决心”④。

中央大学校长罗家伦预料中日间的大规模战争不能避免，着手迁校事宜。“自从北伐时期亲历济南事变以后，我即亲切感觉到中日大战的不能避免。自九一八事变以后，我愈加强了这感觉，并且心目中常悬着一幅太平洋大战的图影。”⑤

“1937年7月17日，蒋介石发表庐山谈话，宣布抗战国策。中央大学校长罗家伦当即向蒋介石提议，应该把东南沿海的高校内迁到西南地区，以备日后需要。会

① 《沪南医院昨日开幕》，《申报》1937年7月18日，第14版。

② 李廷安：《弁言·上海医院成立于清末》，《卫生月刊》1937年第6期，第1页。

③ 《沪南医院昨日开幕》，《申报》1937年7月18日，第14版。

④ 《蒋院长演辞昨晚已发表》，《大公报》（天津）1937年7月20日，第3版。

⑤ 罗家伦：《〈文化教育与青年〉自序》，转引自蒋宝麟：《抗战时期中央大学的内迁与重建》，《抗日战争研究》2012年第3期，第122—131页。

议结束之后，罗家伦随即返回南京，命令木工日夜赶制大小木箱，开始作迁校的准备。一时间校内众说纷纭，罗校长就此提出两条迁校原则：一、迁至新校址之处，一定能轮运抵达；二、迁至新校址之地，在整个抗战时期绝无再作第二次迁校之必要。经过仔细研究后大家一致认为只有四川重庆符合上述两条件。所以在‘八一三’淞沪会战爆发后，中大的迁校活动也立即紧锣密鼓地筹备了起来。1937 年 8 月 15 日，日本飞机首次轰炸南京，就以中央大学为目标，特别是中央大学的大礼堂。这座大礼堂是 1931 年通过‘五五宪草’的会场，是一座圆拱式的穹顶建筑。在以后的几天轰炸中，日本飞机一共向中央大学投弹 7 枚，死者有 7 人。”①

20 日：“本市救护事业协进会于昨日（按：7 月 20 日）下午五时，在中汇大楼会所，举行第二次全体会员大会。到颜福庆、潘仰尧、许晓初等三十余人。公推陶百川、黄任之、庞京周为主席团。经主席团分别致开会词，并报告会务及改组原因后，卫生局长李廷安、社会局代表张秉辉相继致词，均望能扩大组织，充实力量。次由总干事王揆生报告经济收支情形。旋即讨论改组事宜，经决议如下：①修正会章，改名为‘上海市救护委员会’。②根据会章，即席推定颜福庆为主任委员，徐乃礼、许冠群为副主任委员。③其余委员人选，待下次会员大会推定。”②

21 日：“国民政府卫生署署长刘瑞恒，以华北战局紧张，特于 21 日由京来沪。当晚曾在国际饭店，邀集本市医药界及金融界领袖王晓籁、闻兰亭、陆伯鸿、颜福庆、李廷安等二十余人，讨论筹组非常时期紧急救护办法。据刘氏表示，在目前华北前线紧张状态之下，对于紧急救护之准备，实有迫切之需要。故各地应即从速设法成立紧急救护团体，并与各地已成立之红十字会及当地卫生机关等，保持密切之联络，以准备非常时期之来临。当前对于华北前线士兵之紧急救护，尤有赶速进行之必要。盖为国家而牺牲之英勇士兵，在医药效能所可挽救之情形下，吾人决不能坐视彼等生命之消灭。”③

24 日：“上海市卫生局长李廷安鉴于江湾区卫生委员蔡香孙君，捐资兴办卫生事业，特呈准国民政府颁给一等金质褒章。定于昨日（按：7 月 24 日）上午十时，在江湾卫生事务所举行授奖典礼。到卫生局局长李廷安等五十余人。开会后，由主

① 苏智良、毛剑锋、蔡亮，等编著：《去大后方——中国抗战内迁实录》，上海：上海人民出版社，2005 年，第 249 页。

②《救护事业会扩大组织》，《申报》1937 年 7 月 21 日，第 14 版。

③《非常时期积极进行紧急救护》，《申报》1937 年 7 月 24 日，第 9 版。

席李廷安报告，略谓：蔡香孙先生是一位名医，人民所得恩惠已是很大。而他更能热心地方公益，捐资创办卫生事业。如接通自来水、创立医院，总计先后捐募达三万五千余元之巨。如此热心公益，实属难能可贵。因呈准国民政府颁给一等金质奖章，以为热心公益者创，次即授章。由阎森宣读证书，主席李廷安代表给奖。”“本市卫生局此次授奖典礼，颁给蔡香孙一等金质奖章，实为本市第一人。”①

28 日：“市卫生局前为唤起市民深切注意卫生及灌输以种种卫生常识，特举办夏令卫生运动，以资维护社会安宁。兹悉日来各界市民，自动前往打防疫针者，异常踊跃。可见一般市民，程度已日渐提高。而对卫生已有彻底之认识，故卫生运动之收获，亦殊匪浅。现该运动定于昨日（按：7 月 28 日）下午六时，即在文庙路民教馆，由卫生局长李廷安宣告闭幕。同时在该馆之卫生展览会，亦同时宣告闭幕。”②

按：举办夏令卫生运动，可提高民众的卫生意识。“上海市卫生局主办之夏令卫生运动，对于市民卫生方面，甚多改革。本年市民施打防疫针者，较去年增加百分之二十，足证对于卫生方面，渐有了解。卫生警察，亦出动甚勤。”③

8 月 2 日：“本市慈善团体联合救灾会，于昨日（按：8 月 2 日）下午四时，在云南路会所，举行全体委员会议。到闻兰亭、成静生、王一亭、陆伯鸿、李廷安等三十余人。”讨论通过救济方法、救济大纲、防护训练、设立总办事处与 16 个临时办事处等。④

13 日：淞沪抗战爆发。“根据日本政府制定的速战速决灭亡全中国的侵略计划，日军以大山事件为借口，对上海发动侵略战争。1937 年 8 月 13 日，日军以租界为依据，突向驻八字桥一带中国守军挑衅，日舰同时开始炮轰上海市中心区，中方被迫还击，日本海军陆战队即于汇山码头登陆，向闸北、虹口进犯，中国守军奋起抵抗，淞沪抗战由此爆发……14 日，国民政府外交部王宠惠发表自卫抗战声明。随即，国民政府实行总动员，全国规模的抗日战争全面展开。从事变爆发到 11 月 12 日上海沦陷，中国参战军先以冯玉祥，后由蒋介石自兼第三战区司令长官指挥，先后投入 70 多个师，约 70 万兵力，与由松井石根指挥的 30 多万日军奋勇战斗，毙伤日军 5 万多人。淞沪抗战粉碎了日本侵略者三个月灭亡中国的梦想，推动了全国抗战。”⑤

---

① 《蔡香孙得一等金质奖章》，《申报》1937 年 7 月 25 日，第 16 版。

② 《卫生运动昨行闭幕典礼》，《申报》1937 年 7 月 29 日，第 14 版。

③ 《夏令卫生运动明日上午闭幕》，《申报》1937 年 7 月 27 日，第 14 版。

④ 《善团联合救灾会昨议决准备救济防疫》，《申报》1937 年 8 月 3 日，第 13 版。

⑤ 张宪文、方庆秋、黄美真主编：《中华民国史大辞典》，南京：江苏古籍出版社，2001 年，第 21—22 页。

“八一三”事件爆发后，上海难民“纷纷逃离即将变为战场的苏州河北岸，往南避入租界，或穿越租界进入南市——上海的老城厢，并从那里继续往南，逃向郊区……据保守的估计，来到上海租界的难民共有70万人。战争爆发的当天，就有6万人涌入了租界，还有一部分的难民预备离开上海。8月28日，12架日机轰炸了上海南站，投弹8枚，炸死的难民在200人以上”①。

“南方的难民主要形成于淞沪抗战之际。这场战火不仅殃及住在繁华大上海的市民，而且也波及包括大批暂时流亡到上海的江浙两省的难民。据统计，战前上海包括租界在内有总数超过300万的人口，在亚洲仅次于东京。‘八一三’淞沪抗战后，大约有二三十万上海难民逃到临近的浙江、江苏一带。战争初期，每天大约有3万人离开上海，然而，即便如此，当时上海的人口非但没有相应的减少，反而又急速增加到350多万。这是因为随着上海市郊以及毗邻的浙江江苏等地的相继陷落，造成更多的人流离失所，而位于上海市内的公共租界，就成了上海本地居民和外地难民的天然避难所，仅‘八一三’当天就有6万人像潮水般涌入了租界。”②

“抗日战争时期究竟有多少难民？鉴于其情况的纷繁复杂，迄今为止尚没有一个准确的数字。有的资料估计有6000万。据统计，仅1937年7月至1938年3月就已达2000万，到1938年7月受战争直接威胁的民众超过1亿人口。日军占领华北后，一些乡镇的逃亡人数已占当地总人口的50%左右。”③

9月22日：“瑞士万国红十字会特派代表华脱维而大佐来华，业于前日（按：9月22日）下午三时乘法邮船到沪。即晚中国红十字会总会宴请该代表于国际饭店。由名誉副会长颜惠庆博士主席，到瑞士代办副领事，并该会副会长杜月笙、刘鸿生，全体常务理监事，外交部办事处长余铭，卫生局长李廷安等三十余人。席间首由颜博士致欢迎词（辞），略谓：本会历史与世界各先进国相较，自觉幼稚，平日虽有各种事业，而限于经济人材（才），未能充分发展。今得大佐来华指导，此后工作定能顺利推进。继由瑞士代办致介绍词（辞），略谓：红十字会发源于瑞士，瑞士即世界所称素主和平之国

① 苏智良、毛剑锋、蔡亮，等编著：《去大后方——中国抗战内迁实录》，上海：上海人民出版社，2005年，第268—269页。

② 苏智良、毛剑锋、蔡亮，等编著：《去大后方——中国抗战内迁实录》，上海：上海人民出版社，2005年，第287—288页。

③ 苏智良、毛剑锋、蔡亮，等编著：《去大后方——中国抗战内迁实录》，上海：上海人民出版社，2005年，第286页。

家。此番大佐来华之任务，即在可能范围内协助贵会之需要云。后由华脱维而大佐致答辞，略谓：世界红十字会之最高机关，即巴黎之红十字联盟会与瑞士之万国红十字会两机关。联盟会办理平时一切工作，而本会则协助各国战争时之一切工作。”①

23日：教育部批准中央大学迁校。②

中央大学派出三路人马寻觅勘查新校址：法学院院长马洗繁和经济系主任吴干向重庆出发；心理系教授王书林向湘鄂出发；医学院教授蔡翘赴成都，与华西大学接洽医学院迁徙事宜。③

“（国立中央大学）（1937年）8月开始迁移，10月在重庆大学校地建临时校舍开学，所属医学院及农学院畜牧兽医系另迁成都，寄居华西大学上课。”④

华西协合大学（West China Union University）简介：1905年英美会、浸礼会、公谊会、美以美会等差会成立华西协合大学临时管理部，由毕启、启尔德和陶维新等着手筹建。校址位于成都锦江河畔的一大片空旷地带。1909年组建华西协合大学的四个差会代表进驻校园。1910年3月11日举行了开学典礼。1911年外国人因“铁路风潮”而撤离成都，1913年春，华西协合大学复课。“1914年增设医科，1917年复增设牙科，成为一所以医、牙为主，文、理并重的综合性大学。进而以大学为汇归，将各式教会学校（从幼稚园、小学、中学、师范、神道）囊括于一体，构筑成一套‘完整的基督教教育系统’。”⑤中华人民共和国成立后，由中国人民政府接办，更名为华西大学，后经院系调整，1953年改建为多专业性的医药院校，更名为四川医学院。1978年被确定为全国重点大学之一。1985年再次更名为华西医科大学。2000年9月，与四川大学合并，华西医科大学更名为四川大学华西医学中心。“华西坝建筑群，不仅是近代‘中西合璧’新建筑的先驱，而且是成都近代建筑的最高成就。二三十年代，成都相继建成了一些中西结合的新建筑，包括官邸、民用住宅、邮政大楼等，在这些建筑中，华西坝建筑始终居于领先水平。不仅因为其设计出自名家的大手笔，而且其建筑设施、园林绿化等均处于最高水平。”⑥“医牙学院的高

---

① 《万国红会代表抵沪》，《申报》1937年9月24日，第5版。

② 蒋宝麟：《抗战时期中央大学的内迁与重建》，《抗日战争研究》2012年第3期，第122—131页。

③ 蒋宝麟：《抗战时期中央大学的内迁与重建》，《抗日战争研究》2012年第3期，第122—131页。

④ 四川省志教育志编辑组：《抗战中48所高等院校迁川梗概》，中国人民政治协商会议四川省委员会、四川省省志编辑委员会编：《四川文史资料选辑》（第13辑），1964年，第81页。

⑤ 张丽萍编著：《相思华西坝——华西协合大学》，石家庄：河北教育出版社，2004年，第19页。

⑥ 张丽萍编著：《相思华西坝——华西协合大学》，石家庄：河北教育出版社，2004年，第32—33页。

水平可以由这样的事实得到证明，自 1934 年起在纽约州立大学董事会的特许证书下，由华西大学授予医学博士和牙学博士学位；全部课程按照美国医学院联合会所规定的美国、加拿大医学院所使用的普通 A 级标准；学院的毕业生拥有与美国、欧洲大学同等地位，他们中的许多人成绩显著，获得过若干荣誉称号。医科为华西医学事业起了奠基作用，是华西协合大学中社会影响最大的一个专业。”①曾任华西协合大学医学院院长、医牙学院总院长的加拿大人启真道称：“学医是最清高的事情，也是‘自杀’的工作，没有伟大的献身精神不能学医。比如病人最脏的排泄物，他的亲人都不愿料理，医生还拿去再一、再二地检查得津津有味。学医也不是为找钱，因为找钱的路很多，何必要来苦七年呢？”②“抗战时期，华西协合大学医学院是中国惟一未受战争影响的医学院，对于战时医学教育贡献很多。为国立中央大学、齐鲁大学医学院提供了教室、实验室及医院。1938 年还成立了华西、齐鲁、中央三大学联合医院。大学的实习医院有城内的仁济男医院、仁济女医院、仁济牙症医院和存仁眼耳鼻喉专科医院等教会医院。”③华西协合大学牙科是中国最早的牙科专业。牙科创办人为加拿大牙科医生林则博士，“他是下颌神经直接阻滞麻醉法的创始人，该法解除病人拔牙疼痛，在临床医疗中广泛应用，为华西牙医带来良好声誉”④。“华西协合大学牙科，在中国开办最早，为全国之冠，当年即被誉为‘东亚第一’……就连蒋介石的满口假牙，也指定要由华大的洋牙医安装。”⑤“1942 年建成大学医院，占地八十余亩，病床 500 张。除设有普通及特别病房外，另有门诊部，包括各种专门化及系统分类化的工作，牙诊所、调剂室、电光部、产科生产病院，四间设备很完整的手术室，隔离病院，护士学校校舍及护士寄宿舍，住院医师及实习医师寄宿舍，收容室、急诊室、礼拜室、实验房、水塔等，1946 年全部竣工。”⑥“从 1934 年起，纽约州立大学将过去复核成绩再授予学位的办法，改为不再复核成绩即由华西协合大学在颁发本校毕业证书的同时，代授纽约州立大学学位。”⑦“‘文革’中，洋文凭变成了‘烫手山芋’一般，谁还有胆量保藏旧时代的东西，何况还是与

① 张丽萍编著：《相思华西坝——华西协合大学》，石家庄：河北教育出版社，2004 年，第 74 页。
② 张丽萍编著：《相思华西坝——华西协合大学》，石家庄：河北教育出版社，2004 年，第 76 页。
③ 张丽萍编著：《相思华西坝——华西协合大学》，石家庄：河北教育出版社，2004 年，第 76—78 页。
④ 张丽萍编著：《相思华西坝——华西协合大学》，石家庄：河北教育出版社，2004 年，第 79 页。
⑤ 张丽萍编著：《相思华西坝——华西协合大学》，石家庄：河北教育出版社，2004 年，第 80 页。
⑥ 张丽萍编著：《相思华西坝——华西协合大学》，石家庄：河北教育出版社，2004 年，第 78 页。
⑦ 张丽萍编著：《相思华西坝——华西协合大学》，石家庄：河北教育出版社，2004 年，第 90 页。

美帝国主义有关的东西。洋文凭被付之一炬，烧毁了。对成都地区健在的绝大多数校友的访问调查中，仅有一位保存有当年的毕业文凭。”①

24 日：“本市市卫生局，第一、第二两特区卫生处及医药界各领袖，所组织之国际临时霍乱医院，自上月 24 日开幕以来，进行颇为积极。”②

27 日：“上海市救济委员会自沪战爆发以前，即由社会局潘局长主持，于 7 月下旬成立。其内部组织及工作情形，经该会分别呈请军事委员会、内政部赈委会、市政府等备案。兹以中央规定非常时期难民救济会各省市分会组织大纲，昨（按：9 月 27 日）由上海市政府令饬该会遵照改正名称，并将该会所有委员及常务委员监察委员等，分别加聘或委任。探悉该项委员名单如下：①常务委员潘公展、陈之毅、李廷安、蔡劲军、徐桴、黄伯樵、吴嵋、钱新之、张嘉甫、周宗良、郭承恩、屈文六、陆伯鸿、周邦俊、宋汉章、庞京周、胡筠秋。②监察委员林康侯等 22 人。③委员毛云等 149 人。又闻该会常务委员原有 11 人，此次新增为陈之毅、李廷安、蔡劲军、徐桴、黄伯樵、吴嵋等六人。”③

10 月 3 日：先生第三个儿子宝良出生。图 5.38—图 5.40 为先生任上海市卫生局局长期间与亲友的合影。

图 5.38　李廷安任上海卫生局长时在开纳路家中花园

图 5.38 图解：右一为李廷安，右二坐藤椅者为陈伯父，中间坐藤椅者为陈伯父的德国妻子，左二为叶伯父，左三为叶夫人（李宝健教授提供照片并解释）。

① 张丽萍编著：《相思华西坝——华西协合大学》，石家庄：河北教育出版社，2004 年，第 88 页。

②《霍乱医院招待记者》，《申报》1937 年 10 月 6 日，第 6 版。

③《市救济会奉令改正名称》，《申报》1937 年 9 月 28 日，第 6 版。

图 5.39　李廷安与余瑞璜等合影

图 5.39 图解：摄于先生任上海市卫生局局长期间。先生居中，左为余瑞璜，余瑞璜为先生三兄廷耀的大女婿，中国科学院学部委员，是杨振宁的导师（李宝健教授提供照片并解释）。

图 5.40　任上海卫生局局长期间与夫人一起出席庆典前合影

图 5.40 图解：右一为李夫人，右二为李廷安，右三为李夫人的姐姐王淑明，右四为姐夫李扬安（土木工程师）（李宝健教授提供照片并解释）。

5 日:“本市市卫生局,第一、第二两特区卫生处及医药界各领袖,所组织之国际临时霍乱医院……昨日(按:10 月 5 日)下午,该院特招待本市中外新闻界参观。该院发言人曾在招待席上作简单之报告,谓:本院系第一特区、第二特区及市区卫生当局与本市医药界领袖所合办,对于真性霍乱病人,予以相当治疗及隔离,以冀扑灭全市虎疫(指霍乱)。其组织采委员制组织,指导院内一切事务。本院委员会委员计有法董工局卫生处处长 T. Rabaute 医师(当选主席),市政府卫生局局长李廷安医师(当选总干事),特区卫生处处长 R. F. Duck 医师、上海市救护委员会主任颜福庆医师,及上海国际红十字会代表 R. C. Rodertson 医师,当选为常务委员。拟设 500 病床,必要时可随时增添,以应社会之需要。择上海中山医院原址为院址。由委员会议决,只收霍乱病人,不分国籍。病人住院及一切费用免收。经费由三市区及慈善机关捐助而来。本市市政府已助国币一万元,法董工局认助二千元,如不敷时,允予增拨。中山医院除担任少数医师及护士之一部或全部薪资外,并将院中现存设备,借与应用。自 9 月 24 日至 10 月 5 日止,共收病人 393 人。真性霍乱(已证明者)98 人。来自公共租界者 72 人、来自法租界者 137 人、来自市区者 184 人,死亡 88 人,已出院者 87 人。”①

13 日:“非常时期难民救济委员会上海市分会,昨日(按:10 月 13 日)下午三时,于会所开首次常务会议。到郭承恩、徐桴、李廷安、钱新之、潘公展、陆伯鸿、张秉辉、黄延芳、屈文六、周邦俊、蔡劲军等。决议要案如次:(一)通过本会办事细则。(二)改良各组领款方法。(三)采用支付通知制,概由财务组付款。(四)拨三百元作抚邺(恤)船户朱兆珍家属金。(五)各组办事细则,由各组主任核定,交下次常会。(六)抚邺(恤)办事员金奉庭案,照抚邺(恤)条例最优办法执行之。(七)长期补助失业工人给养,以五百人为限。(八)自 9 月份起,每月拨 50 元,补助协兴公司。(九)设立第一救济医院,院址派员查勘。(十)由女童军劝募难民寒衣。”②

20 日:《大公报》报道:日军摧残我国教育机构,已被毁之大学教育机关有南开大学、河北女子师范学院、河北工学院、河北医学院与农学院、同济大学、复旦大学、暨南大学、大同大学、大夏大学、上海商学院与法学院、东南医学院、同德医学院、南京中央大学、广州中山大学等,“总计被毁达 23 校。北平各大学虽未炸

---

①《霍乱医院招待记者》,《申报》1937 年 10 月 6 日,第 6 版。

②《难民救济会首次常务会议》,《申报》1937 年 10 月 14 日,第 6 版。

毁，而亦横遭敌军之劫掠盘踞”[①]。

“抗战期间中华民族高教事业遭受到日寇的毁坏，是一笔谁也无法计量的损失，诚为我国教育文化的空前浩劫！”[②]

21 日：中央大学校长罗家伦在汉口演讲，呼唤“一寸血肉换得一寸山河”“吾人现时应以肉筑成向上向光荣之大路，以血作为推动全民机器之燃料”。“找着对手方能比较。中大之学生，应与日本帝大学生相比较……中国人今日不用全上前线，而要与日本在各部门比较。全民族是一部大机器，要每一部份（分）配合完好，机器始能达到完全效能。中国今日应将泪吞下，化成热血。”[③]

24 日：“中国妇女慰劳会香港分会发起人孙科夫人、宋子文夫人、贝淞荪夫人、哈同夫人、霍芝亭夫人、余东旋夫人、李子芳夫人，及香港闻人等为救护慰劳抗敌将士，曾缴集巨款，并聘请热心而兼富经验之医师护士 24 人同来。是以 23 日下午三时，市政府招待处举行劝募救国公债。妇女组茶话会席上，由孔夫人提议，立刻筹设一伤兵医院，当即推定宋子文夫人、贝淞荪夫人、郭德华夫人、郭慧德夫人、谭伟学夫人、刘经芳夫人、俞英杰夫人、孙仲立夫人、朱文熊夫人、黄冰佩女士、张竹君女士为筹备委员，积极进行工作。孔夫人并谆讬（托）杜月笙先生，代觅一能容千人之院址，日昨（昨日）上午十时，在祁齐路宋公馆举行第一次筹备会议。到会十余人，热心讨论。当经商决：医师由卫生局长李廷安聘任，护士选聘及助理护士考试由张湘纹女士负责。采购布置由刘经芳夫人办理。贝淞荪夫人为筹备主任，宋夫人、孔夫人总领导一切。”[④]

27 日：“德驻华大使陶德曼偕夫人昨晚乘汽车离沪入京，昨日（按：10 月 27 日）上午十时半，曾赴枫林桥市政府访晤俞市长，作第一次之拜会。并于午后在国际饭店举行茶会，招待旅沪德侨，及我各界名流。俞市长、余铭、潘公展、李廷安、王晓籁、庞京周、唐士暄、沈诒（恐为‘沈怡’）、李铭、刘湛恩等，均被邀参加。”[⑤]

据李宝健教授回忆：“1937 年 10 月一天，家父说日本人要刺杀他，他要走了。当天有 4 人进屋，其中 2 人为化妆师，另 2 人为保镖。化妆师将家父化装成女人，

① 《暴日处心积虑摧残我教育》，《大公报》（汉口）1937 年 10 月 20 日，第 3 版。
② 余子侠：《抗战时期高校内迁及其历史意义》，《近代史研究》1995 年第 6 期，第 167—200 页。
③ 《抗战之回顾与前瞻》，《大公报》（汉口）1937 年 10 月 21 日，第 4 版。
④ 《孔夫人等筹办大规模伤兵医院》，《申报》1937 年 10 月 25 日，第 6 版。
⑤ 《陶德曼昨入京》，《申报》1937 年 10 月 28 日，第 8 版。

很像女人。当天乘船离沪前往香港。全家则迁往霞飞路的法租界。”[①]

按：10 月 27 日先生参加俞市长的旅沪德侨茶会。“10 月 29 日，国防最高会议召开，蒋介石作了题为《国府迁渝与抗战前途》的讲话，明确宣布：‘为坚持长期抗战，国民政府将迁都重庆，以四川为抗敌大后方。’蒋介石在讲话中着重分析了抗战以来的战争形势、迁都的重要性和必要性。”[②]先生离开上海最有可能在 10 月末的最后 3 天。

11 月：先生到达香港后，转入广州，卫生署委任先生为“华南地区防疫专员”。[③]

据李宝健教授回忆：“母亲带三个儿子于 1937 年冬从上海到香港，父亲此前已到广州，担任华南地区防疫专员，很少有机会到香港看望我们。1938 年春，母亲带我们离开香港到海防，因当时海防比较安全，而且父亲的去处未定。母子在海防住了数月后，于 1938 年秋由海防到昆明，住在西南联大亲戚余瑞璜教授家 2 个月等飞机票。1938 年冬飞往重庆后坐车到成都与父亲团聚。”[④]

“在抗战时期，主要有这样三大逃难路线。第一条：长江沿线到四川。下游的各省居民沿江而上，汇集武汉，经过宜昌、沙市至万县到重庆……这是当时最主要的难民内迁路线，有数千万的难民沿着这条黄金路线通过长江向内地迁移。第二条：武昌到贵阳这条路线，从武昌到衡阳，沿着公路和铁路到桂林和柳州，再经过黔桂公路和铁路到贵阳。这条路线在长沙失守以前是很安全的，交通也很便利。第三条：上海到株洲这一路线。由上海经过海路到达温州、金华一带，沿着浙赣铁路到达南昌再南下或者向着西面走。这条路线是当时东南各省居民的主要内迁路线。”[⑤]

巴金回顾自己的逃难历程：“我和萧珊，还有两三个朋友，我们躲在树林里仰望天空。可怕的机声越来越近，蓝色天幕上出现了银白色的敌机，真像银燕一样，三架一组，三组一队，九架过去了，又是九架，再是九架，它们去轰炸昆明……当时从上海到所谓‘大后方’去的人大都经由海防乘火车进云南，去昆明。我经过海防

① 2012 年 9 月 5 日李宝健教授第一次口述。

② 苏智良、毛剑锋、蔡亮，等编著：《去大后方——中国抗战内迁实录》，上海：上海人民出版社，2005 年，第 9 页。

③《1943 年 2 月 10 日李廷安致函哈佛大学公共卫生学院院长塞西尔·K. 德林克博士》，The Francis A.Countway Library of Medicine（Boston Medical Library and Harvard Medical Library）.

④ 2014 年 11 月 9 日李宝健回忆。

⑤ 苏智良、毛剑锋、蔡亮，等编著：《去大后方——中国抗战内迁实录》，上海：上海人民出版社，2005 年，第 291 页。

时法国刚刚战败，日本侵略军正在对法国殖民当局施加压力，要侵占越南，形势紧张，这条路的命运不会长了……我们自动地组织起来，身强力壮的人帮忙管理行李，对外交涉，购票上车，客栈过夜，只要花少许钱都办得顺利。我们从海防到河内，再由河内坐滇越路的火车到老街，走过铁桥进入中国国境。火车白昼行驶，夜晚休息，行李跟随客人上上下下，不仅在越南境内是这样，在云南境内一直到昆明都是这样。但是靠了这个自发的组织，我在路上毫不感到困难。跟着大家走，自己用不着多考虑，费用不大，由大家公平分担。所谓大家就是同路的人。”[①]

“巴金走的这条路线就是第三条路线。并且通过越南绕道转大后方。在太平洋战争爆发以前，这条路线还是相当安全的。而且，巴金的生活当时也属于小康，因此巴金的经历代表了一部分中产阶级的流亡历程。然而，大部分的普通人是没有巴金那么幸运的。当时的迁移的方式主要有两种：一种是步行，另一种就是依靠交通工具向后方和内地迁移。”[②]

“在流亡的过程中，难民们遇到的头等大事就是饥饿问题。几乎所有人都不可能带足足以跋涉到后方的粮食。每个难民都会遇到饥饿的问题，甚至有些地方出现母亲将自己孩子煮着吃掉的惨剧。这说明饥饿已经使人丧失了理智和情感。除了饥饿，难民们还会遇到何处过夜的问题。此外，交通也依旧是个大问题，难民们绝大部分要依靠自己的双腿走到内地，因为他们几乎没可能获得必要的交通工具。而且，我国是个地势西高东低的国家，自东向西必须穿越崇山峻岭，交通是相当不便的。在危及生命安全的疫病面前，难民的生活条件极端恶劣，无法及时获得医疗救助，而且因为贫困，即使有病也难以得到救治。而有些获得医疗救助的难民也无法及时治愈。”[③]

5日：蔡元培与各大学校长发表日本破坏我国教育机关之英文事实声明，称：“北自北平，南迄广州，东起上海，西迄江西，我国教育机关被日方破坏者，大学、专门学校有 23 处，中学、小学则不可胜数。仅以大学而论，其物质上损失，按照

① 苏智良、毛剑锋、蔡亮，等编著：《去大后方——中国抗战内迁实录》，上海：上海人民出版社，2005年，第291—293页。

② 苏智良、毛剑锋、蔡亮，等编著：《去大后方——中国抗战内迁实录》，上海：上海人民出版社，2005年，第295页。

③ 苏智良、毛剑锋、蔡亮，等编著：《去大后方——中国抗战内迁实录》，上海：上海人民出版社，2005年，第298页。

1935 年之估计，在 6700 万元以上；至文化上之损失，则无法计算，诚所谓中国 30 年建设之不足，而日本一日毁之有余也。”[①]

12 日：上海沦陷。

16 日：“国防最高会议在铁道部防空室举行，值此危急时刻开会，会议气氛比较凝重。会议刚刚举行不久，林森行色匆匆地步入会场，‘诸位，我马上就要上军舰到重庆去，白天日本飞机轰炸得厉害。军舰没法开，只好夜里起航。我这就向诸位告辞了。’70 岁的林森双手抱拳，用浓重的福建官话向大家道别。接着，他更动情地说：‘我老了，今生再回南京，不作此想了。’话音中饱含着难言的凄楚。”（按：林森于 1943 年 8 月 1 日因车祸在重庆逝世，享年 75 岁）[②]

下旬：先生在香港。“Gunn 先生记述：‘由于他过去数年的所有工作很有可能化为乌有，他自然感到极度失望。虽然他在上海还留下了几位工作人员，但他本人已经计划北上前往汉口，为国家卫生署服务。自从他就任上海市卫生局局长以来已经做成了很多非常出色的工作，（这样的变故）无疑是巨大的悲剧。’”[③]

按：以上据 1937 年 12 月 20 日洛克菲勒基金会内部对先生的跟踪报告。[④]

20 日：国民政府发表迁都重庆宣言。“国民政府兹为适应战况，统筹全局，长期抗战起见，本府移驻重庆，此后将以最广大之规模，从事更持久之战斗。”[⑤]

22 日：中央大学在重庆沙坪坝校址正式开学上课，罗家伦向学生训话。“勉以认清环境，努力求学。”[⑥]

“最早抵达（按：华西坝）的是中央大学医学院和齐大医学院。接踵而至的是东吴大学生物系。由美国基督教监理会创建的东吴大学，战争中四次迁移，生物系教授刘承钊、陆近仁及另外两名职工带领 18 名学生，辗转千里，于 1938 年 1 月 27 日到达坝上；同期到达的还有北京协和医学院和协和护士学校部分师生（包括内科专家

① 高平叔编：《蔡元培全集》（第七卷），北京：中华书局，1989 年，第 191 页。

② 苏智良、毛剑锋、蔡亮，等编著：《去大后方——中国抗战内迁实录》，上海：上海人民出版社，2005 年，第 9—10 页。

③《1937 年 12 月 20 日 Rockfeller 内部对李廷安的追踪汇报》，Rockefeller Archive Center-Citation Slip，Collection:CMB，Box:76，Folder:536.

④《1937 年 12 月 20 日 Rockfeller 内部对李廷安的追踪汇报》，Rockefeller Archive Center-Citation Slip，Collection:CMB，Box:76，Folder:536.

⑤《社评：恭读国府宣言》，《大公报》（汉口）1937 年 11 月 21 日，第 1 版。

⑥《中央大学在渝开课》，《大公报》（汉口）1937 年 11 月 23 日，第 2 版。

张学弼），两路人马一起并入华大医学院。太平洋战争爆发后，香港沦陷。在香港大学医学院长 Gorden King（按：王国栋）的带领下，20 多名医学生长途跋涉，于 1942 年下半年抵达成都，在侯宝璋的帮助下，这批港大医学生在齐大医学院插班入学。”①

“迁川各校入川，大体分为三个时期。第一期自 1937 年至 1939 年，全部或部分迁川复校之学校计有 31 所。”“第二期自 1940 年下半年至 1943 年春，又有 11 所高等学校迁川。”“第三期自 1944 年夏到抗日战争胜利。”②

“在西迁行动中那些一次迁移即抵达最终目的地的高教机构，尤其在抗战初期即迁入西部者，多为在思想上行动上对长期抗战有所准备的高校，故其西迁一般都较顺利。”③

“抗战期间高校内迁，是一场空前绝后的中国高教事业和知识精英的战略大转移。它所涉及的区域包括除蒙、藏等少数民族地区外的全国所有省区，参加这场运动的人众包括师生员工及教师家属达 77 万余人。这还是一场为了自身生存，为了民族复兴，为了中国高教事业的延续和发展的斗争。这场斗争的聚集点，即在于中华民族与日本帝国主义对文教战线‘制高点’的争夺。为了控制这个‘制高点’，广大的高校师生持续着长达八年之久的运动战。”④

26 日：国民政府正式移驻重庆。⑤

12 月 1 日：“日本参谋本部……12 月 1 日，电令华中方面军，决定攻占南京。”“蒋介石任命唐生智为南京卫戍部队司令官。”⑥

8 日：“在主持了南岳军事会议后，蒋介石即率军事委员会部分成员乘飞机抵达重庆。蒋介石的到来，标志着中国现代历史上历时长达一年的第一次大规模的国都大迁移最终宣告完成。至此，重庆成为名至实归的国家政治、经济、文化、军事中心。”⑦

---

① 岱峻：《风过华西坝：战时教会五大学纪》，南京：江苏文艺出版社，2013 年，第 337 页。

② 四川省志教育志编辑组：《抗战中 48 所高等院校迁川梗概》，中国人民政治协商会议四川省委员会、四川省省志编辑委员会编：《四川文史资料选辑》（第 13 辑），1964 年，第 73—74 页。

③ 余子侠：《抗战时期高校内迁及其历史意义》，《近代史研究》1995 年第 6 期，第 167—200 页。

④ 余子侠：《抗战时期高校内迁及其历史意义》，《近代史研究》1995 年第 6 期，第 167—200 页。

⑤ 蒋宝麟：《抗战时期中央大学的内迁与重建》，《抗日战争研究》2012 年第 3 期，第 122—131 页。

⑥ 章伯锋、庄建平主编：《抗日战争》（第二卷），成都：四川大学出版社，1997 年，第 272 页。

⑦ 苏智良、毛剑锋、蔡亮，等编著：《去大后方——中国抗战内迁实录》，上海：上海人民出版社，2005 年，第 15 页。

“（重庆）从位于四川东陲的地区性的农产品港埠上升为全国的政治、经济、军事、文化中心，并成为与伦敦、华盛顿、莫斯科三大城市并驾齐驱的国际名城。”[①]

13日：南京沦陷，日军开始屠杀军民，被屠杀军民达30万人。

是年：先生发表《上海市儿童之健康保障》[②]的演讲，先生认为儿童“年龄虽小，但是造就极大，年青的时候怎样就是将来成功与不成功的基础。上海市的父母们要特别注意，我们前途的幸福如何，就在儿童身上，所以我们对于儿童的养护要注意两样事：就是‘教’与‘育’。教是甚么（什么）？就是教训他们，指导他们；育是什么？就是如何养育他们，使他们身体获得正常的发育”。

先生认为育儿方法要做到以下四点：①衣服要宽大。②每日三餐之外不要吃零食，要多吃含蛋白质的食物和青菜。③要有宽大、通气而有日光的房间给他们住。④要注意他们日常生活这方面，有七点要注意的：注意优生学；生产要有正式助产士或医师接生；小孩每年要检查健康一次；每三年种痘一次；小孩要注射白喉预防针；要使小孩子多运动，不要变成老人；要注意心理卫生，使小孩有健全的人格，这些都要请诸位注意的。

是年：先生发表《敬告市民书》[③]，要求市民注意预防霍乱，建议注射霍乱预防针，患者要到传染病院治疗。先生还就“棚户问题”敬告市民。“此外尚有一事，要向市民敬告，尤其是要请一部份（分）人注意的，便是棚户问题，棚户居民多因经济能力薄弱，而所受教育程度，大都甚低，所以对于卫生防疫等事，多欠注意，故本局对于防疫实施，尤注意到这一点。上海市政府因为保护平民生命健康，所以不惜于经费万分支绌之中，筹拨数十万元，建筑平民新村，现在虽未完全够用，仍在继续设法，这确是市政当局为卫生计，为市容计，为人道计，为治安计之根本办法。”

是年：先生发表《一年来上海市卫生局禁烟禁毒工作》[④]，先生从“施戒机关”“施戒方法”“施戒成绩”三方面介绍一年来上海市卫生局禁烟禁毒工作。先生首先阐明烟毒的危害以及回顾禁烟禁毒的历史。其次，先生介绍了上海市戒烟戒毒机关：上海市戒烟戒毒机关始于1934年临时戒毒所之设立，此外，尚有沪南戒烟医院、沪

① 苏智良、毛剑锋、蔡亮，等编著：《去大后方——中国抗战内迁实录》，上海：上海人民出版社，2005年，第16页。

② 李廷安：《上海市儿童之健康保障》，《卫生月刊》1937年第5期，第7—9页。

③ 李廷安：《敬告市民书》，《医药评论》1937年第96期，第26—28页。

④ 李廷安：《一年来上海市卫生局禁烟禁毒工作》，《禁烟专刊》1937年第3—4期，第13—14页。

北戒烟医院、人犯戒烟医院等机关，其余 19 家医院亦兼办戒烟工作。再次，先生介绍了施戒方法：“戒烟方法有用代瘾品逐渐减少法与安眠法者，惟前者收效甚缓。后者易生加杂症，均非良计。本市各戒烟医院所采用者为发炮（泡）戒烟法，对于烈性毒品如红丸、吗啡等尤见成效。通常受戒十日即可断瘾，而瘾重之辈必须行第二或第三次之发泡者，则又当别论矣。”最后，先生介绍施戒成绩：“受戒人数自本年 1 月至 10 月止，市立各戒烟机关约为一万四千余人，指定兼办戒烟之医院，本年 3 月开始工作，计有七百余人投戒。”

是年：美国医药助华会成立。

美国医药助华会（American Bureau for Medical Aid to Chinese Inc，ABMAC）简介：1937 年成立，总部在纽约，1949 年关闭。“成立的初衷是为中国军队提供医疗救助”，“12 年中为中国的医药救济、医学教育重建和倡导公共卫生生意识做出了一定贡献”。该机构的历史功绩：购买、运输医疗物资和器械；支持中国红十字会救护总队；援建疫苗厂、血库和青霉素厂；捐赠医学图书和期刊；实施康复和口腔项目；投入医学教育；实施结核病项目。[①]

① 郭莉萍：《美国医药助华会（1937—1949）的援华工作》，《中国科技史杂志》2016 年第 1 期，第 27—39 页。

第六章　西迁西南（1938—1945年）

说明

本章记述1938—1945年先生四十一岁至四十八岁的主要事迹。

1938年10月，日本侵略军占领武汉、广州，标志着中国抗日战争进入战略相持阶段（1938年10月至1943年底）。1941年6月22日，纳粹德国撕毁《苏德互不侵犯条约》，以闪电战方式对苏联发动突然袭击，苏德战争爆发。同年12月7日，日本偷袭珍珠港，发动太平洋战争，美国对日本宣战。《联合国家宣言》的发表标志着反法西斯阵营的最终形成。1942年6月，美国海军取得中途岛战役胜利。1942年8月—1943年2月，盟军又取得了对日本的瓜达尔卡纳尔岛战役的胜利，从此取得了太平洋战区的主动权，这成为第二次世界大战中的太平洋战争的转折点。1942年6月—1943年2月，苏联取得斯大林格勒保卫战的胜利，此役是第二次世界大战东部战线的转折点。1943年10月，为执行盟军魁北克会议关于在缅甸对日本侵略军发动攻势与打通中国西南国际交通线的决定，中国驻印军与驻滇西远征军在缅北向滇西日军发动进攻，彻底消灭了这一地区的日军，解除了日军对中国大后方的威胁，打通了滇缅公路，加快了援华物资的运输，加强了中国反攻实力。中国共产党领导的八路军、新四军在敌后创建抗日根据地，抗击日本侵略军。1943年11月，中国、美国、英国三国首脑蒋介石、罗斯福、丘吉尔在开罗举行会议，讨论如何协调对日作战与战后如何处理日本等军事、政治问题。会议决定：日本用武力从中国夺去的东北各省、台湾和澎湖列岛，战后必须归还中国。1944年6月，盟军从诺曼底登陆。1945年4月，苏军进攻柏林，5月9日德国宣布无条件投降。柏林战役的胜利标志着德国法西斯的灭亡与欧洲战事的结束。1945年7月，中国、美国、英国发布《波茨坦公告》，声明三国在战胜纳粹德国后，共同致力于战胜日本以及履行《开罗宣言》等战后对日本的处理方式的决定。8 月 6 日、9 日，美国在日本广岛、长崎投下原子弹。8 月 8 日苏联加入《波茨坦公告》，9 日苏联对日作战。8 月 14 日，日本天皇向议会宣布接受《波茨坦公告》，向盟军投降。8 月 15 日，日本天皇向全国广播，实行无条件投降，9 月 2 日在投降书上签字。中国人民抗日战争取得胜利，标志着第二次世界大战以全世界人民的胜利而结束。

1938 年，先生担任华南地区防疫专员，与国联防疫委员会第三组合作。同年，先生为广西军医学校师生作《在抗战时期医药同人的使命》演讲，认为抗日战争“系国际战争，系科学化的战争”，医界同人“应当负担战时救护的工作，使伤兵早复健康，而增加抗战力量”，建议“学校各种训练，一切都要军事化”。

1939 年 1 月，先生担任卫生署防疫大队队长，致函卫生署，要求该署“通饬驻在川省各交通码头施行检疫……决定凡车船旅客一律凭预防注射证购票，以期杜绝传染途径”，建议卫生署“转咨四川省政府并通饬各卫生所、公路卫生站暨有关机关通力协助以杜疫疠”。[①]先生意识到士兵营养关系到士兵体魄与战斗力，是年秋，以两连士兵为试验对象，作士兵营养之研究。先生出于对“公共卫生教育事业的兴趣”，于是年 7 月起任中央大学医学院公共卫生学教授和系主任。

1940 年，先生担任齐鲁大学、华西大学、中央大学在成都联合组建的公共卫生委员会主席，集中管理联合大学的公共卫生课程。

1941 年，先生作为中国军队营养改进研究会主任，通过对士兵营养之研究，建议我国士兵每人每日所需之营养素不能少于下列数量：“炭（碳）水化合物 660 公分（厘米，旧时单位，后同）、脂肪 30 公分、蛋白质 80 公分、磷 1.32 公分、钙 0.64—0.68 公分、铁 0.015 公分，总热量合计 3400 卡。”研究结果以《国军营养改进之研究报告》为题发表于《军事杂志》。是年 4 月，先生应孔祥熙与金宝善之命，前往重庆筹建中央卫生实验院，并担任院长。先生认为中国公共卫生问题的改善需要通过医学教育和本科公共卫生教育，因此，希望不久的将来能回到公共卫生教育的岗位。先生在《如何改进我国膳食》文中提出：“国民之膳

① 《四川省政府省卫生处、卫生署预防霍乱分拨疫苗代电、实施办法，各市县政府呈报霍乱流行情况、计划、组织章程》，四川省档案馆，113（全宗号）-227（案卷号）。

食，能影响其健康及工作效率至大。值此抗战时期，食料供给困难，国民营养问题日形严重，故当局对于膳食积极提倡改进。”[①]

1942年秋，先生返回中央大学，任公共卫生学教授并任系主任，同年创建预防医学研究部，开始对合格医学生进行研究生指导。先生研究发现国军营养不良，以动物性蛋白质、钙质及维生素三者之缺乏最为显著。改善之方法以采用富于营养而便于携带者为宜，即根据其所缺乏之营养素量以适宜之食物补充之。该项补充品宜制成小块饼干，分送各战场应用。研究结果以《以特种干饼补充国军营养之建议》为题，发表于是年的《陆军经理杂志》。

1943年，先生以士兵254人为体格检查对象，检查结果发现士兵有体格缺点者甚多，其中比较重要的缺点及百分数如下：眼病54%、牙病97%、皮肤病76.1%、淋巴腺（结）肿大57.8%、包茎42%、肺结核4%、蛔虫病68.8%、钩虫病 32.8%，建议“由军医署召集专家订定一适合我国士兵之体格检查标准，关于检查之项目与手续以及必要之设备与人员等项均须同时规定。又为改进士兵之健康及建立近代化之国军起见，在可能之最短时间内，国军各师团中应有矫正体格缺点之完善机构”。[②]是年，先生还发表《国人死因之商榷》于《科学世界》、《健康之路——健康之意义》于《希望》。

1944年，先生担任北平协和医学院护士学校（战时成都）行政委员会执行官。先生把任职中央大学医学院以来的医学史课讲稿汇编成《中外医学史概论》，由商务印书馆（重庆）出版。王云五为该书作序，序称：“以余对医学之无根底，竟借此而对中外医学之进展获一鸟瞰之印象。因思类余之未窥医学门径而欲具医学常识者，无虑万千人，得此书读之，数小时小成，而反复诵读，将益饶兴趣。至于医学生及从事医业者，与其搜索无量数之参考书志，而犹待融会贯通者，则何如手此一编，先窥其梗概，再进而博览专攻之为愈。”

1945年1月，先生因肠癌在成都做了第一次手术。先生关注麻风病防治，“设计概略”：设立一个全国麻风防治委员会隶属于卫生署，以处理救济麻风事宜，所有经费统筹支配。在防治委员会之下设立一个或数个中央麻风病院，以为示范，病院内可附设一个麻风研究所，由所聘请麻风专家研究麻风问题

① 李廷安：《如何改进我国膳食》，《中央训练团团刊》1941年第98期，第780—782页。
② 李廷安、郭祖超：《我国士兵体格检查之报告》，《科学世界》1943年第5期，第267—272页。

及指导各地麻风防治工作。各流行省份可设一省立麻风病院，省以下各区设麻风分诊所，各地之防治问题与行政运筹均应与中央取得联络，以成一个完整系统。

【民国二十七年戊寅（1938 年）】，先生四十一岁

1 月 1 日：先生受广西军医学校校长王士成邀请，为师生作《在抗战时期医药同人的使命》演讲[①]，先生认为："第一点：此次的对日抗战，比从前的内战，利（厉）害多倍，此次系国际战争，系科学化的战争。我们医界中人，不要以为打仗只是军队的事，而不是医界的事。做医界的，应当负担战时救护的工作，使伤兵早复健康，而增加抗战力量。第二点：在非常时期，贵校同学所应特别注意的事。我们知道，学问要经过用功和训练才能得到。在此抗战时期，贵校课程或不能待期完结，所以大家要加倍努力求学，注意实验，用脑和手同时工作，各科的教材，理论一定要讲，但实际工作应同时并重，然后方有良好的成绩。学校各种训练，一切都要军事化，现在贵校注重军训，使学生毕业后，能随意到前方服务，系一个极好的办法。第三点：廷安深认一国之强弱，多赖于人民之健康与否。所以我国医生护士和药剂师应联合起来，协助政府建设公共卫生事业。"

此外，先生认为还有两点要重视：一是"因战事已经开始，容易引起瘟疫，对于防疫工作，更须注意"。二是"对于各种救护设施，应及早完备之，如救护队之组织，医院之设立，药品用具之购储，皆应想法子去筹划及实现"。

2 月 10 日：卫生署任命杨永年、张维与先生分别担任西北、华中、华南三区的防疫专员，以配合国联所派来华防疫专家，"会同专家办理预防注射传染病防治"[②]。

18 日："1938 年 2 月 18 日，日军飞机空袭巴县广阳坝（今南岸区广阳坝）

---

① 李廷安博士演讲，雷正兆、邓友涛笔记：《在抗战时期医药同人的使命》，《广西健社医学月刊》1938 年第 6 期，第 491—492 页。

②《防疫专员派定》，《申报》（汉口）1938 年 2 月 10 日，第 2 版。

机场，这是目前档案文献记载日军飞机第一次对重庆的轰炸。1944 年 12 月 19 日，日机轰炸梁山（今梁平）、万县（今万州）、开县。这是目前档案文献记载日军飞机最后一次对重庆的轰炸。因此，日机轰炸重庆的时间范围确定为 1938 年 2 月至 1944 年 12 月，共 6 年零 10 个月。”①

“日军对重庆的轰炸，可分为三个阶段：第一阶段，1938 年 2 月—1939 年 1 月，准备轰炸期；第二阶段，1939 年 5 月—1941 年 8 月，疯狂轰炸期，有‘五三’、‘五四’、‘八一九’大轰炸和‘校场口大隧道惨案’；第三阶段，1941 年 9 月—1943 年 8 月，轰炸渐近尾声并最终停止期。”②

4 月 18 日：《申报》报道：“国联防疫委员会，日内在长沙举行 2 次会议，卫生署长颜福庆将亲往主持，其他到会者为国联三防疫团主任穆塞劳勃森、兰斯赖，及卫生署三区防疫专员杨永年、张维、李廷安，卫生实验处副处长林可胜，江西全省卫生处长方颐积，湖南卫生实验处长龙毓莹，军医署第三处长蒋智钟等。”③

20 日：国际联盟防疫委（员）会 20 日在长沙举行第三次会议，出席会议的有国际联盟防疫委员会西北、华中、华南三防疫区主任摩沙劳勃森拉星，三防疫区专员杨永年、张维、李廷安，卫生署署长颜福庆，卫生实验处处长龙伯坚，中央防疫处处长陈宗贤，江西卫生处处长方颐积，湖南卫生处处长龙毓莹，军医署代表严智晦，副处长林可胜等。由颜福庆主席并致开会词后，即由各区专员及三防疫团主任汇报各区第一期（1、2、3 月）工作情形，随即讨论关于防疫之行政及技术等问题，六时散会。该会 21 日上午开分组会，下午举行大会。④

7 月 1 日：华西协合大学、中央大学、齐鲁大学三大学联合医院成立。“1938 年，中大和齐大医学院的高年级学生都需要进行临床教学。当时教会在成都办有医院 4 所，即仁济男医院、仁济女医院、仁济牙症医院和存仁眼耳鼻喉专科医院。这几所医院属教会管理，只提供给华大医科学生临床教学和实习。这时有更多的医科学生需要利用这几所医院，就必须得到教会同意，并加以调整及

① 潘洵等：《抗日战争时期重庆大轰炸研究》，北京：商务印书馆，2013 年，第 189—190 页。

② 苏智良、毛剑锋、蔡亮，等编著：《去大后方——中国抗战内迁实录》，上海：上海人民出版社，2005 年，第 26 页。

③《国联防疫会二次会在湘举行》，《申报》（汉口）1938 年 4 月 18 日，第 2 版。

④《国联防疫委会昨在长沙开会》，《申报》（汉口）1938 年 4 月 21 日，第 1 版。

进行统一财经和行政管理等工作。经过与教会协商，于 1938 年 7 月 1 日，决定组成了‘华大、中大、齐大三大学联合医院’，由中大医学院院长戚寿南任总院长，对各医院统一领导，提供各校共同使用的病床计 380 张。”①

“大学联合医院还建立了一整套医院管理制度，从住院医师、住院总医师、主治医师到科主任，从助理护士、护士、护士长到总护士长，都各有明确的职责制度。医院各科室有定期的各种业务会议，以及门诊病历制度等。这些多系仿照北平协和医院的规章制度而制定的，对于健全医疗保健制度，提高医院管理水平，确是一个进步。”②

“各校医学院最初是联合办学，后来又建立联合医院。中大医学院迁来时还没有高年级学生，他们带来的一批教学仪器和图书分别放置在华大的实验室和医科图书室里。中大和华大不仅互相借用设备、图书，教学上也很合作。如中大著名神经科教授程玉鳞（按：恐为‘程玉麐’）及其他教授为华大学生讲授神经解剖学、神经病理学、神经病学以及皮肤病学等。华大教师又为中大学生讲授有机化学、寄生虫学、普通英文及专业英文等。后来，中大、齐大两校医学院的教授如陈耀真、侯宝璋、程玉鳞（程玉麐）等被华大聘请任教。齐鲁大学医学院初来时，只有学生和教师，没带教学设备、图书和行政管理人员，他们的学生便在华大注册，与华大学生一起上课。”③

“1941 年，中大医学院在正府街建立成都公立医院后，齐鲁和华西的两个医学院仍继续合作，三大学联合医院改名为‘华西、齐鲁大学联合医院’，由杨春普任院长。1942 年，华西大学在校园建成新的大学医院，华西、齐鲁两校的医科学生便在更为方便的条件下进行临床教学和实习。”④

“华西大学医院（即新医院）的建立，早在抗战前即已由教会募集一部分基金，在校区内先建成了洗衣房、工作房等附属建筑。抗战期中，又得到洛克菲勒基金会、英国庚子赔款基金会、中国基金会、华西医科毕业同学会以及某些

① 华西校史编委会：《华西医科大学校史（1910—1985）》，成都：四川教育出版社，1990 年，第 70 页。
② 华西校史编委会：《华西医科大学校史（1910—1985）》，成都：四川教育出版社，1990 年，第 70—71 页。
③ 华西校史编委会：《华西医科大学校史（1910—1985）》，成都：四川教育出版社，1990 年，第 69—70 页。
④ 华西校史编委会：《华西医科大学校史（1910—1985）》，成都：四川教育出版社，1990 年，第 71 页。

个人的捐款，乃施工修建医院的主体工程。这所医院占地 80 余亩，设病床 500 张。1942 年部分建成后即开始接待病人，1946 年全部竣工。该院院长初为杨春普，后相继由李廷安、杨振华接任。”①

20 日：《申报》据“广州十九日中央社电”：中央医疗防疫队第十七、十八两队奉派到粤工作，由华南防疫专员李廷安、国联防疫委员会第三组主任杜鲁就近指导。②

是年：先生担任“华南地区防疫专员”（Director of the South China Epidemic Work）。③

“在抗日战争期间他担任的第一个职务是卫生署委任的华南地区防疫专员。”④

是年：李夫人带着宝善、宝健、宝良到达香港，为办证件照了一张全家福（图 6.1，李宝健教授提供并解释）。

图 6.1 抗战时逃亡到香港时为办证件照的全家福

① 华西校史编委会：《华西医科大学校史（1910—1985）》，成都：四川教育出版社，1990 年，第 81 页。

②《防疫队到粤》，《申报》（汉口）1938 年 7 月 20 日，第 2 版。

③《1943 年 2 月 10 日李廷安由国立中央大学预防医学研究部致信哈佛大学公共卫生学院院长塞西尔・K. 德林克博士》，The Francis A. Countway Library of Medicine (Boston Medical Library and Harvard Medical Library).

④ Ferguson M E. Obituary. Li T A. *The Chinese Medical Journal* ,1948, 66(6): 342-343.

按：1938 年李夫人带着三个儿子从香港经海防前往西南后方，途经昆明，在西南联合大学住在余瑞璜家两个月等机票。图 6.2 中站立右一为余瑞璜，右三为余太太，右二为李安夫人；余太太前的小孩是宝健，中间小孩是宝善。余瑞璜为先生三兄李廷耀的大女婿，中国科学院院士，原子物理学家，杨振宁的导师。余太太李宝环为助产士（李宝健教授提供并解释）。

图 6.2　1938 年前往成都途中在西南联合大学与余瑞璜一家合影（李宝健教授提供并解释）

冬：李夫人带着宝善、宝健、宝良从昆明飞抵重庆，再乘车到成都，与先生团聚。全家在成都团聚后，为躲避日本飞机轰炸，搬到成都东北部的金堂县，与八弟廷魁一家共租一房住了大半年（图 6.3、图 6.4，2014 年 11 月 9 日李宝健回忆）。

图 6.3　1938 年与八弟廷魁一家在金堂县合影（李宝健教授提供并解释）

按：后排右一为先生，右二为李廷魁；前排左起为宝善、廷魁夫人、李夫人、宝健；李夫人怀抱者为宝良。李廷魁，著名土木工程专家，原重庆土木工程学院院长。

图 6.4　1938 年冬，在成都华西坝，中央大学医学院教授的孩子见救护车好奇，与车合影
（李宝健教授提供并解释）

按：背后为明德楼，中央大学医学院为教授住宅区，车顶左三为宝善，左五为宝健。

【民国二十八年己卯（1939 年）】，先生四十二岁

1 月：先生被卫生署委任为防疫大队队长。[①]

3 月 27 日：《申报》报道：中华慈幼协会的会所在博物院路 131 号由热心慈幼问题的中外人士所组织而成。行政院长孔祥熙就是该会的会长，副会长是罗运炎和赫满克夫人。先生是中华慈幼协会的委员。“中华慈幼协会的工作，在这

①《1 月 3 日李廷安致函埃德温 •C. 罗炳生先生》，Rockefeller Archive Center-Citation Slip，Collection:CMB，Series:1942-1945，Box:76，Folder:536.

一回的战事中，更不限于上海，凡是在战区之中，或是后方的要地，该会都派员实地工作，救济一般无家可归的难童。远至兰州、西安、郑州、洛阳等地都成立分会，积极的从事慈幼工作。战区儿童获得该会的救济，因而免于死亡者，真不可胜数呢！”①

5月3日：“26架日机飞临重庆上空，将大批炸弹扔在繁荣的市中心区，市区27条商业街道有19条瞬间化作废墟，几百栋房屋被烧毁，1000多名无辜的市民被炸伤亡。”②

4日：“27架日军飞机再次轮番对重庆进行轰炸……重庆市区付之一炬，火海一片……法国七星岗天主堂教会在‘五四’轰炸中被炸毁……美国教会也遭到轰炸，包括圣社交会堂、安息会教堂、公戏会、中华基督教会等4处遭大火烧毁……英国大使馆和领事馆被炸，导致一名外国人和20名中国人死亡……据重庆防空司令部统计，日机‘五三’、‘五四’轰炸造成了严重损失和巨大破坏：炸死3991人、伤2323人，损毁建筑物846栋、4025间，约20万人无家可归。”③

“5月4日夜晚重庆遭受轰炸后，残垣断壁，满目疮痍。四分五裂的尸体俯拾皆是，到处流满了鲜血，放眼望去，殷红一片，长江和嘉陵江上也漂浮着无数具尸体，江面被鲜血染红，如此情状，世上罕见。轰炸后的重庆停水、断电，悲愤、惊恐、焦虑的情绪笼罩着每一个市民的心灵。”④

“（1939年）5月初，为防止空袭伤亡，五大服务团成立防护大队，坝上三百多师生报名。中央大学医学院解剖学教授张查理任防护大队长，学生张肇基为副大队长，华大学生吴廷椿、齐大刘春林等担任中队长。队伍组建后，先请张查理、程玉麐等教授进行培训，讲授防毒、包扎等急救知识，并指导学生演练。”

“五大服务团还奔赴前线，慰问伤残军人和医护人员。参加过此次活动的华协附中学生方约写道：1939年5月底，服务团师生搭乘多辆敞篷卡车从成都华西坝浩浩荡荡出发了。车队沿川陕公路，经过险峻的明月峡，走了好几天，到

① 《中华慈幼协会》，《申报》1939年3月27日，第16版。
② 苏智良、毛剑锋、蔡亮，等编著：《去大后方——中国抗战内迁实录》，上海：上海人民出版社，2005年，第26—27页。
③ 苏智良、毛剑锋、蔡亮，等编著：《去大后方——中国抗战内迁实录》，上海：上海人民出版社，2005年，第27—29页。
④ 苏智良、毛剑锋、蔡亮，等编著：《去大后方——中国抗战内迁实录》，上海：上海人民出版社，2005年，第35页。

达陕南边境宁羌（今宁强）。稍事休整，然后服务团人员分成若干分队，分赴城固、褒城、南郑、留坝、西乡等地的战地医院。

我所在的小分队约二十人，被分配去汉水中游的西乡县。那里有一个临时设立的战地医院，收治从前线护送下来急需抢救的受伤战士。这时日寇正从湖北进攻陕西安康。西乡距离安康估计不过三百多公里，街面冷冷清清的，一所空闲小学校的几间教室，便是小分队人员的住宿地。安扎下来之后，第二天带上药品和慰问物资去战地医院。这个战地医院建在西乡城外，是在旷野搭建起来的几座棚屋，非常简陋；所占面积甚大，房间不少，伤员也多。缺胳膊少腿的，额头上缠着绷带的，卧床呻吟的……形形色色……

分队有中央大学医学院高年级的学生陶国泰及华西大学医学院师生多人，每天帮助那里的军医对伤病战士进行治疗。分队有齐鲁大学女生于振玉等人，经常去病房表演文娱节目；优势又在夜间，在广场临时搭起的舞台上，为轻伤战士表演话剧，场面倒也热热闹闹。只要受伤战士笑一笑，我们也就高兴了。分队队员各自分工合作。我的工作主要是去病房为伤残士兵代写家信，有时也端水送药，扶伤助残。从前线送来的受伤军人每天不断。虽是工作紧张忙碌，但感觉愉快。”①

6月：先生时任医疗防疫队总队长，与副总队长王祖祥联名于1939年6月30日致函内政部卫生署署长颜（福庆）、副署长金（宝善）：“窃查四川省境各地先后发现霍乱蔓延，堪虞。嘱队为谋有效防止计。经拟定防治霍乱实施办法，并通饬驻在川省各交通码头施行检疫，并已举行大规模普遍预防注射运动，发给注射证。决定凡车船旅客一律凭预防注射证购票，以期杜绝传染途径，俾早扑灭。惟四川省地幅辽阔，当兹抗战之际，后方民众健康问题尤属切要。年来各地难民麇集（聚集），人口激增，疫疠之防治自非关系各方通力合作，不足以收事功。事属紧急，防疫关系抗战前途甚巨。除函请四川省卫生实验处统筹办理外，拟请钧署转咨四川省政府并通饬各卫生所、公路卫生站暨有关机关通力协助以杜疫疠……”②

① 岱峻：《风过华西坝：战时教会五大学纪》，南京：江苏文艺出版社，2013年，第105—106页。

②《四川省政府、省卫生处、卫生署预防霍乱分拨疫苗代电、实施办法，各市县政府呈报霍乱流行情况、计划、组织章则》，四川省档案馆，113（全宗号）-227（案卷号）。

战时医疗防疫总队简介：全面抗战后，医疗防疫总队部设在重庆，下设三个大队，分别设在华南、华中与西北。大队下辖九个分队。大队内部设有几个专业队，如细菌检验队、卫生工程队等。“防疫总队各队与公路卫生站之固定在一地区有所不同，它具有流动性，可以根据需要随时调动。其驻地主要在难民云集的地方，一是为难民解决医疗问题。二是遏止疫病的传染。”[①]

公路卫生站简介：1937年，卢沟桥事变后中国进入全面抗战时期。随着战区扩大，难民纷纷逃往西南各省。四川、贵州、西康等西部各省没有铁路，难民主要沿公路逃往西南，民用物资与军用物资运输也靠公路。当时公路所经地区医疗卫生设施非常缺乏，“为了解决沿公路后撤的难民及公路交通员工的医疗防疫问题，卫生署经呈行政院，在后方各省公路沿线设置公路卫生站20多处，分设于川康、滇黔、黔桂、成渝、川陕等公路沿线。其规模约与当时县各级卫生组织结构相仿，其同时兼顾附近机关员工以及居民的医疗防疫工作”[②]。这些公路卫生站在抗日战争胜利后，有的撤销，有的移交给当地政府。

鉴于战时流民大增，颜福庆建议在主要公路线上建立卫生站，“站中应有医师护士助理员及医疗上重要设备。除诊治劳工及附近居民外，凡公路上所发生不测之事件，均由该站负救急之责，站中并应设置病床，以备重病者住院之用”[③]。

11日：“1939年6月11日晚七时20分，27架日军轰炸机以W字型编队，由东至西肆掠成都上空，在人口密集的市中区投下一枚枚炸弹。爆炸声此起彼伏，浆洗街、新南门和祠堂街一带，房屋倒塌，血肉横飞。当第一声空袭警报发出后，坝上立即停课疏散师生。此前，五大学成立了战时服务团空袭救护队。救护队员、华大药学系二年级女生黄孝逴正与齐大同学崔之华在餐馆用餐，闻讯立即奔向指定的集合点。在距校门不远处，一颗炸弹呼啸袭来，四散的弹片击中了黄孝逴的后脑。同时罹难者还有成都师范附小华西分校的一位老师。敌机在华西坝上空投弹四枚。金大农学院植物病理组助教张益城罹难。弹片震毁

① 中国人民政治协商会议北京市委员会文史资料研究委员会编：《文史资料选编》（第37辑），北京：北京出版社，1989年，第272页。

② 中国人民政治协商会议北京市委员会文史资料研究委员会编：《文史资料选编》（第37辑），北京：北京出版社，1989年，第267页。

③《沿公路线设立卫生站之必要及劳工卫生问题》，《中华医学杂志》1938年第12期，第956—958页。

了华大美籍教师李哲士的住宅，李夫人右肩受伤。坝上校舍、图书馆及多处教师住宅被震毁。金女大吴贻芳整夜未眠，她与几位教师四下奔走，照顾学生，看望伤员，还带领学生为伤病员抬担架、包扎伤口，抢救被敌机炸伤的居民。陈裕光的女儿陈佩结曾细说当时：我家在华西坝的一幢楼上，那栋楼还住了不少外国人。我们正在吃晚饭，我患百日咳在里面吃，两个哥哥、两个姐姐端着碗在走廊上边吃边玩。'飞机，飞机，日本人的飞机！'叫了几声，哥哥姐姐就跑开了。我还不到五岁，妈妈夹着我就往外冲。只见日本人的飞机飞得很低，闪着火花。我很害怕，跌下去了。二娘陈竹君被炸塌的瓦打伤，父亲的腰扭伤了。三叔陈裕康等警报过了，房子没了，围着房子转了两圈看不到人，幸好后来人都还活着。那晚，父亲赶快与周围的邻居联系，将没有房子的人家，分散住在邻居家。我和妈妈是睡在一户外国人家里。”①

7 月：先生投奔中央大学医学院院长戚寿南博士，担任公共卫生学教授和系主任。②

“他对公共卫生教育事业的兴趣很快地就把他带回到学术界的生涯中去。在 1939 年至 1943 年他在成都中央大学医学院担任了公共卫生学系的教授和主任。”③

戚寿南（S. N. Cheer，1893—1974）小传：浙江宁波人，著名医学家、医学教育家。中国现代内科医学的奠基人。1916 年毕业于南京金陵大学，1920 年在约翰·霍布金斯医学院获医学博士学位，毕业后在美国麻省总医院任职。1922—1934 年任教于北平协和医学院，讲授内科学，并任附属医院的内科主任。1934 年任中央大学医学院院长，同时担任南京中央医院总住院医师。1938 年任华西协合大学医学院、中央大学医学院、齐鲁大学医学院三大学联合医院总院长。“1944 年 8 月 20 日，美军 58 联队再次调机从四川直飞八幡帝国制铁所进行轰炸。但这次轰炸 58 联队却付出了惨重代价。据 58 联队老兵俱乐部统计，在这次行动中，58 联队有四架 B-29 轰炸机被击落。四架飞机搭载的 48 名机组人员，仅 18 人生还。其中，负伤之飞行员皆送往成都‘四圣祠三大学联合医院’

① 岱峻：《风过华西坝：战时教会五大学纪》，南京：江苏文艺出版社，2013 年，第 64—65 页。

② 《1 月 3 日李廷安致函埃德温·C. 罗炳生先生》，Rockefeller Archive Center-Citation Slip, Collection: CMB, Series:1942-1945, Box: 76, Folder: 536.

③ Ferguson M E. Obituary. Li T A. *The Chinese Medical Journal*, 1948, 66(6): 342-343.

抢救。戚寿南院长在医院内安排了特别医疗区，对每一伤员均亲自诊疗或会诊。”抗日战争胜利后，戚寿南随中央大学医学院迁回南京。

“最早迁到华西坝的，是中央大学医学院。1937 年 9 月 23 日，中央大学接到教育部西迁重庆的批复，因在重庆找不到医学生临诊实习的医院，校长罗家伦派医学院院长戚寿南赴成都与华大商洽。华大‘慨允合作’。10 月，中央大学医学院迁来坝上，同时迁来的还有中央大学畜牧兽医系。”①

“经教育部斡旋，金大（按：金陵大学）租得‘长沙’‘武林’‘黄浦’三艘轮船，于 11 月 25 日、11 月 29 日和 12 月 3 日，分三批驶离南京，抵达汉口……12 月 20 日，教育部高教司通知陈裕光，迁蓉之事已与四川省教育厅商妥，望速派员接洽。1938 年 1 月 7 日，金大由宜昌乘‘宜虞轮’入川……1938 年 3 月 1 日，金大在华西坝的春风中正式开学，到年底学生达 557 人，教职工 197 人。”②

“金女大师生人数较少。很多女生随家人一起迁徙。至 1938 年春天，被战火驱散的师生分别从武昌和上海奔向成都。一些散居在苏、皖、赣、湘、闽等地的同学随着逃难的民众，也从四面八方汇拢。”③

“齐大（齐鲁大学）西迁，文学院院长杨懋春回忆：‘教职员由济南往成都迁移时……凡动身早的人，能幸运用上由济南——南京——重庆——成都那条路线，费时少，也不太辛苦，但这条路于战争爆发后不久就断了。那些动身迟的人，就必须改由济南先到青岛，而后经上海、广州、香港，或上海、香港、西贡（或海防）、云南昆明、重庆至成都。经这条路，用时长，花钱多，也很辛苦……’……齐鲁大学的学生的迁移全是逃难……由沦陷区逃出来的学生为数众多，成了无数股流亡潮。政府就派人在沦陷区内各处秘密给予引导，带流亡学生走那些比较安全、能早日平安到达自由区的路径。齐鲁学生就是以这种方式，经过千山万水到达成都。”④

“苏州东吴大学生物系教授刘承钊、陆近仁及另外两名职工，带领 18 名学生西迁，先到湖州（浙江省吴兴县）避难。1937 年 8 月，日军攻占上海，很快

① 岱峻：《风过华西坝：战时教会五大学纪》，南京：江苏文艺出版社，2013 年，第 14 页。
② 岱峻：《风过华西坝：战时教会五大学纪》，南京：江苏文艺出版社，2013 年，第 15—16 页。
③ 岱峻：《风过华西坝：战时教会五大学纪》，南京：江苏文艺出版社，2013 年，第 16 页。
④ 岱峻：《风过华西坝：战时教会五大学纪》，南京：江苏文艺出版社，2013 年，第 16—17 页。

南下。11 月 14 日，在日军距湖州仅六十多里的情况下，他们连夜逃离，辗转千里，于 1938 年 1 月 27 日到达华西坝。1939 年，这部分师生正式并入华西协合大学，刘承钊受聘为生物系教授。因他的加盟，华大生物系从此勃兴，尤其是两栖爬行动物的研究，至今领先全国。”①

“1938 年，华南的局势进一步恶化，又有部分来自粤港澳等地的青年学子逃来华西坝。非常时期，教育部认可他们的学历和报考资格。”②

“燕大留守北平办学的梦，破碎于 1941 年 12 月 8 日清晨。珍珠港事件发生不到半小时，日军包围学校，把司徒雷登及一批资深教职员关进宪兵队，把其他的外籍教职员押至山东潍县集中营，把学生赶出校园。当日，孔祥熙在重庆召开燕大校董会，决定在成都复学，并请清华大学校长梅贻琦的胞弟、燕大文学院院长梅贻宝任复校筹备处主任。复校的消息像涟漪，一波一波传遍华北。燕大师生按照学校设计的两条路线，成群结队，辗转迁徙……1942 年秋，燕大在成都正式开学，注册学生共 300 名。”③

“坝上五大校长陈裕光、吴贻芳、刘世传（及后任汤吉禾、吴克明）、梅贻宝、张凌高等，皆国之高士。如英国驻华使馆科学参赞李约瑟之谓：‘在这些学校的校长中有一些国际知名的学者，如燕京大学的梅贻宝博士，他是《墨子》一书的翻译者’。”④

1939 年，“在联大医学院同事的帮助下，我们在成都附近的一个城镇和区同名的温江，建立教学机构开展卫生服务工作，以前北平协和医学院的学生李廷安负责此项计划”⑤。

“最近，这里的齐鲁大学、华西协合大学、中央大学（National Central University）组建了公共卫生委员会，由我任主席，集中管理各大学的公共卫生教学。”⑥

按：先生 1940 年 1 月 3 日给昆明卫理会事务部（Methodist Misson-Business

① 岱峻：《风过华西坝：战时教会五大学纪》，南京：江苏文艺出版社，2013 年，第 17 页。

② 岱峻：《风过华西坝：战时教会五大学纪》，南京：江苏文艺出版社，2013 年，第 17 页。

③ 岱峻：《风过华西坝：战时教会五大学纪》，南京：江苏文艺出版社，2013 年，第 18—19 页。

④ 岱峻：《风过华西坝：战时教会五大学纪》，南京：江苏文艺出版社，2013 年，第 25 页。

⑤ 陈志潜：《中国农村的医学——我的回忆》，成都：四川人民出版社，1998 年，第 122 页。

⑥ 《1940 年 1 月 3 日先生致函 Mr. E. C. Lobenstine》, Rockefeller Archive Center-Citation Slip, Collection: CMB, Series: 1942-1945, Box: 76, Folder: 536.

Department）埃德温 • C. 罗炳生先生的信中提及，最近担任三校公共卫生委员会主席[①]，担任该职的时间应是 1939 年底（图 6.5）。

图 6.5　在华西坝，先生与中央大学医学院、华西协合大学医学院、齐鲁大学医学院的同事、学生、助手合影

按：前排站立右起第三穿西服系领带者为先生。

先生 1938 年任华南地区防疫专员，次年 1 月任卫生署防疫大队的队长。“长达两年的时间内在华南及各地的奔波”[②]，所以，“抗战的头二三年，是西迁逃难、重建、再开张的时期，在此时期李教授及其所领导的单位不能做出说得上的成绩！”[③]

秋：先生与郑集、徐达道三人曾作士兵营养之研究，以两连士兵为试验对象，在施行营养试验前，先由成都三所大学联合医院内科、牙科、眼科等诸位医师暨中央大学医学院同仁对士兵进行详细体格检查。研究结果《国军营养改进之研究报告》与《我国士兵体格检查之报告》后来分别发表在《军事杂志》[④]和《科

① 《1940 年 1 月 3 日先生致函 Mr. E. C. Lobenstine》, Rockefeller Archive Center-Citation Slip, Collection: CMB, Series: 1942-1945, Box: 76, Folder: 536.

② 《1940 年 1 月 3 日先生致函 Mr. E. C. Lobenstine》, Rockefeller Archive Center-Citation Slip, Collection: CMB, Series: 1942-1945, Box: 76, Folder: 536.

③ 严镜清：《缅怀李廷安教授》（未见刊，李宝健教授提供）。

④ 李廷安、郑集、徐达道：《国军营养改进之研究报告》，《军事杂志》1941 年第 2 期，第 116—117 页。

学世界》[①]上。

【民国二十九年庚辰（1940年）】，先生四十三岁

1月3日：先生致函昆明卫理会事务部埃德温·C. 罗炳生先生："收到您的1939年11月18日来信，我很高兴。这封信由重庆的卫生署转交给我，2小时前我才收到。很抱歉，由于邮递的延误，我无法在香港就给您复信。我一直就想给您写信。听说您会前来中国西部，我实在是非常高兴。我还记得战前您曾经在上海亲切地看望过我。

我想说的是，自从您离开之后，发生了很多事情。上海沦陷后不久我就离开了。之后，在1938年，我担任华南地区防疫专员，与国联防疫委员会（the League of Nations's Epidemic Commission）第三组合作。自1939年1月以来，我被卫生署委任为卫生署防疫大队的队长。我答应在重组期内担任此职务5或6个月的时间。因此，6月后，我辞去此职，加入由戚寿南博士任院长的中央大学医学院，在成都，担任公共卫生学教授和系主任。我很高兴在多年的行政工作，以及长达两年的时间内在华南及各地的奔波并且患上胃酸过多之后，我能够重新获得任教机会。就像您所知道的，这一直是我的兴趣所在。同时，这也给了我一个休养身心的机会。这里的朋友们为我营造了相当愉快的环境。最近，这里的齐鲁大学、华西协合大学、中央大学（National Central University）组建了公共卫生委员会，由我任主席，集中管理各大学的公共卫生教学。我的主要兴趣在于培养高标准的公共卫生人才，而不幸的是这方面一直没有得到重视。所以，目前没有地方能为国家培养这种人才。我想在这方面尝试做些工作。我相信，如果期望在公共卫生方面取得真正的进步，这是一个缓慢但必需的过程。

我希望您能让我知道您抵达成都的日期，请告诉我具体的航班和日期，这样我能在机场或者在航空公司接您——我们在成都的机场接人可能有些困难。

---

① 李廷安、郭祖超：《我国士兵体格检查之报告》，《科学世界》1943年第5期，第267—272页。

另外，如果需要我为您安排住宿或者是在成都的行程也请一定告诉我。我还想知道您是否愿意留出一个晚上与我们的北平协和医学院校友们见一下面，让大家在成都向您表示欢迎。您的来信中没有明确说您会来成都。但成都是医学中心——尽管可能不是中国这个地区最重要的中心，您的到访会对我们有很大的帮助，我们非常欢迎您来成都。”[①]

6 月 24 日：“广西省立医学院院长，向由省主席兼任，兹已改聘中大医学院教授李廷安接充”。[②]

7 月：先生任中央大学医学院公共卫生学教授（图 6.6）和系主任。[③]

是年：先生任中央大学医学院公共卫生科教授兼主任。[④]

是年：先生于“中大医学院附设的预防医学研究所担任教授兼所长”[⑤]。

图 6.6　1940 年先生任中央大学医学院公共卫生学教授（李宝健教授解释）

① 《1940 年 1 月 3 日李廷安致函埃德温・C. 罗炳生》，Rockefeller Archive Center-Citation Slip, Collection: CMB, Series: 1942-1945, Box: 76, Folder: 536.

② 《教育简讯》，《申报》1940 年 6 月 24 日，第 8 版。

③ 《1940 年 1 月 3 日李廷安致函埃德温・C. 罗炳生》，Rockefeller Archive Center-Citation Slip, Collection: CMB, Series: 1942-1945, Box: 76, Folder: 536.

④ 《四川省各厅处局及附属机关职雇员姓名简历册》（民国二十九年），四川省档案馆，全宗号 42，案卷号 2487。

⑤ 严镜清：《缅怀李廷安教授》（未见刊，李宝健教授提供）。

“汇聚华西坝的高校有：东道主华西协合大学，校长张凌高；中央大学医学院，院长戚寿南；金陵大学，校长陈裕光；金陵女子文理学院，校长吴贻芳；齐鲁大学，校长汤吉禾；燕京大学，校长梅贻宝。人们习惯上把这一时期称为抗战‘五大学时期’（1941 年秋中大医学院迁出，随后燕大迁入）。此外，东吴大学生物系、协和医学院的部分师生和协合医学院护士专科学校也融入华西坝（图 6.7）。”①

图 6.7 抗战时期的华西坝（李宝健教授提供并解释）

“值此国难当头之际，华西协合大学（它本身是所教会大学）以校长张凌高为首的师生员工以东道主的身份敞开大门迎接各个友邻高校。大家因地制宜，把华西坝原有的校舍和设备的功能都发挥到了极致。华西协合大学一面紧缩本校师生的教学用房，一面还向其他单位租用和临时新建了许多简易校舍，师生们挤在地下室里以节约空间，在教学楼的两头装上隔板，便成了窗明几净的办公室，在阁楼上装上老虎窗权且充作实验室。各个沦陷区大学借华大楼馆设施，运来图书仪器，建了些简易校舍，即行办公教学，基本保持了战前水平。这里还经常有大型学术交流等校际活动，成为昆明西南联大之外，大后方又一处著名高教基地。”②

① 苏智良、毛剑锋、蔡亮，等编著：《去大后方——中国抗战内迁实录》，上海：上海人民出版社，2005 年，第 240—241 页。

② 苏智良、毛剑锋、蔡亮，等编著：《去大后方——中国抗战内迁实录》，上海：上海人民出版社，2005 年，第 241—242 页。

张凌高（Dsang Lin Gao）小传：1890年出生在璧山县（今重庆市）石梁桥乡一个手艺人家。少读私塾，后奉父命改学银匠，三年学徒满师，他说服父亲，进入璧山县教会小学。因成绩优异被推荐到重庆求精中学深造，并受洗入教。后考进华西协合大学文科。毕业后被选送到美国芝加哥市西北大学学习。1922年张凌高获神学学士和文学硕士学位回国，到资中县美以美会作牧师。1927年春，张凌高被选拔到华西协合大学作副校长，1930年为代理校长。1932年，张凌高再次赴美留学德鲁大学研究院，获哲学博士学位。回国后，张凌高即到南京教育部办理华西协合大学立案手续。张凌高认为应将耶稣和孔子结合起来，“以博爱牺牲服务之精神，培养高尚品格，教授高深学术，造就专门人才，适用社会需要”，提出以“仁智、忠勇、清慎、勤和”作为校训。到1944年，华西协合大学有教授81人、副教授44人、讲师65人。其中有博士学位的53人，硕士学位的33人。1932年，理学院创办了制药系。为应对战时经济困难，张凌高带头降薪。[①]1955年，张凌高于成都病故。

陈裕光小传：1893年生于浙江宁波，1905年进南京汇文书院附中，后考入金陵大学化学系。帝制被推翻，他认为是时代进步，以“景唐”为号，取义景慕大唐盛世。1916年赴美入哥伦比亚大学攻读有机化学，曾担任留美中国学生会会长。他与侯德榜、吴承洛等筹建了中国化学会。1922年夏，他获得博士学位后回国，任北京师范大学化学系主任、教务长、学校评议会主席，两次代理过校长。1925年应邀回母校金陵大学担任化学教授。1927年11月，任校长。1944年秋，美国国务院邀请中国六所名校校长访美，其中有陈裕光、萨本栋（厦门大学）、梅贻宝、陈序经（南开大学）等。1945年春，陈裕光继1929年获得美国哥伦比亚大学名誉教育奖章后，又获美国加州大学名誉教育博士称号。[②]

吴贻芳（Wu Yi-fang）小传：1893年出生于湖北武昌，祖父曾任荆州知府，父亲曾为候补知县。她受家教读诗书，缠小脚。11岁随大姐到杭州读女校。1909年，父亲因上司挪用公款，替人戴罪，跳江身亡。在清华读书的哥哥因出洋梦破，愤而自杀。母亲丧夫失子，一病不起。大姐受此刺激，竟在母亲入殓前上吊自缢。几年之间，频遭家难，19岁的吴贻芳痛不欲生。她在姨父陈叔通的劝

---

① 岱峻：《风过华西坝：战时教会五大学纪》，南京：江苏文艺出版社，2013年，第37页。

② 岱峻：《风过华西坝：战时教会五大学纪》，南京：江苏文艺出版社，2013年，第26—28页。

导下，强忍悲痛，带着9岁的妹妹和老祖母随姨父一家生活，几年后妹妹竟又失踪。1914年，毕业于杭州弘道女中的吴贻芳移居北京，任教女子师范学校。一年后她意外地收到金陵女子文理学院的入学通知，原来一位叫诺互通玛利的金陵女子文理学院美籍教师还在杭州弘道女中任教时就已关注吴贻芳，愿意帮助她改变人生。1916年2月，吴贻芳作为插班生进入金陵女子文理学院一年级。1918年夏，她去上海浸礼会怀恩堂受洗，成为基督徒。1919年毕业后，受聘北京女子高等师范，任英文部主任，1922年就读美国密西根大学研究生院。五年后，吴贻芳获生物学博士学位。几乎同时，她收到设在纽约的金陵女子大学托事部的聘书，成了中国第一位女大学校长，1934年任“新生活运动”促进总会妇女指导委员会副指导长（宋美龄为指导长）。全面抗战爆发后，宋美龄发起成立中国妇女慰劳自卫抗战将士总会（简称“妇慰会”），自任主任委员，吴贻芳任执委。1938年5月，宋美龄在江西庐山召开全国妇女工作谈话会。宋为会议主席，吴贻芳为副主席。1938年7月6日，吴贻芳以参政员身份出席第一届国民参政会，与邓颖超、史良等提出动议，为纪念“七七”抗战一周年全体参政员一律献金。此议案带动了全国的抗战献金运动。年底，吴贻芳作为中华基督教协进会执行主席、中国基督教教育委员会主席，率团参加了在印度马德拉斯举行的国际基督教协进会十年大会，唤起与会者对中国人民抗战的同情。1941年3月1日，吴贻芳任第二届国民参政会主席团五成员之一（其他为蒋介石、张伯苓、左舜生、张君劢），1942年7月第三届国民参政会上，再次当选主席团成员。1945年6月，吴贻芳以无党派人士身份，与宋子文、顾维钧、王宠惠、魏道明、胡适、胡霖、李璜、张君劢、董必武等组成中国代表团，出席在旧金山召开的联合国制宪大会。中国代表团顾维钧率先用毛笔在《联合国宪章》上签字，吴贻芳是签字的第一位女性。作为女界领袖，吴贻芳拒绝政府配给的小轿车，只肯买一辆黄包车。她说，我们在后方，“一滴汽油一滴血”那句口号，不能是一句空言。[①]

齐鲁大学校长在全面抗战时期共换了三任，分别为刘世传、汤吉禾、吴克明。主持西迁与任职较长者为刘世传。刘世传，字书铭，山东蓬莱人，1919年毕业于齐鲁大学，后赴美留学，获霍士德学院（College of Wooster）文学学士，

① 岱峻：《风过华西坝：战时教会五大学纪》，南京：江苏文艺出版社，2013年，第28—30页。

并在哈佛大学攻读国际法博士学位。回国后先后任教于国立东北大学、国立北平大学。全面抗战爆发后，他主持齐鲁大学迁川。1943 年离任。[①]

梅贻宝小传：1900 年生于天津，五哥梅贻琦曾任清华大学校长。1915 年梅贻宝考入清华预备学堂。1923 年赴美，在欧柏林大学读书，1928 年获芝加哥大学哲学博士学位，论文是 *Motse，the Neglected Rival of Confucius*（《墨子：一位曾与孔子匹敌而备受冷落的人》）。回国后，梅贻宝受聘燕京大学，曾任注册课主任、教务处主任、讲师、教授等职。1934 年秋，梅贻宝受孔祥熙之托代理山西铭贤学校校长，扩建工农两科，争取到教育部的拨款，兴建了嘉桂科学楼、亭兰图书楼等建筑。1936 年任燕京大学文学院院长。1938 年，任甘肃省科教馆馆长。1942 年，燕京大学校董会推荐梅贻宝为成都复校筹备处主任、代理校长。到 1945 年抗战胜利时，成都燕京大学有教职员约一百人，学生约四百人，拥有文、理、法三个学院十个学系。[②]

"在那个年代里，师生们的生活是很清苦的，黄炎培之子、金大教授黄方刚因患白血病逝于坝上。他死后，人们经常看到有个小男孩在华西坝上走街串巷卖油条，这个赚钱补贴家用的小男孩就是黄教授的儿子。恶性的通货膨胀以及随之而来的物价飞涨，使得师生们的生活质量都大为下降。但是对于战乱中的人们来说安全的环境是第一位的。这里地处天府之国，风景优美的华西坝是一个相对理想的读书育人之地。这里实行学分制、选课制，没有成形的年级、固定的课室和共同的课程表，也没有定时的早晚自习，生活无拘无束，加上那时成都的生活费比昆明便宜，以至于内迁高校的师生们流传着这样一个笑谈，说西北大学所在地陕西的生活条件是最差的，是为'地狱'；重庆的沙坪坝条件一般，此乃'人间'；华西坝条件最好，被誉为'天堂'。历史学家顾颉刚来到坝上就曾这样说过：'在前方枪炮的声音惊天动地，到了重庆是上天下地，来到华西坝使人欢天喜地。'"[③]

8 月 19 日："把'101 号作战'推向高潮的是'八一九'大轰炸。1940 年 8 月 19 日、20 日两天日军投入轰炸的飞机最多，并启用了最先进的零式舰载战斗

① 岱峻：《风过华西坝：战时教会五大学纪》，南京：江苏文艺出版社，2013 年，第 32—33 页。
② 岱峻：《风过华西坝：战时教会五大学纪》，南京：江苏文艺出版社，2013 年，第 34—36 页。
③ 苏智良、毛剑锋、蔡亮，等编著：《去大后方——中国抗战内迁实录》，上海：上海人民出版社，2005 年，第 243 页。

机……一位美联社记者报道：‘自 19 日 1 时 35 分至 20 日 14 时，重庆连续四次遭受轰炸，使市中心商业区、郊外及江北的广大地区遭到破坏。38 处起火，殃及房屋和商店 2000 余座以上，死伤数百人。巴县县城仅残留五分之一，其它（他）全归于尽。重庆的街道几乎已无法辨认。’据重庆防空司令部统计，日机两天共投弹 800 余枚，炸死市民 342 人，炸伤 360 人，财产损失严重。”①

【民国三十年辛巳（1941 年）】，先生四十四岁

1 至 3 月：先生在成都中央大学医学院担任了公共卫生学系的教授和主任。②

《专科以上学校教职员名册（第二册）》登记：“李廷安，男，44 岁，广东人，北平协和医学院毕业，美国哈佛大学卫生学博士，北平协和医学院副教授，中央大学公共卫生科教授兼主任。专业：公共卫生行政学，单位：中央大学。”③

“成都缺粮，已成社会矛盾。中共成都市委在一份密报中写道：‘1941 年 3 月米价三十余元，到五月即为六十余元，到了六月即已九十余元了（双斗）’。”④

“1940 年，华西校医处报告，当年新生体检 81 名男生，发现有显著身体缺点者 75 人，占被检人数的 92.6%。1941 年，五大学组建学生暑期边疆服务团，‘在成都华西坝各大学征集团员时，报名时达三百余人，因须体质强健，经两次甄别，仅选得 57 人，集中训练后，复请三大学联合医院举行全体体格检查，经照射爱克司光，仍有患肺结核病者 16 人，且其中 11 人已极危殆。’1942 年坝上肺病流行，四大学同学患病甚多，因无条件医疗，只好同华大当局协商，求诊于华大新医院。1943 年年初，燕京大学学生体检结果，患肺病者占五分之一。学生恐惧疾病，但对医疗费的忧虑远甚于疾病，因‘彼辈多系来自战区，经济困难，且每月费用甚大，而各医院于催款不着之时，即下逐客之令’。”⑤

---

① 苏智良、毛剑锋、蔡亮，等编著：《去大后方——中国抗战内迁实录》，上海：上海人民出版社，2005 年，第 37—38 页。

② Ferguson M E. Obituary. Li T A. *The Chinese Medical Journal*,1948, 66(6): 342-343.

③《专科以上学校教职员名册》（第二册），四川省档案馆，第 477 页。

④ 岱峻：《风过华西坝：战时教会五大学纪》，南京：江苏文艺出版社，2013 年，第 53—54 页。

⑤ 岱峻：《风过华西坝：战时教会五大学纪》，南京：江苏文艺出版社，2013 年，第 50 页。

“太平洋战争爆发后，我国与外界的海上通道被切断。1942年，日寇侵入缅甸，滇缅路交通受阻。后方物资供应更加困难，物价上涨更为剧烈。据中国农民银行编制的33种重要城市零售物价指数，以1940年上半年为基期，至1942年3月，雅安上涨达40倍，重庆30倍，最低者也在17倍至19倍。”①

“由于长期营养不良，医疗卫生设备差，师生中肺结核、肝炎、肠炎的发病率很高。1944年12月成都《新新新闻》报，以《教育上一严重问题——沙坪坝肺病蔓延》为题，报道了中大师生的健康状况。学生是如此，教师的日子也不好过。全面抗战初期，重庆米价每担10元，教授月薪最高为360元，助教70元，维持一家生活尚可。后来，物价暴涨，货币贬值，配给的平价米购不着，黑市米价高达300元一担。有些子女较多的家庭，起初还能勉强以积蓄贴补，继而以典当接济，而物价却有增无减，终于跌落至贫困的深渊。”②

4月：行政院的卫生署于1941年4月在重庆歌乐山将在重庆新桥的卫生实验处与在贵阳图云关的公共卫生训练所合并，建立中央卫生实验院（图6.8）。先生任院长，朱章赓任副院长。1942年朱章赓接任院长，姚家政、黄仁岩任副院长。③

图6.8 1941年，先生在重庆歌乐山与中央卫生实验院同事合影
（前排站立者右二为先生，李宝健教授提供并解释）

① 岱峻：《风过华西坝：战时教会五大学纪》，南京：江苏文艺出版社，2013年，第54页。

② 苏智良、毛剑锋、蔡亮，等编著：《去大后方——中国抗战内迁实录》，上海：上海人民出版社，2005年，第251—252页。

③ 朱莲珍：《中央卫生实验院的组建及其变迁》，《营养学报》2015年第2期，第113—114页。

“先生受命前往重庆筹建中央卫生实验院，院址在歌乐山，并担任院长。”[①]

“去年（即1941年），因孔祥熙博士与金宝善博士的急召，我答应他们在重建中的中央卫生实验院担任院长，但是我希望不久能从院长任上退下来，再次任职于一所医学院，要么在中央大学医学院，或者在别的医学院。”[②]

据李宝健教授回忆：“家父只答应任职中央卫生实验院一年，然后回医学院教书。一年后不仅院舍、实验室建成，配套设施如宿舍、小学也建成，面积约两万平方米。宋子文在经济上支持家父。中央卫生实验院属于副署级，当时卫生署配一辆小车，家父从未因私用车。有一次例外，家父为林森治病，到林森住所要经过市区，三个小孩未到过市区，就顺带小孩上车，看了市区。同住于歌乐山的教授，有后来成为中将的军事医学科学院副院长蔡翘。”[③]

中央卫生实验院（National Institute of Health，NIH）简介：1941年由重庆新桥的卫生实验处与贵阳图云关的公共卫生训练所合并而成，地点在重庆歌乐山。受孔祥熙博士与金宝善之召，李廷安负责筹建中央卫生实验院，并担任院长。副院长为朱章赓。下设机构与负责人如下：“营养组（王成发）、药物组（张昌绍）、寄生虫组（何琦）、卫生工程组（汪德晋）、卫生教育组（贾伟产）、统计组（薛仲立）、心理组（丁瓒）、护理组（徐蔼诸）、妇幼卫生组（杨崇瑞）、细菌组。”[④]开展战时国人营养状况的研究等。“实验院设有两个卫生实验区。一个在沙坪坝，主要是结核病防治，主持人陶荣锦。另一个是与璧山县县医院合作，在农村推行新法接生和预防流行性疾病，也作家访，也有门诊，重病则转送县医院。”“实验院还有其他国际组织的合作与支援。美国的洛克菲勒基金会在实验院的对面建了一所疟疾实验室（主持人周钦贤），与寄生虫组协作研究疟疾防治；我们的科研人员常利用他们的设备进行研究。实验院各研究组得到的国外仪器、图书室的多种国外医学期刊的微缩胶片，可能都是国外的援华组织支援的。”[⑤]抗战胜利后，迁回南京黄埔路一号原卫生署旧址。1946年8月组建北平分院，吴宪任分院院长。1950年中央卫生实验院迁往北京，与北京分院合

---

① Ferguson M E. Obituary. Li T A. *The Chinese Medical Journal*,1948, 66(6): 342-343.

②《1942年2月14日李廷安从中央卫生实验院致信美国纽约洛克菲勒基金会的艾伦·格雷格博士》，Rockefeller Archive Center-Citation Slip, Collection: CMB, Series: 1942-1945, Box: 76, Folder: 536.

③ 2012年9月5日李宝健第一次口述。

④ 朱莲珍：《中央卫生实验院的组建及其变迁》，《营养学报》2015年第2期，第113—114页。

⑤ 金大勋：《回忆抗战时期的中央卫生实验院》，《营养学报》2006年第2期，第104—105页。

并，改名为中央卫生研究院。1956年中央卫生研究院与北京协和医学院合并，改名为中国医学科学院。“中央卫生实验院是抗日战争时期国民党卫生署在重庆建立的最高医药卫生研究机构，对后方的医药卫生状况和疾病的调研、控制，民众健康的宣传指导方面发挥了重要作用。”[①]

朱章赓（C. K. Chu，1900—1978）小传：浙江义乌人。早年就读于上海南洋中学，1929年北平协和医学院毕业。1932年到耶鲁大学进修，获公共卫生博士学位。1935年5月任南京中央卫生设施实验处卫生教育系主任，兼中央大学卫生教育科主任。全面抗战爆发后，先后任贵阳卫生人员训练所所长、国民政府卫生署中央卫生实验院副院长。1947年4月到纽约，任联合国世界卫生组织过渡委员会卫生组副主任。“1949年1月13日任卫生部政务次长，并一度代理部长职务。同时担任中华医学会第十四届理事、第十五届理事长。”[②]

先生一家在重庆的生活很艰苦，购买白布要申请。[③]

据李宝健教授回忆：“辗转到重庆后，当时生活很艰苦，物资匮乏，营养不良，我得了鸡胸病，母亲伤心得很。”[④]

“难民们刚刚到重庆时，物价低廉，最低单位是铜元。那时，面摊上吃碗面只要800文钱，白米2元多一斗。而数年以后，吃碗面却要7角钱，大米每斗要60元。经济学家杨西孟曾写过一篇题为《几年来昆明大学教授的薪津及薪津实值》的文章，他以1937年生活指数为100算起。1939年上半年生活费指数已上升为273，此时领300元的薪津，仅值抗战前的109.70元。1939年下半年生活费指数已上升为472，如薪津仍为300元，只值抗战前的63.80元。至1943年下半年，生活费指数已达3614.21，如薪津仍为300元，此时仅值8.30元。物价相差之大，使人徒生感慨。这年9月，四川米价最高达每市石4800元，大后方民众生活之艰苦不言而喻。”[⑤]

---

① 牛亚华访问整理：《从中央卫生实验院到上海药物食品检验局——彭司勋访谈》，《中国科技史杂志》2011年第2期，第200—209页。

② 林吕建主编：《浙江民国人物大辞典》，杭州：浙江大学出版社，2013年，第117页。

③《甫澄医院请购平价布造具全院医护职工花名册》（民国三十年），四川省档案馆，全宗号113，案卷号1062。

④ 2012年9月5日李宝健第一次口述。

⑤ 苏智良、毛剑锋、蔡亮，等编著：《去大后方——中国抗战内迁实录》，上海：上海人民出版社，2005年，第321—322页。

尽管“教育经费是仅次于国防经费的第二项开支”[①]，中央大学学生只能吃“八宝饭”。

“所谓‘八宝饭’就是饭中有碎米、谷壳、稗子、莠子、碎石、砂子、灰渣等杂物，虽然其中未必恰好八样，但混合在一起，就成了五花八门的东西，便被戏称为‘八宝饭’……每次做饭前，先把米倒在簸箕里，把稗子、砂子等杂物挑出，然后再反复淘洗，如果米淘不净，饭吃到嘴里便会硌伤牙齿。熬粥时，勺子在稀饭盆里一搅，一半浮米，一半沉沙。每餐总能拣出一小堆砂砾和稗子。吴组缃曾讲过一个使人叹息的故事，中央大学餐厅外面常常聚集着一些教授们的孩子，等吃饭的人一起座，他们就纷纷涌进去抢稗子，常常为此吵嘴、打架。他们抢稗子是为了回家喂鸡。后方很多人因为吃了这掺杂着砂子的‘八宝饭’患上了盲肠炎。后方缺少消炎药，患了盲肠炎就只能开刀剖腹，割除盲肠。”[②]

据李宝健回忆：日军飞机轰炸重庆时，一家人到防空洞躲避。家父在洞中教三个小孩英语。[③]

6月5日：“在重庆大轰炸中，让中国人民，尤其重庆人民刻骨铭心的是1941年6月5日发生的震惊世界的‘重庆大隧道惨案’。此前，日机都在白天轰炸，灯火初上之时，在市郊躲避空袭的市民们纷纷返城，车来船往，络绎不绝，一派热闹景象。不料，那天晚上6点左右，警报突然响起，24架飞机在夜幕的掩护下飞临重庆上空。霎时街上一片混乱，回城的市民措手不及，只好扶老携幼从十八梯、石灰市和演武厅三个入口潮水般涌入位于市中心的校场口大隧道避难，人数远远超过了隧道6500多人的最大容量。该隧道三个入口的洞门很矮，宽、高只有2米多，全长两公里，每隔30多米才有一盏不明不暗的油灯，通风设备被闲置一旁。这时刚好是六月天，天气炎热，洞内又被挤得水泄不通，温度不断攀升。而轰炸延续了三个多小时，洞内的氧气随着人们的呼吸急剧减少，个个感到胸闷、呼吸不畅，油灯逐渐熄灭，漆黑一片，妇孺的哭叫声响彻洞内，每个人都面临着死亡的威胁。人们开始骚动起来，求生的欲望驱使他们争先恐

① 苏智良、毛剑锋、蔡亮，等编著：《去大后方——中国抗战内迁实录》，上海：上海人民出版社，2005年，第213页。

② 苏智良、毛剑锋、蔡亮，等编著：《去大后方——中国抗战内迁实录》，上海：上海人民出版社，2005年，第390页。

③ 2012年9月5日李宝健第一次口述。

后地往外挤。可是，大隧道的木栅门是由里往外关，汹涌的人群堵住了栅门，根本无法打开。栅门附近的人被挤得贴在门上，动弹不得，呻吟声和‘救命’的哭叫声此起彼伏。人们在黑暗中互相践踏，一些人被压死、踩死，另一些人则窒息而死。惨案发生后，劈开栅门，映入眼帘的是重重叠叠的尸体一直堆到了洞顶，有的尸体牢牢抱在一起，难以分开。衣裤被撕得破烂不堪，浑身湿透，双眼圆瞪，惨不忍睹。”[①]隧道中究竟死了多少人？“重庆防空司令部在6月7日发表公告，宣称‘死亡461人’……重庆市政府在6月12日工作报告中再次公布死亡人数为‘有户口可籍者644人’……7月3日，大隧道惨案特别审查委员会发表《审查报告》，宣布死亡992人，重伤151人……《生活》杂志向世界报道了这场世间罕有的惨剧，估计死亡4000人。据参加掩埋尸体的人说：‘政府派了20辆大卡车，把尸体象（像）装死猪一样，一排一排堆起来，每车装满成百个尸体，共运了一天一晚。’他们把尸体从朝天门、临江门和通远门三个方向运出去，当时在朝天门负责指挥运送尸体的贺志中说：‘只朝天门运出去的尸体就有4000多具。以此推算，三个门最少运出尸体1.2万具。’根据重庆各大报纸和《中国抗战画史》记载：‘死者近万人，其中尤以贫苦人民为多。’当时住在重庆的英籍华人作家韩素音写的《无鸟的春天》中也说：‘约一万二千人在重庆的公用防空洞中死亡。’亲历者郭伟波也认为‘一夜之间窒息压死的市民约一万人’。另外，《民国大事日志》甚至还记载：‘市民死伤约3万余人’。这次惨案，不少家庭全家死亡，好几条街道上的店铺门再也没有人打开。”[②]

“男女老少在空袭警报发出后聚集到防空洞中，洞里顿时变得拥挤、闷热，空气污浊，令人窒息，人们只能摇着扇子驱热，或是到洞口透透风。通电的防空洞就挂灯，没有电的就点上油灯。在敌机还没来临时，洞里十分混乱、嘈杂，有喊爹叫娘的、有小孩嗷嗷啼哭的、有絮絮不休谈话的。当成群敌机飞到空中后，人们都屏住呼吸，不敢发声，洞内顿时安静下来，灯光全部熄灭，黑漆漆一片，全家大小，挤作一团，亲朋好友，彼此依偎。炸弹将投下时，人们常感

① 苏智良、毛剑锋、蔡亮，等编著：《去大后方——中国抗战内迁实录》，上海：上海人民出版社，2005年，第39—40页。

② 苏智良、毛剑锋、蔡亮，等编著：《去大后方——中国抗战内迁实录》，上海：上海人民出版社，2005年，第42—43页。

受到阵阵袭来的怪风，这是炸弹将要投下的预告，因为炸弹自飞机舱部投落后，空气受炸弹的压迫，形成一种气流，它吹袭到地面每一处空隙，一种压迫感便迎面扑来，严重时可以把人吹倒，如不小心，撞到墙壁，将会受到严重伤害。接着洞外'嘣……'声音如天崩地裂、雷轰头顶，这是炸弹落地的声音，炸弹即使落在离自己很远的地方，也好像炸在自己头顶上一样。一阵狂轰乱炸后，还没等人们喘过气来，'嗡……'地又飞来一批飞机，然后听到'嘭……'的高射炮声和'哒……'的机关枪声。如在洞内听见划破天空的尖叫，那是敌机被击中的坠落声，这时会从门口传来阵阵叫好声，大家暂时忘掉恐慌，响起热烈欢呼与掌声。接着互传万金油、八卦丹的叫喊声，孩子叫妈、爹呼儿女的声浪此起彼伏。当警报解除时，'哇'的一声人们高兴地叫起来，随着长长的警报声，人们都挺直身子，拖儿带女，手提家什，走出洞口，揉揉眼睛，长舒一口气，寻找被炸毁的家。'这个龟儿子'，看看被炸得惨不忍睹的城市，人们不禁骂道。"[①]

11 月 3 日：《申报》据 2 日哈瓦斯电报道："中国军队营养改进研究会主任李廷安，在中华药会报告该会两年来之研究结果：谓每一普通士兵，每日所需之最低营养素，为炭（碳）水化合物 660 公分，脂肪 30 公分，蛋白质 80 公分，磷 132 公分，钙 68 公分，铁 15 公分，总等量 3400 卡罗里（卡路里）。李氏并称：此项研究，系分为调查、试验及证实三时期，并以士兵两连之众，充作实验部队。兹已根据实验所得，向军政部提出增进士兵营养之详细办法。"[②]

12 月 7 日：日本帝国海军偷袭美国太平洋海军基地珍珠港，9 日，美国、英国和中国对日宣战，欧洲轴心国纳粹德国与意大利则向美国宣战，太平洋战争爆发。

是年：先生等在《军事杂志》上发表《国军营养改进之研究报告》[③]。据先生研究结果及参考国际联盟营养标准，先生建议我国士兵，每人每日所需之营养素，不能少于下列数量："炭（碳）水化合物 660 公分，脂肪 30 公分、蛋白质 80 公分、磷 1.32 公分、钙 0.64—0.68 公分、铁 0.015 公分，总热量合计 3400

① 苏智良、毛剑锋、蔡亮，等编著：《去大后方——中国抗战内迁实录》，上海：上海人民出版社，2005 年，第 409—410 页。

②《增进士兵营养试验完毕》，《申报》1941 年 11 月 3 日，第 4 版。

③ 李廷安、郑集、徐达道：《国军营养改进之研究报告》，《军事杂志》1941 年第 2 期，第 116—117 页。

卡。”要获取上述营养素份（分）量，每兵每日应食下列各种食物：“糙米 822 公分、脂肪（炒菜用）16 公分、肉类（包括血、肝、肠等）30 公分、叶菜 80 公分、根茎瓜果类 70 公分、豆类（以大豆为主）69 公分、食盐 10 公分、其他调味品 5 公分、其他食物 20 公分。”对食物之配合与选择，先生建议：一律食用糙米粗面，以增加膳食中乙种维生素及无机盐之含量；多食大豆及其制品；每日至少一餐稍含动物性之食品，“可购猪骨打碎熬汤，加少量之醋，以增进骨内钙之溶解”；绿色蔬菜为士兵膳食中之主要保护性食物，每日必不可少；食用油不能少于上述所建议之数量。最后，提示对烹调上注意之事项。

按：《军事杂志》鉴于“迩来食米奇昂，菜价高涨，士兵给养，极感困难。影响所及，陷于营养不良者，比比皆是”，因此征稿于中央研究营养各专家。卫生署金宝善署长将先生此文寄予本刊发表。

郑集（1900—2010）小传：四川南溪人，著名生物化学家与营养学家。1928 年毕业于中央大学，1934 年获得印第安纳大学博士学位。1936 年任中央大学生物化学教授兼科主任，全面抗战时期随中央大学西迁成都。“1945 年，我在中央大学医学院创办了我国教育史上的第一个正式培养生物化学研究生并颁授硕士学位的生化研究所，在 1945 年夏天招收了四名研究生（丁光生、徐达道、杨光圻、彭恕生）。”①

是年：先生在《中央训练团团刊》上发表《如何改进我国膳食》②。先生首先阐明研究改进我国膳食的重要性，“国民之膳食，能影响其健康及工作效率至大。值此抗战时期，食料供给困难，国民营养问题日形严重，故当局对于膳食积极提倡改进”。其次，先生指出我国膳食的缺陷，“我国一般人民之膳食成份（分），每多缺乏。尤以动物性蛋白质、维生素与钙质为最。此点殆为极应设法改良者也”。再次，先生提出改进膳食的五点建议、注意烹调方法（与《国军营养改进之研究报告》一文相同）及饮食卫生。最后，先生认为国民膳食分“量”与“质”两方面，“量”指有无或多少，为主管粮食机关与农业专家所应担负之职责；“质”则由管理膳食人员所应研讨者。

---

① 郑集：《我的回忆录》，第 57 页。

② 李廷安：《如何改进我国膳食》，《中央训练团团刊》1941 年第 98 期，第 780—782 页。

【民国三十一年壬午（1942年）】，先生四十五岁

1月：日本为了侵夺美国取道缅甸的大批援华战略物资，切断中国国民政府唯一的海外交通补给线——滇缅公路，全面封锁中国，发动滇缅战争。至1941年底，“除了滇缅公路之外，中国的物资进出口通道已完全被切断”[①]，此时的滇缅公路是“中国获得外界支援的最后一条动脉”[②]。

按：“1937年底，为获取国际援华的抗战物资，国民政府下令修筑一条由昆明至畹町，再辗转与缅甸、印度相沟通的国际通道。”[③]这条国际通道就是滇缅公路。“1942年4月29日，日军切断滇缅公路。”[④]

2月14日：先生从重庆歌乐山的中央卫生实验院致函美国纽约洛克菲勒基金会的艾伦·格雷格（Alan Gregg）博士：“您寄来的一本儿科教材已收悉。我已交给了Katherine Chen博士，她现在负责这里的中央医院儿科工作，相信这本书会得到充分的利用。

我们对北平协和医学院不能正常运作表示严重关切。传闻部分学生已经离开学校，前往中国后方。如果传闻确实，我们以为这些学生应该被安排到医学院继续接受训练。我一直在与中央大学医学院院长戚寿南博士、国立上海医学院（Shanghai National Medical College）院长朱恒璧博士协商，如果这些学生到来，希望能够接收他们。

最近，由于燕京大学（Yenching University）与其他学校校友行动的影响，许多北平协和医学院的校友，包括成都的程玉麐博士、贵阳的荣独山（Yung

---

①〔美〕多诺万·韦伯斯特：《滇缅公路：第二次世界大战“中国—缅甸—印度战场”的壮丽史诗》，朱靖江译，北京：作家出版社，2006年，第346页。

②〔美〕多诺万·韦伯斯特：《滇缅公路：第二次世界大战“中国—缅甸—印度战场”的壮丽史诗》，朱靖江译，北京：作家出版社，2006年，第29页。

③〔美〕多诺万·韦伯斯特：《滇缅公路：第二次世界大战“中国—缅甸—印度战场”的壮丽史诗》，朱靖江译，北京：作家出版社，2006年，第339页。

④〔美〕多诺万·韦伯斯特：《滇缅公路：第二次世界大战“中国—缅甸—印度战场”的壮丽史诗》，朱靖江译，北京：作家出版社，2006年，第346页。

Tu-shan）博士、重庆的容启荣（Winton Yung）博士也和我商讨过在中国后方以某种形式重建协和医学院的可能性。大家认为有足够多的校友能够承担所有不同医学专业的教学工作，而这些校友们也乐于为医学院服务。因此大家相信能够组建起一所具有相当水平的医学院，以延续北平协和医学院的工作。如果觉得这一计划可行，为了能够实现这个计划，希望能够由校友们募集一些资金，并且寻求教育部的支持。应大家的请求，我想私下从您这里了解一下纽约方面是否会支持这一动议。

作为北平协和医学院董事会的一员，我本应联络董事会其他成员，但不巧的是他们分散在不同地方，只有一二位在重庆的我能联系上。

我时常怀念 1935 年在您处拜访的快乐时光。正如我告诉您的那样，我的兴趣不在公共卫生管理，而在医学教育与公共卫生教育。去年，因孔祥熙（H. H. Kung）博士与金宝善博士的急召，我答应他们在中央卫生实验院重组期间担任院长，但是我希望不久能从院长任上退下来，再次任职于一所医学院。要么在中央大学医学院，或者在别的医学院也行。公共卫生在中国尚很稚嫩，我以为它的最终解决办法是通过医学教育和本科公共卫生教育，因此，后者尤其重要。尽管中央卫生实验院功能之一是公共卫生教育，但这只是补充性质的。由于中央卫生实验院属于一个行政机构，并不隶属于教育系统，它的缺点是显而易见的。也许埃德温 • C. 罗炳生先生也对这一问题感兴趣。所以我希望能够就这个问题收到——如果可以的话——您二位的回复。”①

先生在该信附言里向艾伦 • 格雷格博士介绍中央卫生实验院筹建情况：“您可能有兴趣知道：得益于美国洛克菲勒基金会、美国医药助华会等机构对中国的援助，我们的中央卫生实验院已组建并配置完毕。我们将搬到位于歌乐山新地址，建筑投入达到 900 000 美元。一两个月后就可以开展教学。”②

4 月 16 日：埃德温 • C. 罗炳生致函先生，就先生重回教学工作及业已停办的北平协和医学院在战时发挥作用表达了某些看法。“承蒙艾伦 • 格雷格博士让我阅读了您在 2 月 14 日写给他的信。信中——也许您也记得——您就业已停办

① 《1942 年 2 月 14 日李廷安从致函美国纽约洛克菲勒基金会的艾伦 • 格雷格博士》，Rockefeller Archive Center-Citation Slip, Collection: CMB, Series: 1942-1945, Box: 76, Folder: 536.

② 《1942 年 2 月 14 日李廷安致函美国纽约洛克菲勒基金会的艾伦 • 格雷格博士》，Rockefeller Archive Center-Citation Slip, Collection: CMB, Series: 1942-1945, Box: 76, Folder: 536.

的北平协和医学院在战时应该发挥什么作用表达了您的看法。我知道巴尔弗（Balfour）博士这周将会到达重庆。我已电报他和翁文灏博士（按：翁文灏 1937 年出任经济部长，在全面抗战期间主管中国的战时工业生产及经济建设），请求他们二位如果可能的话，联系您和周诒春博士（按：时任实业部次长）。我希望你们几位能一起商量一件事：如果中华医学基金会可以提供一些援助，以帮助中国维持在战争时期的医学教育，那么你们有什么建议。

我们现在还不知道，如果要履行我们对北平协和医学院教职员工做过的承诺我们应该要做什么。我们尝试了各种方法，希望能够获得关于北平局势的可靠信息。就目前来讲，我们了解到，大部分外国和中国的医学院员工还是有相当的人身自由。但我们知道医学院的院长，总务长以及医学系主任被限制行动，禁闭在校长的住所。我们最近听说燕京大学的校长也被拘在那里。

相当多的北平协和医学院教职员工在北平沦陷时被日本人拘捕。被捕的人有首席工程师的儿子，William Alston 先生；牙外科副教授，John L.Boots；宗教与社会工作部秘书 Owen A. Griffiths 先生；Thomas Ho 的夫人——她本人之前是协和的员工，她丈夫也曾经是，现在人在加拿大；原本正在前往美国进修的寄生虫学的助理 H. F. Hsu 博士；外科教授娄克斯（H. H. Loucks）的夫人和儿子；物理治疗师 Mary Mcmillan 小姐；护士 Ethel Robinson 小姐；妇产科学教授 Frank Whitacre 博士；Y. K. Wu 夫人，如今在美国的留学生 Y. K. Wu 的妻子；护士 Margaret Wyne 小姐；除了他们目前被拘禁在那里的事实之外，我们并没有更多的消息。目前并没有能够尽早释放他们的可能，也没有能把他们接回美国的船。

我注意到您本人很希望重回教学工作。然而，我也认为在战争持续的时间内，只要需要，您都会准备好担任任何最需要您的职位。

在美国，我们也正在努力解决一些中国最迫切需要的医学上的困难。据我了解美国医药助华会已经向美国国内的中华医学基金会和洛克菲勒基金会属下的留学生发出信件。今年夏天这些学生中相当一部分将结束学习。希望他们当中多数人能够在毕业后不久找到回国的渠道，能够为中国红十字会或者卫生署服务，或者能够在某所医学院找到工作。只要他们表示准备回中国，我们将尽一切可能保证他们的交通安排。

从各个方面来看，目前局势前景黯淡，但是在美国坚持战斗直到获得胜利的意志和决心日益加强。我们希望对华援助能够尽可能快地到位，中国急需的军事供给能及时到达。”①

30日：洛克菲勒基金会对先生的跟踪报道：李廷安博士已不在成都。他现在在重庆歌乐山任中央卫生实验院院长，朱章赓任副院长。李廷安愿意在金宝善署长领导下出任卫生署副署长。金宝善的地址在重庆石桥。②

5月：“1942年5月，日军占领缅甸，截断了滇缅的国际联运，滇缅公路被迫中断。为了运送国际援华物资，美国总统罗斯福接受陈纳德的建议，决定开辟中印空中航线。自1942年3月仰光沦陷至1945年史迪威公路开通之前，这条空中航线一直承担了将抗战所需的大批物资、弹药运进中国的重任，名副其实成了一条支撑中国反法西斯战争的最后通道。这便是被称为世界奇迹的国际战略空运通道——驼峰航线……这条航线所经地区，不仅有未标明海拔高度的山峰，且气候恶劣多变，强气流、低气压以及难以预料的雷暴经常交替出现，飞机在飞行时随时面临着坠毁和撞伤的危险，此外还必须随时提防日本飞机的围追堵截，飞行十分困难……因此飞行员们又把它称为‘死亡航线’。飞行在这条‘死亡航线’的驾驶员以美国空运大队为主，加上中国航空公司的运输机……从1942年5月至1945年8月，共飞越‘驼峰’约80 000架次，从印度运回物资达5万吨，从中国运到印度的物资亦逾2万吨，运送人员共计3.35万人（大部分为赴印度或美国受训的远征军和空军人员），美国空运大队最多时拥有各型运输机超过600架，空、地勤人员近2.6万人，民工4.7万余人，形成一个庞大的后勤供给系统……大量的物资在关键时大大地支援了中国的抗战。为此，在这条航线上共同战斗的中美两国人民付出了惊人的代价，在这条‘死亡航线’上，共损失飞机514架；有1579名飞行员及机组人员永远长眠在了航线下的深山幽谷之中。很多坠机残骸至今仍散落在高黎贡山一带的深山峡谷间。如同1946年美国《时代》杂志第一期所报道的那样：‘在阳光灿烂的日子里，飞行员完全可以沿着山谷里延绵不断的金属碎片的反光飞行，他们给这条散落着战友飞机

---

① 《1942年4月16日埃德温·C. 罗炳生致函李廷安》，Rockefeller Archive Center-Citation Slip, Collection: CMB, Series: 1942-1945, Box: 76, Folder: 536.

② 《1942年4月30日洛克菲勒基金会对李廷安的报道》，Rockefeller Archive Center-Citation Slip, Collection: CMB, Series: 1942-1945, Box: 76, Folder: 536.

残骸的山谷取了个金属般冰冷的名字——铝谷。’”[①]

按：驼峰航线是第二次世界大战期间中国和盟军一条主要的空中通道，始于 1942 年，终于第二次世界大战结束。通过这条航线，中国向印度运送对日作战的远征军士兵，再从印度运回汽油、器械等战争物资。

11 日： 先生致函巴尔弗博士：“在会晤了巴赫曼（Bachman）博士后，我已从贵阳回来。巴赫曼博士现在也在重庆。

就离开北平的协和医学院学生的问题，我向您汇报如下：上周已有三人到达重庆。由于至今我尚未收到任何纽约方面拨款救济离开北平的协和学生的信息，我希望您能就此事给予我相应的指示。与此同时，另外有在国立中央大学医学院工作的协和毕业生，因为要供给留在北平的家属的生活，现在面临巨大的经济困难。由于眼下北平汇率高企，不知道您是否同意或者是否可以向纽约方面建议做出一些安排，照顾一下居住在北平的协和毕业生家属。我认为，这对能不能留住这些人在后方工作而家属却留在北平的协和毕业生很重要。

关于协和校友提出在重庆建立‘协和医院’的初步建议，我在贵阳与周诒春博士进行了商讨。由于协和医学院不是临时性质的设施，周博士并不支持这一做法。我也不确定能够有足够的人手运营这所医学院。所以，目前我并不打算向纽约方面提起这件事情。”[②]

周诒春（Y. T. Tsur，1883—1958）小传：安徽休宁人，其在上海圣约翰书院读中学时得到教师颜惠庆与学院主持人卜舫济的器重，1904 年到美国威斯康星大学留学，1908 年转入耶鲁大学，1909 年获硕士学位。回国后应清廷留学生考试（相当于科举制的会试），被点翰林，辛亥革命后曾作过孙中山的秘书，1912 年任清华学堂副校长，1913 年任校长。清华学堂“是一个预备学生赴美读大学的中学，注重英语学习，当时隶属清朝的外务部。倡议把它向大学规模发展，并着手建设，奠其始基的是周诒春先生”[③]。“在任期间，筹划并主持修建清华

---

① 苏智良、毛剑锋、蔡亮，等编著：《去大后方——中国抗战内迁实录》，上海：上海人民出版社，2005 年，第 191—193 页。

② 《1942 年 5 月 11 日李廷安致函巴尔弗博士》，Rockefeller Archive Center-Citation Slip, Collection: CMB, Series: 1942-1945, Box: 76, Folder: 536.

③ 章元善、尚传道：《记清华老校长周诒春》，中国人民政治协商会议全国委员会文史资料研究委员会编：《文史资料选辑》（第 97 辑），北京：文史资料出版社，1985 年，第 158—171 页。

园内早期四大建筑：图书馆、科学馆、体育馆和大礼堂，倡导‘德智体三育’以养成学生完全人格，确定‘自强不息，厚德载物’清华校训。”[①]1918 年圣约翰书院授予周诒春名誉博士学位，人们常称他 Dr Tsur。1927 年，任燕京大学校长。1929 年，以教育界著名人士被北平协和医学院聘为董事，并担任董事会常务委员会主席，“从此周氏与医学与医药卫生又结了缘。在这个领域里，他又为社会做了不少工作，如京津防痨协会、国际救济委员会等有关公共卫生事业，最后他一度当上了国民党政府的卫生部部长”[②]。1948 年 5 月李廷安逝世后，周诒春送了花圈。

20 日：先生致函纽约中华医学基金会埃德温 • C. 罗炳生先生：“两天前，我已高兴地收到您写于 4 月 16 日的来函。关于中华医学基金会对中国后方医学院的财政援助问题，翁文灏博士、周诒春博士与我已经联名致信予您。在信中，我们提议：利用北平协和医学院的拨款在几所高水平的医学院创造更多职位，以及向协和医学院学生提供资金支持等。这些只是我们初步的建议，如果有更好的计划，我们乐于修改这些意见。巴尔弗博士将会告诉您有关此事的更多细节。

基本上，所有北平协和医学院校友一致认为：给协和医学院的拨款应该用于协和医学院本身的建设。我们也与巴尔弗博士讨论过这个问题。一些校友希望在重庆建立‘协和医院’，作为北平协和医学院教职员工和学生的活动、学习、服务中心。仅仅在上周，因为刘瑞恒博士已经从香港抵达桂林，预计不久即将到达重庆，我们又再次讨论了在中国后方重建协和医学院的可能性和可行性。大家认为：协和医学院的贡献不应该因为战争而中断；现在已经有足够的协和人员在这里，能够运作起一所医学院。

我不知道您和纽约方面会对协和医学院或者中华医学基金会的指导方针有何决定。我个人建议：应该立即确立一个总的行动原则；为了应对时局的不断变化，需要任命某个人或者一个小型委员会，给予足够的资金并且充分授权他（们）采取相应的行动。如果您能亲自来协助开展并且参与这一重要的工作，对我们将会有莫大的帮助。

---

① 《安徽历史名人词典》编辑委员会编：《安徽历史名人词典》，合肥：安徽教育出版社，2008 年，第 981 页。

② 章元善、尚传道：《记清华老校长周诒春》，中国人民政治协商会议全国委员会文史资料研究委员会编：《文史资料选辑》（第 97 辑），北京：文史资料出版社，1985 年，第 158—171 页。

我高兴地从您这里能够了解到协和医学院及其员工的情况。得知部分人被困在北平实在是太糟糕了。现在的确是非常时期。战争使我们不得不面对很多困难，但这里的人们并没有灰心。尽管局势变得更加困难，继续战斗的精神仍很高涨。

我受卫生署和四所医学院（国立中央大学医学院、湘雅医学院、贵阳医学院和国立上海医学院）的委托，负责调查本科阶段预防医学与公共卫生教育的情况，设计强化这方面教育的方法，以及推荐人选担任这些学校预防医学与公共卫生系的带头人。这里当局的意见是：除非加强这个阶段的教育，否则很难让学生对预防医学与公共卫生领域感兴趣。在过去的 20 年，中国在公共卫生方面取得了巨大进步，但是要它能够健康科学地发展，我们还有许多事要做。”①

秋：先生返回中央大学，任公共卫生学教授，并任系主任，创建中央大学研究院预防医学研究部。②

“去年（1942）秋天，我受命创立预防医学研究部（the Research Department of Preventive Medicine）并开始对合格医学生进行研究生指导。我们的学制是二年，第一年学习理论和实验操作。第二年从事创新研究工作。我们把适当的注意力放到关键性的训练，把重点放在实验研究的方法，只讲授少量正式的课程，布置阅读并通过与老师进行讨论形成主要指导方法，导师制被采用。根据教育部规定，如果研究工作圆满完成，大学授予学生公共卫生硕士学位。想进入研究生部的候选人必须是 A 级医学院校的医学生，并且必须通过以下课程的入学考试：国文、英文、生理学、细菌学、寄生虫学、内科学和预防医学。我的研究生部仅提供公共卫生行政管理课程、卫生工程、统计学和流行病学。医学院的其他系提供其他课程。我们在温江有一个公共卫生教学基地，在成都和附近地区的所有设施均可供学生的实习使用。我们每年只招收很少学生，如果没有理想的候选人，我们不会招生。今年，我们招收了两个学生。做这项工作，我们自然会遇见很多困难：经费短缺，尤其是设备和人员不足。然而，我们尽力解决所有困难。

①《1942 年 5 月 20 日李廷安致函中华医学基金会埃德温·C. 罗炳生主席》，Rockefeller Archive Center-Citation Slip, Collection: CMB, Series: 1942-1945, Box: 76, Folder: 536.

②《1943 年 2 月 10 日李廷安致函哈佛大学公共卫生学院院长塞西尔·K. 德林克博士》，The Francis A.Countway Library of Medicine(Boston Medical Library and Harvard Medical Library).

向您介绍在成都我们所拥有的三所医学院：齐鲁大学医学院、华西协合大学医学院和中央大学医学院。三所大学医学院的公共卫生教师成员已联合组建成都公共卫生理事会。我当选为理事长。为这三所大学的本科生提供公共卫生指导和为学生提供使用温江公共卫生教学基地，是我们的职任。这代表着战时中国为大学教育所做的合作努力。

就我的研究部而言，因缺乏足够的设备和医学文献，我们的工作受到很大限制。我眼下正对中国的死亡率做统计研究。另一项研究正在与医学院病理系的康锡荣教授合作，即‘老鼠跳蚤作为自由中国地方性斑疹伤寒传播媒介的可能性’。关于这一点，我真诚地请求您的支持和建议。”①

11月30日：先生向美方介绍国立中央大学卫生学院预防医学研究所的相关情况：

“引言：最近教育部对各人文与自然科学的研究生教育都非常重视。为了进一步发展研究生教育，人员与设备配置良好的国立大学院系将获得特别拨款，以进一步发展学科建设，建立研究生教育。得益于此，中央大学医学院两年前组建了生理学研究所。同样，预防医学研究所也在1942年秋建立起来了。

目标：预防医学研究所的目标包括：（1）研究与预防医学及公共卫生有关的问题。（2）向本科医学毕业生提供研究生教育。

学制：学习时间为两年。第一年进行理论与实验室工作。第二年进行原创性研究工作，但是常规的学术会议和研讨会会定期举行。在整个学习期间，尽管会有足够的理论学习，重点在于实验性的研究方法。课堂讲学相对较少；指定阅读之后进行集体讨论会是主要的教育方式；换言之，采用导师制教学。

学习完成情况良好、通过考试，并且提交了原创性的研究论文，就由大学授予攻读学位者公共卫生硕士学位。

入学要求：研究所的目标是提供高质量的训练，并以此建立高标准的（公共卫生教育）。申请入学者必须是经教育部认可的A级医学院校学生。学生本人必须提供令人满意的体检报告，包括胸部荧光检查的结果。能够提供所在医学院的院长或该医学院里其他人的推荐信者优先。申请入学者必须通过包含以下科目

① 《1943年2月10日李廷安致函哈佛大学公共卫生学院院长塞西尔·K. 德林克博士》，The Francis A. Countway Library of Medicine(Boston Medical Library and Harvard Medical Library).

的入学考试：国文、英文、生理学、细胞学、寄生虫学、内科学和预防医学。

教学课程详细情况：以下为学习期间的主要课程以及每门课程的最少学时数：

公共卫生生理学	48
公共卫生化学	96
高级营养学	48
公共卫生寄生虫学（含原生动物学、寄生虫学、医学昆虫学）	96
细胞学、免疫学（含生物制品的配制品）	96
公共卫生管理（含妇婴健康、学校卫生、工厂卫生和卫生教育）	120
诊断技术	48
流行病学	48
统计学	
1、生物统计学	60
2、高级统计学	60
传染病与热带病	96
心理卫生学	48
卫生建设与计划	48
公共卫生工作实习	1月

研究所由四个处组成：公共卫生管理处、统计处、流行病处以及卫生工程处。另有部分课程由医学院其他系的教师讲授。

在学习期间，会不定期举行特别讲座，由在该领域拥有特殊经验的专家主讲。实习地点包括四川省行政局、温江卫生中心、成都卫生医院、省传染病医院、成都妇婴健康中心、华西协合大学麻风病院、结核病疗养院、成都市卫生局、成都市西北传染病预防分局、中央大学医学院各实验室。此外，也有可能会在重庆进行实习。

预算：中央大学提供 40 000 美元作为购买设备和第一年的经费开支。然而，这一笔金额并不足以应付开支。

入学人数：今年秋天，两位申请入学者，Tao Shou-chi 医生和 Liao Sung-jui 医生业已入学。Tao 医生是国立上海医学院毕业生，Liao 医生是国立湘雅医学院毕业生。毕业后，Liao 医生将回到国立湘雅医学院预防医学系，Tao 医生也

计划在医学院校任教职。”[①]（图 6.9）

图 6.9　先生在“新医院”与学生合影（李宝健教授提供并解释）

1934 年 5 月 19 日，国民政府教育部公布《大学研究院暂行组织规程》，对研究生的入学资格、培养细则、研究期限等作了规定：“大学为招收本科毕业生研究高深学术，并供给教员研究便利起见，得依大学组织法第八条之规定，设研究院。研究院分文、理、法、教育、农、工、商、医各研究所。凡具备三研究所以上者，始得称研究院。各研究所依其本科所设各系分若干部，称某研究所某部。招收研究生时，以国立、省立及立案之私立大学与独立学院毕业生经公开考试及合格者为限，并不得限于本校毕业生。在外国大学本科毕业者亦得应前项考试。研究院各研究所部于必要时得停止招收研究生。各大学依本规程所招收之研究生，应于录取后一个月内连同资格证件报教育部审核备案。研究生应习之课程及论文工作由各校详细拟订，呈经教育部核订。在学位法未公布

① 《1942 年 11 月 30 日李廷安介绍国立中央大学卫生学院预防医学研究所的相关情况》，Rockefeller Archive Center-Citation Slip, Collection: CMB, Series: 1942-1945, Box: 76, Folder: 536.

以前，各研究生研究期限暂定为至少二年，期满考试成绩及格，由大学发给研究期满考试及格之证件。”①

“1934 年 11 月中央大学创设了理科研究所算学部和农科研究所艺学部。这是中央大学时期成立最早的研究生培养机构。由于当时只有两个研究所，所以还不能称作是研究院。”“1938 年 12 月，中央大学研究院正式成立，下设理科、农科、法科、工科、师范 5 个研究所，共 7 个学部。”“1941 年研究院又增设文科、医科研究所。”②

1944 年医科研究所设：生理学部、公共卫生学部、生化学部。1946 年 12 月，国民政府教育部将《大学研究院暂行组织规程》更名为《大学研究所暂行组织规程》，取消研究院制，原设学部升格为研究所，改行研究所制。医学院下设生理研究所、公共卫生研究所、生物化学研究所、法医研究所。③

“最早入伍的是医科学生。前线抗日将士的鲜血仿佛无声的命令。1942 年起中大、华大、齐大的医学院，连续三年征召医学生入伍。华大毕业生、仁济医院医生罗盛昭辞去优裕的工作，上前线受命组织救护队，担任救护第二大队第 11 中队队长，带领救护队驰骋数万里，救治受伤军民 12 万余人。他在战场上受伤，治愈后重返前线，直到抗战胜利才复员。《大陆晚报》发表社论，称赞他为‘模范医生’。”④

“中央大学校长罗家伦掷地有声地写道：‘敌人的称强，不是一方面，而是多方面促成的。我们的抗日不只是我国的兵找着敌国兵来抗，而且，要我国的农找着敌人的农来抗，工找着敌人的工来抗，商找着敌人的商来抗，学校找着敌人的学校来抗……我们现在不应该问我们英勇的将士，抵抗得过敌人残暴的军队与否。我们现在应该问我们的科学和技术，抵抗得过敌人的科学和技术与否……’非常时期，教育也成了抗击仇寇的武器。教育部要求全国高校和科研机构优先发展直接服务抗战的学科。”⑤

---

① 刘腾：《民国时期研究生教育的历史考察与思考》，曲阜师范大学硕士学位论文，2011 年，第 19 页。
② 李德志：《南京大学研究生教育发展史》，南京大学硕士学位论文，2012 年，第 21—22 页。
③ 李德志：《南京大学研究生教育发展史》，南京大学硕士学位论文，2012 年，第 21—22 页。
④ 岱峻：《风过华西坝：战时教会五大学纪》，南京：江苏文艺出版社，2013 年，第 129 页。
⑤ 岱峻：《风过华西坝：战时教会五大学纪》，南京：江苏文艺出版社，2013 年，第 106—107 页。

是年： 先生在《陆军经理杂志》上发表《以特种干饼补充国军营养之建议》①。先生认为：我国国军营养之不良，为不可讳言的事实。且以动物性蛋白质、钙质及维生素三者之缺乏最为显著。由于“我国军队中管理缮（膳）食人员具有营养知识者为数不多，而因限于地域、气节所需食物，往往不易随意采购，又因普通食物体积过大，不便于运输或贮藏”，先生以为：“改善之方法，以采用富于营养而便于携带者为宜。即根据其所缺乏之营养素量以适宜之食物补充之。该项补充品宜制成小块干饼，分送各战场应用。在后方或阵地可事烹饪之处，每士兵每餐加食一枚，于前方战斗不便烹饪之时，则每人日食数枚，即可保其每日需量，而不致减少其战斗力也。此种干饼之成分，可按经济及当地食物之供应情形而决定之，配合之原则，即利用当地各种食物以增加热力，动物性及豆类蛋白质、钙质与维生素甲、丙、丁。”“牲畜、蛋类、米糠、黄豆、菜油、食盐与骨粉等，如能配合得宜，可作理想之补充食品。制法即以动物之肉、血、肠、脏腑等烤干，用机磨成粉末，掺以米糠、蛋白、蛋黄、植物油、骨粉及食盐，再用机械压成坚硬干饼，烤熟，并以腊（蜡）纸及麻袋包装，以待输运。”“配制时最好将每人每日之补充各物压成小干饼两块，每士兵于进餐时加食一块干饼。”最后，先生说明营养饼干的诸多优点：“营养干饼，体积极小，但具有极丰富之营养素，且易于运输，便于携带。故多为外国军队所采用。我国国军营养情况较为特殊，更有即行采用之必要，盖充足营养品之供给，实不亚于其他军需品也。”

【民国三十二年癸未（1943 年）】，先生四十六岁

1 月 4 日： 先生撰写《北平协和医学院的方针备忘录》：“最近，许多关心协和事务的人，对学院方针提出了不少建议。每项建议都有它的优点。鉴于我本人在此事中所处的特殊角色，我自然也对此事特别关注。我确信在目前的战时条件下，由于存在许多不确定因素，进行此事唯一可靠的方法是遵守原则。相

① 李廷安：《以特种干饼补充国军营养之建议》，《陆军经理杂志》1942 年第 5 期，第 150—151 页。

关原则列举如下：

总原则：北平协和医学院是洛克菲勒基金会赠予的一项有价值的礼物，它是根据创始者的理想而创建的。这些理想中最重要的一点是建立高标准的医学教育，并且宏扬科学的医学研究精神。尽管存在不足，学院仍然成功培养了一批毕业生。无论在和平年代还是现在的战争时期，这些毕业生在医疗和护理领域都贡献他们有价值的服务。北平协和医学院为中国做出了许多贡献，它的存在必须延续。协和的方针不应该是消极的，而应该是积极的；它不应该是倒退的，而应该是进步的。它的方针应该是带着不断改进和进步的意愿克服困难前行，而不是囿于时局只是等待而不作为。换言之，此方针应该确立要以某种形式重建协和。

立即确立这一方针还有一个作用就是可以吸引和留住那些眼下并非居留在中国后方的协和人员。他们现在也许分散各地，也许暂时无法从事与医学教育相关的工作。这样一来，如果将来我们要原样重建协和（如果这是我们希望的），或者在战后拓展研究生教育和研究工作，都能够有一些基础。

很多人提出用协和的捐款来成立属于协和的研究生培养和研究机构——护士学校也是这机构的一部分。我完全赞同这项提议。在过去，北平协和医学院的贡献并不仅仅限于培养本科生，也有研究生培养方面的工作。现在中国的情况已经与20年前有所不同，我们已经建立起几所水平良好的医学院。所以协和可以集中资源发展研究生教育以及研究工作。

反对该提案的意见并非没有，其中最主要的意见是：

1. 其他医学院也有资金需求。满足他们的需求以保持战时中国的医学教育水平是明智的。

2. 想要设立上述机构需要的人员与设备难以保证。

我认同其他医学院有资金需求这一点，但是就我看来，应该使用其他资金而不是协和的捐款来满足这些需求。实际上，由于拨给协和医学院的资金也有限，是不可能满足所有资金需求的。即使把资金全部用于资助其他医学院，能否真正获得我们一直渴望维持的高水平医学教育，也是令人怀疑的。至于第二点，这个问题可以通过制定灵活的工作方案来解决。这所预想中的机构，它的研究生培养数量以及医学研究的工作量将取决于彼时人员与设备的配置情况。关键是要把协和的牌子立起来并且把协和的传统继承下去。

这所预想中的机构未来是否能够成功不仅取决于能够获得多少资金和物资的支持，而且也取决于全体员工的精神与素质。所以，挑选恰当的人才——无论男女——来担任机构的各个重要职位尤其重要。

预想中的机构组织架构如下：

下列是关于该机构组织架构的意见。当然，这些都是初步的建议。

1. 设一全职主任，配备必要的行政职员。

2. 该机构要有自己的办公处所。尽管最好是设在战后的首都，在战争未结束前可以设在其他重要的城市，以便利用关系友好的医疗机构的设施。

3. 至于人员配备，除非特殊情况，大方针是不要从现有的医疗机构招聘。而是努力招募那些现在居住在北平或者美国的，符合资格的原协和医学院员工。

4. 特别要说的是，护士教育作为计划的一部分，必须配备医院的设施。可以利用现有的医院，但最好是一所拥有大约 100 张病床的新医院。这可以之后再做决定。

5. 对于该机构的财政来源，也许我们不需要用到捐款资金的全部，我建议大约使用一半的捐款。

6. 剩余捐款将用于：

①在各所医学院校设立职位，安置协和的人员。

②资助各医学院现有的研究生培养部门和研究部门，使他们能够继续进行研究和培养工作。

③资助正在中国后方学习的协和医学院的医疗和护理本科学生。这些学生现在有 16 人，全部在中央大学旁听。但有确切消息，如果能够得到资金保障，更多学生会过来。战时咨询委员会需要马上采取措施安排他们作为正式学生进入医学院。战时咨询委员会应该为他们提供一切必要的帮助，使他们全部人都能完成学业。保障和照顾这群学生也应该是这所预想中的机构其中一项任务。

7. 如果北平协和医学院不能按原样重建，该机构在战后将扩大，以达到上述目标。

8. 一旦上述计划被采纳，我建议立即任命一个三至五人的执行委员会，其中包括主任的人选，以便制定相应的细节，包括机构的选址、工作细则和预算的制定。这些计划都将提交到战时咨询委员会审议，如果需要，也将提交到纽约获得批准。李廷安。”[①]

2月10日：先生从国立中央大学预防医学研究部致函哈佛大学公共卫生学院院长塞西尔·K. 德林克博士，向其汇报自1929年获得哈佛大学公共卫生学院的博士学位回国至眼前的工作情况。该信末尾提及，“我们医学院生理学教授蔡翘博士，本年6月将前往美国。我认为他会打电话告诉您，并告诉您更多我的工作和这里的全面情况”[②]。

3月5日：埃德温·C. 罗炳生致函先生：“我没有及时回复您11月30日（1942年）的来信——该信大约在1月中旬到达这里。因为我希望在我答复之前，我能够得到来自战时咨询委员会和Balfour博士更明确的信息。

您通过金宝善博士或其他人可能已经听到关于克劳德·E. 福克纳尔（Claude E. Forkner）博士受中华医学基金会邀请将作为其代表前往中国的消息。克劳德·E. 福克纳尔博士多年来作为北平协和医学院的一员，我肯定您是认识他的。我们很高兴他已经接受了邀请并且他本人希望尽快前往中国。我相信所有之前在北平协和医学院或者中国其他地方认识他的朋友们知道这个消息都会高兴。他已经完成预防接种，一旦他确认了航空优先权就会动身。他并没有把这项优先权作为前往中国的条件；他本来打算乘坐轮船。但能够乘坐飞机的话，将极大地缩短到达中国的时间。

对于您在信中提出的有关预防医学研究所的事情，我想我不需要多说什么了。福克纳尔博士非常了解中华医学基金会在这件事情上的态度，一旦他到达重庆，他就会着手进行这些事情。

最近，我们开了整整一天有趣的会议。除了中华医学基金会成员，参加会议的还有洛克菲勒基金会和美国医药助华会的代表以及刘瑞恒博士、胡适（Hu Shih）博士、顾临。会议非常有帮助。

困扰这里所有人的问题是美元在中国的低购买力，主要是因为通货膨胀，

---

①《1943年1月4日李廷安撰写〈北平协和医学院的方针备忘录〉》，Rockefeller Archive Center-Citation Slip, Collection: CMB, Series: 1942-1945, Box: 76, Folder: 536.

②《1943年2月10日先生从国立中央大学预防医学研究部致函哈佛大学公共卫生学院院长塞西尔·K. 德林克博士》，The Francis A. Countway Library of Medicine (Boston Medical Library and Harvard Medical Library).

也因为汇率一直很稳定。所以，大家一致认为生活成本极高，所以与之前相比同等金额的美元现在只能购买一小部分相应的商品。

所有事情当中最糟糕的是，除非将日本人赶出缅甸，从沿海进入到中国后方的交通才能重开。在此以前，这种情况没有任何能够改观的迹象。

我希望您相信直到协和医学院被日本人攫取并且关闭为止，中华医学基金会和洛克菲勒基金会的成员一直关心协和医学院的运作情况。我们期盼有朝一日能够重建协和。与此同时，在这个困难时期，我们必须尽我们所能继续我们的工作。

有一件事情一直困扰着我们的是，中国留学生在美学习的阶段已经结束，但他们对于返回中国，与坚守在那里的你们一起共度时艰表现出犹豫不决的态度。只有少数人已经回国，大多数人仍然没有决定。我们非常关注此事，因为从我们收到的各方消息都显示，为了救治那些正在前线为了中国的民族正义而战斗的伤病员，急需大量受过良好训练的医师和外科医生。

谨借此信祝您和家人身体健康。我理解信件邮递需时，福克纳尔博士也将带去我对您和大家的问候。我很高兴三年前的冬天我在成都时得以见到您和其他的朋友们。”[①]

8 月：先生在《科学世界》上发表《国人死因之商榷》[②]。先生首先介绍我国死因研究之沿革，包括政府历次颁布之死因分类表及兰安生、黄子方、许世瑾等研究结果，并加以评述。先生认为：“今后如欲划一分类，以便汇集统计，并使本国资料能与国际统计互相比较，实有即行采用国际分类之必要……况（何况）战后国际间之合作必更趋密切，医学卫生事业自不能例外。且国际死因分类表经数十国医学统计专家详细订定，并经数次修正，其考虑之周密，自毋待言。今先进国家多已采用，我国舍此而不用是何故欤？”因此，先生建议采用国际死因简单分类表，计有死因 44 种（详细分类表总计列出死因 200 种，中间分类表列出死因 87 种）。考虑我国传染病特多，故建议在该表第 14 种死因“其他传染病或寄生虫病”项下，分列甲、痢疾；乙、霍乱；丙、流行性脑脊髓膜

① 《1943 年 3 月 5 日埃德温·C. 罗炳生致函国立中央大学医学院李廷安》，Rockefeller Archive Center-Citation Slip, Collection: CMB, Series: 1942-1945, Box: 76, Folder: 535-537.

② 李廷安、郭祖超：《国人死因之商榷》，《科学世界》1943 年第 4 期，第 175—192 页。

炎；丁、狂犬病；戊、其他等五项，以切实用。

是年：先生在《希望》上发表《健康之路——健康之意义》[①]。先生将健康定义为："健康不仅是一般人所谓正常之生理，其目的在有健康后，应服务人群，造福人群。故无论健康如何，若不造福于人群，则不能谓之完美的健康。"对健康之重要，先生认为："任何人不管地位如何高，钱财如何多，学问如何博，如无健康，则为无用之人。由此看来，欲做顶天立地之事，成大功，立大业，非有健康之身体不可。但健康非仅属于物质方面。精神方面亦为重要条件之一，吾人要有所谓浩然之气，如有学问而无人格，不独于人群无益，反而有害。"最后，先生认为要达到"改进人类之健康""阻止和减少人类之死亡"的目的，就要"拥护公共卫生之主张，实践公共卫生之规条"。

10月：先生在《科学世界》上发表《我国士兵体格检查之报告》[②]，参检士兵254人，约95%为四川籍，最小者13岁，最大者47岁，平均年龄26.9岁。受检者身高、体重不符合当时标准者占很大比例，"军政部军医署对于士兵曾有身长160公分及体重50公斤之标准。此间身长在160公分以下者共139人，占总数57%强，体重不及50公斤者共86人，占总数35%强"。先生的研究结论为：士兵有体格缺点者甚多，其中比较重要的缺点及百分数如下："眼病者54%、牙病者97%、皮肤病者76. 1%、淋巴腺（结）肿大者57.8%、包茎者42%、肺结核者4%、蛔虫病者68.8%、钩虫病者32.8%。"鉴于"现行士兵体格检查之标准与办法似未臻完善"，先生建议："由军医署召集专家订定一适合我国士兵之体格检查标准，关于检查之项目与手续以及必要之设备与人员等项均须同时规定。又为改进士兵之健康及建立近代化之国军起见，在可能之最短时间内，国军各师团中应有矫正体格缺点之完善机构。"

11月9日：联合国善后救济署成立。

联合国善后救济署（United Nations Relief and Rehabilitation Administration，UNRRA）简介："在美国倡议下，44个国家的代表11月9日（按：1943年）在美国东海岸大西洋城集会，通过签署正式协定，建立了联合国善后救济总署"[③]，

---

① 李廷安：《健康之路——健康之意义》，《希望》1943年第1期，第13页。

② 李廷安、郭祖超：《我国士兵体格检查之报告》，《科学世界》1943年第5期，第267—272页。

③ 韩长青：《试析1943年美国国会与政府在UNRRA协定上的冲突与妥协》，《首都师范大学学报（社会科学版）》2007年第2期，第29—33页。

“从1945年11月第一艘货船Emile Vidal号到达上海开始，到1947年12月联总善后救济工作结束，联总运达中国的物资共236万吨，平均每天1.5艘船到达中国，总价值达5.175亿美元。加上海洋运费，援助中国的物资总计达6.75亿美元，约占联总经费（40亿美元）的16%”①。

【民国三十三年甲申（1944年）】，先生四十七岁

是年：先生接受了华西协合大学公共卫生教授的工作并担任该校附属医院院长的职务，借此机会帮助重新组建的“协和”护工学校，此时的护工学校作为“协和”的代表寄居在成都。②图6.10和图6.11为先生担任华西协合大学附属医院院长时所摄。

图6.10　先生与家人在“新医院”前合影（正中穿西服者为先生，右邻为李夫人，前排小孩自右至左分别为宝善、宝健、宝良，李宝健教授提供并解释）

① 赵庆寺：《外援与重建：中国战后善后救济简评》，《史林》2006年第5期，第71—75页。

② Ferguson M E. Obituary. Li T A. *The Chinese Medical Journal*,1948, 66(6): 342-343.

图 6.11 1943 年先生任华西协合大学附属医院院长时摄于家中花园（中立者为宝善，李宝健教授提供并解释）

据严镜清回忆："时到抗战后期，现在一个重要插曲进入李教授的职业史。原来就在成都的华西大学医学院是外国教会办的，有广大的校园，宽敞优美的建筑群，图书设备等当然比下江迁来的单位丰富，原来本是一个很好的学校，其牙科或者说是口腔医学在全国闻名，也因受战时影响，物价高涨，较好教授回国者颇多，华西医学院闻李教授之名望，聘请他担任公共卫生学科教授兼主任，并在医学院与附属医院担任院长职和名誉职，他的任务是提倡并提高进取精神，提高教学与医疗、预防的质量，争取董事会向国外采购较新图书设备等。我当时就住在华西坝的浙江会馆内的中大医学院宿舍，偶然间在早上与李相遇打一个招呼或说几句话，知道他几乎又是抗战前那个大忙人，大红人的样子。可叹的是，这是他生平最后一次为我国的医疗卫生事业的奋斗。"①

据李宝健教授回忆："回到华西协合大学后，任公共卫生学教授兼附属医院院长。不用两年，将旧院舍翻新、扩建，购置新设备，并成为全国著名的医院。蒋介石曾来看病，家父问我们：想不想见蒋委员长？我们说：想见。我们就到远处高楼，远远地看。共来了三辆车，第一辆是吉普车，每一辆均有一位蒋委员长（两个替身，很像），其中真的进院与家父握手。医生检查蒋委员长身体，约半小时后蒋委员长离开医院。为何华西医院办得好？当时日本飞机二三十架扫射，这批过后，又来一批二三十架。美国人陈纳德同情中国，组建空军参战，

① 严镜清：《缅怀李廷安教授》（未见刊，李宝健教授提供）。

受伤美军起先借用华西医院为美国伤兵治病，因此得到很多美国设备，后来美国自己建了一所伤兵医院。此时，家父对美国人帮助很大，关系也很好，亲如兄弟。宝良去美国，该院院长在美国宴请宝良。家母会做西餐，院长、副院长常来家吃饭。”

3月9日：中华医学基金会主任克劳德·E. 福克纳尔博士致函先生，先生时任北平协和医学院护士学校行政委员会执行官。信中内容主要涉及护士学校资金的财务状况：“亲爱的李博士：我想向您汇报护士学校的资金使用情况。

您会记得有一笔用于护士学校筹备委员会的拨款。这笔款项的金额是20000元国币，相当于1012.50美元。这笔钱已经在1943年5、6和7月用完。

另一笔中华医学基金会的拨款为92 000美元。我将其分成两部分。其中的32 000美元作为第一笔资金，我建议作为护士学校的建设费用，包括基建和首批设备的支出。其中的25 646.18美元在1943年11月1日之前已用完。从1943年11月1日到1944年2月29日，支出了2348.88美元，剩下4004.94美元的余额作为本年3月1日至7月1日的首期开销之用。从3月1日开始，中华医学基金会业已支出16 700元（按：国币）用于护士学校家具的油漆费用，另有50 393.45元（按：国币）则用于添置新的家具。总计67 093.45元（按：国币），按照39.024的汇率折算=1719.29美元。因此，截至今日，护士学校的首期开销最后的余额是4004.94美元–1719.29美元=2285.65美元。

包括首批设备支出在内，我相信剩下的资金应该足够维持护士学校的运作直到今年7月1日。不过，如果资金确实不足，还可以从我预留出来的60 000美元运营资金里面支出。

根据聂毓禅小姐的报告，在1944年1月1日有12 022.43元国币可用资金。此外，还有一些以应收帐（账）目的形式存在的资产。这些资产在2月11日的价值达到36 788元国币。

就护士学校的经营预算而言，我们不会把这些应收款项计算在内，但是在7月1日，当本财政年度结束时，我们会把它们纳入到帐（账）目里面。

1月17日校友会批准的用于维持护士学校运营的资金预算额为827 250元国币（自1944年1月1日至7月1日止）。

自从1月1日，中华医学基金会办公室已为护士学校支付以下款项：

1月3日：12月份（1943年）半个月稻米支出3072元国币。

1 月 3 日：学生补贴支出 4800 元国币。

1 月 3 日：1 月份稻米支出 7072 元国币。

1 月 3 日：护士学校给聂毓禅小姐 50 000 元国币预付款。

1 月 20 日：人力车费 50 元国币。

1 月 20 日：印刷费 2231 元国币。

1 月 20 日：2 月份稻米支出 4216 元国币。

1 月 29 日：学生补贴支出 3800 元国币。

2 月 15 日：为 Priest 小姐存入 60 000 元国币用于支付护士薪水。

2 月 15 日：由于汇率调整，为新汇率实施前的借款支付 16 667 元国币差价。据此，由中华医学基金会办公室预先支付的总金额为 152 508 元国币。从先前存入大学的资金中支付给护士的薪水为 41 766.80 元国币。

合计金额：152 508+12 022.43+41 766.80=206 297.23 元国币。

护士学校的运营资金预算余额为 620 952.77 元国币（827 250–206 297.23），期初资金余额 2285.65 美元×汇率 39.024 为 89 195.20 元国币。截至 7 月 1 日可用资金总计 620 952.77+89 195.20=710 147.97 元国币。我今天正准备为 Priest 小姐存入 100 000 元国币。数天后，我将把所余款项从重庆寄给她。”“副本交纽约中华医学基金会周诒春博士。”①

11 日：先生致函美国纽约中华医学基金会厄尔·巴卢（Earle Ballou）先生，信中有一封先生给周诒春的附件，内容涉及行政委员会与协和护士学校及其校长的矛盾：“附件是我给周诒春博士信函的复印件，请查收……从该信您会了解目前护士学校的真实情形。在过去二周内，我一直在尝试找到能让相关各方都满意的友好安排。我已把您的意见转达给行政委员会成员，也已经向委员们建议授权聂毓禅小姐来管理预算，希望这样能让她高兴并且乐于合作。目前，委员会还没有就我的建议做出最后决定。在目前的形势下，我以为让聂小姐全权管理学校是欠妥，因为迄今为止学校还没有以我们所期待的方式进行运作。我已决定尽我最大的努力执行行政委员会的最终决定。尽管未来不可知，但我仍然没有放弃最后的希望，即我们最终能够达成各方都满意的安排。为此，我的

① 《1944 年 3 月 9 日中华医学基金会主任克劳德·E. 福克纳尔博士致函李廷安博士》，Rockefeller Archive Center-Citation Slip, Collection: CMB, Series: 1942-1945, Box: 76, Folder: 536.

意思是：我们会尽量给予聂小姐条件许可范围内最大的权力，同时，我希望通过我与聂小姐的个人接触，能够让她理解我们来这里是为了帮助她，她与行政委员会是可以合作的。

我已向周诒春博士建议：行政委员会将请求纽约董事会给予我们全权管理护士学校的权力。这是有必要的，因为我们相距太遥远，无法及时向你们提供详细的信息。聂小姐没有通过适当的渠道，更确切地说，没有通过行政委员会执行官，而是常常直接给董事会发电报。有时候她提供的信息可能有误导性，并且导致委员会的决定不能得到执行。此外，我也请求董事会信任并且支持我执行行政委员会所做的最终决定。

我期望随着时间推移，局势会有所改善。根据中国的战后重建计划，在下一个十年内，我们将需要培养超过 50 万护士。如果我们能培养出大量训练有素的护士参与到护士教育中去，我们的工作将意义重大。因此，尽管困难众多，我希望您能够支持护士教育计划。

我希望借此机会向美国的中华医学基金会朋友们、董事们以及您本人对护士学校所提供的支援表示感激。我希望能继续向您汇报学校的进展。”“我即将转任华西协合大学附属医院院长，兼任公共卫生系主任。我任此职也希望护士学校能充分利用医院设施。您忠实的李廷安，行政委员会执行官。”“副本交纽约中华医学基金会中国官员翁文灏博士及周诒春博士。”①

聂毓禅（Vera Nieh，1903—1998）小传：聂毓禅（聂玉蟾），河北人，我国著名的护理教育、护理行政管理专家，终身未婚，曾任中国护士学会理事长、中国人民解放军总医院副院长。1927 年毕业于“协和”护校，1929—1931 年在加拿大与美国进修公共卫生医学及护理教育，获理学学士学位。1931 年任“协和”公共卫生系第一卫生事务所护理科主任。1936 年，去美国攻读公共卫生医学，获理学硕士学位。1943 年聂毓禅抵达重庆，担任“协和”护校校长与华西协合大学新医院护理部主任。在“协和”护校选址上，主张选在成都，“特别是华西大学又新建了一所医院，这些都是有利条件”。“自 1943 年至 1946 年，协和护校在成都共招收了三班学生，约五十余名，另外还举办了一届两年制的进

① 《1944 年 3 月 11 日李廷安致函中华医学基金会厄尔 · 巴卢先生》，Rockefeller Archive Center-Citation Slip, Collection: CMB, Series: 1942-1945, Box: 76, Folder: 536.

修班。”[①]据李宝健教授回忆，聂毓禅与母亲关系甚笃，我们三个小孩叫她“聂姨”。尽管李廷安与聂毓禅有工作上的分歧，但个人关系友好。李廷安 1946 年在广州因急性阑尾炎住院，他致函华西协合大学医院杨振华，要他代为问候聂毓禅等，“当我孤单一人在医院时，我更想念他们”[②]。

19 日：先生致函聂毓禅小姐：“亲爱的聂小姐。您告诉我：您已收到由周诒春博士签署的条例副本。我本人也收到了一份。周博士指示我马上执行这份条例。中华医学基金会已拨款 100 000 元国币至 Priest 小姐办公室，不久将下拨更多款项。这些钱由您支配。我想请您注意政府大米问题。条例中有关政府大米的条款需要相应执行。因此，我恳请您留意 3 月份的政府大米需要先在学校找个恰当的地方储存起来，以供学校将来使用。就我所知，学校员工对归还大米给学校这一做法还不理解。因此，我希望在 3 月份有关政府大米的相关规定能够得到遵守。至于 3 月 1 日之前的部分，我需要咨询管理委员会看是否要求学校员工按规定进行返还。我也希望您可以提供给我学校职员分配大米数额的报告，以便提交给委员会。有些人已经表达了不愿意把大米归还学校，因为你们的工资有时比一些护士获得的工资还低。我明白您在得到福克纳尔博士同意后，已采用燕京标准来支付薪金。就采用的薪水标准而言，您已经将护士学校归类于校区内五所大学之一。如果护士学校员工薪水低于华西校区大学中任何一所的平均水平，福克纳尔博士与我都愿意向董事会建议增加薪水。如果您想提高薪水，我以为您必须向委员会提供证明，证实员工的薪水比其他大学低。您不能只集中比较几个个别的例子，否则，恐怕无法说服委员会同意您的请求。

遵照那天我与您的交谈，在福克纳尔博士离开大学前，就福克纳尔博士建议给予护士学校主任使用专款自主权，我致信翁文灏博士。周诒春博士与翁文灏博士现在指示我：管理护士学校所定条例必须无任何改变地执行，但是，有需要的时候，他们乐于在下一次董事会上对条例进行一些调整。因此，我希望您乐于与董事会合作，完整并且无保留地执行所定条例。在条例规定的范围内，我将非常乐意并尽我所能为护士学校与您服务。我仍是您忠实的朋友，护士学

① 聂毓禅：《协和医学院护士学校的变迁》，政协北京市委员会文史资料研究委员会编：《话说老协和》，北京：中国文史出版社，1987 年，第 200—202 页。

②《私立岭南大学关于李廷安来往文件之二》，广东省档案馆，38（全宗号）-4（目录号）-102（卷号），第 147 页（英文）。

校行政委员会执行官李廷安。”[①]

是日：先生致函贵州省政府财政局局长周诒春博士：“3 月 6 日和 11 日来函在过去 3 天分别收悉。其中第一封信有十个附件。

我想感谢您给我这些明确的指示，并且对您正确的决定与对此事的关注表达我最深切的谢意。我有几件与这两封信相关的事情要向您汇报。

1. 您向聂毓禅小姐表达不能变更护士学校现在名称的观点完全正确。我已向她与学校员工解释此事，不幸的是，他们的想法非常固执，我无法改变。

2. 我已请求我们的中华医学基金会秘书费布·梁（Phebe Liang）小姐复制一份已签署的条例提交到福克纳尔博士的办公室存档。我很高兴地看到您已在条例里做了某些修改，尤其是措辞上的，例如‘李博士’、‘聂小姐’，改成‘执行官’和‘主任’。

我已经口头告知聂小姐这份条例将立即生效，并且我会就此事再写信给她。表面上她似乎冷静下来了，但事情还会不会有变化很难说。很明显，聂小姐有一群亲密的同事，一直怂恿她不遵守条例。我希望这种情形能进一步改善。遵照您的指示，我很乐意随时能让福克纳尔博士了解情况。

我感谢您照顾我的薪水的想法，并且谢谢您赞同我就任新职。正如我已告诉福克纳尔博士的一样，如果我仅仅担任执行官，我愿意无偿服务。现在我已转任华西协合大学医院院长，兼任公共卫生系执行主任。福克纳尔博士、戚寿南博士和坎宁安（Cunningham）博士（华西协合大学医学院院长）认为，自 1944 年 3 月开始，中华医学基金会将从北平协和医学院董事会基金项下支付我的薪水。所提供的薪水是基于福克纳尔博士采用在成都的南京中央大学生活成本指数的战时薪水计划。以六口之家作相应计算，金额大约是每月 19 000 元国币，足以满足我的最低需求。根据这项薪水计划，薪水额将随生活成本上升而提高。您可能已听说成都的生活标准较过去两个月已上升了一倍有余。这解释了为什么薪水的金额看上去那么大。除了我的薪水，福克纳尔博士和我都已同意：给我一些行政津贴。金额尚未确定，我知道坎宁安博士会代表福克纳尔博士随后与我商讨此事。原本，我打算以前面提及的身份服务四个月时间至 1944 年 6 月

---

① 《1944 年 3 月 19 日李廷安致函聂毓禅小姐》，Rockefeller Archive Center-Citation Slip, Collection: CMB, Series: 1942-1945, Box: 76, Folder: 536.

30 日止，希望到那时我已经没有必要专职进行服务。但是福克纳尔博士和坎宁安博士强烈表示我需要继续我的工作。因此，福克纳尔博士与我的共识是我将服务到战争结束。福克纳尔博士也写信给我说：如果我继续为北平协和医学院和中华医学基金会服务到战争结束，那么中华医学基金会也将为我的家庭支付返回上海的旅行费用。基于您和福克纳尔博士对我的支持与理解，我认为不必就此签订合约，除非您建议我这样做。正如我在上次董事会报告的那样，我只需要少量薪水能够维持家庭生活需要、提供孩子必要的教育，以及为了保证工作顺利进行，进行一些必要的社会活动即可。福克纳尔博士似乎就此事已写信给您，但是我觉得由我给您写一份报告比较好。如果您有其他建议，请指示我该如何做。

3. 当福克纳尔博士不在而无法执行您的指示的时候，我乐意代为承担董事会在中国的秘书的职责。

4. 我很高兴您授权我在紧急情况下使用每笔支出超过 10 000 元国币的应急基金。我会按规定执行。

5. 因为在 6 月之前我们都不可能召开北平协和医学院董事会，因此我同意您的意见：我们将采用我们政府的做法，在接下来的 3 个月内继续使用 1944 年 1 月至 6 月的预算，即从 1944 年 7 月至 9 月这段时间。

关于聂小姐希望为来自中国其他地方的护士毕业生申请一些路费的问题，我的想法和您一样，严格来说，这也许不是必需的。如果福克纳尔博士并未就此从中华医学基金会基金中拨款，我愿遵从您的意见。

6. 关于您 3 月 11 日的第二封来信，我想说您给在加尔各答的福克纳尔博士发电报鼓励他，是非常体贴的做法。他被我们护士学校的情况搞得心烦意乱。我赞同您对管理事务提出的建议，即在现有条例里对职务任命的规定以及关于大米津贴问题的修改意见。

关于大米津贴，聂小姐从未执行她与福克纳尔博士所达成的安排，即您所签署的条例的第二页（第六款 d 项）。早在我担任执行官一职之前，他们就认为：这些大米不应该卖掉，而且他们的薪水和津贴要比其他人少。随函附上一封我给聂小姐的信，信里会解释这一情况。

7. 我很乐于遵照您的指示执行既定的条例而不改变该条例的原则和精神，并且秉持善意和决心处理现在的状况。尽管未来还不确定，我仍然希望在不久的将来，能够达成各方都乐于接受的安排。您 3 月 6 日的两封来信授予我在处理学校的问题上，必要时可以重组或者暂停学校运营的权力。因此，我想我知道该怎么做了。

我很遗憾得知您患了失眠症。您现在承担的担子实在太重了。我相信会有医术高明的医生，例如 M. C. Chang 博士和 C. U. Lee 博士能够帮助您解决这个问题。我冒昧地建议您不妨周六下午和周日休息，在您的中学度周末。非常感谢您！祝您健康。护士学校行政委员会执行官李廷安。附件：给聂小姐的信，交中华医学基金会（纽约）。”[①]

20 日：先生以护士学校行政委员会执行官名义致函国家能源委员会翁文灏博士：“亲爱的翁博士：过去的两天里，我已收到两封您的来信，敦促我毫无保留地执行护士学校条例。我将竭力敦促护士学校员工配合，希望情况能够有所好转。我明白在下次董事会上我们愿意对条例做出必要的调整。随信附上我收到厄尔·巴卢先生的电报之后给周（诒春）博士写的信的副本。我希望征求您对这个事情的意见与建议。随信也附上我写给周（诒春）博士的信件和一封我写给聂毓禅小姐的信以供您参考。”“附件：两封写于 1944 年 3 月 19 日给周（诒春）博士的信；一封写于 1944 年 3 月 20 日给周（诒春）博士的信；一封写于 1944 年 3 月 19 日给聂毓禅小姐的信。”[②]

翁文灏（Wong Wen-hao，1889—1971）小传：浙江宁波人，早年留学比利时，是中国第一位地质学博士，曾任北京大学教授、清华大学代理校长。1929 年，被聘为北平协和医学院董事。1932 年，任国防设计委员会秘书长（蒋介石为委员长）。1934 年，国防设计委员会改组为军事委员会资源委员会时任主任委员。1938 年，经济部成立，为首任部长，经济部“是蒋介石政权主持经济工作的中枢机构”[③]。1945 年，任行政院副院长，1948 年任院长，后赴欧洲游学考察。1951 年，由法国经香港回国。曾任中国人民政治协商会议第二、三届全国

---

① 《1944 年 3 月 19 日李廷安致函贵州省政府财政局长周诒春博士》，Rockefeller Archive Center-Citation Slip, Collection: CMB, Series: 1942-1945, Box: 76, Folder: 536.

② 《1944 年 3 月 20 日李廷安致函国家能源委员会翁文灏博士》，Rockefeller Archive Center-Citation Slip, Collection: CMB, Series: 1942-1945, Box: 76, Folder: 536.

③ 董赞尧口述，丁绪曾整理：《翁文灏与国民政府经济部》，中国人民政治协商会议江苏省委员会文史资料研究委员会编：《江苏文史资料选辑》（第 15 辑），南京：江苏古籍出版社，1984 年，第 1—42 页。

委员会委员。1971 年 1 月 27 日在北京病逝。“抗战开始后，他主持中国的经济工作，为工厂内迁、资源开发、保证战时供应做出了杰出贡献。”①

31 日：先生致函纽约洛克菲勒基金会、中华医学基金会福克纳尔博士：“亲爱的福克纳尔博士：我希望您回美国旅途愉快、家庭团聚、福克纳尔夫人与子女都身体健康。请允许我再次对您在此艰难的时期为中国医学所做的一切表示感谢，我确信您的努力不会白费。

我任北平协和医学院董事已经有几年了，但我对学校贡献甚少。因为理解到我的服务可能有助于让事情顺利进行并且对协和医学院的将来有益，我很乐意参与到我们共同的事业中……我很高兴收到并阅读了您从重庆写来的信件。由于我们大学医院有部分护士的薪水较高，所以，这里的护士们仍然不满意归还大米之事。他们也提到美国空军（AAF）现在愿意为能说英文的合格护士提供每月 100 美元的报酬。诸如此类！不管怎样，我会有耐心而不会过度地施加压力。让我们高兴的是不管是外国人还是中国人都对我们医院的护士服务感到非常满意。我希望用我们包容大度的态度，让这些女士们最终能够跟我们完全合作……

在各方大力支持下医院目前运作良好，但财务状况不佳。我们人员数量庞大，医院地方也大。所有这些意味着需要高额的维持费用。我现在正准备削减佣工的人数，也许也会裁减一些员工，希望这样医院就不会因挤满人而显得很嘈杂。未来是乐观的。我希望能够顺利把医院整顿得更好欢迎您回来。

克劳福德（Crawford）的房子将给我的家庭使用。

烦请联络娄克斯博士，敦促他过来。因缺少著名的外科医生，我们的外科病房颇为空置。而且，有他在也能加强对外科方面的指导。

齐鲁大学急于要王国栋医生回去。我不知道您有没有在重庆与他谈过。只要有这两位在，我确信我们医院的人员配置在中国后方将是最强大的，其余问题也将迎刃而解。另外，那位药剂师克拉克（Clark）如何？我们也希望他能来。

我想在此信中特别要感谢您给我的维生素 B。李夫人和孩子们都有服用。李夫人一直以来时不时地罹患轻微的脚气。因此，维生素 B 对她很有益，服用后，她的情况大为改善。同时，因为我们的亲戚和朋友也很希望得到一些，这

① 何明编著：《民国名人全纪录——民国名人的最后岁月纪实》，北京：华文出版社，2010 年，第 3755—3767 页。

些药很快就会用完。所以，我想请您帮我一个忙，麻烦您购买100或者50克的维生素B1晶体。随信寄上以您的名字为抬头的100美元支票。要是可能的话，请您回程的时候帮忙带回一些或者全部药品。要是不方便，就请航空邮寄给我。另外，我有两支中号派克钢笔。因使用过度，现在两支笔笔尖都不能正常使用了。要是可能，请帮忙买3个中号或任何型号的笔尖。

如果上述支票不够支付所有这些东西的费用，还请代我暂时垫上不足的部分，我会在您回来的时候还给您。

很抱歉麻烦您这些事。但我找不到比您更好的人来帮助我了。

关于这里的今后的情况发展，我将再写信给您。

您忠诚的朋友李廷安。”①

1944年8月7日，金陵大学校委会讨论了一个特殊的问题：两个月前，美国副总统华莱士访华时赠送给学校三瓶维他命（维生素），当如何分配。讨论的结果是确定范围，再抽签碰运气。②

7月：先生作为华西齐鲁大学联合医院院长，积极从事天花预防工作，致函成都市政府卫生事务所："贵所本月7日函嘱为前次送交敝院之春季痘苗30打，种痘登记表40份，请将原登记表查填交还以凭汇务等由。……兹将敝院接种之儿童共308人计入。"③

9月1日：王云五为先生《中外医学史概论》作序。序言称："撰医学史难，撰中外贯通之医学史更难；而能以数万言撰一贯通中外之医学史，使专家资以比较，不嫌其浅，恒人取而研究，不嫌其深者，则尤最难能可贵者也。李廷安博士以其在中大医学院之讲义，编为《中外医学史概论》，适余以事赴蓉，把晤之余，承示斯稿，受而读之，虽百忙不忍释手，迄午夜而毕读。以余对医学之无根底，竟借此而对中外医学之进展获一鸟瞰之印象。因思类余之未窥医学门径而欲具医学常识者，无虑万千人，得此书读之，数小时小成，而反复诵读，将益饶兴趣。至于医学生及从事医业者，与其搜索无量数之参考书志，而犹待融

① 《1944年3月31日李廷安致函福克纳尔》，Rockefeller Archive Center-Citation Slip, Collection: CMB, Series: 1942-1945, Box: 76, Folder: 536.

② 岱峻：《风过华西坝：战时教会五大学纪》，南京：江苏文艺出版社，2013年，第51页。

③ 《华西齐鲁大学联合医院院长李廷安致信成都市政府卫生事务所》，成都市档案馆，34（全宗号）-1（目录号），第88页。

会贯通者，则何如手此一编，先窥其梗概，再进而博览专攻之为愈。是书所以有此效用者，殆由著者之广博知识与丰富经验，故能深入而浅出欤！”①

先生称：“友好辈见余所编简明而扼要，且能提纲挈领，将历史之演变层迭引出，可给阅读者一种明确之轮廓，进而知所推演我国医学将来之趋势。且国内医学史籍，能中外并论者，尚不多见，故纷纷嘱余付梓，以为有志医学史者之参考。”先生又谦称：“学术界荒芜如此，乃不揣粗鄙，举以问世，不敢以云医学史之文献，聊为在校医学生及一般爱好医学史者之参考而已。”②

王云五（1888—1979）小传：王云五，广东香山人，生于上海。“14 岁以前，云五就学于私塾。”“光绪二十八年（1902 年）春，受父命辍学，改为半工半读，日间在五金店为学徒，晚间则入夜校读英文。”“光绪二十九年（1903 年）入上海之守真书馆习英文。”“光绪三十一年（1905 年）10 月……应聘为一所私立英文专修学校——益智书室之教员，讲授英文、史地、数学等科。”“（1906 年）10 月，云五转任中国公学英文教员。”孙中山被选为中华民国临时大总统，香山县同乡联合欢迎孙先生于上海，“云五以 23 岁青年被同乡父老推为主席，致词（辞）欢迎孙先生……孙先生大为赏识，立刻邀云五担任临时大总统府秘书。中华民国政府成立，蔡元培为首任教育总长，王氏便上书蔡元培，提出革新教育之建议，蔡元培即复函请王氏到教育部相助，经孙大总统同意，王氏每日上午在总统府办公，下午到教育部工作”。“自民国元年起，王氏即在北平的国民大学（后改名为中国公学大学部，再改名为中国大学）兼课，离开教育部后便专任教授，讲授英文、政治学、英美法概论等课程。”“民国十年（1921 年），王氏经胡适之推荐，出任商务印书馆编译所所长，自此与商务印书馆结不解缘。”“王氏任编译所长之初，即礼聘国内各部门之第一流人才，胡适、朱经农、陶希圣等均受王氏之邀而在所服务，新学制小学教科书即在王氏与经农主持下完成，通行全国，于教育之普及贡献极大。”“在研究中外图书统一分类法的同时……王氏因中国电报号码代字之启示，遂又着手研究检字法。自民国十三年（1924 年）11 月开始，十五年（1926 年）8 月初步就绪，十七年（1928 年）10 月增订完成，称为四角号码检字法，并以此法编印《王云五大辞典》。”1930 年王氏就任商务

① 李廷安：《中外医学史概论·王云五序》，上海：商务印书馆，民国三十六年上海再版。

② 李廷安：《中外医学史概论·自序》，上海：商务印书馆，民国三十六年上海再版。

印书馆总经理。"以二十三年至二十五年之 3 年间，商务印书馆出版品数量每年都约占全国出版品总数的一半，而民国二十五年竟占全国百分之五十二。" 1946 年 5 月，国民政府任命王云五为经济部长。1947 年，王云五被选任为国民政府行政院副院长，1948 年任财政部长。"王氏就职后，即进行三方面重要措施：一为增加税收。二为裁并机构。三为改革币制。其中以改革币制影响最大，责难最多，王氏最后亦因此而引咎辞职。""（1948 年）9 月 21 日，王氏率团赴美京华盛顿出席国际货币基金与世界银行联合大会，并担任主席。" 1979 年 8 月 14 日去世，享年 92 岁。"总之，王氏一生经历曲折，是一位具有多方面成就的奇人。幼年失学而以自修有成，常处逆境而不肯屈服认命……从事出版以学术文化提升为主而不汲汲于私利，创建发明与主持社团均有益社会文化而无补于其个人收入。" ①

11 月：先生所撰《中外医学史概论》在重庆出版。

按：1939 年 7 月，先生任中央大学医学院公共卫生学教授和系主任，讲授公共卫生学。"该校关于医学史一门，认为异常重要，而苦无适当人员担任，故邀余兼任之。"先生鉴于"戚寿南院长之一再相嘱，未能过拂，于是参考中外医学史文献，摘要编列为讲义，以为讲演之用，随手摘来，不觉成册"。②

先生认为："人类之有医学，距今不过五六千年耳。在外国最古远之医学，如埃及、印度、巴比伦、希伯莱（来）、希腊，均于公元前二三千年已有医学之记载，但都不脱迷信之色彩。至 Hippocrates 始注重于实际之经验，观察病症之经过，作有系统之研究。Galen 继其学说，惜以夸大独断，缺乏研究精神，其后宗教神权思想盛行，亚拉伯（阿拉伯）医学倔（崛）起，一般人士受此影响，同时慑于 Galen 氏遗教，至造成中古之黑暗时期，逾一千年之久。其间虽有少数医学书籍，及意大利成立有 School of Salerno，作育医学人材（才），但于学术仍无进展。至十五世纪文艺复兴，实验哲学盛行，学术界乃群起研究，物理，化学，生物学等渐成有系统之科学，但医学方面犹无甚大之进步。其间三大改革家，如 Paracelsus Vesalius 及 Paré 亦仅在医学观念立一改革之基础耳。降至十

① 王寿南：《王云五》，秦孝仪主编：《中华民国名人传》，台北：近代中国出版社，1984 年，第 1 册，第 92—115 页。

② 李廷安：《中外医学史概论·自序》，上海：商务印书馆，民国三十六年上海再版。

七世纪 Harvey 首创血液循环理论，Leenwenhook 制造显微镜，医学上遂逐渐转变。十八世纪中进步仍甚迂缓，至十九世纪始，以其他各项科学，突飞猛进之影响，医学亦呈加速进步。尤以下半世纪之供（贡）献特多。诸凡细菌学、免疫学、寄生虫学、病理学，以及临床方面，无不步入新的阶段，而蔚为近代医学之大观。本世纪（按：20 世纪）开始后，进步亦多，且其趋势由治疗医学进而为预防医学，由个人医学进而为社会医学，群谋人类之幸福，促进世界之进步，尤为其特色也。”①

“我国医药之发达，为时甚早，公元前 2838—2598 年间，即神农、黄帝之际，民间已引用草药以治病，神农之《本草》，黄帝之《内经素问》，均为悠久之医药书籍。周代复有完备之医药组织，古代医文之盛，实令人缅念不置也。自两汉而后，以及隋唐五代，医学上尤名医辈出，著作如林，对于吾国旧医学学术上供（贡）献至大。其中尤以汉时之张仲景，为一代医宗，思想学问均有其特到之见地。惜汉承秦后，受战国时所遗留迷信神仙之风，以及当时道教、佛教之思想，阴阳五行之理论，致整个医学，专重于理论上之发挥，而缺乏实际研究之精神。同时印度、月氏、匈奴、西域、波斯、大秦等国之医药，复以交通关系，而先后输入，与我国固有之医药相与混合，融会而成为中国旧医药之整个理论，以迄于今。其后虽有若干名医学者，不断研究探讨，惟皆不脱此槽臼耳。

近百年来，欧美医学，复以交通关系输入，于是医事教育，医事设施，医事组织，陆续成立，十余年来，公共卫生设施，进步尤速，可称之为我国公共卫生之黄金时代。”②

先生研究中外医学进化，发现中外医学之异同：“（1）古代人民重迷信，病则敬神以祷之，驱鬼以正之，故中外古代为医巫兼行之迷信医学，中古时代，西洋有宗教之黑暗时代，中国当时之医学，亦先后受佛教与道教思想之影响，长生不老之术，符咒乞神驱鬼之技，又与医混合，迄文艺复兴，新旧医学争斗之时，亦即中国金元四大派争论最烈之时也，是中外医学进展之程序约略相同。（2）中国医学教育始源于北魏时太医助教之设立，时在公元五六百年间，而西

① 李廷安：《中外医学史概论》，上海：商务印书馆，民国三十六年上海再版，第 43 页。

② 李廷安：《中外医学史概论》，上海：商务印书馆，民国三十六年上海再版，第 43—47 页。

洋医学教育在十世纪始有 School of Salerno，故中国医学教育始源早也。但为学徒制，不及西洋之日渐发达，中国之近代医学教育，则开始于一八六一年，故所以落后也。（3）中外医学，于上古及中古时期，进步甚慢，鲜有伟大之发展，自文艺复兴以后，科学医学之基础确定，日有惊人之进步，中国自接受此新科学后，数十年来，与根深蒂固之中国旧医学，争持未已，且新医学之本身复有派别之分，故今日中国新医学，尚在辩论时期，近代医学之进步则缓于外国，且有望尘莫及之慨。（4）外国医学以科学为根据，以实验之结果作为理论上之根据；中国传统思想，长于文学玄理，无科学根据，而多所谬误。（5）外国医学，富有进取及牺牲精神，几经苦斗，乃得达到今日之成就，而中国医学史上除神农尝百草之传说外，缺乏牺牲之精神，故外国近代医学为进步的、革命的，而中国仍为保守的。（6）外国医学日趋于预防方面及社会化，我国则仍系注重于治疗而为个人职业化。”[①]

先生对我国新医学作如下展望：“综观前述中外医学进展之情形，吾人深知必须加速努力建设科学化之中国新医学。自从西洋科学医学输入我国，数十年来，建树有限，我国医学界宜速自反省，力谋挽救之。

一国固有其特具性之固有文化，保存其固有文化，庶不失其民族之特有精神。然而仅知故步自封，毫无创造，则不堪与人竞争；在科学精神之立场，自不应只知保守，而不接收外来文化以补本身之不足。我国人素存保守，但亦有过于轻易接受新思想者，因此对固有而陈腐者不愿抛弃，对新兴者则毫不怀疑，全加接收，而成混沌不清之局面，滞于不进不退之情形下。西洋医学传入我国后，持保守论者，以保存国粹为名，力事排斥，近且设立国医学院，名为改良国医，实则谋与新医学壁垒对立，而接受新医者以中医无科学根据，否认其存在，相互攻击，不遗余力，致走极端，形成僵局。此实为新医学在我国无长足进步之一重大原因。夫西医有科学之根据，实无攻击之余地。而中医有数千年历史，不能不有部分之价值，吾人应用科学方法，加以研究，合者存之，误者去之，将新旧医学，形成混一，创造我国之新医学。

新医学至中国后，又有英美德日派系之分，互争长短，不相容洽，致减少新医学在国内发展之力量。实言之，此非西医原有之畛域，而为我新医界各自

① 李廷安：《中外医学史概论》，上海：商务印书馆，民国三十六年上海再版，第 47—48 页。

歧视，而有隔膜，故为谋新医学之迅速扩展，工具应加统一，力量才能集中，是必使西医中文化。日本接受西医后，其进步速于吾人者，即以此故。

我国医师多系悬壶问世，以谋一己之生活。对医学之社会性，毫无注重，问世医生，滥竽其中，不学无术者，亦不乏其人，且为生活之舒适，不顾医德，机取巧诈，在在皆是，予人民以恶劣之影响，益增新医学推进上之障碍。故今后医学教育，应着重医德之养成。

因新医学起源西洋，我国缺乏教材，又少设施，新医人才，数十年来，皆仰给于留学生，于是新理论或发现，辗转传入，至少须落后十年，即幸而获得，亦不能实验考证之，精究改进之，徒然因此养成尊外卑己，事事依赖之心理，纵不言危机，亦终有望尘莫及之感。故欲迎头赶上，国家应即力求医学设施之完备，奖励国内研究，方期与西洋医学并驾齐驱。”①

【民国三十四年乙酉（1945 年）】，先生四十八岁

1 月：娄克斯为先生手术。“自从 1945 年 1 月在成都给他动了第一次的手术之后，他就生活于可能会早死的威胁之中，可是这并没有妨碍他去承担了正如他在广州所承担的那样沉重的责任——事实上，看来这更激发了他尽可能地在生命离开他的日子之前去完成更多的任务的决心。”②

是月：善后救济总署成立。

善后救济总署（Chinese National Relief & Rehabilitation Administration，CNRRA）简介：1945 年 1 月行政院善后救济总署成立，善后救济总署是国民政府按“联合国善后救济署”公约组织起来负责战后善后救济工作的机构。存在时间为 1945 年 1 月 1 日—1947 年 12 月 31 日。“行政院善后救济总署具有双重身份：在国际上，它是联合国善后救济总署在中国境内善后救济业务的具体执行机构，主要负责其援华物资的接收与分配；在国内，作为行政院的下属机构，

① 李廷安：《中外医学史概论》，上海：商务印书馆，民国三十六年上海再版，第 48—49 页。

② Ferguson M E. Obituary. Li T A. *The Chinese Medical Journal* ,1948, 66(6): 342-343.

则对各收复区善后救济机构的设置、政策的制订和业务的监督等方面负有组织责任。”①

2 月 24 日：洛克菲勒基金会福克纳尔报道先生手术：一周前的今天，李廷安博士由娄克斯博士在李任院长的医院里为其手术。术前诊断是部分肠梗阻，在乙状结肠与降结肠的联结处的部分肠管被切除。标本检查显示为腺癌，到目前为止可以确定所有的肿瘤被切除，没有任何肿瘤已扩散的证据。李博士恢复良好，娄克斯博士将于明天返回朱恒璧博士的学校，即他此刻被派驻的地方。②

3 月 7 日：福梅龄（Mary Ferguson）小姐阅读了来自娄克斯博士的一封信件的摘要，信中有关于他为先生做手术的情况。该信写于 2 月 10 日。娄克斯博士说 1 月 12 日他被召到成都为李博士因结肠癌所致部分肠梗阻进行手术。他来回由军用飞机接送。当他到达时，发现肠梗阻已缓解，这使他能有数天时间准备李博士的手术。手术中，他切除了乙状结肠上端与（降）结肠结合处的早期癌。肿瘤证明属于早期，并未扩散，因此，手术结果应该是最好的。李博士恢复良好，尽管只有时间才能证明，娄克斯博士认为李博士免于复发的概率有 95%。手术不复杂，在场的数位外科医生都能做。然而，为李博士做检查的医生们提出的报告都令人担忧，使他本人感到非常紧张不安，只愿意由娄克斯博士为其手术。娄克斯博士收到李博士写于 2 月 3 日的来信，说他已能下床，用正常餐，感觉良好。③

按：手术时间有两个说法：一是 1945 年 1 月（《中华医学杂志》“讣告”、3 月 7 日福梅龄报告）；一是 1945 年 2 月（福克纳尔 1945 年 2 月 24 日报告称：一周前的今天，娄克斯博士为李廷安博士手术）。手术时间应在 1 月，因为娄克斯博士是 1945 年 1 月 12 日从重庆到成都为李廷安手术的，他花数天时间做手术准备。再者，先生 2 月 3 日写信给娄克斯博士，称已能下床，用正常餐。

4 月 23 日：先生致函纽约中华医学基金会主席埃德温 •C. 罗炳生先生：“亲爱的罗炳生先生：非常感谢您 1945 年 3 月 8 日的来信。这次毫无预警地罹患大

① 龚喜林：《战后行政院善后救济总署善后救济述论》，华中师范大学硕士学位论文，2004 年，第 I 页。

②《1945 年 2 月 24 日李廷安手术》，Rockefeller Archive Center-Citation Slip, Collection: CMB, Series: 1942-1945, Box: 76, Folder: 536.

③《1945 年 3 月 7 日“福梅龄小姐关于李廷安博士的电话”》，Rockefeller Archive Center-Citation Slip, Collection: CMB, Series: 1942-1945, Box: 76, Folder: 536.

病对我很是打击。这显示了人生的不确定性。幸运的是，我的朋友们都帮助我，特别是娄克斯博士为我做了很成功的手术。我的康复很迅速。我对您和所有中华医学基金会的朋友们对我和我的健康的关心表示感谢。我希望将来不要出现并发症。福克纳尔博士对我的情况很了解，也切实帮助了我很多。

读到您在信中透露的消息我很高兴。我必须报告福克纳尔博士在中国的工作非常出色。我衷心地相信他为这里的医疗机构所做的一切都是经过明智的计划和考虑的。我很遗憾听到他在某些人那里受到批评。如今没有什么事情是能够免于非议的，因为消息通常不够全面，而且人们总会对一些小事情显得很紧张。

眼下对护士学校的行政机制进行重组是很明智的决定，这也让我很是松了一口气……

快速的通胀已使得医院的预算越来越紧张。我已把医院床位数从 80 张增加到 150 张。这样做可以缩减每天每张床的维持成本。一年的时间里，医院已经增加了大量家具和设备。即使在我离开的 3 个多月里，医院也一如既往太平无事地运作着。然而，明年的财务状况很不确定。我最近做的调查发现供应学生和职工已经是一笔巨大的开销。我个人对来年的情况不是很乐观。

我很高兴中国尤其在这样艰难的时期能够得到像您这样的朋友的帮助。最近的时局消息令人鼓舞，我相信全世界的战争都将结束。李夫人与我一起向您问好，感谢您和中华医学基金会成员。您忠实的朋友李廷安。”①

5 月 29 日：中华医学基金会主席埃德温·C. 罗炳生先生从纽约致函先生：“亲爱的李博士：您 4 月 23 日来信已收到。因为我与中华医学基金会的服务合约将很快到期，我想现在先给您一个简短的回复。当我听到你患重病的消息，我极其难受。所以收到您在 4 月 23 日的来信，表示并没有任何新的问题，我觉得非常高兴。我也跟您一样希望不会发生并发症。我很欣慰福克纳尔博士也为您提供了帮助。

我觉得非常遗憾，中华医学基金会执行委员会并未能清楚了解情况并且已经通知福克纳尔博士：在 1946 年 1 月 31 日合同期满后，中华医学基金会会在新的合约期重新任命他到另一职位。我很高兴从您那里得知——还有一些福克

① 《1945 年 4 月 23 日李廷安致函中华医学基金会主席埃德温·C. 罗炳生先生》，Rockefeller Archive Center-Citation Slip, Collection: CMB, Series: 1942-1945, Box: 76, Folder: 536.

纳尔博士离开前写给他本人的信件里——之前一年的困难如果不是全部也已经是大部分克服了。我十分遗憾他与这个机构之间出现了一些矛盾。然而，这并非是导致委员会在下年度开始前没能做出主任任命的唯一原因。由于出现了一些情况，大部分董事要与来自中华医学基金会以及洛克菲勒基金会的代表会面——这是自从我被选入董事会以来的第一次。

正如您已经知道的，即便是被困者自北平到达之后，董事们也无法进行正式的行动，而必须等到合约上的修改完成。对我以及在这里的其他人而言，目前似乎有了一个难得的机会，让我们可以重新思考北平协和医学院过去这段时间在中国后方的经历——无疑我们的前任教授和校友们都参与了中国西部各种重要的工作。我们还需要审视与在中国建设一所高水平的医学院直接相关的三个机构之间的关系。这些都是为了尽可能快地制定出更加确实的未来发展计划。

中华医学基金会利用上次纽约董事会的机会邀请所有人参加晚宴，以此作为两个董事会成员互相熟悉的场合。5 月 31 日中华医学基金会的会议将会产生一个提案，中华医学基金会将请求北平协和医学院董事会和洛克菲勒基金会董事会任命成员组成一个联合委员会，中华医学基金会也将指派成员进入该委员会，共同检讨过往的经验，研究在这些年的战争中整个医学界业已发生的变化。希望这样做能够找到让这三个最大的利益相关机构都能做出最大贡献的方法，共同建设未来的北平协和医学院。

我对您报告中提到的护士学校管理机制的重组很感兴趣，尤其是您提到重组缓解了之前的困境。我在 1945 年 3 月 24 日董事会执行委员会的会议记录里看到您所在的委员会被称为‘护士学校咨询委员会’。我相信这是由纽约董事会收到中国执行委员会来信之后所定的名称。

我读到福克纳尔博士有关护士学校人数减少的报告有些担忧，但我相信这不会是长期的，只是反映了暂时的情况。没有任何令人鼓舞的迹象显示通胀能够得到平抑。持续的通货膨胀使在中国西部生活的所有人都更加困难，人们都无法预知最终结果会是什么样的。

我对您把医院病床数从 80 增加到 150 这件事很感兴趣。这是完全在美国军队提供的医院设备之外的吗？我认为在目前条件下能增加 70 张床是一个了不起的成就。我希望当局势更加正常的时候，华西协合大学当局能够拍摄照片展示一下当前医学校及医院的发展。如今在我的印象中，它们还跟我五年前我见到的那样，我仍会拍照它，虽然我知道从那时起已经增加了相当多的设施。我真诚希望陈志潜博士能确保他的航空优先权，希望巴尔弗博士也一样，这样他们就不需要走漫长的远洋路线了。

刚过去的周末，我有机会参加一个小型聚会，与 Decker 博士相聚一天半。他带给我们他在中国观察到的第一手信息。另外我也有幸邀请到吴贻芳博士在出发往旧金山之前到我家相聚一晚，并且期待在她返回纽约时再次见面。昨天我与 Frank Price 短暂会晤，他也在我常去的那家教会。我一直希望有机会与他进行较长时间的交谈，但他仅仅在此逗留小半天，很快即将启程往中国。在您收到这封信之前，我想他一定早就到了。

我已经很长时间没有听到李夫人父母的消息了。我希望他们都安好，如果他们仍滞留在日占区，希望他们能够挺过日本政府统治下的各种困难。如果他们都还健在，请向他们致以最诚挚的问候。如果有机会见面，请代我向陈志潜博士和在成都的其他朋友问候。

向您与夫人致以问候，我是您真诚的朋友埃德温·C. 罗炳生。”[①]

是月：成都市政府市长陈（按：陈离）聘请先生为本府设计委员。[②]

夏：“1945 年夏，五大学联合举办的毕业典礼是历来最隆重的一次……典礼九时开始。台上，五大学的校长们——华大张凌高、齐大刘世传、金大陈光裕、金女大（按：金陵女子文理学院）吴贻芳、燕大梅贻宝的代表马监，陪同当时的军政要人张群、邓锡侯、郭有守等来宾就座……当时的教育厅厅长郭有守应邀讲话，作了一个很妙的比喻，他把坝上五大学称作‘Big Five’（五强）。他说，二战势将结束，中、美、英、苏、法五个强国对轴心国的战事已是胜利在望了。各校从敌占区千里迢迢内迁复校，历尽艰苦，精神可佩。来蓉后聚合而成坝上五大，造就不少人才，为国献力。你们五大学府就好比五大强国，团结一致，才能不断取得胜利！他这段得体而又寓有妙喻的讲话，赢得了全场热烈的掌声。”[③]

① 《1945 年 5 月 29 日埃德温·C. 罗炳生先生致函李廷安》，Rockefeller Archive Center-Citation Slip, Collection: CMB, Series: 1942-1945, Box: 76, Folder: 536.

②《成都市政府市长陈聘请梁仲栗、李廷安、陈筑山、刁培然为本府设计委员》，成都市档案馆，38（全宗号）-1（目录号），第 419 页。

③ 张丽萍：《相思华西坝——华西协合大学》，石家庄：河北教育出版社，2004 年，第 94—97 页。

8月18日：先生致函印度新德里 Cecil 宾馆中华医学基金会代表 M. C. 巴尔弗博士："亲爱的巴尔弗博士：我们胜利的消息最终到来了。您能想象我们都有多高兴。'西迁'大学（'down river' universities）和朋友们正计划返回。由于合约规定战争结束数月内必须归还校舍给业主，国立中央大学医学院可能首先离开。

大约一年半前，时任中华医学基金会主任的福克纳尔博士要求我离开国立中央大学参加华西协合大学以协助管理北平协和医学院护士学校。我向他和院长坎宁安博士表明我将只是任职到战争结束。现战争业已结束，只要有合适的交通方式，我的家人和我（二个成人和三个小孩）计划返回我在上海的家。我希望在那里能做些适当的工作。

这里附上一封福克纳尔博士1944年3月9日给我的信的副本，信件的内容会证明我所言属实。我希望加以说明的是，我申请交通费的原因是由于我已经离开国立中央大学，我不得不依靠其他机构来提供这笔费用。经过这么漫长的战争时期，仅仅依靠学术酬金，我很难负担这笔交通费用。实际费用目前难以估算。刚才有人说从成都到上海可能每人需要400 000元国币的费用，但可能之后费用会降低一些。现款或预付款形式的安排我都能接受。我希望您能帮助我并且与纽约方面协商此事。如果您不方便从印度及早给我回复，恳请您能电报告知我此事的进展。

我很高兴能向您报告我的健康持续好转。娄克斯博士一个月前为我检查，发现一切正常。昨天拍摄的X光在消化道未见任何梗阻。感谢您对此事的关心，并祝愿您旅途愉快。您忠实的朋友李廷安。"①

27日：先生从华西协合大学医院致函纽约中华医学基金会代表 M. C.巴尔弗博士："亲爱的巴尔弗博士：我随信附上一封我写于1945年8月18日的信件的副本，您看了就会明白我所说的。请允许我补充一点，根据报纸上的说法，从重庆到上海每人的机票费用只是60 000元国币。这大大缩减了交通费用。我希望通过 Priest 小姐以预付款形式获得这笔费用，在我启程回家时再申请提取。

尽管我的下一步行动需要视形势的变化而定，我可能需要在这里待到第一

① 《先生致函印度新德里 Cecil 宾馆 M. C. 巴尔弗博士》，Rockefeller Archive Center-Citation Slip, Collection:CMB, Series: 1942-1945, Box: 76, Folder: 536.

学期期末，以等待纽约委员会完成对北平协和医学院情况的调查。以及，如果还有高年级学生留下的话，要为他们讲授公共卫生课。另外还要移交我的管理职务等等。

尽管具体的事宜还未确定，但大多数‘西迁’大学正计划明年春天之前迁回。南京大学（Nanking University，按：指从南京迁来的几所大学）很快就要送一些教职员工回去，以做好必要的准备。北平协和医学院护士学校的教职工已非常希望能够尽快返回北平。最好的祝福。您忠诚的朋友李廷安。”①

10月1日：C. G. 科普利（Copley）致函 M. C. 巴尔弗，谈及先生：“李廷安博士前来拜访。他已从重庆返回，顺道拜访问候。他收到老恩赐（Frank Oldt）博士邀请，出任岭南大学医学院院长。老恩赐博士曾去到重庆讨论此事。关于医学院，（李）提出一些建议（如他所言，他已 99%谢绝这一邀请）。李曾经打算随同国联一起去美国或欧洲。如今这个计划不能实现，他希望能到上海。那里他有生意场里的朋友，希望能通过生意以及其他途径改善他的经济状况。显然，战争期间他失去了很多财产，经济上受到重创。如果这也实现不了，他还想过自己开医院。他估计靠他的关系，这能帮助他摆脱财务的困境。先前他在上海卫生局的同事、现任大连市长邀请他主持一个大型公共卫生机构。他起先拒绝这一提议，但是这位市长成功说服他至少工作三个月，这或者会成为更长期的工作。他打算最多提前大约六周时间前往大连。他表示始终坚持对医学预科教育与公共卫生工作的兴趣。”②

是日：C. G. 科普利日记之摘录谈及先生：“回到办公室，接待李廷安博士来访。他已受邀到大连任职。他不想去，但大连市长是他在上海卫生局时的朋友和同事，已说服他。他已接受并同意前往工作 3 个月。这可能会是一个更长时间的任命。

岭南大学老恩赐博士提出让李博士担任岭南大学医学院院长一职。李谢绝邀请。但老恩赐似乎仍然坚持，并询问是否最后决定。李说：是，99%！并且就医学院的管理为老恩赐提出了一些建议。

---

①《1945 年 8 月 27 日李廷安从华西协合大学医院致函纽约中华医学基金会代表 M. C. 巴尔弗博士》，Rockefeller Archive Center-Citation Slip, Collection: CMB, Series: 1942-1945, Box: 76, Folder: 536.

②《1945 年 10 月 1 日 C. G. 科普利致 M. C. 巴尔弗函之节录》，Rockefeller Archive Center-Citation Slip, Collection: CMB, Series: 1942-1945, Box: 76, Folder: 536.

他正致力于《中国公共卫生史》一书的工作，并且希望不久能出版这一卷帙浩繁的著作。他一直想去上海，涉足商界，通过银行界和那里的其他朋友的关系，挽回他的经济损失。李博士说战时他遭受相当巨大的财产损失。另一想法是在上海开一间自己的私人医院，靠他的关系，他觉得医院会成功的。”[①]

按：1945 年后南京国民政府派出的三任大连市市长分别是沈怡、龚学遂、赵惜梦（均未就任），先生任上海市卫生局局长时的同事指的是工务局局长沈怡。

沈怡（1901—1980）小传：浙江嘉兴人。1925 年在德国德累斯顿工业大学读水利工程专业，获工学博士学位。1926 年回国加入中国工程师学会和中国科学社。1927—1937 年，任上海市工务局局长，兼任上海市中心区域建设委员会主席、国民政府导淮委员会委员、黄河水利委员会委员、国防设计委员会委员。1937 年任资源委员会主任秘书兼工业处长。1941 年 1—9 月任交通部政务次长。抗战胜利后，任大连市长，因当时大连在苏联红军占领下未能到任。1946 年 1 月—1948 年 12 月任南京特别市市长。“后赴台湾并移居美国。”[②]

是年：先生在《华西医讯》上发表《我国痳疯病防治计划》[③]。第一，先生概述麻风病流行状况，检讨防治方法。“全世界痳疯病人，共约 300 万。而我国即有 100 万，占全世界三分之一。”“只用监禁隔离之法，则致初期患者，逃避隐遁，坐失治疗之机，殊为可惜。”“若早期长时治疗，患者大半多可治愈。”“除隔离与治疗而外，尚应普及教育，务使普通民众及痳疯患者，洞悉此症之性质与治疗之可能。对于防治步骤，政府当局，应竭力推行。吾国痳疯流行虽广，则确有铲除之望焉。”

第二，先生阐述防治麻风病的“设计概略”。先生认为卫生署应有整个防治麻风之计划，分区及分期实行，并与教会及中西慈善团体合作办理，设立一个全国麻风防治委员会隶属于卫生署，以处理救济麻风事宜，所有经费统筹支配。在防治委员会之下，设立一个或数个中央麻风病院以为示范。病院内可附设一个麻风研究所，由所聘请麻风专家以研究麻风问题及指导各地麻风防治工作。各流行省份可设一省立麻风病院，省以下各区设麻风分诊所，各地之防治问题

① 《1945 年 10 月 1 日 C. G. 科普利日记之摘录》，Rockefeller Archive Center-Citation Slip, Collection: CMB, Series: 1942-1945, Box: 76, Folder: 536.

② 林吕建主编：《浙江民国人物大辞典》，杭州：浙江大学出版社，2013 年，第 255 页。

③ 李廷安、刘世逊：《我国痳疯病防治计划》，《华西医讯》1945 年第 4 期，第 97—103 页。

与行政运筹均应与中央取得联络，以成一个完整系统。各省所需之经费及救济问题，则不妨由各省区政府及慈善机关分别负担，必要时可由中央辅助。

第三，先生提出“中央痲疯病院之设计”方案。该方案包含设计原则、选址、面积、应有之建筑。“原则：（一）病院之建筑设备，务使完善持久，能使病人满意愉快，而不以入痲疯病院为苦。（二）以人道宗旨及科学方法治疗患者，以免传染他人。（三）采用变通隔离法，不用严密之监禁隔离法。（四）可作医学上及教学上之研究机关。地址：应靠一交通方便之大城市，离城约五公里远近，有汽车可达，位于一山区或河畔，或近城之小岛上，并与一医院相距不远。地面：每病人应占有二至六亩，视实际情形而定。应有之建筑：全院病床，约共 500 张，所有建筑计划，均以 500 张病床为度。”此外，先生详细规划了“病人住区”“职工住区”及其相应配置。

第四，先生提出中央麻风病院职员配置。其中，院长兼主任医师一人，以擅长内科者为宜。医师三人，内有一人擅长眼耳鼻喉科，一人擅长 X 光，一人擅长外科及骨科。牙医师一人。检查室技士一人。护士 15 人。

第五，先生提出“预算”：①开办费：医院为一永久机关，建筑必须坚固，设备务须完善，故开办费之预算较高。②经常费：可利用轻病患者，在工厂及农业工作，酌给工资，收入可用以补助医院。共计开办费 1 169 000 元，经常支出 210 520 元。除医院之收入补助 78 880 元外，政府每年补助 131 640 元。计政府每病人每日补助约国币 7 角。

第七章　回归岭南（1946—1948 年）

说明

本章记述 1946—1948 年先生四十九岁至五十一岁的主要事迹。

抗日战争胜利后，国共两党于 1945 年 10 月 10 日签署《政府与中共代表会议纪要》，即《双十协定》。1946 年 6 月，国民党对解放区发动了全面进攻，直至 1947 年 3 月，这一时期被称为战略防御阶段。这一阶段，共产党军队消灭了国民党军队大量有生力量。从此，国民党军队放弃全面进攻而采取进攻陕北与山东解放区的重点进攻战略。解放军取得孟良崮战役胜利，刘伯承、邓小平于 1947 年 6 月率大军挺进大别山，与陈毅、粟裕领导的华东野战军，陈（赓）谢（富治）兵团形成“品”字形的战略态势，威胁国民党统治中心。1947 年 3 月—1948 年 9 月，这一时期被称为战略相持阶段。解放军展开战略进攻，发动辽沈、淮海、平津三大战役。1949 年 4 月，解放军渡过长江，4 月 23 日占领南京。1949 年 10 月 1 日，中华人民共和国成立。

1946 年 1 月，先生受国民政府立法院院长孙科与卫生署署长金宝善的委派，以及岭南大学校长李应林的邀请，来到广州筹建“广州中央医院”（National Canton Central Hospital），同时被岭南大学聘为孙逸仙博士纪念医学院院长与博济医院院长。先生对医学院的发展提出了设想：“我希望将我们的医学院建成具有国际特色。换言之，我们将与全世界的医学机构建立联系。”“在医学文化方面，我们欢迎苏联的合作”，具体目标是将广州建成“华南医学中心”。

此时先生已身患重病，战后谢绝行政院院长宋子文的上海市卫生局局长的任命，将人生的最后两年零四个月（1946 年 1 月—1948 年 5 月 6 日）献给了广州。战后的广州，医学相当落后，尤其是医学人才匮乏，“仅有专任兼任教授共四人”。经过先生的努力，1947 年 3 月，孙逸仙博士纪念医学院的三所附属医院都进入中国最好的 15 家医院行列。1948 年，孙逸仙博士纪念医学院已达到“国内一流或最佳水平”。先生把广州建成华南医学中心，改变了岭南地区医学教育与临床水平的落后面貌，具体做了以下工作：一是整合广州的医学资源，构建华南医学中心。以岭南大学孙逸仙博士纪念医学院为核心，把有 500 张病床的广州中央医院、200 张病床的博济医院、250 张病床的夏葛医学中心（the Hackett Medical Center）作为附属医院，纳入拥有 50—100 张病床的肺结核疗养院与 100 张病床的麻风病院，建成拥有超过 1000 张病床的华南医学中心。“为了公共卫生培训，我们将组织华南公共卫生培训中心，省卫生局、广州市卫生局、两所医学院与四所护士学校将加入该中心。卫生署将极有可能使用该中心为华南各省培训所需公共卫生本科与研究生人才。以上表明我们将建成以医学院为核心的华南医学中心。”二是创建广州中央医院。抗战胜利后，卫生署在南京、重庆、广州、天津、兰州设中央医院，是“政府所办理之国内五大医疗中心”，中央医院肩负“示范使命”。先生借助联合国善后救济署、善后救济总署、美国医药助华会、卫生署以及当地政府的支持，从医院地址的选购、人才引进、资金筹措、设备购置等方面为创建广州中央医院倾注了大量心血。1946 年 12 月 2 日，广州中央医院正式开始门诊，次年 1 月接收住院病人。三是引进人才。先生抵达广州后，立即于 1 月中旬几乎同时向蔡翘（1948 年首届中央研究院院士）、郭秉宽（眼科一级教授）、张先林发出邀请；随即向应元岳、施正信、吴在东、钟世藩、陈心陶、司徒展、谢元甫、林树模、陈耀真、谢志光、周金黄、张茂林、李士伟、白施恩、司徒亮、陈翼平、程玉麐、冯万熹、宋杰、王就安、颜春辉、康锡荣、马汝庄、江世澄、林廉卿、王成恩、汤泽光、李佩琳（霖）、许天禄、许汉光等发出前来广州工作的邀请函。他们当中绝大多数是 20 世纪 50 年代国内一二级教授、各学科的带头人。根据掌握的资料，中山大学医学院的八位一级教授中，先生向谢志光、林树模、陈耀真、钟世藩、陈心陶发出过邀请。四是筹措资金。孙逸仙博士纪念医学院面临经费短缺的困难。“与国内拨款最少的国立医学院中的财政预算相比，不足三分之一。”“每年的预算只有当时北平协和医学院护士学校的十分之一。”由于孙逸仙博士纪念医学院是孙中山学医与开始革命的地方，抗日战争前教育部每年有拨款。抗日战争胜利后，先生首先争取到教育部、财政部等政府部门恢复该项拨款。其次，争取个人的资金支持。先生曾致函立法院院长孙科、宋庆龄请求经费援助，或通过孙科请求胡文虎的支持。在给宋庆龄的信中，先生强调了博济医院尽管经费困难，但一直坚持做慈善。“我高兴地知悉您在这些年一直做着大量的慈善工作。我冒昧地写信给您，您是否乐于在我们博济医院为慈善目的而支出的费用总额中帮助我们一部分。如果不是因为我最直觉地感到，博济医院是国内一所值得所有人为之努力与给予帮助的机构，我不会冒昧地恳求您的同情与帮助。”最后，向国际组织与境外基金会请求资金资助。先生曾向联合国善后救济署、善后救济总署、中国国际救济委员会、美国医药助华会、全英助华联合总会等机构寻求各种形式的资金支持。

先生的最后两年零四个月既是忘我工作的时期，也是与病魔抗争的时期。1945 年 1 月因肠癌做了第一次手术后，“他就生活于可能会早死的威胁之中”，“这更激发了他尽可能地在生命离开他的日子之前去完成更多任务的决心”。1946 年 3 月 24 日，先生“因为阑尾炎症严重”而手术，3 月 29 日即回信林树模，解答林树模来广州工作的个人待遇问题。1947 年 11 月初，先生因直肠癌复发在北平协和医院做了第二次手术，术前的 10 月 30 日为医学院王成恩等 13 人与博济医院护士请岭南大学校长李应林核发聘书。11 月 13 日，康奈尔大学附属肿瘤医院、哥伦比亚大学附属医院、马萨诸塞总医院直肠癌的切片病理检查结果抵达北平，显示不适合使用放疗。回到美国的娄克斯安慰先生：“我希望您能设法忘记您的肿瘤，投入到让您感兴趣的学院工作中。我知道学院一定急切地盼望您回归。我肯定对于他们来说您同过去一样是非常有价值的人。”（娄克斯曾任北平协和医学院外科主任，乘军用飞机从重庆到成都为先生做第一次手术，在北平为先生做第二次手术，术后回美国）术后的先生“白天正戴着一个装着棉花和纸的袋子，到晚饭后，通常清洗污渍。在晚上和上床前，我戴着橡皮袋”。“我一直设法冲洗结肠造口术（为了治疗肠癌而在腹壁上所做的人为开口，并将一段肠管拉出开口外，翻转缝于腹壁，从而形成了肠造口。实际上就是粪便出口的改道术）伤口，但是仍然不能很好地控制粪便分泌物。粪便分泌物在餐后尤其是早餐后出现。”12 月 23 日，先生致电汤泽光、李佩琳（霖）来广州任职。1947 年，先生发表《增进民族健康之先决问题》，提出国家富强与民众健康关系密切。“‘民为邦本，本固邦宁’，固本之道为何？健民其要者也。盖一国之富强端赖于民族之健康。以言军事，则斩将搴旗，追奔逐北。以言建设，则生产倍增，交通便利，苟人民羸弱，将曷克臻此。”[①]1947 年 12 月 29 日，肿瘤扩散到左锁骨上方腺结，而导致肿瘤挤压气管，先生咳嗽不停，呼吸困难。1948 年 1 月，在广州由卢观全切除锁骨处肿瘤，发现癌细胞。1 月 19 日，先生开始在香港接受深度 X 光放射治疗，但 2 月初，在气管分叉下出现大的腺结，明显顶着左侧气管，使得很少空气进入左侧气管。有某些征象显示可能是癌沿着双肺淋巴扩散。1948 年 2 月 6 日，先生给娄克斯的信中称："不管结果如何我都能够平静接受，但我希望能够减轻一些痛苦。随着肿块长大压迫越来越厉害，我担心最终我将无法呼吸。不管如何，我将坚持工作直到最后一刻。"2 月 23 日，先生再次致函娄克斯："我其实并没有担心什么，一切都交给上帝的手中就好。我只需要尽可能地完成我的工作即可。" 3 月 2 日，先生致函岭南大学校长李应林，请求批准与福音联合兄弟教会签订的合约（关于孙逸仙博士纪念医学院用于公共卫生教学与示范中心的租赁用地）。2 月底 3 月初，先生与前来探病的谢志光商讨医学院的发展大计、北平协和医学院的岭南大学校友回归广州的问题、医学院与岭南大学的关系问题等（先生去世后，谢志光与秦光煜、陈国桢、司徒展、何天骐回广州工作）。3 月 9 日，先生致函中国石油公司，请求为广州中央医院以公价配售 500 加仑（即 10 桶）汽油，以作本院救护车辆之用。3 月 27 日，先生聘任许汉光为岭南大学医学院附属博济医院小儿科主任。4 月 29 日，先生复函中国国际救济委员会医学部主任奥特布里奇（T. S. Outerbridge）博士。5 月 6 日零时，先生在博济医院去世，享年 51 岁。当时媒体纷纷报道先生去世消息，高度评价先生。《申报》称先生："为从事地方公共卫生最早之一人。"[②]《上海医事周刊》称先生为"我国从事地方公共卫生最早数人之一"[③]，并发通告，为"李廷安博士纪念基金募捐"。《中华医学杂志》（英文版）刊载福梅龄撰写的讣告与 F. Y. Khoo 撰写的献辞，对先生分别做出如下评价："对中国公共卫生界的实际影响将会长期存在——他面对着迫近的死亡所表现的勇气也将永远对我们是一种鼓励的力量"[④]，"（公共卫生）领域中的真正的先驱者"[⑤]。

① 李廷安：《增进民族健康之先决问题》，《西南医学杂志》1947 年第 4 期，第 1 页。

② 《穗中央医院院长李廷安患病逝世》，《申报》1948 年 5 月 11 日，第 2 版

③ 《公共卫生专家李廷安博士逝世》，《上海医事周刊》1948 年第 11 期，第 4 页。

④ Ferguson M E. Obituary. Li T A. *The Chinese Medical Journal*,1948, 66(6): 342-343.

⑤ Khoo F Y. DR. Li T A—A dedication. *The Chinese Medical Journal*, 1948, 66(6): 344.

【民国三十五年丙戌（1946 年）】，先生四十九岁

1 月 4 日：卫生署署长金宝善向广州市政府发出“函为派李廷安前往广州筹设广州中央医院请予协助由”的公函。具体内容如下：“本署拟于广州市设立中央医院一所，配置病床 500 张，定名为广州中央医院，派李廷安为该院院长。”①

按：据李宝健教授回忆：1946 年 1 月家父带着宝善和我先到广州，母亲和宝良则暂留成都。原因是机票难买。这三张票是孙科帮忙买的。2 月全家才在广州团聚（图 7.1）。

图 7.1　抗战胜利回穗后的全家福

① 《卫生署筹设广州中央医院》，广州市档案馆，4-02（全宗号）-4418（案卷号），第 1 页。

按：1946年2月，全家在广州团聚后摄影留念（李宝健教授提供并解释）。

14日：先生致函重庆陆军医院眼科主任郭秉宽，邀请他担任孙逸仙博士纪念医学院眼科教授。郭秉宽于2月5日复函先生，“看来信所示种种，弟正感兴趣，承兄愿意迓（按：迎接）弟参加兄所领导之团体，至感荣幸”，并询问“教授住宅”与“待遇方面”。[①]

郭秉宽（Kuo Ping-Kuan）小传：1904年11月20日出生于福建省龙岩县。1934年获维也纳大学医学院医学博士学位，毕业后，在维也纳市立总医院担任了两年眼科住院医师。1936年9月回国，在同济大学医学院任教。1937年淞沪会战期间，参加医疗救护。1938年，任同济大学医学院眼科主任和教授。1938年秋，在贵阳医学院任教。“1938—1941年是郭秉宽眼科生涯中的一个黄金时期，他在这三年内培养了不少有作为的眼科专家，包括后来任职于天津医学院的袁佳琴、河北医学院的梁树今、湖南医学院的吴振中等。”[②]1943年4月初，郭秉宽到达重庆，任江北陆军医院眼科主任，兼任宜宾的同济大学医学院和重庆歌乐山的上海医学院的眼科特约教授。抗战胜利后，在哥伦比亚大学眼科学院及纽约市曼哈顿眼库进修角膜移植的技术。1946年回国，在上海江湾国防医学院接受少将军医级教授之职，兼任眼科主任，从事眼科医疗和教学。1952年，任上海第一医学院附属眼耳鼻喉科医院副院长兼眼科主任、一级教授。1991年9月28日病逝于上海。

是日：先生致函张先林（Chang Hsein-lin），邀请他担任医学院外科教授、系主任与广州中央医院外科主任。

据张先林1946年1月30日给先生的复函，“今天下午，我才收到您1月14日来信”[③]。

29日：先生致函成都国立中央大学医学院蔡翘，邀请他担任岭南大学孙逸仙博士纪念医学院生理学教授与系主任，并谈及薪水、住房、小孩教育与交通

① 《私立岭南大学关于李廷安郭秉宽等来往函件》，广东省档案馆，38（全宗号）-4（目录号）-107（卷号），第140—141页（中文）。

② 中国科学技术协会编：《中国科学技术专家传略》（医学编·临床医学卷二），北京：人民卫生出版社，2005年，第73页。

③ 《私立岭南大学关于李廷安来往文件之三》，广东省档案馆，38（全宗号）-4（目录号）-103（卷号），第95—96页（英文）。

补贴等待遇。“您将获得岭南大学孙逸仙博士纪念医学院生理学教授与系主任的任命。包括津贴在内的报酬每月最少有 180 000 元国币。将提供给您大学校园内的现代化住宅，来往于住宅与医学院的交通便利而且免费。据大学现行惯例，您的小孩可接受免费教育。至于从现居住地到广州的交通费，如果您签订最少一学年的合同，我能提供给您与直系亲属实际交通费用。另一种情况，如果您签订一学期的合同，我答应提供给您本人的交通费。我相信由于您的决定、在此所做的贡献将永久成为动力，您可以完全相信我会全力支持。”①

按：据该信，先生于 1 月 22 日曾收到蔡翘对此前邀请函的复函。②如果来往于广州与成都的信件需 7 天的话，先生最迟在 1 月中旬就给蔡翘发出了邀请函。

蔡翘（Tsai Chiao）小传：1897 年 10 月 11 日出生于广东揭阳县新亨镇仙美村。1919 年到美国留学，1925 年获芝加哥大学哲学博士学位，因学业成绩优秀获金钥匙奖，并被推荐为美国解剖学会会员。1927 年与谷镜汧、颜福庆等在吴淞创办国立中央大学医学院（上海医学院前身），蔡翘受聘创建生理学科，任生理学教授，兼讲授比较解剖学、组织学和胚胎学，编著中国第一本大学用的生理学教科书。1930 年，受洛克菲勒基金会资助，赴英国与德国进修，1935 年成为英国生理学会会员。1937 年在南京中央大学医学院任生理学教授兼科主任，再次创建生理科。卢沟桥事变爆发后，随中央大学医学院西迁成都，在艰苦的条件下坚持从事生理和药科的教学和研究工作。1941 年，创立中央大学生理学研究所，招收了四名研究生。“1943 年夏，蔡翘作为中美文化交流交换教授与费孝通等六人应邀赴美讲学一年。在芝加哥讲演时，他向世界介绍了中国抗日战争的情况，呼吁国际社会的援助，其讲演稿与其他教授的讲演稿一起被编成《来自中国的声音》一书在美国出版。这一年中，蔡翘在哥伦比亚大学医学院与美国学者合作继续研究血清中的缩血管物质问题，正是这一成果，后来导致国外 5-羟色胺（即血清素）的发现。”③1948 年，他代理中央大学医学院院长，同年

① 《私立岭南大学关于李廷安来往文件之二》，广东省档案馆，38（全宗号）-4（目录号）-102（卷号），第 140 页（英文）。

② 《私立岭南大学关于李廷安来往文件之二》，广东省档案馆，38（全宗号）-4（目录号）-102（卷号），第 140 页（英文）。

③ 中国科学技术协会编：《中国科学技术专家传略》（医学编·基础医学卷一），北京：人民卫生出版社，2005 年，第 98 页。

被选为中央研究院院士。中华人民共和国成立后，任南京大学医学院院长。1954年任军事医学科学院副院长。1955年当选中国科学院学部委员。1990年7月29日逝世于北京。

30日：先生致函重庆中央医院吴英恺，了解该院各级职员的薪酬。“现在，我忙于重建岭南大学孙逸仙博士纪念医学院。请帮我一项工作：请您寄一份贵院目前在岗初级与高级职员俸廪的各级细目表给我。”①

按：吴英恺于2月6日复函先生：“医师：毕业第一年每月120元，每年增长20元，主治医师（Visiting Physician）最低工资200元，科主任600元，护士毕业第一年80元，最高工资250元，事务性职员90—300元。”②

吴英恺（Wu Ying Koi，1910—2003）：1910年5月8日出生于辽宁省新民县，1927—1933年就读奉天医科专门学校，1933—1941年，任职北平协和医学院外科。“1941年赴美，在圣路易市华盛顿大学医学院进修胸部外科。1943年秋回国，担任重庆中央医院外科主任，在战争条件下开展工作。抗战胜利后转任天津中央医院外科主任。”③1948年北平协和医学院复校后，任外科教授、主任。2003年11月13日逝世。

是日：先生致函重庆的上海医学院谷镜汧，询问上海医学院中高级人员的薪酬。“目前，我受命重建岭南大学孙逸仙博士纪念医学院。为在这项工作中帮助我，请您发一份贵院目前实行的中高级职员俸廪等级的详细名册。”④

谷镜汧（Ku Ching Yen，1896—1968）小传：浙江余姚人。1917年青岛德语专科学校毕业，1922年同济医工专门学校毕业。先后在德国海德堡大学和柏林大学深造，1926年获医学博士学位，是年回国，任北平协和医学院病理科助教。1928年，筹建创办第四中山大学医学院。1931—1932年，在美国西余大学进修病理科。1932年任中央大学医学院病理学副教授。全面抗战时期，历任中

---

①《私立岭南大学关于李廷安来往文件之一》，广东省档案馆，38（全宗号）-4（目录号）-101（卷号），第89页（英文）。

②《私立岭南大学关于李廷安来往文件之一》，广东省档案馆，38（全宗号）-4（目录号）-101（卷号），第89页（英文）。

③ 崔月犁、韦功浩主编：《中国当代医学家荟萃》（第一卷），长春：吉林科学技术出版社，1987年，第212页。

④《私立岭南大学关于李廷安郭秉宽等来往函件》，广东省档案馆，38（全宗号）-4（目录号）-107（卷号），第128页（英文）。

央大学医学院、中正医学院、广西医学院、同济医学院病理学教授。“1946年任上海医学院教务长，并代理院长主持上海医学院迁回上海。新中国成立后，历任上海第一医学院病理解剖教研室主任，院务委员会委员，中华全国病理学会上海分会主任委员。”“其学术成就主要集中在血吸虫病病理研究，结核病的病理和发病机制研究，以及肝炎、肝硬变、肝癌的研究三个方面。”①“‘文化大革命’中，谷镜汧受到迫害……1968年7月19日终因应激性胃溃疡大出血在上海逝世。”②

2月7日：广东省政府主席罗卓英电广州市政府：“准卫生署函。本署拟于广州市设立中央医院一所，配置病床五百张，定名为广州中央医院，派李廷安为该院院长，兹以即将启程前来，筹备成立于应函请查照，惠予协助等由，特电知照，俟所派院长到达时，即希切实协助为要。”③

9日：先生致函四川宜宾国立同济大学医学院病理系吴在东教授，邀请他回岭南大学孙逸仙博士纪念医学院与广州中央医院工作。“我们有许多医院单位和充足资金，邀请包括您在内的优秀人才能来帮助建设一个强大的医学培训中心。我写此信给您，请您担任中央医院与医学院的医学系领导。”④

是日：先生致函重庆陆军医院眼科主任郭秉宽，“请您担任广州中央医院和医学院的眼科主任”，并提供足够的薪酬、免费住房与孩子免费教育。⑤

是日：先生致函昆明中央防疫处（National Epidemic Bureau）主任应元岳，邀请他担任孙逸仙博士纪念医学院与广州中央医院的内科主任，提供优厚薪酬、免费住房、孩子免费教育，以及补贴交通费等。“我受孙科院长、金宝善博士与李应林校长之邀来此组建华南医学中心。因此，我接受了岭南大学孙逸仙博士纪念医学院院长，金宝善博士也要我担任500张病床的新建广州中央医院院长。他建议该中央医院附属于岭南大学。医院高级职员同时兼任医学院教授。孙科博士正设法为医学院从中央政府获取一些经费。约200张病床的博济医院也是

① 林吕建主编：《浙江民国人物大辞典》，杭州：浙江大学出版社，2013年，第235页。

② 中国科学技术协会编：《中国科学技术专家传略》（医学编·基础医学卷一），北京：人民卫生出版社，2005年，第85页。

③《卫生署筹设广州中央医院》，广州市档案馆，4-02（全宗号）-4418（案卷号），第3页。

④《私立岭南大学关于李廷安来往文件之一》，广东省档案馆，38（全宗号）-4（目录号）-101（卷号），第90页（英文）。

⑤《私立岭南大学关于李廷安郭秉宽等来往函件》，广东省档案馆，38（全宗号）-4（目录号）-107（卷号），第139页（英文）。

我们的实习医院。因而，如果包括您这样的优秀人才能来帮助我，您能看到我们有相当多的医院与足够的资金确立一个强有力的地位。我正写信要求您担任中央医院与医学院内科主任。我的原则是给您足够的俸廪以满足各种需要。每月俸廪约 180 000 元。如果生活成本上升，这一数额可以增加。”①

按：此信开头即称“不久前我寄信给您由惠滇医院转交，本信补充前信”，可见，2 月 9 日前先生就发出了邀请函。3 月 20 日应元岳复函先生，首先提及医学教育落后的原因，并祝贺先生有此机会为医学教育做贡献。“战争与我们自身专业的弱势共同使得我们的医学教育落后最少 25 年。我们实际上已再次开始如同 30 年前已做之事。科学绝不是喊口号的形式。如果我们的政府与科学联合团体不双倍或三倍努力，赶上时代的先进水平永远是遥远的。另一方面，我想祝贺您有此独一无二的机会服务于这一伟大的事业，并为后代打下基础。”接着，谈到妻子去世后，自己面临的困难，“我胸无高尚怀抱，但对教育有真诚的兴趣与信念。我从未想过此时此刻我不得不折起我的双翅，过着‘牢笼’般的生活。刚好一年前，我回昆明埋葬我的太太，她的奉献与无私使我的教学生涯成为可能。过去，除了我不能维持好我自己的家庭与许多其他依靠的人，我没有什么可遗憾的。这种情形只有我们中国人能领会。她去世后，我完全认识到：我为医学教育所做的任何事情都是对她无私激励的回报”。“我知道很多别的人所处情形与我一样，那是悲惨的。我真的不想用这些‘琐碎的’个人事务打扰我的朋友，但是我觉得应该对您坦诚，因为您如此真诚地对待我。”最后，向先生提出了四点建议：“（1）特别是在诸多困难横在路上的骨节眼上，您来信提及组建一个大单位需要巨大努力。有合适人选一起分担压力而不是您一人承担它是比较好的。例如，重组医学院可能需要有人能够确实牺牲其所有时间于整个计划的教学方面，而不会被太多的无关活动所打扰。我肯定您要面对此问题。各单位合并形成一个中心机构，需要一个像您一样的人的全面领导。（2）鉴于国内对医学人才的巨大需求，各医院应担负起相应的职责，例如服务与培训。（3）一个能自动地让职员保持高效工作的机制必须建立起来。（4）建立一个永久的捐赠基金。”信末，应元岳谦虚而风趣地称：“如果您读了这封信，感到头痛，就吃一

① 《私立岭南大学关于李廷安来往文件之二》，广东省档案馆，38（全宗号）-4（目录号）-102（卷号），第 141 页（英文）。

片阿司匹林。像我这样思想平庸与未经培训的秘书般的写作技能，也只能写出这些。”①

应元岳（Y. Y. Ying，1896—1991）小传：浙江鄞县（今宁波市鄞州区）人。1921 年毕业于湘雅医学专门学校本科。1924 年在约翰·霍普金斯大学研究内科，1925 年在伦敦热带医学和卫生学学院攻读热带病学。“1927 年在国内首次发现并诊断肺吸虫病。”②1933 年被印度加尔各答英国皇家热带病研究院授予热带病学博士学位。回国后，在上海医学院任教，全面抗战时期随医学院内迁重庆，并任中国红十字总会医院内科主任。中华人民共和国成立后，任第二军医大学副校长。

是日：先生回复军医署驻沪办事处张先林 1 月 30 日来信：“我理解您与张太太在美国留学一年。我想知道大约在何时启程。如果您在年末动身，我想在您离开前您能来此工作数月。我们也能安排张太太岗位。在此我被委以组建一个医学中心，以孙逸仙博士纪念医学院、200 张病床的博济医院、500 张病床的广州中央医院作为组成单位。250 张病床的夏葛医院可能加入进来。因而您能看到我们拥有该中心共 950 张病床。我邀请您担任医学院外科教授、系主任与广州中央医院外科主任。我们的原则是提供给您与您的家庭足够的薪酬以敷支出。我们会提供房子。您的孩子享受大学教育的免费权利等。多个单位的联合体使我们能够自由支配资金，我想资金是足够的。如是您不能马上来。只要您答应此事，我非常乐于留下该岗位直到您回来。我相信如果您能来，我们院系的实力将大大增加。我愿意提供给您尽可能多的您想要的信息。我正邀请一群年轻与有前途的人来此全新的有重要影响力的单位帮助我。”③

11 日：先生致函贵州省卫生局局长施正信（T. S. Shih），邀请他担任华南公共卫生培训中心（the South China Public Health Training Centre）主任与孙逸仙博士纪念医学院公共卫生系教授之职。“我受孙科院长、金宝善博士和李应林校长之邀，来此组建华南医学中心。关于公共卫生指示，一个很大的计划正在进行

① 《私立岭南大学关于李廷安来往文件之二》，广东省档案馆，38（全宗号）-4（目录号）-102（卷号），第 154—155 页（英文）。

② 林吕建主编：《浙江民国人物大辞典》，杭州：浙江大学出版社，2013 年，第 236 页。

③ 《私立岭南大学关于李廷安来往文件之三》，广东省档案馆，38（全宗号）-4（目录号）-103（卷号），第 94 页（英文）。

中。我们正组建一个华南公共卫生培训中心，有以下合作机构：广东公共卫生学会、它的培训大学、广州卫生局、岭南大学医学院公共卫生系、中山大学医学院（the Medical School of the Sun Yat-sen University）公共卫生系、夏葛护士学校、博济医院护士学校、广州中央医院护士学校等。该中心是培训本科生与研究生的。金宝善博士也要求我们提供研究生课程。该培训中心将照顾广州地区。该中心要由一位主任来负责。我们正为该重要位置寻找一合适人选。我本人写信给您，您是否对此职务感兴趣。我知道您在贵州正担任一个非常重要的职务，但是我们有运气：您可能对您现在的工作感到厌倦；您可能对这一性质的单位工作更感兴趣。如果您考虑我们的邀请，除了中心主任，我们提供孙逸仙博士纪念医学院公共卫生系教授之职。老恩赐博士现任系主任。同时，我也是老恩赐博士所在系的成员。关于薪酬，给予充足并能满足您的各种需要，是我们的原则。我们也希望免费提供给您住房与孩子的教育权利等。我或许过于大胆地要您前来，但是只因我们需要您，并且这里的未来非常有前途”。[①]

李应林（L. Y. Lee，1892—1954）小传：广东南海人。早年就读岭南中学，1921年在美国奥柏林大学获文学学士，1927年任岭南大学副校长，1930年到哥伦比亚大学进修，1938年任岭南大学校长，1939年赴美接受奥柏林大学名誉法学博士学位。1946年岭南大学复校期间，兼任国民政府行政院善后救济总署广州分署副署长，后任署长。1948年8月辞去岭南大学校长，“1949年任广州基督教青年会会长，兼青年会全国协会华南区干事。广州解放后往香港。1951年筹建崇基学院。1954年病逝”[②]。“他基本具有三重身份：著名教育家、教会领袖、社会活动家。”[③]

12日：先生回复郭秉宽2月5日来信，解答关于住房与待遇问题。“我们提供给您每月大约150 000元国币。如果生活成本上升，这一数额可以增加。随后，我们想组织一个委员会负责俸廪事宜。”“至于住房，在校园内有四幢医学院职员的建筑。我们正努力在附近租赁更多的房子。我确信如果您能来，我们将提

① 《私立岭南大学关于李廷安来往文件之一》，广东省档案馆，38（全宗号）-4（目录号）-101（卷号），第3—4页（英文）。

② 广东省中山图书馆、广东省珠海市政协编：《广东近现代人物词典》，广州：广东科技出版社，1992年，第172页。

③ 黄春艳：《基督徒知识分子李应林的生平及思想》，《湖南大学学报（社会科学版）》2014年第5期，第39—44页。

供给您房子，很可能是一幢房子。目前岭南大学校园内有四幢房子，由于中央医院距离岭南大学较远，这些房子用于安置临床前专业的教授与我本人。我正设法为您与朋友们租赁更多房子，我认为这不是太困难的事情。”①

13 日：先生致函四川宜宾国立同济大学医学院病理系吴在东教授，谈及交通、薪酬与住房等问题。“关于您家庭的交通费用，我承诺我们负责所有您本人、太太、孩子的所有费用。”“关于住房，目前岭南大学校园里只有四幢房子供医学院职员，我已入住一幢。如果您能早来，其中的一幢归属于您。总之，我尽力为您及家人提供住房。至于工资，我们暂时提供给您每月大约 150 000 元。我们的原则是为所有高级职员提供足够生活的工资。如果生活成本上升，我们将提供增加的部分。”信中还谈及已经向郭秉宽博士、胡启勋（K. F. Woo）博士等写信，请他们来广州。②

14 日：广州市市长陈策向卫生局、警察局发“令知卫生署派李廷安来粤筹备广州中央医院仰知照协助电”③。

陈策（1893—1949）小传：海南文昌人。广东海军学校肄业，1911 年参加同盟会，参加过讨袁与护法运动，“陈炯明叛变时，迎护孙中山登永丰舰，并率海军参与讨伐叛军战役”。“1929 年后，历任国民党候补中央执委、国民党广州特别市党部委员兼组织部长、西南政务委员、海军第四舰队司令、海军学校校长等。”“1942 年授中将衔。1945 年 5 月当选国民党第六届中央执委，12 月任广州特别市市长、国民党广州市党部主任委员，负责接收广州……1949 年任广州绥靖公署副主任，8 月病故。”④

是日：先生致函钟世藩，邀请他担任广州中央医院副院长。“我高兴地报告：游维义（Horace Yu，按：游维义任广州中央医院副院长）与他的家属等人昨日已安全抵达广州，他到此对我是极大的帮助。我已发电报给您，邀请您来担任广州中央医院的两位副院长中的一个，同时担任儿科主任。正如您所了解的：

① 《私立岭南大学关于李廷安郭秉宽等来往函件》，广东省档案馆，38（全宗号）-4（目录号）-107（卷号），第 138 页（英文）。

② 《私立岭南大学关于李廷安来往文件之一》，广东省档案馆，38（全宗号）-4（目录号）-101（卷号），第 91 页（英文）。

③ 《卫生署筹设广州中央医院》，广州市档案馆，4-02（全宗号）-4418（案卷号），第 4 页。

④ 广东省中山图书馆、广东省珠海市政协编：《广东近现代人物词典》，广州：广东科技出版社，1992 年，第 266 页。

这所医院是岭南大学医学院的附属医院。因此，我希望您也担任医学院的儿科教授与系主任。除了中央医院，我们还有200张病床的博济医院，250张病床的柔济医院不久也附属于我们。因此，我们将有总计950张病床，拥有一个强大的医学中心。我们有充足的经费开展我们的工作。这里的情况就是这样，因此前景光明而且有前途。我希望您认真考虑我们最诚挚的邀请。我写此信，征得了游博士的理解。我已发电报给廖小姐（按：廖月琴，钟世藩夫人），将护士学校与全体护士一起搬迁至此。我希望她也能做到。游博士与我感到我们需要现任职于贵阳中央医院的所有技师、医师与护士人才，请代表我们邀请他们至此。我们将提供到广州的所有必要的交通费。他们可乘汽车到梧州，在那转乘汽船到广州。当前，国民政府尚未拨给我们任何经费。我们正向金博士（按：金宝善）要资金。请让我知道您需要多少经费，以便我们汇款给您。”①

钟世藩（Chung Shih Fan，1901—1987）小传：福建厦门人。1930年毕业于北平协和医学院，获纽约州立大学医学博士学位。“1944年至1945年考取公费留学，获洛克菲勒基金资助在美国辛辛那提大学医学院进修病毒学。回国后曾任南京和贵阳中央医院儿科主任，湘雅医学院儿科教授。”②1946年任广州中央医院副院长兼儿科主任，岭南大学孙逸仙博士纪念医学院儿科教授。中华人民共和国成立后，任中山医学院儿科教授兼主任，1987年6月22日在广州逝世。

15日：先生致函重庆善后救济总署医务处主任张维，就广州中央医院的地址与建筑咨询张维。“今晨发此信给您，就未来创建广州中央医院的地址与建筑，我谈谈几种可能性。我想进一步重申：任何地方建筑都需要大范围的修缮与改建，才能用作医院。这些修缮动不动就上数百万。此外，这里非常需要资金来建这所医院。您认为是购买Chia-nan Mansion，还是改建其他建筑，哪种更明智。所以，为了实现我们的目标，请您尽您所能地拨发前封信提及的大约170 000 000元国币，否则，工作无法进展。”③

---

① 《私立岭南大学关于李廷安来往文件之三》，广东省档案馆，38（全宗号）-4（目录号）-103（卷号），第124页（英文）。

② 广东省政协文史资料委员会、中山医科大学合编：《广东文史资料》第77辑《医林群英——广东著名医学家传》，广州：广东人民出版社，1996年，第150页。

③ 《私立岭南大学关于李廷安来往文件之三》，广东省档案馆，38（全宗号）-4（目录号）-103（卷号），第108页（英文）。

是日：先生致张维的另一封信进一步谈及广州中央医院的两个选址方案："要是可能，我们想把医院选址定于市中心。恰巧有一块原先属于日本博爱社团（the Japanese Po Ai Association）侵占的土地，面积大约 30 亩，位于市中心，四周有围墙。据我们消息灵通的朋友，因为这是敌产，为建立医院的目的，我们相当容易从国民政府获得它。我们计划在这块土地上建立一所我们所有人为此自豪的现代永久性的建筑。然而，这需要时间与资金，所以，我们必须为这一建筑物能尽快使用而工作。""有一个大建筑，那是将要出售的 Jah Nam Mansion，售价 160 000 000 元。该建筑不需要经过太大的改建即可用作医院，也不需要增加通电设备或水管设施。修缮与改建费用估计只要 10 000 000 元。我已写信给金博士（按：金宝善），他已与您协商让善后救济总署拨出所需款项用于购买与改建该建筑。如果购买与重新建，估计建筑费与土地费要 500 000 000 元。如果善后救济总署能为此拨款购买，我希望立即买下，以免价格再次上涨。该建筑适合用作门诊部与 200 张病床（的住院部）。我们希望获得伍汉持纪念医院（Wu Han Chieh Memorial Hospital）与一些其他建筑物，建成第二个医院，合并为 250 张病床，形成总数 500 张病床。"该信最后谈及创建"华南公共卫生培训中心"的构想："我们正与广东省卫生局、公共卫生培训学会（the Public Health Training Institute）、孙逸仙博士纪念医学院公共卫生系、中山大学医学院、夏葛医院护士学校、博济医院护士学校、广州中央医院护士学校以及其他单位一起联合组建华南公共卫生培训中心。该中心可为本科生及各种公共卫生人员提供培训。"[①]

伍汉持（Wu Han Chieh，1872—1913）小传：广东新宁（今台山）人。"毕业于佛山西医学院。后于开平单水口、香港油麻地行医。"1906 年在广州创办图强医学堂，"与马达臣创办赤十字会。复联合广州教徒，组织中国基督教徒会。1911 年参加广东光复之役。次年任都督府医务部部长兼北伐军医官。1913 年当选为众议院议员"。因反对袁世凯向日本借债与复辟帝制，"8 月 19 日被天津警备司令杨以德枪杀"。[②]

17 日：先生致函立法院长孙科，向孙科汇报来广州一个多月所做的工作，

① 《私立岭南大学关于李廷安来往文件之三》，广东省档案馆，38（全宗号）-4（目录号）-103（卷号），第 101—102 页（英文）。

② 广东省中山图书馆、广东省珠海市政协编：《广东近现代人物词典》，广州：广东科技出版社，1992 年，第 95 页。

称“重建孙逸仙博士纪念医学院与组建广州中央医院的方案已规划好”，“得到了来自这里与其他地方朋友的全力支持”，“由于该方案的成功很大程度上依赖财政资源。我希望您尽力确保来自教育部与财政部的资金”，对医学院的发展提出了设想：“我希望将我们的医学院建成具有国际特色。换言之，我们将与全世界的医学机构建立联系。”“在医学文化方面，我们欢迎苏联的合作。”①

19 日：岭南大学校董会主席、国民党立法院院长孙科 19 日访校，先生等作陪。②

20 日：先生致函成都国立中央大学医学院蔡翘，表示非常需要他帮助制定医学院的发展规划，并进一步谈及个人待遇。“作为医学院、博济医院与广州中央医院的联合体，使我们付给职员的薪酬足以满足我们职员的需要。我们将任命一个委员会公平、恰当地决定单位每位职员的薪酬数额。我们给您的每月 180 000 元的报酬是暂时的，而且是当下职员中最高的。当生活成本增高，报酬也相应增加。我想邀请您前来帮助建设一所强大的医学院。这里的人富于合作与理智，前景光明。我必须得到像您这样的一些带头人的帮助。您何时来？我非常需要您为医学院制定规划。校园内的西洋式房屋已为您准备。我们将付给您与家人的交通费用。您的孩子在大学免于学费。”③

按：3 月 8 日，蔡翘回复先生 2 月 20 日来信，谈及一周前回到南京，在一二周内要为中央大学医学院的教职人员与学生返回南京作准备，此时不能前往广东，“然而，我将寻找机会，第一个访问您的学院”④。

25 日：《岭南大学校报》报道：岭南大学聘请先生为孙逸仙博士纪念医学院院长。“查李博士为公共卫生专家，早已蜚声中外，抗战期间，奔走内地，对于医事卫生之供（贡）献殊多，此次返母校服务，将来医学院之长速进展，当可预期。”⑤

---

①《私立岭南大学关于李廷安来往文件之一》，广东省档案馆，38（全宗号）-4（目录号）-101（卷号），第 1 页（英文）。

②《孙哲生院长莅校》，《岭南大学校报》1946 年第 12 期，第 3 页。

③《私立岭南大学关于李廷安来往文件之二》，广东省档案馆，38（全宗号）-4（目录号）-102（卷号），第 171 页（英文）。

④《私立岭南大学关于李廷安来往文件之二》，广东省档案馆，38（全宗号）-4（目录号）-102（卷号），第 172 页（英文）。

⑤《李廷安接长医学院》，《岭南大学校报》1946 年第 12 期，第 3 页。

是日：《岭南大学校报》报道：先生任岭南大学训导委员会委员。[①]

是日：先生致函卫生署署长金宝善、副署长沈克非。第一，请他们帮助将“位于惠福西路先前被日本博爱医院所占地块”划拨给广州中央医院。“我们有一件非常重要的事情是想请你们帮我们弄一块位于惠福西路先前被日本博爱医院所占的地块。这是一块很有价值的地产。我想你们比我们更懂如何接管这块地。我认为你们可以请求行政院将这块地分配给我们。另一种方法是正式通知广东省卫生局局长朱广陶（James Chu）博士接收这块地，再将它给我们。你们或许有更好的处理方法。不管怎样，我感谢你们的及时关注，唯恐一些别的机构占了上风。”第二，请求确保资金到位。“无论如何我们需要总额为国币170 000 000—200 000 000元的资金，我希望你们与张维谈谈这一拨款，否则，中央医院的工作将无法开展。”第三，请准许钟世藩来担任广州中央医院副院长。“游维义博士已于十天前抵达。我高兴地向你们汇报：他非常有能力、对我帮助很大。我从游博士那里知道：钟世藩博士不可能去南京，而钟夫人（廖月琴，Liau Yeh Chin）已要求我答应将她的护士学校搬至广州。我们已经接受她的请求，并且欢迎她的护士学校及其职员、学生来广州。因廖小姐就要来了，我请钟博士也来担任中央医院的两个副院长之一与儿科主任，他也同时兼任医学院儿科教授与系主任。我希望你们批准。”第四，组建华南公共卫生培训中心，请让施正信来担任中心主任。“我们与广东省卫生局、广州市卫生局、中山大学医学院、孙逸仙博士纪念医学院、夏葛护士学校、博济护士学校、广州中央医院护士学校、省公共卫生培训机构等单位，正组织华南公共卫生培训中心。老恩赐博士正积极为该机构工作。迄今为止，该计划进展非常顺利。似乎它是一项成就。我希望你们给我们建议与支持。我们讨论了该中心主任，打算请施正信博士来担任这一重要职务。如果他能来，他也将被聘为医学院公共卫生系教授。自施博士从贵阳政府辞职后，我不知你们对他有何计划。鉴于华南公共卫生培训的重要性，我希望你们督促他来此帮助我们。”第五，构建华南医学中心。“孙逸仙博士纪念医学院正在重建。我们按你们的指令正在制定发展医学院的规划。广州中央医院附属于医学院。此外，我们有200张病床的博济医院、250张病床的夏葛医院、岭南大学嘉惠霖博士已筹到了50 000美元创建大约100病床的麻风病

① 《李廷安接长医学院》，《岭南大学校报》1946年第12期，第3页。

院。夏葛医院也已筹到了足够的资金建立一所50至100张病床的肺病疗养院。据此，你们能看到我们将有附属于医学院的总计1200张病床。这些医院与华南公共卫生中心一起构成一个强大的培训单位。”第六，请求汇来第一笔经费。“目前，岭南大学给医学院的拨款不足4 000 000元国币。因而，我们不得不更多地依靠我们的收入与来自多渠道的支持。我也真诚地请你们关注此事。我们业已聘用了大量医院职员。在南京，游博士与我已给你们发了电报，请你们汇给我们第一笔经费20 000 000元国币。请你们尽早汇给我们这笔经费。”第七，谈到伍汉持纪念医院事宜。“游博士与我希望引起你们关注的最后但是最重要的一点是伍汉持纪念医院事宜。有关伍智梅博士愿意转让给我们使用的条款已标注于第三稿备忘录。我们咨询了刘瑞恒及其他人。我们感到：为了鼓励医学工作者的个人首创与个人利益，我们建议接受伍博士的条款。刘瑞恒博士强烈建议这一行动。”①

沈克非（James Shen，1898—1972）小传：浙江嵊县（今嵊州市）人。1898年3月2日出生于一个基督教家庭。1924年俄亥俄州克利文市西余大学医学院毕业，获医学博士学位。1926年回国后历任北平协和医学院外科住院医师、住院总医师。1930年参与筹建南京中央医院，先后任外科主任、副院长，兼任南京军医学校教务长，后任院长。1941年11月任卫生署副署长兼任陆海空军总司令部医监。抗战胜利后，辞去卫生署副署长职，任上海医学院教授兼附属中山医院院长兼外科主任。作为中国医务卫生界首席代表赴纽约参与创建联合国世界卫生组织，任国际外科学会中国分会负责人、英国皇家外科学会会员。“首创脾脏切除，治疗晚期血吸虫病，大网膜腹膜后固定术，治疗门静脉高压症；直肠折叠术，治疗直肠脱垂；并成功地为一名病人摘除了右额叶巨大肿瘤，为国内施行脑外科肿瘤手术第一人。”②

27日：上午10时，先生受国立中山大学医学院之请，在医学院大礼堂为全院学生做“中国卫生问题”演讲。③

---

①《私立岭南大学李廷安郭秉宽等来往函件》，广东省档案馆，38（全宗号）-4（目录号）-107（卷号），第124—125页（英文）。

② 林吕建主编：《浙江民国人物大辞典》，杭州：浙江大学出版社，2013年，第254页。

③《国立中山大学医学院关于定期请李廷安先生到院演讲一事的通告》，广东省档案馆，020（全宗号）-007（目录号）-158（卷号），第050—051页。

28日：先生致函四川宜宾国立同济大学医学院病理系吴在东教授，“关于验尸房，我们将设法在您来之前建立起来。我们已要求 Mak（按：病理学技正麦兆煌）先生为您提供更多的教学资料”。信中，先生谈到要请一位优秀的微生物学家与外科学家，并已向张先林博士发出邀请。①

按：吴在东于2月19日复函先生，称先生“具有吸引力的人格激发了我的热情”“如果我现在是自由身，我愿立即启程到广州”，向先生建议：“每家医院建立一间尸检房，中央医院有一个尸检中心”，请任命麦兆煌负责准备实验材料。信末，询问谁负责微生物学，张先林博士会来任外科的主任吗？②2月21日吴在东再次复函先生，称：“在我二天前写给您的信中，我已经做出再次加入医学院的决定。但我必须赶紧补充：这取决于我能否送走我的内弟。如果他的身体状况仍然这样，甚至不能旅行，或者交通仍然像现在这样困难，即使我很想成行，我根本无法来。我必须让事情明朗，这是唯一我不能确定的事情。”信中提到，希望先生在岭南大学校园留下一幢房子给他。“我想在大学校园留给我一幢房子，因为我现在有两个不足三岁的孩子，他们不太健康。当然，只要有人先到就有优先权。”③

是日：先生回复重庆陆军医院眼科主任郭秉宽2月18日来信，逐一解答所提十个问题：①眼科是独立科室。②我们认为只有当您的科室有足够的病人时，才可以与其他科室分开。如果病人数不够多，与外科一道使用共同的手术室与病房更为合适。我觉得门诊部可立即分开。③眼科用自己的住院医师。至于护士，遵循第二条原则。④您的基本工资大约600元。⑤吴在东博士将回来。抱歉，因为我们正在与各科人才磋商，透露谁将任其他各系的主任是幼稚的。我仍希望张先林博士从美国回来后，能来这里。我正等他的回复。骨科工作属外科的一部分，由游维义博士负责。他是广州中央医院两位副院长之一。⑥至于您的交通费，岭南大学目前最多只能付50 000元国币。但是，像已告诉您的，我将安排全额支付给您。⑦至于住房，四幢房中的二幢现正由美国海军使用。

①《私立岭南大学关于李廷安来往文件之一》，广东省档案馆，38（全宗号）-4（目录号）-101（卷号），第100页（英文）。

②《私立岭南大学关于李廷安来往文件之一》，广东省档案馆，38（全宗号）-4（目录号）-101（卷号），第98页（英文）。

③《私立岭南大学关于李廷安来往文件之一》，广东省档案馆，38（全宗号）-4（目录号）-101（卷号），第99页（英文）。

另两幢业已分配。由于我们正在附近租赁了一些房子，不管怎样，我们将尽我们所能为您尽力。⑧岭南大学还未国有化，现有教会支持。嘉惠霖博士与老恩赐博士现在此。我们期待有三位或更多人来。⑨鉴于交通困难，我建议等到我们在此谈妥此事后，再着手办理您的团队人员。⑩停笔前，我想告诉您：我们要求您花部分时间在博济医院。如果您要我提供详情，请您尽管说。[1]

3月1日：国民党中央秘书长吴铁城致函广州市市长陈策："筹硕市长吾兄勋鉴：顷接广州中央医院李院长廷安寅支代电称：广州中央医院正积极筹备成立，医药设备概由善后总署供给，惟院址房屋应自行就地设法拨用。现有建筑查广州市丰宁路前警察医院，闻警局不拟恢复，现由警训厅暂用。该址极合本院门诊部及城区医院之用，拟恳转商罗主席、陈市长拨为本院院址。至广州市警察医疗工作，本院当尽力协助（完全义务负责），并请另拨新址为警训厅使用，俾早开始治疗等语，特为函达，敬希，惠予关维设法赐拨，俾得早观厥成，同深企幸。专此并颂。勋绥！"[2]

4日：先生致函美国新闻处霍华德・罗兹（Howard Rhoads）博士："非常感谢您2月28日来信与15份《康复医学》小册子。我已在我们的医学院与医院分发了。我想建议您可以向本地的医院、医学院包括中山大学医学院、光华医学院与中华医学会广州分会分发剩余的小册子。后一机构（中华医学会广州分会）在我们医学院有办公室，我们有超过50名会员。我是中华医学会广州分会执委会主席。我乐于为您分发这些小册子给我们的成员。"[3]

按：2月28日，霍华德・罗兹博士致函先生，寄来15份《康复医学》，并称："如果您能为该小册子推荐其他分发渠道，我将表示感谢。我手上有大约150份，小册子是免费的，但是我们想获得尽可能宽广的地区进行派发。"[4]

美国新闻处（United States Information Service）简介："美国新闻处是美国国务院在第二次世界大战期间对海外宣传的一个机构。它在我国华南地区的活

---

① 《私立岭南大学关于李廷安郭秉宽等来往函件》，广东省档案馆，38（全宗号）-4（目录号）-107（卷号），第133—134页（英文）。

② 《卫生署筹设广州中央医院》，广州市档案馆，4-02（全宗号）-4418（案卷号），第13—14页。

③ 《私立岭南大学关于李廷安来往文件之二》，广东省档案馆，38（全宗号）-4（目录号）-102（卷号），第85页（英文）。

④ 《私立岭南大学关于李廷安来往文件之二》，广东省档案馆，38（全宗号）-4（目录号）-102（卷号），第86页（英文）。

动，开始于抗日战争的后期。”抗战胜利后，美国新闻处“为青年会提供电影放映机、影片、发电机、唱片、图书、画片等等，经常同青年会合作放电影。影片内容大都是宣传美国的强大军事力量”。“美国新闻处的另一项活动，是经常利用青年会的场所举办图片展览。”美国新闻处“还在沙面开设了一所美国图书馆，藏书3000多册，由于广州各大图书馆图书大部散失，美国图书馆的建立，引起了文化学术教育界的重视”。[①]

5日：先生致函南昌国立中正医学院陈心陶，对陈心陶3月4日信中提出的要求答复如下：“（1）我同意您从事寄生虫工作。但是，在招聘到微生物学家前，您暂时讲授微生物课程。（2）您可以担任研究所的领导，指导学生从事寄生虫研究。（3）除非我们为各系包括您的寄生虫找到实验室，我们不安排基础课在康乐园校园。（4）您可以带黄启铎博士与刘明芳先生，据您的意见，付给他们薪水。（5）您的家庭一到这里，我们就启动您的薪水。当您来就职后，我们就考虑您的津贴。”[②]

陈心陶（H. T. Chen，1904—1977）小传：1904年5月4日出生于福建古田。1925年毕业于福建协和大学生物系，任职于岭南大学。1928—1929年，在明尼苏达大学攻读寄生虫学。1929—1931年，在哈佛大学医学院学习，获哲学博士学位。1931—1938年，任岭南大学生物系主任。1938—1942年，在香港大学病理系任职。1942—1946年，任职于“中正”医学院。1946—1948年，任岭南大学孙逸仙博士纪念医学院寄生虫学及细菌学教授、代院长。1948—1949年，赴华盛顿罗维罗蠕虫研究室、哈佛大学医学院、芝加哥大学考察。“1949至1977年任岭南大学医学院（1953年院系调整合并为中山医学院，现为中山医科大学）寄生虫学教授、寄生虫学教研室主任，兼任广东省血吸虫病研究所所长，广东省热带病研究所所长，广东省生物学会、寄生虫学会理事长，《中国动物志》编辑委员会副主任，《中国吸虫志》主编。”[③]

9日：先生致函司徒展，邀请司徒展夫妇前来广州中央医院与岭南大学孙逸

① 王以敦：《战后美国新闻处与广州基督教青年会的关系和活动》，中国人民政治协商会议广东省广州市委员会文史资料研究委员会编：《广州文史资料选辑》（第28辑），广州：广东人民出版社，1983年，第200—207页。

②《私立岭南大学关于李廷安来往文件之三》，广东省档案馆，38（全宗号）-4（目录号）-103（卷号），第109页（英文）。

③ 广东省政协文史资料委员会、中山医科大学合编：《广东文史资料》第77辑《医林群英——广东著名医学家传》，广州：广东人民出版社，1996年，第130—131页。

仙博士纪念医学院任职。“我们邀请您在一所新建的规模宏大的广州中央医院工作，同时兼任医学院的教员。广州中央医院有 500 张病床，设备良好，人员配置优良。您将在外科被委以重要岗位，可能任外科助理主任之一。您在医学院的职称将是讲师或副教授。我们这里的机构是全新的，尚未建立起聘任委员会，该委员会将决定您未来的确切职称。很高兴，司徒夫人也来帮助我们。我们将聘用她在正组建的华南公共卫生培训中心或广州中央医院工作。”①

按：司徒展 1946 年 2 月 21 日曾致函先生，信中提及从广州亲戚来信中获悉先生打算请司徒展夫妇回广州工作，并称：“我太太与我听到您考虑给我们俩人在您领导下工作的机会都很高兴。”②

司徒展（Szutu Chan，1907—2001）小传：1907 年 12 月 6 日出生于广东开平。1925—1927 年在岭南大学读医学预科。1927—1928 年在燕京大学继续医学预科。1928—1933 年就读北平协和医学院，获医学博士学位。1932—1933 年，任北平协和医学院实习医师；1933—1934 年，任北平协和医学院外科助理住院医师（Assistant Resident Physician）；1935—1937 年，任北平协和医学院外科助教；1937—1941 年，任北平协和医学院外科讲师。1940—1941 年，在美国纽约从事肿瘤研究工作。1941 年末，北平协和医学院被迫关闭不久，与一些北平协和医学院毕业生参加重组私立北平中心医院（the private Peiping Central Hospital），任外科主任与主任外科医师。1945 年 4 月，任少将外科医官与北平陆军医院外科主任。1948 年 10 月，回岭南大学孙逸仙博士纪念医学院。夫人江尊群，湖北人，北平协和医学院护士学校毕业。

是日： 先生致函上海的邵艾（G. F. Sauer），信中涉及邵艾在广州的岗位、职称、住房、薪水与交通补贴。“我们这里提供给您博济医院首席药理学家岗位。这也包括医学院的药理学教职。提供给您从上海到广州的交通补贴每人不超过 100 000 元国币。住房免费提供。这房子在岭南大学校园西南角马路对面一排公寓中的一个五间房。薪水与职称随后决定，薪水可能 400 元港币左右或相当的

① 《私立岭南大学关于李廷安来往文件之一》，广东省档案馆，38（全宗号）-4（目录号）-101（卷号），第 9—10 页（英文）。

② 《私立岭南大学关于李廷安来往文件之一》，广东省档案馆，38（全宗号）-4（目录号）-101（卷号），第 11—14 页（英文）。

货币。职称可能是讲师。”[①]

按：邵艾是德国人，抗日战争前任夏葛医学院药剂主任，德国大学药剂科毕业，曾任德国怡默克化学工厂药剂师。[②]“作为药理学教授从 1924 年至 1934 年服务于夏葛医学院。自 1946 年 3 月起，受聘于您（李廷安）的医学院（按：岭南大学医学院）。”[③]1946 年 3 月 19 日复函先生，称“您提供给我的职务对我来说是一大荣幸”，“我的家庭与我在上海过着像流放般的生活。有可能回广州就像‘回家’”。由于战后德国人在中国要获得由外交部（Ministry of Foreign Affairs）与内务部（Ministry of Internal Affairs）颁发的居留许可证以及旅行许可证方能在国内旅行，因此“最好不要由我直接提交申请，而是送给您，然后以您自己名义，由单位提交申请”。“这些机关会据您的申请办事，会快于我单独申请。一旦旅行许可证到此，我即前往广州。”[④]4 月 16 日，先生致函邵艾，“按您的要求，几天前我已经连同您本人的请求向外交部提交了申请。一旦收到回复，我就让您知道”。至于交通，请上海的善后救济总署公路交通部帮助。[⑤]鉴于邵艾遇到交通困难，先生于 5 月 9 日又去信，“您想乘飞机来，我附寄给中国航空监管办公室（The Chinese Aviation Inspection Office）的介绍信，请求尽早提供邵艾先生航班。我不知道这样能帮您多少，但附寄这信，并没有害处”[⑥]。邵艾到医学院工作后，担心被遣返回国，又于 8 月 3 日写信给先生，信中开头即解释写信而不是面谈的原因，“请原谅我此时以书信形式在您面前提及此事，而不是亲自与您交谈。只因您这几天太忙，我不想因个人之事占用您宝贵的时间”[⑦]。

---

① 《私立岭南大学关于李廷安来往文件之一》，广东省档案馆，38（全宗号）-4（目录号）-101（卷号），第 8 页（英文）。

② 《夏葛医学院、广东大学医科有关章程等文件》，广州市档案馆，18（全宗号）-5（目录号）-60（卷号），第 9 页。

③ 《私立岭南大学关于李廷安来往文件之二》，广东省档案馆，38（全宗号）-4（目录号）-102（卷号），第 22 页（英文）。

④ 《私立岭南大学关于李廷安来往文件之一》，广东省档案馆，38（全宗号）-4（目录号）-101（卷号），第 20 页（英文）。

⑤ 《私立岭南大学关于李廷安来往文件之一》，广东省档案馆，38（全宗号）-4（目录号）-101（卷号），第 19 页（英文）。

⑥ 《私立岭南大学关于李廷安来往文件之一》，广东省档案馆，38（全宗号）-4（目录号）-101（卷号），第 18 页（英文）。

⑦ 《私立岭南大学关于李廷安郭秉宽等来往函件》，广东省档案馆，38（全宗号）-4（目录号）-107（卷号），第 115—116 页（英文）。

8 月 5 日，先生即致函外交部次长甘乃光（Kan Nai-kuang），“我在南京已告诉您邵艾之事。嘉惠霖博士与李应林校长也就此事写信给您。我们的想法是请求贵部同意我们让他在广州工作，因为我们了解他，他是反纳粹的，他对我们医学院有用”①。9 月 3 日，外交部次长甘乃光复函先生：“我高兴地收到您 8 月 30 日来信，高兴通知您邵艾先生的遣送回国已被推迟。有关此事的电报已于 6 月 6 日发给广州的特别长官。”②

11 日：先生致函卫生署长金宝善，感谢联合国善后救济署中国办公室卫生主任索耶（W. A. Sawyer）与主任医官鲍谦熙（B. Borcic）访粤，并汇报共同讨论的结果。“（1）我们已请你们向宋子文博士申请直接分配给我们使用的先前城中心日本占领的土地，无论如何我们要得到它。这块地将成为我们的永久基地。（2）鲍谦熙博士已通知我们组装前的 500 张病床建筑物全套装备将在 2 月内从澳洲运抵广州。他建议我们将这些房屋建在原先日本占领的土地上，作为整个医院与门诊部。当伍汉持纪念医院修缮好后，可作为隔离医院治疗传染病。（3）打房基与为这些组装前建筑物安装卫生设施所需预算，以及将要建立的其他辅助建筑的蓝图与建筑预算一旦出来，就递交给你们。（4）由于 the Chia Nan Mansion 不能立刻转让给我们使用，这一建筑的购买将在我们的规划中搁置下来。（5）使用圣三一学院的最终决定取决于 Hall 主教，预计他不久就到这里。该建筑可临时用作医院、员工住所与护士学校。（6）为以下项目筹措资金：修缮与改建伍汉持纪念医院——92 000 000 元国币；修缮圣三一学院建筑（临时用作医院、员工住所）——20 000 000 元国币；用作地基、卫生设施与未焊接房子安装的资金——待定；用于病床边的桌椅以及联合国善后救济署尚未提供的其他资料的资金——20 000 000 元国币。我们确信鲍谦熙博士将提供给你们在本次交流中未提及的细节，感谢你们的关注与指导。”③

① 《私立岭南大学关于李廷安郭秉宽等来往函件》，广东省档案馆，38（全宗号）-4（目录号）-107（卷号），第 114 页（英文）。

② 《私立岭南大学关于李廷安郭秉宽等来往函件》，广东省档案馆，38（全宗号）-4（目录号）-107（卷号），第 113 页（英文）。

③ 《私立岭南大学关于李廷安郭秉宽等来往函件》，广东省档案馆，38（全宗号）-4（目录号）-107（卷号），第 122—123 页（英文）。

是日：先生正式就任孙逸仙博士纪念医学院院长。①

12 日：先生致函谢元甫，邀请他担任广州中央医院生殖泌尿科主任，同时兼任医学院泌尿科教授。“我已咨询了医学院高级成员，想真诚邀请您成为广州中央医院生殖泌尿科主任，同时兼任医学院泌尿科教授。免费提供给您住房。岭南大学供您的孩子免费入读。我们将补贴您的交通。每人补贴总额不超过 150 000 元国币。全家人的交通补贴总额限定在最高 500 000 元国币。这里医学团队告诉我：在整个华南没有一个优秀的泌尿科专家。因此，我们相信：您的到来意味着不仅对医学院学生而且对全体人民都是一项伟大的服务。至于薪水，我们为您提供教授团队的最高薪水。那是您获得的一般政府工资与津贴，那是不够的。据生活指数，您将从医学院获得一份特殊补贴。所以，我们希望总额是足够的。我希望您能对我们的邀请给予认真考虑。如果您乐于接受。我们希望您尽早到来，因为我们正等着您为医学院学生开设泌尿学课程。”②

谢元甫（George Char，1887—1951）小传：1887 年 9 月 17 日出生于夏威夷檀香山。1910—1914 年在上海中国哈佛医学院攻读医科，1914 年获医学博士学位。1918 年任美国纽约长岛学院医院泌尿外科住院医师。1920 年始，任职北平协和医学院外科，历任助教、讲师、副教授、教授。1951 年 1 月 30 日于北京逝世。“1923 年，谢元甫博士，被任命为冯玉祥的荣誉医学顾问，并用了数月在北平附近组建一所军医院。”③

13 日：先生致函蔡翘，考虑到需要立即启动培养计划而蔡翘又未明确表示接受邀请，同时信函来往又费时，事先没法商量，就请回了林树模博士，但仍请蔡翘担任生理学教授与系主任。“我非常高兴收到您 1946 年 3 月 8 日来信，知悉您正考虑我们的邀请。因我们需立即启动培训，而您尚未明确表明接受邀请的实际情况。我们冒昧地将林树模博士请回系里，他过去就是我们医学院的生理学教授。然而，我们尚未肯定林博士是否愿意回来。由于信函往来费时过

---

① 《私立岭南大学关于李廷安来往文件之四》，广东省档案馆，38（全宗号）-4（目录号）-104（卷号），第 7—8 页（英文）。

② 《私立岭南大学关于李廷安来往文件之三》，广东省档案馆，38（全宗号）-4（目录号）-103（卷号），第 105 页（英文）。

③ Bullock M B. *An American Transplant-The Rockefeller Foundation and Peking Union Medical College.* Los Angeles: University of California Press. 1980：82.

久，请原谅我事先不能与您商量。因为林博士是一位优秀的生理学家，我希望您也同意请他回到这里。我们请您担任生理学教授与系主任仍然不变。我们希望您到此做一访问，我相信您将看到这里的机会是巨大的。”①

是日：先生回复重庆中央医院的林树模3月3日来信。首先，告知林树模校方正在研究香港大学（University of Hong Kong）学生转入岭南大学医学院的文凭问题。其次，邀请林树模回校任生理学教授，解释邀请蔡翘前来担任生理学教授与系主任的原因。“由于蔡博士不仅在生理学方面很优秀，而且在很多别的方面对我们医学院最为有用。我们也已向他发出邀请，前来担任生理学教授。又因为他是一位新人，我们同时向他提供了系主任之职。尽管他已表达了愿意前来看看这里的情形，但是迄今为止我们尚未听到他愿意在本校工作。因此，我们对您的邀请是：如果蔡博士不能来，您也自然地担任系主任。无论如何，我们将给您最高级别教授的全薪与津贴。我们此举是经过慎重考虑的。我们感激您对这所医学院所做的一切，并且认识到作为一名优秀教师的能力。我们邀请蔡博士只是想增强生理系与医学院。我希望您不要误会与把它当作我们方面对您缺乏尊重。”最后，谈到林树模的住房、薪酬、交通补贴、孩子就业等问题。“我们在校园附近的隆兴楼有14幢房子，我将高兴地把这些房子中的一幢给您。您的基本薪酬是教授级别最高的。这不足以维持生活，我们正打算给您像其他教授一样的津贴。”“我们将提供交通补助。数额是您的家庭每位成员不超过国币100 000元。全家总额不超过国币500 000元。我们的生理学课程必须在第二学期3月末开始授课。如果您愿意再次回来医学院，我希望您能直接乘飞机前来。附件有一封信，它有助于您早点得到航班。我想卫生署在某些方面会帮助您。”“我知道您有一个孩子是我们医学院毕业生。我将高兴地在博济医院或广州中央医院任命他做住院医师。”②

按：林树模3月3日致函先生，主要有两件事：一是认为先生有能力创建好广州中央医院与管理好孙逸仙博士纪念医学院。“刘瑞恒博士来过重庆，告诉我您尚未离开广州前往大连。我想您正忙于规划广州中央医院与医学院。凭您

① 《私立岭南大学关于李廷安来往文件之二》，广东省档案馆，38（全宗号）-4（目录号）-102（卷号），第173页（英文）。

② 《私立岭南大学关于李廷安来往文件之四》，广东省档案馆，38（全宗号）-4（目录号）-104（卷号），第7—8页（英文）。

的能力与经验，我相信让这两个机构适时运作对您而言没有任何困难。”二是请先生考虑 1942 年由香港大学转入岭南大学孙逸仙博士纪念医学院的 11 位学生的学位问题。[①]

林树模（S. M. Ling，1893—1982）小传：1893 年 6 月 17 日出生于湖北省鄂城县（现鄂州市）。1922 年毕业于上海圣约翰大学医学院，获医学博士学位。1925 年获康乃尔大学生理学系博士学位。回国后，开始在北平协和医学院内科任职，1930—1937 年在生理科任教，其中 1931 年在英国爱丁堡大学生理学系任研究员，1937 年被岭南大学孙逸仙博士纪念医学院聘为生理学与生物化学主任、教授。1938 年随岭南大学迁往香港，1941 年香港沦陷后，迁回韶关，“1944 年韶关沦陷，林教授又辗转贵阳，在林可胜主持的卫生人员训练所任教，半年后到重庆，任中央医院检验科主任，并兼任迁渝的湘雅医学院生理学教授”[②]。中华人民共和国成立后，担任合并后的中山医学院基础部主任、生理教研室主任。1982 年 3 月 1 日在广州逝世。

14 日：先生向广州市政府呈送穗中字第 26 号：“卫生署令在广州筹组成立（按：广州中央医院），当遵于本年元月开始筹备，暂假本市长堤孙逸仙博士纪念医院内办公，在本院关防尚未奉到前，现先权刊木质关防乙颗应用，除呈报备案外，相应检同印模乙纸函请。”[③]

15 日：先生参与制定《岭南大学今后发展方针》，要延聘国内外知名学者，将岭南大学孙逸仙博士纪念医学院建成国际性医学院。[④]

16 日：先生回复郭秉宽 3 月 4 日来信，鉴于此前来信未提及林可胜（Robert Lim）教授提供郭秉宽到国外一事，“我们非常关心您是否接受我们的邀请。由于您尚未决定前来，因此，我已与院里商讨了此事。鉴于您前来的不确定性以及我们尽早需要一位眼科专家的事实，院里一致要我写信给您，我要为该岗位继续寻找适合之人。如果林可胜博士不能为您提供奖学金，我们又未能确定具

---

① 《私立岭南大学关于李廷安来往文件之四》，广东省档案馆，38（全宗号）-4（目录号）-104（卷号），第 5 页（英文）。

② 广东省政协文史资料委员会、中山医科大学合编：《广东文史资料》第 77 辑《医林群英——广东著名医学家传》，广州：广东人民出版社，1996 年，第 133 页。

③ 《卫生署筹设广州中央医院》，广州市档案馆，4-02（全宗号）-4418（案卷号），第 6 页。

④ 《岭南大学今后发展方针》，广东省档案馆，038（全宗号）-001（目录号）-0001（卷号），第 259—277 页。

备资格之人，我们对您的邀请仍将有效”①。

是日：先生致函陈耀真，邀请他与毛文书前来广州工作。“您可能已经知道我不去大连，而是接受了岭南大学孙逸仙博士纪念医学院院长与卫生署新建广州中央医院院长之职。为了培训本科生与研究生，我们正组建一个强大的广州医学中心，该中心以医学院为主要单位。广州中央医院有 500 张病床，配备良好，创建顺利。此外，我们有 200 张病床的博济医院，250 张病床的夏葛医院。我们将拥有一个 50—100 张病床的肺结核疗养院与 100 张病床的麻风病院，因此，我们拥有病床总数超过 1000 张。为了公共卫生与预防医学，我们正组建华南公共卫生培训中心。这里充满潜力。我们现在需要一群优秀人才带领不同专业。而我们已有并正在有优秀人才前来，我受学校之托想问您是否乐于考虑我们邀请您担任医院眼科主任，同时担任医学院眼科系主任与教授。临床工作主要在中央医院，少量在博济医院。至于俸廪，您的基本薪水 600 元，但这不是全部。我们会据生活指数由医学院补贴您。因此，我相信总收入是足够的。我们会补贴您与直系亲属交通费每人达 150 000 元。我们也欢迎毛博士加入我们的医院。我们免费提供您大学校园附近隆兴楼的一幢小房子。你的孩子免费在小学、中学、大学学习，以及享受其他的教育优惠。我希望您对此给予仔细与优先考虑，并通过电报给我答复。请允许我感谢居留成都时毛博士与您给予我与全家的惠顾。”②

陈耀真（Eugene Chen，1899—1986）小传：广东台山人。早年在香港皇仁书院学习，1921 年考入波士顿大学，在该校获医学博士学位。1929 年任约翰·霍普金斯大学魏尔玛眼科研究所研究员。1934 年回国，1934—1937 年任齐鲁大学医学院眼科教授。1937 年随齐鲁大学西迁成都，任华西协合大学、齐鲁大学、中央大学联合大学眼科教授。1940 年与毛文书结婚。“1942 年 10 月至 1945 年 10 月，陈耀真与同行创办了英文《中华医学杂志》成都版（季刊），出版 13 期（其中一期为眼科专刊），载文 161 篇，作为国际文献交流资料，收进了因抗战而可能失散的部分医学文献，同时，该杂志附加发行《医学摘要》（Medical

① 《私立岭南大学关于李廷安郭秉宽等来往函件》，广东省档案馆，38（全宗号）-4（目录号）-107（卷号），第 130 页（英文）。

② 《私立岭南大学关于李廷安来往文件之三》，广东省档案馆，38（全宗号）-4（目录号）-103（卷号），第 106 页（英文）。

Abstiact）（按：Abstract）向国内介绍国外医学期刊的文献摘要。”[①]1950 年回岭南大学孙逸仙博士纪念医学院，任眼科教授。1986 年 5 月 4 日，在广州病逝。

毛文书（1910—1988）小传：1910 年 3 月出生于四川省乐山县（今乐山市）。1937 年获华西协合大学医学院博士学位。1940 年与陈耀真教授结婚。1947—1949 年先后在加拿大多伦多大学眼科与美国芝加哥大学眼科进修。1950 年任岭南大学医学院眼科教授。“1965 年 10 月，她与丈夫陈耀真创办并主持了我国高等医学院校第一间规模最大的眼科医院，1983 年 6 月她主持创办了我国第一个从事眼科学研究的中山医科大学眼科中心，使眼科医院、眼科研究所、防盲办公室三位一体完成防治、科研、教学三项任务，为发展祖国的眼科事业做出了杰出的贡献。”[②]“1981 年她还和陈耀真教授一起当选为美国眼科学 86 届年会的国际贵宾、全日本眼科学会大会的特别讲演者，成为我国在国际眼科界获得崇高荣誉的第一位女眼科专家。”[③]

18 日：广州市市长陈策令本府所属各局处行院：“现准广州中央医院本年 3 月 14 日穗中字第 26 公函，以‘奉卫生署令云云，□□关防乙颗应用请查照并转行知照’等由合分令知照。”[④]

20 日：先生致函张茂林，邀请他担任医院副院长。“我现写信请您来此帮助我做些事，要么是医院副院长，要么做原先的工作。我想您的薪水与津贴将够家庭支出。我将提供给您免费住房，要求岭南大学给您兼职。我想您的孩子能在大学或附属学校免费学习。我能资助您与家人每人最多 100 000 元的从上海到广州的交通。”[⑤]

24 日：先生因急性阑尾炎刚做完手术。[⑥]

① 广东省政协文史资料委员会、中山医科大学合编：《广东文史资料》第 77 辑《医林群英——广东著名医学家传》，广州：广东人民出版社，1996 年，第 95 页。

② 广东省政协文史资料委员会、中山医科大学合编：《广东文史资料》第 77 辑《医林群英——广东著名医学家传》，广州：广东人民出版社，1996 年，第 166—192 页。

③ 韩光、张宇舟主编：《中国当代医学家荟萃》（第三卷），长春：吉林科学技术出版社，1989 年，第 106 页。

④《卫生署筹设广州中央医院》，广州市档案馆，4-02（全宗号）-4418（案卷号），第 7 页。

⑤《私立岭南大学关于李廷安来往文件之三》，广东省档案馆，38（全宗号）-4（目录号）-103（卷号），第 98 页（英文）。

⑥《私立岭南大学关于李廷安来往文件之四》，广东省档案馆，38（全宗号）-4（目录号）-104（卷号），第 12 页（英文）。

26 日：广东省政府代（主席罗卓英）电广州市政府："准广州中央医院公函，即开本院，奉卫生署令，在广州筹组成立，于本年元月开始筹备，暂假孙逸仙博士纪念医院内办公等由，合电知照。"①

27 日：广州市政府代（市长陈策）电所属各局处行院：广东省政府来电，卫生署令在广州筹组建立广州中央医院，于本年元月开始筹备，暂假孙逸仙博士纪念医院内办公。②

29 日：先生致函香港大学医学院秘书处 T. R. 罗厄尔上校（Colonel T. R. Rowell），对港方邀请参加学位授予仪式表示感谢。"我感谢您邀请我出席 1946 年 3 月 22 日星期五下午在香港大学大礼堂举行的学位授予仪式。遗憾的是，因公务我无法出席仪式。您的大学与我们医学院一直存在友好与合作的关系，并且我希望这种关系将来将进一步提升。请接受我对您的邀请表示感谢！"③

是日：先生回复重庆中央医院林树模 3 月 22 日来信，首先表达对林树模回归岭南的欢迎，感谢他对邀请蔡翘的理解。"我们对您同意回来且不会误解我们而感到非常高兴。蔡翘教授还没有来，也没有答应一定能来。然而，我希望他来，不仅因为他是一位优秀的生理学家，而且是一位能在很多方面能帮助整个医学院的人。"其次，解答了林树模的几点疑问。"（1）您的底薪是 600 元加全额津贴。（2）校园内四幢房子已由我们占用两幢，另外二幢由美国海军占用。如果您能早来，您可能获得现被海军占用的两幢中的一幢。如果您来迟了，我们就不能给您，但我们能给您靠近校园外的另一幢房子。（3）我们的原则是提供您与您的家庭从重庆至广州航班的实际交通费用。每位家庭成员不超过 100 000 元。为整个家庭提供不超过 500 000 元。我附上一信，可帮您尽早获得航班。（4）一旦您定下航班，我们希望您能离开湘雅，也离开卫生署。如果您不能离开，我们会等到 6 月。"最后，肯定林树模曾为医学院做过巨大贡献，保证林树模的孩子能在医学院的附属医院工作。"您为医学院做出过巨大贡献，我们很高兴您能回来继续您的工作。至于您的儿子，我保证我能给他一个岗位，然则，岗位的种

---

①《卫生署筹设广州中央医院》，广州市档案馆，4-02（全宗号）-4418（案卷号），第 8 页。

②《卫生署筹设广州中央医院》，广州市档案馆，4-02（全宗号）-4418（案卷号），第 9 页。

③《私立岭南大学关于李廷安来往文件之二》，广东省档案馆，38（全宗号）-4（目录号）-102（卷号），第 88 页（英文）。

类，在我答复您以前，我需要在随后的日子里与我的行政人员商讨。”[①]

按：林树模 3 月 22 日复函先生 3 月 13 日来信，首先表示理解先生对医学院的规划与给本人的待遇。“我感到我有机会在我开始的地方继续我的工作。”其次，询问被美国海军占用的两幢房子，“当他们搬走后，我还有权拥有其中一幢吗？”（按：医学院在岭南大学校园内有四幢房子，先生与钟世藩居住于其中两幢，另两幢被美国海军占用）再次，林树模表达了对先生安置人才的做法感到放心。“实际上，在我们重庆谈话后，我就等候您发展医学院的消息。就在刚收到您的好消息之前不久，蔡翘教授就把它透露给我。我当即就高兴不已，对您能成功安置人才感到放心。我不得不说医学院的样子印在我的脑海里，我对它的热爱仍然强烈，因此，我情不自禁地与我广州的旧同事联系，询问抗战胜利后建设与设备情况。我感到中国医学教育很落后，把学生培养成好医生、把助教培养成将来的讲师是我的职责。”（按：先生在离开重庆前就与林树模面谈，邀请他回岭南）最后，“感谢您考虑将我的孩子安排在您的一家医院。他的正式申请在此一起附上。我知道您很急于培养年轻一代，我确信在您的领导下，您会给他学习的机会”。[②]

4 月 1 日：先生致函李应林，提交岭南大学医疗与健康服务计划大纲与补充说明。计划大纲：“1. 首先应制定完善的临床计划。医学院公共卫生系要保证专职高级医生在医务室与 Lee Fuk Lam Hospital 的治疗工作。目前的职员可以保留，如果需要、何时需要，可作调整。2. 水产品、乳制品、市场、花园与其他活动的卫生检查，不属于卫生医疗工作范畴。但卫生工作要借助法规的权威实施监管以维持良好卫生状况。按照需要，科技部门与农业部门将做实验、化验、显微镜与微生物的检测。3. 一旦人员与经费到位，计划的其余部分将实施。博济医院帮助体检。要确保 2 个公共卫生护士实施该计划的此部分。需要时，医学院公共卫生系补充人员与经费。”补充陈述：“应同意以下两个要求：1. 如果医学院公共卫生系被委以责任，它应完全被赋予权力。2. 来自学生与其他渠道用

① 《私立岭南大学关于李廷安来往文件之四》，广东省档案馆，38（全宗号）-4（目录号）-104（卷号），第 12 页（英文）。

② 《私立岭南大学关于李廷安来往文件之四》，广东省档案馆，38（全宗号）-4（目录号）-104（卷号），第 13 页（英文）。

于医疗服务的资金应划给医学院公共卫生系用于医疗服务。”①

3日：先生致函华西协合大学医院杨振华（Stephen Young），请他代为问候原先的同事启真道（L. G. Kilborn）博士、张高凌（Dsang Lin Gao）校长、聂毓禅小姐等，称自己因急性阑尾炎住院，“当我孤单一人在医院时，我更想念他们”，并谈及广州的工作，“我这里的工作进展很快。教学课程全面启动。我们招收了总数为120人的医学生，我相信本年秋季，该数字将增长。500张病床的广州中央医院计划也进展顺利。我们已获得市中心20亩土地，联合国善后救济署将提供我们未组装的木制建筑。我希望医院再过3个月就开幕。最振奋人心的事情是我们有可能拥有一个强大教员队伍，并随后写信给您”。②

按：杨振华致函先生，对先生“一直设法多次帮我获得国外学习的机会”表示感谢，称自己于1946年9月到达美国，在密歇根大学（University of Michigan）大学医院（University Hospital）攻读胸外科硕士，密歇根州的安阿伯（Ann Arbor）很像华西坝。F. Y. Khoo博士在这里的放射科。③

9日：先生致函蔡翘，表达医学院很需要他任生理学主任，林树模教授也表示欢迎。“我们对您的邀请仍然不变。林树模博士正要作为教授回归我们的院系。我急切地要您前来担任生理学教授与系主任。林博士也已表达了对您的欢迎。医学院正取得飞速的发展。我们有三家医院1000张病床。此外，我们还有一所肺结核疗养院与一所麻风病院。我尽力为医学院所有高级人员提供足够的报酬，薪酬额大约等同于院长。整个行政系统将由专家委员会管理，其运行完全建立在学术与公平的基础上。我这里需要您的帮助。您是一位生理学带头人，具有发展医学院校的崇高理念。如果您一人来，我们补偿您所有的交通费与在广州的生活费。如果您的家人一同来，我可以安排联合国善后救济署用汽船把您全家从上海送至香港。”④

---

①《私立岭南大学关于李廷安来往文件之四》，广东省档案馆，38（全宗号）-4（目录号）-104（卷号），第14页（英文）。

②《私立岭南大学关于李廷安来往文件之二》，广东省档案馆，38（全宗号）-4（目录号）-102（卷号），第147页（英文）。

③《私立岭南大学关于李廷安来往文件之二》，广东省档案馆，38（全宗号）-4（目录号）-102（卷号），第142—143页（英文）。

④《私立岭南大学关于李廷安来往文件之二》，广东省档案馆，38（全宗号）-4（目录号）-102（卷号），第175页（英文）。

按：4 月 24 日，蔡翘复函先生，称 4 月 9 日来函 2 天前已收到，非常感激先生的友善邀请，愿意强烈推荐林树模博士作为医学院的生理系主任。而本人仍未放弃作为访问教授前往医学院数月的意愿，只是由于与国立中央大学的密切关系以及培养一批年轻职员的责任，目前不能接受先生的长期邀请。①

17 日：先生致函司徒展，解答他 3 月 25 日来函中有关广州方面的领导、同事以及从北平到广州的交通补贴等问题。“关于重要科室的人事安排，我们有马汝庄博士与游维义博士负责外科。您可能不了解他们，但他们是非常优秀的外科医生。然而，我们一直在寻找一位更为高级的人担任外科主任。至于内科，我们有嘉惠霖博士与胡启勋博士。胡启勋是一个很优秀的人。至于儿科，我们有您了解的钟世藩博士。至于病理学，我们有吴在东博士作为主任。陈心陶教授回来任寄生虫学的主任。林树模教授正要回来任职生理学。许多人正受到邀请。”“关于您的交通，我正要安排联合国善后救济署用汽船将您与家人可能免费从上海运到香港。如果您决定来，我将做出必要的安排，并让您知道。此前交通费的限额是 500 000 元国币，是由委员会决定的，所有人都是一样的。我们缺乏经费，因而设法将交通补贴缩减至最少。”②

按：司徒展 3 月 25 日致函先生，函中提及自己对将来在广州工作的人事关系的顾虑与全家从北平到广州的交通费用的担心。“我特别渴望知道谁是我的直接领导与同事。由于同事间协调关系与友好合作是成功的第一要素。我相信您会乐意提供给我一份相当详细的有关方面信息。”“我家需要两张成人票，四张半票。目前，一张塘沽到上海的中国汽船票要价 70 000 元国币，大概与上海到香港的要价相等。单汽船票就要花费大约 560 000 元国币，还不包括从北平到塘沽、香港到广州的路费。因为没有人能说我们需要在塘沽或天津、上海和香港中途停留多长时间，所以要估计额外的费用几乎不可能。总额可能达 1 000 000 元国币，甚至更多。如果是这样，我认为我们无法承受。”③

① 《私立岭南大学关于李廷安来往文件之二》，广东省档案馆，38（全宗号）-4（目录号）-102（卷号），第 180—184 页（英文）。

② 《私立岭南大学关于李廷安来往文件之一》，广东省档案馆，38（全宗号）-4（目录号）-101（卷号），第 15 页（英文）。

③ 《私立岭南大学关于李廷安来往文件之一》，广东省档案馆，38（全宗号）-4（目录号）-101（卷号），第 16—17 页（英文）。

19日：先生致函耶鲁大学医学院（Yale University Medical School）梁之彦，希望引进耶鲁医学院的李新铭（Li Hsin-Ming）。“我知道李新铭博士，他是受过良好训练的解剖学家与组织学家，现想回中国的一家医学院工作。孙逸仙博士纪念医学院是岭南大学的一个学院。我为该医学院院长，我想知道李博士是否已接受职务，如果没有，我们愿意考虑向他提出邀请，加入我们医学院。我高兴地说我们医学院设备良好并很快配置了优秀的专门人才。我们的三个大医院，共有1000多张病床，附属于医学院。因而我们希望组建一个强大的华南医学培训中心。为此，李博士可能在我们大规模的重要医学计划中帮助我们。如果李博士可能来工作，且他愿意，我希望直接收到他的来信，以至于我们能交流详细的信息。”①

按：梁之彦推荐如下：“李新铭：福建人，日语甚佳，来美求学五年，先在南加州大学动物系工作，后转来耶鲁大学医学院解剖系工作。考有哲学博士学位，对于人体解剖学、组织学及胚胎学极有造诣。现仍在此间解剖系继续研究。拟于暑假返国，欲在国内有地位之医学院解剖系内谋一教职。”②1947年5月26日先生向北大医学院的李新铭再次发出邀请：“您能记起去年我们给您发出了加入我们团队的邀请。我想知道您是否愿意考虑加盟华南。我附寄我们医学院的信息公告供您参考。如果您能来，请发给我一份您的学术履历表，提供您目前职称与基本工资等。借此，我们能决定您的聘任细节。我们希望提供给您大学校园住房。我可能知道您家庭的人数以便于从北平搬家至广州？”③

梁之彦（T. Y. Liang，1900—1986）小传：河南孟津人。1923年上海同济大学医学院毕业，获学士学位。1926年赴德国启耳大学医学院生化学馆学习，获博士学位。1929年回国，后任同济医学院副教授、教授。1944年任耶鲁大学医学院生化系客籍研究员。1946年回国，任同济医学院生化主任兼院长。1949年后，任武汉医学院生化教研室主任，“是我国生化学会筹备创始人之一”④。“他

① 《私立岭南大学关于李廷安来往文件之四》，广东省档案馆，38（全宗号）-4（目录号）-104（卷号），第16页（英文）。

② 《私立岭南大学关于李廷安来往文件之四》，广东省档案馆，38（全宗号）-4（目录号）-104（卷号），第17页（中文）。

③ 《私立岭南大学关于李廷安来往文件之四》，广东省档案馆，38（全宗号）-4（目录号）-104（卷号），第84页（英文）。

④ 周棉主编：《中国留学生大辞典》，南京：南京大学出版社，1999年，第386页。

是同济医学院第一个中国生化教授和第一位生化主任。”[①]

22 日：先生致函张茂林，对他再次发出邀请。“我想我们能安排好您的交通与维持家庭生活的充足俸廪。您的具体工作尚未确定。您将在传染病与广州中央医院一些行政工作方面帮助我们，这是我们的意向。我们将提供给您免费住房，同时在岭南大学医学院提供岗位，据此，您的孩子可在岭南大学免费学习。不管怎样，我非常希望您能做出决定，并尽早让我知道。尽管物价飞涨，有理由相信：相比中国其他地方，广州生活成本尽管不低，但不是太高。”[②]

23 日：先生致函香港 Arthur. W. Woo 博士，邀请他前来广州工作，并要他关注留学于欧美的人才，信中提及要邀请谢志光博士、谢元甫博士与司徒展博士等回广州工作。“我高兴地向您汇报我们正取得很大进步。由于一些老教授包括嘉惠霖博士、吴在东博士、林树模博士、陈心陶博士、老恩赐博士与新增的游维义博士、钟世藩博士与我本人，最近教职队伍得到很大加强。我们将邀请其他人来，名单包括一些老协和教职人员，例如谢志光博士、谢元甫博士与司徒展博士，尽管我还不能确定这些人是否能来。除了我们的博济医院有 200 张病床，还有柔济医院 250 张病床，新建广州中央医院 500 张病床。他们都属于医学院的附属医院。此外，我们想拥有自己的肺结核疗养院与麻风病院。而且，我们将有大约 1200 张病床用于临床教学。为了公共卫生培训，我们将组织华南公共卫生培训中心，省卫生局、广州市卫生局、两所医学院与四所护士学校将加入该中心。卫生署将极有可能使用该中心为华南各省培训所需公共卫生本科与研究生人才。以上表明我们将建成以医学院为核心的华南医学中心，这一规划的实现，自然取决于我们是否能拥有一个经过良好专业训练的队伍。我一直想邀请您担任医学院妇科教授和作为医学院附属医院的妇科主任。您不仅作为少数领导型的妇科专家，而且作为一位具有公益精神的医学领导，而受到我们的尊重。我希望您能考虑并接受我们的尊重。当您在美国或欧洲游历时，我请您能关注受过良好训练的能回中国服务的各领域医学人才。我们特别需要眼科、

---

① 崔月犁、韦功浩主编：《中国当代医学家荟萃》（第一卷），长春：吉林科学技术出版社，1987 年，第 93 页。

②《私立岭南大学关于李廷安来往文件之三》，广东省档案馆，38（全宗号）-4（目录号）-103（卷号），第 97 页（英文）。

耳鼻喉科人才，X线与牙科专家。”①

24日：先生致函重庆的李士伟（Li Shih Wei），邀请他担任广州中央医院产科主任与医学院产科教授。“我正要写信邀请您担任广州中央医院产科主任，同时兼任我们医学院产科教授。在这里，我们设法补助教职人员充足的薪酬以过上体面的生活，准确的数额取决于生活成本。我们提供给您免费住房，您的孩子免费在属于大学的学校学习。我们补偿您从重庆到广州的交通费用。因为您是我的同班同学与好朋友，我请您考虑我的邀请。我们有理由相信我们的医学院将成为我国的重点医学院之一。为此，优秀人才加入是值得的。如果您需要进一步信息，请告诉我，我会提供给您详细情况。我知道一位年轻的眼科学家名叫蒋俊儒博士，他曾在国立上海医学院工作，现在重庆实习，但我不知道他的地址。我们希望请他作为广州中央医院的眼科访问专家。我想您了解他，烦您告诉他我们的意愿。我想收到有关蒋俊儒博士的信。我高兴地告诉您：尽管一月前因急性阑尾炎做了手术，但已完全恢复，我现身体健康。”②

25日：先生致函昆明惠滇医院（Hui Tien Hospital）Wong Wai Ying，谈及广州将建立一个由广州市与广东省卫生局（Kwangtung Provincial Health Administration），岭南大学医学院，中山大学医学院，夏葛医院、博济医院、广州中央医院的三所护理学校合作创办的华南公共卫生培训中心。卫生署（National Institute of Administration）、美国医药助华会、教育部（Ministry of Education）（包括给医学院的拨款）、全英助华联合总会（British United Aid To China）与其他机构均有捐赠。优秀的核心人员已经聚集，地址与物资已办妥，并向其发出工作邀请，“写上述内容是要您完全明白：是要邀请您来参加开启该项目，而不是参与一个设立很久的项目”。③

29日：汤泽光致函先生，称侄儿汤钊谋患肠热症，入住两广浸会医院已四星期，请求先生予以关照。“我想您拥最好的人力与物力，调集起来处理像这样

①《私立岭南大学关于李廷安来往文件之一》，广东省档案馆，38（全宗号）-4（目录号）-101（卷号），第121—122页（英文）。

②《私立岭南大学关于李廷安来往文件之四》，广东省档案馆，38（全宗号）-4（目录号）-104（卷号），第18页（英文）。

③《私立岭南大学关于李廷安来往文件之一》，广东省档案馆，38（全宗号）-4（目录号）-101（卷号），第108页（英文）。

的急症病人。病人极有可能现已安好，不过我希望当病人家属找您时，您能提供尽可能的帮助。您可从附寄给您的我堂兄给我的中文信中了解情况。给像您这样的忙人增添麻烦了。先谢谢您。”信中祝贺先生担任孙逸仙博士纪念医学院院长，并谈及近况。“我已任国立西北大学医学院内科系主任。因医学院将迁至西安，今夏我们将到那里。”①

汤泽光（T. K. T’ang，1899—1985）小传：1899 年 10 月 10 日生于广东新会，早年在岭南大学附中读书，1924 年毕业于岭南大学物理系，1929 年毕业于北平协和医学院，后到广州光华医学院任教、行医。抗战期间，在广州、贵州安顺、陕西褒城参加医疗救治工作，为西北医学院学生上课。抗战胜利后，任西北大学医学院院长。1948 年回广州，后来任岭南大学孙逸仙博士纪念医学院院长。1985 年 11 月 9 日逝世。“1937 年，汤泽光在《中华医学杂志》上正式发表学术报告，这是在我国首例发现的勾（钩）端螺旋体病，找出了田间鼠类粪尿污染是主要传染途径，打破了困扰医界的疑团，对该病的诊、治、防提供了科学依据。”②

5 月 2 日：先生致函重庆中央医院林树模：“我们希望您能来此担任生理学教授与系主任。”“我了解您以筹措交通费有些困难。同时，您的两个儿子林传骧（Ling Chuan Hsiang）博士与林传骥（Ling Chuan Yi）博士正申请这里的岗位。4 月，我就能开启林传骧博士的薪水，在某种程度上能帮助您。至于您儿子的具体岗位，委员会将要研究他们的档案，很快就会将结果通知他们。我敢肯定我们会聘用他们俩。由于交通费上升太快，我希望您早点来。”③

3 日：先生从私立岭南大学孙逸仙博士纪念医学院致函美国纽约的北平协和医学院董事会福梅龄小姐：“亲爱的福梅龄小姐：我很高兴收到您的两封来信。一封写于 1945 年 11 月 21 日及其附件，另一封写于 1946 年 3 月 5 日。我非常感谢您。我愉快并且感激地阅读了信件内容。我很遗憾没能出席在重庆的执行委员会

① 《私立岭南大学关于李廷安来往文件之二》，广东省档案馆，38（全宗号）-4（目录号）-102（卷号），第 177 页（英文）。

② 广东省政协文史资料委员会、中山医科大学合编：《广东文史资料》第 77 辑《医林群英——广东著名医学家传》，广州：广东人民出版社，1996 年，第 210 页。

③ 《私立岭南大学关于李廷安来往文件之四》，广东省档案馆，38（全宗号）-4（目录号）-104（卷号），第 19 页（英文）。

会议。然而，我非常赞同他们的决定。我很高兴北平协和医学院不久将重新开办。

我不能出席会议的原因是因为我在新的职务上太忙了。您知道我接受了岭南大学医学院院长一职，同时兼任有 500 张病床的广州中央医院院长。缺乏足够的资金使情况变得更困难。我很高兴告诉您医学院已经取得进步，广州中央医院不久即将开业。

我错过了在重庆与您见面的机会。我一直盼望有机会与您长谈，我确信对于我们彼此那都是一件乐事。

我知道娄克斯博士和北平协和医学院的其他朋友们不久将回到中国。

我很高兴向您报告：我的健康良好，尽管我六周前因急性阑尾炎做了手术，但已完全康复，像平常一样工作。

我希望很快能有机会与您会晤。李夫人与我一起向您以及其他在纽约的北平协和医学院的朋友们致以最好的祝福。您忠诚的朋友李廷安。”①

是日：先生致函岭南大学理事会（Trustees of Lingnan University）美国主任奥林·沃纳梅克（Olin D. Wannamaker），向他汇报医学院所遇到的经费困难。“困扰我的是经费问题。目前，由岭南大学所拨给的作为医学院 1945—1946 年度的经费预算为 11 000 000 国币元太少了。当医学院计划全部实施时，这一数额的经费仅够一个月或不到一个月使用。由于高生活成本，所有国立医学院的预算每年超过 100 000 000 国币元。目前，拨款仅有这一数额的 10%。因此，如果有机会得到用于医学事务的经费，我希望您考虑岭南大学医学院的需求。我希望能荣幸地不断向您汇报我们工作所取得的进步。”②

是日：先生致函 Basil L. Wang 博士，谈及只要经费允许，选派教职人员到国外学习是医学院的方针。“我已写信给沃纳梅克先生，如果可能，您将获得在美国进行为期一年外科研究生奖学金。我希望他能安排此事。然而，正如您所知，困难是存在的。如果此事不能办妥，我建议您先回广州。我相信这里我们可以在新建有 500 张病床的广州中央医院给您一个满意的岗位。一旦未来经费到位，选派我们的职员到国外学习是我们的方针。尽管我们目前这里缺少经费，

---

① 《1946 年 5 月 3 日李廷安致函福梅龄小姐》，Rockefeller Archive Center-Citation Slip，Collection:CMB，Series:1942-1945，Box:76，Folder: 535-537.

② 《私立岭南大学关于李廷安来往文件之一》，广东省档案馆，38（全宗号）-4（目录号）-101（卷号），第 114 页（英文）。

但我们正组成了一个以医学院为核心，博济医院、中央医院和柔济医院为附属医院的大医学中心。该中心将培养医学本科生、研究生、护士学生，提供华南各省使用。您的加入将增添力量。”[①]

5 日：先生复函国立贵阳医学院王季午：“作为回信，我申明：柔济医院是组织良好、人员配置优良的医院。我确信您的实习医师将在该医院学到甚多。”[②]

按：王季午于 5 月 5 日致函先生，询问柔济医院是否适合国立贵阳医学院实习医师轮科实习，同时认为先生是“北平协和医学院毕业生中首位当任医学院院长之人”[③]。

王季午（Chi-wu Wang，1908—2005）小传：江苏苏州人。1934 年毕业于北平协和医学院，获医学博士学位。1934—1939 年历任“协和”住院医师、住院总医师、主治医师、内科讲师。1940—1941 年在美国杜兰大学、哈佛大学进修热带病学。1941—1947 年任贵阳医学院内科副教授、教授、教务主任、附属医院院长。抗战胜利后应浙江大学校长竺可桢邀请，负责筹办浙江大学医学院，任浙江大学医学院内科教授、医学院院长兼附属医院院长。“在我国传染病与寄生虫病的防治研究方面作出了杰出贡献，是我国编著传染病学教材的奠基者。2005 年 6 月 5 日在杭州去世。”[④]

9 日：先生与广州中央医院副院长游维义联名致函广州市政府，要求借用丰宁路警察医院：“查我国复员建设，万端待举，即就卫生事业言，工作尤为繁重。尚幸我同盟国未雨绸缪，设立善后救济总署，举凡一切措施莫不以福利人群为旨，裨益甚大。现在家国战后医药卫生机构多赖该署协助设置，得具雏形，良可感也。广州市为家国一大都市，人口繁众，为华南交通之枢纽。关于卫生医疗方面自应有充分之设备，以保卫市民健康。中央有鉴及此，特派廷安等来穗筹设中央医院，规模宏大，拥有病床五百张，务期补充医疗之不足。惟院址一项，迄未获有相当伟大之建筑物堪以利用。而国库此时亦无的款拨付以资兴建，

① 《私立岭南大学关于李廷安来往文件之一》，广东省档案馆，38（全宗号）-4（目录号）-101（卷号），第 109 页（英文）。

② 《私立岭南大学关于李廷安来往文件之一》，广东省档案馆，38（全宗号）-4（目录号）-101（卷号），第 112 页（英文）。

③ 《私立岭南大学关于李廷安来往文件之一》，广东省档案馆，38（全宗号）-4（目录号）-101（卷号），第 113 页（英文）。

④ 林吕建主编：《浙江民国人物大辞典》，杭州：浙江大学出版社，2013 年，第 677 页。

只由国联善后救济总署拨给由澳洲转运来华美国陆军医院木材房屋数所，不日抵穗，拟在本市惠福西路前博爱会旧址建立，但此项房屋尚感不敷应用，仍需另觅地址以臻完备。兹查贵府管有丰宁路警察医院一所，地方宽敞，足堪适用，并悉贵府拟将该院中止办理，未审可否暂予借用。至贵府所属警务人员之医药治疗，本院自当协尽棉（绵）薄，予以适当解决，以示通力合作。兹特检同拟具合作办法一份，随函奉送，即希查照为荷同意，将来市民增进健康，均赖贵府之赐也。如何之处，仍祈早日示复。”①

10 日：先生致函约翰·霍普金斯大学医学院微生物系白施恩，邀请他回广州负责医学院微生物系。“我已在广州 5 个月了。我接受岭南大学孙逸仙博士纪念医学院院长之职，同时兼任新建广州中央医院院长。广州中央医院正在组建。我们已在市中心购买了一大块土地，28 个巨大的未组装木建筑与完整的设施正来自联合国善后救济署。该医院有 500 张病床，附属于医学院。此外，我们有著名的博济医院 200 张病床，夏葛医院 250 张病床。我们希望建成华南医学培训中心，培训岭南大学学生与卫生署派至这里的医学人员。我高兴告诉您事情正进展顺利而迅速。我们已有许多很优秀的人才，该名单包括嘉惠霖博士、老恩赐博士、陈心陶博士、吴在东博士、胡启勋博士、马汝庄博士、游维义博士、钟世藩博士等。许多优秀人才正在加入该名单。我写信邀请您前来负责微生物系。我们这里会提供足够的俸廪以过上体面的生活，住房免费提供。这里管理民主，由委员会负责行政。基础学科与临床学科待遇一样。医学院与博济医院属于私立单位的性质，这让我们使用资金没有政府的限制。我请您考虑我的邀请并给我答复。如果您需要进一步的信息，我乐于提供给您。”②

白施恩（S. E. Pei，1903—1983）小传：1903 年 4 月 4 日出生于厦门鼓浪屿。1920 年毕业于厦门寻源中学。1929 年毕业于北平协和医学院，获博士学位。1930 年到上海海港检疫所工作。1932 年“一·二八事变”，回到鼓浪屿行医至 1934 年。1934—1942 年在湘雅医学院任教，1936 年晋升教授。全面抗战时期，随湘雅医学院迁至贵阳。1945 年在中央大学医学院任教，同年，在约翰·霍普金斯

---

① 《李廷安致函广州市政府，要求借用丰宁路警察医院》，广州市档案馆，4-02（全宗号）-4418（案卷号），第 10—11 页。

② 《私立岭南大学关于李廷安来往文件之二》，广东省档案馆，38（全宗号）-4（目录号）-102（卷号），第 139 页（英文）。

大学微生物学系进修一年，“回国后，白教授先从南京中央大学医学院转至武汉医学院，并兼任附属医院院长职务。至 1948 年底，他应聘到广州岭南大学医学院，继续开展他的微生物学教学和临床细菌学检验工作”①。1983 年 8 月 30 日在广州逝世。“白施恩首先改用培养结核菌的‘鸡蛋斜管’来培养白喉杆菌……他将这一有意义的研究结果写成论文，发表于 1932 年的《中华医学杂志》英文版上（Chinese Medical Journal 46：1203，1932）。”约翰·霍普金斯大学傅壁森（Frobisher）教授“在《美国传染病学杂志》（J. Infectious Diseases 59：22，1936）上发表论文，肯定白施恩这种鸡蛋培养基培养白喉杆菌的价值，并在美国医学院校教学实验和传染病院的细菌实验室中推广应用，同时命名为‘白氏培养基’”②。

是日：先生致函密歇根大学大学医院放射科 F. Y. Khoo 博士，邀请他任广州放射科的负责人。“我在广州已 5 个月。我已接受岭南大学孙逸仙博士纪念医学院院长之职，同时兼任新建广州中央医院院长。广州中央医院正在组建，我们在市中心购买了一大块土地，28 个巨大的未安装木制建筑与完善的设备正来自联合国善后救济署。该医院拥有 500 张病床，附属于医学院。此外，我们有 200 张病床的著名的博济医院和 250 张病床的夏葛医院。希望建立华南医学培训中心，培训岭南的学生与卫生署送来的医学人员。我高兴地告诉您事情进展顺利而迅速。我们已拥有许多很优秀的人才。这份名单包括：嘉惠霖博士、老恩赐博士、陈心陶博士、吴在东博士、胡启勋博士、马汝庄博士、游维义博士、钟世藩博士等。很多优秀人才即将加入该名单。我写信给您邀请您主持放射科。我们准备为您提供足够的俸廪，可过上体面生活。住房免费提供给您。这里管理民主，由委员会主管行政。基础学科与临床学科职员待遇相同。医学院与博济医院是私立单位的性质，这使得使用经费没有政府限制。我希望您好好考虑我们的邀请，给我答复。如果您需要进一步信息，我乐于提供。”③

按：1948 年 5 月 6 日，先生逝世后，F. Y. Khoo 撰写了《给李廷安博士的献

---

① 广东省政协文史资料委员会、中山医科大学合编：《广东文史资料》第 77 辑《医林群英——广东著名医学家传》，广州：广东人民出版社，1996 年，第 202 页。

② 广东省政协文史资料委员会、中山医科大学合编：《广东文史资料》第 77 辑《医林群英——广东著名医学家传》，广州：广东人民出版社，1996 年，第 196—197 页。

③《私立岭南大学关于李廷安郭秉宽等来往函件》，广东省档案馆，38（全宗号）-4（目录号）-107（卷号），第 117 页（英文）。

辞》，称先生是公共卫生领域中“真正的先驱者”，评价先生“为人坦率、精力充沛和热心，他具有作为一个科学家、领导者和朋友的一切可以值得仰慕的品质，他也具有克服不可想象的困难和经受肉体上的痛苦考验的品质”，“他的成就是客观存在的，也是很难为任何其他的人所代替的”。①

11 日：广州市市长陈策致函警察局：“查该院所请借用警察医院系为开展业务之用，且优待警察及其家属就诊，对于警察与市民健康不无裨益，自可照借。”②

是日：先生代表老恩赐、嘉惠霖回复李应林 4 月 15 日来信：“由于缺乏资金与财力支持导致的影响，有人建议组建由老恩赐博士、嘉惠霖博士与我组成的咨询委员会努力促进校园卫生与健康。”③

按：4 月 15 日，李应林致函老恩赐：“有人建议公共卫生系主任应归大学校长直接领导。而且，下学期的医疗经费不应超过学院学费的 10%。”④

14 日：行政院第 742 次例会上午十时在行政院大厦举行，由宋子文院长任主席，任命吴国桢为上海市市长，先生任卫生局局长。⑤

是日：先生致函张维：“您的 4 月 17 日与 19 日来函已收悉。该函告知我们您最近分配给我们四辆救护车、即将到达的 500 张病床的装配式医院建筑以及关于伍汉持纪念医院修缮资金仍在协商阶段。知道这些事情的进展令我们非常满意。”此外，先生向张维提出四点要求：“1. 广州现有八辆救护车由中国公路运输的布朗（H. U. Brown）先生掌管。在处理这些交通工具之前，布朗先生正等待下达正式许可。由于我们非常需要救护车，请赶紧下达许可，使得我们可以尽早使用。2. 一段时间以来，我们一直等待美国装配式医院建筑专家斯皮卡德（Spickard）先生的到来。因为土地现已在我们手里，有必要找块地方存放以及为建筑物挖好地基。当他来时，我们相信他将带来可施工的实际规划图案。请让斯皮卡德先生立即前来。除了以上内容，请允许我们询问是不是我们可以接收联合国善后救济署提供的用于医生、护士的白布。我们共有 252 名医生和

① Khoo F Y. Editerial Dr. Li T A—A dedication. *The Chinese Medical Journal*, 1948, 66(6): 344.

②《卫生署筹设广州中央医院》，广州市档案馆，4-02（全宗号）-4418（案卷号），第 15 页。

③《私立岭南大学关于李廷安来往文件之四》，广东省档案馆，38（全宗号）-4（目录号）-104（卷号），第 20 页（英文）。

④《私立岭南大学关于李廷安来往文件之四》，广东省档案馆，38（全宗号）-4（目录号）-104（卷号），第 15 页（英文）。

⑤《行政院例会昨通过吴国桢任沪市长》，《申报》1946 年 5 月 15 日，第 1 版。

护士、大约 50 名护士学生。请帮我们获得这些物资。其次，我们非常需要在我们的医院里建立一个背带车间（brace-shop），为安置假肢、各种骨科背带、修理甚至制造一些简单的外科仪器服务。这一背带车间必须相当完整地配备所需机器、工具以及我们无法提供详细资料的基本材料。而且，如果联合国善后救济署能为我们安排专家操作这一背带车间，我们更加欢迎连同背带车间仪器一道来的人员。就目前我们所查明，在广州及其附近没有建立任何这样的车间，我们非常需要它提供的服务。3. 尽管我们已经得到您的分配清单，但迄今为止，我们尚未从您那里收到任何医疗物资。利用租借给我们的前警察医院建筑，医院可能很快开展门诊部工作。我希望您把物资立即送给我们，使得我们可以开展急需的服务。4. 博济医院是孙逸仙博士纪念医学院的教学医院，其院长是马汝庄博士，他已从您处申请到 250 张病床的物资。我们将对您能及早将其配送给博济医院而表示感激。”[①]

15 日：先生在广州。新任上海市市长吴国桢“昨已有电李，促其径飞上海就职”[②]。

是日：上海市卫生局局长俞松筠“电广州在中山大学执教之新局长李廷安促驾，并表欢迎。此外，并电卫生署，请转电李局长，早日来沪接事”[③]。

17 日：先生致函周诒春，一是欢迎中华医学基金会代表访问广州。二是表示广州的医学资源可供北平协和医学院护士学校使用。“格雷格博士、伯韦尔（Burwell）博士、娄克斯博士将要代表中华医学基金会广州支会以及在广州的医学教育领袖来中国。我已给您发出一封电报邀请他们访问广州。一直以来广州的医学教育未受重视，然而，广州较中国其他城市更早接受现代医学，我相信他们的访问将极有成效。”“我不知北平协和医学院护士学校是否能安全到达并继续其教学计划。我希望不会有困难。若有困难，我愿意表明态度：我们医学中心的所有设施，包含孙逸仙博士纪念医学院、200 张病床的博济医院、500 张病床的广州中央医院与正在组建的‘华南公共卫生中心’将为她们开放使用。

① 《私立岭南大学关于李廷安来往文件之三》，广东省档案馆，38（全宗号）-4（目录号）-103（卷号），第 99—100 页（英文）。

② 《首都记者联谊会上吴国桢致临别赠言》，《申报》1946 年 5 月 16 日，第 1 版。

③ 《沪市府赶办移交・俞松筠等电新局长促驾》，《申报》1946 年 5 月 16 日，第 4 版。

我敢确定，这里的医学机构衷心欢迎她们。”①

19 日：“新任上海市地政局长祝平，昨晨由京乘特快车抵沪。新任财政局长谷春帆，今日由京来沪履新。至新任卫生局长李廷安，则尚在粤。”②

20 日：“新任卫生局长李廷安现仍在粤，前局长俞松筠已去电促驾。”③

是日：先生致函国立武汉大学医学院周金黄，邀请他夫妇到岭南大学医学院工作。

按：1947 年 5 月 29 日，周金荣复函先生：“我们很高兴收到您 5 月 20 日来函，对您盛情邀请我们加入您的教职队伍牢记在心。然而，我们担心目前的情形不允许我们像 6 年前那样轻易搬迁。”“如果将来我对您能有所帮助，请不要犹豫召唤您的小兄弟，能成为您的职员，这不是值得他骄傲的吗？目前，我多多少少被沿扬子江河谷的事务缠绕。请代我们向李夫人与幸福家庭的英俊孩子们问好。”④

周金黄（Chou Chin-huang，1909—1999）小传：湖北省黄冈县（今武汉市新洲区）人。1934 年毕业于北平协和医学院，获医学博士学位，任药理学助教。1935—1936 年先后在美国宾夕法尼亚大学医学院、德国巴伐利亚州弗来堡大学药理学研究所从事药理学研究。回国后，在岭南大学孙逸仙博士纪念医学院、贵阳医学院、中央大学医学院任教，历任副教授、教授。1947 年筹建武汉大学医学院和附属医院，并任院长。“他积极参加中国红十字会华北抗日医疗救护队，后来协助蔡翘教授成立中国生理学会成都分会，成为抗战时期后方主要的医学研究中心，取得了大批医药学科研成果，培养了许多人才。”⑤

21 日：先生致函重庆张孝骞与王贤星（Stephen Wong）：“因多种原因，主要是我的健康。我辞去在上海的新职。尽管我想工作，但我的健康不堪承担像上海岗位所要求的过于繁重的工作。关于行李，请送到广州。”⑥

---

①《私立岭南大学关于李廷安来往文件之二》，广东省档案馆，38（全宗号）-4（目录号）-102（卷号），第 174 页（英文）。

②《地政局长先抵沪卫生局长尚在粤》，《申报》1946 年 5 月 19 日，第 4 版。

③《吴市长关怀民瘼・定今晨接篆视事》，《申报》1946 年 5 月 20 日，第 4 版。

④《私立岭南大学关于李廷安来往文件之三》，广东省档案馆，38（全宗号）-4（目录号）-103（卷号），第 30—31 页（英文）。

⑤《沉痛悼念周金黄教授》，《中国药理学与毒理学杂志》1999 年第 3 期，未标页。

⑥《私立岭南大学关于李廷安来往文件之三》，广东省档案馆，38（全宗号）-4（目录号）-103（卷号），第 90 页（英文）。

按：王贤星 5 月 17 日致函先生，谈及先生与许锦世（Eddie Hsu）在成都的行李运送事宜。“弟拟将公留此之行李三件托司机带赴广州，然前日报载上海市府改组，公已荣任卫生局长或须即日到沪就职，前接锦世兄函，据称公之公馆业已收回，则将来必在沪久居，留此之物当然以运沪较妥，以免多费周折。日昨入城已晤及章芳武先生，渠暂留渝。公与锦世兄之物均可代为保存。若公愿将此物运赴广州，请即赐示，弟当与湘雅磋商。”[①]

张孝骞（H. C. Chan，1897—1987）小传：1897 年 12 月 28 日出生于湖南省长沙市一个教员家庭。1921 年毕业于长沙湘雅医学院，获美国康州医学博士学位。1924—1937 年在北平协和医院内科担任住院医师、总住院医师、助教、讲师、副教授。1937—1948 年任湘雅医学院内科学教授兼教务主任、校长。这期间主持了学校的搬迁及办学的一切事务。1948—1987 年任北京协和医院内科学教授、主任医师、内科主任、副院长、中国科学院学部委员。1987 年 8 月 8 日在北京逝世。“张老始终把‘戒、慎、恐、惧’四个字作为自己的座右铭。每诊断一种疾病，他总要进行反复的观察和细心检查，从不放过任何一个可疑的细节。”[②]

22 日：先生回复刘瑞恒 5 月 17 日电报，称自己身体不好，近期又做了急性阑尾炎手术，不能担任上海市卫生局局长之职。“我这里的医生朋友建议，我也觉得：我需要更多休息。上海的岗位，如果我接受它，将意味着更大责任。至少，在目前，对我来说责任太大了。因此，我已给宋子文院长与吴市长请辞。要是我能做，我已接受该职位了。”[③]

按：刘瑞恒于 5 月 17 日给先生发贺电，祝贺先生担任上海市卫生局局长。[④]

25 日：先生致函李应林：“代表医学院，就医学院热带病研究楼由岭南大学工学院使用，我写几个字的推荐信。我们打算以名义上每年一元国币的租金将该建筑租给工学院三年。三年后，该建筑归还医学院。工学院将做必要修缮，装电线、水管。由工学院安置的任何设施不得移走，而是在租赁期结束后无条

① 《私立岭南大学关于李廷安来往文件之三》，广东省档案馆，38（全宗号）-4（目录号）-103（卷号），第 91—92 页（中文）。

② 黄家驷主编：《中国现代医学家传》（第一卷），长沙：湖南科学技术出版社，1985 年，第 104 页。

③ 《私立岭南大学关于李廷安来往文件之四》，广东省档案馆，38（全宗号）-4（目录号）-104（卷号），第 21 页（英文）。

④ 《私立岭南大学关于李廷安来往文件之四》，广东省档案馆，38（全宗号）-4（目录号）-104（卷号），第 22 页（英文）。

件归还医学院。我希望请您给予考虑与批准。”①

27日：先生致函美国红十字会（American Red Cross）广州支会代表斯蒂克尔斯（R. L. Stickles）先生，确认“博济医院马汝庄博士向美国红十字会提出放射设备的申请已经过我的研究。我本人觉得非常需要，想建议你们给予优先考虑”②。

按：同日，广州博济医院院长马汝庄博士致函斯蒂克尔斯先生，表明医院因缺少放射设施，影响了临床与教学工作，申请给予援助。“博济医院极度缺少放射设施，因此，多数放射业务已经中断。特别是当我们得到了来自联合国善后救济署Colzberg小姐的技术帮助。我们因缺少放射设备而不能做更多的工作，我们对此感到非常遗憾。我们的医院是岭南大学孙逸仙博士纪念医学院的教学医院，提供更多的放射设备不仅意味着对临床的帮助，而且也是对医学教育的帮助。因此，我希望您对我们提供放射物资的申请给予尽早而优先考虑，清单在此附上。”③

是日：先生致函重庆中央医院林树模，询问林树模何时抵达广州。“我希望知道您抵达广州的确切日期。由于我们要排课程表，医学院迫切想向您了解排课事宜。”④

30日：先生致函司徒展：“我们将您评为助教授是可能的。”“关于您的交通，我已说过，我们能补贴您500 000元国币，并且设法由善后救济总署免费安排您由上海到广州。如果善后救济总署无法完成这一安排，我们愿意补贴您总交通费最多可至国币1 000 000元。”⑤

是日：先生致函卫生署署长金宝善，请求为广州公共卫生培训中心拨款，请金宝善帮助岭南大学医学院向英国的基金会说好话。“3月12日写信给您，请

---

①《私立岭南大学关于李廷安来往文件之四》，广东省档案馆，38（全宗号）-4（目录号）-104（卷号），第23页（英文）。

②《私立岭南大学关于李廷安来往文件之一》，广东省档案馆，38（全宗号）-4（目录号）-101（卷号），第24页（英文）。

③《私立岭南大学关于李廷安来往文件之一》，广东省档案馆，38（全宗号）-4（目录号）-101（卷号），第25页（英文）。

④《私立岭南大学关于李廷安来往文件之四》，广东省档案馆，38（全宗号）-4（目录号）-104（卷号），第24页（英文）。

⑤《私立岭南大学关于李廷安来往文件之一》，广东省档案馆，38（全宗号）-4（目录号）-101（卷号），第27页（英文）。

求为广州公共卫生培训中心拨款。戴天右（T. Y. Tai）博士的回信告知我们会优先考虑我们的计划，但是资金在 6 月前无法落实。我们现在恳请更新该项申请。除了因生活费用增加而应增加经费，要求是一样的。附寄一信给奥特布里奇博士，要求他帮助我们向一些英国基金获取拨款。要是落实这些拨款，大多数拨款用于确保科室主任、系主任与高级职员的薪水。此信大致描述了该计划的现状。或许您或沈（沈克非）博士对掌握权力人的一句话将极大地帮助我们得到该拨款。”①

31 日：先生以华南公共卫生中心主席身份致函教育部医学教育委员会主任戴天右博士，感谢“为华南公共卫生培训中心请求拨款得到了优先考虑”，同时请求更新预算，“该预算完全是围绕教育与公共卫生中心的。（1）薪水、津贴、住房、设备与支付给致力于教育的两位公共卫生护士的费用。（2）我们为了留住教学人才所给的津贴。计划首先包括弄到一个实习地点，今年完善它，为三所护士学校三年级学生提供三个月的实习，将来增加到六所或更多学校。次年，计划为毕业后学生开课，培训医生、护士与其他公共卫生人员。现在失去支持将危及、耽搁该计划的进展”。②

6 月 1 日：先生抱病在粤，不能前来上海，是日电上海市府恳辞，吴国桢市长将向行政院请示决定。③

是日：先生致函联合国善后救济署中国办公室的卫生主管索耶博士，表达了对其来访与帮助的感谢，以及拒绝就任上海市卫生局局长的原因。“我们继续医学院的重建工作，我们面临的最大困难是缺少资金。宋子文博士再次任命我担任上海市卫生局局长。出于对学术工作与其他原因考虑，我已拒绝了。”④

是日：先生回复应元岳 3 月 20 日来信，称“最大的困难仍是人才问题”，请应元岳“重新考虑我们最真诚的邀请”。先生对应元岳面临的困难与提出的建议，有六点答复：“（1）我希望您在即将到来的秋天前来。（2）至于交通，我们

---

①《私立岭南大学关于李廷安郭秉宽等来往函件》，广东省档案馆，38（全宗号）-4（目录号）-107（卷号），第 121 页（英文）。

②《私立岭南大学关于李廷安来往文件之二》，广东省档案馆，38（全宗号）-4（目录号）-102（卷号），第 185 页（英文）。

③《市卫生局长李廷安因病恳辞》，《申报》1946 年 6 月 2 日，第 4 版。

④《私立岭南大学关于李廷安来往文件之一》，广东省档案馆，38（全宗号）-4（目录号）-101（卷号），第 28 页（英文）。

将补偿您，并告诉您详情。鉴于您是如此作用巨大的医学领袖，我们愿意给您慷慨的补贴。（3）尽管广州生活成本高，但快速下降。例如，稻米每担从 90 000 元下降至 40 000 元。外国货已在价格上下降 30%—100%。因为广州靠海，有理由相信生活成本很快会成为国内最低的地方之一。（4）有您的帮助，我们希望留出经费供我们在国外学习，但我们难于联系医学基金会以获得教育经费。我希望在不久的将来，我们中的一些人能到国外考察。（5）我要感谢您关于分担我的责任的建议。我正考虑尽快用有责任心的人主管各单位以分散我的工作。这会给我时间做些计划。目前，我不得不在这初创的时期主持所有工作，不是因为我喜欢这样做，而是因为高级人员尚未到来。（6）我感谢您信末的好建议。实际上，所有单位必须担负起相应的责任，保持职员的工作效率，建立一个固定的捐赠基金。如果像您这样的人能来帮助我，我觉得所有这些都能做到。”①

按：据掌握的资料，先生于 1947 年 6 月 20 日再次去函邀请应元岳前来担任内科教授与主任。②

是日：先生致函戴天右，“我知道您有些给医学院的染料。我们医学院正缺少染料。因此，我附寄名单，如果您能帮助我们。我乐于偿还您所有费用”③。

6 日：宋子文密电林继庸（按：林继庸，广东中山人，时任粤桂闽敌伪产业审议委员会主任委员兼处理局局长）转先生：“密上海市卫生局局长一职，主席与弟均决定派兄担任，希即飞沪，并电报。宋子文，辰（六月）六日密经人。”④

8 日：《申报》报道：先生在粤患病，再三恳辞上海市卫生局局长一职，业经照准。该局局长一职，由吴市长派张维代理。张局长，字楚珩，45 岁，湖南浏阳人，长沙湘雅医学院毕业，美国哈佛大学公共卫生学硕士，已定十日

①《私立岭南大学关于李廷安来往文件之二》，广东省档案馆，38（全宗号）-4（目录号）-102（卷号），第 152—153 页（英文）。

②《私立岭南大学关于李廷安来往文件之二》，广东省档案馆，38（全宗号）-4（目录号）-102（卷号），第 170 页（英文）。

③《私立岭南大学关于李廷安来往文件之二》，广东省档案馆，38（全宗号）-4（目录号）-102（卷号），第 186 页（英文）。

④《私立岭南大学孙逸仙博士纪念医学院概况报告》，广东省档案馆，038（全宗号）-002（目录号）-11（卷号），第 005 页。

到职视事。[①]

10日：先生致函美国华盛顿中国物资委员会（Chinese Supply Commission）施思明（Szeming Sze），谈及自己对任职于国际卫生组织的兴趣、组建华南医学中心情况，表达了对离开广州去上海担任卫生局局长的担心。“多年来，我一直以来对参加一些海外卫生组织感兴趣。6个月前，金（宝善）博士与刘（瑞恒）博士都赞同。然而，我被派往广州，任岭南大学医学院院长，同时任广州中央医院院长，希望组建华南医学中心。这两个医学机构的工作进展顺利。不幸的是，我被宋子文博士任命担任上海市卫生局局长。这是我不能违背的严格命令。因此，我打算数天后前往上海，告假离开广州最少一年。当我到南京，他们可能原谅我不接受该职，然而，机会渺茫。我希望您告知我到美国的可能性。”[②]

按：据1月18日施思明给先生的复函，先生曾于1945年8月19日给施思明发信，表示“对加入即将成立的联合国属下的卫生组织感兴趣”。施思明在信中谈道：“我们仍然处于国际卫生组织准备工作的早期阶段，当然，在形成任何明确的组织前，我们不可能考虑任命任何人员。我猜测直至1946年底，在我们能看到新的国际卫生组织组建前，那是不可能的。然而，我将高兴地记住您对此工作的兴趣，为您寻找任何机会。正如您所知，刘瑞恒博士已离开华盛顿回中国，在他回来前，我代替他在华盛顿的工作。”[③]

是日：先生致函陈心陶：“您1946年5月20日来信已收到，很高兴阅毕。我设法不去上海，但那是宋子文的严格命令，我不能违背它。因此，我请求离开医学院一年。医学院现进展很顺利。当您回来，我们将有一个更为强大的教职队伍。至于您的交通费，我委托给未来的代理院长（尚未确定）。”[④]

12日：广东省政府主席罗卓英签署“令饬将本市西瓜园警察医院旧址拨归广东省警察训练所使用由”令，具体内容如下：“查本市西瓜园警察医院旧址，

① 《代理卫生局长张维十日视事》，《申报》1946年6月8日，第4版。

② 《私立岭南大学关于李廷安来往文件之一》，广东省档案馆，38（全宗号）-4（目录号）-101（卷号），第30页（英文）。

③ 《私立岭南大学关于李廷安来往文件之一》，广东省档案馆，38（全宗号）-4（目录号）-101（卷号），第31页（英文）。

④ 《私立岭南大学关于李廷安来往文件之三》，广东省档案馆，38（全宗号）-4（目录号）-103（卷号），第93页（英文）。

经广东省警察训练所借用后，半年来修葺耗资数百万元，始稍复旧观。现据民政厅案呈以奉该府令饬将该医院借中央医院使用等情。查该院址训练长警极为适合，现复经该所布置，规模已具。刻正加紧训练，仰即将该警察医院拨归广东省警察训练厅使用，至中央医院如须（需）地方使用，仰并饬该市警察局另觅地点为要此令。”①

14 日：先生致函行政院院长宋子文。“我想写信感激您接受我辞去上海市卫生局局长一职，任命张维接任。这会给我更多的休息。我希望我的健康能完全康复，使我能为国家贡献更多的服务。”②

19 日：先生与副院长游维义联名电报广州市市长陈策：“本院奉令在本市筹设办理公共卫生治疗业务，一切进行大致就绪。所有医院房屋、医药器材等，已由联合国善后救济总署运抵上海转穗途中，不日可到。关于院址问题，自宜亟待解决。现查本市百子路前原日永胜寺、神经病院、老人院旧址空地一段，东至东较场，南至较场路，西至东川路，北至百子路，面积计共 72.08 市亩，地点适中，极合为本院建筑永久院址之用。关于贵府所属之市立神经病院及老人院与永胜寺旧址，除经分别与主事机关商洽，大致已获协意（议）外，为此，检具经界图乙份，电请贵府务恳迅予拨用，或永久借用，至其属于私人业权部份（分），本院愿以价购。兹将需用该地面积绘图标贴公告并登报征购，并定期于本年 7 月 4 日（星期四）下午三时邀集所有业权人在本市长堤岭南大学孙逸仙医学院内本院办事处协议价购办法，务祈协助办理。届时并请派员指导一切，仍希见复。为荷。”③

是日：就广州中央医院地址协议价购办法，广州市市长陈策令卫生局局长黄雯办理，卫生局决定派杨松簇秘书出席，协助进行，以维善举。④

21 日：先生与广州中央医院副院长游维义联名致函广州市政府，具体内容：“查本院前拟借用贵府管有丰宁路警察医院一节，当承概允借用，并荷发交贵府警察局与本院进迳商借用合作办法，嗣复准警察局于本年 5 月 18 日以总庶字第

---

① 《卫生署筹设广州中央医院》，广州市档案馆，4-02（全宗号）-4418（案卷号），第 16 页。

② 《私立岭南大学关于李廷安来往文件之一》，广东省档案馆，38（全宗号）-4（目录号）-101（卷号），第 32 页（英文）。

③ 《卫生署筹设广州中央医院》，广州市档案馆，4-02（全宗号）-4418（案卷号），第 18—19 页。

④ 《卫生署筹设广州中央医院》，广州市档案馆，4-02（全宗号）-4418（案卷号），第 21 页。

（922）号公函约请本院派员前往商订合约。本院即经派出负责人员事务部刘主任君朴前赴该局洽商，大致就绪。惟以该院现尚由广东民政厅所属警察训练所暂用，除分向该厅交涉请将训练所迁移，拨交本院外，关于该院院址深蒙贵府慨予借用，足见关怀及襄助公共卫生事业，相应函遵，谨致谢忱。”①

26 日：“霍乱患者 68 人，为本市发现霍乱以来之最高记录（按：指本年），殊堪惊人。”先生与卫生局局长张维等早晨“视察沪西江苏路（忆定盘路），诸安浜及劳勃生路一带平民住宅区，对各该区平民饮水问题，以及垃圾清除问题，均有详尽之指示及改良”。②

27 日：先生做“私立岭南大学孙逸仙博士纪念医学院概况报告”，报告内容如下：“一、胜利复员时，廷安奉本校孙董事长哲生及李校长应林命，担任本学院院长之职，数月以来，幸得各方指示与协助，各种工作进行尚称顺利。二、复员工作以修建房舍、补充设备及添聘教职员为最（至）关重要。三、本医学院及附属博济医院房舍幸被毁损无多，尚易修复。惟各科教学设备，如图书仪器家具等则已被损失三分之一以上。现正加紧设法补充。兹经商洽，各机关拨赠，如请教育部拨给前期各科设备全副，行政院善后救济总署拨给附属博济医院 250 副病床设备及美国国务院赠给最新医学书籍及杂志全套。聘请教授事属重要，惟因种种之困难情形，本年 2 月仅有专任兼任教授共四人，现在已有正副教授等 17 人，计开公共卫生学教授李廷安、老恩赐，内科教科（授）嘉惠霖、胡启勋，寄生虫学教授陈心陶，病理学教授吴在东、杨简，副教授吴考祥，药理学副教授陈华、邵艾，妇产科副教授梁毅文，外科教授马汝庄、王怀乐，小儿科教授钟世藩、副教授许绿叶，矫形外科教授游维义，生物化学讲师余木斋等。四、本学院应设各科均已恢复，现有学生 127 人，医院护士学生 60 人，三十五年度学生名额定必增加。五、各科研究工作亦将恢复及予特别注意。六、本学院经济拮据，战前曾蒙教育部拨助经费每年国币 15 万元，以示纪念国父孙总理在此开始学医及革命运动之意，该补助费 15 万元，若略照物价指数以 2000 倍伸算，等于现在三万万元。本学院三十五年度岁出概算，不敷约一万万五千万元，拟请政府援照前案特予补助最少一万万元以上，以资维持（概算书附呈）。七、本

①《卫生署筹设广州中央医院》，广州市档案馆，4-02（全宗号）-4418（案卷号），第 23—24 页。

②《霍乱进入严重阶段，昨日患者竟达六十八人》，《申报》1946 年 6 月 27 日，第 4 版。

学院除附设博济医院外，并与广州柔济医院及中央医院密切合作，互收师资与临床实习之效。”[①]

是日：先生致函立法院院长孙科，请求孙科与教育部部长朱家骅商洽，拨给私立岭南大学孙逸仙博士纪念医学院经费最少一万万元以上。具体内容如下："哲公院长钧鉴：廷安才疏学浅，荷承钧长及李校长应林委予岭大孙逸仙博士医学院院长一职，材轻责重，时虞费胜，幸得各方指示与协助，复员数月以来，对于房舍、人员及设备诸要项，尚能勉强应付，以图今后发展。关于过去工作情形及今后进行计划，曾经于上旬晋谒时，择要陈述并蒙提示及允竭力协助，至深感慰。查本学院原为国父孙总理开始学医及革命运动策源地命名，思义纯系纪念开国元勋，俾垂久远，规模自应宏大以资造就，惟所需经费不赀，在战前，教育部有鉴及此，特予每年拨助经费国币 15 万元，战时停拨。现在胜利复员已久，此项补助经费似应继续拨给。该 15 元若略照物价指数以 2000 倍计算，等于现在三万万元，本学院三十五年度，岁出概算不敷约一万万五千万元。极望政府能予补助最少一万万元以上。兹谨造具本学院近况报告书及三十五年度岁出概算书各一份随函呈请。察核俯赐商洽教育部朱部长准照拨助经费，实感德便再，廷安在京时，曾谒教部朱、杭两次长，承允协助可作专案办理云，合并陈明。专此敬候。崇安。职李廷安谨肃。6 月 27 日。附呈报告书概算书各一份。”[②]

29 日：先生与广州中央医院副院长游维义联名致函广州市政府卫生局："查本院章令在本市筹设办理公共卫生治疗业务一切进行大致就绪。至本院院址亦经择定本市百子路前原日永胜寺暨贵局主管之市立神经病院及老人院旧址等旷地以为建院之用，此项地段西至东较场，南至较场路，东至东川路，北至百子路，面积计共七十余亩，其中属于民有地段经由院在该地标告及分在《广州日报》、《大光报》刊登公告，依法价购，着各该业权人携同契证到院登记并定期 7 月 4 日下午三时在本院协议价购办法，并函请广州市政府届期派员到院协助暨指导外，至关于公有地段大部份（分）是属于贵局主管范围，当经派本院事务

① 《私立岭南大学孙逸仙博士纪念医学院概况报告》，广东省档案馆，038（全宗号）-002（目录号）-11（卷号），第 004—005 页。

② 《私立岭南大学孙逸仙博士纪念医学院关于呈请拨款补助医学院运作的函》，广东省档案馆，038（全宗号）-002（目录号）-11（卷号），第 003 页。

部主任刘君朴前赴贵局商洽借用，当承贵局长爱护本院事业，不遗余力慨予赞助即席慨允。本院一面于6月19日以穗中事第（89）号皓代电函请广州市政府查照准予拨用或永久借用去后旋准，6月20日第（5355）号已加可府一忠代电复内开‘代电敬悉既经与各主事机关洽商已获协意自当照借使用，并着本府卫生局秘书杨松簇届时出席协议价购需用地段进行除分令外相应电复查照’等由准此本院除录电函请广州市地政局查照存案外相应录电函遵贵局希烦查照并祈将该项市立神经病院、老人院等旧址一带地段拨借过院以便使用而利事业进行仍希见复足纫公谊。此致，广州市政府卫生局。”①

7月1日：先生致函香港的李腾彪：“嘉惠霖博士给我看了您7月1日来信，我高兴地知道您想要有关广州中央医院邀请您的进一步信息。当我去上海途经香港时，我不能确定还有机会回广州。现在这种不确定不存在了。我再次回来担任我的职务。我回程时留在香港时间太短，因而错过见您的机会。至于您在给嘉惠霖信中提出的问题，我感到非常高兴的是：我回广州，自动地解决了大多数的困难。另外，向您提供一年合同仅是一个形式，这适合于这里每个人。我们将把您当作广州中央医院与医学院的骨干成员之一。至于交通补贴，我们准备付给您足够的从香港到广州的交通费。至于住房问题，我们暂时给您隆兴楼的一个房子，您知道隆兴楼就在大学校园后面。我们希望最终我们能为教职人员在校园建立独立的房子。由于校园房子不能容纳所有教职人员，所以我们租了隆兴楼。林树模博士在回这里的途中，吴在东博士不久到此。没有什么能比先前的职员来此更让我高兴。请将您的最后决定写信给我。请相信我们所有人期望不久在这里看到您。”②

按：李腾彪于7月1日致函嘉惠霖，信中提及先生曾邀请他到广州中央医院任职，并在前往南京途经香港时曾与李腾彪面谈，但“他只有几分钟时间向我解释工作条件”。信中提出了两点疑虑、一个条件：第一点疑虑是“谁将是他的继任者？”（按：行政院院长宋子文任命先生为上海市卫生局局长）。第二点疑虑是“我明白这所医院（按：广州中央医院）是联合国善后救济署的赠品，

---

①《卫生署筹设广州中央医院》，广州市档案馆，4-02（全宗号）-4418（案卷号），第26页。

②《私立岭南大学关于李廷安来往文件之四》，广东省档案馆，38（全宗号）-4（目录号）-104（卷号），第31页（英文）。

在联合国善后救济署退出后，什么组织取代它呢？”一个条件是“如果李廷安再次来这里，我希望给我拜会他的机会，并谈谈此事”。①

李腾彪（T. P. Lee）小传：广东南海人，美国密歇根大学医学博士，历任美国圣路加医院医师、北平协和医学院眼科教授、国立中山大学医学院眼科教授、岭南大学孙逸仙博士纪念医学院眼耳鼻喉科教授。②

3日：为据卫生局签拨将院地交换，各利业务等情，广州市政府代（市长欧阳驹）电先生与广州中央医院副院长游维义：“以准中央医院6月29日穗中事字第109号公函，嘱将本局所属市立神经病院、老人院等旧址一带地段拨借应用等由。惟本局对于该两院业务正拟积极扩展，将来尤需适当院址，然同属办理本市公共卫生治疗业务，对中央医院所议，自当赞助。兹为顾全两便起见，拟请转知将中央医院经向粤桂闽区敌伪产业处理局所征购在本市惠福西路原日博爱医院旧址，以为交换。而利业务，是否可行，谨签请核转候示只遵等情。查属实情，特电请查照办理，见复。为荷。”③

22日：司徒亮（L. Szutu）从上海红十字会致函先生，称“很荣幸您邀请我到广州工作”“我急于了解我将与谁共事。我肯定：在您的领导下，我会工作愉快”。④

按：司徒亮1938年毕业于北平协和医学院，为妇产科专家。

31日：先生制定“1945年度私立岭南大学孙逸仙博士纪念医学院收支对照表”⑤“1945年度私立岭南大学孙逸仙博士纪念医学院收支计算表”⑥“1945年度私立岭南大学孙逸仙博士纪念医学院资产负债表”⑦。

---

①《私立岭南大学关于李廷安来往文件之四》，广东省档案馆，38（全宗号）-4（目录号）-104（卷号），第25页（英文）。

②《夏葛医学院、广东大学医科有关章程等文件》，广州市档案馆，18（全宗号）-5（目录号）-60（卷号），第10页。

③《卫生署筹设广州中央医院》，广州市档案馆，4-02（全宗号）-4418（案卷号），第27页。

④《私立岭南大学关于李廷安来往文件之一》，广东省档案馆，38（全宗号）-4（目录号）-101（卷号），第34—35页（英文）。

⑤《1945年度私立岭南大学孙逸仙博士纪念医学院收支对照表》，广东省档案馆，038（全宗号）-002（目录号）-13（卷号），第002页。

⑥《1945年度私立岭南大学孙逸仙博士纪念医学院收支计算表》，广东省档案馆，038（全宗号）-002（目录号）-13（卷号），第003—004页。

⑦《1945年度私立岭南大学孙逸仙博士纪念医学院资产负债表》，广东省档案馆，038（全宗号）-002（目录号）-13（卷号），第005页。

按：1945 年度为民国三十四年 8 月至三十五年 7 月。

是日：先生致函重庆中央医院林树模，谈及交通补贴问题。“答应的 500 000 元您可能不够，但就像我数月前写信给您，我已让您其中的一个儿子（在国立上海医学院工作）有工资收入，凭这 3 个月的薪水可能帮助您。由于我们都拿大致一样的俸廪，我想我们给您的总俸廪将是足够的。请即回。如果您需预付资金，我将给您汇款。”①

8 月 5 日：先生致函重庆中央医院林树模：“鉴于日益增长的飞机交通费用，我想您乘船到汉口，再从汉口乘火车到广州较好。”②

7 日：先生致函夏葛医学中心主任王怀乐（Ross. W. Wong）：“感谢您在安置四、五年级女生所提供的帮助。”③

是日：先生致函在墨西哥的陈翼平（Y. P. Chen），邀请他担任广州中央医院眼科主任，“我希望您不久回来看看。请您考虑参加我们的医疗团队，并担任我们最大一家医院的眼科主任如何？我们的薪酬足够过上体面的生活”④。

8 日：先生致函华西协合大学林则（Lindsay）：“博济医院与广州中央医院急需两名优秀口腔专家，请推荐。”⑤

12 日：先生致函英国伦敦罗斯（J. R. Rose）博士：“欣悉您乐于接受我们的邀请加入我们的团队。我想写给您这些文字以示衷心欢迎。嘉惠霖博士已写信给您，我们医学院的预算是不足的。我们想知道您是否能帮助我们从诸如克里普斯（Cripps）小姐等基金会中获得一些资金援助。”⑥

14 日：广州市市政府笺函先生：“因中央医院地址事项有所章商，为此函请

---

①《私立岭南大学关于李廷安来往文件之四》，广东省档案馆，38（全宗号）-4（目录号）-104（卷号），第 28 页（英文）。

②《私立岭南大学关于李廷安来往文件之四》，广东省档案馆，38（全宗号）-4（目录号）-104（卷号），第 29 页（英文）。

③《私立岭南大学关于李廷安来往文件之一》，广东省档案馆，38（全宗号）-4（目录号）-101（卷号），第 124 页（英文）。

④《私立岭南大学关于李廷安来往文件之三》，广东省档案馆，38（全宗号）-4（目录号）-103（卷号），第 83 页（英文）。

⑤《私立岭南大学关于李廷安来往文件之四》，广东省档案馆，38（全宗号）-4（目录号）-104（卷号），第 30 页（英文）。

⑥《私立岭南大学关于李廷安来往文件之二》，广东省档案馆，38（全宗号）-4（目录号）-102（卷号），第 83 页（英文）。

于本月20日十时惠临本府一谈，俾承教益为感，专此。并颂时祺！”①

16日：先生致函中华医学会广州分会秘书吴伟，感谢吴伟邀请史博士作学术演讲，“兹谨拟订于本月22日及24日（即星期四及星期六）下午五时（夏令时刻）假座长堤孙逸仙医学院礼堂举行公开讲座两次”②。

按：8月20日先生致函斯特兰斯基（E. Stransky）博士：“我高兴地告知您：中华医学会广州分会真诚邀请您于本月22日与24日下午五点在孙逸仙博士纪念医学院举行讲座。请尽早通知我每个讲座的标题。我代表学会借此机会对您表示感谢，并表达真诚的欢迎。”③讲座标题为：《婴儿脚气病》，8月22日下午五点至六点；《钩虫病及其治疗》，8月24日下午五点至六点。地点：医学院礼堂。欢迎所有医师、护士与学生等参加。④

是日：先生致函重庆中央医院林树模，谈及林树模回到岭南大学医学院后的助手问题。“我们医学院大约9月中旬开学，如果最迟在9月上旬来此，那太好了。至于您在系里的助手，我们大学生物系的利（Lei）小姐最近已与我们接触，表达了她愿意在生理系工作。她于四年前毕业，我了解她的所有理科都优秀，尤其是生物学。由于她已在此，或许您更愿意挑选她而不是梁（Leung）小姐。反正，当您回来后，我们再详细讨论此事。”⑤

17日：先生致函香港的蒋法贤（F. I. Tseung）医师，谈及“我从上海的岗位上辞职，而已回到我故乡广州的岗位”⑥。

按：8月21日，蒋法贤给先生的复函称，先生辞去上海市卫生局局长而任职广州，这是“广州之得”与“上海之失”。“您在广州的工作对该地未来的医学专业是一笔巨大财富。我要祝贺孙逸仙博士纪念医学院能保有您出色的工作。

① 《卫生署筹设广州中央医院》，广州市档案馆，4-02（全宗号）-4418（案卷号），第28页。

② 《私立岭南大学关于李廷安来往文件之二》，广东省档案馆，38（全宗号）-4（目录号）-102（卷号），第45页（中文）。

③ 《私立岭南大学关于李廷安来往文件之二》，广东省档案馆，38（全宗号）-4（目录号）-102（卷号），第44页（英文）。

④ 《私立岭南大学关于李廷安来往文件之二》，广东省档案馆，38（全宗号）-4（目录号）-102（卷号），第43页（英文）。

⑤ 《私立岭南大学关于李廷安来往文件之四》，广东省档案馆，38（全宗号）-4（目录号）-104（卷号），第32页（英文）。

⑥ 《私立岭南大学关于李廷安来往文件之二》，广东省档案馆，38（全宗号）-4（目录号）-102（卷号），第191页（英文）。

然而，广州之得却是上海之失。一人不能让各方都满意。”①

是日：先生致函朱章赓，谈及收到施正信7月9日便函，便函示：“兹以便笺匆匆通知您：广州公共卫生培训中心已获每月拨款三百万，共三个月（4月至6月）。该款已转至中央卫生实验院。请随即联系朱章赓博士。”先生请朱章赓尽早汇款。②

按：8月30日，老恩赐致函金宝善，附寄了先生写给朱章赓信的复印件，谈及华南公共卫生培训中心急需这批九百万的经费，以支付工作人员薪酬。“这是急事。我们请您帮忙了解为何延迟，并督促汇出经费。”③

28日：先生签发“私立岭南大学孙逸仙博士纪念医学院关于请发补助费支付书的公函”，“财政部国库署本年8月14日京署三字第1288号公函为本院本年度补助费40万元，嘱径向粤分库洽领”。④

30日：先生回复司徒展8月16日来函：“由于您有如此好的条件，您可以如您所愿留在北平。我已告诉您，我们的邀请是真诚的。我们支付足以在此生活的薪酬。我们不允许职员有其他收入来源，所以制定了统一的俸廪标准。”⑤

按：司徒展8月16日给先生的信中解释了不能前往广州的原因：“自去年4月以来，受张先林博士与后来林可胜博士的推荐，我被委以少将外科医官与兼任北平陆军医院外科主任。”“我目前的状况还算满意。除了包括每天交通费在内的一笔稳定津贴，陆军医院付给我基本薪水190 000元国币。也允许我在别的医院为私人病人做手术。”“我太太现在是北平陆军医院护士系上校主任，同时兼任卫生署北平护士培训学校的讲师。”最后，先生表明“除非在广州有同样机会，我不会放弃这些。当聘任委员会最终给我何职称以及是否有机会得到其他

① 《私立岭南大学关于李廷安来往文件之二》，广东省档案馆，38（全宗号）-4（目录号）-102（卷号），第190页（英文）。

② 《私立岭南大学关于李廷安来往文件之三》，广东省档案馆，38（全宗号）-4（目录号）-103（卷号），第78页（英文）。

③ 《私立岭南大学关于李廷安郭秉宽等来往函件》，广东省档案馆，38（全宗号）-4（目录号）-107（卷号），第112页（英文）。

④ 《私立岭南大学孙逸仙博士纪念医学院关于请发补助费支付书的公函》，广东省档案馆，038（全宗号）-002（目录号）-11（卷号），第015页。

⑤ 《私立岭南大学关于李廷安来往文件之一》，广东省档案馆，38（全宗号）-4（目录号）-101（卷号），第36页（英文）。

收入来源时，我希望收到您的来信”。[①]

9 月 6 日：先生致函福音联合兄弟教会（the Evangelical United Brethren Mission）苏维新（C. W. Shoop）博士：“岭南大学孙逸仙博士纪念医学院通过她的公共卫生系想创建一个公共卫生实习培训中心，为培养本科护士与内科医生，以及培养公共卫生研究生人才，提供公共卫生实习。计划在广州河南开展这项计划。”[②]

9 日：先生致函张维：“这里感谢您在我访沪时给我的热情接待。我高兴地告诉您我身体健康，并能像平常一样工作。我希望您工作顺利，享受工作。上海公共卫生如此重要，毫无疑问，您是这一岗位的合适人选。我祝您成功与健康。”[③]

按：9 月 17 日，张维复函李廷安：“我想对您本月 9 日来信表示感谢。听到您已重获健康，我非常高兴。您所在社会因您的工作而获益。”[④]

11 日：先生从私立岭南大学孙逸仙博士纪念医学院致函美国纽约中华医学基金会娄克斯博士：“亲爱的娄克斯博士：自从我在上海见到您至今已经有一段时间了，我相信您与您的委员会其他成员回程顺利愉快。

与您在上海别后，我很快就回来了。我很高兴地告诉您尽管在这样炎热的夏日里辛苦工作，我的健康状况良好。我体重略有减少，但感觉良好，并无腹部不适。我的儿子宝善长得挺胖，他的脖子现在很正常。

程玉麐博士以及其他资深人员都已加入我们的学院，但最大的困难尚未解决，因为我们没有足够的资金来维持不断增加的预算。您只要想象一下我们医学院本年度（1946—1947）的预算仅有 30 000 000 元国币就知道了。用我们中国的谚语来形容，‘巧妇难为无米之炊’。这是我们最大的困难。

---

① 《私立岭南大学关于李廷安来往文件之一》，广东省档案馆，38（全宗号）-4（目录号）-101（卷号），第 37 页（英文）。

② 《私立岭南大学关于李廷安来往文件之一》，广东省档案馆，38（全宗号）-4（目录号）-101（卷号），第 39 页（英文）。

③ 《私立岭南大学关于李廷安来往文件之三》，广东省档案馆，38（全宗号）-4（目录号）-103（卷号），第 77 页（英文）。

④ 《私立岭南大学关于李廷安来往文件之三》，广东省档案馆，38（全宗号）-4（目录号）-103（卷号），第 74 页（英文）。

广州中央医院有较好的财政来源。我们正在建一些半永久性的建筑，而不是组装的。后者仅适用于战时、热带和临时使用。

李夫人（Lois）与我一起向娄克斯夫人与您致以亲切问候。您忠实的朋友李廷安。附言：我们需要一位好的外科医生和一位放射科医生。您知道有谁愿意回中国？请您提供帮助。”①

12 日：先生致函香港马汝庄（Roy Mar）：“博济医院急需血球计。请您在香港为我们购买四套，并方便时尽快寄给我们。我们会尽快付款给您。”②

是日：先生致函戴天右：“我发现有大量实验室材料例如血球计、染料等储藏在重庆的储藏室里。我们的学院与医院现急需使用这些材料。请您帮忙分拨一些给我们以应所需。至于运输，我们将设法安排并配合您。”③

按：9 月 18 日，戴天右复函先生：“我遗憾地说：所有在重庆的血球计、染料等医学物资已分配完。我们现在能做的事是把您的信存档，等未来的机会。”④

是日：先生致函刘瑞恒，要一至两名高级外科医生，并指名要冯万熹（Lorna Feng）。“我们博济医院与广州中央医院需要一位，如果可能，两位优秀的高级外科医生。您有推荐的吗？我们希望冯万熹博士不久能来此。”⑤

13 日：先生致函立法院院长孙科：“教职人员快速增加。最近，我们增加了程玉麐教授，他是国内最优秀的神经精神病学家之一。生理学教授林树模也已回到医学院。”“我们面临的最大困难是经费。1946—1947 年度的预算只有 30 000 000 元国币。这只有中央大学医学院最差资金投入时的十分之一。所以，我要求您在资金方面予以帮助。”函中先生谈及曾拜访两位教育部副部长，提出了 100 000 000 元国币的拨款要求；请孙科对全英助华联合总会的克里普斯

---

①《1946 年 9 月 11 日李廷安致函 H. H. Loucks 博士》，Rockefeller Archive Center-Citation Slip，Collection：CMB，Series：1942-1945，Box：76，Folder：535-537.

②《私立岭南大学关于李廷安来往文件之二》，广东省档案馆，38（全宗号）-4（目录号）-102（卷号），第 9 页（英文）。

③《私立岭南大学关于李廷安来往文件之二》，广东省档案馆，38（全宗号）-4（目录号）-102（卷号），第 192 页（英文）。

④《私立岭南大学关于李廷安来往文件之二》，广东省档案馆，38（全宗号）-4（目录号）-102（卷号），第 193 页（英文）。

⑤《私立岭南大学关于李廷安来往文件之四》，广东省档案馆，38（全宗号）-4（目录号）-104（卷号），第 39 页（英文）。

小姐施加影响，资助医学院 5000 镑。先生认为："如果经费充足，我们具备成为一流医学院的所有潜能。"①

是日：先生致函斯坦福大学医学院儿科宋杰："我想表达我们对您的邀请，担任博济医院的儿科主任。医学院将同时任命您助教授或襄教授，您的基本工资大约 520 元到 540 元，将由聘任委员会与薪酬委员会讨论。博济医院有 200 张病床规模与现代设施。如果您来，我们想安排适合的工作给夫人。"②

按：宋杰于 6 月 6 日致函先生，首先提及六年前曾到成都的办公室拜访先生，接着表达了回广州担任医学院与医院工作的意愿，来函详细介绍了自己的求学、工作经历，国外见闻与科研成就，并向先生询问岗位、待遇等问题。"如果我在不久的将来能获得一岗位，我将对您提供的有关工作性质、工资、津贴、住房等信息，表示感激。"③

由于先生前往南京开会，医学院代理院长陈心陶曾在回信中称："我知道李院长已任命您担任博济医院儿科主任和医学院襄教授，鉴于您所受培训与工作经验的长处，如果不会扰乱现在业已实行规则，我肯定，他（按：李廷安）愿意提供给您正教授。对于医学院儿科系主任钟世藩，您对他很熟悉了，在您提交申请前，他已被任命。对我个人而言，无论看到您还是钟博士职掌儿科，都很满意。"④

宋杰（Sung Chieh）小传：1910 年生。1931 年获东吴大学理学学士学位，1935 年获北平协和医学院博士学位，1941 年获加拿大多伦多大学（University of Toronto, Canada）哲学博士学位。1944 年通过美国儿科学会（the American Board of Pediatrics, Inc.）考试，任儿科医师；1934—1935 年，任北平协和医学院实习医师；1935—1937 年，任北平协和医学院助理住院儿科医师；1937—1938 年，

---

①《私立岭南大学关于李廷安来往文件之一》，广东省档案馆，38（全宗号）-4（目录号）-101（卷号），第 40 页（英文）。

②《私立岭南大学关于李廷安来往文件之一》，广东省档案馆，38（全宗号）-4（目录号）-101（卷号），第 45 页（英文）。

③《私立岭南大学关于李廷安来往文件之一》，广东省档案馆，38（全宗号）-4（目录号）-101（卷号），第 46—48 页（英文）。

④《私立岭南大学关于李廷安来往文件之一》，广东省档案馆，38（全宗号）-4（目录号）-101（卷号），第 55 页（英文）。

任南京市卫生局儿科医师与江西省立医院主管业务的儿科医师；1938—1939 年，任国立贵阳医学院讲师与贵州省立医院儿科医师。1940—1941 年，在加拿大多伦多大学从事预防医学研究生工作与加拿大安大略省多伦多卫生局（the Dept. of Health of the Province of Ontario, Toronto, Ont., Canada）实验室临床实验诊断工作。1942 年前六个月，在哈佛大学医学院（Harvard Univ. Medical School）从事儿科病理学研究生工作与学习研究生课程，同时在波士顿妇幼医院（Boston Infants's and Children's Hospital）任住院部病理主管；后六个月任密歇根大学医院（University of Michigan Hospital）儿科与传染病科助理住院医师（临床儿科与传染病），同时在密歇根大学医院公共卫生学院（School of Public Health）从事学校卫生的研究生工作。1943 年前半年，在南加州大学医学院（the University of Southern California Medical School）附属洛杉矶儿童医院（Los Angeles Children's Hospital）任助理住院儿科医师；7—9 月，在约翰·霍普金斯大学儿科系担任儿科助教；10 月、11 月，在耶鲁大学医学院儿童发育诊所（关于成长发育）担任走读医学研究生；12 月至 1944 年 1 月，在纽约大学医学院附属海景医院任研究员（关于婴幼儿肺结核病）。1944 年 2—11 月，在 Mayo Clinic（关于临床儿科）担任儿科助教，同时在明尼苏达罗切斯特儿童卫生计划（Rochester Child Health Project，Rochester，Minnesota）中担任预防儿科学助教。1945 年，担任华盛顿大学医学院（Washington University Medical School）儿科讲师（关于临床儿科与病毒研究）。1946 年，在南加州大学医学院儿科系从事临床研究工作与教学工作（关于临床儿科、新生儿与幼儿泌尿系统疾病）。1946 年，在斯坦福大学医学院儿科工作。1947 年，被岭南大学医学院聘为博济医院儿科主任和医学院襄教授，同年 8 月从岭南大学辞职。[①]20 世纪 50 年代，先后担任上海市儿童医院与上海市第六人民医院主任医师。

17 日：先生致函岭南大学理事会美国主任奥林·沃纳梅克先生，谈及让许天禄博士任解剖学教授，但主要是报告医学院的经费困难："面临的唯一困难是经费。本年医学院预算只有 30 000 000 国币元，仅有大约最差经费预算的国立医学院的 10%。如果经费充足的话，我们完全具备成为一流医学院的

① 《私立岭南大学关于李廷安来往文件之一》，广东省档案馆，38（全宗号）-4（目录号）-101（卷号），第 23、45—48、55、58 页（英文）。

潜质。”[①]

10月1日：先生回复9月17日刘瑞恒来信：“尽管我们有诺薇迪（Navidi）博士，但我们发现他经验不足。我尚未听说沃达斯基（Voldarsky）博士要来帮助我们，是在博济医院还是广州中央医院？我们需要的是优秀人才。据以往经验，我更希望拥有训练有素的中国外科医生，我们医院可以支付其薪水。因此，如果您有推荐人选，我们希望了解他。我们感激您推荐冯万熹博士给我们，我们都喜欢她。我尚未听到许世英先生的医疗请求，我已告诉朱广陶先生，一旦有请求，即答应他。”[②]

按：9月17日，刘瑞恒致函先生，对先生请他推荐高级外科医生感到惊讶：“我与鲍谦熙博士都惊讶您还需要更多外科医生。鲍谦熙博士告诉我您已有沃拉斯基博士与诺薇迪博士。顺便说说，我认为沃达斯基博士是优秀的医生，特别在胸外科方面。我们鼓励他做一些肺结核病人手术。我知道许世英先生现居住香港，脊椎受意外损伤。他现74岁，如果沃达斯基博士请求拜访许世英，请您要求朱广陶博士准许他前往好吗？”[③]

4日：中华医学基金会公司娄克斯致函先生：第一，祝贺先生得到程玉麐，“我很高兴程玉麐博士已经加入您的团队。他肯定能成为其中得力的一员。我要祝贺您能够成功争取到他的加入。”第二，同情先生筹措资金所遇到的困难。“我也向您的财政困境表示同情。在如今这样的世界局势里，为一所中国的医学院筹措资金是一项最勇敢的人才敢于面对的任务。我真诚希望能够让您觉得中华医学基金会也许能给您一些帮助。然而在北平协和医学院即将重开之际，面对中华医学基金会不得不解决的一些问题，我知道向其他的机构提供资金目前是不可能的。委员会希望将来某些时候中华医学基金会能够向北平协和医学院以外的其他学校提供某种形式的支持，但是今后几年，可能所有可用的资金都需要投入到北平——甚至还需要其他资金的支援。”第三，推荐外科医生。“您曾

---

① 《私立岭南大学关于李廷安来往文件之一》，广东省档案馆，38（全宗号）-4（目录号）-101（卷号），第129页（英文）。

② 《私立岭南大学关于李廷安来往文件之四》，广东省档案馆，38（全宗号）-4（目录号）-104（卷号），第42页（英文）。

③ 《私立岭南大学关于李廷安来往文件之四》，广东省档案馆，38（全宗号）-4（目录号）-104（卷号），第40页（英文）。

经让我为您外科系推荐一些可能的人选。我所知道的符合资格的中国人里面有一位最合适的人，他是 Patrick P. T. Wu 博士，他曾经在我北平的外科团队任职多年。吴博士毕业于弗吉尼亚大学，随后在哥伦比亚大学 Mayo 诊所、南京中央医院（the Nanking Central Hospital）、上海里斯特研究所和北平协和医学院工作。1940 年以来，他一直在美国芝加哥大学和 Mayo 诊所做研究生工作。我上次听到他的消息，是正在俄克拉荷马州完成执业医生的研究生进修课程。我正设法联系他，但是迄今为止没有收到他的回复。或许他已返回中国，要是这样的话，我想也许您能通过他的岳父、香港的 Li Shih-fan 博士联系到他。吴博士有充分资格在任何医学院担任外科主管。另外有两个人，他们接受的训练没有这么全面，但是都得到他们的老师和同事的大力推荐。一位是王就安博士，目前，人在波士顿；另一位是 David Lim Yuen 博士，现在就在纽约。王博士 1943 年毕业于哈佛大学医学院，随后作为助理住院外科医生一直在马萨诸塞州总医院工作。他得到伯韦尔博士和斯威特（Sweet）博士的大力推荐。Yuen 博士是康奈尔大学毕业生，作为助理住院外科医生在纽约医院服务了许多年，眼下正在那里做外科病理研究。安德鲁斯（Andrus）博士和康奈尔大学外科系的其他人说他是一个能干的年轻人。如果您对其中任何一位感兴趣，我建议您直接写信给他。”第四，遇见不少北平协和医学院的老朋友。“最近我们接待了许多来自中国的客人。他们中有谢元甫博士，周寿恺（S. K. Chou）博士，Thomas Ma 博士，Eva Liu 小姐，徐星安（Hsu Hsing-an）博士和夫人。他们要么最近经过纽约，要么在这个城市访问或者工作。北平协和医学院还有很多其他校友在美国，我们期待有机会在年底之前见见他们中的大多数人。”第五，告诉先生洛克菲勒基金会等机构的近况。“迄今为止，自从委员会返回美国以来，无论是洛克菲勒基金会、计划委员会、中华医学基金会，还是北平协和医学院董事会都没有举行任何重要会议。但现在既然大部分人都已经回到了办公室，我们预计至少有些部门应该会在近期召开会议。我提到这些主要是为了告诉您到目前为止，还没有任何重要的决议或者消息出来。”第六，谈到福梅龄小姐将回北平。“福梅龄小姐目前也在此处办公，但计划在月末之前前往北平，以协助董事会在那里的工作。这样当北平协和医学院准备重开的时候，她能够在现场参与。”第七，认为先生在广州比在上海更能有成就感。“我愉快地看到您的精力依然旺盛、您所主持的机构也蒸蒸日上。另外，我也很高兴您不需要继续背负在上海的工作——它实在给您太大的负担了。我想或许在目前的职位上，您会得到更大的愉悦和成就感。”[①]

按：洛克菲勒基金会档案也存有该信。[②]

14日：先生致函农业部长周诒春，询问周诒春能否在11月5日以后召开北平协和医学院董事会执委会。这样的话，先生就能在参加完11月2—5日卫生署署长金宝善在南京召开的公共卫生会议后参会，否则，因广州事务缠身，就不参加公共卫生会议了，改由广州中央医院副院长钟世藩代替出席。[③]

是日：先生致函联合国善后救济署中国办公室的艾丽森·麦克布赖德（Alison Mc Bride）小姐，汇报广州中央医院的筹建情况，并请求她支持广州中央医院与博济医院护理学校：“广州中央医院建筑很快完成。我们期望从现在起40天后开启门诊诊疗。预制装配式建筑也正在搭建，将用作病房。我今天有幸遇见安妮·伯吉斯（Anne Burgess）小姐，她及时来此帮助我们的广州中央医院护理学校。我已请求朱广陶博士立即将伯吉斯小姐安排在护理学校。我希望您也给予伯吉斯小姐支持。由于广州中央医院的护理学校教学设备不足，我可以请求您拨给我们护理学校一套书与其他物资，并把它们尽快寄给我们。我想多说一些，博济医院护理学校设备也很不足。如果您有足够物资分配，我可以请求您也为该校赠送另一套相似的书与其他物资好吗？”[④]

按：10月21日，艾丽森·麦克布赖德小姐复函先生，对广州中央医院筹建工作感到满意，主要谈及护理教育设施问题。“英格拉姆（Ingram）小姐应您之请今天前往广州任医院护理管理人，调查你们的护士教育设施。哈特（Hart）小姐帮助您为两所护理学校申请物资。有两种设备：来自善后救济总署物资供应计划的这些物资可分配给学校。供给学校的特别教育设

---

① 《私立岭南大学关于李廷安来往文件之四》，广东省档案馆，38（全宗号）-4（目录号）-104（卷号），第43—44页（英文）。

② 《1946年10月4日 Harold. H. Loucks 致函李廷安》，Rockefeller Archive Center-Citation Slip，Collection：CMB，Series：1942-1945，Box：76，Folder:535-537.

③ 《私立岭南大学关于李廷安来往文件之二》，广东省档案馆，38（全宗号）-4（目录号）-102（卷号），第195页（英文）。

④ 《私立岭南大学关于李廷安来往文件之二》，广东省档案馆，38（全宗号）-4（目录号）-102（卷号），第7页（英文）。

备需要通过教育部申请。”[①]

是日：先生致函善后救济总署广东分署医学主任朱广陶，请朱广陶同意安妮·伯吉斯小姐留在广州中央医院护理学校工作。“非常高兴今天见到安妮·伯吉斯小姐，我想借此机会告诉您伯吉斯小姐是能在广州中央医院护理学校帮助我们的人选。护理学校马上就要开课，非常幸运伯吉斯小姐及时来此帮助我们安排护士学生的课表与本人在学校的教学。如果您同意立即安排伯吉斯小姐在护理学校工作，使得她能随即开始工作，我将感激不尽。”[②]

18 日：先生做“私立岭南大学孙逸仙博士纪念医学院概况报告表”，报告内容如下：

“一、溯自胜利复员，廷安即奉本校孙董事长哲生及李校长应林之命，担任本学院院长职，数月以来，幸得各方指示与协助，各种工作进行尚称顺利。二、学院复员工作以修建房舍、补充设备及添聘教职员为最（至）关重要。三、本医学院及附属博济医院房舍幸被毁损无多，尚易修复。惟各科教学设备，如图书仪器家具等则已被损失三分之一以上。现正加紧设法补充。兹经商洽，各机关拨赠，如请教育部拨给前期各科设备全副，行政院善后救济总署拨给附属博济医院 250 副病床设备及美国国务院赠给最新医学书籍及杂志全套。聘请教员事属重要，惟因种种之困难情形，本年 2 月仅有专任兼任教授共四人，现在已有正副教授、讲师等 24 人，计开公共卫生学教授李廷安、老恩赐，内科教授嘉惠霖、胡启勋，寄生虫学教授陈心陶、讲师黄启铎，病理学教授吴在东、讲师吴考祥，外科教授马汝庄、王怀乐、游维义，生理学与生理化学教授林树模，小儿科教授钟世藩、副教授许绿叶，妇产科教授梁毅文、副教授冯万熹、讲师林剑鹏，精神病学教授程玉麐，药理学副教授陈华、讲师邵艾，解剖学教授麦少祺，内科讲师许锦世、卢祖润、刘世强等。四、本学院应设各科均已恢复，计现有医学生 159 人，医院护士学生 60 人。五、各科研究工作亦将恢复及予特别注意。六、本学院经济拮据，战前曾蒙教育部拨助经费每年国币 15 万元，以示纪念国父孙总理在此开始学医及革命运动之意，该补助费 15 万元，若略照物

① 《私立岭南大学关于李廷安来往文件之二》，广东省档案馆，38（全宗号）-4（目录号）-102（卷号），第 6 页（英文）。

② 《私立岭南大学关于李廷安来往文件之三》，广东省档案馆，38（全宗号）-4（目录号）-103（卷号），第 70 页（英文）。

价指数以 4000 倍计算，等于现在六万万元。本学院三十五年度岁出概算，经再紧缩改编（员额与经费均减至最低限度待遇，则仅照薪基 540 倍，补助费九万元计）仍不敷约二万万五千万元之谱，拟请政府援照前案，特予补助最少二万万元以上，以资维持（概算书附呈）。七、本学院除附设博济医院外，并与广州柔济医院及广州中央医院密切合作，互收师资与临床实习之效。孙逸仙博士纪念医学院院长李廷安。”①

是日：先生致函刘瑞恒，谈及见到美国医药助华会执行主任 Stevens 小姐与岭南大学孙逸仙博士纪念医学院 1946—1947 年度预算不足，向刘瑞恒负责的美国医药助华会申请经费：“知道几天后您将举行会议分配美国医药助华会经费。由岭南大学拨款的 1946—1947 年孙逸仙博士纪念医学院当前预算是 30 000 000 元国币，正如您所了解的，那是远远不足的。我附寄一份《孙逸仙博士纪念医学院当前预算备忘录》与一份《医学院预算》供您参考”，“另外，四位获得奖学金在美国学习一年的医学院职员，所需总额将由您的委员会决定”。②

按：《岭南大学孙逸仙博士纪念医学院当前预算备忘录》显示：重建之事集中于建设与建筑物的修缮、人才的引进。③《医学院预算》显示：每个学年预算经费为 244 172 200 元。收入来源：来自大学 50 000 000 元，来自博济医院 50 000 000 元。未来一学年赤字为 144 172 000 元。④

11 月 13 日：中华医学基金会公司代表娄克斯博士向先生推荐王就安：“昨天，一个名叫王就安的年轻中国外科医生，来到我的办公室。我在这里附上他的档案以及之前我们来往的信件。我了解到王博士是广东人，他应该是岭南大学毕业生，并且于 1944 年前往波士顿哈佛大学攻读医学。他给我很好的印象，看上去是个能干的年轻人。王博士希望能任职于一所中国的教学医院。当他前

---

①《私立岭南大学孙逸仙博士纪念医学院概况报告表》，广东省档案馆，038（全宗号）-002（目录号）-11（卷号），第 022—023 页。

②《私立岭南大学关于李廷安来往文件之四》，广东省档案馆，38（全宗号）-4（目录号）-104（卷号），第 50 页（英文）。

③《私立岭南大学关于李廷安来往文件之四》，广东省档案馆，38（全宗号）-4（目录号）-104（卷号），第 51—52 页（英文）。

④《私立岭南大学关于李廷安来往文件之四》，广东省档案馆，38（全宗号）-4（目录号）-104（卷号），第 53—54 页（英文）。

往广州这座城市探亲时，我一直建议他联系您。”[①]

按：洛克菲勒基金会档案也存有此信。[②]

王就安（Wang chiu-an）小传：广州人，1938 年毕业于岭南大学，获理学学士学位，1940 年获该校理学硕士学位。1943 年在哈佛大学获得医学博士学位。[③]“在哈佛大学第四年的前半年，他就成功完成了作为实习医师在该医院外科的工作。一毕业，他就开始其实习医师的工作，完成了为期九个月的实习医师工作后，他作为助理住院医师开始在本院外科工作直到本月（按：1946 年 9 月）。他的研究生实习虽然在普通外科，但是也包括妇科、泌尿科、神经外科与骨外科。”哈佛大学医学院马萨诸塞州总医院对王就安的评价为：“与他的美国同班同学相比，他更成熟、更勇敢。他敢于表达观点，并且知道如何提出尖锐的批评而又丝毫不冒犯人。他所下结论有理有据，善于承担大手术的责任。我们都觉得他的个性可爱。他值得给予最高评价与重要岗位。”[④]哈佛大学医学院对他的评价是：“王就安博士是一个具有优秀品质、良好个性、做事认真、吃苦耐劳与有责任感的人。他对医学有浓厚兴趣并给人以超高的能力。没有任何的负面评语。显而易见，他被认为是一位有能力、有学问、有特点的令人满意的人。我很乐意为您提供这样优秀的一位年轻人的报告。我知道这位年轻人不仅做好了准备而且急切地要为中国的医学需要做出有益的贡献。”[⑤]1947 年 1 月回到广州，曾任岭南大学孙逸仙博士纪念医学院教授与博济医院外科主任。英国皇家外科学院荣誉院士黄国俊回忆，1948 年其曾在博济医院实习两个月，“得到博济医院外科主任王就安的好评”。[⑥]王

---

① 《私立岭南大学关于李廷安来往文件之四》，广东省档案馆，38（全宗号）-4（目录号）-104（卷号），第 56 页（英文）。

② 《1946 年 11 月 13 日 Harold. H. Loucks 致函李廷安》，Rockefeller Archive Center-Citation Slip，Collection：CMB，Series：1942-1945，Box：76，Folder：535-537.

③ 《私立岭南大学关于李廷安来往文件之一》，广东省档案馆，38（全宗号）-4（目录号）-101（卷号），第 131 页（英文）。

④ 《私立岭南大学关于李廷安来往文件之一》，广东省档案馆，38（全宗号）-4（目录号）-101（卷号），第 132 页（英文）。

⑤ 《私立岭南大学关于李廷安来往文件之一》，广东省档案馆，38（全宗号）-4（目录号）-101（卷号），第 139 页（英文）。

⑥ 刘培德主编：《20 世纪中国知名科学家学术成就概览 · 医学卷 · 临床医学与护理学分册》，北京：科学出版社，2015 年，第 321 页。

就安是施思明内弟①，施思明为中国著名外交家、世界卫生组织的创始人之一。

14 日：先生致函伊博恩，请他在克里普斯小姐面前为岭南大学医学院说话："我获悉克里普斯小姐将要访问广州。我打算拜访她，请求给予医学院资金援助。如果您愿意就 4 月前我与您交流的内容为我们说话，我们将不胜感激。"②

伊博恩（Bernard E. Read，1887—1949）小传：1887 年出生于英国。1918 年获耶鲁大学理学硕士学位。1919 年任北平协和医学院化学与生物学讲师。1924 年获耶鲁大学哲学博士学位。1925 年任北平协和医学院药物学教授。1932 年任上海李斯德医学研究院生理系主任，1946 年任院长。1935 年 11 月中华医学会第 11 届大会上当选为药物化学委员、研究委员会与出版委员会委员。1937 年 4 月中华医学会第 12 届大会上当选为"中华医史学会秘书"。③

是日：先生致函上海市卫生局的江世澄，请他帮忙为广州的医院购买白布。中纺公司（The China Textile Industries）已答应将白布卖给广州的医院，但要吴市长批准输出许可。由于先生在上海停留时间很短，离开时不能面辞，因此对江世澄说抱歉。④

按：11 月 7 日，江世澄致函李廷安，称"购白布一事，弟亲送至市长批准。惟因须赴中纺公司接洽，后再经申请手续即可。购买当无问题也"，"此次我兄过沪行色冲促，未克畅谈，深以为歉"。⑤

18 日：先生向纽约市贝尔维尤（Bellevue）医院为王政（Cheng Wang）写推荐信："王博士是我任齐鲁大学公共卫生教授时的学生。他于 1941 年 6 月毕业于齐鲁大学医学院，荣获文海奖学金。毕业后，他在大学医院任助理住院医

① 《私立岭南大学关于李廷安来往文件之一》，广东省档案馆，38（全宗号）-4（目录号）-101（卷号），第 49 页（英文）。
② 《私立岭南大学关于李廷安来往文件之二》，广东省档案馆，38（全宗号）-4（目录号）-102（卷号），第 82 页（英文）。
③ 《新成立之学会》，《中华医学杂志》1937 年第 5 期，第 783 页。
④ 《私立岭南大学关于李廷安郭秉宽等来往函件》，广东省档案馆，38（全宗号）-4（目录号）-107（卷号），第 105 页（英文）。
⑤ 《私立岭南大学关于李廷安郭秉宽等来往函件》，广东省档案馆，38（全宗号）-4（目录号）-107（卷号），第 106—107 页（中文）。

师三年，住院总医师（chief resident）一年。王博士是一位勤奋而有责任心的外科医生，值得给他任何在美国外科进一步深造的机会。”[①]

按：王政 9 月 14 日致函先生，请求为其写推荐信。[②]11 月 21 日先生致函王政，“我高兴您已到美国深造。我很乐意附寄推荐信”，并建议王政时常去拜访娄克斯教授，“他会帮助您”。[③]1947 年 5 月 18 日王政复函李廷安：“非常感谢您给我有分量与发自内心的推荐信。真的我不知道用什么语言来表达我对您的感激之情。”[④]

21 日：先生复函朱广陶：“您 11 月 20 日要我评价诺薇迪博士在我们医院工作的来信已收到。作为答复，我想报告：他一直在我们医院中踏实工作。尽管他不是有长期工作经验的高级外科医生。我相信他已尽力并早晚准备我们的召唤。对于他的工作，请允许我们向他、联合国善后救济署与善后救济总署表示感谢。”[⑤]

是日：先生致函香港阮康榜，通知他被聘为博济医院执行秘书，“关于您在委员会之任职，我的推荐已被批准。您将被委以博济医院执行秘书，每月基本薪水 380 元国币。从香港到广州的全家人交通费由我们承担。隆兴楼的房子免费提供给您。我希望您尽早到来”[⑥]。

是日：先生致函全英助华联合总会主席克里普斯小姐，首先感谢克里普斯小姐长期以来对医学院的支持：“战时，我们历史上最困难的时期，您对我们的工作曾给予过巨大的支持。我们医学院的存在归功于我们许多朋友热心而强有力的支持。一向以来，您肯定是我们‘真正的朋友’。为此，我们对您的感激是

---

①《私立岭南大学关于李廷安来往文件之一》，广东省档案馆，38（全宗号）-4（目录号）-101（卷号），第 145 页（英文）。

②《私立岭南大学关于李廷安来往文件之一》，广东省档案馆，38（全宗号）-4（目录号）-101（卷号），第 140 页（英文）。

③《私立岭南大学关于李廷安来往文件之一》，广东省档案馆，38（全宗号）-4（目录号）-101（卷号），第 146 页（英文）。

④《私立岭南大学关于李廷安来往文件之一》，广东省档案馆，38（全宗号）-4（目录号）-101（卷号），第 166 页（英文）。

⑤《私立岭南大学关于李廷安来往文件之三》，广东省档案馆，38（全宗号）-4（目录号）-103（卷号），第 68 页（英文）。

⑥《私立岭南大学关于李廷安来往文件之二》，广东省档案馆，38（全宗号）-4（目录号）-102（卷号），第 144 页（英文）。

无法用单纯的语言来表达的。”

其次，汇报医学院的发展与遇到的困难：“我们医学院目前全速发展，共有六个年级165名学生登记注册。由于缺少足够的经费，我们不得不从广州中央医院‘借’了许多专家来填补教学岗位。我们的教学医院、著名的博济医院是在医学院的直接领导之下。它过去有100张病床，但现在扩充至200张病床。它吸收了富裕病人的捐款以应付必要开支，并定期每月留出20 000 000元国币（大约23 000港元）作慈善。我们现在努力使它成为国内培训年轻医生的最好的医院之一。”“去年10月，我们迁回广州我们的故乡，自那以后，尽管有点缓慢，我们的复原工作已稳步前进。为了加速复原，我们现在最需要做的事情不仅要从我们朋友那里获得精神上的支持，而且更需要物质上的帮助。我们感谢不断给予我们鼓励的朋友，实际上，正是靠这些，尽管目前经济紧缩，我们一直能坚持下来。我们现在急需解决的最大困难是筹集足够的资金来填补本年度预算200 000 000元国币（大约230 000港元或者14 000英镑）的赤字。如果我们成功地获取所有这些资金，那么，我们将为学院邀请骨干教员，获取大量不可或缺的设备与仪器，以及许多最重要最需要的书籍杂志。正如您了解的，所有这些对一所优秀的医学院是必需的。我们努力为此而奋斗。我高兴地告诉您：在我与许多朋友联系后，目前，赤字的三分之一可以抵消掉了。所以，我想向您请求援助总额的最少一半，即10 000 000元国币（大约115 000港元或7000英镑）。我希望您考虑了我们的工作后，会觉得对我们提出的要求是值得给予援助的，并对我们的请求给予最周全的考虑。”

最后，谈到医学院与英国的历史渊源：“岭南大学是一所基督教单位，毫无疑问，我们的医学院作为大学的一部分，某种程度上应归功于郭雷枢（Colledge）博士、马礼逊（Morrison）爵士，以及诸如东印度公司、怡和洋行（Jardine, Matheson & Co）和宝顺洋行（Deacons & Co）等英国商业公司，这在中国医学院中是独一无二的。我们医学院凭借着中华民国缔造者之名，他（指孙逸仙）先在这里学医，许多年前当他被囚禁于伦敦的中国使馆时，他的英国老师拯救了他的生命。大约20年前曾任副校长的巴克斯特（A. Baxter）先生进一步加强了我们与英国朋友的联系。可能我们大多数人只记得这三年（1938—1941），岭南大学尤其是我们医学院客居香港大学。如果不是因为香港政府与香港大学的热忱帮助，我们不能想象我们能做什么。1941 年香港沦陷后，令我们高兴的是，我们把香港大学学生当作客人来接受，我们随后报答了它的友情。所有这些显示把我们与英国朋友联系在一起的纽带变得越来越牢固。”①

按：8 月 23 日，诺埃尔 • B. 施莱特（Noel B. Slater）从伦敦致函岭南大学校长李应林并转交先生。信中透露全英助华联合总会主席克里普斯小姐与总秘书伊丽莎白 • 米勒（V. E. Miller）夫人打算 9 月下旬与 10 月访问中国，并访问岭南大学；全英助华联合总会打算救济基督教大学。“负责全英助华联合总会国内资金划拨的中国委员会打算当前无论如何继续救济支持基督教大学。这一行为的原因是：由于自 1942 年年中到现在，尽管中国所有大学已度过困难时期，公立大学由政府负责，但是基督教大学依靠他们自己的资源，因此在战时与战后通货膨胀时期特别需要帮助。”施莱特强调了四点注意事项并要求先生注意克里普斯小姐的宗教背景：“（1）您要突出中英合作的重要性。（2）您应让到访者明白您的大学沿着特别的路径为复原所做的贡献（指出这些特别的路径是什么）。（3）向他们介绍有特殊英国关系的教职人员。（4）用细节向他们介绍教职人员与学生所面临的生活困难。我可以补充：克里普斯小姐本人是圣公会信徒，您会发现她不仅对福利救济非常感兴趣，而且对您的大学在促进宗教与道德发展所做的工作感兴趣。”②

按：1947 年 1 月 6 日，全英助华联合总会总秘书迈克尔 • 哈里斯（Michael Harris）致函先生，称该委员会不援助一般的预算，且申请援助额过大，建议以某个特别项目提请援助。“我们的援助不支持一般的预算。我担心您的 100 000 000 元数字远超过了我们能满足的范围。委员会认为：如果您的处境仍然严峻，您为某个特别项目提请援助是更为明智的。如果您觉得这是可能的，我们将乐于在我们的下次会议考虑它。”③

---

①《私立岭南大学关于李廷安来往文件之三》，广东省档案馆，38（全宗号）-4（目录号）-103（卷号），第 65—66 页（英文）。

②《私立岭南大学关于李廷安来往文件之三》，广东省档案馆，38（全宗号）-4（目录号）-103（卷号），第 67 页（英文）。

③《私立岭南大学关于李廷安来往文件之三》，广东省档案馆，38（全宗号）-4（目录号）-103（卷号），第 63 页（英文）。

26日：先生致函全英助华联合总会总秘书伊丽莎白·米勒夫人，感激她对医学院工作的兴趣，指出给克里普斯小姐的信中存在英镑数字打印方面的错误，“第二段第十行应为14 000英镑，第三段第四行应为7000英镑”①。

29日：先生致函林伯元（P. Y. Lin），邀请他回广州工作，以放射科主治医师与医学院讲师聘任他，并谈及薪酬、住房等个人待遇：“生理学教授林树模博士已向我推荐考虑聘请您在医学院工作。与此同时，寄生虫教授陈心陶教授也对我说起您。我对非常需要您的时候您考虑回来服务母校感到高兴。您将被聘为医院放射科主治医师与医学院讲师，每月薪水360元国币。由于高生活成本，岭南大学将支付100 000元国币与550倍的薪水数额（550×360）生活补贴。此外，医学院付给自己的职员一些额外津贴。正如您明白的，我们的目标是给予我们的教师与医生足够的薪酬，以让他们过上舒适的生活。对于住房，目前我们会给您隆兴楼一间免费公寓。我们打算最终建立一些独立的房子，使结婚的夫妇不需要住公寓。至于您回中国的交通费，我想知道您是否向联合国善后救济署与美国医药助华会或其他美国机构提交申请补助。请您与这些机构联系，与此同时，我会与相关机构保持联系，对此做好安排。”②

按：林伯元为岭南大学医学院1938届毕业生，此时在美国哥伦比亚大学（Columbia University）医学院与纽约长老会医院（Presbyterian Hospital）工作。10月31日林伯元致函林树模，称：“我高兴地知道您已回岭南。如果他们不能请您回去，那肯定是学校的一大损失。有您与李博士的努力，我确信医学院水平将得到提升。”林伯元向林树模了解岭南大学医学院可能给予他的待遇：“感谢您推荐我到岭南大学医学院工作。作为岭南大学毕业生，服务母校肯定是我职责。在我做出决定前，我想了解一些问题：（1）医学院有充足的经费装配诊断与治疗放射仪器？（2）医学院聘我何职称？（3）我的基本薪水是多少？（4）在岭南大学，可提供给我房子？（5）我的太太，李月云（Katherine Li）博士，是医学博士，理学硕士，美国外科医师协会会员（Fellow of the American

① 《私立岭南大学关于李廷安来往文件之三》，广东省档案馆，38（全宗号）-4（目录号）-103（卷号），第64页（英文）。

② 《私立岭南大学关于李廷安来往文件之四》，广东省档案馆，38（全宗号）-4（目录号）-104（卷号），第57页（英文）。

College of Surgeons），一位妇科专家，医学院提供她什么岗位？”①12 月 30 日，林伯元致函先生，称：“我遗憾地告诉您我不能接受此聘任。”②

30 日：先生致函纽约中华医学基金会娄克斯博士，汇报自己的身体状况、外科医生的引进与广州中央医院的进展。“亲爱的娄克斯博士：我很高兴收到您 10 月 4 日、11 月 13 日两封来信。我当时正前往南京，所以未能及时回复。我非常感谢您能来信。我想向您报告我健康良好。我的体重保持在 140 磅。夏天的时候，我背部有些疼痛，通常在第十二胸椎以上，有时在右侧或左侧肩胛骨下面，通常发作于中午 12 点后或者下午。我利用在船上的时间休息了一下，过去三周，疼痛未再发作。在上海，Chang Chu-Ping 博士为我做了两次背部 X 光检查，未见异常。Henry Chen 博士为我检查，认为是由于骨骼上的毛病和夏天的工作太过紧张引起的。我现在一切正常。我已经给 Patrick Wu 博士去信，邀请他主管广州中央医院的外科。至于王就安博士的情况，附件里有说明。我打算过几天写信邀请 David Lim Yuen 博士。广州中央医院将在 12 月 1 日开启门诊服务，并将于两个月后接受住院病人。我们的医疗项目进展非常不错，只是医学院仍然资金不足——每年的预算只有当时北平协和医学院护士学校的十分之一。我的家人也和我一起向您和娄克斯夫人致以衷心的问候。”③

按：洛克菲勒基金会档案也存有此信。④

是日：先生致函南京中央医院吴在东，对吴在东因个人原因不能来广州感到遗憾。“由于特殊情况，您不能接受我们的邀请，我们都很遗憾。然而，我们希望，如果将来情况允许，我们在一段时间后能得到您。”⑤

① 《私立岭南大学关于李廷安来往文件之四》，广东省档案馆，38（全宗号）-4（目录号）-104（卷号），第 55 页（英文）。

② 《私立岭南大学关于李廷安来往文件之四》，广东省档案馆，38（全宗号）-4（目录号）-104（卷号），第 59 页（英文）。

③ 《私立岭南大学关于李廷安来往文件之四》，广东省档案馆，38（全宗号）-4（目录号）-104（卷号），第 58 页（英文）。

④ 《1946 年 11 月 30 日李廷安致函娄克斯》，Rockefeller Archive Center-Citation Slip，Colleection：CMB，Series：1942-1945，Box：76，Folder：535-537.

⑤ 《私立岭南大学关于李廷安来往文件之一》，广东省档案馆，38（全宗号）-4（目录号）-101（卷号），第 149 页（英文）。

按：11 月 26 日，吴在东致函先生，称："我请您原谅我不能来我又想来的广州。我做出最后决定完全是因为我个人原因。"①

12 月 1 日：广州中央医院（图 7.2、图 7.3）开幕。②

图 7.2　1946 年 11 月先生审定由合众工程师事务所设计之"广州中央医院建筑惠福西路医院第二期工程设计图"③

① 《私立岭南大学关于李廷安来往文件之一》，广东省档案馆，38（全宗号）-4（目录号）-101（卷号），第 150 页（英文）。

② 《私立岭南大学关于李廷安来往文件之三》，广东省档案馆，38（全宗号）-4（目录号）-103（卷号），第 56 页（英文）。

③ 《广州中央医院建筑惠福西路医院第二期工程设计图》，广东省档案馆，006（全宗号）-002（目录号）-2335（卷号），第 344 页。

图 7.3　广州中央医院惠福西门诊部（李宝健教授提供）

5 日：先生致函斯坦福大学医学院儿科系宋杰："在岭南大学，襄教授与教授（professorship）间的差别主要在相关教学经验上，中文的意义上差别极小，都称作'教授'（Chiao sou）。对您而言，我相信在第一年底，您极有可能晋升教授。请通知我您启程与抵达香港、广州的时间，当汽船到达时，我将做好接您的安排。"①

是日：先生致函美国马萨诸塞州总医院王就安博士，内容涉及王就安在广州的岗位、职称、薪酬、住房、交通等个人待遇问题。"当我从南京回来，发现在我的办公桌上一封来自沃纳梅克先生关于您回中国后，想服务于母校的信件。陈心陶博士代表我写信给您所确认之事，我写信确认。我希望您开始做准备，尽可能快地早日离开美国。您被聘为医学院讲师，同时任中央医院主治医师，薪水 360 元国币。因高企的生活成本，除了总计 100 000 元国币，大学将进一步

① 《私立岭南大学关于李廷安来往文件之一》，广东省档案馆，38（全宗号）-4（目录号）-101（卷号），第 58 页（英文）。

支付您550倍的薪水（550×360）。除此之外，医学院还将给您达到每月总收入80%的特殊补贴。我们的目的是让每个与医学院相关的人维持舒适的生活。您暂时能分到隆兴楼的公寓，但最终我们会把您转到独立的房子。公寓、水、电免费。关于交通费，我建议您向联合国善后救济署与美国医药助华会申请援助。我也会就此和他们交涉。”[①]

按：岭南大学理事会美国负责人沃纳梅克（O. D. Wannamaker）先生收到王就安1946年9月17日来信，王就安在此信中向其表达想回中国的意愿。沃纳梅克于9月27日复函王就安，建议他回岭南大学医学院工作，并乐于推荐，同时要王就安寄来本人学习工作简历与同行推荐信，代他转交先生。[②]9月29日，王就安即致函沃纳梅克先生，称北平协和医学院娄克斯博士与湘雅医学院张孝骞博士都欢迎他。“由于我是岭南大学学生，又因为我相信在广州将有一个更好更大的医学中心。我觉得作为一个广州人，我应该在该中心做些事。”信中称，已要求哈佛大学医学院与马萨诸塞州总医院院长为他写推荐信。[③]11月1日，岭南大学医学院代理院长陈心陶致函王就安，表示欢迎，并谈及在广州的岗位、待遇等问题。[④]10月26日，施思明致函先生，信中提及要王就安多向先生请教学习。“请允许我向您介绍我的内弟，王就安博士，他已完成了在哈佛大学与马萨诸塞州中心医院的医学研究，现正与我的妹妹一起返回您所在的城市。我要求他拜访您，以便从您的建议与经历中获益。我深深地感谢您对他的帮助，尤其是对他这样刚开始医学生涯的年轻人。”[⑤]

12日：先生致函北平颜春辉（C. H. Yen）：“人事委员会将安排您的岗位与薪水。我向您保证委员会将全面考虑您的学习与工作经历。”“我们也需要一位

---

①《私立岭南大学关于李廷安来往文件之一》，广东省档案馆，38（全宗号）-4（目录号）-101（卷号），第152页（英文）。

②《私立岭南大学关于李廷安来往文件之一》，广东省档案馆，38（全宗号）-4（目录号）-101（卷号），第133页（英文）。

③《私立岭南大学关于李廷安来往文件之一》，广东省档案馆，38（全宗号）-4（目录号）-101（卷号），第134页（英文）。

④《私立岭南大学关于李廷安来往文件之一》，广东省档案馆，38（全宗号）-4（目录号）-101（卷号），第144页（英文）。

⑤《私立岭南大学关于李廷安来往文件之一》，广东省档案馆，38（全宗号）-4（目录号）-101（卷号），第49页（英文）。

优秀的放射人才与内科人才。我正想知道北平协和医学院是否有人有意前来。我们将提供由北平到广州的交通与在广州的住房。”[①]

按：1947 年 1 月 10 日，颜春辉从国立北京大学医学院复函先生，称先生是“当今中国医学界最杰出领导之一”，“我欣喜地告诉您 1946 年 12 月 12 日来函已收到。该信通过裘祖源（T. Y. Chiu）博士交给我。我很想感谢您邀请我参加您的单位。尤其是有可能与当今中国医学界最杰出领导之一的您共事，我认为该邀请对我是一极大的荣誉。那是在回复您以前我花费时间仔细思考此事的原因。自然，您会原谅我延迟回信。由于我与北大医学院（the Peita medical college）有教学合同。我不能立即辞去教职。我得遗憾留下，最近不能与您会合。然而，不久以后，我希望我有机会在您的卓越领导下开展工作”。[②]

14 日：先生致函孙中山夫人宋庆龄：第一，向孙夫人表明医学院的发展目标，“在我心里有一目标，那就是让它成为我国医学院校中最好的，以符合国父之名”。“我们医学院的目标在于培养男女医生。他们不仅能胜任专业要求，而且能够献身于研究工作、愿意在落后的内地工作、乐于不计报酬地为贫穷的病人提供医疗服务、在各自专业领域里彰显崇高的理想。我高兴地向您汇报：尽管迄今为止我们毕业生数量很少，然而，他们中很多人在抗战时期献身于符合培养目标的事业。我们希望我们培养的医生总是符合这些理念。”

第二，提及人才在重建医学院中的重要性。“抗战期间，医学院因不断搬迁，导致设备、图书与人员流失严重。今年（按：1946 年）3 月我担任院长以来，首要工作就是立即召集为数不多但有能力的高级人才帮助管理医学院以及作为实习医院的博济医院。”

第三，汇报博济医院的慈善工作。“我们博济医院起源于教会医院。但是已多年没有了财政补偿。虽然如此，成立以来一直进行的慈善工作仍然继续着。博济医院原有 100 张病床，但现在扩大至 200 张的规模。为了必要开支，医院向富有病人收取费用，然而，为了慈善工作，定期每月从收入中拨款大约国币 17 100 000 元用于以下目的：1. 提供 30 张免费病床，每天每张病床国币 5000

① 《私立岭南大学关于李廷安来往文件之二》，广东省档案馆，38（全宗号）-4（目录号）-102（卷号），第 145 页（英文）。

② 《私立岭南大学关于李廷安来往文件之二》，广东省档案馆，38（全宗号）-4（目录号）-102（卷号），第 166 页（英文）。

元，每月国币 4 500 000 元。2. 为 30 位病人提供免费膳食，每天每人国币 2000 元，每月国币 1 800 000 元。3. 为 30 位病人提供免费的药物与手术治疗，平均每天每人国币 6000 元，每月国币 5 400 000 元。合计：每月国币 17 100 000 元。”

第四，谈到医学院的财政困难。“战前，我们的医学院每年通常接受财政部国币 150 000 元的补助。我明白这是一笔特别的拨款，款项的划拨主要是因为医学院的创建是为了纪念孙博士。这笔拨款连同学生的学费构成医学院的主要收入。尽管我们曾多次地申请，由于某些无法解释的原因，这笔每年的拨款现在已经完成搁置了。因而，大学不管经费压力有多大，承担起‘哺育这一新生儿’的责任，希望这一缺乏营养但怀有崇高理想与使命的人在将来某一天在其伟大的名字之下站立起来。”“我们医学院今年来自大学的经费份额是国币 30 000 000 元，这与国内拨款最少的国立医学院中的财政预算相比，不足三分之一。通过孙科博士的努力，我们幸运地收到教育部国币 40 000 000 元拨款，用于今年购买设备。两项经费的总数尚远不敷（开支）。所以，为了经营医学院，我们不得不名义上从经费充足的广州中央医院邀请许多专家填补教学岗位。这些岗位的安排自然是暂时的，不能持续长时间。然而，令我们担心的是：不断高企的通胀自然会进一步吞噬着我们本来就有限的经费。”

第五，请求宋庆龄给予资金帮助。“我们现行预算赤字达国币 200 000 000 元。我已向许多机构申请拨款以填补部分赤字。但是迄今为止未收到允诺。克里普斯小姐最近经过广州，也向她递交求助申请。由于我们数年前接到过她的机构大量的援助，我揣测她将再次对我们的申请给予认真考虑。但是，我们不管得到来自多方机构、个人的多少数额款项，我担心赤字仍将相当大。我高兴地知悉您在这些年一直做着大量的慈善工作。我冒昧地写信给您，您是否乐于在我们博济医院为慈善目的而支出的费用总额中帮助我们一部分。如果不是因为我最直觉地感到，博济医院是国内一所值得所有人为之努力与给予帮助的机构，我不会冒昧地恳求您的同情与帮助。所以，我真诚地希望您乐于对我们的求助予以细致考虑。如果对此首肯，那不仅仅是一种姿态，而且也对献身于该学院创建理念的人给予了前所未有的精神鼓励。”[①]

① 《私立岭南大学关于李廷安来往文件之一》，广东省档案馆，38（全宗号）-4（目录号）-101（卷号），第 59—61 页（英文）。

按：1946年12月14日，先生致函孙科夫人，并请她把信转交给宋庆龄。可见，李廷安给宋庆龄的信是由孙科夫人转交的。[①]

18日：先生致函朱章赓，感谢派遣露丝·英格拉姆（Ruth Ingram）小姐到广州调查我们的护士教育情况。“至于阿尔伯特·富克（Albert Fuch）博士的演讲，我们感谢他前来帮助我们。鉴于广州中央医院到1月底（按：1947年）才能接收住院病人，以及医院走上正轨前要花我们数月时间，我们希望她的授课在1947年4月或5月开始。对不起，我们不能让授课早点开始。”[②]

19日：先生致函美国纽约法明代尔（Farmingdale）的拿骚县疗养院（Nassau County Sanatorium）James C. Wolsh博士，为原岭南大学医学院的毕业生G. A. Chan博士写推荐信。“G. A. Chan博士是我们医学院的毕业生，以优异成绩毕业并获得荣誉。他工作努力，求知欲强。此外，他具有责任心与诚信感。基于这些原因，我们相信他值得我们大力推荐与力所能及的帮助。”[③]

21日：先生致函岭南大学副校长陈序经，该信附件为一封来自沃纳梅克先生关于医学院与中国基督教大学联合会（the Associated Boards for Christian Colleges in China，ABCCC）关系的来信。“这信令人相当失望，但或许提供了必要信息。沃纳梅克先生将说服中国基督教大学联合会提供一些支持。”[④]

陈序经（Henry S. Frank，1903—1967）小传：广东文昌县（今属海南省）人，著名社会学家、历史学家、民族学家与教育家。1920年就读岭南中学，1925年在复旦大学社会科学学院获学士学位。1928年获伊利诺伊大学博士学位，回岭南大学社会学系任教。“1933年陈序经教授在中山大学作了题为《中国文化之出路》的演讲，在全国范围内掀起了‘五四’以来又一次中西文化的论战。”[⑤]1934年任南开大学教授，1938年任西南联合大学教授、商学院院长。抗

---

① 《私立岭南大学关于李廷安来往文件之一》，广东省档案馆，38（全宗号）-4（目录号）-101（卷号），第62页（英文）。

② 《私立岭南大学关于李廷安来往文件之三》，广东省档案馆，38（全宗号）-4（目录号）-103（卷号），第57页（英文）。

③ 《私立岭南大学关于李廷安来往文件之三》，广东省档案馆，38（全宗号）-4（目录号）-103（卷号），第59页（英文）。

④ 《私立岭南大学关于李廷安来往文件之二》，广东省档案馆，38（全宗号）-4（目录号）-102（卷号），第131页（英文）。

⑤ 陈序经：《中国文化的出路》，北京：中国人民大学出版社，2004年，封面。

战胜利后，任南开大学教务长兼经济研究所所长与政治经济学院院长。1948 年 8 月任岭南大学校长，1956 年任中山大学副校长，1962 年任暨南大学校长，1964 年任南开大学副校长。1967 年逝世。

23 日：先生回复美国援华联合会（United Service to China，USC）中国办公室（上海）朱有光（Chu You-kuang）11 月 29 日的来信："对您的称赞与祝福，我不胜感激。我感到没有能力管好这里的医学院，希望更有能力的人来代替我。岗位的复杂性连同资金匮乏与健康欠佳说明了一切。不管怎样，情况在好转。我肯定会尽力支持学院。我们对您的来访与逗留表示高兴。我也谢谢您给我们的很多有价值的建议。"①

按：11 月 29 日，朱有光致函先生，称"您任医学院院长是岭南大学好福气"，"您已组建了一个强大教职队伍，您让医学院的重建有个好开端。您正建造与广州中央医院相关的伟大工程。我祝愿您在工作中获得成功。我一直记得在我们聚会地点的棕榈树下，您与李太太为我准备的美食。它把我的记忆带回到我们过去的美好时光，那时，我们作为同校学生（按：先生为岭南大学 1919 届，朱有光为 1920 届）预言您将成为中国的杰出人物。毋庸置言，预言成真。上周三我乘飞机回上海。我遗憾广州中央医院在 12 月 1 日开幕时我不能出席"。②

24 日：先生致函康奈尔大学（Cornell Medical School）医学院外科系 David Lim Yuen，邀请他回广州任中央医院主治外科医师与孙逸仙博士纪念医学院外科讲师。"我高兴地从娄克斯博士那里了解到您在康奈尔大学外科工作成绩卓著，并有可能回中国工作。请允许我对您表示祝贺。我想邀请您作为主治外科医师加入广州中央医院。您同时被聘为孙逸仙博士纪念医学院外科讲师。我是该医学院院长与广州中央医院院长。后者是有 300 张病床的新医院，将扩充至 500 张病床。该医院是新建的并完全由善后救济总署提供设备。我们希望医学院与医院以某种形式联系在一起。如果您答应来，请发给我您的详细学术记录。据此，我们的职称委员会将拟出俸廪条款并提交给您。鉴于我们需要年轻与优

① 《私立岭南大学关于李廷安来往文件之三》，广东省档案馆，38（全宗号）-4（目录号）-103（卷号），第 55 页（英文）。

② 《私立岭南大学关于李廷安来往文件之三》，广东省档案馆，38（全宗号）-4（目录号）-103（卷号），第 56 页（英文）。

秀的外科医生帮助中国，我希望我们的邀请能得到您的认真考虑。”①

30 日：娄克斯博士致函先生：“亲爱的李博士：您 11 月 30 日来信刚收到。收到您的来信一直是一件让我愉快的事情。知道您健康良好让我非常欣慰。我很高兴您能设法与 Patrick Wu 博士和王就安博士联系。我想在您收到此信前，后者已离不开您的视线了。我最近一次从 Patrick Wu 博士得到的消息：他与 Wu 夫人正在旧金山等待有合适的交通安排回香港。我想您应该认识他在香港的岳父，可以通过李氏诊所与他取得联系。

最近，我见过 David Lim Yuen 博士，他仍作为助理住院外科医生在纽约康奈尔医院服务。他有令人很愉快的个性，这里每个人对他的能力评价都很高。我此前写信给您说他是康奈尔大学毕业生，是我弄错了。附件有他的档案，对此作了必要更正。他对前往中国担任教职很有兴趣，但他从来没有到过中国，所以尽管是同文同种的国家，对那里的生活还是非常陌生。当您写信给他时，还请尽量说明诸如薪水、交通、住房、大米供给以及其他津贴等方面的情况。我不认为对他来说金钱是一切事情中的首要考虑。但是考虑到在一个全新的环境下面对这么多不确定的因素，对他来说可能是一次近乎冒险的决定，因此会想要了解尽可能多的细节信息。您可以直接写信给他，或者我也乐于为您转交任何信息。最近，他刚刚与一位来自上海的中国女子结婚了。

我很遗憾我无法给您提供任何放射学职位相关的候选人。我所知道的唯一的一个人目前正在美国从事这个领域的研究，他是上海眼科学家 T. M. Li 博士的女婿。他正在长老会的哥伦比亚医学中心（the Presbyterian Columbia Medical Center）做研究，我知道他正计划再做一年或两年的工作，而且他的妻子最近也在那里的玛格丽特·威廉森医院（the Margaret Williamson Hospital）获得职位，他在完成学业后，有可能返回上海。

Jung Tu-shang 博士正好现在在纽约（受美国医药助华会奖学金资助），我计划今晚与其共进晚餐。如果他有什么有价值的人选提供，我会附在此信后。

作为北平协和医学院董事会的成员，您自然会关心有关医学院规划的信息。但我很遗憾目前仍然没有任何确定的信息。计划委员会的报告将在 1946 年 11

---

①《私立岭南大学关于李廷安来往文件之二》，广东省档案馆，38（全宗号）-4（目录号）-102（卷号），第 146 页（英文）。

月初的年会上提出，并交由洛克菲勒基金会讨论。然而，有其他更紧急的事情需要讨论，而且讨论的时间会比较长，所以委员会的报告被延后至1947年初召集的特别会议。作为一所医学院的领导，您当然知道财政运营有多重要，所以我想您会理解，除非洛克菲勒基金会明确会给予多少资金支持，否则我们是没办法制定任何实际计划的。另外，福梅龄小姐业已返回北平参加中国董事会，她会加入这些必须在当地进行的前期规划工作。您可能不久就会收到她的联络。就我个人而言，我仍希望今秋我们能招收一个一年级班。

我们在纽约刚刚渡过了一个很愉快的圣诞节假期。我希望在广州的您也同样快乐。对您的家庭和别的朋友致以最好的祝福。您忠诚的朋友。”①

秋：二兄廷修、三兄廷耀、六兄廷昌前来探望先生（图7.4）。

图7.4 在岭南大学东南区14号家中花园与前来探望的二兄、三兄、六兄合影（李宝健教授提供并解释）

① 《1946年12月30日娄克斯致函李廷安》，Rockefeller Archive Center-Citation Slip，Collection：CMB，Series：1942-1945，Box：76，Folder：535-537.

冬：岭南大学教授前来探望先生（图 7.5）。

图 7.5　在岭南大学东南区 14 号家中花园与前来探望的岭南大学教授合影，右二坐者为李夫人，右三站立者为李廷安（李宝健教授提供并解释）

【民国三十六年丁亥（1947 年）】，先生五十岁

1 月 21 日：先生向岭南大学提交孙逸仙博士纪念医学院住房规划："鉴于岭南大学校园仅有 4 幢医学院住房，尽快建造更多房子，使得等候名单中的更多教师得以享受，因而成为非常迫切之事。如果我们不能为教师提供满意的住房，很多人不会加入我们团队，已加入的人最终会辞职离开，这已无须强调。为此，我们想向克里普斯小姐基金会（the Lady Cripps Fund）申请三幢房子，每幢 15 000 000 元，共 45 000 000 元。如果该请求获批，将激励全体教职人员精神，直接提高我们的工作质量。"①

①《私立岭南大学关于李廷安来往文件之三》，广东省档案馆，38（全宗号）-4（目录号）-103（卷号），第 62 页（英文）。

31 日：先生致函国立中山大学医学院院长黄榕增（Y. T. Huang），要求两所医学院互相交流医学期刊。“我知道您的医学院尚未收到由香港医学服务主任寄出的所有《英国医学杂志》（the British Medical Journal）。我现要求图书馆管理员核实我们的馆藏。如果有副本，我们愿意送给您。与此同时，请给一份您已有的期刊名单。我们馆藏不完整的杂志，如果您有，我们希望您能给我们一些您的副本。”①

按：2 月 6 日国立中山大学医学院院长（黄榕增）复函先生：“战时，我们遗失几乎所有东西，包括我们的图书。现在我们只有 3 卷《英国医学杂志》。它们是 1946 年 1 月第 4438 卷，2 月第 4439 卷，5 月第 4454 卷。我们急需这以外的所有杂志。谢谢您事先告诉我。”②3 月 12 日，先生致函（黄榕增）：“我正要求我们的图书馆管理员给您额外的《英国医学杂志》，本周六上午请派人前来我处取。”3 月 19 日，（黄榕增）复函先生，收到总计 155 卷的《英国医学杂志》。③对 20 世纪 50 年代初广州的三所医学院，二级教授叶鹿鸣曾回忆道：“1952 年中央卫生部王斌副部长来广州，特别邀请我到宾馆，问到广州医学教育时，我认为光华（按：光华医学院）甚穷，人和物都缺，中山（按：中山大学医学院）人才不多，岭南（按：岭南大学医学院）略强一些。”④

2 月 8 日：陈心陶代表先生致函朱广陶，请朱广陶同意南昌国立中正医学院的桑德森（Sanderson）博士来广州教微生物学：“我冒昧地写信请您帮忙确保联合国善后救济署的桑德森博士的工作。他这学期在南昌国立中正医学院教微生物学。由于我们尚未请到微生物学家在即将到来的学期授课，我想知道是否可能让桑德森博士来此帮我们几个月。正如我从国立中正医学院朋友了解的，桑德森博士愿意来广州。事实上，他已写信给联合国善后救济署总部要求允许他

---

①《私立岭南大学关于李廷安来往文件之二》，广东省档案馆，38（全宗号）-4（目录号）-102（卷号），第 34 页（英文）。

②《私立岭南大学关于李廷安来往文件之二》，广东省档案馆，38（全宗号）-4（目录号）-102（卷号），第 37 页（英文）。

③《私立岭南大学关于李廷安来往文件之二》，广东省档案馆，38（全宗号）-4（目录号）-102（卷号），第 33 页（英文）。

④ 陈以慈整理：《我的前半百与后半百——我国解剖学界老前辈叶鹿鸣教授自述》，广东省政协文史资料委员会、中山医科大学合编：《广东文史资料》第 77 辑《医林群英——广东著名医学家传》，广州：广东人民出版社，1996 年，第 235 页。

加入我们一学期。但是我们需要您帮助答应其请求。正如一直以来您对我们医学院工作的合作与同情，我确信您会在此事上援手。”①

18 日：先生致函立法院院长孙科，函中提及“我正式向教育部发出了 500 000 000 元拨款申请”。先生了解到“当时国内基督教大学联合向中国政府与国内其他合法机构请求资助，从 3 月 1 日起持续六个月时间里所获资助，在各大学平分”的信息，请孙科帮助尽快在此前落实教育部的拨款。先生谈道：“尽管我们的医学院是岭南大学一部分，显然，医学院从未获得任何基督教会的财政支持。由于美国在华基督教大学董事会（the American Board of Christian Universities in China）从未把我们医院学当作受资助大学之一而给予资助。岭南大学也从未把我们医学院当作大学的一个单位而享有同等的财政额度，而是或多或少地把我们看成财政独立体。”②

25 日：先生致函朱广陶，请他帮助分配一台高压蒸气灭菌器供微生物科使用：“我们急需一台高压蒸气灭菌器供微生物科使用，正想知道您能否分一台给我们使用。我们有一个 60 人的班级上这门课，我们认为一台中等型号的就能满足需求。”③

是日：先生致函国立中央大学医学院康锡荣（Kang His Yung）：“我们给您提供的职位是博济医院与孙逸仙博士纪念医学院的病理系主任。基本工资 600 元加上各种津贴。我们希望所有这些将提供给您体面、舒适的生活。房子（可能在隆兴楼）紧挨着岭南大学校园，将免费提供，水电免费。我们提供给您从南京到广州的交通。您家人的交通随后解决。我希望您早来。”同时请他向中央大学医学院院长戚寿南作解释：“当您来时，请向戚寿南博士解释，以免因我把您带到这里而太伤害他的感情。”④

---

①《私立岭南大学关于李廷安来往文件之三》，广东省档案馆，38（全宗号）-4（目录号）-103（卷号），第 50 页（英文）。

②《私立岭南大学关于李廷安来往文件之一》，广东省档案馆，38（全宗号）-4（目录号）-101（卷号），第 7 页（英文）。

③《私立岭南大学关于李廷安来往文件之三》，广东省档案馆，38（全宗号）-4（目录号）-103（卷号），第 51 页（英文）。

④《私立岭南大学关于李廷安郭秉宽等来往函件》，广东省档案馆，38（全宗号）-4（目录号）-107（卷号），第 104 页（英文）。

26日：先生致函岭南大学理事会美国主任奥林·沃纳梅克先生，信中强调医学院是岭南大学的一部分，以及经费支持对于医学院发展的重要性。“医学院是大学长远计划中的一部分；像其他学院一样，她将受到大学及其赞助董事会的支持。医学院目前财政上是半独立状态，那只是非常时期的措施，目的是要在复原期建立坚实的基础。我坚信这是一个具备成为伟大医学院潜质的单位，因此，如果我的工作能得到财政支持，希望把她建成这样。否则，我留在目前岗位，对我没有任何意义。所以，我真诚希望医学院仍是完整大学的一部分。”①

是日：先生致函岭南大学校长李应林将卡彭特堂（the Carpentier Hall）给医学院使用，信中提到程玉麐教授辞职是因为住房问题。“我非常同情大学的住房问题，如果不是因为我们的情况已经非常绝望，只应在此时避免提出该问题。程玉麐教授最近辞职对我们是一个打击，如果我们能有校园的房子安置他，他的辞职可以避免。显然，只要我们的教师不被安置于校园，他们中的很多人最终会辞职。当我的同事一个接一个辞职，我怎么当医学院院长。”②

程玉麐（Cheng Yulin、Leslie Cheng，1905—1993）小传：江苏苏州人。1928年毕业于北平协和医学院，任职于北平协和医院，其间分别于1931年、1932—1933年在德国神经精神病研究院、美国哈佛大学附属医院进修。1936年任中央大学医学院神经精神科教授与科主任。全面抗战时期，任中央大学、华西协合大学、齐鲁大学联合医院教授与科主任。抗战胜利后，应李廷安邀请任岭南大学孙逸仙博士纪念医学院与广州中央医院教授与科主任。1947年任中央大学医学院教授与科主任。1949年去台湾，后到美国。“1939年程玉麐教授专著《神经病学》由商务印书馆出版，此为我国最早的一本神经病学教科书。”1943年创立成都市精神病疗养院，“该院属中国人首创的精神病院。”③

3月7日：先生致函岭南大学校长李应林，岭南大学孙逸仙博士纪念医学院拟组织学院董事会，请于学校董事会开会时提出讨论使能组织成立。具体内容

① 《私立岭南大学关于李廷安来往文件之一》，广东省档案馆，38（全宗号）-4（目录号）-101（卷号），第162页（英文）。

② 《私立岭南大学关于李廷安来往文件之二》，广东省档案馆，38（全宗号）-4（目录号）-102（卷号），第121页（英文）。

③ 陈一鸣：《缅怀精神医学的先行者程玉麐先生》，《临床精神医学杂志》2010年第1期，第70页。

如下："窃以本院为纪念国父唯一之医学院，似不容因陋就简，苟且因循。现为扩充医事训练，促进医学教育起见，拟组织孙逸仙博士纪念医学院董事会，其任务为：（一）推荐本学院院长。（二）决定本院行政大计。（三）审核本院预算决算。（四）筹划本院之经费。（五）促进及监督本院医学教育之发展。（六）保管本院之财产。（七）联络本院与外界之关系。兹谨将拟聘任董事名单随函送请。察核并于校董会开会时提出讨论，俾能组织成立为祷，谨上校长李。"①

是日：先生致函纽约的中华医学基金会娄克斯，汇报新引进外科医生王就安、解释不能出席即将举行的全体理事会议、广州中央医院工作进展与自己的身体状况。"王就安博士已作为访问主治外科医师加入我们队伍，因缺乏更优秀的、更高级的外科医生，他代理博济医院外科主任。他干得很好。我将根据您的意见，招引更多人才来此。我很抱歉不能出席 3 月 12 日您的全体理事会议。资金困难与我的教学任务是主要原因。我明白我们邀请您来中国帮助重建协和医学院。您能回中国出席 3 月 12 日的会议。毫无疑问，您的到来是对中国的极大帮助。尽管困难重重，我们的医学院发展很好。广州中央医院已于 1946 年 12 月 1 日开始治疗门诊病人，并接收了一些住院病人。联合国善后救济署物资尚未全部到达。因而，我们不能接收太多病人。医学院运行良好，谢谢很多支持者。我向您汇报：我时常头痛，时好时坏。经许多医生检查，未发现问题。经上海的 Chang Chu-pin 博士脊椎放射与胃肠道检查，显示一切正常。事实上，过去数月，我从未头痛。所以我的医生朋友认为那只是风湿头痛。我的体重保持在 140 磅。我正高效工作。"②

14 日：先生致函朱章赓，谈及收到朱章赓与瞿鸿律（O. L. Jui）3 月 7 日来信，岭南大学孙逸仙博士纪念医学院专业委员会不考虑瞿鸿律的申请，理由如下："1. 我们知道他不足以将来成为有前途的教师。2. 他不可能成为担负起重要岗位的高级职员。3. 如果有这种机会，我们优先鼓励我们医学院现有职员。在这方面，我可以说我们拥有许多优秀的基础与临床初级人员，他们值得享有这种机会。我正想知道您能否考虑我们推荐给您的一二位人员，让他们到

①《岭南大学孙逸仙博士纪念医学院关于本院拟组织校董会等情的文》，广东省档案馆，038（全宗号）-002（目录号）-1（卷号），第 016 页。

②《私立岭南大学关于李廷安来往文件之四》，广东省档案馆，38（全宗号）-4（目录号）-104（卷号），第 66 页（英文）。

国外学习。”[①]

按：瞿鸿律 1943 年毕业于上海圣约翰大学医学院（St. John' Medical School, Shanghai），想到美国深造，于 1947 年 2 月 27 日致函朱章赓[②]，朱章赓于 3 月 7 日致函先生，并附上瞿鸿律的来信。朱章赓询问先生是否愿意代表岭南大学医学院为瞿鸿律申请国外奖学金，学成后服务于岭南。[③]

针对先生 3 月 14 日给朱章赓的复函中提及“您能否考虑我们推荐给您的一二位人员，让他们到国外学习”的问题，3 月 21 日朱章赓复函先生，建议先生与国立中山大学医学院协商以推荐这些人员。具体途径有二：一是以岭南大学孙逸仙博士纪念医学院牵头组织广州医学中心。二是通过把这些申请者转成国立中山大学医学院成员来实现。“如果您觉得在广州组织一医学中心不容易，我认为您可以探究与中山大学医学院的合作计划。您能以此方式共享人员与奖学金。”“个人而言，我更愿意看到广州医学中心能在您的领导下创建起来。”[④]朱章赓寄给先生一份组建南京医学中心（Nanking Medical Center）会议记录，该记录阐述了医学中心的职能，“‘它是所有医学机构与相关单位为了培养人才的目标组织起来的一个产物。’这包括培养医学、助产、护理学生、中央卫生实验院的公共卫生受训者、南京中央医院实习医生”[⑤]。4 月 11 日，先生复函朱章赓：“与中山大学医学院组建广州医学中心。该建议是个好主意。但是因当地情形，这不易于当前立即实现。刘瑞恒博士意见一样。如果随后条件允许，对我们来说，我们愿意这样做。”[⑥]

---

① 《私立岭南大学关于李廷安来往文件之三》，广东省档案馆，38（全宗号）-4（目录号）-103（卷号），第 45 页（英文）。

② 《私立岭南大学关于李廷安来往文件之三》，广东省档案馆，38（全宗号）-4（目录号）-103（卷号），第 47 页（英文）。

③ 《私立岭南大学关于李廷安来往文件之三》，广东省档案馆，38（全宗号）-4（目录号）-103（卷号），第 46 页（英文）。

④ 《私立岭南大学关于李廷安来往文件之三》，广东省档案馆，38（全宗号）-4（目录号）-103（卷号），第 35 页（英文）。

⑤ 《私立岭南大学关于李廷安来往文件之三》，广东省档案馆，38（全宗号）-4（目录号）-103（卷号），第 36—39 页（英文）。

⑥ 《私立岭南大学关于李廷安来往文件之三》，广东省档案馆，38（全宗号）-4（目录号）-103（卷号），第 34 页（英文）。

17 日：先生致函国立西北医学院（National North Western Medical College）李佩琳，邀请他担任医学院病理学教授。“代表医学院，我写信邀请您来此担任病理学教授。基本薪水每月 600 元乘以 750 倍，加上适用于其他成员的基本津贴。此外，住房免费提供。将提供给您交通补贴 2 000 000 元。如果需要，还可增加一点。如果您让我们知道您到达的可能日期，如果急切需要，部分交通费可预付给您。我不在广州时，应代理院长陈心陶博士请求，胡启勋博士已跟您初步联系了。我在南京时，我也联系了南京中央大学医学院的康锡荣博士。如果康博士也来，他将在广州中央医院支付工资。我相信其他细节已经得到妥善安排。”①

李佩琳（Li Pei-lin，1902—1979）小传：辽宁海城人。1927 年毕业于奉天医科专门学校。1930—1932 年在北平协和医学院进修病理学。1932—1937 年，先后任中央大学医学院讲师与湘雅医学院副教授。1939 年获伦敦大学博士学位。“1940—1948 年先后在成都中央大学医学院、昆明中正医学院、兰州汉中西北医学院、南京大学医学院等院校任病理学教授。全国解放后，任中国医科大学病理教研室主任、一级教授，直至病逝。”②

20 日：先生致函刘瑞恒，谈及向私立医学院中有前途的职员提供国外进修的必要性：“我上次南京之行，我又向您谈及美国医药助华会授予我们医学院中有前途者奖学金的可能性。我最近知道美国医药助华会正制定为基督教或私立医学院提供一些奖学金的计划。我们希望这是事实，因为要是这些医学院没有这种机会，这意味着我们中的一些人可能会加入国立医学院，从而削弱私立医学院。我想，美国医药助华会不想看到这种情况。所以，我正要再次写信询问现在或将来考虑我们申请的可能性。李宗恩博士被选为北平协和医学院院长是好事。最近他前往贵阳时路过这里。”③

① 《私立岭南大学关于李廷安来往文件之四》，广东省档案馆，38（全宗号）-4（目录号）-104（卷号），第 68 页（英文）。

② 崔月犁、韦功浩主编：《中国当代医学家荟萃》（第一卷），长春：吉林科学技术出版社，1987 年，第 40 页。

③ 《私立岭南大学关于李廷安来往文件之四》，广东省档案馆，38（全宗号）-4（目录号）-104（卷号），第 69 页（英文）。

按：3 月 26 日刘瑞恒复函先生："我想告知您美国医药助华会除了 6 所选定的国立医学院本年不打算为医学院提供奖学金。美国援华联合会将对全国所有学院与大学提供奖学金，优先给予私立、基督教有关的学校。我相信岭南大学已经知悉该提议。"[①]4 月 26 日刘瑞恒致函先生，谈及看到先生于去年 10 月在美国医药助华会执行主任海伦·K. 史蒂文斯（Helen K. Stevens）小姐访问广州期间提出的援助请求。"由于美国医药助华会已将本年援助计划限于六所选定的国立医学院，我遗憾地说我们不可能将您的请求纳入我们的 1947 年计划"，"您的医学院获批接收来自美国医药助华会的一套杂志"。[②]

21 日：先生致函纽约社区医院（the society of the New York Hospital）的 David Ta-Wei Lin（David Lin-yuen）。首先，打算聘请他担任广州中央医院高级主治外科医师与孙逸仙博士纪念医学院外科高级讲师，"我在广州中央医院提供您高级主治外科医师岗位，在孙逸仙博士纪念医学院提供外科高级讲师（教员）岗位。我遗憾地说：由于我们不得不保持标准要求，后一岗位不能定得更高。在本单位要获得助教授，我们要求一些年头的教学经历。如果您的工作令人满意，教学一年后，您将被提升到该职称，这似乎是可能的"。其次，介绍孙逸仙博士纪念医学院及其三所附属医院，"我们的教职人员按以下方式组成：基础课教员来自我们的医学院，临床教员来自博济医院（200 张病床）、夏葛医学中心（200 张病床）与广州中央医院（300 张病床）。这些附属单位使教职队伍相当强大。我们可供教学的医院病床现在有 700 张。由于三所医院位于中国最好的 15 家医院行列。我们的设备尽管达不到美国标准，但是相当好了"。再次，提供的个人待遇，"校园房子现在数量不足。我们将提供给您一个小房子或在岭南大学校园附近隆兴楼的一个公寓，有独立阳台的一种房子。房子有冲厕与电灯。这房子免费提供给您，不要租金。您的小孩免费到岭南大学各级学校学习。您来自广州中央医院的基本薪水是 350 元国币。这不意味着您的全部收入。我们都有一些补贴。我们这里的总收入对于简约的生活太够了"。最后，希望能适应这里的环境，享受这里的工作。"这里我想表明我们都想生活好，并为此目标努力工作。

---

① 《私立岭南大学关于李廷安来往文件之四》，广东省档案馆，38（全宗号）-4（目录号）-104（卷号），第 72 页（英文）。

② 《私立岭南大学关于李廷安来往文件之四》，广东省档案馆，38（全宗号）-4（目录号）-104（卷号），第 74 页（英文）。

由于您离开中国很长时间，我希望向 Lin 太太解释，你们首先要准备适应当地的条件，期待在中国的任何地方过得像在美国一样舒适是不可能的。如果多一分勇气与理解，您会像我们一样享受您的工作。这里的医学工作提供了挑战与黄金的工作机会。”①

按：7 月 8 日，David Lin-yuen 委婉地拒绝了先生的邀请。②

是日：先生致函国立中央大学医学院康锡荣，表达对他来广州工作的欢迎，谈及个人待遇：“作为伟大的病理学家，我们都欢迎您。”“我们提供您与家人在隆兴楼的一个房子，该房紧挨岭南大学校园。我们在校园里没有足够的房子，但计划建造。如果您明确答应马上前来，我可能在校园里为您找一地方。”“我们现在每月拿到大约 1 000 000 元，这足够您在此的生活费。您的孩子在岭南大学的学校免费学习。它们是华南最好的学校。我的孩子喜欢在此学习。行李之事是小事情。不久由广州人带来。您的基本工资是 600 元，但有津贴。我们正设法补贴，期待都能过上体面的生活。如果我们努力工作，这个目标容易实现。”“我可以安排 2 000 000 元左右用于交通，但重要的是我要知道在您前来的最早日期。”“实验室设施不如您在成都的。但我们有了一些，可能在一段时间内足用，有机会购买。”③

24 日：先生致函伦敦卫生学院（London School of Hygiene）廖松瑞（Liao Sung Jui），邀请他并请他介绍放射科人才来广州工作：“我想知道您是否愿意考虑前来加入我们的团队。如果您能来，请与我联系，提供一份详细的学术经历，我们的委员会据此向您提供确定的聘任岗位。我们这里也需要放射人才，如果您有了解的，请您也帮我提供他的学术经历好吗？”④

按：4 月 8 日，廖松瑞复函先生，谈及本人在伦敦的学习研究与将来的计划，因为即将前往美国，所以婉拒先生的邀请：“去年我获得伦敦卫生学院的哲学博

① 《私立岭南大学关于李廷安来往文件之四》，广东省档案馆，38（全宗号）-4（目录号）-104（卷号），第 70 页（英文）。

② 《私立岭南大学关于李廷安来往文件之四》，广东省档案馆，38（全宗号）-4（目录号）-104（卷号），第 96 页（英文）。

③ 《私立岭南大学关于李廷安郭秉宽等来往函件》，广东省档案馆，38（全宗号）-4（目录号）-107（卷号），第 102 页（英文）。

④ 《私立岭南大学关于李廷安来往文件之四》，广东省档案馆，38（全宗号）-4（目录号）-104（卷号），第 71 页（英文）。

士学位。接着，我用了五周访问苏格兰的乡村卫生工作。我被他们那里的工作所感动。去年 10 月后，我一直攻读微生物学位的课程，明年 6 月底将结束。我现准备考试。”“明年 9 月开始在美国从事微生物学与风湿流行病学工作。我预计 8 月初离开英国。因而，我遗憾地错过了再次在您的指导下工作的机会。”“正如在成都时您告诉我的这里的哲学博士课程是理论性的。前院长是现任卫生部首席医官，实际上他掌管该国卫生行政。现任院长曾任苏格兰首席医官。至于微生物学课程，实力强而要求严。实际上，所有时间都从事实验室工作。关于放射人员，我将做些调研。如果有感兴趣的人选，到时我将让您知道他的个人具体信息。”[①]

30 日：先生致函美国援华联合会医学委员会主席 W. W. Yen 博士，请求给予岭南大学孙逸仙博士纪念医学院教师前往国外学习的奖学金:“我们医学院作为一所私立单位资源有限，如果没有来自国外的特别补助，就不能派人到国外。首先，我们希望能从善后救济总署获得一些东西，但是我上次南京之行，没有东西能确定。我现再次写信给刘瑞恒博士进一步询问可能性。与此同时，我希望美国援华联合会已在其计划里含有给中国私立医学院的一些奖学金。如果在最近的未来看不到这些补助，我担心我们会失去许多优秀人才。我确信这种情形是您与我们的许多朋友不愿看到的。如果您能给我一些有关奖学金的额外信息，我将感激不尽。如果能得到奖学金，请让我知道申请程序。”[②]

4 月 1 日：先生致函杨瑞卿（Lily S. C. Yang），邀请他来广州工作，并要求“寄一份详细的学习、工作经历及所选择的医疗工作。当我收到它后，我会转给人事委员会，然后，告诉您我们单位聘请您的具体待遇”[③]。

---

①《私立岭南大学关于李廷安来往文件之四》，广东省档案馆，38（全宗号）-4（目录号）-104（卷号），第 82—83 页（英文）。

②《私立岭南大学关于李廷安来往文件之二》，广东省档案馆，38（全宗号）-4（目录号）-102（卷号），第 167 页（英文）。

③《私立岭南大学关于李廷安来往文件之二》，广东省档案馆，38（全宗号）-4（目录号）-102（卷号），第 168 页（英文）。

按：3 月 26 日，杨瑞卿致函先生："非常感谢您 2 月来信。收到来信有一段时间了。因为我知道您将出席在南京召开的北平协和医学院董事会会议，我没有立即回信。"[①]可见，先生早在 2 月就致函邀请杨瑞卿来广州工作。

5 月 1 日：先生致函教育部医学教育委员会主任戴天右："很高兴您邀请我出席您的委员会会议。我抱歉不能前往南京。我要求老恩赐博士代表我，我希望这能得到您的认可。"[②]

2 日：先生致函美国医药助华会医务处主任刘瑞恒，请求为南京中央医院梁炳沂（P. Y. Liang）博士前来担任耳鼻喉科教授支付交通费与津贴："南京至广州的航班 220 000 元，广州至南京的航班 720 000 元，访问其间的特殊津贴 1 000 000 元，合计 1 940 000 元。"[③]

3 日：先生致函陈翼平（图 7.6），邀请他参加于 5 月 4 日（周六）下午七点举行的家宴。[④]

按：据掌握的资料，先生还邀请了 Arthur Woo 博士[⑤]、陈序经副校长、联合国善后救济署的 J. M. Henry 博士[⑥]。在给陈序经的邀请函中，先生提及邀请何人，告知陈翼平已受聘于医学院："如果您能出席 5 月 4 日周六下午七点在我家举行的晚宴，将不胜荣幸。出席者为 Arthur Woo 博士、陈翼平博士。陈博士是著名的眼科学家，刚从美国回来，已加入我们的团队。非正式的聚会始于大约下午四点。"[⑦]

---

①《私立岭南大学关于李廷安来往文件之二》，广东省档案馆，38（全宗号）-4（目录号）-102（卷号），第 169 页（英文）。

②《私立岭南大学关于李廷安来往文件之二》，广东省档案馆，38（全宗号）-4（目录号）-102（卷号），第 200 页（英文）。

③《私立岭南大学关于李廷安来往文件之四》，广东省档案馆，38（全宗号）-4（目录号）-104（卷号），第 77 页（英文）。

④《私立岭南大学关于李廷安来往文件之二》，广东省档案馆，38（全宗号）-4（目录号）-102（卷号），第 30 页（英文）。

⑤《私立岭南大学关于李廷安来往文件之二》，广东省档案馆，38（全宗号）-4（目录号）-102（卷号），第 31 页（英文）。

⑥《私立岭南大学关于李廷安来往文件之二》，广东省档案馆，38（全宗号）-4（目录号）-102（卷号），第 29 页（英文）。

⑦《私立岭南大学关于李廷安来往文件之二》，广东省档案馆，38（全宗号）-4（目录号）-102（卷号），第 28 页（英文）。

图 7.6 先生与孙逸仙博士纪念医学院眼科教授陈翼平（右一为陈翼平，李宝健教授提供解释）

5 至 10 日：中华医学会第七届年会在南京中央卫生实验院举行。先生当选为医院标准委员会主任委员①与中华医学会广州分会理事长②。

先生致电教育部朱家骅部长，请速汇孙逸仙博士纪念医学院补助设备费。电文内容：“南京教育部朱部长钧鉴：据哲生院长函称，孙逸仙博士纪念医学院补助设备费 5 亿元已由钧部专案汇发，但该款尚未汇到，特电请速汇，以应急需为祷，李廷安谨呈。”③收到后，先生分别致电南京教育部朱家骅部长和立法院孙科院长：“补助孙逸仙纪念医学院五亿元已于五月□妥收。”④

① 《中华医学会第七届年会》，《中华医学杂志》1947 年第 5、6 期，第 102 页。

② 余新恩：《中华医学会会务报告》，《中华医学杂志》1947 年第 5、6 期，第 116 页。

③ 《关于请速汇孙逸仙博士纪念医学院补助设备费的电报》，广东省档案馆，038（全宗号）-002（目录号）-12（卷号），第 017 页。

④ 《关于孙逸仙博士纪念医学院补助已收妥的文》，广东省档案馆，038（全宗号）-002（目录号）-12（卷号），第 019—020 页。

21 日：先生向位于匹兹堡（Pittsburgh）的美国 Messrs. Fisher 应用科学公司签发 14 万美元支票，购买寄生虫实验仪器，并落实发送日期和其他具体细节。①

23 日：先生致函李应林，希望岭南大学在做新一年的财政预算时，多照顾医学院："财政年将近。我们希望下年度的一切比今年好。正如您可能意识到的：1946—1947 年给医学院总共 51 000 000 元国币的拨款远不敷三级医学院之用。来自博济医院的资金帮助也已极大增加，作为回报，医学院最少 5 人几乎提供了全日制服务（冯万熹博士、王就安博士、宋杰博士、卢祖润博士、刘世强博士），直到 4 月，当教育部给我们 500 000 000 元国币拨款，医学院的财政危急才解除。只是该拨款不是常规的，主要用作补充设备。我们不能每年依靠这种帮助。对前面所列原因，我认为：为了让医学院站稳脚跟，必须确保更多的财政支持。为此原因，我正要写信给您，在批准 1947—1948 年大学预算之前，希望对以下有关医学院的建议予以仔细考虑：（1）据 1946—1947 年度大学惯例，医学院学生免交的学费将转入医学预算。（2）医学院承担的课程实验费将成为学院拨款的一部分。（3）特殊经费与善后经费（例如来自香港政府的特别拨款），不管其来源，医学院应享有大约总数的四分之一。（4）标明给医学院的那些经费应像本年一样全部给医学院。（5）我们希望我们也能享受由美国基金会与中国基督教大学联合会所捐赠经费的合理份额。这些建议包括我们一直重视的意愿：大学最终能够给予我们骨干职员财政支持，在此基础上，我们为医学院组建一个强大的教工队伍。"②

31 日：先生致函南京中央医院梁炳沂，告知梁炳沂美国医药助华会极可能愿意支付他前来广州作讲座的来往交通费与相关补贴，并要求将"（1）旅行日期与费用。（2）您在这里的工作报告"等信息提供给美国医药助华会。③

按：梁炳沂是北平协和医学院 1936 届毕业生，在南京中央医院耳鼻喉科任

① 《关于检送定购美国仪器的 14 万美元支票的函》，广东省档案馆，038（全宗号）-002（目录号）-17（卷号），第 045 页。

② 《私立岭南大学关于李廷安来往文件之四》，广东省档案馆，38（全宗号）-4（目录号）-104（卷号），第 79—80 页（英文）。

③ 《私立岭南大学关于李廷安来往文件之四》，广东省档案馆，38（全宗号）-4（目录号）-104（卷号），第 86 页（英文）。

职，受邀任孙逸仙博士纪念医学院耳鼻喉科访问教授与博济医院、广州中央医院耳鼻喉科会诊专家，2 月 22 日到广州，4 月 19 日回南京。“在我留穗期间，每周花 6 小时为学生作讲座与在病房、手术室临床演示，共 45 小时（不含手术时间）。我作为会诊医生在他们的教学医院工作，一周 3 个上午在广州中央医院，一周 3 个上午和 1 个下午在博济医院。”①

6 月 5 日：先生致函岭南大学副校长陈序经，谈及 Arthur W. Woo 博士大约 6 月 20 日离开香港赴美国为医学院募资。据协商，Arthur W. Woo 博士要求捐赠人将捐款直接汇入沃纳梅克先生负责的医学院基金，要求陈序经写信告诉沃纳梅克先生，并请其帮忙，同时将此信的复印件寄给 Arthur W. Woo 博士。②

14 日：先生致函教会医事委员会（Council on Medical Missions）代理秘书伊博恩：“我感激您 1947 年 6 月 3 日来函，通知我们下拨给博济医院 3 200 000 元国币的津贴。请您尽早将此金额的拨款汇给我们。”③

20 日：当先生听说吴在东考虑回广州时，致函南京中央医院吴在东：“我们仍需要一位优秀的病理学家。我正要写信欢迎您。我附寄上一份可能让您感兴趣的我们医学院的公告。正如您看到的，我们医学院近来实力加强了许多。如果您能来，我能给您一幢校园洋房。我们设法为您安排特别津贴，使得您能维持好家庭。”④

按：吴在东于 7 月 5 日致函李廷安，“您慷慨的邀请对我有很大吸引力，我几乎要说‘yes’”；7 月 28 日，致函解释不能立即前来的原因，“在 10 月后，我的内弟做完一个大手术后，做出决定是更明智的。眼下，我们正担负着照顾病人与岳父母的责任。尽管南京难以忍受的炎热与医院提供的很不舒适的住处，我们不得不在此停留数月。很遗憾，现在不能立即答复您”，同时，表明愿意帮助岭南大学孙逸仙博士纪念医学院。“如果明年某个时候（要是我仍在此）要我

① 《私立岭南大学关于李廷安来往文件之四》，广东省档案馆，38（全宗号）-4（目录号）-104（卷号），第 88 页（英文）。

② 《私立岭南大学关于李廷安来往文件之二》，广东省档案馆，38（全宗号）-4（目录号）-102（卷号），第 130 页（英文）。

③ 《私立岭南大学关于李廷安来往文件之二》，广东省档案馆，38（全宗号）-4（目录号）-102（卷号），第 77 页（英文）。

④ 《私立岭南大学关于李廷安来往文件之一》，广东省档案馆，38（全宗号）-4（目录号）-101（卷号），第 182 页（英文）。

讲授病理学课程，我将很高兴地答复您。如果未来数月，您还不能找到一位病理学家，我将在 10 月某日写信给您，并让您知道是否我能来广州。抱歉，有了家庭责任后，将身不由己。然而，即使我必须留在这里，或因别的原因我永远不能到广州。我重申我将尽我所能帮助学院。”①

25 日：先生复函美国援华联合会儿童福利委员会华南区会（Regional Child Welfare Committee）（按：位于广州长堤 106 号）的执行秘书塞尔玛·萨姆森（Thelma Samson）夫人，同意参加于 7 月 9 日上午开幕的儿童福利委员会会议，并附上本人与博济医院儿科主任宋杰的演讲标题与要点：“上午 9:00—10:45（李廷安）1. 健康要义；2. 健康要求。（1）急救措施与设备；（2）儿童疾病的识别与处理；（3）健康教育。11:15—下午 1:00（宋杰）1. 定期体检的重要性。2. 传染病的控制与预防。”②

按：塞尔玛·萨姆森夫人于 6 月 25 日致函先生，对先生与宋杰能参会感到非常荣幸，请先生与宋杰先提交演讲题目。③

7 月 3 日：先生致函美国加利福尼亚州的医学传道者学院 Samuel. H. Phang 博士，邀请他回孙逸仙博士纪念医学院担任副教授与博济医院代理内科主任：“我想聘任您为医学院的副教授，医院内科代理主任，月薪 540 元。医院设施优良，有 200 张病床。内科现由嘉惠霖博士领导，他从现在起离职数月。这里从事医学工作的机会很好。至于俸廪，您的基本薪水是 540 元×1600，此外，还有基本津贴 290 000 元。除了上述俸廪与津贴，您也将获得一份相当于您总收入 100%或者以上的特别补贴，‘（540×1600）+290 000’×2。我们的目标是让我们所有教师在这里能过上舒适的生活。”④

10 日：先生致函李应林：“关于嘉惠霖博士辞去内科主任之事，我想向您汇报：我们的人事委员会已批准其辞职，但因接替者尚未找到。嘉惠霖博士同意

①《私立岭南大学关于李廷安来往文件之一》，广东省档案馆，38（全宗号）-4（目录号）-101（卷号），第 185 页（英文）。

②《私立岭南大学关于李廷安来往文件之一》，广东省档案馆，38（全宗号）-4（目录号）-101（卷号），第 76—77 页（英文）。

③《私立岭南大学关于李廷安来往文件之一》，广东省档案馆，38（全宗号）-4（目录号）-101（卷号），第 78 页（英文）。

④《私立岭南大学关于李廷安来往文件之二》，广东省档案馆，38（全宗号）-4（目录号）-102（卷号），第 132 页（英文）。

继续他的工作直到新人接替。”①

15日：先生致函岭南大学副校长陈序经，邀请其出席工作午餐：“由于我们要非正式地讨论有关医学院的重要事宜。我正邀请李应林校长于7月17日本周四在博济医院共进午餐。我非常希望您能拨冗出席。”②

17日：先生致函香港马汝庄，请他回广州重新担任博济医院院长与外科主任：“您离开我们快一年了。我写此信目的是询问您是否考虑好回来，当然是重新担任博济医院院长与外科主任。我们日益发展的医学院及其附属医院需要像您这样优秀的人才的服务。正是这一原因，我迫切需要您尽快回来帮助我。”③

按：马汝庄在先生回广州前任博济医院院长、外科教授。1946年8月前往香港开诊所。

29日：先生致函江世澄，请其来穗担任广州中央医院保健科主任、门诊部主任。具体内容：“兹拟请兄来穗担任广州中央医院保健科主任、门诊部主任，因游维义兄即将赴美，该副院长职亦请兄兼任，待遇方面，□□再定。另有特别津贴，谅可较沪上为优，并由院供给宿舍，至路费亦可酌量补助，故生活费用□无问题，如荷同意，请即来穗，并盼速复为荷，专此顺颂，暑祺！”④

江世澄（S. C. Kiang，1893—1979）小传：浙江义乌人。1926年毕业于陆军军医学校医科。1930年赴约翰·霍普金斯大学公共卫生学院留学，获公共卫生学博士学位。历任陆军军医学校主任教授，上海市卫生局技正、处长、医事教育室主任。“1942年赴印度研修流行病学。新中国成立后历任上海市卫生局技术室主任兼医事教育室主任、上海市卫生人员训练所所长、上海市卫生学校副校长。”⑤

是日：先生致函前往华西协合大学医学院度假的嘉惠霖并转启真道，请嘉惠霖在继任者就任前继续担任内科主任，继任者就任后仍担任医学院教授与医院的

① 《私立岭南大学关于李廷安来往文件之四》，广东省档案馆，38（全宗号）-4（目录号）-104（卷号），第97页（英文）。

② 《私立岭南大学关于李廷安来往文件之二》，广东省档案馆，38（全宗号）-4（目录号）-102（卷号），第128页（英文）。

③ 《私立岭南大学关于李廷安来往文件之二》，广东省档案馆，38（全宗号）-4（目录号）-102（卷号），第1页（英文）。

④ 《关于聘用游维义一事的文》，广东省档案馆，038（全宗号）-002（目录号）-6（卷号），第059页。

⑤ 林吕建主编：《浙江民国人物大辞典》，杭州：浙江大学出版社，2013年，第139页。

内科医生。“我们现在要依靠您当内科领导，直到接任者就任。我们希望，接任者就任后您仍然担任医学院教授与医院的内科医生。未来当您想帮助大学，无论是老前辈，还是您的接任者，我肯定无论医学院还是医院将给您全力支持。”①

31 日：先生制定“1946 年度私立岭南大学孙逸仙博士纪念医学院收支计算表”②。

按：1946 年度为 1945 年 8 月至 1946 年 7 月。

8 月 7 日：先生致函江世澄，请其来广州担任中央医院保健科主任及副院长等职。具体内容：“上月 29 日寄上一缄，谅荷台阅。兹因游维义兄已于本月 4 日起赴美，此间中央医院保健科主任及副院长等职，函盼吾兄即来担任（钟世藩副院长须担任治疗工作，过于繁忙），最近期内何日到穗，希速见复为荷，专此并颂，公绥！”③

是日：先生致函纽约的埃德温 • C. 罗炳生先生，向他汇报广州的工作、遇到的困难与希望得到美方的支持：“尽管我们的医学院远未令人满意并面临很多困难，但正在相当有序地运作。几乎所有课程定期开课。我们的教职人员得到极大加强（参见每期报告复印件，如果您尚未得到报告，请向沃纳梅克先生获取），设备增加。最近我们的教师队伍增加了解剖学许天禄教授（他是北平协和医学院毕业生）和一些来自华西的临床访问人员。博济医院也取得进步：病床数已从 70 增至 205（张），门诊病人数从 90 增至 350—400（人）。直属卫生署有 300 张病床的新建广州中央医院已建成，最近正式开幕。该单位有 500 门诊病人，并有超过 95%的医院病床使用率。事实上我们的巨大困难在于我们的俸廪太低，导致难以得到或留住优秀人才。他们通过工作可以成倍地创造收入。夏葛医学中心附属于我们医学院但关系迄今为止不密切，其原因尚未完全弄清。我希望时光会让我们更为密切。我一直努力与中山大学医学院合作。行政部门相当不愿意真心这么做。现在新院长黄榕增已辞职。该校前眼科教授陈翼平，

---

①《私立岭南大学关于李廷安来往文件之三》，广东省档案馆，38（全宗号）-4（目录号）-103（卷号），第 25 页（英文）。

②《1946 年度私立岭南大学孙逸仙博士纪念医学院收支计算表》，广东省档案馆，038（全宗号）-002（目录号）-13（卷号），第 015—016 页。

③《关于游维义不能到孙逸仙博士纪念医学院担任治疗工作一事的文》，广东省档案馆，038（全宗号）-002（目录号）-6（卷号），第 060 页。

是我们医学院的教授，被真心邀请担任院长。陈博士可能接受该职。他是我的个人朋友与优秀人才，我们都互相支持。为此，我们未来的合作将是全心全意的。因而我们要按南京与上海的做法，组织广州医学中心。此举将协调我们的医学工作并在可能的范围内实现人员、物资等的互助。我希望您能给予我们鼓励与帮助。我参与的工作所取得的任何成就应归功于我众多亲朋好友的共同努力，他们在此困难时期为了一个共同事业前来，在我们关键时刻，希望发展中国的医疗卫生事业。我高兴福克纳尔博士成为美国医药助华会医学教育委员会主席。如果您能遇见他，请代我问候他。我希望他能关注像我们这样的私立医学院。只支持国立医学院是不公平不明智的，因为私立医学院正做着一样的工作。如果我们无法获得同样支持，从友谊的角度来说，我们与加入国立医学院的那些人将变得生疏。我们单位不可能招到年轻人。”①

11 日：先生致函岭南大学副校长陈序经，谈及宋杰博士的交通补贴：“关于我们儿科宋杰博士的交通费，我咨询了医学院行政委员会，向您作几点解释：‘1. 校长的介绍信主要是想帮助宋杰博士从美国到中国的交通方面获得优先权。一般这种性质的信不包含任何财务责任。如果它含有交通费，应明确说明有效意向与许可的最大数额。2. 我有趣地注意到：经过一番劝说与本年 3 月在我办公室面对面讨论，宋杰博士才接受我们邀请。当一个人尚未接受邀请，他就从单位接收交通补贴，这对我而言是不可能的。3. 当然，您知道大学没有向从国外回来的人支付交通费，医学院不会对规则做出例外。如果我们向宋博士支付款项，那么我们对最近从美国回来的许多其他人怎么办。他们像宋杰一样，直到回来，才接受我们的聘任条件。’”②

12 日：先生致函广州市建设厅长，请求以公价配售水门汀 3000 包，建医护人员宿舍。具体如下：“建设厅长勋鉴：敬启者，敝院为岭南大学医学院之附属医院，前为国父开始习医之所，故定名‘孙逸仙博士纪念医学院附属博济医院’。廷安承孙副主席之命返穗复兴院务，诸赖各方协助，已具相当基础。惟损失过巨，恢复扩充经费仍感支绌，现兴建四层楼医护人员宿舍，但因经费不敷，只

①《私立岭南大学关于李廷安来往文件之四》，广东省档案馆，38（全宗号）-4（目录号）-104（卷号），第 100—101 页（英文）。

②《私立岭南大学关于李廷安来往文件之二》，广东省档案馆，38（全宗号）-4（目录号）-102（卷号），第 125 页（英文）。

可先建基层及二层楼。又修补墙壁地面等处，须用水门汀 3000 包，敬祈俯念事关医学教育及公共医疗事业之用，尚希允准，并请转致士敏土厂，照数以公价配售，俾轻负担而利进行，专函奉恳，敬候德音，并颂：勋绥。”①

按：民国时期称水泥为“士敏土”，是英文 cement 的音译，此外还称“水门汀”“波特兰”“洋灰”。

14 日：先生曾邀山东济南齐鲁大学医院林廉卿来孙逸仙博士纪念医学院任教，因“原院坚留，继续服务，不能来穗”，先生去函称“俟后遇有机会，再行商洽”。②

19 日：先生致函输入管理委员会，函请填发输入许可证。具体内容：“敝学院以岭南大学驻美基金委员会之外汇，购到医学教育用品一批，业已依照规定手续，填具申请书并附证明文件于本月 12 日函请贵处填发输入许可证，以便提货在案，兹因开学在即，急待准备应用……敬希惠予提前填发。”③

28 日：先生致函王成恩：“我高兴地邀请您分别担任医学院外科讲师与医院的外科医生。大约一周后合同由校长发出。待遇细节将由人事与俸廪委员会讨论，一二天后解决。”④

王成恩（Wang Cheng En）小传：1912 年出生于云南昭通，1941 年毕业于华西协合大学医学院，获医学博士学位，历任中央大学、华西协合大学、齐鲁大学三大学联合医院住院医师、住院总医师、讲师、主治医师。1947 年被岭南大学孙逸仙博士纪念医学院聘为副教授。“在广东率先建立了泌尿外科专业”，“1954 年后在广州中山医学院历任副教授、教授、外科主任等职，并担任卫生部医学科学研究委员会肝癌研究组委员”。⑤

---

①《广州市博济医院关于购士敏土建宿舍一案的文》，广东省档案馆，006（全宗号）-002（目录号）-2332（卷号），第 172—173 页。

②《关于林廉卿不能来粤一事的文》，广东省档案馆，038（全宗号）-002（目录号）-6（卷号），第 058 页。

③《关于请填发输入许可证以便提货的函》，广东省档案馆，038（全宗号）-002（目录号）-17（卷号），第 068 页。

④《私立岭南大学关于李廷安来往文件之一》，广东省档案馆，38（全宗号）-4（目录号）-101（卷号），第 186 页（英文）。

⑤ 韩光、张宇舟主编：《中国当代医学家荟萃》（第三卷），长春：吉林科学技术出版社，1989 年，第 117 页。

9月2日：美国公共卫生学会（the American Public Health Association）会员资格秘书艾西·A. 西玛（Elsie A. Siemer）致函先生："您已被姚克芳（K. F. Yao）博士提名为美国公共卫生学会成员。""非常高兴能将您的名字加入美国公共卫生学会成员名册，并将名单寄往《美国公共卫生杂志》，宣布接纳姚克芳博士对您的提名。"①

9日：先生致函岭南大学副校长陈序经，谈及医学院的教会属性及其经费捐赠："关于我们医学院是否教会的，没有任何疑问。在我经常与美国长老会的巴恩斯（W. J. Barnes）博士、香港堂主教（Bishop Hall of Hongkong）与广州的朋友的交谈中，我总是表达让他们教会参加我们单位工作的愿望。然而，在最近几年，被认为的唯一贡献是来自教会的嘉惠霖博士与老恩赐博士两人的全日制工作。当然，夏葛（医院）的王怀乐博士与梁毅文博士一直帮我们兼职教学（每年大约3学分的时间），但我们希望他们花更多时间，使得学生从他们临床经验中获益。像我们这种规模的单位需要许多人才与丰富的物资。显然，我们在目前情况下仅靠吹嘘我们的遗传特质不能生存。为此，我必须坦白我们的财政状况，希望有兴趣于我们工作的各种教会不会忘记我们的急需，与此同时，其他单位也来帮助我们的医学事业。校园里朋友们多次告诉我，一直捐资给大学的中国基督教大学联合会和许多其他单位不承认我们的医学院，为此，尽管我们不断请求，但我们从没有得到进入大学特别预算资金中我们的份额。甚至当中国基督教大学联合会从岭南大学邀请 8 位申请者，获得奖学金到国外学习时，医学院被排除在外。我们不知道怎样向我们的朋友解释这些事情。医学院是大学一部份（分），而我们没有接受来自任何地方的任何定期补贴。因此，我真诚希望夏葛与其他差会给我们更多实质的帮助，与此同时，大学划拨由中国基督教大学联合会和许多其他单位捐赠的部分资金，帮助建立我们的图书馆与实验室设备。当实现这些密切合作，几乎没有必要解释任何的不当引证。"②

按：这是先生对陈序经8月26日来信的复函。陈序经来信提到胡美（Hume）为岭南大学说话，"与此同时，我不想刘瑞恒博士不确切地引证我们，让事情变

①《私立岭南大学关于李廷安来往文件之一》，广东省档案馆，38（全宗号）-4（目录号）-101（卷号），第71页（英文）。

②《私立岭南大学关于李廷安来往文件之二》，广东省档案馆，38（全宗号）-4（目录号）-102（卷号），第126页（英文）。

困难”①。10 月 1 日，奥林·沃纳梅克先生给陈序经的信中提及：陈序经与先生引证岭南大学是基督教大学“非常好”，胡美非常满意对岭南大学非基督教大学观点的反驳，因为“罗炳生博士也看到了刘瑞恒博士关于岭南大学医学院非传教属性的来信”。②

11 日：先生致电南京中央医院许天禄：“请照预约，本学期必须来粤授课，定于 15 日开课，务祈速驾为盼。”③

是日：先生还致电北平协和医学院胡教务长：“敝学院须请许天禄医师，按照预约，本学期必须来粤授课，以免困难，尚希谅解为荷。”④

按：许天禄先受先生之约，前往岭南大学医学院任教，后又接到北平协和医学院胡教务长之邀（按：胡正详），前往北平协和医学院任教。此时许天禄左右为难。对前者，许天禄有约在先；对后者，则是母校之召。许天禄的处理方法和态度可从其与陈心陶教授书信中看出来：“协和胡教务长日昨由平飞京，请弟回母校任教，弟已应岭南之聘，即遽辞。当然为信用及人情起见，弟绝不能更改赴粤之决定。胡大夫云渠将与李廷安院长商洽让聘，弟认为此系协和院长与岭南医学院院长间之事，弟丝毫不能作（做）主。若李院长愿意帮助协和复校，同意让聘，弟则可北上（盖母校之召亦不能不帮忙）。若李院长不能接受协和之请求，弟当然仍须践约赴粤一时。协和此次办事迟缓，致使各方面均不便。两个月以前北平已来信拟请弟回母校，后因种种困难，校方不能决定秋季应否开学。在京等候多时，无一消息，是以决定南下，今得悉协和在 8 月底始决定于本学期开学，闻解剖科只弟一人，其余教授尚未聘到，所以校方非常着急。弟现在沪等候胡教务长与李院长商洽之结果。”⑤

按：据李宝健回忆：家父去世后，全家从小洋楼搬至一厅三室房，与许天

---

①《私立岭南大学关于李廷安来往文件之二》，广东省档案馆，38（全宗号）-4（目录号）-102（卷号），第 122 页（英文）。

②《私立岭南大学关于李廷安来往文件之一》，广东省档案馆，38（全宗号）-4（目录号）-101（卷号），第 187 页（英文）。

③《关于许天禄预约来粤一事的文》，广东省档案馆，038（全宗号）-002（目录号）-6（卷号），第 068 页。

④《关于许天禄预约来粤一事的文》，广东省档案馆，038（全宗号）-002（目录号）-6（卷号），第 068 页。

⑤《关于让聘李廷安一事的文》，广东省档案馆，038（全宗号）-002（目录号）-6（卷号），第 066—067 页。

禄教授邻居，许教授很关心家父过世后全家的生活。许教授是真正的学者，对解剖学有精深理解，讲解剖课时，带上五种不同颜色的粉笔，无须图谱，对各种人体组织器官用不同颜色的粉笔画出。

许天禄（Hsu T'ien-lu，1906—1990）小传：1906 年 4 月 8 日出生于福建闽侯县。1936 年毕业于北平协和医学院，获博士学位，任解剖系助教。1941 年与许汉光结婚，同年受聘于国立中正医学院，在该院创立解剖科。全面抗战时期随国立中正医学院从南昌迁至赣州，再到福建长汀，借住在厦门大学校园，1945 年迁回南昌。1947 年与夫人许汉光一起受李廷安之邀，任岭南大学孙逸仙博士纪念医学院解剖系主任，李廷安逝世后，任医学院院长。"1949 年赴美国 St. Louis 城华盛顿大学医学院进修，学习一年，师从世界著名的细胞学家 E. N. Cowdry，当许教授抵美时，Cowdry 教授亲自到火车站迎接。在华盛顿大学许教授向 Cowdry 学习了先进的细胞化学并考察美国的医学教育，后又到明尼苏达大学访问。1950 年回岭南大学医学院任原职。"①1990 年 4 月 8 日在广州逝世。

许汉光（Hsu Han-kuang，1914—2007）小传：1914 年 2 月 12 日生于福州。1939 年毕业于北平协和医学院。抗战胜利后，许汉光和丈夫许天禄应李廷安之邀，到岭南大学医学院工作。1948 年，许汉光获美国儿科研究会的资助，赴美从事结核病研究，因朝鲜战争中美断交，回国受阻。1994 年 5 月 24 日，美国为表彰许汉光在小儿结核病的研究、诊治、宣导、教育四方面的贡献，授予许汉光教授"杰出成就奖"，"第一次把这项荣誉授予亚裔"②。2007 年 9 月 17 日在美国逝世。

19 日：先生签署广州中央医院公函 1356 号，致中国石油公司，请求以特价优待，给广州中央医院石油 500 加仑以应救护车运输之用。资源委员会中国石油广州营业所照售 10 桶。③

10 月 30 日：先生为医学院附属博济医院所聘医师护士事务等人员请岭南大

---

① 广东省政协文史资料委员会、中山医科大学合编：《广东文史资料》第 77 辑《医林群英——广东著名医学家传》，广州：广东人民出版社，1996 年，第 241—243 页。

② 顾华：《璀灿夺目的医学界双星——许天禄和许汉光夫妇》，《岭南文史》1998 年第 2 期，第 86—87 页。

③《广州中央医院关于采购石油 500 加仑以应救护车运输之用事的函》，广东省档案馆，004（全宗号）-005（目录号）-0227（卷号），第 059—061 页。

学校长李应林核发聘书。[①]

是日：先生为医学院王成恩等 13 人请岭南大学校长李应林核发聘书。[②]

11 月 13 日：康奈尔大学附属肿瘤及关联疾病治疗纪念医院病理医生弗雷德·W. 斯图尔特（Fred W. Stewart）博士致函北平协和医学院病理学教授胡正祥（C. H. Hu）博士，谈及先生的病理检查结果："亲爱的胡博士：娄克斯博士送来了您做的李（廷安）博士复发直肠癌的切片。有关他进行术后放射线治疗的可行性。我的答案是：不。我从未见过在此条件下行放射线治疗的益处。"[③]

26 日：《申报》刊载先生为"申报 75 周年纪念"题词："到了有病求医，已是不得已的办法，至于药石刀圭的痛苦，时间经济的损失，姑且不论，疾病总是我们的危险和威胁，与其临渴掘井，何如未雨绸缪！"[④]

12 月 9 日：中华医学基金会代表娄克斯致函先生："亲爱的李博士：我猜测此时您与李夫人已回到广州。我希望您和您的家人都平安抵达，并希望您已经能够某种程度上重返工作。

当我上周抵达纽约的时候，我见到这里有给我的 3 封信件，这里我把信件的内容摘录如下：第一封信来自纽约肿瘤及关联疾病治疗纪念医院（the Memorial Hospital for the Treatment of Cancer and Allied Diseases in New York）的首席病理医生弗雷德·W. 斯图尔特博士。这或许是世界上这方面最著名的机构了。斯图尔特博士说：'娄克斯博士送来了您（按：北平协和医学院病理学教授胡正祥博士）做的李（廷安）博士复发直肠癌的切片。有关他进行术后放射线治疗的可行性。我的答复是：不。我从未见过在此条件下行放射线治疗的益处。'

---

① 《关于医学院附属博济医院所聘医师护士事务等人员核发聘书在案的文》，广东省档案馆，038（全宗号）-001（目录号）-47（卷号），第 098 页。

② 《关于核发王成恩等员聘书等情的文》，广东省档案馆，038（全宗号）-001（目录号）-47（卷号），第 097 页。

③ 《1947 年 11 月 13 日康奈尔大学附属肿瘤及关联疾病治疗纪念医院病理医生弗雷德·W. 斯图尔特致函北平协和医学院病理学教授胡正祥》，Rockefeller Archive Center-Citation Slip，Collection：CMB，Series：1942-1945，Box：76，Folder：535-537.

④ 《健康之门》，《申报》1947 年 11 月 26 日，第 8 版。

第二封信是来自哥伦比亚大学外科病理学家亚瑟·珀迪·斯托特（Arthur Purdy Stout）博士。斯托特博士说：‘我从娄克斯博士了解到有人提出术后放疗的建议。我个人认为放疗对这一病例达不到有效的治疗目的，甚至会产生危害。首先，这些腺瘤具有抗放射性。因此，如果要取得任何效果的话，就需要非常大剂量的放疗。而即使使用了如此大的剂量，也根本不能保证能够杀死任何滞留的癌细胞。我们从未见过这种病例使用术后放疗来预防复发。我们完全放弃使用这种方法来作为预防措施。第二，如果使用了术后放疗，这一方法极可能对骨盆造成破坏作用，对这些器官的放射性损伤是极度疼痛和痛苦的。因此，我的建议是不采用任何术后放疗，希望娄克斯博士的手术已经成功地切除所有肿瘤。’

第三封信，也是最后一封信是来自马萨诸塞总医院（Massachusetts General Hospital）的特雷西·B. 马洛里（Tracy B. Mallory）博士。Mallory 博士补充说：‘我们对这些肿瘤的经验是它们抗放射性极强。即使应用我们的百万伏特机器，我们也不相信能够对深位的下腹部肿瘤发射有效剂量，除非肿瘤对放射相对敏感。我担心如此密集的放疗产生的不适远远超过它能实现的任何实际治疗价值。’

我觉得分别来自这个国家三个著名机构的上述三个意见是有代表性的，而且既然这些意见完全一致，我觉得应该能够回答您所提出的关于放疗的问题。所以，我希望您能设法忘记您的肿瘤，投入到让您感兴趣的学院工作中。我知道学院一定急切地盼望您回归。我肯定对于他们来说您同过去一样是非常有价值的人。

我回美国的旅途很愉快，您肯定能理解我能够回家再次与家人相聚是最愉快的事情。他们（我的家人）以及您生活在美国的其他朋友一起向您致以最美好的圣诞节问候及对您的未来致以最好的祝福。”①

是日：先生致函纽约娄克斯博士：“亲爱的娄克斯博士：李夫人与我于 12 月 1 日经上海返回广州，我们在上海停留了六天。我们相信您现在在家里，高兴地与您的家人和纽约的朋友再次相聚。

---

①《1947 年 12 月 9 日中华医学基金会代表娄克斯致函李廷安》，Rockefeller Archive Center-Citation Slip，Collection：CMB，Series：1942-1945，Box：76，Folder：535-537.

我逐渐恢复体力，但仍在家休息。在我从北平回上海的旅途期间，肛门部位的伤口一直没有迅速愈合，而现在正以相当令人满意的速度痊愈。王就安博士每天惦记着用青霉素处理伤口。尽管我还不能按时排便，但结肠造口术完好。我眼下白天正戴着一个装着棉花和纸的袋子，到晚饭后，通常清洗污渍。在晚上和上床前，我戴着橡皮袋。当我睡醒时，我仍出现咳嗽，白天不咳，并无任何不适或疼痛。

司徒（按：司徒展）博士因我的结肠造口术而为我设计的仪器作用不大。因为它太硬而不适。我设法让结肠造口术发挥更好作用，并期待某种程度的成功。王就安博士建议使用灌肠剂。如果您认为美国制造的某些结肠造口术袋对我有帮助，请航空邮寄，并让我了解所有费用。另一方面，如果没有它，您希望我试制，我将试着做。

我接受您的建议慢慢着手我的工作。李应林校长要我谢谢您的来信。我尚未向他们谈论有关我的工作。最少在本学年的余下时间里，我肯定必须继续担任我的院长职务。

李夫人和我希望再次谢谢您和您的好朋友，对您、您的夫人和其他家人致以最好的祝福。”①

23日：先生致电汤泽光，请其“即来粤任教，并兼附属医院诊务”②。

29日：先生致函纽约中华医学基金会娄克斯博士：“亲爱的娄克斯博士：感谢您1947年12月9日来信和信中表达的良好祝福。您可能已收到我给您的第一封信。卢观全（Morgan Lu）为我进行了X光胸部检查并且检查了咽喉，有些轻微的炎症。这也许能够解释我的咳嗽症状。我一直设法冲洗结肠造口术伤口，但是仍然不能很好地控制粪便分泌物。粪便分泌物在餐后尤其是早餐后出现。我的精神状态有所好转，我正逐渐恢复工作。李应林校长要我谢谢您，并代他向您致以问候。”③

①《1947年12月9日李廷安致函纽约娄克斯》，Rockefeller Archive Center-Citation Slip，Collection：CMB，Series：1942-1945，Box：76，Folder：535-537.

②《关于西安西北大学医学院汤泽光医师来粤任教一事的文》，广东省档案馆，038（全宗号）-002（目录号）-6（卷号），第074页。

③《1947年12月29日李廷安致函娄克斯》，Rockefeller Archive Center-Citation Slip，Collection：CMB，Series：1942-1945，Box：76，Folder：535-537。

是日：先生致电西安西北大学医学院李佩琳医师来粤任教。[①]

是年：先生在《西南医学杂志》上发表《增进民族健康之先决问题》[②]。第一，先生论证国家富强与民众健康关系密切："'民为邦本，本固邦宁'，固本之道为何？健民其要者也。盖一国之富强端赖于民族之健康。以言军事，则斩将搴旗，追奔逐北。以言建设，则生产倍增，交通便利。苟人民羸弱，将曷克臻此。"第二，先生从我国的高死亡率及高患病率方面述及我国国民的健康状况："吾国之逾格死亡至少在15‰以上，以全国450 000 000人计，则每年之逾格死亡数应为6 750 000。""每千人口中常有患病者37.8人，全国合计常有患病者17 010 000人，其中半数8 505 000人，可目为逾格疾病之人数。"第三，先生分别从农民体力不足影响工作效率及因病不能工作而致经济损失方面进行论述："假定我国农夫之健康未能达到美满程度，致工作效率仅及健康者90%，于是因生产减少而经济上所受之损失将为10%，即每年每人损失5.22元，则全国450 000 000人之损失共为2 349 000 000元。""据美国之统计，每年每人因疾病而不能维持正常工作之时间平均为6.9天。我国患病者之数目，虽倍于美，但国人刻苦耐劳，因病停工之时间或不比美国人为高。姑假定与美人相等，即因病不能维持正常工作之时间，每年每人亦为6.9天。每日损失一角四分，全国共计将为474 700 000元。"第四，先生从医药费和逾格死亡方面推算导致的经济损失："每户平均每年医药费1.85元，以每户5.6口计算，每人每年三角三分，全国需费148 500 000元。至于逾格死亡之经济损失假定每人自出生至夭折之若干年中，国家社会家庭所担负之费用为1000元，最简单之丧葬为20元，则6 750 000逾格死亡者之损失总数为6 635 000 000元。"第五，先生对此提出补救之法："补救之道，非提倡公共卫生不可。盖公共卫生以全国人民为对象，利用政治力量，推进卫生事业，俾不论贫富，不分阶级，咸蒙其利。其在消极方面，可以减少疾病死亡以及上述种种经济上之损失。在积极方面，可增加健康，延长寿命，提高工作效率。遂使生产增加，社会富足。"

---

① 《关于西安西北大学医学院李佩霖医师来粤任教一事的电》，广东省档案馆，038（全宗号）-002（目录号）-6（卷号），第073页。

② 李廷安：《增进民族健康之先决问题》，《西南医学杂志》1947年第4期，第1页。

是年：长子宝善 17 岁，在岭南中学读书，在《中学生杂志》和《开明少年》上发表了五篇文章。

《我的化学实验室》[①]发表在《中学生杂志》上。文中，宝善回忆念中学时用废料建化学实验室，用食盐 20 克、硫酸 10 克制造盐酸。在制作过程中“氯化氢的毒气大量的冲进鼻管来，我受不了，只得跑出室外。氯化氢气体愈来愈多，简直把我那小小的房间充满了。我着急起来，想找一些胶质的东西，封住瓶口。忽然我看见门外有一堆石灰，于是情急智生，想到了做石膏的方程式：$CaO+Hso_4 \rightarrow Caso_4+H_2O$，忙找些硫酸，倒在石灰上，搅了一会，用手捧着那又热又软的新制石膏，跑进房间去，涂在瓶口上。石膏不久凝固了。果然瓶口的隙缝被石膏塞满了。于是我继续加热，那边集气瓶内的氯化氢好像饱和了，制出的盐酸用比重计量了一下，居然浓度有 22%”。另一实验是，宝善质疑老师所言“做稀硫酸的时候不应该把水倒在硫酸里，应该把硫酸倒在水里，否则就会发生高热而爆炸的”。在自己的实验室里，“我用一个粗碗装了硫酸，倒些水下去，那水和硫酸立刻沸腾起来，溅在我的衣服和手上，衣服被腐蚀了不少小洞，手也受伤了。由这个实验，我又知道了实验是不能心慌的，事先应该准备妥当，做的时候，又必须慎重”。“我尽量节省零用钱，慢慢买些仪器，使我这小小的实验室充实起来，每次在学校看先生做了实验回来，自己便照样做一次。可爱的初中三年的光阴在不知不觉间溜了过去，我那简陋的实验室，经我努力经营，居然成了一个相当模样的实验室，它已经可以供我做一些普通的实验了。我心里感到一种成功的喜悦和安慰。”

《计划中的暑假生活》[②]发表在《中学生杂志》上。暑假前的一个晚上，叔叔和他的朋友陶先生来到家里聊办厂之事，宝善回忆起抗战期间叔叔曾经在内地开办过一个硫酸厂和化学药品制造厂。陶先生想起一件事：“工厂里的工人……把制好须（需）要晒干的氯化氨放在一个上面粘着不少石灰的大竹架上，氯化氨和石灰起了作用，生出阿摩尼亚气，很快的大家都闻着了。幸亏阿善（指宝善）懂得，连忙走去把氯化氨从竹架上完全倒了出来才没事，那次救了 30 多磅纯氯化氨呢！”

① 李宝善：《我的化学实验室》，《中学生杂志》1947 年第 184 期（总），第 61—62 页。

② 李宝善：《计划中的暑假生活》，《中学生杂志》1947 年第 189 期（总），第 50 页。

《我的寒假作业》[①]刊于《开明少年》。宝善回忆放寒假时，校长勉励同学说："你如果能真实用心，每天做半个钟头已经很可观了，不必贪多。当时我听了笑了笑说：'半个钟头太少了，至少也要每天做三个钟头。'"然而，寒假一天天过去，"一直到最后那天赶功课写得手酸的时候，我才又想起校长的话，'不用贪多，每天做半小时已经很够了'。当时我笑他，现在我觉得他这话是真的了"。

《老丁》[②]刊于《开明少年》。宝善生动形象地刻画了公寓管门人老丁每天的工作与生活："每天早上五点钟起床，从那周围长满青苔的深井里吊起水来，给每家的水缸里都担满了，他的精力还是那么充沛……冬天来了……他还是五点钟起床，把每家的水桶加满了，然后开始他扫除庭院的工作。风尽管吹着，把他的手脸都吹红了。他还是穿他那件袖口发亮的棉袄，继续打扫着，把各处都弄清洁了，然后到后院去替住公寓的客人磨豆浆。直到人们全从被窝里出来的时候，那装豆浆的瓦缸已经装满乳白的液体，等待大家去享受了。到八九点钟，大人去办公了，小孩去上学了，他便躲在房里织着那每个价值两百元（按：金圆券）的竹筐子。如果那家主妇叫他去买什么，他便马上放下工作，跑到街上去买回来了，又快又便宜，所以每天叫他买东西的委实不少……每当我们捉迷藏或玩游戏少一个人的时候，便把他请了来。他虽然玩得不好，但也随着我们跑着。有时烟筒掉在地上了，我们便拍手大笑，他也随着笑。所以孩子们都喜欢接近这位老人。夏天晚饭后纳凉的时候，便到他那儿去听他娓娓讲着故事，也是一种好消遣。他整天都快乐，很满足自己的生活，跟人谈话，苍老的脸上总带着一丝笑容，这一丝笑容是我永远都不会忘记的。"

《木棉花》[③]刊于《开明少年》。"客厅里挂着一幅关山月先生的画：一只喜鹊站在灰色的树枝上，树上满缀着红色的有着黄色长蕊的大花朵。那花朵就是中国只有在广东才能见到的木棉花。院子里就有一棵木棉花，今年春上，满树的苞蕾全开放了。我因为才到广东，从没见过这种花，看了那幅画，更想看看真的花朵，因此格外注意，细细的玩赏。"

---

① 李宝善：《我的寒假作业》，《开明少年》1947 年第 20 期，第 68—69 页。

② 李宝善：《老丁》，《开明少年》1947 年第 24 期，第 78—79 页。

③ 李宝善：《木棉花》，《开明少年》1947 年第 25 期，第 71—72 页。

【民国三十七年戊子（1948 年）】，先生五十一岁

1 月 1 日：先生致函娄克斯博士："谢谢您关于放疗的来信，您寄来的问候卡也已经收到。3 天前，我在左锁骨中间上方皮下发现一个约如中等大小的栗子一样大的硬腺。稍稍粘着皮下组织。起初，无触痛，但后来，经医生检查后，稍有触痛。我马上询问王就安博士和卢观全博士。该腺结与我的咳嗽一起让我的外科医生首先想到与气管的联系。耳、鼻、喉的检查结果基本阴性。气管经内窥镜检查反映有些发炎。X 光显示左下方支气管云状观，听诊发现被抑制的呼吸音和湿性罗音。似乎可用支气管炎来解释咳嗽。陈翼平博士认为可能是因肿瘤扩散到锁骨上腺结，而导致肿瘤挤压气管，或者挤压发炎的喉部神经。尽管很难想象肿瘤细胞怎么可以转移到如此高的部位，但我觉得这个腺结如此坚硬的感觉不是好事。也有医生的意见是癌细胞可能是沿着胸导管上行的，然而如果是这样又为什么会在这么浅表的位置发生？

另一个让我觉得悲观的原因是长期不明原因的咳嗽，只能希望那只是由于支气管炎引起的。X 光检查结果并没有在纵膈显示肿瘤阴影。

王、卢两博士将在元旦后几天切除腺结进行检查。如果它是转移性的肿瘤，卢博士倾向于进行深层 X 射线治疗。您的来信他已经读过，但是，由于腺结位置十分表浅，他认为可以直接切除。他今天会写信给司徒展博士，征询他的意见。如果结果确实显示肿瘤细胞，请问您有何建议？如果使用放疗，卢观全博士认为可以请香港的 TSo Ta ming 医生来做。他们正给我一周的磺胺剂，看腺结是否消退。它看起来并不像炎症。

陈翼平博士曾经在 1945 年（按：1948 年 1 月 16 日先生致函娄克斯博士，提及为 1947 年）12 月 15 日发行的《时代》杂志上见过某位医生的报告：通过使用'teropterin'于不能手术的癌症治疗已取得良效。他让我写信给您，请教这个药的可用性，如果此药确实有效的话，请通过航空邮寄足量的药品给我一试。以便之后能够看到使用是否有效果。

我希望早日收到您的回信。再次感谢您。请务必让我知道所需的所有费用。

李廷安感激不尽。”[①]

13 日：先生致函芝加哥的 Hubert S. Liang 先生，谈及因肠癌复发在北平做手术：“您的来信已在北平收到许久，我在那里接受了一个复发肠癌大手术。这使我身体很虚弱，这使我放弃至少暂时放弃该计划。非常感谢您的真诚帮助。附寄一信请转交费希尔（Fischer）博士。”[②]

按：1947 年 8 月，Hubert S. Liang 先生曾到访广州，称“那晚我们打桥牌的方式将让您与我成为真正的令人畏惧的组合”（按：从掌握资料看，这是唯一一处记录先生业余爱好的史料），“数周内我再次去美国是可能的。如果这样，我肯定会对您提及之事记在心里，留心此事。请继续您的伟大工作。中国需要更多像您这样的人”。[③]

关于“您提及之事”，据 Hubert S. Liang1947 年 11 月 8 日给先生的信，先生想在美国花上一二年继续写作与研究，同时做一些这方面（指公共卫生）的讲座。[④]

16 日：先生致函娄克斯博士：“我猜想您已收到我的上封信和卢观全博士的信。我左锁骨上腺结已经发现有癌——包含一些零星分散的癌细胞。在司徒（按：司徒展）博士、谢志光博士、卢观全博士、王就安博士等人的建议下，已经由卢观全博士切除。我将在香港接受 Tso Ta ming 博士（Tso Hsieh-yen 的兄弟）的深度 X 射线治疗。计划两天后出发。

我咳嗽不断。X 光片显示有缓慢改善。体征与 X 光结果显示：‘慢性支气管肺炎’？没有见到明显的确定的肿瘤样阴影。因为有慢性感染的征象，外科医生认为需要观察。如果是肿瘤转移，可能也需要进行 X 射线治疗？我猜想卢观全博士已经咨询您了。

这里的外科医生倾向于使用‘teropterin’——1947 年 10 月 15 日发行的《时

---

①《1948 年 1 月 1 日李廷安致函娄克斯》，Rockefeller Archive Center-Citation Slip，Collection：CMB，Series：1942-1945，Box：76，Folder：535-537.

②《私立岭南大学关于李廷安来往文件之四》，广东省档案馆，38（全宗号）-4（目录号）-104（卷号），第 61 页（英文）。

③《私立岭南大学关于李廷安来往文件之四》，广东省档案馆，38（全宗号）-4（目录号）-104（卷号），第 102 页（英文）。

④《私立岭南大学关于李廷安来往文件之四》，广东省档案馆，38（全宗号）-4（目录号）-104（卷号），第 105 页（英文）。

代》杂志称：该药试用于不能手术的癌症病人，由莱德利（Lederle）公司研制，福克纳尔博士了解这家公司。请告知我您为我所支付的所有费用，我将通过我们学校在纽约的基金会迅速汇款给您。我的体重尚能维持，血红蛋白 85%，对您感激不尽，致以问候。”①

19 日：先生致函卢观全博士和许锦世博士：“亲爱的卢观全博士和许锦世博士：我已按计划抵达香港，今天由 T. M. Tso 博士开始为我进行 X 光放射治疗。他非常友好，给我印象很好。他说放疗需要二周时间。

Arthur Woo 博士和这里的一些朋友觉得美国医药助华会+政府+岭南大学将在美国给我最好治疗。他们建议我立即前往美国。我今天咨询了 Tso 博士，他承认美国有较好的医生+条件，但是，如果癌细胞不幸向内扩散，他们可能也无能为力。这样一来，这一趟旅程就起不到任何作用了。王就安博士曾经提到美国专家能使用深度 X 射线作用于胸部癌症，控制癌细胞生长。除非这一方案有效（换言之，前往美国是有意义的），否则我觉得不值得跑这一趟。

上述只是初步的想法，我们都希望胸部没有坏东西在里面。我想请卢观全博士、您以及其他外科医生如王怀乐博士、王就安博士帮忙做个决定。如果你们都觉得我应该到美国，请联系刘瑞恒博士和朱广陶博士，也许可以提供一些帮助。我是半个病人，一个人远赴美国感到有些不安。所以，除非我妻子与我一同前往，或者确定此行能够有积极的治疗效果，否则我想我很难下决心前往。

如果你们觉得难以决定，也可以咨询一下娄克斯博士的意见。在 Woo 博士与亲属们的善意敦促之下，我冒昧写此信求助。我咳嗽的情况有所改善。我的意思是咳嗽有所减少，希望能够进一步好转。我与夫人一起住在浸信会‘水手之家’，她的陪伴让我感激不尽。”②

22 日：娄克斯致函先生：“很抱歉我没能早些回复您 12 月 29 日和 1 月 1 日的来信。我一天一天地延期复信，是希望能告诉您我已经给您寄出您一直想要的结肠造口术带。然而，不幸的是我没有找到我想要的型号，但是我想应该很快能找到了。因为我觉得现在市面上普通的产品并不比您眼下使用的好多少。

---

①《1948 年 1 月 16 日李廷安致函娄克斯》，Rockefeller Archive Center-Citation Slip，Collection：CMB，Series：1942-1945，Box：76，Folder：535-537.

②《1948 年 1 月 19 日李廷安致函卢观全和许锦世》，Rockefeller Archive Center-Citation Slip，Collection：CMB，Series：1942-1945，Box：76，Folder：535-537.

我已向这里好几个人询问了您提到的‘teropterin’。所有人都一致认为它没有什么实际效用。因此，我并不想再找这种药品寄给您。我觉得它就像其他众多流传的新药一样，人们对它的期待总是大于它能够有的实际作用。

我很关心您左侧锁骨出现的肿大腺结。确实奇怪的是肿瘤以这种方式从腹部转移。但是考虑到原始损伤的性质，除非证明是良性的，否则有所怀疑是正确的做法。因此，我支持活组织检查的建议，并且希望尽快看到病理报告。

我高兴知悉您正恢复您的部分工作。因为不管从哪个方面来讲，我觉得这对您都是有帮助的。”①

24 日：卢观全致函娄克斯博士谈及先生：“大概一星期前我曾写信给您，当时李（廷安）正计划去香港做 X 光治疗时。他目前正在香港在 T. M. Tso 博士的监护和照料下接受治疗。二天前，我收到李博士来信，在 Arthur Woo 博士和其他人建议下，假使胸部损伤证实是癌的话，他考虑前往美国接受放射治疗。个人而言，我并不支持这一想法。昨天，我已写信给谢（谢志光）博士和司徒展博士，询问他们对此事的意见。因为李博士最信任您，我觉得有必要在做最后决定之前先告知您此事。我们这里所有人都相信您是唯一能让他冷静下来的人。我随信附上李博士给我的信以供参考。我相信就他的病情，您将给我们最佳建议。如果我们有更多有关胸部损伤的信息的话，我会再写信给您。”②

2 月 6 日：先生致函娄克斯博士：“您 1 月 22 日来信已阅，深表感激。我前往香港接受 T. M. Tso 博士对锁骨上腺结（已发现有癌）进行的深度 X 光治疗。此间，我的咳嗽加剧，显然，不是因为放射线，因为放疗未触及肺部。现在放疗已结束。而我逐渐出现呼吸困难，咳嗽加剧。前天 Tso 博士做的 X 光检查显示在气管分叉下出现大的腺结，明显顶着左侧气管，使得很少空气进入左侧气管。有某些征象显示可能是癌沿着双肺淋巴扩散。而 Tso 博士希望能够在广州进行检查，再把胸片送给谢志光博士看。在我看来，我的情况很严重，而且恶化得很快。我想知道你们在美国的专家是否能给些建议或者提供一些能够缓解咳嗽等症状的药物。不管结果如何我都能够平静接受，但我希望能够减轻一些

① 《1948 年 1 月 22 日娄克斯致函李廷安》，Rockefeller Archive Center-Citation Slip，Collection：CMB，Series：1942-1945，Box：76，Folder：535-537.

② 《1948 年 1 月 24 日卢观全致函娄克斯》，Rockefeller Archive Center-Citation Slip，Collection：CMB，Series：1942-1945，Box：76，Folder：535-537.

痛苦。随着肿块长大压迫越来越厉害，我担心最终我将无法呼吸。不管如何，我将坚持工作直到最后一刻。

为达到缓解的目的，我就深度 X 光治疗咨询了 Tso 博士。他认为癌细胞抵抗力强，治疗过程可能更难受。我希望能再一次写信给您。Tso 博士也会写信给卢观全博士和谢志光博士。对您感激不尽。”①

23 日：先生致函娄克斯博士：“感谢您 2 月 11 日的来信以及您对我一直以来的各种帮助。‘teropterin’目前仍然处于实验阶段，且难以获得，所以除非证实它有治疗效果，否则还请暂时不用费心此事了。另外，也很感谢您对放射治疗提供的建议。

我在香港的时候因为‘肺炎’以及深度 X 线治疗（只是七剂量，200R）身体变得十分虚弱，现在已经逐渐恢复体力。谢志光博士在这里正为我检查肺部情况。卢观全博士会就我的病情另外写信给您。希望还有机会，这只是肺部慢性感染而已。

我其实并没有担心什么，一切都交给上帝的手中就好。我只需要尽可能地完成我的工作即可。我已收到结肠造口术帽，非常感谢，我正试着使用它。箱子上写着价格是 8.75 美元。这里我寄上一张编号为 1-23/210 的由美国教师与年金保险委员会 1947 年 11 月 1 日发行的支票，金额是 9.99 美元。这个数目并不足以支付相关的成本、邮资、税收等费用。所以我想知道总的费用，以便我补足剩余的款项。”②

3 月 2 日：先生致函岭南大学校长李应林，附件寄上老恩赐博士的信：“该信要求岭南大学董事会着手批准该合约：福音联合兄弟教会借此以每年 1000 元国币将河南（指珠江以南）岛上的二个物业租赁给孙逸仙博士纪念医学院用作公共卫生教学与示范中心。”③

7 日：谢志光从北平致函先生，一是感谢在广州受到先生的款待。“我于 3

①《1948 年 2 月 6 日李廷安致函娄克斯》，Rockefeller Archive Center-Citation Slip，Collection：CMB，Series：1942-1945，Box：76，Folder：535-537.

②《1948 年 2 月 23 日李廷安致函娄克斯》，Rockefeller Archive Center-Citation Slip，Collection：CMB，Series：1942-1945，Box：76，Folder：535-537.

③《私立岭南大学关于李廷安来往文件之二》，广东省档案馆，38（全宗号）-4（目录号）-102（卷号），第 119 页（英文）。

月 4 日回到北平，旅途顺利。我想感谢您与李夫人在我拜访您时对我的热情款待。”二是向上海善后救济总署为博济医院要医疗设备，“在善后救济总署，我见到刘瑞恒和金宝善，设法为您的博济医院弄些设备。我不幸地被告知，所有放射设备均已分发。由于没有权力，我做不了太多事。我说服金宝善博士把一套牙科放射设备给博济医院，一卷高电压变压器油给广州中央医院。后者在需要时可补给。我希望您准时接收它们。因为善后救济总署可能尚未完全分发完，所以，我建议您就这些物资写信给金博士，极力催促他们给博济医院更多诊断、深层触诊治疗放射设备。我已告诉刘博士与金博士博济医院的放射设备相当匮乏。我知道善后救济总署还有别的医疗设备，如药品、心电图等。您值得派人（了解科室需求的医生更合适）到上海催促他们，在那里需要许多口舌才能拿到东西”。三是与在北平的岭南大学校友交流岭南大学发展规划，他们原则上都同意，明确了职务与职称、收入、交通费补贴、住房等方面的细节，他们“将对有关事情做出决定”。四是医学院与岭南大学的关系，“我们也触及了医学院的组织问题。凭您的能力与卓有成效的工作，您为保持医学院的半独立性质，已经做得非常出色了。对于与大学的更紧密的组织或联系，这当然完全取决于将来的政策与医学院的人事行政”。五是放射学人才的安排与博济医院放射科的发展。“除非博济医院放射科配置更为优良，否则放射工作将达不到广州中央医院的水平。”六是有关钟惠澜博士近况。“他正计划到南海的帝汶岛拜见他的母亲。如果您对此事在意，我建议您直接写信给他，并邀请他在通过香港的往返路上，访问岭南大学。”[①]

谢志光（C. K. Hsieh，1899—1967）小传：广东东莞人。早年在岭南大学附小、附中就读，1917 年考入湘雅医学院，1923 年到北平协和医学院放射科工作，1928 年任北平协和医学院放射科主任。“他是第一个在北平协和医院担任科主任的中国人”[②]，“是取得美国放射学会会员资格的第一个中国人”[③]。1942—1948 年，在北平中和医院（现北京人民医院前身）担任放射科主任，坚持医务工作。

① 《私立岭南大学关于李廷安来往文件之二》，广东省档案馆，38（全宗号）-4（目录号）-102（卷号），第 89—90 页（英文）。

② 黄家驷主编：《中国现代医学家传》（第一卷），长沙：湖南科学技术出版社，1985 年，第 129 页。

③ 广东省政协文史资料委员会、中山医科大学合编：《广东文史资料》第 77 辑《医林群英——广东著名医学家传》，广州：广东人民出版社，1996 年，第 77 页。

“他先后接受当时岭南大学医学院院长李廷安和岭南大学校长陈序经的邀请，并联系了司徒展、陈国桢、秦光煜、何天骐四位专家教授，来华南开展医学工作。1948 年 10 月 22 日他们到达广州。”[①]后任岭南大学医学院院长，1961 年向广东省委建议成立肿瘤医院，1964 年任华南肿瘤医院院长。

8 日：娄克斯致函先生：“您 2 月 23 日的来信连同已背书的 9.99 美元支票已收到。您寄来的支票让我有点不知所措，因为我本来——而且现在仍然是打算把结肠造口袋作为礼物送给您的。但是，因为支票已经背书，我会把它兑现。在此我正附寄一张十元钞票还给您。我知道这样，钞票有寄失的风险。但我认为承受这个小小的风险是值得的。如果钞票安全寄到的话，请您告诉我。我只希望造口袋能让您满意。

您知道我一直关注您的 X 光检查结果。所以，我想让谢志光博士看看您的 X 光片，听一下他的意见也是一件好事。我很高兴您在香港得的肺炎——或者不管是其他什么问题——已经有所好转。”[②]

9 日：先生致函中国石油公司，请求为广州中央医院以公价配售 500 加仑（即 10 桶），以作本院救护车辆之用。[③]

19 日：先生致函娄克斯博士：“我非常感谢您 3 月 8 日来信，感谢您寄来的 10 美元钞票。您真的太客气了，我只有接受您的好意。结肠造口术袋很满意，除了袋子有些小（因为我的排泄物太多了）。所以，我有时使用橡皮袋以代替原先的丝布口袋。卢观全博士可能已告诉您：谢志光博士的发现大致上与香港的 T. M. Tso 博士发现是一样的。所以谢志光博士对自己的结论有信心。我的咳嗽情况在恶化。尽管比前些天减轻，但我一直感觉疲劳。这可能是因为后面的 X 线放射的影响。

二三天前，T. M. Tso 博士通知我：费希尔公司代表拜访他，称‘teropterin’药已到。由于目前没有其他治疗方案，我的医学界朋友都建议我试一下这个药。

---

① 广东省政协文史资料委员会、中山医科大学合编：《广东文史资料》第 77 辑《医林群英——广东著名医学家传》，广州：广东人民出版社，1996 年，第 79 页。

②《1948 年 3 月 8 日娄克斯致函李廷安》，Rockefeller Archive Center-Citation Slip，Collection：CMB，Series：1942-1945，Box：76，Folder：535-537.

③《广州中央医院关于请配售汽油一事的公函》，广东省档案馆，004（全宗号）-005（目录号）-0226（卷号），第 115—117 页。

我请求我的朋友 Arthur Woo 博士为我负责此事。每盒 12 安瓿，价钱 100 港币。但是，我们发现其实该药并未运到。公司代表说药品随时会抵达香港。由于我呼吸困难和间歇咳嗽，医生们要求我在家休息。然而，无论如何我还是希望能做些工作。李夫人不想我做。所以，我不得不留在家里。尽管如此，我还是试着坚持阅读和写作，希望能够完成我的《公共卫生教材》。”①

27 日：先生聘任许汉光为岭南大学医学院附属博济医院小儿科主任。②

4 月 29 日：先生致函中国国际救济委员会（International Relief Committee of China）医学部主任奥特布里奇博士：“关于邵艾先生，我明白你们的组织正考虑他。邵艾先生 1946 年至 1948 年作为药理学讲师任职于医学院。由于时间太短，我恐怕对他不便作太多评价。我实在对他了解不多，因此不能给您提供更多有关他的意见。”③

按：奥特布里奇博士于 4 月 22 日致函先生，认为邵艾是“计划下的医药物资采购与分配相关岗位的适合人选”，中国国际救济委员会对他感兴趣，请先生对邵艾的岗位安置提供意见。④

5 月 6 日：先生患肠癌于 6 日在广州逝世。《申报》称先生为“从事地方公共卫生最早之一人”⑤。

---

①《1948 年 3 月 19 日李廷安致函娄克斯》，Rockefeller Archive Center-Citation Slip，Collection：CMB，Series：1942-1945，Box：76，Folder：535-537.

②《关于聘许汉光为岭南大学医学院小儿科主任一事的文》，广东省档案馆，038（全宗号）-002（目录号）-6（卷号），第 077 页。

③《私立岭南大学关于李廷安来往文件之二》，广东省档案馆，38（全宗号）-4（目录号）-102（卷号），第 21 页（英文）。

④《私立岭南大学关于李廷安来往文件之二》，广东省档案馆，38（全宗号）-4（目录号）-102（卷号），第 22 页（英文）。

⑤《穗中央医院院长李廷安患病逝世》，《申报》1948 年 5 月 11 日，第 2 版。

第八章 谱 后

一、遗体告别与安葬

《岭南大学校报》报道："李廷安博士年前应本校之聘，由北南旋，服务桑梓，就任本校孙逸仙博士纪念医学院院长，并附属博济医院院长及广州中央医院院长等职。莅任年余，对于院务设备整理与乎教学之研究，多所建树。去年秋，因宿疾肠□（按：癌），积劳复发，经入医院多月之调理割治，病况时愈时沉，遽于本月 6 日零时，不治逝世。即由本校暨孙逸仙博士纪念医学院、博济医院及广州中央医院等各派代表共同组织成立李院长治丧委员会，主持料理其身后一切丧葬事宜，当日下午一时大殓，其夫人及诸公子亲友等在侧亲视含殓，并于翌 8 日（星期六）上午九时起将遗体停厝本校医学院礼堂公祭，景瞻遗容，下午二时举行宗教仪式，殡礼秩序，肃穆隆重。

（一）静默。嘉理思夫人奏琴。

（二）唱诗。第廿一首。

（三）祈祷。谭沃心院长。

（四）读经。邝宁法牧师。

（五）歌颂。本校大学歌诗班。

（六）生平叙述。陈翼平教授。

（七）演讲。由本校校长李应林博士、朱润琛处长、钟世藩院长、许天禄院长、欧振远先生等先后演讲，概述李故院长生平做人做事之奋斗精神，济民建业，功勋彪炳。

（八）唱诗。第 149 首。

（九）谢辞。李华文先生。

（十）宣布。阮康榜先生。

（十一）祝福。庞美伦牧师。

至下午四时出殡，安葬本校坟场。是日，本校各校董先生，李应林校长暨全体教职员、同学及各机关社团学校首长、各界名流、亲戚故旧，均纷致送挽联花圈，或折送赙金，移作医学教育事业奖金之用，并亲临执绋，随护灵衬（恐为‘榇’）数逾千人，路为之塞。白马素车，哀荣极甚。良师一代，遂尔地下长眠，闻者莫不痛惜。”①（图 8.1—图 8.11）

按：据李宝健教授回忆，送灵人从博济医院步行两个小时到岭南大学墓地。李应林校长、许天禄、许锦世亲临入土现场。先生与夫人王淑贤现今长眠于中山大学康乐园墓地。

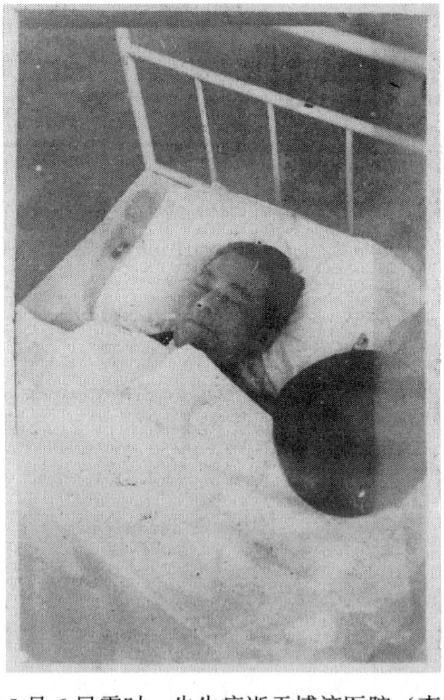

图 8.1　1948 年 5 月 6 日零时，先生病逝于博济医院（李宝健教授提供）

①《本校医学院李廷安院长逝世》，《岭南大学校报》1948 年第 77 期，第 3 版。

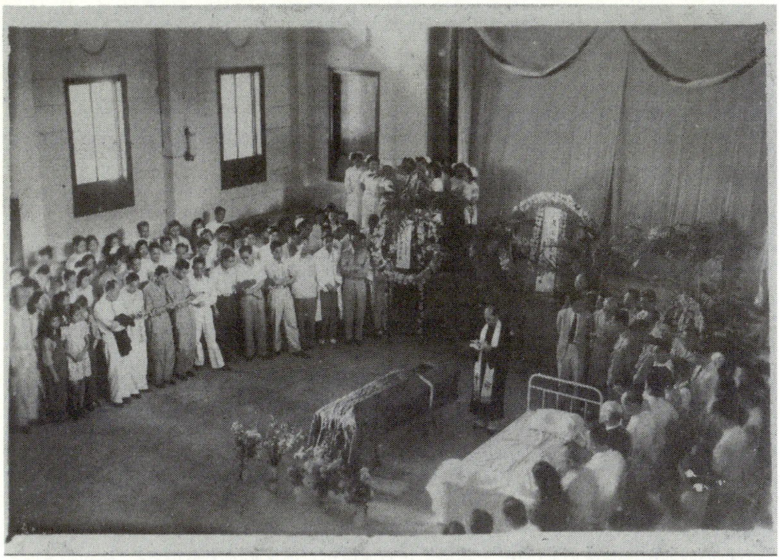

图 8.2 在博济医院大礼堂牧师为先生祷告（李宝健教授提供）

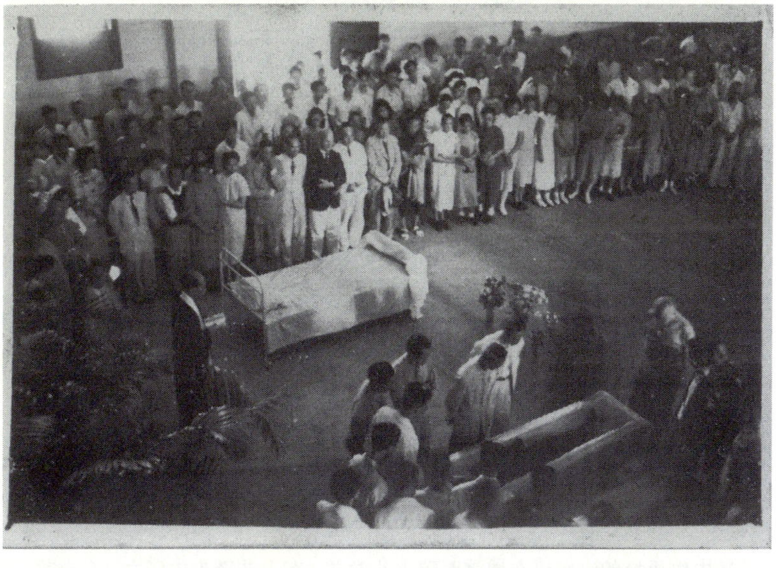

图 8.3 在博济医院大礼堂亲友同事瞻仰先生遗容（李宝健教授提供）

图 8.4 先生灵柩抬出博济医院大礼堂

注：左侧门前短发穿西服者为校长李应林，右边第一位穿西服抬灵柩者为许天禄（后接任岭南大学医学院院长）、其后穿白西服者为钟世藩（后接任广州中央医院院长），中间穿深色西服头发较浓者为许锦世（后接任博济医院院长）（李宝健教授提供并解释）

图 8.5 运送先生灵柩的汽车停在博济医院大礼堂前（车上花圈为宋子文、金宝善、周诒春所献）（李宝健教授提供）

图 8.6　先生灵柩缓缓驶出博济医院（李宝健教授提供）

图 8.7　同事、亲友、学生与民众送先生最后一程（李宝健教授提供）

注：执绋千人，从博济医院步行近两小时到岭南大学

图 8.8　先生灵柩入葬岭南大学（李宝健教授提供并解释）

注：四位并排穿黑衣者，从右至左为宝健、宝善、李夫人、宝良，宝健后较高者为许锦世（宝健表姐夫，三伯父女儿的丈夫，抗战时任美国空军医院医生），宝健右一为李宝澄（二兄廷修的三儿子，广东省畜牧研究所研究员，畜牧学家），右二为岭南大学校长李应林，李应林后女士为同族李惠梅，宝良后为五兄廷光的女儿李素清，李素清后为三兄廷耀，左二为六兄廷昌

图 8.9　李廷安、王淑贤墓

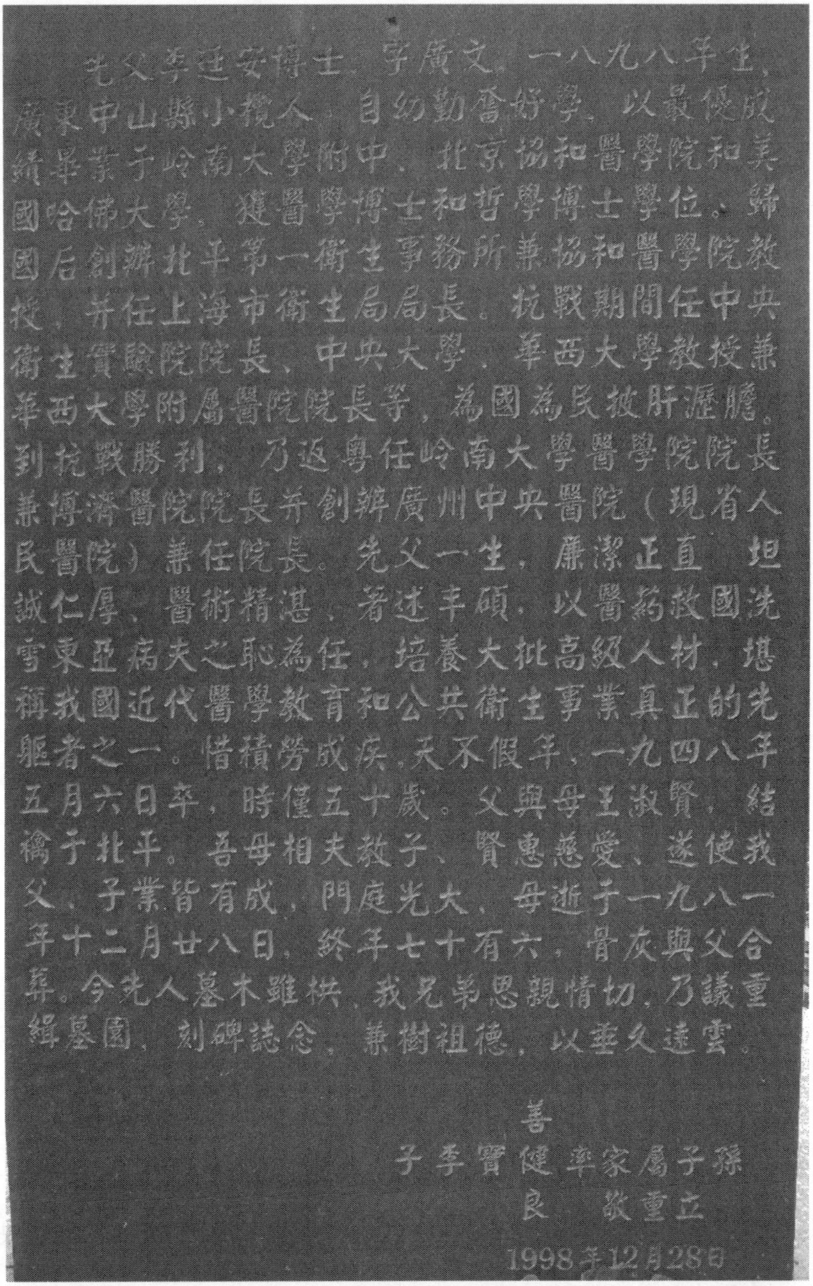

图 8.10　李廷安、王淑贤墓志

按：先生墓志为黄天骥所撰写。

图 8.11 先生在岭南大学的故居

先生逝世后，副院长许天禄代理院长之职。[①]

二、媒体报道与后人评价

《申报》据“中央社南京 10 日电”报道：“卫生部消息：现任广州中央医院

① 《李廷安院长逝世，副院长许天禄代理》，《岭南大学校报》1948 年第 79 期，第 3 版。

院长兼岭南大学孙逸仙博士纪念医学院院长李廷安氏，患肠癌疾于 6 日在广州逝世。李氏战前任北平协和医学院公共卫生学教授，沪市卫生局长，卫生部医疗防疫总队总队长，中央卫生实验院院长，抗战后随政府西迁，先后任华西、中央、岭南各大学教授，为从事地方公共卫生最早之一人。噩耗传来，卫生医学界深为悲悼。”[①]

《中华医学杂志》（英文版）“给李廷安博士的献词”对先生作如下评价：“公共卫生领域先驱者中的真正一人”，“李博士为人坦率、精力充沛和热心，具有作为一个科学家、领导者和朋友的一切可以值得仰慕的品质，也具有克服不可想象的困难和经受肉体上的痛苦考验的品质”，“他的成就是客观存在的，也是很难为任何其他的人所代替的”。[②]

《中华医学杂志》（英文版）“讣告”摘引北平协和医学院院长顾临对先生的评价：“一位具有非常的活力、热情和智慧，一个有突出的可以和他人进行合作的能力的人。”“他可以在中国的医学教育和公共卫生事业中做出显著的贡献。”[③]

“讣告”称赞先生：“为北平协和医学院增添了光彩。”“这三个职务（按：任岭南大学孙逸仙博士纪念医学院院长、广州中央医院院长和博济医院院长）中的任何一个职务都可占用一个人的全部的时间，可是他独特的能力和勇气使得他同时地领导了这些在广州的主要的医学的机构，他并且首次协调地使得这些机构和这些机构所服务的社会同时得到了利益。”[④]

《申报》赞扬先生对医学教育所做的贡献：“京、平、沪卫生教育，多赖李氏倡导。”[⑤]

《上海医事周刊》评价先生是“我国从事地方公共卫生最早数人之一”[⑥]。

兰安生称赞先生对学校卫生的贡献：“环顾东西各国，对于学校卫生之实施、卫生教育之发展，有此普及全国之计划者，余尚未之见也。”[⑦]

① 《穗中央医院院长李廷安患病逝世》，《申报》1948 年 5 月 11 日，第 2 版。

② Khoo F Y. Editional. Dr.Li T A—A Dedication. *The Chinese Medical Journal*, 1948, 66(6): 344.

③ Ferguson M E.Obituary. Li T A. *The Chinese Medical Journal* ,1948, 66(6): 342-343.

④ Ferguson M E.Obituary. Li T A. *The Chinese Medical Journal* ,1948, 66(6): 342-343.

⑤ 《大夏请李廷安讲演》，《申报》1933 年 12 月 3 日，第 18 版。

⑥ 《公共卫生专家李廷安博士逝世》，《上海医事周刊》1948 年第 11 期，第 4 页。

⑦ 李廷安：《学校卫生概要・序三》，上海：商务印书馆，中华民国十九年。

陈志潜（北平协和医学院 1929 届毕业）称先生是“（北平协和医学院）以公共卫生为事业的第一位毕业生”[①]。

严镜清回忆先生的为人处世：“为人开朗、亲切、随和，颇健谈，知识渊博，英语好，说的随便达意。对低年级同学没有架子，平等待人。”先生发自内心地尊重长辈。“在他临行的晚上（按：先生离开北平前往上海就任卫生局局长），到火车站送行的有顾临代院长、兰安生教授兼主任，这是极为少见的，还有卫生学科全体人员，我也在内，以及公共卫生护理主任等。显然，这是一种特别排场。事有凑巧，那天乘车赴沪的还有一位医学界老前辈伍连德博士，即解放以后（中华人民共和国成立后）不止一次获得周恩来总理为其在东北流行鼠疫时亲自深入前线参加并指导防治工作的赞许。协和为李安排的是有一间专用卧室的特等车，而伍则由个人购买的一般卧车铺位，他上车时李教授知此情况，立即表示不安、不妥的呼声，要求与伍对易，后经车方管理人员调停将二人安排在一起始告平息。这是一件突然发生的小事，却能表现出李的自知之明和由衷的敬老精神。”“他是我国早期医务界的一位先进，著名的公共卫生界学者和教授，他人格高尚，襟怀坦白，开朗乐观，治学严谨，精益求精，他早年矢志于公共卫生这门广泛而又新颖的学术研究与教学，矢志为广大劳动人民服务，他身体力行。我仰慕他，追随他。可惜的是，可悲的是他英年早逝！”[②]

颜春辉评价先生：“我很想感谢您邀请我参加您的单位。尤其是有可能与当今中国医学界最杰出领导之一的您共事，我认为该邀请对我是一极大的荣誉。”[③]

香港名医蒋法贤评价先生对岭南地区的医学发展所起的作用：“您在广州所做的工作，对这里医学事业的未来是一笔财富，我必须祝贺孙逸仙博士纪念医学院能享有您的卓越服务。然而，广州之得，却是上海之失。”[④]（按：抗日战争胜利后，南京国民政府行政院院长宋子文任命先生为上海市卫生局局长，先生恳辞获准）

① 陈志潜：《中国农村的医学——我的回忆》，成都，四川人民出版社，1998 年，第 37 页。

② 严镜清：《缅怀李廷安教授》（未见刊，李宝健教授提供）。

③《私立岭南大学关于李廷安来往文件之二》，广东省档案馆，38（全宗号）-4（目录号）-102（卷号），第 166 页（英文）。

④《私立岭南大学关于李廷安来往文件之二》，广东省档案馆，38（全宗号）-4（目录号）-102（卷号），第 190 页（英文）。

曾任浙江医学院院长的王季午称:“我认为您是(北平协和医学院毕业生中)首位当任医学院院长之人。”①

接任先生任上海卫生局局长的张维评价先生的工作:“您所在社会因您的工作而获益。”②

称李宝良为弟弟的郭媛珠回忆:“我在华西念书时,我最尊敬的老师李廷安教授,他的授课非常生动,与当时‘协和’来的内科 Stephen Cheng(张)都是我级最受欢迎者,尤其他(按:先生)是广东人,更亲切,至今难忘。他非常爱才,当时我的丈夫,原也是我的老师在外科,只是讲师,已负盛名,是中央、华西、齐鲁三大学联合医院的住院总(医师),竞争很激烈。

自日本投降后,他(按:先生)回岭南,(以)办好医学院为已任,其他的大官都推卸了,而去战后条件差的岭大,欲振兴医学,创岭大的辉煌。到任后,所聘的住院的主治医生有约法三章:一不得结婚,二不得兼职,三更不准自行开业。而当时最缺人才者唯外科。他首先想到的是办学要人才,他心中有个王成恩,于 1947 年 3 月特电邀他来岭大,王成恩一心尊敬他,他(按:王成恩)也有一定本事,华西不放人,要 Kilborn(按:启真道)院长马上送他去美国。若他不走,什么条件都答应。(王成恩)便去了峨眉山休养。王老师竟偷偷跑来岭大。而我因未婚,于 1948 年 5 月也受聘于岭大博济医院。从此王老师不负院长之重托,把博济外科也搞好哩。我们结婚是你(按:李宝良)的母亲为他做证人和弹琴……想往事多了。”(2013 年 11 月 3 日与宝良见面时,宝良提供此信)

三、抚　恤

《上海医事周刊》10 月 16 日发布通告,为“李廷安博士纪念基金募捐”,通告称:“李博士生前故旧友好以博士身后萧条,遗孤尚幼,为纪念博士功德及教

① 《私立岭南大学关于李廷安来往文件之一》,广东省档案馆,38(全宗号)-4(目录号)-101(卷号),第 113 页(英文)。

② 《私立岭南大学关于李廷安来往文件之三》,广东省档案馆,38(全宗号)-4(目录号)-103(卷号),第 74 页(英文)。

养遗属起见，特发起‘李廷安博士纪念基金筹备委员会’，共醵纪念基金为奖学并赙卹（抚恤）之用。”①

先生逝世后，私立岭南大学制定遗族抚恤办法，具体内容如下：（一）本年8月1日起，李故院长家属仍可在校内居住，但须迁往另一间较小之医学院平房，期限至1958年7月止。如李院长家属迁住他地或其子女不在本校肄业时，不得转让人居住，而本校有权随即收回。（二）其儿子可免学费继续在本校求学直至1958年7月止。（三）李故院长原有薪金额将自本年8月1日起继续照支，至1949年7月31日止。②

按：李宝健证实上述抚恤办法，原住二层洋楼，有花园，后搬至一厅三室房。

四、先生后人

先生逝世后，李夫人尽力抚养三个孩子成长。岭南大学聘任李夫人担任钢琴教师，管理岭南大学的几台钢琴。学校小礼堂有一架钢琴，李夫人常到此弹琴教学。岭南大学与中山大学合并后，中山大学的钢琴也由李夫人管理。星海音乐学院钢琴系李念慈教授受教于李夫人。李夫人于1981年12月28日在广州去世。

李宝善小传：先生长子，1931年4月8日生于上海。宝善热爱科学，在岭南大学附属高中时，用废旧零件组装，砍来竹子做发射天线，自设业余电台，并正式注册，呼号C3PS（C代表China，3代表Canton City, PS是宝善当时的名字简称）。宝善与美国旧金山联系时，对方询问宝善身份，当得知是位中学生时，对方吃惊不小。1953年岭南大学电机系毕业后，在北京中央广播事业局任中央控制室工程师。1955年发明设计了“电缆工程检测仪”，填补了当时国内的空白，荣获国家级奖励。宝善是人民大会堂音响设备的重要设计者之一，大会堂的每个角落都能听清演讲者声音。“文化大革命”期间，全家惨遭迫害。1972年调至

① 《李廷安博士纪念基金募捐》，《上海医事周刊》1948年第20期，未标页。

② 《私立岭南大学关于李廷安院长遗族抚恤办法的文》，广东省档案馆，038（全宗号）-003（目录号）-26（卷号），第009—010页。

上海市中国唱片厂，任总工程师及技术经理，积极引进国外先进技术及设备，为中国电声事业做出重大贡献。由于在电声学方面的贡献与成就，国际电声协会（Audio Engineering Society）聘请他成为中国第一个会员，宝善曾多次赴欧美、日本等国做技术交流及考察。宝善发表了50多篇科学论文及6本专著。“1990年在纽约东方书店还见到他的专著。其中《音响测试》（Audio Measurements）曾荣获1986年国际电讯年二等奖。”①

宝善收集近一百年的电声学历史资料汇编成Cassette，名为《声学文库一百年》（100-Year History of Sound Documentation），荣获国家科技出版二等奖。宝善曾在上海科技大学等数所高校任教。

1987年12月，宝善移居美国，在纽约Center of Media Arts开始其《电声音响学》的教学生涯，因其丰富的专业知识及实践经验，讲课时深入浅出，颇受学生欢迎。“以他仅有一张1952年中国大学的BS（按：理学学士）毕业文凭，很快得到N. Y. State（纽约州）教育局正式承认，并发予教师执照。不到三年内，被该校评为仅有的两名Senior Instructor（资深讲师）之一。1989年后，又以该校老师为对象，开设新课程，传授有关Computer与电声分析的先进知识。”因其电声学领域的造诣与影响，纽约州立大学拟聘请他到该校任教。“直至他病重期间，校方还多次电话邀请，可惜因身体条件，始（才）未如愿。”②

夫人王贻喆，是一位贤妻良母与贤内助。儿子李捷、李扬事业有成。宝善患病期间，得到全家无微不至的关怀照顾。临终前两个月，夫人王贻喆更是服侍床前，常彻夜未眠。“Mount Sinai Hospital的医护人员为此亦深受感动，几次对我大哥说：‘你有这样好的妻子及儿子，你确实是一位幸福的人’。”③

1992年3月4日晚十点，宝善与世长辞。宝善去世后，岭南（大学）学院董事会发函慰问：“王贻喆夫人暨李捷、李扬尊鉴：敬启者：惊悉李宝善学长在美因病辞世，噩耗传来，弟等万分悲痛。谨代表岭南（大学）学院及岭南大学广州校友会向夫人暨全体家属致以沉痛的哀悼。宝善学长青年时代即参加学生活动，曾任岭南大学学生会主席，显示了他的才华和组织能力。参加工作后，

① 《大哥李宝善生平简要》（In Memory of Mr. Edmund Bao-Shan Li）（李宝健教授提供）。

② 《大哥李宝善生平简要》（In Memory of Mr. Edmund Bao-Shan Li）（李宝健教授提供）。

③ 《大哥李宝善生平简要》（In Memory of Mr. Edmund Bao-Shan Li）（李宝健教授提供）。

三十多年来为国家建设事业辛勤劳动，并取得了出色的成就，受到了政府与人民的表彰和赞誉。宝善学长热爱祖国，事业心很强，为人正直，不畏邪恶，很有魄力。为祖国建设事业和岭南大学上海校友会的成立和发展，作（做）出了贡献。他是岭南大学的一位好校友，是祖国的好儿女。他虽然不幸过早离我们而去，但将永远活在人们的心中。敬请节哀顺变。”①

宝善生有李捷、李扬二子。

李宝健小传：先生次子，1933 年 8 月 29 日生于上海。1937 年 10 月，随母亲离沪南下香港，既而辗转西迁，于 1938 年冬到达成都，与父亲团聚。童年就读于成都华西坝小学，同学绝大多数是全国西迁至成都的各著名大学教授的孩子。1946 年 1 月，随父回广州，就读岭南大学附属中学，1951 年高中毕业。是年，宝健考取岭南大学生物系，在学期间与人合作撰写《梅县光头小麦阶段发育的分析》，该文“是当年生物系唯一一篇被刊登于《中山大学学报》（1955，3: 35-44），同时被推荐至广东省主办的有关学术会议上报告并获得积极好评的本科生论文”②。

1955 年 8 月李宝健毕业留校，1956 年加入中国共产党。1957 年夏李宝健与胡蕲慧结婚，同年被中山大学派往苏联国立列宁格勒大学留学，导师为遗传学家马卡罗夫院士。研究生论文为《一些被子植物孢子体、配子体发生及受精过程的细胞化学的研究》，李宝健被国立列宁格勒大学授予遗传学副博士学位。1962 年 4 月，李宝健回到北京，应童第周要求，在中国科学院礼堂汇报了应用显微镜放射自显技术研究 DNA 复制的成果。5 月，回中山大学生物系工作，提议创建遗传学教研室与电子显微镜实验室。1979 年作为筹备委员会成员，参与筹建中国细胞生物学学会。1983 年，美国康奈尔大学博伊斯·汤姆森研究所（Boyce Thompson Institute）邀请李宝健作为客座教授到该所分子遗传研究室工作。研究成果有二：“第一，建立能成功地使大豆细胞再生成株的实验体系，为转基因大豆的成功培育打下基础；第二，试用电激法将外源基因转入植物细胞基因组。”③1985 年，应国家科学技术委员会徐成满之请回国，随即筹建中山大

① 《大哥李宝善生平简要》（In Memory of Mr.Edmund Bao-Shan Li）（李宝健教授提供）。

② 冯双、贺竹梅、武少新编著：《李宝健传》，广州：中山大学出版社，2013 年，第 22 页。

③ 冯双、贺竹梅、武少新编著：《李宝健传》，广州：中山大学出版社，2013 年，第 34 页。

学生物工程研究中心。1986 年 11 月 13 日中山大学生物工程研究中心正式成立，李宝健任中心主任。李宝健被袁隆平院士领衔的国家杂交水稻研究中心聘任为高级科技顾问。1991 年，李宝健被任命为中山大学副校长兼研究生院院长。1998 年第 18 届国际遗传学大会在北京召开，李宝健任秘书长。“国际顶级学术期刊 SCIENCE（1995，270：1147-1149）对李宝健作过高度评价：‘在过去 10 年内，像李宝健教授等回国科学家已成功地将 DNA 重组和转基因技术移植到中国的土地上……中国的生物技术将有一段漫长的道路要走，但其生物技术的先驱者如李宝健教授等已打下良好的基础。’英国权威科学杂志 New Scientist（1995，2008：3-4）也对他‘外源基因导入水稻细胞’的研究发表专门报道：Chinese deal blow to key gene patent，文中报道了以李宝健为首的中国科学家对日本申请的一项转基因进入水稻细胞的世界专利提出质疑，为中国维护了一项关键的知识产权。文章还配发题为‘China joins the club’的评论，文中总结道：‘李宝健教授等人这一研究成果，表明中国已进入国际水平的科学俱乐部。’科技部部长宋健还为此事专门叮嘱其秘书打电话向李宝健表示热烈祝贺！”①

李宝健与钟南山、陆阳等合作，完成《应用自行设计的 siRNA 药物对感染了 SARS 的恒河猴的预防和治疗作用的研究》，以第一作者的论文发表在 *Nature Medicine*。李宝健夫人胡蕲慧女士，祖籍浙江绍兴，毕业于中山大学化学系，退休前任中山大学化学系副教授，女儿李青 1963 年出生，毕业于中山大学化学系，并在美国获得硕士学位，在美国多家企业任工程师与经理。儿子李坤在美国大学毕业后，任职于金融界，曾任得克萨斯州达拉斯市花旗银行副总裁。

李宝良小传：先生三子，1937 年 10 月 3 日生于上海，出生不久，宝良随全家迁往霞飞路的法租界，既而西迁，1938 年冬抵达成都。宝良的童年在成都度过。1960 年毕业于中山医学院（现中山大学医学院），毕业后在北京第二传染病院（现北京佑安医院）工作，后任副主任、副主任医师。1966 年，参加援藏工作，在西藏开展传染病防治工作。1987 年定居美国，在纽约罗斯福医院从事病理学工作。宝良生有一子李援、一女李星。李星曾于 1994 年 6 月 16 日致函哈佛大学医学图书馆，询问祖父李廷安在哈佛大学留学时的情况，该馆稀有文献及手稿档案负责人（Curator of Rare books and Manuscripts）理查德 • J. 乌尔夫

① 冯双、贺竹梅、武少新编著：《李宝健传》，广州：中山大学出版社，2013 年，第 67—68 页。

于7月12日复函李星，告知李廷安毕业于哈佛大学的时间、毕业论文题目、前来查阅档案的程序。1995年4月14日，宝良与李星驱车前往哈佛大学医学图书馆查阅先生档案。据宝良回忆："当日清晨，天未亮起程，自纽约市驱车历时约4小时到达波士顿（Boston）哈佛医学图书馆（The Francis A. Countway Library of Medicine，Boston Medical Library and Harvard Medical Library）。该馆坐落于哈佛医学院与哈佛公共卫生学院之间，停车位已为我们备好（当时该馆停车位为数不多，约30余个），热情接待我们的是Richard J. Wolfe先生，他是该馆稀有文献及手稿档案负责人。在阅览室里，两张桌面上已放置好数件文件夹及一些单张材料。资料大致分两部分：第一部分反映家父自1927—1929年在哈佛学习深造的情况，其中有1927年的入学申请表、入美境学习批准信、1929年获博士（学位）论文Factors affecting the birth weight of the new-born的纲要。由于他学习成绩优异，不到两年便拿到公共卫生哲学博士学位。我们看到有当年数位教授对他评价的信件。学习期间，校方提供在美参观学习一个月，我们见到一份当时安排的行程表及一张当年的火车票。第二部分是家父1930年返国后至1936年的工作情况，有当年的报纸剪报，数封与两位哈佛公共卫生学院院长戴维德·L. 埃兹尔、塞西尔·K. 德林克博士及教授们的信件，其中一份是他在1936年8月24日给德林克博士的信，谈及内容较详尽。另有一册以家父署名的上海市卫生局的工作报告（1933年10月20日号，英语）。"（李宝良：《访哈佛大学医学图书馆》，2013年11月3日，李宝良提供）

参考文献

第一部分：档案资料

一、洛克菲勒基金会李廷安英文档案（Rockefeller Archive Center-Citation Slip, Collection:CMB, Box:76, Folder:535、536、535-537）

1927 年 1 月 2 日李廷安博士助学金申请表。

1928 年 1 月 10 日 Roger S. Greene 致函 Vincent 博士。

1928 年 12 月 31 日李廷安博士致函 Eggleston 小姐。

1936 年 6 月 10 日李廷安博士致函 Edwin C. Lobenstine 博士。

1936 年 10 月 17 日李廷安博士致函 Edwin C. Lobenstine 博士。

1936 年 10 月 29 日北平协和医学院教授委员会与医院委员会联席会议会议记录。

1936 年 10 月 31 日北平协和医学院教授委员会与医院委员会联席会议会议记录。

1937 年 12 月 20 日 ECL 报道李廷安博士行踪。

1940 年 1 月 3 日李廷安博士致函 Edwin C. Lobenstine 博士。

1942 年 2 月 14 日李廷安博士致函 Alan Oregg 博士。

1942 年 4 月 16 日 Edwin C. Lobenstine 博士致函李廷安博士。

1942 年 4 月 30 日 ECL 报道李廷安博士行踪。

1942 年 4 月对李廷安博士简历和发表论文介绍。

1942 年 5 月 11 日李廷安博士致函 Balfour 博士。

1942 年 5 月 20 日李廷安博士致函 Edwin C. Lobenstine 博士。

1942 年 11 月 30 日李廷安："中央大学卫生学院预防医学研究所"介绍。

1943 年 1 月 4 日李廷安："北平协和医学院方针备忘录"。

1943 年 3 月 5 日 Edwin C. Lobenstine 博士致函李廷安博士。

1944 年 3 月 9 日 Claude E. Forkner 博士致函李廷安博士。

1944 年 3 月 11 日李廷安博士致函 Earle Ballou 博士。

1944 年 3 月 19 日李廷安博士致函 Vera Nieh 小姐。

1944 年 3 月 19 日李廷安博士致函 Tsur 博士。

1944 年 3 月 20 日李廷安博士致函 Wong Wen-hao 博士。

1944 年 3 月 31 日李廷安博士致函 Claude E. Forkner 博士。

1945 年 2 月 24 日 AMP 和 ECL 报道李廷安博士手术。

1945 年 3 月 7 日 Mary Ferguson 关于李廷安博士手术。

1945 年 4 月 23 日李廷安博士致函 Edwin C. Lobenstine 博士。

1945 年 5 月 29 日 Edwin C. Lobenstine 博士致函李廷安博士。

1945 年 8 月 18 日李廷安博士致函 M. C. Balfour 博士。

1945 年 8 月 27 日李廷安博士致函 M. C. Balfour 博士。

1945 年 10 月 1 日 C. G. Copley to M. C. Balfour 博士摘要。

1945 年 10 月 1 日 C. G. Copley 日记摘要。

1946 年 5 月 3 日李廷安博士致函 Mary Ferguson 小姐。

1946 年 9 月 11 日李廷安博士致函 H. H. Loucks 博士。

1946 年 10 月 4 日 H. H. Loucks 博士致函李廷安博士。

1946 年 11 月 13 日 H. H. Loucks 博士致函李廷安博士。

1946 年 11 月 30 日李廷安博士致函 H. H. Loucks 博士。

1946 年 12 月 30 日 H. H. Loucks 博士致函李廷安博士。

1947 年 3 月 7 日李廷安博士致函 H. H. Loucks 博士。

1947 年 11 月 9 日 H. H. Loucks 博士致函李廷安博士。

1947 年 11 月 9 日李廷安博士致函 H. H. Loucks 博士。

1947 年 11 月 13 日病理医生 Fred W. Stewart 致函北平协和医学院病理学教授 C. H. Hu。

1947 年 12 月 9 日李廷安博士致函 H. H. Loucks 博士。

1947 年 12 月 29 日李廷安博士致函 H. H. Loucks 博士。

1948 年 1 月 1 日李廷安博士致函 H. H. Loucks 博士。

1948 年 1 月 16 日李廷安博士致函 H. H. Loucks 博士。

1948 年 1 月 19 日李廷安博士致函 Lu 博士 Hsu 博士。

1948 年 1 月 22 日 H. H. Loucks 博士致函李廷安博士。

1948 年 1 月 24 日 Lu K C 致函 Loucks 博士。

1948 年 2 月 6 日李廷安博士致函 H. H. Loucks 博士。

1948 年 2 月 23 日李廷安博士致函 H. H. Loucks 博士。

1948 年 3 月 8 日 H. H. Loucks 博士致函李廷安博士。

1948 年 3 月 19 日李廷安博士致函 H. H. Loucks 博士。

二、哈佛大学医学图书馆李廷安英文档案(The Francis A. Countway Library of Medicine Boston Medical Library Harvard Medical Library)

1926 年 11 月 21 日李廷安博士致函 David L. Edsall 博士。

1926 年 12 月 22 日李廷安博士致函 David L. Edsall 博士。

1927 年 9 月 14 日 David L. Edsall 博士致函移民局官员，请允许李入境。

1928 年 1 月 17 日李廷安博士致函 Ernest Tyzzer。

1928 年 1 月 25 日 Ernest Tyzzer 致函李廷安博士。

1928 年 12 月 13 日 Richard M. Smith 致函哈佛大学高级学位委员会评价李廷安论文。

1928 年 12 月 17 日 E. B. Wilson 致函哈佛大学公共卫生学院秘书 Marian Dale 小姐。

1929 年 5 月 26 日李廷安博士致函 David L. Edsall 博士。

1933 年 2 月 13 日李廷安博士致函 David L. Edsall 博士。

1933 年 3 月 16 日 David L. Edsall 博士致函李廷安博士。

1935 年 11 月 16 日李廷安博士致函 C. K. Drinker 博士。

1936 年 8 月 24 日李廷安博士致函 C. K. Drinker 博士。

1943 年 2 月 10 日李廷安博士致函 C. K. Drinker 博士。

1967 年 10 月 24 日洛克菲勒基金会致函哈佛大学研究生院询问李廷安是否获得学位及获取时间。

Suggested Schedule for Dr.Li（李廷安博士各地参观日程表）。

李廷安博士论文提纲。

哈佛大学公共卫生学院李廷安博士入学申请表。

上海市政府卫生局报告。

三、广东省档案馆李廷安英文档案

(一)《私立岭南大学关于李廷安来往文件之一》, 38 (全宗号) -4 (目录号) -101 (卷号)

1946 年 2 月 11 日李廷安致函孙科（1）。

1946 年 2 月 20 日 F. Oldt 致函 Miss Mary H. E. Shih（2）。

1946年2月11日李廷安致函Dr. T. S. Shih（3—4）。

1946年2月25日T. S. Shih复函李廷安（5—6）。

1947年2月18日李廷安致函孙科博士（7）。

1946年3月9日李廷安致函Mr. G. F. Sauer（8）。

1946年3月9日李廷安致函Dr. C. Szutu（9—10）。

1946年2月21日C. Szutu致函李廷安（11—14）。

1946年4月17日李廷安复函C. Szutu（15）。

1946年3月25日C. Szutu复函李廷安（16—17）。

1946年5月9日李廷安致函Mr. G. F. Sauer（18）。

1946年4月16日李廷安致函Mr. G. F. Sauer（19）。

1946年3月19日G. F. Sauer致函李廷安（20）。

1947年5月12日孙科致函李廷安（21）。

1947年8月14日Chieh Sung致函李廷安（23）。

1946年5月27日李廷安致函Mr. R. L. Stickles（24）。

1946年5月27日Roy Mar致函R. L. Stickles（25）。

1946年5月30日李廷安致函C. Szutu（27）。

1946年6月1日李廷安致函Dr. W. A. Sawyer（28）。

1946年4月24日W. A. Sawyer致函李廷安（29）。

1946年6月10日李廷安致函Dr. Szeming Sze（30）。

1946年1月18日Dr. Szeming Sze致函李廷安（31）。

1946年6月14日李廷安致函南京行政院院长宋子文（32）。

1946年5月25日老恩赐信函（32）。

1946年7月22日L. Szutu致函李廷安（34—35）。

1946年8月30日李廷安致函C. Szutu（36）。

1946年8月16日C. Szutu致函李廷安（37）。

1946年9月2日李廷安致函Dr. P. S. Selywn-Clarke（38）。

1946年9月6日李廷安致函Dr. C. W. Shoop（39）。

1946年9月13日李廷安致函孙科（40）。

1946年9月9日李廷安致函Mr. Sauer（41）。

1946年9月3日李廷安致函Mr. Sauer（42）。

1946年9月13日李廷安致函Chieh Sung（45）。

1946年6月6日Chieh Sung致函李廷安（46—48）。

1946 年 10 月 26 日 Szeming Sze 致函李廷安（49）。

1946 年 10 月 23 日陈志昆致函李廷安（50—53）。

1946 年 10 月 31 日 H. T. Chen 致函 Dr. E. Stransky（54）。

1946 年 11 月 4 日 H. T. Chen 致函 Chieh Sung（55）。

1946 年 11 月 2 日李应林致函相关部门（56）。

1946 年 12 月 5 日李廷安致函 Chieh Sung（58）。

1946 年 12 月 14 日李廷安致函 Madame Sun Yat-sen c/o Madame Sun Fo（59—61）。

1946 年 12 月 14 日李廷安致函 Madame Sun Fo c/o Legislative Yuan（62）。

1946 年 1 月 14 日李廷安致函 Miss Elsie A. Siemer（70）。

1947 年 9 月 2 日 Elsie A. Siemer 致函李廷安（71）。

1947 年 10 月 24 日 K. F. Woo 致函李廷安（73—74）。

1947 年 6 月 30 日李廷安致函 Mis. Thelma Samson（76—77）。

1947 年 6 月 25 日 Thelma Samson 致函李廷安（78）。

1946 年 6 月 10 日 Emile Netter 致函李廷安（80，82）。

1946 年 8 月 1 日 L. T. Yip 致函岭南大学李廷安（83）。

1946 年 7 月 2 日 Harold B. Brian Accountant 致函李廷安（84）。

1946 年 7 月 18 日 Harold B. Brian Accountant 致函李廷安（85）。

1946 年 7 月 8 日 License（86）。

1946 年 8 月 14 日李廷安致函 Harold B. Brian（87）。

1945 年 7 月 25 日 K. F. Woo 致函李廷安（88）。

1946 年 2 月 6 日 Wu Ying Koi 致函李廷安（89）。

1946 年 1 月 30 日李廷安致函 Wu Ying Koi（89-1）。

1946 年 2 月 9 日李廷安致函 T. T. Wu（90）。

1946 年 2 月 13 日李廷安致函 T. T. Wu（91）。

1946 年 1 月 29 日 T. T. Wu 致函李廷安（92—93）。

1946 年 2 月 20 日李廷安致函 Wu Yik Wan（94）。

1946 年 2 月 19 日 T. T. Wu 致函李廷安（98）。

1946 年 2 月 21 日 T. T. Wu 致函李廷安（99）。

1946 年 2 月 15 日李廷安致函 K. F. Wu（100）。

1946 年 3 月 19 日 K. F. Woo 致函李廷安（101—104）。

1946 年 3 月 17 日 K. F. Woo 致函李廷安（105、105-1）。

1946 年 2 月 28 日李廷安致函 T. T. Wu（97）。

1946年3月21日李廷安致函 Stephen Wong（107）。

1946年4月25日李廷安致函 Miss Wong Wai Ying（108）。

1946年5月3日李廷安致函 Basil L.Wang（109）。

1946年5月8日李廷安致函 P. W.（110）。

1946年5月10日李廷安致函 Patrick P. T. Wu（111）。

1946年5月27日李廷安 Chi-wu Wang（112）。

1946年5月3日李廷安致函 Olin D. Wannamaker（114）。

1946年5月20日 Olin D. Wannamaker 致函李廷安（115）。

1946年6月10日李廷安致函 Stephen Wang（117）。

1946年6月10日李廷安致函 Stanley Wang（118）。

1946年5月21日 Stanley Wang、Ma Kai-hsuan 致函李廷安（119）。

1946年7月23日 Dr. Arthur W. Woo 致函李廷安（120）。

1946年4月23日李廷安致函 Arthur W. Woo（121—122）。

1946年8月7日李廷安致函 R. W. Wong（124）。

1946年8月5日 Ross. W. Wong 致函李廷安（125）。

1946年8月27日 Stanley Wang 致函李廷安（126，126-1）。

1946年8月29日 Basil Wong 致函李廷安（127，127-1）。

1946年9月14日 Stanley Wang 致函李廷安（128）。

1946年9月17日李廷安致函 Olin D. Wannamaker（129）。

1946年9月30日 Oliver Cope 致函 Olin D. Wannamaker（132）。

1946年9月27日 Olin D. Wannamaker 致函 Chiu-an Wang（133）。

1946年9月29日 Chiu-an Wang 致函 Olin D. Wannamaker（134）。

1946年9月30日 Chiu-an Wang 致函 Olin D. Wannamaker（135）。

1946年10月2日 Olin D. Wannamaker 致函李廷安（136）。

1946年10月16日李廷安致函 Basil Wong（137）。

1946年9月4日 Olin D. Wannamaker 致函李廷安（138）。

1946年10月11日 C. Sidney Burwell 致函 Olin D. Wannamaker（139）。

1946年9月14日 Cheng Wang 致函李廷安（140）。

1946年10月8日李廷安致函 Gordon F. Ward（141—142）。

1946年10月30日 Henry S. Frank 致函 H. T. Chen（143）。

1946年11月1日 H. T Chen 致函 Chiu-an Wang（144）。

1946年11月18日李廷安为 Boardman Cheng Wang 写推荐信（145）。

1946 年 11 月 21 日李廷安致函 Boardman Cheng Wang（146）。

1946 年 11 月 21 日李廷安致函 Arthur Waitak Woo（147）。

1946 年 11 月 30 日李廷安致函 Arthur Waitak Woo（148）。

1946 年 11 月 30 日李廷安致函 T. T. Wu（149）。

1946 年 11 月 26 日 T. T. Wu 致函李廷安（150）。

1946 年 12 月 2 日 Chiu-an Wang 致函 H. T. Chen（151）。

1946 年 12 月 5 日李廷安致函 Chiu-an Wang（152—153）。

1946 年 12 月 12 日 Arthur W. Woo 致函李廷安（154）。

1946 年 12 月 13 日李廷安致函 T. E. Wu（155）。

1946 年 12 月 7 日 T. E. Wu 致函李廷安（156）。

1946 年 12 月 1 日 S. C. Wu 致函李廷安（157—158）。

1947 年 2 月 21 日李廷安致函 Arthur W. Woo（159）。

1946 年 12 月 26 日 Olin D. Wannamaker 致函 Henry S. Frank（160）。

1947 年 2 月 24 日 Arthur W. Woo 致函李廷安（161）。

1947 年 2 月 26 日李廷安致函 Olin D. Wannamaker（162）。

1947 年 4 月 28 日李廷安致函 Arthur W. Woo（164）。

1947 年 4 月 24 日 Arthur W. Woo 致函李廷安（165）。

1947 年 5 月 18 日 Boardman Cheng Wang 致函李廷安（166）。

1947 年 5 月 19 日 Arthur W. Woo 致函李廷安（167）。

1947 年 5 月 22 日李应林致函 Arthur W. Woo（168）。

1947 年 5 月 9 日 Arthur W. Woo 致函李廷安（169）。

1947 年 5 月 23 日李廷安致函何肇嘉（170）。

1947 年 5 月 16 日何肇嘉致函李廷安（171）。

1947 年 5 月 9 日何肇嘉致函 Kan Nai-kwong（172）。

1947 年 6 月 5 日嘉惠霖致函 Paul Fung（174）。

1947 年 6 月 7 日 Arthur W. Woo 致函李廷安（175）。

1947 年 6 月 11 日李廷安致函 Arthur W. Woo（176）。

1947 年 6 月 14 日 Arthur W. Woo 致函李廷安（177）。

1947 年 6 月 16 日李应林致函 Arthur W. Woo（179）。

1947 年 6 月 21 日 Arthur W. Woo 致函李廷安（180）。

1947 年 6 月 20 日李廷安致函 T. T. Wu（182）。

1947 年 6 月 17 日 Henry S. Frank 致函 Olin D. Wannamaker（183）。

1947年7月5日T. T. Wu致函李廷安（184）。

1947年7月28日T. T. Wu致函李廷安（185）。

1947年8月28日李廷安致函Wang Cheng En c/o Dr. Eddie Hsu（186）。

1947年10月1日Olin D. Wannamaker致函Henry S. Frank（187）。

1947年10月16日H. T. Chen致函K. Y. Wu（189）。

李廷安致函Sun Fo（22）（未标时间）。

Chiu-an Wang致函Executive Secretary Board of Trustees Lingnan University（未标时间）（131）。

Matters for Dr. Arthur W. Woo（181）。

（二）《私立岭南大学关于李廷安来往文件之二》，38（全宗号）-4（目录号）-102（卷号）

1947年7月17日李廷安致函Roy Mar（1）。

1947年4月28日李廷安致函Roy Mar（2）。

1947年4月22日Roy Mar致函李廷安（3）。

1947年1月25日嘉惠霖致函Roy Mar（4）。

1947年2月21日李廷安致函Roy Mar（5）。

1946年10月21日Alison MacBride致函李廷安（6）。

1946年10月14日李廷安致函Alison McBride（7）。

1946年11月16日李廷安致函Roy Mar（8）。

1946年9月12日李廷安致函Roy Mar（9）。

1946年8月20日李廷安致函Roy Mar（10）。

1946年8月13日Roy Mar致函李廷安（11—12）。

1948年4月29日李廷安致函T. S. Outerbridge（21）。

1948年4月22日T. S. Outerbridge致函李廷安（22）。

1948年4月21日许天禄致函C. H. Hu（23）。

1947年3月7日李廷安致函Rev. William Mitchell（24—25）。

1947年3月20日William H. Mitchell致函李廷安（26）。

1947年11月11日J. Rose W. W. Cadbury, F. Oldt 致函Dr Rose Wong等（27）。

1947年5月3日李廷安致函Dr. H. S. Frank（28）。

1947年5月3日李廷安致函Dr. J. M. Henry（29）。

1947年5月3日李廷安致函Y. P. Chan（30）。

1947年5月3日李廷安致函Arthur Woo（31）。

1947年3月19日Y. T. Huang致函李廷安（33）。

1947年1月31日李廷安致函 Y. T. Huang（34）。

1946年12月23日 the Director of Medical Services in Hongkong 致函 Cadbury（35）。

1947年3月12日李廷安致函 Y. T. Huang（36）。

1947年2月6日 Y. T. Huang 致函李廷安（37）。

1946年11月4日中华基督教会广东协会致函李廷安（40）。

1946年8月20日李廷安致函 Dr. E. Stransky（44）。

1946年8月16日李廷安致函中华医学会广州分会秘书吴伟（45）

1946年8月23日李廷安致函嘉惠霖（47）。

1946年5月25日急电（50—52）。

1946年5月16日急电（53—54）。

1947年5月22日李廷安致函 Arthur W. Woo（58—1）。

1946年11月20日 Bernard E. Read 致函 Superintendent Nursing School（67）。

1947年6月26日 Yih Ping Chen 致函 Hon. Mr. Nelson A.（76）。

1947年6月14日李廷安致函 Bernard E. Read（77）。

1947年3月11日李廷安致函 J. R. Rose（79）。

1947年3月8日 J. R. Rose 致函李廷安（80）。

1947年3月6日李廷安致函 J. Rose（81）。

1946年11月14日李廷安致函 Bernard E. Read（82）。

1946年8月12日李廷安致函 J. R. Rose（83）。

1946年3月21日李廷安致函 Howard Rhoads（84）。

1946年3月4日 T. O. Lee 致函 Howard Rhoads（85）。

1946年2月28日 Howard Rhoads 致函 T. O. Lee（86）。

1946年3月29日李廷安致函 Colonel T. R. Rowell（88）。

1948年3月7日 C. K. Hsieh 致函李廷安（89—90）。

1946年5月10日李廷安致函 H. C. Zen（111）。

1946年5月4日 H. C. Zen 致函李廷安（112）。

1946年4月27日李廷安致函 H. C. Zen（113）。

1946年4月27日李廷安致函 Teddy Yip（114）。

1946年4月8日 H. C. Zen 致函李廷安（115）。

1946年3月23日李廷安致函 H. C. Zen（116）。

1946年2月22日 H. C. Zen 致函李廷安（117）。

1946年5月20日李廷安致函 H. C. Zen（118）。

1948 年 3 月 2 日李廷安致函李应林（119）。

1948 年 3 月 2 日老恩赐致函李廷安（120）。

1947 年 2 月 26 日李廷安致函李应林（121）。

1947 年 8 月 26 日 Henry. S. Frank 致函李廷安（122）。

1947 年 8 月 11 日李廷安致函 H. S. Frank（125）。

1947 年 9 月 9 日李廷安致函 H. S. Frank（126）。

1947 年 6 月 5 日李廷安致函 Henry S. Frank（130）。

1946 年 12 月 21 日 Henry S. Frank 致函李廷安（131）。

1947 年 7 月 3 日李廷安致函 Samuel H. Phang（132）。

1947 年 3 月 18 日李廷安致函 Helen M. Patton（134）。

1947 年 2 月 25 日李廷安致函 Agnes M. Pearce（135）。

1947 年 1 月 15 日 Agnes M. Pearce 致函李廷安（136）。

1946 年 5 月 16 日李廷安致函 Dr. & Mrs. Norman Parfit（137）。

1946 年 5 月 10 日李廷安致函 S. E. Pei（139）。

1946 年 1 月 29 日李廷安致函 C. Tsai（140）。

1946 年 2 月 9 日李廷安致函 Y. Y. Ying（141）。

1946 年 11 月 12 日 Stephen Yang 致函李廷安（142—143）。

1946 年 11 月 18 日李廷安致函 Yuan Kang Pang（144）。

1946 年 12 月 12 日李廷安致函 C. H. Yen（145）。

1946 年 12 月 24 日李廷安致函 David Lim Yuen（146）。

1946 年 4 月 3 日李廷安致函 Stephen Young（147）。

1946 年 5 月 8 日李廷安致函 Stephen Yang（149）。

1946 年 5 月 22 日李廷安致函 Y. N. Yang（151）。

1946 年 6 月 1 日李廷安致函 Y. Y. Ying（152—153）。

1946 年 3 月 20 日 Y. Y. Ying 致函李廷安（154—155）。

1947 年 1 月 10 日 C. H. Yen 致函李廷安（166）。

1947 年 3 月 20 日李廷安致函 W. W. Yen（167）。

1947 年 4 月 1 日李廷安致函 Lily S. C. Yang（168）。

1947 年 3 月 26 日 Lily S. C. Yang 致函李廷安（169）。

1947 年 6 月 20 日李廷安致函 Y. Y. Ying（170）。

1946 年 2 月 20 日李廷安致函 Tsai Chiao（171）。

1946 年 3 月 8 日 Tsai Chiao 致函李廷安（172）。

1946 年 3 月 13 日李廷安致函 Tsai Chiao（173）。

1946 年 5 月 17 日李廷安致函 Y. T. Tsur（174）。

1946 年 4 月 19 日李廷安致函 Tsai Chiao（175）。

1946 年 4 月 27 日李廷安致函 Messrs. Tung, Liu, Cheung（176）。

1946 年 4 月 29 日 T. K. T'ang 致函李廷安（177）。

1946 年 5 月 2 日李廷安致函 Tsai Chiao（179）。

1946 年 5 月 31 日李廷安致函 T. Y. Tai（185）。

1946 年 6 月 1 日李廷安致函 T. Y. Tai（186）。

1946 年 8 月 17 日李廷安致函 F. I. Tseung（191）。

1946 年 9 月 12 日李廷安致函 T. Y. Tai（192）。

1946 年 9 月 18 日 T. Y. Tai 致函李廷安（193）。

1946 年 9 月 21 日李廷安致函 Tse Chiu Kit（194）。

1946 年 10 月 14 日李廷安致函 Y. T. Tsur（195）。

1946 年 12 月 5 日李廷安致函 J. O. Thomson（196）。

1946 年 12 月 6 日李廷安致函 Rev. Jesse H. Arnup（197）。

1946 年 12 月 7 日李廷安致函 Rev. Duncan McRae（198）。

1947 年 2 月 28 日 J. O. Thomson 致函李廷安（199）。

1947 年 5 月 1 日李廷安致函 T. Y. Tai（200）。

1947 年 6 月 14 日 M. Uho Tsao 致函李廷安（201）。

1947 年 7 月 16 日李廷安致函 M. Uho Tsao（202）。

1947 年 9 月 8 日 M. Uho Tsao 致函李廷安（203）。

1947 年 9 月 10 日 David Tien 致函李廷安（204）。

未标年（恐为 1946 年）4 月 17 日 Norman Parfit 致函李廷安（138）。

未标年（恐为 1947 年）10 月 13 日 J. M. Worcester Sec'y 致函李廷安（123—124）。

未标年（恐为 1947 年）6 月 23 日 J. M. Worcester 致函李廷安（129）。

未标年（恐为 1947 年）7 月 15 日李廷安致函 H. S. Frank（128）。

British Medical Journal（38—39）。

Colonel T. R. Rowell 致函李廷安（87）。

Notice（46）。

Sixth week（flight from Shanghai to Canton and back to Shanghai）Dr. T. A. Li in charge（42）。

Special Lectures by Professor E. Stransky（43）。

Tentative itinerary for Miss Helen Stevens in Canton 17 Oct.,1946（41）。

（三）《私立岭南大学李廷安来往函件之三》，38（全宗号）-4（目录号）-103（卷号）

1947年11月24日H. T. Chen致函W. W. Cadbury（21）。

1947年7月29日李廷安致函W. W. Cadbury（25）。

1947年7月25日李廷安致函H. J. Cruttwell（26）。

1947年7月21日H. J. Cruttwell致函李廷安（27）。

1947年5月29日周金荣致函李廷安（30—31）。

1947年4月11日李廷安致函C. K. Chu（34）。

1947年3月21日C. K. Chu致函李廷安（35）。

1947年3月14日李廷安致函C. K. Chu（45）。

1947年3月7日C. K. Chu致函李廷安（46）。

1947年2月27日O. L. Jui致函C. K. Chu（47）。

1947年2月12日善后救济总署广东分署致函李廷安（48）。

1947年2月8日H. T. Chen致函James S. Chu（50）。

1947年2月25日李廷安致函James S. Chu（51）。

1947年1月27日H. T. Chen致函W. W. Cadbury（52）。

1947年1月20日李廷安致函Miss Janis Chang（53）。

1946年12月23日李廷安致函Chu You-kuang（55）。

1946年11月29日Chu You-kuang致函李廷安（56）。

1946年12月18日李廷安致函C. K. Chu（57）。

1946年12月19日李廷安致函G. A. Chan（58）。

1946年12月19日李廷安致函James C. Wolsh（59）。

1946年12月19日G. A. Chan致函李廷安（60—61）。

1947年1月21日Dr. Sun Yat-sen Memorial Medical College Housing Project（62）。

1947年1月6日全英助华联合总会致函李廷安（63）。

1946年11月26日李廷安致函Mrs. V. Elizabeth Miller（64）。

1946年11月21日李廷安致函Lady Cripps（65—66）。

1946年8月23日Noel B. Slater致函岭南大学校长，并由校长转李廷安（67）。

1946年11月21日李廷安致函James S. Chu（68）。

1946年11月20日James S. Chu致函李廷安（69）。

1946年10月14日李廷安致函James. Chu（70）。

1946年10月3日李廷安致函William H. L. Chung（71）。

1946年9月30日Y. P. Chu致函李廷安（72）。

1946年9月20日 H. T. Chen 致函 T. H. Cheng（73）。

1946年9月17日 Chang Wei 致函李廷安（74）。

1946年9月12日李廷安致函 Juan Chong（75）。

1946年9月4日 P. S. Selwyn-Clarke 致函李廷安（76）。

1946年9月9日李廷安致函 W. Chang（77）。

1946年8月17日李廷安致函 C. K. Chu（78）。

1946年7月29日 E. R. Cunningham 致函李廷安（79）。

1946年5月24日 H. T. Chen 致函李廷安（80）。

1946年8月5日 Wallace 致函李廷安（82）。

1946年8月7日李廷安致函 Y. P. Chen（83）。

1946年7月20日 H. T. Chen 致函李廷安（84）。

1946年8月6日 H. T. Chen 致函 H. K. Chung（88）。

1946年5月15日李廷安致函 P. W. Grant Cameron（89）。

1946年5月21日李廷安致函 H. C. Chan & Mr. Stephen Wong（90）。

1946年6月10日李廷安致函 S. T. Chan（93）。

1946年2月9日李廷安致函 Chang Hsein-lin（94）。

1946年1月30日 Chang Hsein-lin 致函李廷安（95—96）。

1946年4月22日李廷安致函 Chang Mao Lin（97）。

1946年3月20日李廷安致函 Chang Mao Lin（98）。

1946年5月14日李廷安致函 Chang Wei（99—100）。

1946年2月15日李廷安致函 Chang Wei（101—102）。

1946年3月12日李廷安致函 George Char（105）。

1946年3月16日李廷安致函 Eugene Chen（106）。

1946年2月15日李廷安致函 Chang Wei（108）。

1946年3月5日李廷安致函 H. T. Chen（109）。

1946年3月4日 H. T. Chen 致函李廷安（110—111）。

1946年3月21日李廷安致函 Cheng Chi（112）。

1946年3月6日 T. O. Lee 致函李廷安（113）。

1946年5月14日李廷安致函 Cheng Chi Ping（114）。

1946年4月28日 Cheng Chi Ping 致函李廷安（115）。

1946年4月26日李廷安致函 Mrs. Leslie Ch'eng（116）。

1946年3月26日 Chen Mei Lan, Mrs. Leslie Ch'eng 致函李廷安（117）。

1946年5月15日李廷安致函 H. K. Chung（120）。

1946年4月26日 P. W. Grant Cameron 致函李廷安（121）。

1946年4月27日李廷安致函 H. K. Chung（123）。

1946年2月14日李廷安致函 Chung Shih Fan（124）。

1946年3月11日内政部卫生署战时医疗药品经理委员会致函李廷安与游维义（125）。

燕京大学朱喜理介绍（23）。

朱纪勋介绍（24）。

A Preliminary Meeting on the Organization of Nanking Medical Center（40—43）。

Copy of Cable from Shanghai Received February 10,1947（49）。

Minutes of the Preparatory Committee of the Proposed Nanking Medical Center（36—39）。

Ranking, Promotion and Salaries（86）。

The Organization of Dr. SYS Medical College（85）。

The Relationship between the Dr. SYS Medical College and Aff. Hospitals（87）。

（四）《私立岭南大学李廷安来往函件之四》，38（全宗号）-4（目录号）-104（卷号）

1946年12月3日李廷安致函 Theo. O. Bumiller（1）。

1946年9月26日 Theo. O. Bumiller 致函李廷安（2）。

1947年1月9日 Theo. O. Bumiller 致函李廷安（3）。

1946年2月5日李廷安致函 Y. L. Lee（4）。

1946年3月3日 S. M. ling 致函李廷安（5）。

1946年2月13日 Queen Mary Hospital, Hongkong,c/o Dr. S. Y. Kwan 全体学生致函李廷安（6）。

1946年3月13日李廷安致函 S. M. Ling（7—8）。

1946年3月20日李廷安致函 D. Y. Lin（11）。

1946年3月29日李廷安致函 S. M. Ling（12）。

1946年3月22日 S. M. ling 致函李廷安（13）。

1946年4月1日李廷安致函 Y. L. Lee（14）。

1946年4月15日 Y. L. Lee 致函 Oldt（15）。

1946年4月19日李廷安致函 T. Y. Liang（16）。

1946年4月24日李廷安致函李士伟（18）。

1946年5月2日李廷安致函 S. M. Ling（19）。

1946年5月11日李廷安致函 Y. L. Lee（20）。

1946年5月22日李廷安致函 J. Heng Liu and B. Borcic（21）。

1946年5月17日 J. Heng Liu 给李廷安电报（22）。

1946年5月25日李廷安致函 Y. L. Lee（23）。

1946年5月27日李廷安致函 S. M. Ling（24）。

1946年7月1日 T. P. Lee 致函 Cadbury（25）。

1946年7月9日 Cadbury 致函 T. P. Lee（26）。

1946年7月28日 S. M. Ling 致函李廷安（27）。

1946年7月31日李廷安致函 S. M. Ling（28）。

1946年8月5日李廷安致函 S. M. Ling（29）。

1946年8月8日李廷安致电 LINDSAY（30）。

1946年8月14日李廷安致函 T. P. Lee（31）。

1946年8月16日李廷安致函 S. M. Ling（32）。

1946年8月6日 S. M. Ling 致函李廷安（33）。

1946年8月22日 Y. L. Lee 致函李廷安（35）。

1946年9月6日 C. Sidney Burwell 致函 H. H. Loucks（36）。

1946年9月9日林德门致函李廷安（37，37-1）。

1946年9月12日李廷安致函 F. M. Lindemann（38）。

1946年9月12日李廷安致函 J. Heng Liu（39）。

1946年9月17日 J. Heng Liu 致函李廷安（40）。

1946年9月19日 Oliver Cope 致函 H. H. Loucks（41）。

1946年10月1日李廷安致函 J. Heng Liu（42）。

1946年10月4日 Harold H. Loucks 致函李廷安（43—44）。

1946年10月8日 S. M. Ling 致函 P. Y. Lin（48）。

1946年10月14日李廷安致函 J. Heng Liu（49）。

1946年10月18日李廷安致函 J. Heng Liu（50）。

1946年10月31日 P. Y. Lin 致函 Dr. Ling（55）。

1946年11月13日 Harold H. Loucks 致函李廷安（56）。

1946年11月29日李廷安致函 P. Y. Lin（57）。

1946年11月30日李廷安致函 Harold H. Loucks（58）。

1946年12月30日 P. Y. Lin 致函李廷安（59）。

1947年1月8日李廷安致函 Ashley W. Lindsay（60）。

1948年1月13日李廷安致函 Hubert S. Liang（61）。

1947年1月15日 Ashley W. Lindsay 致函李廷安（62）。

1947年1月18日 P. Y. Liang 致函李廷安（63）。

1947 年 2 月 12 日 Alice K. Liang 致函 The Superintendents,The Central Hospital, Canton（64）。

1947 年 2 月 17 日 David Ta-Wei Lin（David Lin-yuen）致函李廷安（65）。

1947 年 3 月 7 日李廷安致函 Harold H. Loucks（66）。

1947 年 3 月 17 日李廷安致函 Li Pei-lin（68）。

1947 年 3 月 20 日李廷安致函 J. Heng Liu（69）。

1947 年 3 月 21 日李廷安致函 David T. W. Lin（David Lin-yuen）（70）。

1947 年 3 月 24 日李廷安致函 Liao Sung Jui（71）。

1947 年 3 月 26 日 J. Heng Liu 致函李廷安（72）。

1947 年 4 月 24 日 Y. L. Lee 致函李廷安（73）。

1947 年 4 月 26 日 J. Heng Liu 致函李廷安（74）。

1947 年 4 月 27 日上海市立妇婴保健院致函李廷安（75）。

1947 年 4 月 28 日 P. Y. Liang 致函李廷安（76）。

1947 年 5 月 2 日李廷安致函 J. Heng Liu（77）。

1947 年 5 月 12 日 Su-en Hsu 致函李廷安（78）。

1947 年 5 月 23 日李廷安致函 Y. L. Lee（79—80）。

1947 年 5 月 24 日 Y. L. Lee 致函李廷安（81）。

1947 年 4 月 8 日 Liao Sung Jui 致函李廷安（82—83）。

1947 年 5 月 26 日李廷安致函 Li Hsin-ming（84）。

1947 年 5 月 27 日 Eugene Low c/o Gen.Wu Te-chen 致函李廷安（85）。

1947 年 5 月 31 日李廷安致函 P. Y. Liang（86）。

1947 年 5 月 31 日李廷安致函 Wu-en Hsu（87）。

1947 年 6 月 3 日 P. L. Liang 致函 Wu-en Hsu（88）。

1947 年 6 月 3 日 P. Y. Liang 致函李廷安（89）。

1947 年 6 月 5 日 Wu-en Hsu 致函李廷安（90）。

1947 年 6 月 14 日李廷安致函 Eugene Low（91）。

1947 年 6 月 17 日 H. T. Chen 致函 P. Y. Liang（92）。

1947 年 1 月 24 日 Edwin C. Lobenstine 致函李廷安（94）。

1947 年 6 月 27 日 P. Y. Liang 致函 H. T. Chen（95）。

1947 年 7 月 8 日 David T. W. Lin 致函李廷安（96）。

1947 年 7 月 10 日李廷安致函 Y. L. Lee（97）。

1947 年 7 月 16 日 H. T. Chen 致函 P. Y. Liang（98）。

1947 年 7 月 25 日李廷安致函 David T. W. Lin（99）。

1945 年 8 月 7 日李廷安致函 Edwin C. Lobenstine（100—101）。

1947 年 8 月 8 日 Hubert S. Liang 致函李廷安（102）。

1947 年 9 月 19 日 H. T. Chen 致函李廷安（103）。

1947 年 10 月 2 日 H. T. Chen 致函 Y. L. Lee（104）。

1947 年 11 月 8 日 Hubert S. Liang 致函李廷安（105）。

1947 年 11 月 22 日 H. T. Chen 致函 Y. L. Lee（106）。

1947 年 11 月 26 日 H. T. Chen 致函 Y. L. Lee （107）。

1947 年 12 月 30 日 Y. L. Lee 致函李廷安（108）。

1948 年 2 月 9 日 Ching Tung Liu 致函李廷安（109）。

1948 年 4 月 24 日 Hsu Tien-lu 致函 Y. L. Lee（110）。

T. Y. Liang 致函李廷安（17）。

A Memorandum on the Present Condition of Dr. Sun Yat Sen Memorial Medical College Lingnan University（51—52）。

Budget of 1946—1947（53—54）。

（五）《私立岭南大学李廷安郭秉宽等来往函件》，38（全宗号）-4（目录号）-107（卷号）

1946 年 7 月 19 日 W. W. Cadbury 致函 H. K. Chung（3）。

1946 年 8 月 16 日李廷安致函 H. K. Chung（4）。

1946 年 9 月 9 日 Gordon King 致函李廷安（5）。

1946 年 9 月 6 日 Cadbury 致函 Dr. Lei（6）。

1946 年 9 月 5 日 Wai Tsing Woon 证明（8）。

1946 年 9 月 30 日 W. W. Cadbury 证明（10）。

1946 年 9 月 10 日钟世藩证明（11）。

1946 年 9 月 30 日钟世藩证明（12）。

1946 年 10 月 1 日 F. Oldt 证明（13）。

1946 年 9 月 5 日 Wai Tsing Woon 证明（15）。

1946 年 9 月 30 日 W. W. Cadbury 证明（16）。

1946 年 9 月 24 日 F. Oldt 证明（17）。

1946 年 9 月 30 日钟世藩证明（18）。

1946 年 9 月 7 日李廷安致函 Teo Han Eng（19）。

1946 年 8 月 28 日 Teo Han Eng 致函李廷安（20，20-1）。

1946 年 9 月 5 日 Wai Tsing Woon 证明（21）。

1946 年 9 月 27 日 F. Oldt 证明（23）。

1946年2月28日 P. K. Wong（24）。

1946年9月16日李廷安致函 Lau Hun Ming（25）。

1946年9月16日李廷安致函 Mok Wan Chaan（26）。

1946年9月16日李廷安致函 Cheah Phee Chnan（27）。

1946年9月21日李廷安致函 Ross Wong（29）。

1946年9月26日 F. Oldt 证明（30）。

1946年10月1日李廷安证明（31）。

1946年10月4日李廷安致函 H. K. Chung（32）。

1946年9月21日李廷安致函 T. F. Wong（33）。

1946年10月8日李廷安致函 H. K. Chung（34）。

1946年10月16日李廷安证明（35）。

1946年11月14日 D. F. Davies 致函李廷安（36）。

1946—1947年 Academic Calendar（38）。

1946年12月11日李廷安致函 H. K. Chung（39）。

1946年11月16日李廷安证明（40）。

1947年4月29日 H. T. Chen 致函 H. K. Chung（42）。

1947年5月15日李廷安致函 H. K. Chung（47）。

1947年5月27日22位医学院3年级学生致函李廷安（48—49）。

1947年6月17日李廷安致函 To the Third, Fourth & Fifth Year Students（50）。

1947年7月26日 Tang Wei-zing 致函李廷安（52）。

1947年11月3日 N. Garland 致函 Arthur W. Woo（53）。

1947年3月21日李廷安致函康锡荣（102）。

1947年3月18日康锡荣致函李廷安（103）。

1947年2月25日李廷安致函康锡荣（104）。

1946年11月14日李廷安致函 S. C. Kiang（105）。

1946年8月20日李廷安致函 Leslie G. Kilborn（108）。

1946年8月19日 Liu Chien 致函李廷安（109）。

1946年8月16日李廷安致函 Leslie G. Kilborn（110）。

1946年7月11日 Leslie G. Kilborn 致函李廷安（111）。

1946年8月30日 F. Oldt 致函 P. Z. King（112）。

1946年9月3日 Kan Nai-kuang 致函李廷安（113）。

1946年8月5日李廷安致函 Kan Nai-kuang（114）。

1946年8月3日G. F. Sauer致函李廷安（115—116）。

1946年5月10日李廷安致函F. Y. Khoo（117）。

1946年6月1日李廷安致函Gordon King（118）。

1946年2月27日Gordon King致函李廷安（119）。

1946年1月29日李廷安致函Gordon King（120）。

1946年5月30日李廷安致函P. Z. King（121）。

1946年3月11日李廷安致函P. Z. King（122—123）。

1946年2月25日李廷安致函P. Z. King（124—125）。

1946年1月30日李廷安致函Ku Ching Yen（128）。

1946年3月24日郭秉宽致函李廷安（129）。

1946年3月16日李廷安致函郭秉宽（130）。

1946年3月4日郭秉宽致函李廷安（131—132）。

1946年2月28日李廷安致函郭秉宽（133—134）。

1946年2月18日郭秉宽致函李廷安（135—137）。

1946年2月12日李廷安致函郭秉宽（138）。

1946年2月9日李廷安致函郭秉宽（139）。

1947年5月12日Kan Nai-Kuang致函李廷安（142）。

On the Transfer Students of Medical College（43—45）。

四、广东省档案馆李廷安中文档案

《1945年度私立岭南大学孙逸仙博士纪念医学院收支对照表》，广东省档案馆，038（全宗号）-002（目录号）-13（卷号），第002页。

《1945年度私立岭南大学孙逸仙博士纪念医学院收支计算表》，广东省档案馆，038（全宗号）-002（目录号）-13（卷号），第003—004页。

《1945年度私立岭南大学孙逸仙博士纪念医学院资产负债表》，广东省档案馆，038（全宗号）-002（目录号）-13（卷号），第005页。

《1946年11月7日江世澄致函李廷安》，《私立岭南大学李廷安郭秉宽等来往函件》，广东省档案馆，38（全宗号）-4（目录号）-107（卷号），第106—107页。

《1946年2月5日郭秉宽致函李廷安》，《私立岭南大学关于李廷安郭秉宽等来往函件》，广东省档案馆，38（全宗号）-4（目录号）-107（卷号），第140—141页。

《1946年5月17日国立湘雅医学院致函李廷安》，《私立岭南大学关于李廷安来往文件之三》，广东省档案馆，38（全宗号）-4（目录号）-103（卷号），第91—92页。

《1946 年 8 月 16 日李廷安致函中华医学会广州分会秘书吴伟》,《私立岭南大学关于李廷安来往文件之二》,广东省档案馆,38(全宗号)-4(目录号)-102(卷号),第 45 页。
《1946 年度私立岭南大学孙逸仙博士纪念医学院收支计算表》,广东省档案馆,038(全宗号)-002(目录号)-13(卷号),第 015—016 页。
《关于核发王成恩等员聘书等情的文》,广东省档案馆,038(全宗号)-001(目录号)-47(卷号),第 097 页。
《关于检送定购美国仪器的 14 万美元支票的函》,广东省档案馆,038(全宗号)-002(目录号)-17(卷号),第 045 页。
《关于林廉卿不能来粤一事的文》,广东省档案馆,038(全宗号)-002(目录号)-6(卷号),第 058 页。
《关于聘许汉光为岭南大学医学院小儿科主任一事的文》,广东省档案馆,038(全宗号)-002(目录号)-6(卷号),第 077 页。
《关于聘用游维义一事的文》,广东省档案馆,038(全宗号)-002(目录号)-6(卷号),第 059 页。
《关于请速汇孙逸仙博士纪念医学院补助设备费的电报》,广东省档案馆,038(全宗号)-002(目录号)-12(卷号),第 017 页。
《关于请填发输入许可证以便提货的函》,广东省档案馆,038(全宗号)-002(目录号)-17(卷号),第 068 页。
《关于让聘李廷安一事的文》,广东省档案馆,038(全宗号)-002(目录号)-6(卷号),第 066—067 页。
《关于孙逸仙博士纪念医学院补助已收妥的文》,广东省档案馆,038(全宗号)-002(目录号)-12(卷号),第 019—020 页。
《关于西安西北大学医学院李佩琳医师来粤任教一事的电》,广东省档案馆,038(全宗号)-002(目录号)-6(卷号),第 073 页。
《关于西安西北大学医学院汤泽光医师来粤任教一事的文》,广东省档案馆,038(全宗号)-002(目录号)-6(卷号),第 074 页。
《关于许天禄预约来粤一事的文》,广东省档案馆,038(全宗号)-002(目录号)-6(卷号),第 068 页。
《关于医学院附属博济医院所聘医师护士事务等人员核发聘书在案的文》,广东省档案馆,038(全宗号)-001(目录号)-47(卷号),第 098 页。
《关于已聘解剖学助教等职位一事的文》,广东省档案馆,038(全宗号)-002(目录号)-6(卷号),第 060(1)页。
《关于游维义不能到孙逸仙博士纪念医学院担任治疗工作一事的文》,广东省档案馆,038(全宗号)-002(目录号)-6(卷号),第 060 页。
《广州市博济医院关于购士敏土建宿舍一案的文》,广东省档案馆,006(全宗号)-002(目录号)-2332(卷号),第 172—173 页。
《广州中央医院地下平面图》,广东省档案馆,006(全宗号)-002(目录号)-2335(卷号),第 340—343 页。

《广州中央医院关于采购石油 500 加仑以应救护车运输之用事的函》，广东省档案馆，004（全宗号）-005（目录号）-0227（卷号），第 059—061 页。

《广州中央医院关于请配售汽油一事的公函》，广东省档案馆，004（全宗号）-005（目录号）-0226（卷号），第 115—117 页。

《国立中山大学医学院关于定期请李廷安先生到院演讲一事的通告》，广东省档案馆，020（全宗号）-007（目录号）-158（卷号），第 050—051 页。

《梁之彦向李廷安推荐李新铭》，《私立岭南大学关于李廷安来往文件之四》，广东省档案馆，38（全宗号）-4（目录号）-104（卷号），第 17 页（中文）。

《岭南大学今后发展方针》，广东省档案馆，038（全宗号）-001（目录号）-0001（卷号），第 259—277 页。

《岭南大学孙逸仙博士纪念医学院关于本院拟组织校董会等情的文》，广东省档案馆，038（全宗号）-002（目录号）-1（卷号），第 016 页。

《私立岭南大学孙逸仙博士纪念医学院概况报告》，广东省档案馆，038（全宗号）-002（目录号）-004（卷号）。

《私立岭南大学孙逸仙博士纪念医学院概况报告》，广东省档案馆，038（全宗号）-002（目录号）-005（卷号）。

《私立岭南大学孙逸仙博士纪念医学院概况报告表》，广东省档案馆，038（全宗号）-002（目录号）-11（卷号），第 022—023 页。

《私立岭南大学孙逸仙博士纪念医学院关于呈请拨款补助医学院运作的函》，广东省档案馆，038（全宗号）-002（目录号）-11（卷号），第 003 页。

《私立岭南大学孙逸仙博士纪念医学院关于请发补助费支付书的公函》，广东省档案馆，038（全宗号）-002（目录号）-11（卷号），第 015 页。

五、广州市档案馆李廷安档案

《卫生署筹设广州中央医院》，广州市档案馆，4-02（全宗号）-4418（案卷号）。

《夏葛医学院、广东大学医科有关章程等文件》，广州市档案馆，18（全宗号）-5（目录号）-60（卷号）。

《驻穗各伪党、政、军事机构、社团等成立撤销启用新印等问题之来函》，广州市档案馆，7（全宗号）-6（目录号）-29（卷号），第 23 页。

六、四川省档案馆、成都市档案馆李廷安档案

《成都市民国三十三年医院诊所调查表及各科医师出身表、护士人员履历表》，四川省档案馆，113（全宗号）-730（案卷号）。

《成都市政府市长陈聘请梁仲栗、李廷安、陈筑山、刁培然为本府设计委员》，成都市档案馆，38（全宗号）-1（案卷号），第 419 页。

《甫澄医院请购平价布造具全院医护职工花名册》，四川省档案馆，113（全宗号）-1062（案卷号）。

《华西齐鲁大学联合医院院长李廷安致信成都市政府卫生事务所》，成都市档案馆，34（全宗号）-1（案卷号），第88页。

《四川省各厅处局及附属机关职雇员姓名简历册》，四川省档案馆，42（全宗号）-2487（案卷号）。

《四川省政府省卫生处、卫生署预防霍乱分拨疫苗代电、实施办法，各市县政府呈报霍乱流行情况、计划、组织章则》，四川省档案馆，113（全宗号）-227（案卷号）。

《专科以上学校教职员名册》（第二册），四川省档案馆，第477页。

第二部分：校史院史资料

《毕业录——岭南学校1916年班刊》，中华民国五年夏。

《广东公医医学专门学校、国立广东大学医科、中山大学医学院毕业生名册（1909—1953）》，1962年4月。

《岭南》，1919年。

《岭南大学年鉴》，民国十四年。

《岭南大学校报》，1946—1948年。

《岭南青年》，1919—1920年。

《岭南青年报》，1919—1921年。

《岭南青年会年报》，1917—1918年。

《岭南学校·布告第21号·名册》，民国七年至八年，岭南学校印刷局刊。

《南风》，1920年。

《私立岭南大学教务规程》，民国二十年五月。

《私立岭南大学一览》，民国二十一年三月出版，私立岭南大学印行。

《协医校刊》，1931年。

《中央医院》，行政院新闻局印行，中华民国三十六年九月。

〔美〕嘉惠霖、琼斯：《博济医院百年》，沈正邦译，广州：广东省出版集团、广东省人民出版社，2009年。

〔美〕玛丽·布朗·布洛克：《洛克菲勒基金会与协和模式》，张力军、魏柯玲译，北京：中国协和医科大学出版社，2014年。

陈衍芬：《私立广东光华医学院概况》，《私立广东光华医学院》民国二十四年。

华西校史编委会：《华西医科大学校史（1910—1985）》，成都：四川教育出版社，1990年。

岭南学校布告第14号《大观》，民国六年11月。

Bullock M B. *An American Transplant-The Rockefeller Foundation and Peking Union Medical College*. Los Angeles: University of California Press. 1980.

第三部分：族谱、地方人物志

《泰宁李氏族谱》，广州西关福德里，中外印书馆承印，民国三年。

《小榄李氏家族精英辈出》，《中山日报》2007 年 2 月 25 日，第 B1 版。

高华载、梁华海：《小榄镇初志・人物篇》（初稿），1986 年 10 月。

广州市地方志编纂委员会办公室、广州海关志编纂委员会编译：《近代广州口岸经济社会概况——粤海关报告汇集》，广州：暨南大学出版社，1995 年。

中山市地方志编纂委员会编：《中山市志》，广州：广东人民出版社，1997 年。

第四部分：近代报纸书刊与文献类编

一、近代报纸书刊

《拜耳医疗新报》，第 12 卷（年份不详）。

《齿科季刊》，1935 年。

《大公报》，1937 年。

《大上海教育》，1934 年。

《大亚画报》，1932 年。

《东方杂志》，1935 年。

《东南医刊》，1933 年。

《防痨》，1934 年。

《防痨月刊》，1936 年。

《防痨杂志》，1935 年。

《佛学半月刊》，1934 年。

《公共卫生月刊》，1935 年、1936 年。

《广济医刊》，1933 年。

《广西健社医学月刊》，1938 年。

《广州卫生》，1935 年。

《华西医讯》，1945 年。

《寰球中国学生会特刊》，1934 年。

《教育月刊》，1930 年。

《禁烟专刊》，1937 年。

《敬业附小毕业纪念刊》，1936 年。

《军事杂志》，1941 年。

《开明少年》，1947 年。

《科学国药》，1933 年。

《科学世界》，1943 年。

《快乐家庭》，1937 年。

《礼拜六》，1937 年。

《良友》，1930 年。

《陆军经理杂志》，1942 年。

《麻疯季刊》，1937 年。

《民国日报》，1916 年。

《民生》，1933 年。

《青年进步》，1930 年。

《上海党声》，1936 年。

《上海东南医学院成立八周年纪念特刊》，1934 年。

《上海市第二届夏令儿童健康营营务旬刊》，1935 年。

《上海市第三届夏令儿童健康营营刊》，1936 年。

《上海市教育局无线电播音演讲集》，1933 年。

《上海市药师公会年报》，1935 年。

《上海医事周刊》，1948 年。

《上海周报》，1933 年。

《社会医报》，1933 年、1934 年。

《申报》，1925—1948 年。

《铁道卫生季刊》，1932 年。

《唯生汇刊》，1931 年。

《卫生半月刊》（学校卫生），1935年。

《卫生特刊》，1936年。

《卫生月刊》，1929年、1934年、1935年、1936年、1937年。

《卫生杂志》，1933年、1934年。

《文艺的医学》，1934年。

《西南医学杂志》1947年。

《希望》，1943年。

《现代父母》，1934年、1935年。

《新生活周刊》，1935年。

《新生周刊》，1934年。

《学校卫生概要》，上海：商务印书馆，中华民国十九年。

《一九三三年之上海教育》，1933年。

《医事汇刊》，1936年。

《医学周刊集》，1928年、1931年、1932年。

《医药评论》，1933年、1935年、1937年。

《益世报》，1932年10月22日。

《中国乡村卫生问题》，上海：商务印书馆，中华民国二十四年初版。

《中华日报·新年特刊》，1934年。

《中华医学杂志》，1930年、1932年、1933年、1934年、1935年、1937年、1939年、1947年。

《中外医学史概论》，上海：商务印书馆，中华民国三十六年上海再版。

《中学生杂志》，1947年。

《中央训练团团刊》，1941年。

The Chinese Medical Journal，1929、1934、1935、1948。

The Leper Quarterly，1933。

The National Medical Journal，1924、1925、1927。

二、文献类编

民国时期文献保护中心、中国社会科学院近代史研究所编：《民国文献类编·医药卫生卷》（972），北京：国家图书馆出版社，2015年。

民国时期文献保护中心、中国社会科学院近代史研究所编：《民国文献类编·医药卫生卷》（989），北京：国家图书馆出版社，2015年。

民国时期文献保护中心、中国社会科学院近代史研究所编：《民国文献类编·医药卫生卷》（991），北京：国家图书馆出版社，2015年。

张研、孙燕京主编：《民国史料丛刊》（1071），郑州：大象出版社，2009年。

第五部分：政府公报与法规

《北平特别市市政公报》，1929年。

《上海市政府公报》，1932年、1934年、1935年。

《上海特别市市政府市政公报》，1929年。

蔡鸿源主编：《民国法规集成》，合肥：黄山书社，第58册，1999年。

第六部分：文史资料

顾华：《璀灿夺目的医学界双星——许天禄和许汉光夫妇》，《岭南文史》1998年第2期，第86—87页。

广东省政协文史资料委员会、中山医科大学合编：《广东文史资料》第77辑《医林群英——广东著名医学家传》，广州：广东人民出版社，1996年。

政协北京市委员会文史资料研究委员会编：《话说老协和》，北京：中国文史出版社，1987年。

中国人民政治协商会议北京市委员会文史资料研究委员会编：《文史资料选编》（第28辑），北京：北京出版社，1986年。

中国人民政治协商会议北京市委员会文史资料研究委员会编：《文史资料选编》（第30辑），北京：北京出版社，1986年。

中国人民政治协商会议北京市委员会文史资料研究委员会编：《文史资料选编》（第34辑），北京：北京出版社，1988年。

中国人民政治协商会议北京市委员会文史资料研究委员会编：《文史资料选编》（第37辑），北京：北京出版社，1989年。

中国人民政治协商会议广东省广州市委员会文史资料研究委员会编：《广州文史资料选辑》（第21辑），广州：广东人民出版社，1980年。

中国人民政治协商会议广东省广州市委员会文史资料研究委员会编：《广州文史资料选辑》（第 28 辑），广州：广东人民出版社，1983 年。

中国人民政治协商会议广东省委员会文史资料研究委员会编，《广东文史资料》（第 33 辑），广州：广东人民出版社，1981 年。

中国人民政治协商会议江苏省委员会文史资料研究委员会编：《江苏文史资料选辑》（第 15 辑），南京：江苏古籍出版社，1984 年。

中国人民政治协商会议全国委员会文史资料研究委员会编：《文史资料选辑》（第 101 辑），北京：文史资料出版社，1985 年。

中国人民政治协商会议全国委员会文史资料研究委员会编：《文史资料选辑》（第 43 辑），北京：文史资料出版社，1980 年。

中国人民政治协商会议全国委员会文史资料研究委员会编：《文史资料选辑》（第 91 辑），北京：文史资料出版社，1983 年。

中国人民政治协商会议全国委员会文史资料研究委员会编：《文史资料选辑》（第 97 辑），北京：文史资料出版社，1985 年。

中国人民政治协商会议上海市委员会文史资料工作委员会编：《上海文史资料选辑》（第 59 辑），上海：上海人民出版社，1988 年。

中国人民政治协商会议四川省委员会、四川省省志编辑委员会：《四川文史资料选辑》（第 13 辑），1964 年。

第七部分：回忆录

《大哥李宝善生平简要》（In Memory of Mr. Edmund Bao-Shan Li）。

《李廷安博士、王淑贤女士纪念册》，1982 年，广州。

陈志潜：《中国农村的医学——我的回忆》，成都：四川人民出版社，1998 年。

冯双、贺竹梅、武少新编著：《李宝健传》，广州：中山大学出版社，2013 年。

严镜清：《缅怀李廷安教授》（未见刊，李宝健教授提供）。

郑集：《我的回忆录》。

Ferguson M E.Obituary. Li T A. *The Chinese Medical Journal*,1948, 66(6): 342-343.

Khoo F Y. Editorial. DR. Li T A—A dedication. *The Chinese Medical Journal*, 1948, 66(6): 344.

第八部分：医家传记

陈序经：《中国文化的出路》，北京：中国人民大学出版社，2004年。

崔月犁、韦功浩主编：《中国当代医学家荟萃》（第一卷），长春：吉林科学技术出版社，1987年。

高平叔编：《蔡元培全集》（第七卷），北京：中华书局，1989年。

韩光、张宇舟主编：《中国当代医学家荟萃》（第三卷），长春：吉林科学技术出版社，1989年。

黄家驷主编：《中国现代医学家传》（第一卷），长沙：湖南科学技术出版社，1985年。

黄树则主编：《中国现代名医传（二）》，北京：科学普及出版社，1987年。

刘培德主编：《20世纪中国知名科学家学术成就概览·医学卷·临床医学与护理学分册》，北京：科学出版社，2015年。

王志均、韩济生主编：《治学之道——老一辈生理科学家自述》，北京：北京医科大学、中国协和医科大学联合出版社，1992年。

吴阶平主编：《中国现代医学家传（第二卷）》，长沙：湖南科学技术出版社，1989年。

中国科学技术协会编：《中国科学技术专家传略》（医学编·基础医学卷一），北京：人民卫生出版社，2005年。

中国科学技术协会编：《中国科学技术专家传略》（医学编·临床医学卷二），北京：人民卫生出版社，2005年。

第九部分：工具书

《安徽历史名人词典》编辑委员会编：《安徽历史名人词典》，合肥：安徽教育出版社，2008年。

广东省中山图书馆、广东省珠海市政协编：《广东近现代人物词典》，广州：广东科技出版社，1992年。

何明编著：《民国名人全纪录——民国名人的最后岁月纪实》，北京：华文出版社，2010年。

金雄鹤编著：《国民党八十四位中常委实录·下》，北京：台海出版社，2013年。

梁启超：《中国历史研究法》，上海：上海古籍出版社，1998年。

林吕建主编：《浙江民国人物大辞典》，杭州：浙江大学出版社，2013年。

秦孝仪主编：《中华民国名人传》，台北：近代中国出版社，1985年，第1册。

徐友春主编：《民国人物大辞典》，石家庄：河北人民出版社，1991年。

张宪文、方庆秋、黄美真主编：《中华民国史大辞典》，南京：江苏古籍出版社，2001年。

周棉主编：《中国留学生大辞典》，南京：南京大学出版社，1999 年。
（清）黄本骥编：《历代职官表》，上海：上海古籍出版社，1980 年。

第十部分：二次文献

《沉痛悼念周金黄教授》，《中国药理学与毒理学杂志》1999 年第 3 期。
《民国二十四年上海药剂生开业执照》，997788.com，2014 年 7 月 21 日。
陈一鸣：《缅怀精神医学的先行者程玉麐先生》，《临床精神医学杂志》2010 年第 1 期。
岱峻：《风过华西坝：战时教会五大学纪》，南京：江苏文艺出版社，2013 年。
董炳琨、杜慧群、张新庆：《老协和》，保定：河北大学出版社，2004 年。
龚喜林：《战后行政院善后救济总署善后救济述论》，华中师范大学硕士学位论文，2004 年。
郭莉萍：《美国医药助华会（1937—1949）的援华工作》，《中国科技史杂志》2016 年第 1 期。
韩长青：《试析 1943 年美国国会与政府在 UNRRA 协定上的冲突与妥协》，《首都师范大学学报（社会科学版）》，2007 年第 2 期。
黄春艳：《基督徒知识分子李应林的生平及思想》，《湖南大学学报（社会科学版）》2014 年第 5 期。
蒋宝麟：《抗战时期中央大学的内迁与重建》，《抗日战争研究》2012 年第 3 期。
金大勋：《回忆抗战时期的中央卫生实验院》，《营养学报》2006 年第 2 期。
李德志：《南京大学研究生教育发展史》，南京大学硕士学位论文，2012 年。
李永宸：《李廷安与上海市吴淞区卫生事务所》，《南京中医药大学学报（社会科学版）》2016 年第 2 期。
李永宸：《卫生事务所是公共卫生理论与近代中国国情相结合的产物》，《中华医史杂志》2016 年第 3 期。
梁其姿：《麻风隔离与近代中国》，《历史研究》2003 年第 5 期。
刘腾：《民国时期研究生教育的历史考察与思考》，曲阜师范大学硕士学位论文，2011 年。
马秋莎：《改变中国：洛克菲勒基金会在华百年》，桂林：广西师范大学出版社，2013 年。
牛亚华访问整理：《从中央卫生实验院到上海药物食品检验局——彭司勋访谈》，《中国科技史杂志》2011 年第 2 期。
潘洵等：《抗日战争时期重庆大轰炸研究》，北京：商务印书馆，2013 年。
青宁生：《医学微生物学一代宗师——林宗扬》，《微生物学报》2005 年第 6 期。
邱进：《单机飞越欧亚两洲的第一人》，《民国春秋》1997 年第 4 期。
苏智良、毛剑锋、蔡亮，等编著：《去大后方——中国抗战内迁实录》，上海：上海人民出版社，2005 年。

王丽：《中华基督教女青年会干事研究——以 20 世纪二、三十年代为中心》，首都师范大学硕士学位论文，2005 年。

余子侠：《抗战时期高校内迁及其历史意义》，《近代史研究》1995 年第 6 期。

张建国：《遗体捐献，光照人间》，《中国医药报》2005 年 10 月 17 日，B01 版。

张丽萍：《相思华西坝——华西协合大学》，石家庄：河北教育出版社，2004 年。

张清平：《林巧稚传》，天津：百花文艺出版社，2012 年。

章伯锋、庄建平主编：《抗日战争》（第二卷），成都：四川大学出版社，1997 年。

赵庆寺：《外援与重建：中国战后善后救济简评》，《史林》2006 年第 5 期。

朱莲珍：《中央卫生实验院的组建及其变迁》，《营养学报》2015 年第 2 期。

〔美〕多诺万·韦伯斯特：《滇缅公路：第二次世界大战“中国—缅甸—印度战场”的壮丽史诗》，朱靖江译，北京：作家出版社，2006 年。

附录一　李廷安著作、论文目录

一、著作

李廷安：《学校卫生概要》，上海：商务印书馆，中华民国十九年。

李廷安：《中国乡村卫生问题》，上海：商务印书馆，中华民国二十四年。

李廷安：《中外医学史概论》，上海：商务印书馆，中华民国三十六年上海再版。

二、论文

李廷安、高明强节录：《中华麻疯救济会的事业——上海市卫生局局长李廷安博士在本会第七届年会时演讲》，《麻疯季刊》1933 年第 1 期，第 2—3 页。

李廷安、郭祖超：《国人死因之商榷》，《军医月刊》1948 年第 3 期，第 24—34 页。

李廷安、郭祖超：《国人死因之商榷》，《科学世界》1943 年第 4 期，第 175—192 页。

李廷安、郭祖超：《我国士兵体格检查之报告》，《军医月刊》1947 年第 12 期，第 23—26 页。

李廷安、郭祖超：《我国士兵体格检查之报告》，《科学世界》1943 年第 5 期，第 267—272 页。

李廷安、刘世逊：《我国麻疯病防治计划》，《华西医讯》1945 年第 4 期，第 97—103 页。

李廷安、郑集、徐达道：《国军营养改进之研究报告》，《军事杂志》1941 年第 2 期，第 116—117 页。

李廷安、左吉：《北平第一卫生区事务所传染病管理之初步计划》，《中华医学杂志》1930 年第 2—3 期，第 217—224 页。

李廷安：《“北京第一泉”》，《医学周刊集》1928 年第 1 卷，第 207—208 页。

李廷安：《保障儿童健康的几个要点》，《上海市第三届夏令儿童健康营营刊》1936 年，第 47—48 页。

李廷安：《弁言・上海市医院及卫生试验所》，《卫生月刊》1937 年第 4 期，第 1 页。

李廷安：《弁言・上海医院成立于清末》，《卫生月刊》1937 年第 6 期，第 1 页。

李廷安：《大学学生会事》，《岭南》1919 年第 4 期，第 123—125 页。

李廷安：《地毯工业中职业性疾病之研究》，杨建邦译，《工业安全》1934 年第 5 期，第 301—319 页。

李廷安：《地毯工业中职业性疾病之研究》，杨建邦译，《中华医学杂志》1933 年第 1 期，第 13—20 页。

李廷安：《动物色泽之研究》，《南风》1920 年第 1 期，第 73—76 页。

李廷安：《对于广州医学教育改进之我见》，《广州卫生》1935 年第 1 期，第 1—2 页。

李廷安：《儿童健康的要义》，《卫生月刊》1936 年第 7 期，第 329—330 页。

李廷安：《发刊词》，《上海市第三届夏令儿童健康营营刊》1936 年，未标页。

李廷安：《防痨运动声中“中国预防痨病协会”成立概要》，《广济医刊》1934 年第 4 期，第 1—4 页。

李廷安：《防痨运动声中“中国预防痨病协会”成立概要》，《社会医报》1934 年第 208 期，第 4667—4670 页。

李廷安：《肺痨病之预防》，《防痨杂志》1935 年第 5 期，第 239—242 页。

李廷安：《妇女卫生常识》，《末世牧声》1935 年第 4 期，第 26—27 页。

李廷安：《妇女卫生常识》，《女铎》1934 年第 9 期，第 16—20 页。

李廷安：《妇女卫生常识》，《卫生杂志》1934 年第 16 期，第 22—25 页。

李廷安：《妇女卫生是家庭经济和幸福的问题》，《新生活周刊》1935 年第 58 期，第 5 页。

李廷安：《妇女卫生研究》，《中华日报新年特刊》1934 年，未标页。

李廷安：《赴欧考察城市卫生行政报告》，《卫生月刊》1936 年第 4 期，第 169—176 页。

李廷安：《改良国药与名人之意见：研究国药与科学医术》，《科学国药》1933 年第 2 期，第 18—19 页。

李廷安：《告读者》，《卫生月刊》1937 年第 1 期，第 1 页。

李廷安：《公共卫生问题之经济关系》，《医药评论》1935 年第 78 期，第 11—12 页。

李廷安：《公共卫生之使命》，《铁道卫生季刊》1932 年第 3 期，第 33—37 页。

李廷安：《国民会议应注意卫生事业》，《医学周刊集》1932 年第 5 卷，第 43—44 页。

李廷安：《敬告市民书》，《医药评论》1937 年第 96 期，第 26—28 页。

李廷安：《可怕的夏秋》，《时代》1936 年第 111 期，第 28 页。

李廷安：《劳工卫生》，《纺织周刊》1933 年第 10 期，第 335 页。

李廷安：《劳工卫生与民生之关系》，《民生》1933 年第 17 期，第 6—7 页。

李廷安：《民国十八年上海脑膜炎流行之经过》，《卫生月刊》1929 年第 7 期，第 2—7 页。

李廷安：《民国十八年上海脑膜炎流行之经过》，《中华医学杂志》1930 年第 2—3 期，第 209—217 页。

李廷安：《农民不健康之损失》，《公共卫生月刊》1936 年第 8 期，第 28 页。

李廷安：《如何改进我国膳食》，《中央训练团团刊》1941 年第 98 期，第 780—782 页。

李廷安：《上海市儿童幸福委员会改组托儿所计划》，《卫生半月刊》（学校卫生）1935 年第 11 期，第 50—53 页。

李廷安：《上海市立各戒烟机关概况》，《中华医学杂志》1935 年第 11 期，第 1255 页。

李廷安：《上海市市民生命应有之保障》，《社会医报》1934 年第 205 期，第 4515—4519 页。

李廷安：《上海市卫生局工作之概况》，《中华医学杂志》1934 年第 1 期，第 107—115 页。

李廷安：《上海市政府对租界内工厂检查之积极及卫生局李局长对于惨剧所发之感想》，《中华医学杂志》1933 年第 2 期，第 322—323 页。

李廷安：《上海市之公共卫生行政》，《卫生月刊》1934 年第 1 期，第 20—24 页。

李廷安：《上海市之公共卫生行政》，《医事汇刊》1934年第1期，第133—139页。

李廷安：《上海之卫生事业》，《上海周报》1933年第1期，第12—13页。

李廷安：《社会医报五周纪念国产药物专号祝词》，《社会医报》1933年第184期，第3643页。

李廷安：《甚么是"公共卫生"》，《卫生杂志》1931年第30期，第1—5页。

李廷安：《甚么是"公共卫生》，《医学周刊集》1928年第1卷，第49—52页。

李廷安：《实行新运应该由小及大推己及人》，《上海党声》1936年第2期，第30页。

李廷安：《天花》，《医学周刊集》1928年第1卷，第124—125页。

李廷安：《为十三届卫生运动告全市民众》，《卫生月刊》1934年第7期，第267页。

李廷安：《卫生行政与死亡率——北平市第一卫生区事务所之生命统计》，《卫生月刊》1935年第4期，第174—176页。

李廷安：《卫生局及各区卫生事务所之组织及工作——二十五年九月七日在上海市政府联合纪念周报告》，《公共卫生月刊》1936年第3期，第199—203页。

李廷安：《卫生局及各区卫生事务所之组织及工作——二十五年九月七日在上海市政府联合纪念周报告》，《卫生月刊》1936年第10期，第459—463页。

李廷安：《我国乡村卫生之重要》，《卫生月刊》1934年第12期，第500—505页。

李廷安：《我国重要都市卫生行政经费之现况》，《卫生月刊》1934年第11期，第436—448页。

李廷安：《我国重要都市卫生经费之研究》，《中华医学杂志》1935年第1期，第79—88页。

李廷安：《夏令传染病预防法》，《卫生杂志》1933年第8期，第23—24页。

李廷安：《乡村粪便之处置》，《公共卫生月刊》1936年第1期，第46页。

李廷安：《新生活与卫生》，《卫生月刊》1936年第12期，第541—544页。

李廷安：《新生活运动与健康之关系》，《广济医刊》1935年第3期，第1—4页。

李廷安：《新生活运动与健康之关系》，《新生活周刊》1935年第43期，第1—2页。

李廷安：《学校卫生概要》，《教育月刊》1930年第1期，第14—18页。

李廷安：《学校卫生概要》，《卫生杂志》1931年第28期，第4—8页。

李廷安：《学校卫生概要》，《医学周刊集》1931第4卷，第11—14页。

李廷安：《一年来上海市卫生局禁烟禁毒工作》，《禁烟专刊》1937年第3—4期，第13—14页。

李廷安：《一年来之卫生教育》，《一九三三年之上海教育》，上海：上海新闻社，1933年，第237—241页。

李廷安：《以特种干饼补充国军营养之建议》，《陆军经理杂志》1942年第5期，第150—151页。

李廷安：《婴儿卫生与学龄前儿童卫生——一国国民之强健与否与其国民在儿童时代之身体状况有极大之关系》，《现代父母》1934年第1期，第38—40页。

李廷安：《营养不良之儿童与露天学校》，《公共卫生月刊》1935年第3期，第100页。

李廷安：《优生学对于民族前途之关系》，《上海市教育局无线电播音演讲集》1933年第6期，第2—4页。

李廷安：《预防肺痨之四大要点》，《幸福杂志》1934 年第 1 期，第 45—46 页。

李廷安：《预防霍乱》，《上海市教育局无线电播音演讲集》1933 年第 4 期，第 9—10 页。

李廷安：《增进民族健康之先决问题》，《西南医学杂志》1947 年第 4 期，第 1 页。

李廷安：《中国防痨协会征募大会宣言》，《防痨杂志》1935 年第 7 期，第 389—390 页。

李廷安：《中国乡村卫生调查报告》，《中华医学杂志》1934 年第 9 期，第 1113—1201 页。

李廷安博士演讲，雷正兆、邓友涛笔记：《在抗战时期医药同人的使命》，《广西健社医学月刊》1938 年第 6 期，第 491—492 页。

李廷安夫人：《为父母们进一言》，《快乐家庭》1937 年第 6 期，第 12 页。

李廷安讲，T · Y 记：《健康之意义》，《希望》1943 年第 1 期，第 13 页。

李廷安讲，白陈群记：《少年时代与健康》，《青年进步》1930 年第 135 期，第 15—21 页。

李廷安讲，顾正汉记：《上海市学童肺痨病问题之重要》，《卫生月刊》1934 年第 8 期，第 325—327 页。

李廷安讲，胡昌治记：《中国保母育婴问题之重要》，《卫生月刊》1934 年第 5 期，第 206—210 页。

李廷安讲，江世灵速记：《警士对于公共卫生应有之认识》，《卫生月刊》1934 年第 6 期，第 251—253 页。

李廷安讲，李兆璋记录：《我人对于痨病应有之认识》，《防痨杂志》1935 年第 3 期，第 153—156 页。

李廷安讲，王铭鼎录：《公共卫生与国难》，《东南医刊》1933 年第 4 期，第 77—81 页。

李廷安讲，王铭鼎录：《公共卫生与国难》，《文艺的医学》1934 年第 1 期，第 76—80 页。

李廷安讲，王修和笔记：《儿童的营养》，《大上海教育月刊》1934 年第 7 期，第 137—140 页。

李廷安讲演，刘乾、黄正清笔记：《医师在预防医学上之责任》，《唯生汇刊》1931 年第 1 期，第 32—34 页。

李廷安演讲，陈生白录意：《公共卫生与国难》，《医药评论》1933 年第 107 期，第 49—51 页。

李廷安演讲：《上海市儿童之健康保障》，《卫生月刊》1937 年第 5 期，第 7—9 页。

《李廷安局长致词》，《麻疯季刊》1937 年第 2 期，第 26—27 页。

Fang I C, Li T A. School health in the Peiping special health area. *The China Medical Journal*, 1929, 43, (7): 697-706.

Li T A, Chang T F. A height-weight-age table for Chinese children. *The National Medical Journal of China*, 1927, 13(5): 383-388.

Li T A. A public health report on Canton, China. *The National Medical Journal of China*, 1925, 11(5): 324-375.

Li T A. Activities of the bureau of public health city government of greater Shanghai. *The Chinese Medical Journal*, 1935,49（9）：990-992.

Li T A. Danger from nutritional diseases in modern industrialization. *The National Medical Journal of China*, 1927, 13(5): 377-382.

Li T A. Occupational diseases in the rug industry. *The Chinese Medical Journal*.1933, 47（1）:44-50.

Li T A. Summary report on rural public health practice in China. *The Chinese Medical Journal*, 1934, 48（10）：1086-1090.

Li T A. The campaign against tuberculosis with special reference to the inauguration of the National Anti-Tuberculosis Association of China. *The Chinese Medical Journal*, 1934, 48（3）：301-303.

Li T A. The death rate of Hongkong as a criterion of mortality in China. *The National Medical Journal of China*, 1924, 10(1): 25-32.

Li T A. The work of the chinese mission to leper. *The Leper Quarterly*, 1933, 7(1): 2-4.

附录二　人物小传与机构简介目录

M

N

P

Q

S

T

W

X

索　引

H

J

K

M

R

S

T

W

X

Y

Z

后　记

笔者在1997—2005年从事《岭南瘟疫史》(1911年以前)研究过程中，就已经关注到李廷安了，从2010年开始，着手李廷安史料的搜集工作。由于担负年均300多个学时的教学任务与每周两次门诊诊疗工作，《李廷安年谱长编》的史料搜集与撰写，是在教学、门诊完成基础上利用其他时间尤其是节假日完成的。由于史料量大且分散，需要到校外查找，历时6年的史料搜集工作可谓“辛苦并快乐着”。笔者到中山大学图书馆，先要从三元里校门口乘公交车到越秀公园，再转乘两次地铁，从越秀公园到昌岗站，再从昌岗站到中山大学正门，然后步行至图书馆。从中山大学正门到图书馆步行需要15分钟，单程最少要1小时，来回就要2小时。4年来，笔者往返于三元里与康乐园，经历毕业季数次，每逢6月，总可看到中山大学毕业生身穿学位服与民国式学生装在美丽的校园内留影。忘不了从图书馆出来后，遇上大雨，避雨于荣光堂(钟荣光住过)；忘不了从图书馆出来后，到食堂吃饭，路经陈序经故居，总会想起《陈寅恪的最后二十年》里这位将陈寅恪吸引到岭南大学的校长；忘不了在陈寅恪故居前的一米宽的白漆小道；更忘不了年复一年，自己头发越来越白，步履越来越沉重……“快乐”存于收获，从岭南大学校史资料中找到李廷安所在“一九一九年乙班”合影，曾令笔者欣喜不已；当除夕即将来临，图书馆一楼的电子阅览厅响起了表示即将闭馆的悦耳音乐，笔者满载着收获走出图书馆，心里想着，次日可以回福建老家看望老母亲了。

撰写《李廷安年谱长编》，离不开个人档案。广州市档案馆与广东省档案馆都留下过笔者的足迹。从三元里校区到省档案馆需乘13站公共汽车，来回就26站。病人多时，笔者周二上午门诊后回到校内宿舍，已是下午一点多，吃饭喝茶后，乘车到省档案馆时，已经三点多了，只能看一小时左右的档案。许多史料就是利用这些点滴时间，逐个汉字逐个字母敲入的。这些档案资料见证了李廷安为岭南大学医学院引进人才、筹措经费、奉献了自己的最后岁月。《李廷安年谱长编》的史料搜集与撰写，是8年间笔者利用点滴时间完成的，诚可谓“操觚只手，一言一字，偷隙毫端”。

《李廷安年谱长编》是广东省哲学社会科学“十三五”规划后期资助项目。《李廷安年谱长编》的完成，得到了李廷安次子李宝健教授、三子李宝良先生的帮助，李宝健教授将珍藏的《李廷安王淑贤纪念册》、《大哥李宝善生平简要》、严镜清的《缅怀李廷安教授》等史料以及大量有关李廷安的照片提供给笔者，并对照片拍摄时间、地点、人物作了尽可能详尽的解释，提升了史料价值。李宝良先生为笔者提供了哈佛大学图书馆馆藏李廷安留学期间的档案、与图书馆档案负责人的联系函、查档感受以及好友郭媛珠的亲笔信。最后，要感谢李廷安孙女李青在百忙中特地到洛克菲勒基金会档案馆为笔者查找、拍摄李廷安各时期的档案，并为笔者向洛克菲勒基金会档案馆开具档案使用许可证明。可以说，如果没有李廷安后人的帮助，就没有现在的《李廷安年谱长编》。还有一些人，他们不仅对我提供过莫大帮助，而且在交流中深深影响我、启发我、教育我，这里没有列出其名，但笔者永远铭记他们与他们的教诲。谢谢大家！

撰写《李廷安传》是笔者下一步工作计划。

李永宸

谨记于2018年8月